A. FAYARD

LIBRAIRE-ÉDITEUR

HISTOIRE – GÉOGRAPHIE – CLASSIQUES

ROMANS

OUVRAGES ILLUSTRÉS

PUBLICATIONS EN LIVRAISONS
ET EN SÉRIES

Grand Choix de Gravures Artistiques

CORRESPONDANTS
Dans toutes les Villes de France

N°

LIBRAIRIE HISTORIQUE ET SCIENTIFIQUE

49, Rue des Noyers (Bould. Saint-Germain)

Paris, le 24 Juin 1871

Monsieur,

Je vous adresse la 1re Livraison de l'Histoire de la **COMMUNE DE PARIS**, par De la Brugère, paraissant 2 fois par semaine.

Je vous ferai **40** % de remise.

Les Livraisons vous reviendront donc à **0,6** centimes net.

Des Prospectus et des Affiches portant *votre nom* seront à votre disposition.

Je vous ferai également **40** % de remise sur l'Histoire de la Troisième Invasion. **SIÈGE DE PARIS. DE METZ.**

net. Des Prospectus et des Affiches portant *votre nom* seront à votre disposition.

Je vous ferai également **40** % de remise sur l'Histoire de la Troisième Invasion, SIÉGE DE PARIS, DE METZ, DE STRASBOURG, etc.

12 Livraisons sont en vente, il en paraît 2 par semaine.

Je vous enverrai *gratuitement* quelques 1res Livraisons des deux Ouvrages pour échantillons. si vous m'en demandez.

J'espère, Monsieur, qu'en raison des conditions avantageuses que je vous offre, vous voudrez bien vous occuper d'une façon toute spéciale du placement de ces 2 Ouvrages.

Je reprendrai les invendus des 5 premières Livraisons de chaque ouvrage.

En attendant vos ordres, recevez mes salutations,

FAYARD.

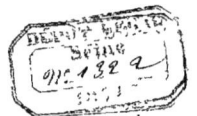

ARTHÈME FAYARD, Éditeur, 49, rue des Noyers, à Paris

HISTOIRE
de la
COMMUNE DE PARIS
en 1871
Par DE LA BRUGÈRE

Ornée de Portraits, Scènes, Batailles, Vues, Cartes, Types, Monuments incendiés, etc.

Dessinés et gravés par l'élite de nos artistes.

Paraissant 2 fois par semaine

L'Ouvrage complet en **50** *livraisons à* **10** *centimes.*

10 CENTIMES LA LIVRAISON ILLUSTRÉE || **50 CENTIMES** LA SÉRIE DE 5 LIVRAISONS

En vente chez tous les Libraires et Marchands de journaux.

5314. Paris. — Imp. A.-E. Rochette.

Paris le   1871

Monsieur,

Je viens de publier une Histoire de la **COMMUNE DE PARIS en 1871**.

Je vous serais infiniment obligé de vouloir bien insérer dans votre journal l'annonce ci-jointe, quand vous aurez de la place.

Je vous adresse les Livraisons parues et je vous enverrai la suite au fur et à mesure de leur apparition.

Si vous en désirez plusieurs exemplaires je m'empresserai de vous les adresser.

Veuillez agréer, avec mes remerciments, l'assurance de ma parfaite considération.

DE LA BRUGÈRE

49, Rue des Noyers, Paris

GUERRE CIVILE EN 1871

HISTOIRE
DE LA
COMMUNE DE PARIS

ORIGINES DU COMITÉ CENTRAL — LE 18 MARS — RÉQUISITIONS — CHASSE AUX RÉFRACTAIRES — ARRESTATIONS — ASSASSINATS SÉANCES DE LA COMMUNE ET DE LA COMMISSION DES BARRICADES — COURS MARTIALES — LA POLICE DE LA COMMUNE — LE COMITÉ DE SALUT PUBLIC — LES OTAGES — LETTRES — DÉCRETS — ARTICLES OFFICIELS
BIOGRAPHIE COMPLÈTE DES HOMMES DE LA COMMUNE — HISTOIRE DE L'INTERNATIONALE

Par DE LA BRUGÈRE

Cet ouvrage contient la reproduction des derniers numéros si rares, publiés pendant la bataille de Paris les 23 et 24 Mai, des journaux suivants :

Le JOURNAL OFFICIEL de la *Commune.*

Le PÈRE DUCHÊNE

Le CRI DU PEUPLE

Le VENGEUR

Le RAPPEL

Le MOT D'ORDRE

LA MONTAGNE

Le SALUT PUBLIC

Le BONNET ROUGE
etc., etc.,

Plan des environs de Paris.

Les procès des insurgés devant les conseils de guerre de Versailles.

Les Pétroleuses

Les hommes de la commune à l'Étranger.

Les incendies.

Les fusillades.

Les femmes de la Commune,
etc., etc.,

Cet ouvrage est orné d'environ **100** portraits, dessinés d'après nature, scènes, batailles, types, vues, plans, monuments incendiés, etc., grandes et belles gravures entièrement inédites. — *Bon marché sans précédent.* — Prix de l'Ouvrage : **4 fr. 50**, avec prime gratuite.

Arthème FAYARD Editeur, 49, Rue des Noyers, Paris.

ON NE PAIE RIEN D'AVANCE

HISTOIRE
DE LA
COMMUNE DE PARIS
PAR
DE LA BRUGÈRE

Dans toute autre histoire on chercherait vainement une page plus sanglante et plus étrange que celle-ci.

Pendant 73 jours, Paris se trouve pris par l'insurrection dans la position d'un homme qui, tombé sous la griffe d'un tigre, est encore exposé aux balles des chasseurs accourus pour le délivrer.

Ces 73 jours, sont racontés dans notre *HISTOIRE DE LA COMMUNE DE PARIS*, en 1871. L'auteur nous initie aux origines de l'insurrection, et nous fait connaître son personnel, nous montre les intrigues en nous expliquant les personnages.

Aucun fait n'est omis; réquisition, chasse aux réfractaires, arrestations, assassinats, séances de la Commune et de la Commission des barricades, préparatifs incendiaires, Cours martiales, Comité central, police de la Commune, femmes de la Commune, etc.

L'auteur y donne aussi les dossiers des hommes de la Commune que plusieurs d'entre eux ont cherché à détruire ; chaque fait important s'appuie d'un document authentique, lettre, décret, article officiel.

Ainsi, l'*HISTOIRE DE LA COMMUNE* contient un choix de tous les décrets, proclamations ou discours les plus intéressants; et elle reproduit les deux numéros si rares du *Journal officiel de la Commune* publié pendant la bataille de Paris, le 23 et 24 mai. On trouvera aussi dans cette histoire la reproduction des derniers numéros presque introuvable des journaux excentriques : Le *Père Duchêne*, le *Cri du Peuple*, le *Vengeur*, la *Montagne*, le *Salut public*, *La Sociale* etc., etc.

Cet ouvrage contiendra en outre :

Les origines du Comité central, l'**HISTOIRE DE L'INTERNATIONALE**, la biographie complète des **HOMMES DE LA COMMUNE**, le compte rendu sommaire du **Procès des Insurgés et des Pétroleuses à Versailles**.

Enfin, cette Histoire sera la plus complète parue jusqu'à ce jour, environ 100 portraits dessinés d'après nature, batailles, monuments incendiés, clubs des femmes, arrestations, fédérés trouvés dans les catacombes, assassinats des otages, scènes de barricades, séances de la Commune, prise de Paris, Paris et de ses environs, etc., etc., gravées par nos meilleurs artistes, orneront cet ouvrage.

PRIX : 4 FR. 50

Splendide Prime offerte gratuitement aux 25,000 premiers Souscripteurs

Au choix : une carte d'Europe, ou une carte de France très-bien coloriée, ou une magnifique gravure représentant Paris incendié — ou une grande Gravure représentant les principales épisodes du siége de Paris, — ou un magnifique *Brevet de présence* au siége de Paris. Les cartes ou les gravures sont grandes et très-bien imprimées sur beau papier.

On ne paie qu'en recevant

Cette Edition ne se vend que par l'entremise de nos correspondants.

HISTOIRE DE LA COMMUNE DE PARIS

EN 1871

Par DE LA BRUGÈRE

| 10 CENTIMES LA LIVRAISON ILLUSTRÉE | L'OUVRAGE COMPLET FORMERA ENVIRON 50 Livraisons A DIX Centimes | 50 CENTIMES LA SÉRIE DE 5 Livraisons |

Arthème FAYARD, 49, Rue des Noyers, Paris.

HISTOIRE
DE LA
COMMUNE DE PARIS
PAR
DE LA BRUGÈRE

Dans toute autre histoire, on chercherait vainement une page plus sanglante et plus étrange que celle-ci.

Pendant 73 jours, Paris se trouve pris par l'insurrection dans la position d'un homme qui, tombé sous la griffe d'un tigre, est encore exposé aux balles des chasseurs accourus pour le délivrer.

Ces 73 jours sont racontés dans notre HISTOIRE DE LA COMMUNE DE PARIS, en 1871. L'auteur nous initie aux origines de l'insurrection, et nous fait connaître son personnel, nous montre les intrigues en nous expliquant les personnages.

Aucun fait n'est omis ; réquisitions, chasse aux réfractaires, arrestations, assassinats, séances de la Commune et de la Commission des barricades, préparatifs incendiaires, Cours martiales, Comité central, police de la Commune, femmes de la Commune, etc.

L'auteur y donne aussi les dossiers des hommes de la Commune que plusieurs d'entre eux ont cherché à détruire ; chaque fait important s'appuie d'un document authentique, lettre, décret, article officiel.

Ainsi, l'HISTOIRE DE LA COMMUNE contient un choix de tous les décrets, proclamations ou discours les plus intéressants, et elle reproduit les deux numéros si rares du *Journal officiel de la Commune* publié pendant la bataille de Paris, les 23 et 24 mai. On trouvera aussi dans cette histoire la reproduction des derniers numéros presque introuvables des journaux excentriques : Le *Père Duchêne*, le *Cri du peuple*, le *Vengeur*, la *Montagne*, le *Salut public*, La *Sociale*, etc., etc.

Cet ouvrage contiendra en outre :

Les origines du Comité central, l'HISTOIRE DE L'INTERNATIONALE, la biographie complète des HOMMES DE LA COMMUNE, le compte-rendu sommaire du Procès des Insurgés et des Pétroleuses à Versailles.

Enfin, cette Histoire sera la plus complète parue jusqu'à ce jour, environ 100 portraits dessinés d'après nature, batailles, monuments incendiés, clubs des femmes, arrestations, fédérés trouvés dans les catacombes, assassinats des otages, scènes de barricades, séances de la Commune, prise de Paris, Paris et ses environs, etc., etc., gravés par nos meilleurs artistes, orneront cet ouvrage.

On ne paie qu'en recevant

PRIX : 4 fr. 50

SPLENDIDE PRIME OFFERTE AUX 25,000 PREMIERS SOUSCRIPTEURS

AU CHOIX : Une nouvelle carte d'Europe, ou une magnifique carte de France très-bien coloriée, — ou une grande gravure représentant les principaux Episodes du Siége de Paris. — Paris monumental, avec indication des parties incendiées. — Un magnifique portrait de Gambetta ou de Victor Hugo. — Diverses autres gravures.

Bon marché sans précédent

Cette édition ne se vend que par l'entremise de nos voyageurs

GUERRE CIVILE

HISTOIRE
DE LA
COMMUNE DE PARIS

COMITÉ CENTRAL — LE 18 MARS — HISTOIRE DE L'INTERNATIONALE — LES HOMMES DE LA COMMUNE — RÉQUISITIONS
ARRESTATIONS — LES OTAGES — LES BARRICADES — SÉANCES DE LA COMMUNE — COURS MARTIALES
PRISE DE PARIS — MASSACRES — INCENDIES — LES INSURGÉS DEVANT LES CONSEILS DE GUERRE, ETC., ETC.

Par DE LA BRUGÈRE

Ancien Rédacteur en chef des journaux : l'Ami du Foyer ; — le Journal Historique ; — la Revue pour Tous illustrée ; — la Revue Historique et Scientifique ; — continuateur de l'Histoire de France par Anquetil de 1730 à 1872 ; — auteur de la Géographie générale de la France ; — l'Histoire des Révolutions et des Peuples ; — de la Grande Encyclopédie universelle des connaissances utiles ; — Rédacteur en chef des Grands Drames de la cour d'assises et des conseils de guerre ; — 20 vol. in-18 ; — de la Revue des tribunaux ; — et auteur d'un grand nombre d'ouvrages Historiques, Philosophique et Scientifiques ; etc. etc. — Membre de plusieurs sociétés ; — etc.

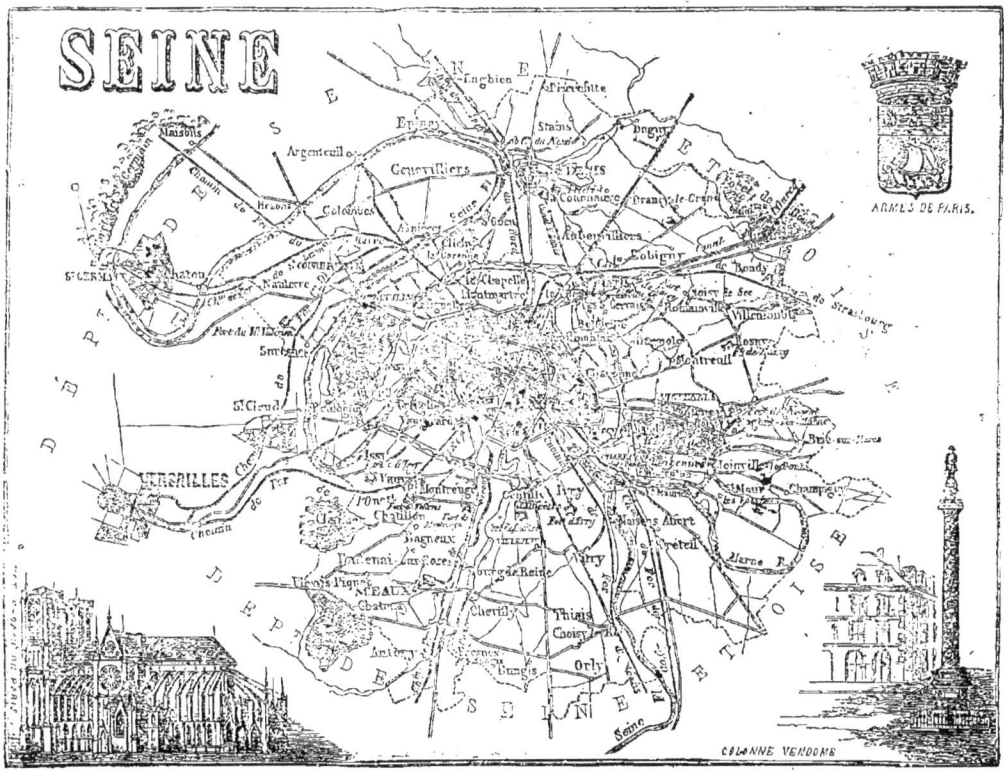

Cet ouvrage est orné d'environ **100 portraits**, dessinés d'après nature, Scènes, Batailles, Types, Vues, Plans, Monuments incendiés, etc., etc. Grandes et belles gravures entièrement inédites.

Bon marché sans précédent. — **Prix de l'ouvrage : 4 fr. 50**, *avec prime gratuite*

A. FAYARD, éditeur, 49, rue des Noyers, Paris. — J. ROMAN, représentant

HISTOIRE DE LA COMMUNE de 1871

PAR

DE LA BRUGÈRE

Origines du Comité central.

Le personnel révolutionnaire qui, dans les derniers temps de l'Empire était rentré à Paris, ne revenait point avec l'idéal d'une république modérée, c'est-à-dire d'un gouvernement constitutionnel libéral dont le Pouvoir exécutif est électif et temporaire ; car ce gouvernement lui paraissait plus odieux que l'Empire.

Il rentrait avec l'espoir d'organiser par la dictature une révolution socialiste.

L'Empire lui ouvrit les clubs et il usa et abusa si bien de la parole qu'il serait mort du ridicule dont il se couvrit, si l'Empire lui-même, ruiné et abêti n'était allé à l'abîme.

Le 4 septembre, au cri général à Paris de « Vive la République ! » le parti socialiste n'osa reparaître. Il sentit que Paris n'était pas avec lui.

Au 31 octobre, les fautes accumulées du gouvernement de la défense, et l'exaspération causée tant par la reddition de Metz que par le silence gardé par Favre et Trochu sur cette sinistre nouvelle, lui donnèrent à croire que son heure était sonnée.

Il se trompait encore.

Le gouvernement de la défense avait perdu la confiance des parisiens. Le peuple commençait à crier à la trahison et la population éclairée était édifiée sur le compte des membres du gouvernement, sur l'incurie des uns et l'incapacité des autres, mais les souffrances et le pressentiment d'une catastrophe ne pouvaient l'aveugler au point d'appeler au pouvoir les empiriques de Belleville.

Les révolutionnaires du 31 octobre retombèrent dans le mépris, et l'on espéra que le gouvernement profiterait de l'échauffourée comme d'un avertissement.

Malheureusement, on le sait, ce dernier était trop au-dessous de la mission qu'il s'était donnée.

Lorsque le pain Magnin et les retraites de nos généraux furent accompagnés d'un bombardement, l'exaspération devint du désespoir et chacun pressentit que le siége serait suivi d'une insurrection formidable.

La garde nationale ne vivait que de sa solde; elle s'était bien battue et elle avait cruellement souffert. Elle devait ressentir les angoisses d'une famine affreuse à la pensée d'un désarmement qui la priverait de son unique moyen d'existence; et la victoire seule eut pu la désarmer.

Chacun se disait cela.

Le gouvernement ne l'ignorait point.

Mais imprévoyant, jusqu'à la dernière heure, il n'osa faire du désarmement de la garde nationale une des conditions de ce qu'il appelait l'armistice et, la place rendue, il eut, le 15 février, l'imprudence de prendre des mesures qui annonçaient son intention de retirer de suite à un grand nombre et prochainement à tous l'unique ressource contre la plus affreuse misère.

C'était prévoquer l'explosion de la guerre civile. Déjà dans les bataillons, on s'était sondé et compté les uns les autres; — les meneurs ne se firent pas attendre.

Ces meneurs qui étaient-ils?

Les gens des clubs de 1869 et du 31 octobre?

Non.

Quelques-uns étaient en prison, d'autres demeuraient campés dans la presse et reconquéraient des lecteurs et des partisans, mais presque tous étaient restés meurtris de leur chûte récente.

Ces meneurs étaient des inconnus du public parisien. C'étaient des révolutionnaires, « en chambre » affiliés de fait ou de sympathie et de dévouement à la grande société de l'Internationale.

Plusieurs étaient étrangers.

La société ayant des sections partout et sa direction à Londres.

La fédération internationale avait à Paris un *conseil fédéral* des sections parisiennes, ces sections ou comités, étaient au nombre de quatre :

L'alliance républicaine,

L'union républicaine,

Les défenseurs de la république,

L'association internationale des travailleurs.

Le conseil fédéral comptait parmi ses membres : MM. Charles Beslay ancien représentant du peuple.

B. Malon, adjoint du XVIIe arrondissement.

Pyndy, relieur.

Lors des élections, l'*Internationale*, dans ses comités, s'était prononcée pour une intervention dans le domaine politique; quelques membres du conseil MM. Beslay et Pyndy, entre autres, s'y étaient opposés; mais assez timidement.

L'*Internationale* en France est essentiellement politique et militante.

Ses comités organisèrent des réunions électorales et formèrent un *comité central*.

A la date du 6 février. Le *comité* avait son siége rue Saint-Marc, 8.

Il s'occupa tout d'abord de la fédération des bataillons, tandis que les autres comités s'occupaient des corporations ouvrières.

Le classement des documents qui suivent, par ordre chronologique, montre l'activité déployée par la société à la formation de la grande armée insurrectionnelle :

Le 14 février le *Comité central* adresse par la voie de ses journaux la proclamation suivante :

Aux chefs de bataillons et commandants de compagnies de la garde nationale.

Citoyens,

Nous vous avons déjà fait un appel auquel beaucoup d'entre vous ont répondu avec un empressement tout patriotique.

Près de 500 délégués ont assisté, le 6 du mois courant, au Cirque national, à une séance dans laquelle les questions les plus graves et les plus pratiques ont été discutées, *et qui faute de temps*, n'ont pas de résultats aussi fructueux que nous l'avions espéré.

A l'occasion du second tour de scrutin nous venons vous demander de faire désigner de nouveau un délégué par chaque compagnie de votre bataillon, afin de constituer une nouvelle assemblée générale de la garde nationale qui se tiendra dans la salle de Tivoli-Wauxhall, 16, rue de la Douane, le mercredi 15 courant, à 9 heures du matin ; il est essentiel que la garde nationale prenne en commun une part active au mouvement électoral, puisqu'elle est le cadre naturel de l'organisation politique de la cité ; et c'est dans cette pensée, qu'au nom de tous les camarades, nous nous adressons à vous en dehors de *tous partis pris et de toute coterie d'intérêt individuels.*

Nous comptons donc sur votre concours et nous **vous donnons le salut fraternel.**

MM. Mayer, commandant du 229ᵉ.
  Vaillant, capitaine au 88ᵉ.
  Courty, sergent-major au 88ᵉ.
  Pinard, garde au 96ᵉ.
  Pontier, André, garde au 57ᵉ.
  Gayeau, Théodore, garde au 193.
  Weill, capitaine d'ordonnance au 253ᵉ. (*Mot d'Ordre,*) 14 février.

Nous trouvons également dans le journal de Rochefort *Le Mot d'Ordre :*

CONVOCATION

Le comité électoral socialiste révolutionnaire constitué par l'association internationale des travailleurs, la chambre fédérale des sociétés ouvrières, et la délégation des vingt arrondissements de Paris invite les clubs et les réunions publiques de chaque arrondissement à se faire représenter par deux délégués à la séance extraordinaire électorale qui aura lieu le 14 courant, à une heure de l'après-midi, place de la Corderie, 6, dans le but d'arrêter la liste définitive pour laquelle devra voter en masse la démocratie révolutionnaire socialiste au scrutin de ballotage.

AVIS DE RÉUNIONS

Le comité d'administration fait savoir à tous les tailleurs et tailleuses de Paris qu'une réunion générale aura lieu le jeudi 16 février, au palais de la Bourse, à une heure précise.

Ordre du jour :

Exposé sommaire de la situation.
Projet d'une association générale de toute la corporation.
Discussion générale des statuts.
Propositions diverses.

Pour le comité d'administration :
Le secrétaire, Galant.

Réunions électorales tous les soirs à 8 heures, cour des Miracles. — *Candidatures ouvrières.*

Association internationale des travailleurs. — Réunion *d'urgence* des membres de la section de l'Est, le mardi 14 février, à deux heures, cour des Miracles.

Le secrétaire, A. Fuzier.

Le comité des travailleurs du 12ᵉ arrondissement invite les travailleurs de tous les arrondissements de Paris à se former en comité, s'ils ne le sont déjà, et à envoyer deux délégués de chaque arrondissement à une réunion, qui aura lieu mardi, 14 courant, à deux heures de l'après-midi, rue des Terres-Fortes, 2, près la Bastille. Le but de cette réunion est de former le comité central et l'en-

LA GUERRE CIVILE. — Pendant la guerre, composition de Léonce Tobb.

tente des vingt arrondissements sur les candidatures ouvrières à soutenir dans le vote de ballotage.

J. Fruneau, charpentier.

Cela suffit à donner une idée du mouvement.

Les numéros du *Mot d'Ordre* des 15

La guerre civile. — Après la guerre, composition de Léonce Tobb.

16, 17, 18 et 19 février, contiennent des avis semblables.

Nous croyons intéressant le procès-verbal de la réunion tenue le 16, salle Ragache (XVᵉ arrondissement).

XVᵉ arrondissement. — Salle Ragache.

Séance du 16 février 1871.

Président : Solair.
Assesseurs : Chauvière et Alphonse.
Secrétaire : Léon Angevin.

Le citoyen Masson, délégué provisoire pour le 15ᵉ arrondissement, explique le but de la réunion. Il s'agit de réunir dans un immense faisceau la grande famille qui s'appelle la garde nationale de Paris, jusqu'à ce jour malheureusement divisée.

Il lit une ébauche des statuts : l'idée républicaine domine dans chacun des articles, si incomplets qu'ils soient encore.

En voici le sens :

La garde nationale ne reconnaît pas d'autre forme de gouvernement que la République. La garde nationale doit être dans l'avenir la seule armée de la France. Elle nomme à l'élection ses chefs depuis le caporal jusqu'au général en chef.

Le citoyen Chauvière, déclare qu'il adhère totalement à l'idée émise par la commission d'initiative.

Plusieurs communications sont faites à l'assemblée. Un citoyen demande qu'on adresse des remercîments à la population de Londres.

Le secrétaire formule ainsi l'adresse de remercîments que la réunion vote à l'unanimité et aux cris de : « Vive la République universelle » :

« Douze cents délégués de tous les bataillons de la garde nationale du 15ᵉ arrondissement, réunis le 16 février, salle Ragache, adressent à la population de Londres, qui a si fraternellement envoyé des vivres à celle de Paris, ses remercîments sincères, et forment des vœux pour la fondation de la République universelle qui seule permettra aux travailleurs de toutes nations de vivres unis.

» Salut fraternel, et vive la République ! »

Demain, chaque compagnie du 15ᵉ arrondissement nommera deux délégués chargés de le représenter au comité définitif central de la garde nationale.

A la date du 22 nous rencontrons pour la première fois une convocation du *Comité central de la garde nationale* adressé aux délégués de tous les bataillons.

Le 23 nous lisons le compte-rendu de la réunion qui a eu lieu le 21.

« L'assemblée générale des délégués de la garde nationale réunis au Tivoli-Wauxhalle, le 24 février, s'est constituée en comité central.

» Elle décide que les statuts seront imprimés à un grand nombre d'exemplaires, pour être vendus dans Paris et portés ainsi à la connaissance et à la discussion de toutes les compagnies.

» A la suite de ces résolutions, les propositions suivantes sont, après délibération, votées à l'unanimité :

» 1° La garde nationale proteste, par l'organe de son Comité central, contre toute tentative de désarmement et déclare qu'elle y résistera au besoin par les armes.

» 2° Les délégués de compagnies soumettront à leurs cercles respectifs de compagnie, la résolution suivante :

» Au premier signal de l'entrée des Prussiens à Paris, tous les gardes s'engagent à se rendre immédiatement, *en armes*, à leur lieu ordinaire de réunion, pour se porter ensuite contre l'ennemi envahisseur.

» 3° Dans la situation actuelle la garde nationale ne reconnaît plus d'autres chefs que ceux qu'elle se donnera.

» En cas de l'entrée des Prussiens dans Paris, les compagnies, réunies en vertu de la décision ci-dessus, désigneront un chef pour le cas où le leur ne marcherait pas avec elle. Il en sera de même des bataillons.

» Les délégués du comité central se

rendront de suite à leur lieu de réunion pour y former un centre d'action.

» La séance a été levée à six heures, et le comité central composé d'environ deux mille délégués, se rend à la Bastille pour rendre hommage aux martyrs de 1830 et 1848. »

Ce compte-rendu est suivi de la constitution du comité. Ce document est d'une importance historique qui n'échappera à aucun de nos lecteurs.

Nous le reproduisons in-extenso.

ASSOCIATION DES
DÉFENSEURS DE LA RÉPUBLIQUE

La capitulation de Paris, et la signification monarchique d'un scrutin surveillé par les baïonnettes allemandes, ont mis en péril l'existence même de la République.

En présence d'un tel danger, et dans le but d'y parer, l'*Association des Défenseurs de la République* croit le moment venu pour tous les républicains de se grouper et de s'unir entre eux.

A tous ceux qui sont pénétrés de cette vérité que la République est au-dessus du suffrage universel, et qu'il n'y a pas de droit contre le droit, à tous ceux-là, l'Association fait la déclaration suivante :

DÉCLARATION

Une seule question doit se poser aujourd'hui parmi les Républicains : Etre ou ne pas être.

Toutes les nuances, toutes les écoles doivent s'unir pour le salut commun.

Deux camps seulement doivent actuellement se trouver en présence. D'un côté, les monarchistes avec le cortège des charges et des institutions que traîne après elle la servitude ; de l'autre côté, les Républicains, avec leur programme de justice et de solidarité, où doit découler l'immortelle trilogie : Liberté, Egalité, Fraternité.

C'est dans ce but que le Comité central déjà existant fait connaître l'organisation et l'extension suivantes, qu'il se propose de donner à l'association des défenseurs de la République, avec l'approbation de tous les adhérents actuels.

ORGANISATION

I

L'Association des défenseurs de la République a pour but :

1° De défendre l'existence de la République envers et contre tous ;

2° De propager les principes de justice, qui sont la base même des institutions républicaines.

II

L'Association, qui embrasse la France et l'Algérie, est divisée en groupe.

Chaque arrondissement de Paris forme un groupe ; chaque département en forme un a...

II

Les groupes sont divisés en sections : ceux de Paris, à raison d'une section par quartier ; ceux des départements, à raison d'une section par arrondissement.

IV

Chaque groupe se recrutera et s'administrera par lui-même, à la condition toutefois que, lors de sa formation, il soumettra à l'approbation du Comité central la liste de ses cinquante premiers adhérents.

Le Comité central prélèvera sur chaque groupe une cotisation mensuelle d'autant de fois vingt-cinq centimes que le groupe comptera de membres.

Comité central.

I

Le Comité central de l'Association des Défenseurs de la République réside à Paris.

Il est composé de tous les délégués librement élus des groupes de Paris et des départements.

II

A titre provisoire, et jusqu'à ce que tous les groupes puissent avoir une représentation proportionnelle au nombre de leurs membres, chaque département sera représenté au Comité central par un délégué, et chaque arrondissement de Paris par cinq délégués.

III

Le mandat de chaque délégué est constamment révocable, et doit dans tous les cas cesser au bout du douzième mois d'exercice.

La majorité absolue, nécessaire pour obtenir la révocation d'un délégué devra être supérieure en nombre au tiers des adhérents inscrits du groupe.

IV

Les fonctions du Comité central actuel cesseront le 31 mars prochain.

D'ici à cette époque, chaque groupe de Paris devra s'organiser, se faire reconnaître par le Comité central, et pourvoir par l'élection à la nomination des cinq délégués qui devront entrer en fonctions le 1er avril.

Les groupes de départements procèderont à l'élection de leurs délégués, au fur et à mesure de leur formation.

V

Une carte individuelle, émanant du Comité central, sera délivrée à tous les adhérents de l'Association.

L'Association assure à chacun de ses membres sa protection dans le cas où, pour des causes politiques, leur liberté serait atteinte.

Le Comité central actuel se réserve de proposer au futur Comité central la création d'un journal hebdomadaire, qui serait l'organe des intérêts et des principes de l'Association.

Délibéré en assemblée générale, le 21 février 1871.

Pour l'Association des Défenseurs de la République.

Le président du Comité central : Bayeux-Dumesnil ;

Les vice-présidents : Dujarrier, Ulysse Parent ;

Les secrétaires : Dassis, Arthur Arnould.

—

NOTE

De nombreux comités républicains existent déjà dans les départements et dans Paris. Nous serions désireux de les voir venir à nous comme nous sommes désireux d'aller à eux. Une vaste et forte organisation, un rayonnement facile et prompt sont seuls capables d'assurer le succès.

La nécessité de l'*unité de groupe* étant comprise, le Comité central ne saurait trop inviter les divers comités d'un même département ou d'un même arrondissement de Paris à se fusionner en un seul *Groupe* à se faire reconnaître par le Comité central, etc., etc.

Sans vouloir empiéter sur l'initiative de chaque groupe, dont l'autonomie est formellement respectée, le Comité central se propose d'indiquer, dans une prochaine circulaire, quels sont les moyens d'organisation pratique et de propagande sur lesquels il croit devoir appeler l'attention des groupes.

Le Général Clément-Thomas.

N. B. — Toutes les lettres doivent porter la suscription suivante :
Au Secrétaire de l'Association des Défenseurs de la République.
13, rue des Fontaines, PARIS.
S'adresser à la même adresse pour tout renseignement verbal (de 2 à 4 heures).

Nous ferons observer que le trop nombreux Comité central n'était que provisoire.

Les articles IV et V laissent la porte entr'ouverte à un Comité définitif, celui qui prendra en main la direction du mouvement, quand l'heure sera sonnée.

Ceux qui doivent le composer laissent d'abord la place aux *modérés*, tels qu'Ulysse Parent ; ils se tiennent à l'arrière-plan avec une modestie qui est la plus grande habileté.

Jusqu'alors le *Mot d'Ordre*, le *Rappel* leur

ont servi d'organes ; d'autres journaux vont naître : *Le Cri du Peuple* de Vallès a déjà paru à la date du 22, et le *Père Duchêne* est sous presse.

Cependant le gouvernement paraît frappé de cécité, et dans la population nombreuse qui représente le parti de l'ordre nul ne paraît s'émouvoir du branlebas du parti rouge.

C'est la question des 30 sous, dit-on avec dédain. On a soif de repos, et l'on se calfeutre d'indifférence.

Le 25 les gardes nationaux se rendent en foule à la Bastille porter des couronnes à la colonne de juillet ; dans leurs rangs se voient en grand nombre des soldats de la ligne et de la mobile.

Cette manifestation ne produit dans le Paris paisible aucune sensation.

Nous atteignons ainsi le jour néfaste où les Prussiens, en vertu d'un article louche des préliminaires de paix, firent occuper par trente mille hommes le 16ᵉ arrondissement et une partie des deux arrondissements limitrophes.

La veille de ce jour, on remarqua généralement sur les murs de Paris une affiche adressée à la garde nationale et signée du Comité central.

Nous y trouvons la composition nouvelle du Comité définitif :

Assi, Billioray, Ferrat, Babick, Edouard Moreau, C. Dupont, Varlin, Boursier, Mortier, Gouhier, Lavallette, F. Jourde, Rousseau, Ch. Lullier, Blanchet, J. Grollard, Barroud, H. Géresme, Fabre, Pougeret, Bouit, Viard, Ant. Arnaud.

Ces noms inconnus amusèrent les badauds de la grande ville. Qui eut pu prévoir la sinistre célébrité à laquelle ils étaient appelés !...

Le 26 au soir, à la nouvelle de l'occupation, les *fédérés*, — c'était le nom nouveau des soldats du Comité, — enlevèrent du parc d'artillerie de l'avenue de Wagram 227 pièces de canon de sept et 30 mitrailleuses munies de leurs caissons.

Ils les transportèrent à la Bastille et au Luxembourg.

Ce ne fut que vers une heure que l'on put sonner la boute-selle pour avertir les artilleurs de la garde nationale qu'ils avaient à se rendre au plus tôt au parc Wagram, et lorsqu'ils arrivèrent, un grand nombre des bataillons de marche et sédentaires étaient déjà venus, et, faute de chevaux, avaient emmené eux-mêmes une trentaine de canons ; les uns tirant, les autres poussant pour les mettre à l'abri dans leurs quartiers respectifs.

Il y avait environ 80 chevaux du train d'équipage dans une écurie construite exprès auprès de là et l'on en attendait autant qui vinrent, en effet, vers quatre heures.

Il fallut promettre solennellement aux gardes nationaux que deux de leurs canons qui restaient seraient enlevés, et, de plus, les mettre presque de force hors du parc d'artillerie pour les décider à ne pas terminer eux-mêmes leur rude besogne.

La même opération fut faite à l'Arsenal, malgré la résistance qui leur fut opposée.

Aux gens à courte vue qui s'étonnaient, les fédérés répondaient avec bonhomie : « Est-ce que ces canons n'appartiennent pas à la garde nationale ?

» Si nous ne les avions pas enlevés ils auraient été livrés aux Prussiens. »

Il est triste de le dire, mais la population parisienne n'est pas souvent à la hauteur de la réputation d'intelligence qu'on lui a faite.

Généralement on trouva ces enlèvements justes et d'une sage précaution.

L'entrée des Prussiens eut lieu le 1ᵉʳ mars.

II

Du 1ᵉʳ Février au 18 Mars.

Ce fut la période d'incubation de l'insurrection.

Le Comité l'employa avec une incontestable habileté. En moins de quinze jours Montmartre, Belleville et Montrouge furent armés de plus de 300 pièces, tant canons de 7 nouveau modèle, que de mitrailleuses, munis de leur caissons et de leurs projectiles.

Des points stratégiques furent choisis; on y éleva des barricades et des retranchements; Montmartre devint une forteresse. L'autorité municipale non plus que l'autorité militaire n'y mirent aucun empêchement, et dans le Paris pacifique on parla d'abord des « canons de Montmartre » comme d'une curiosité. Le XVIIIᵉ arrondissement devint un but de promenade.

Barricades et batteries étaient nuit et jour gardées et les gardes nationaux en permettaient l'accès aux curieux avec une politesse affectée dont ces derniers étaient merveillés.

— Pourquoi ces canons sont-ils tournés contre Paris? leur demandait-on..

— Ils sont tournés contre les prussiens de Paris, répondaient les gardes, ils sont à nous et nous verrons bien si l'on osera venir nous les prendre.

Le sentiment général était que ces hommes ne voulaient garder leurs armes que pour garder leur solde.

La question des trente sous se dressait plus menaçante que toutes les questions de politique étrangère qui jusqu'alors avaient menacé la France.

Sans doute trente sous par jour pour un célibataire, quarante-cinq pour un père de famille, sont bien insuffisants, mais, depuis six mois, le plus grand nombre des gardes nationaux s'étaient faits à ce régime et de plus s'étaient deshabitués du travail et s'étaient accoutumés à une vie de cabaret et de corps de garde, de marche militaire et de désœuvrement.

La question des trente sous était donc grosse de tempêtes et l'on ne saurait trop insister sur ce point, lorsque, comme l'auteur de ce récit, on a assisté au siége et à toutes les péripéties de l'horrible drame qui le suivit.

On sait alors que la grande ville qui, en temps normal, compté plus de 20,000 individus sans autres ressources que l'escroquerie ou le crime, compte aussi plus de cent mille travailleurs sans épargne.

Nous évaluons au plus bas.

Si l'on ajoute à ces chiffres déjà considérables celui des pères de famille dont l'épargne est insuffisante et dont le crédit a été coupé, on commencé à comprendre l'importance des trente sous.

Au sortir du siége cette foule armée, sans courage devant la misère, flattée par les charlatans révolutionnaires et trop ignorante en politique et en économie sociale pour ne pas être facilement abusée, passa volontiers avec armes et bagages dans le camp socialiste.

On entendit « de braves ouvriers » dire qu'il leur fallait bien gagner leur pain, et des femmes pousser leurs maris au parti insurrectionnel pour qu'ils fassent *quelque chose*.

Le service de garde national était devenu un métier.

Et Paris se trouva livré à 200,000 hommes semblables aux condottières du moyen-âge, prêts à servir le premier maître venu pour quelques sous par jour.

Que l'or du prussien, ou de l'homme de décembre se répande, voilà 200,000 hommes à lui!

Quel crime médite-t-on?... Veut-on la guerre civile?... La ruine de Paris?... Le partage de la France?...

L'instrument du crime est tout prêt.

Ne laissons pas aux historiens à venir le droit d'imaginer pour la guerre civile du 18 mars une théorie explicative ; nous dire, — on l'a déjà essayé, — qu'il s'agissait de grandes réformes politiques et sociales, de franchises municipales à conquérir ou assurer, d'un système fédératif à fonder... Rien de cela n'est vrai.

Le vrai, c'est qu'il fallait à quelques révolutionnaires l'embrasement d'une révolution ou insurrection générale ; — la vérité, c'est qu'il fallait à quelques ambitieux d'estaminet, des places, des honneurs, de l'argent.

A une foule armée, une solde.

Des galons et de l'argent ; voilà tout.

La vérité est triste pour Paris et pour l'humanité, mais nous l'avons payée assez cher pour la regarder courageusement en face.

On jugera mieux encore lorsqu'on arrivera aux dernières page de cette douloureuse histoire. On comprendra que les crimes inouïs de la Commune ne pouvaient sortir que de la fermentation de tous les vices, de toutes les corruptions que peut renfermer une grande capitale.

Paris, dans sa population honnête et paisible, s'alarmait enfin de l'attitude de Montmartre. On trouve l'écho de ses inquiétudes dans la plupart des journaux du moment.

Tandis que quelques organes instigateurs, ou complices, affectaient une hypocrite sécurité, voici ce que, le 27 février, disait le *Cri du Peuple* de Vallès.

« Revenons à nos Trente sous.

» On te les donna pendant plusieurs mois, on te les donna jusqu'au jour où la capitulation mit en sureté les propriétés.

» Maintenant qu'on n'a plus besoin de toi, maintenant que ton patriotisme devient un danger pour ceux qui ont manigancé notre deshonneur, on te les retire.

» Tu étais rationné, te voici à la diète. M. Trochu a terminé la campagne juste à temps pour te forcer à observer le carême Maintenant tu vas communier avec la faim. Tu n'as pas eu le courage de faire une sortie sur l'Hôtel-de-Ville quand on t'y appelait, tu n'as pas eu la dignité de mourir d'une colère rentrée, — on va te faire crever d'inanition ! »

Après ce que vous venez de lire, comprenez-vous comment certains journaux étaient assez hypocrites pour engager l'Assemblée Nationale à rentrer à Paris ?... De quelle confiance sont dignes des publicistes tels que les Hugo, les Meurice, les Rochefort, les Portalis et tant d'autres dont il nous répugne d'inscrire ici les noms tarés... quoique populaires ?

———

III

Le Comité fédéral républicain.

Nous devons suivre le comité dans toutes ses transformations. Il en subit de fréquentes en ses deux mois d'existence. Son personnel ne fut jamais restreint à un nombre déterminé de membres ; ses pouvoirs et son influence sont demeurés un mystère pour la plupart de ceux qu'il opprima.

Le 1ᵉʳ mai une réunion de commandants nomma une commission de réorganisation de la garde nationale.

Cette commission, sous la présidence du comte Raoul du Bisson (retenez ce nom, je vous prie) était composée de bourgeois.

Elle décida que le comité central prendrait la dénomination de *Comité fédéral républicain de la garde nationale*.

C'était un jalon de planté pour le tracé d'une théorie politique dont la Commune nous réservait le programme complet.

Assassinat des Généraux Lecomte et Clément-Thomas.

IV
La Presse

Le 6 mars, la nomination d'Aurelles de Paladines souleva dans la presse socialiste un *tolle* général.

On cria à la provocation.

On nia au Pouvoir exécutif le droit de nommer un chef à la garde nationale.

On déclara que ses 300,000 baïonnettes étaient un contre poids nécessaire au pouvoir...

Mais, avec le même aplomb et en dépit du sens commun, on niait que les fortifications de Montmartre fussent une menace contre l'ordre public.

« Le calme le plus complet, ajoutait-on, règne à Montmartre et à Belleville. »

Si le calme règne à Montmartre, il n'en est pas de même à l'Assemblée.

Les journaux du Comité l'accablent des plus grossières invectives. — Les plus *littéraires* traitent les députés de valets de ferme, de bestiaux, de crétins, de terreux. Le *Rappel* et le *Mot d'Ordre* n'ont pas assez de mépris pour la province, pour les campagnes *ignorantes*, et délogés pour Paris ; ils ont mission d'affranchir l'esprit des masses du reste de *superstition* qui peut les attacher encore au suffrage universel, — le seul principe d'autorité qui nous reste.

Si la boue dont ils essaient de couvrir l'Assemblée ne suffit pas ; les obusiers de Montmartre sont tout prêts.

Ils le savent, les malheureux !

Et ils le nient !...

La feuille emphatique des Hugo et le Figaro-rouge de Rochefort font le jeu des Delescluze et des Blanqui.

Sont-ils aveuglés par leur fatuité, ou par leur cupidité ?... Ils ne paraissent pas s'apercevoir qu'ils font la parade pour un drame monstrueux.

La petite bourgeoisie s'en amuse et les ouvriers que leurs flatteries ont grisés, étrangers d'ailleurs aux procédés de la presse, leur accorde une foi aveugle et ne pressentent point que cette *guerre civile morale*, — si je puis dire, — déclarée à Paris entre les grandes villes et les provinces n'est que le prélude d'une guerre civile effective et sanglante !...

On s'étonne du silence et de l'inaction du gouvernement.

Enfin l'*Officiel* prend la parole.

L'article qu'il publie le 12 mars, est un conseil et un avertissement, nous en citerons une partie.

« Au moment où vont s'ouvrir les négociations qui nous conduiront à la conclusion d'un traité de paix définitif, chacun de nous doit se pénétrer de la gravité de notre douloureuse situation, et de l'importance capitale des pénibles devoirs qu'elle nous impose. Nous traversons une des plus cruelles épreuves qui puisse être infligée à une nation.

« Nous ne pouvons nous en tirer que par le bon sens et la ferme volonté d'en finir avec les chimères.

« Après avoir follement abdiqué au profit d'un pouvoir infatué de lui-même, la France a reconnu trop tard qu'elle était menée à l'abîme ; maintenant qu'elle y est tombée, c'est en elle seule qu'elle doit chercher la force qui l'en tirera. Aussi s'est-elle tout d'abord constituée en République, parce que la République, c'est-à-dire le gouvernement de tous et pour tous, peut seule unir les âmes et les préparer à de nécessaires sacrifices. Ce serait donc un crime contre le pays que de l'attaquer par des intrigues ou des violences ayant pour but le succès d'une minorité monarchique ou dictatoriale. Ce ne serait pas un moindre crime de semer la division, de fomenter des troubles, de créer des agitations au profit de quelques ambitieux.

« Nous sommes à une heure où le plus grand patriotisme consiste à se soumettre à la discipline sociale et à l'obéissance aux lois. Ceux qui se font un jeu de les transgresser deviennent des ennemis publics, méritant toutes les sévérités de l'opinion d'abord, de la répression légale ensuite. Ceux qui veulent le maintien de la République et le retour à la prospérité, veulent par là même le travail régulier, l'ordre dans la rue, l'obéissance aux chefs légitimes, le respect du droit de chacun. Au contraire, prêcher et pratiquer le mépris des lois, déshonorer la presse par l'injure et la calomnie, substituer des pouvoirs ocultes à l'autorité légale, c'est faire œuvre de mauvais citoyen, c'est ruiner la République et ramener le despotisme.

« C'est pis encore, c'est retarder l'évacuation étrangère et peut-être nous exposer à une plus complète et plus terrible occupation. Sachons en effet envisager notre situation sans illusion. Nous avons été vaincus. Près de la moitié de notre sol a été au pouvoir d'un million d'Allemands; ils nous ont imposé la charge d'une indemnité écrasante de cinq milliards; ils n'abandonneront pas leur gage avant d'avoir été payés. Or, nous ne pouvons trouver des ressources que dans le crédit, et ce crédit nous ne pouvons l'obtenir qu'à force d'économie, de sagesse, de bonne conduite. Nous n'avons pas une minute à perdre pour nous remettre au travail, notre seul salut, et c'est à ce moment suprême que nous aurions la triste folie de nous livrer à des dissensions civiles! Nous souffririons que quelques hommes incapables de dire ce qu'ils veulent troublassent la cité par des entreprises criminelles! Nous faisons un appel à la raison de nos concitoyens, et nous sommes sûrs qu'elle rendra impossibles de pareilles tentatives. »

« Nos négociateurs vont à voir à débattre de graves, de difficiles, de douloureuses questions. Avec quelle autorité le pourront-ils faire, si on leur répète cette objection tant de fois opposée par nos adversaires : Vous n'êtes pas un gouvernement; on vous insulte, on vous désobéit, on vous tient en échec, vous ne pouvez offrir aucune garantie sérieuse de stabilité. Si, alors qu'ils se réuniront pour traiter, nos négociateurs ont à redouter des séditions, ils échoueront, comme au 31 octobre, lorsque l'émeute de l'Hôtel-de-Ville a autorisé l'ennemi à nous refuser l'armistice qui eût pu nous sauver.

» Aujourd'hui encore, nous avons besoin de toute notre force pour lutter contre un adversaire habile et victorieux; cette force, nous la puiserons surtout dans l'opinion, qui ne nous sera favorable qu'autant que nous saurons nous la concilier par notre union, notre sagesse, notre dignité dans le malheur. Jamais une nation n'a eu un intérêt plus direct à pratiquer les véritables vertus civiques. C'est pour l'avoir oublié que nous souffrons, et, par la grandeur même du mal qui nous accable, nous devons comprendre la nécessité absolue de profiter de la leçon et de placer notre refuge dans la connaissance et le respect de notre devoir.

» Le gouvernnment met son honneur à fonder la République. Il la défendra énergiquement, avec le ferme dessein de lui donner pour base le crédit, sans lequel la richesse publique ne peut renaître ; le maintien de l'ordre et l'exécution des lois, qui seuls lui permettront de préparer une ère de réparation et de paix. »

Cet article avait-il rien de provocateur et de violent?

Le 12, un arrêté du général Vinoy supprimait les journaux *Le Vengeur* (de F. Pyat), *Le Cri du Peuple*, *Le Mot d'Ordre*, *Le père Duchêne* (1), *La Carricature* et *la Bouche de fer* (de P. Grousset).

Le *Rappel*, protégé par le grand nom de

---

1. Le lecteur fera plus loin connaissance avec la rédaction de cet infâme journal.

Victor Hugo, en profite pour répliquer :

« A quoi tendent ces violences ?

« Les journaux de la réaction ont eu beau faire prendre feu à Montmartre et à faire tout ce qui a dépendu d'eux pour Belleville ; ils ont eu beau calomnier les citoyens dont le patriotisme n'avait pas voulu livrer les canons de la garde nationale à l'ennemi, et dont le civisme voulait les conserver à la garde nationale ; la modération des républicains a refusé aux conspirateurs monarchistes le prétexte qu'ils demandaient.

» Tout s'apaisait.

» Et c'est en ce moment que le gouvernement vient parler « d'insurrection et de pillage. » C'est quand tout est calme que le gouvernement vient faire de la violence et vient déclarer qu'avec la liberté de la presse il lui est impossible de rétablir l'ordre, — qui est rétabli. »

A. Vacquerie.

Est-ce imbécilité ?... Est ce scélératesse ?... Nous nous le demandons.

Ils connaissaient le personnel révolutionnaire, ils étaient initiés à ses plans.

Mais il leur fallait la clientèle de la garde nationale. Les armes parlantes du *Rappel*, c'est une caisse.

Que le sang innocent qui va couler à flots retombe sur la tête de ces misérables !...

Mais laissons la presse.

Le comité central nous a taillé de la besogne.

Il déploie une activité extrême.

Les grèves s'organisent en province : à Roubaix, à Marseille ; Lyon s'agite.

A Paris, il reste à embaucher les employés des grandes administrations publiques. Nous en sommes informés par l'avis suivant :

« Les employés de l'Etat, tels que télégraphes, postes, ponts-et-chaussées, contributions, etc., et ceux des chemins de fer sont convoqués pour lundi 13 mars à 7 1/2 du soir rue J.-J. Rousseau 35.

» Le but de cette réunion est d'établir un plan de réformes générales pour améliorer le sort de ce nombreux personnel et transmettre ce plan à l'Assemblée législative. »

Ne pouvant multiplier les citations, nous engageons nos lecteurs à se rappeler les démissions bruyantes de quelques députés de Paris, le discours de Victor Hugo sur la suprématie de Paris et enfin la décision prise par l'Assemblée de transporter provisoirement le siége de ses délibérations à Versailles.

Nous croyons que nos lecteurs sont suffisamment édifiés sur les manœuvres du parti rouge et sont à même de juger l'insurrection dont ils ont, jour par jour, depuis plus d'un mois suivi les préparatifs.

V

Le 18 Mars.

Dans la nuit du 17 au 18, vers deux heures du matin, le gouvernement faisait afficher la proclamation suivante.

» Habitants de Paris,

» Nous nous adressons encore à vous, à votre raison et à votre patriotisme, et nous espérons que nous serons écoutés.

» Votre grande cité, qui ne peut vivre que par l'ordre, est profondément troublée dans quelques quartiers ; et le trouble de ces quartiers, sans se propager dans les autres, suffit cependant pour y empêcher le retour du travail et de l'aisance.

» Depuis quelque temps des hommes mal intentionnés, sous prétexte de résister aux Prussiens, qui ne sont plus dans vos murs, se sont constitués les maîtres d'une partie de la ville, y ont élevé des retranchements, y montent la garde, vous forcent à la monter avec eux, par ordre d'un

Le Général Lecomte

comité occulte qui prétend commander seul à une partie de la garde nationale, méconnaît ainsi l'autorité du général d'Aurelles, si digne d'être à votre tête, et veut former un gouvernement en opposition au gouvernement légal, institué par le suffrage universel.

» Ces hommes qui vous ont causé déjà tant de mal, que vous avez dispersés vous-mêmes au 31 octobre, affichent la prétention de vous défendre contre les Prussiens, qui n'ont fait que paraître dans vos murs, et dont ces désordres retardent le départ définitif, braquent des canons qui, s'ils faisaient feu, ne foudroieraient que vos maisons, vos enfants et vous-mêmes; enfin, compromettent la République au lieu de la défendre, car, s'il s'établissait dans l'opinion de la France que la République est la compagne nécessaire du désordre, la République serait perdue. Ne les croyez pas, et écoutez la vérité que nous vous disons en toute sincérité !

» Le gouvernement, institué par la nation tout entière, aurait déjà pu reprendre ces canons dérobés à l'Etat, et qui, en ce moment, ne menacent que vous, enlever ces retranchements ridicules qui n'arrêtent que le commerce, et mettre sous la main de la justice les criminels qui ne craindraient pas de faire succéder la guerre civile à la guerre étrangère ; mais il a voulu donner aux hommes trompés le temps de se séparer de ceux qui les trompent.

» Cependant le temps qu'on a accordé aux hommes de bonne foi pour se séparer des hommes de mauvaise foi est pris sur votre repos, sur votre bien-être, sur le bien-être de la France toute entière. Il faut donc ne pas le prolonger indéfiniment. Tant que dure cet état de choses, le commerce est arrêté, vos boutiques sont désertes, les commandes qui viendraient de toutes parts sont suspendues, vos bras sont oisifs, le crédit ne renaît pas, les capitaux, dont le gouvernement a besoin pour délivrer le territoire de la présence de l'ennemi, hésitent à se présenter.

» Dans votre intérêt même, dans celui de votre cité, comme dans celui de la France, le gouvernement est résolu à agir. Les coupables qui ont prétendu instituer un gouvernement à eux vont être livrés à la justice régulière. Les canons dérobés à l'État vont être rétablis dans les arsenaux, et, pour exécuter cet acte urgent de justice et de raison, le gouvernement compte sur votre concours. Que les bons citoyens se séparent des mauvais ; qu'ils aident à la force publique au lieu de lui résister. Ils hâteront ainsi le retour de l'aisance dans la cité, et rendront service à la République elle-même, que le désordre ruinerait dans l'opinion de la France.

» Parisiens, nous vous tenons ce langage parce que nous estimons votre bon sens, votre sagessse, votre patriotisme ; mais, cet avertissement donné, vous nous approuverez de recourir à la force, car il faut à tout prix, et sans un jour de retard, que l'ordre, condition de votre bien-être, renaisse entier, immédiat, inaltérable.

» Paris, le 17 mars 1871.

» THIERS,
» *Président du conseil, chef du pouvoir exécutif de la République.*

» DUFAURE, ministre de la justice. — E. PICARD, ministre de l'intérieur. — POUYER-QUERTIER, ministre des finances. — JULES FAVRE, ministre des affaires étrangères. — Général LE FLÔ, ministre de guerre. — Amiral POTHUAU, ministre de la marine. — JULES SIMON, ministre de l'instruction publique. — DE LARCY, ministre des travaux publics. — LAMBRECHT, ministre du commerce. »

RÉPUBLIQUE FRANÇAISE

« Gardes nationaux de Paris,

» On répand le bruit absurde que le gouvernement prépare un coup d'État.

» Le gouvernement de la République n'a et ne peut avoir d'autre but que le salut de la République.

» Les mesures qu'il a prises étant indispensables au maintien de l'ordre, il a voulu et il veut en finir avec un comité insurrectionnel dont les membres, presque tous inconnus à la population, ne représentent que des doctrines communistes et mettraient Paris au pillage et la France au tombeau, si la garde nationale et l'armée ne s'élevaient pour défendre, d'un commun accord, la patrie et la République.

» Paris, le 17 mars 1871.

» A. THIERS.

» Dufaure. — E. Picard. — Favre. — J. Simon. — Pouyer-Quertier. — Général Le Flô. — Amiral Pothuau. — Lambrecht. — De Larcy. »

« *A la garde nationale de la Seine.*

» Le gouvernement vous appelle à défendre votre cité, vos foyers, vos familles, vos propriétés.

» Quelques hommes égarés, se mettant au-dessus des lois, n'obéissant qu'à des chefs occultes, dirigent contre Paris les canons qui avaient été soustraits aux Prussiens.

» Ils résistent par la force à la garde nationale et à l'armée.

» Voulez-vous le souffrir ?

» Voulez-vous, sous les yeux de l'étranger, prêt à profiter de nos discordes, abandonner Paris à la sédition ?

» Si vous ne l'étouffez pas dans son germe, c'en est fait de la République et peut-être de la France !

» Vous avez leur sort entre vos mains.

» Le gouvernement a voulu que vos armes vous fussent laissées.

» Saisissez-les avec résolution pour rétablir le régime des lois, sauver la République de l'anarchie, qui serait sa perte ; groupez-vous autour de vos chefs : c'est le seul moyen d'échapper à la ruine et à la domination de l'étranger.

» *Le ministre de l'intérieur,*
» ERNEST PICARD.

» Paris, le 18 mars 1871. »

Cet appel était inutile.

On l'a vu, Paris appartenait depuis longtemps déjà à la fédération des gardes nationaux, formidablement armée.

A ces 200 mille hommes, et ces 300 bouches à feu le gouvernement ne pouvait opposer que quelques régiments (et quel régiments !)

Que pouvait faire la population pacifique de Paris ?

Rien. Pas même lire les affiches posées à 2 heures du matin.

Son sort était entre les mains du Comité central.

Vers trois heures, deux colonnes, l'une composée de régiments de ligne, l'autre de chasseurs à pied précédés par des gardiens de la paix, des gendarmes et un escadron de la garde municipale se dirigeaient vers Montmartre en suivant le boulevard de Clichy.

A quatre heures la butte et le Moulin étaient cernés par la ligne.

Les gardiens de la paix et les gendarmes entraient dans la rue des Rosiers où se trouvait un poste de cent soixante gardes nationaux environ.

Quelques coups de feu furent échangés et les gardes insurgés faits prisonniers.

En même temps la ligne s'emparait du parc d'artillerie. Les gardes en étaient absents et le général Lecomte put l'occuper sans coup férir.

Ainsi, du Moulin à l'extrémité des hauteurs qui dominent la place Saint-Pierre, Montmartre était pris et son artillerie presque toute entière était entre les mains de l'armée.

Paris dormait.

Le général Lecomte pouvait croire que tout était terminé.

Il attendait des chevaux pour emmener les pièces.

Cependant les fédérés commençaient à

secouer le lourd sommeil dont ils avaient pris chez le marchands de vins la funeste habitude.

A cinq heures ils battaient le rappel non-seulement à Montmartre, mais dans tout Paris.

Dans tous les quartiers, les bataillons se formaient et prenaient ensuite la direction des Buttes.

Les abords en étaient occupés par l'armée.

Place Pigalle était un bataillon de chasseurs ; la foule hostile l'entourait provoquant les soldats à la trahison.

Le capitaine somma la foule de se disperser.

Sur le refus de celle-ci, il ordonna de charger les armes.

Mais avant qu'il eut commandé le feu, une balle l'atteignit en pleine poitrine.

Il tomba.

La foule se rua sur le cadavre et les soldats levèrent la crosse en l'air.

La trahison et l'insurrection fraternisèrent.

Sur d'autres points les mêmes scènes, les mêmes infamies se répétèrent.

Les gardes nationaux escaladent la butte Saint-Pierre sans rencontrer de résistance.

Lorsqu'ils en atteignent le sommet, seuls les gardes municipaux font feu ; les soldats du 88ᵉ de ligne, restent sourds aux ordres de leurs chefs, lèvent la crosse en l'air et livrent leur général.

En un instant le général Lecomte et son état-major sont faits prisonniers.

Le commandant des gardes municipaux cerné et jugeant la résistance inutile, est obligé de se rendre. Ses braves soldats sont désarmés et faits prisonniers. Lui-même est emmené avec le général Lecomte au Château-rouge.

A la même heure, les insurgés reprenaient le poste de la rue des Rosiers ; mais non sans éprouver de la part des gardiens de la paix qui l'occupaient une vaillante résistance.

Il et remarquable que « ces gens de police » sont le seuls pour qui, en cette triste journée, l'honneur et la fidélité au drapeau n'aient pas été de vains mots.

Tandis que ces événements s'accomplissaient à Montmartre, le parc des Buttes-Chaumont était enlevé par les soldats et les canons étaient emmenés.

A neuf heures, un peloton de gendarmes à cheval monte la rue Blanche ; il précède deux généraux, dont l'un est le général Vinoy accompagné de son état-major.

Derrière eux s'avance un escadron de chasseurs d'Afrique, sabre au poing.

La foule les accueille par des huées et les cris : *A bas Vinoy!*

Des gamins ramassent des pierres.

Ils arrivent à la barrière Clichy. Ordre est donné aux soldats de la ligne et aux chasseurs de mettre la baïonnette au bout du fusil et de charger les armes.

Les soldats répondent en mettant la crosse en l'air.

La fraternité républicaine n'est pas un vain mot. Les gendarmes témoins de cette trahison et sur le point d'en être victimes se fraient un passage à travers la foule et les soldats et se retirent.

Un peu plus loin, place Pigalle, sont arrivés des gendarmes à pied et à cheval, des chasseurs d'Afrique et de la ligne. Ces troupes font face à la garde nationale massée dans la rue Houdon.

Le général Susbielle donne l'ordre à la ligne d'attaquer cette rue.

Les troupes ne bougent pas.

Ordre réitéré.

Mais le *peuple* crie vive la ligne! Et les

Glais-Bizoin

jeunes soldats n'entendent plus leurs officiers.

Les chasseurs d'Afrique, sabre au poing, s'apprêtent à marcher.

Mais la ligne lève la crosse en l'air, et par sa masse inerte oppose aux cavaliers un obstacle infranchissable.

Indigné, le commandant des chasseurs ordonne à ses cavaliers de le suivre, s'élance sur la ligne et frappe les traîtres de son sabre.

Mais aussitôt plusieurs coups de feu éclatent et le brave commandant tombe mortellement frappé.

Les gendarmes ripostent alors aux insurgés, une vive fusillade s'engage et la foule se disperse.

Encore une honteuse défection.

Des artilleurs livrent dix pièces aux gardes nationaux.

Nous ne sommes pas au bout.

Un régiment de ligne et des soldats du train, munis de prolonges, sont envoyés à onze heures à la salle de la Marseillaise transformée en arsenal. Elle n'est gardée que par une dizaine d'hommes.

Arrivés en présence de ces hommes, les soldats de la ligne se consultent et se retirent.

Redescendus rue Lafayette ces soldats scrupuleux voient une barricade gardée par quarante individus environ ; ils remontent le faubourg Saint-Martin. Là, autre barricade. Les officiers veulent la prendre ; les soldats lèvent la crosse en l'air.

Un officiers frappe l'un d'eux sur la tête.

Trois femmes se jettent sur lui.

D'autres officiers interviennent. La foule gronde.

Capitulation générale et fraternité.

Dans la journée à Belleville mêmes scènes de fraternisation.

Mais là, disent les journaux *avancés*, cette défection est trop juste : l'intendance a oublié d'envoyer des vivres à la troupe et les Bellevillois en offrent.

Cependant, entendons-nous, «citoyens,» ces soldats se sont-ils vendus pour un morceau de pain et un litre, ou ont-ils déposé les armes par sentiment de fraternité ? Est-ce leur cœur ou leur appétit qui a parlé ?

A la gare de Strasbourg les 109e, 110e et 120e de ligne lèvent la crosse en l'air.

Partout l'autorité est trahie : au Luxembourg par le 89e et le 193e ;

A midi ; à l'Hôtel-de-Ville, par le 43e.

Les gens honnêtes sont stupéfaits, consternés.

Après la capitulation de Paris, nous pouvons dire encore : Tou est perdut fors l'honneur » désormais... et sous les yeux des Prussiens !...

Où allons-nous ?...

VI

Assassinat des généraux Clément Thomas et Lecomte.

Nous sommes au lendemain du grand désastre, nous venons de visiter les ruines de Paris, et, en vérité, la tâche que nous avons entreprise nous lasse et nous écœure. Encore s'il nous était permis de donner cours à l'indignation qui s'empare de nous à la rencontre de certains noms, de certains faits, mais il est de notre devoir de nous contenir de crainte d'être trop sévère ou plutôt de donner à croire que nous écrivons une œuvre de passion quand nous n'écrivons qu'une œuvre de justice.

Vers le soir du 18, les vendeurs des journaux socialistes criaient dans les rues : — L'*exécution* des généraux Clément Thomas et Lecomte.

Cette *exécution* était un double assassinat. Nous ne raconterons pas le crime, avant que la justice qui informe à cette heure n'en ait éclairé les sinistres mystères ; nous nous contenterons d'en reproduire la nouvelle donnée dans le dernier numéro du *Journal officiel* paru à Paris.

Rappelons que le général Lecomte avait été emmené au Château-Rouge, avec deux officiers de son état-major ; et que le Comité central siégeait rue des Rosiers.

« Ce matin, dit l'*Officiel*, vers midi, le général Lecomte, séparé de ses troupes, a été amené par une bande de forcenés rue des Rosiers, à Montmartre, devant quelques individus prenant le titre de comité central. Des cris « A mort! » se faisaient entendre. Le général Clément Thomas, survenu peu de temps après, en habit de ville, a été reconnu. Un des assistants s'est écrié : « C'est le général Clément Thomas, son affaire est faite! » Le général Lecomte et le général Clément Thomas ont été poussés dans un jardin, suivis par une centaine d'hommes. Ils ont été attachés et fusillés. Leurs cadavres ont été mutilés à coups de baïonnettes.

» Ce crime épouvantable, accompli sous les yeux du comité central, donne la mesure des horreurs dont Paris est menacé, si les sauvages agitateurs qui troublent la cité et déshonorent la France pouvaient triompher.

» Les deux aides de camp du général Lecomte allaient subir le même sort que leur général, quand ils ont été sauvés par l'intervention d'un jeune homme de dix-sept ans, qui s'est écrié que ce qui se passait était horrible ; qu'après tout on ne connaissait pas ceux qui prononçaient ces condamnations à mort. Il a réussi à faire épargner les deux jeunes officiers, menacés d'une mort affreuse.

» Que la population de Paris, si indulgente jusqu'ici pour les fauteurs de désordres, comprenne enfin qu'elle doit se montrer énergique contre de pareils forfaits, sous peine d'en être complice! »

Le général Clément Thomas, républicain de 1848, proscrit du 2 décembre, avait commandé en chef la garde nationale de Paris pendant les trois premiers mois du siége.

On n'avait rien à lui reprocher que ses titres d'honnête républicain et de général.

Veut-on savoir ce que l'*Officiel* pense de l'assassinat des généraux Lecomte et Clément Thomas?

Voici que nous trouvons dans le numéro du 21 mars :

« Tous les journaux réactionnaires publient des récits plus ou moins dramatiques sur ce qu'ils appellent « l'assassinat » des généraux Lecomte et Clément Thomas.

» Sans doute ces faits sont regrettables.

» Mais il importe, pour être impartial, de constater deux faits :

» 1° Que le général Lecomte avait commandé à quatre reprises, sur la place Pigalle, de charger une foule inoffensive de femmes et d'enfants;

» 2° Que le général Clément Thomas a été arrêté au moment où il levait, en vêtements civils, un plan des barricades de Montmartre.

» Ces deux hommes ont donc subi la loi de la guerre qui n'admet ni l'assassinat des femmes, ni l'espionnage.

Plus loin, les deux généraux martyrs sont traités de « victimes de la *justice populaire*. »

Faut-il également faire observer que le général Lecomte occupait les buttes et que Clément Thomas ne pouvait s'amuser à dessiner des barricades qui déjà avaient été reproduites par nos principaux journaux illustrés.

II

Le fait accompli.

« *Les morales du temps se font bien relâchés.* »

Comme disait le Triboulet de Victor Hugo ; ainsi s'est accru de plus en plus chez nous, le respect du fait accompli *quel qu'il soit*. La maxime de Robespierre : « L'insurrection est le plus sacré des devoirs » semble être d'autant mieux acceptée que toute insurrection trouve dans son triomphe, ou seulement sa durée, une consécration indiscutable.

L'émeute est chez nous l'expression violente et la suprême expression des volontés populaires. L'établissement du suffrage universel qui devait la supprimer, lui sert de prétexte nouveau. Enfin l'émeute paraît considérée comme un élément et un moyen de nos progrès politiques.

La guerre civile a son code.

En ce pays de suffrage universel on ignore que la volonté nationale est la suprême loi ; et, le lendemain du 18 mars, un grand nombre de parisiens, en voyant le gouvernement se retirer à Versailles et l'insurrection victorieuse installer à l'Hôtel-de-Ville le Comité central, se demandèrent de quelque côté était le droit et à quel gouvernement ils devaient obéir.

Beaucoup avaient été surpris par l'événement pendant leur sommeil.

Ils se réveillaient sans boussole morale.

Les uns se dirent : le gouvernement nous a abandonnés ; tout en sachant que ce dernier ne pouvait tenir avec des troupes démoralisées contre 215 bataillon armés de 300 pièces d'artillerie.

Les autres firent son procès à l'Assemblée.

« Cette assemblée de paysans, de bestiaux, de crétins, » était monarchiste, était ceci et cela, sans songer que la représentation nationale était la seule autorité légitime, et qu'eut-elle tous les défauts, (ce qui n'était point, tant s'en faut) ils devaient lui obéir.

Sans songer que la cause première de tous nos malheurs est le mépris de l'autorité.

On l'a toujours incarnée dans ses représentants et l'on s'est exposé naturellement à envelopper le principe sacré et les hommes dans le même mépris.

Ce mépris a compromis la discipline de l'armée.

Il a perdu toute confiance dans la stabilité des institutions politiques et de l'ordre public, sans lesquels le capital est tour à tour imprudent ou peureux, le crédit incertain, le travail paralysé.

Ajoutons à cela une sorte de superstition historique qui, jusqu'alors, a toujours disposé la France à accepter les gouvernements que, dans ses caprices où ses fureurs, il a plu à Paris d'inventer.

« Paris s'en va seul, dit Hugo, la France suit de force et irritée ; plus tard elle s'apaise et applaudit ; c'est une des formes de notre vie nationale.

» Une diligence passe avec un drapeau ; elle vient de Paris. Le drapeau n'est plus un drapeau, c'est une flamme et toute la traînée de poudre humaine prend feu derrière lui.

« Vouloir toujours ; c'est le fait de Paris. Paris est toujours à l'état de préméditation. Il a une patience d'astre mûrissant lentement un fruit. Les nuages passent sur sa fixité. Un beau jour c'est fait. Paris décrète un événement. La France brusquement mise en demeure obéit. »

Est-ce assez vrai ?... Est-ce assez triste. Et cet éloge de Paris toujours à l'état de préméditation, astre mûrissant patiemment un fruit ou la peste, n'est-il pas la plus amère satire de la France, ou pour mieux dire de notre état social ?

L'insurrection accomplie il s'agit de l'expliquer et de lui donner un nom.

Le comité central établi à l'Hôtel-de-Ville, s'adressa au peuple dans la série d'affiches qui suit :

Manifestations des Amis de l'Ordre (Place Vendôme)

I

(19 Mars 1871.

RÉPUBLIQUE FRANÇAISE.

Liberté, Egalité, Fraternité.

AU PEUPLE

Citoyens,

Le peuple de Paris a secoué le joug qu'on essayait de lui imposer.

Calme, impassible dans sa force, il a attendu, sans crainte comme sans provocation, les fous éhontés qui voulaient toucher à la République.

Cette fois, nos frères de l'armée n'ont pas voulu porter la main sur l'arche sainte de nos libertés. Merci à tous, et que Paris et la France jettent ensemble les bases d'une République acclamée avec toutes ses conséquences, le seul gouvernement qui fermera pour toujours l'ère des invasions et des guerres civiles.

L'état de siége est levé.

Le peuple de Paris est convoqué dans ses sections pour faire ses élections communales. La sûreté de tous les citoyens est assurée par le concours de la garde nationale.

Hôtel-de-Ville, le 19 mars 1871.

Le Comité central de la garde nationale,

Assi, Billioray, Ferrat, Babick, Ed. Moreau, Ch. Dupont, Varlin, Boursier, Mortier, Gouhier, Lavallette, Fr. Jourde, Rousseau, Ch. Lullier, Blanchet, J. Grollard, Barroud, H. Géresme, Favre, Pougeret.

II

(19 Mars 1871.)

AUX GARDES NATIONAUX DE PARIS.

Citoyens,

Vous nous aviez chargés d'organiser la défense de Paris et de vos droits.

Nous avons conscience d'avoir rempli cette mission, aidés par votre généreux courage et votre admirable sang-froid, nous avons chassé ce gouvernement qui nous trahissait.

A ce moment notre mandat est expiré, et nous vous le rapportons, car nous ne prétendons pas prendre la place de ceux que le souffle populaire vient de renverser.

Préparez donc et faites de suite vos élections communales, et donnez-nous pour récompense la seule que nous ayons jamais espérée : celle de vous voir établir la véritable République.

En attendant, nous conservons, au nom du peuple, l'Hôtel-de-Ville.

Hôtel-de-Ville de Paris, le 19 Mars 1871.

Le comité central de la garde nationale.

(Suivent les signatures.)

III

(19 Mars 1871.)

LE COMITÉ CENTRAL DE LA GARDE NATIONALE.

Considérant :

Qu'il y a urgence de constituer immédiatement l'administration communale de la ville de Paris, arrête :

1° Les élections du conseil communal

de la ville de Paris auront lieu mercredi prochain 22 mars.

2° Le vote se fera au scrutin de liste et par arrondissement.

Chaque arrondissement nommera un conseiller par chaque vingt mille habitants ou fraction excédante de plus de dix mille.

3° Le scrutin sera ouvert de huit heures du matin à six heures du soir. Le dépouillement aura lieu immédiatement.

4° Les municipalités des vingt arrondissements sont chargées, chacune en ce qui la concerne, de l'exécution du présent arrêté.

Une affiche ultérieure indiquera le nombre de conseillers à élire par arrondissement.

Hôtel-de-Ville de Paris, le 19 Mars 1871.

Le comité central de la garde nationale,

(Signatures.)

—

IV

(19 mars 1871.)

FÉDÉRATION RÉPUBLICAINE DE LA GARDE NATIONALE

Organe du comité central.

Si le comité central de la garde nationale était un gouvernement, il pourrait, pour la dignité de ses électeurs, dédaigner de se justifier. Mais comme sa première affirmation a été de déclarer « qu'il ne prétendait pas prendre la place de ceux que le souffle populaire avait renversés, » tenant à simple honnêteté de rester exactement dans la limite expresse du mandat qui lui a été confié, il demeure un composé de personnalités qui ont le droit de se défendre.

Enfant de la République qui écrit sur sa devise le grand mot de : Fraternité, il pardonne à ses détracteurs; mais il veut persuader les honnêtes gens qui ont accepté la calomnie par ignorance.

Il n'a pas été occulte : ses membres ont mis leurs noms à toutes ses affiches. Si ces noms étaient obscurs, ils n'ont pas fui la responsabilité, — et elle était grande.

Il n'a pas été inconnu, car il était issu de la libre expression des suffrages de deux cent quinze bataillons de la garde nationale.

Il n'a pas été fauteur de désordres, car la garde nationale, qui lui a fait l'honneur d'accepter sa direction, n'a commis ni excès ni représailles, et s'est montrée imposante et forte par la sagesse et la modération de sa conduite.

Et pourtant les provocations n'ont pas manqué; et pourtant le gouvernement n'a cessé, par les moyens les plus honteux, de tenter l'essai du plus épouvantable des crimes : la guerre civile.

Il a calomnié Paris et ameuté contre lui la province.

Il a amené contre nous nos frères de l'armée, qu'il a fait mourir de froid sur nos places, tandis que leurs foyers les attendaient.

Il a voulu vous imposer un général en chef.

Il a, par des tentatives nocturnes, tenté de nous désarmer de nos canons, après avoir été empêché par nous de les livrer aux Prussiens.

Il a enfin, avec le concours de ses complices effarés de Bordeaux, dit à Paris : « Tu viens de te montrer héroïque; or, nous avons peur de toi, donc nous t'arrachons ta couronne de capitale. »

Qu'a fait le comité central pour répondre à ces attaques? Il a fondé la fédération; il a prêché la modération, — disons le mot, — la générosité; au moment où l'attaque armée commençait, il disait à tous : « Jamais d'agression, et ne ripostez qu'à la dernière extrémité ! »

Il a appelé à lui toutes les intelligences, toutes les capacités ; il a demandé le concours du corps d'officiers ; il a ouvert sa porte chaque fois que l'on y frappait au nom de la République.

De quel côté étaient donc le droit et la justice ? De quel côté était la mauvaise foi ?

Cette histoire est trop courte et trop près de nous, pour que chacun ne l'ait pas encore à la mémoire. Si nous l'écrivons à la veille du jour où nous allons nous retirer, c'est, nous le répétons, pour les honnêtes gens qui ont accepté légèrement des calomnies dignes seulement de ceux qui les avaient lancées.

Un des plus grands sujets de colère de ces derniers contre nous est l'obscurité de nos noms. Hélas ! bien des noms étaient connus, très-connus, et cette notoriété nous a été fatale !...

Voulez-vous connaître un des derniers moyens qu'ils ont employés contre nous ? Ils refusent du pain aux troupes qui ont mieux aimé se laisser désarmer que de tirer sur le peuple, Et ils nous appellent assassins, eux qui punissent le refus d'assassinat par la faim !

D'abord, nous le disons avec indignation : la boue sanglante dont on essaie de flétrir notre honneur est une ignoble infamie. Jamais un arrêt d'exécution n'a été signé par nous ; jamais la garde nationale n'a pris part à l'exécution d'un crime.

Quel intérêt y aurait-elle ? Quel intérêt y aurions-nous ?

C'est aussi absurde qu'infâme.

Au surplus, il est presque honteux de nous défendre. Notre conduite montre, en définitive, ce que nous sommes. Avons-nous brigué des traitements ou des honneurs ? Si nous sommes inconnus, ayant pu obtenir, comme nous l'avons fait, la confiance de deux cent quinze bataillons, n'est-ce pas parce que nous avons dédaigné de nous faire une propagande ? La notoriété s'obtient à bon marché : quelques phrases creuses ou un peu de lâcheté suffit ; un passé tout récent l'a prouvé.

Nous, chargés d'un mandat qui laissait peser sur nos têtes une terrible responsabilité, nous l'avons accompli sans hésitation, sans peur, et dès que nous voici arrivés au but, nous disons au peuple qui nous a assez estimés pour écouter nos avis, qui ont souvent froissé son impatience : « Voici le mandat que tu nous as confié ; là où notre intérêt personnel commencerait, notre devoir finit ; fais ta volonté. Mon maître, tu t'es fait libre. Obscurs il y a quelques jours, nous allons rentrer obscurs dans tes rangs, et montrer aux gouvernants que l'on peut descendre la tête haute les marches de ton Hôtel-de-Ville, avec la certitude de trouver au bas l'étreinte de ta loyale et robuste main. »

Les membres du Comité central,
Ant. Arnaud, Assi, Billioray, Ferrat, Babick, Ed. Moreau. C. Dupont, Varlin, Boursier, Mortier, Gouhier, Lavalette, Fr. Jourde, Rousseau, Ch. Lullier, Henry Fortuné, G. Arnold, Viard, Blanchet, J. Grollard, Barroud, H. Géresme, Favre, Pougeret, Bouit.

V

(19 mars 1871.)

Le Comité central de la garde nationale,

Considérant,

Qu'il y a urgence de constituer immédiatement l'administration communale de la Ville de Paris :

ARRÊTE :

1° Les élections du conseil communal de la Ville de Paris auront lieu mercredi prochain 22 mars.

2° Le vote se fera au scrutin de liste et par arrondissement.

Chaque arrondissement nommera un conseiller par chaque vingt mille habitants ou fraction excédante de plus de dix mille.

3 Le scrutin sera ouvert de 8 heures du matin à 6 heures du soir. Le dépouillement aura lieu immédiatement.

4° Les municipalités des vingt arrondissement sont chargées, chacune en ce qui la concerne, de l'exécution du présent arrêté.

Un avis ultérieur indiquera le nombre de conseillers à élire par arrondissement.

Hôtel-de-Ville, Paris, le 19 mars 1871.

Le Comité central de la garde nationale.

VIII

Résumé du 1ᵉʳ février au 29 mars.

Avant d'aller plus loin, récapitulons les faits accomplis.

Les premiers jours de février, l'Association internationale constitue un « comité central socialiste, révolutionnaire » en vue des élections à l'Assemblée nationale.

L'Association peut compter sur 140,000 voix à Paris.

Ainsi, Delescluze a obtenu 134,899 voix, — Pyat 129,610, — Gambon 113,018, — Malon 100,758.

Mais il ne lui suffit pas d'avoir des votes, il lui faut des armes. Du 15 au 19, elle organise la fédération de 215 bataillons de la garde nationale. Les délégués de cette dernière, dans leur réunion du 15, votent « pour la république universelle. »

Le 24, autre réunion. Les fédérés déclarent qu'ils résisteront par les armes à toute tentative de désarmement ; — qu'ils ne reconnaîtront d'autres chefs que ceux qu'ils se donneront.

Ainsi résolution prise de violer la loi et de résister par les armes à toute tentative de répression.

Le 26 enlèvement de 300 pièces d'artillerie. Le gouvernement, — contre toute vraisemblance — est accusé d'avoir voulu les livrer aux prussiens.

Fortification de Montmartre et de Belleville.

Le 6 mars nomination de d'Aurelle de Paladins. On crie à la provocation.

Le 12 article de *l'Officiel* faisant appel à la concorde et au respect des lois.

Suppression du *Cri du Peuple*, du *Père Duchêne*, du *Mot d'Ordre*, de la *Carricature* et de la *Bouche de fer*.

Organisation des grèves.

Le comité tente d'embaucher les employés des administrations publiques.

L'Assemblée décide qu'elle choisit Versailles pour siége provisoire de ses délibérations.

18 mars le gouvernement déclare qu'il faut en finir avec un comité insurrectionnel dont les membres ne représentent que des doctrines communistes, etc.

Trahison de l'armée ; triomphe du Comité central.

19 Le gouvernement se retire à Versailles.

Analyse des nombreuses affiches du Comité en date du 19 mars.

I

« Calme impassible dans sa force, *il a attendu* sans crainte *comme sans provocation* les fous éhontés qui voulaient toucher à la République. »

Est-ce vrai ?

II

« Nous avons chassé ce gouvernement qui nous trahissait. »

IV.

« Enfant de la République, *il écrit sur sa devise* le grand mot de Fraternité, il pardonne à ses détracteurs. »

Nous verrons.

« Il n'a pas été inconnu, car il était issu de la libre expression des suffrages de deux cent quinze bataillons. »

Aussi le citoyen Blanchet (pour n'en citer qu'un), ancien capucin, ancien commissaire de police était connu ?

« Les provocations n'ont pas manqué ; et le gouvernement n'a cessé, par les moyens les plus honteux, de tenter l'essai du plus épouvantable des crimes : la guerre civile. »

C'est le lapin qui a commencé, comme dit Guignol.

Se rappelée l'article de *l'Oficiel*.

« Il a par des *tentatives nocturnes* tenté de nous désarmer de nos canons, *après avoir été empêché par nous de les livrer aux prussiens.*

La colomnie.

« Et il nous appellent assassins eux qui punissent le refus d'assassinat par la faim. »

L'intendance militaire avait négligé de servir à dîner aux traîtres débandés. C'est insulter au bon sens public.

« Jamais aucun arrêt d'éxecution n'a été signé par nous. »

Parbleu !

« Jamais la garde nationale n'a pris part à l'éxecution d'un crime. »

Qui gardait Lecomte et Thomas au Château-Rouge ?

La garde nationale.

Qui siégeait en cour martiale rue des Rosiers ?

Le Comité central.

Et ce crime, un des vôtres l'appellera demain « un fait regrettable. »

C'est tout.

Reprenons notre chronique.

—

IX.

Arrestation du général Chanzy.

Le général Chanzy venait de quitter le commandement de l'armée de la Loire, et, ignorant les événements, prenait le chemin de fer d'Orléans et arrivait le 19 à Paris.

Déjà toutes les gares étaient au pouvoir des insurgés qui y exerçaient la plus active surveillance.

Avant son entrée en gare le train d'Orléans fut arrêté.

Il est probable que l'arrivée du général avait été signalée, car tout d'abord une troupe de fédérés cerna la voiture qu'il occupait avec ses officiers d'état-major, et il fut interpellé sans hésitation.

— Vous êtes le général Chanzy ? lui dit un des gardes nationaux.

— Oui, monsieur.

— Par ordre du comité central de la garde nationale, je vous prie de descendre et de nous suivre.

— Je ne connais pas le comité dont vous parlez, répondit le général, mais je cède à la force.

Chanzy, le héros populaire de l'armée de la Loire, député à l'Assemblée nationale, suivit les héros de Belleville à la mairie du XIII° arrondissement.

Il fut salué sur son passage par les menaces et les invectives de la population, et à peine fut-il entré à la mairie que la foule s'amassa pour demander sa mort à grands cris.

Le citoyen Léo Meilhet, maire du XIII°, eut le courage de résister à ces forcenés, fit monter le général en voiture, prit place à ses côtés et le conduisit à la prison de la Santé.

Mais là il lui fallut une fois encore disputer la vie de Chanzy à la rage des assassins.

Dès que le général eut mit pied à terre, la voiture fut entourée, les vociférations redoublèrent.

Meilhet fit tête à la bande féroce, la regarda en face :

Eh bien! frappez-moi, si vous l'osez, s'écria-t-il en offrant sa poitrine.

Ce mouvement manque rarement son effet.

La populace hésita ; la porte de la prison s'ouvrit et le général fut sauvé.

Le soir les fédérés disaient partout que la vie de Chanzy n'était pas en danger, qu'on avait dû s'assurer de sa personne, et qu'il serait gardé comme otage.

Ce n'était pas très-rassurant.

X

Manifestation des amis de l'ordre.

Les fédérés s'étaient empressés d'occuper tous les postes et tout les ministères.

Une seule administration n'était pas encore envahie celle des Postes, et quelquelques mairies étaient encore au pouvoir de leurs maires.

L'occupation de certaines mairies par les fédérés donna lieu à des conflits d'un caractère assez piquant.

Le maire du XII° arrondissement, M. Grivot et ses adjoints adressèrent à leurs administrés une protestation « contre la violence qui leur était faite et l'atteinte portée au suffrage universel dont ils étaient légalement issus. »

D'autres protestations suivirent, dont personne ne fut étonné, mais il n en fut pas de même de celle du maire et des adjoints de Montmartre.

M. Clémenceau ne s'était pas jusqu'alors montré très-intolérant à l'égard des fédérés. Il leur avait permis de bouleverser les rues de Montmartre, creuser et bâtir des retranchements, installer des batteries; nul n'avait le droit de douter de la sincérité de son républicanisme, et enfin, dans le parti insurgé, il avait compté plus d'un ami.

Cependant on l'avait expulsé de sa mairie, et le 22 mars une affiche répandue dans tout Paris nous apprenait cet événement, qui, pour les gens éclairés, était d'une si haute signification.

Voici ce document.

RÉPUBLIQUE FRANÇAISE.
Liberté, Egalité, Fraternité.

(Mairie du dix-huitième arrondissement.)

Citoyens,

Aujourd'hui, à midi, la mairie du 18° arrondissement a été envahie par une troupe armée. Un officier de la garde nationale a osé sommer le maire et ses adjoints de remettre la mairie aux mains d'un délégué du Comité central de la garde nationale.

Le maire et ses adjoints, revêtus des insignes municipaux, ont, en présence de tous les employés de la mairie, sommé le chef du poste d'expulser les envahisseurs. Celui-ci, après en avoir conféré avec son commandant, a répondu qu'il se refusait à obtempérer à cet ordre, et qu'il était disposé à prêter main-forte aux violateurs de la loi. Le chef des envahisseurs a alors mis en arrestation le maire et deux de ses adjoints qui ont été conduits au poste entre deux haies de gardes nationaux. Quelques minutes après, on venait déclarer au maire et aux adjoints, élus du dix-huitième arrondissement qu'ils étaient libres de se retirer.

Citoyens, nous avons à cœur d'éviter un conflit dont les résultats désastreux nous épouvantent. Voilà pourquoi nous cédons à la force sans en rappeler à la force. Mais nous protestons hautement contre l'attentat dont la garde nationale du dix-huitième arrondissement s'est rendue coupable sur la personne de magistrats républicains librement élus, qui se rendent ici publiquement le témoignage qu'ils ont accompli leur devoir.

Vive la France! Vive la République!

Paris, le 22 mars 1871.

Le maire du dix-huitième arrondissement,

G. CLÉMENCEAU.

Les adjoints au maire du dix-huitième arrondissement.

J.-A. LAFONT, V. JACLARD.

M. Clémenceau, nous y insistons, n'est pas un de ces aventuriers politiques que souvent le hasard et l'intrigue portent aux plus hautes fonctions publiques, c'est un homme honnête, intelligent et loyal dont les opinions démocratiques avancées étaient bien connues ; comment, encore une fois, était-il suspect au Comité central? Quels hommes fallait-il au Comité? Qu'avions-nous donc à attendre des nouveaux maîtres de Paris?...

La journée du 22 mars fut encore signalée par d'autres excès d'un caractère plus déplorable et non moins significatif.

Par décret du Comité central, le citoyen Charles Lullier, ancien lieutenant de vaisseau, avait été nommé général en chef de la garde nationale ; mais c'était le général Bergeret et son état-major qui étaient installés place Vendôme.

Trois bataillons de la banlieue occupaient la place.

Depuis le matin des groupes nombreux stationnaient sur les boulevards. On s'attendait à une manifestation du parti de l'ordre. Sortant de sa stupeur, ce parti ne se croyait pas vaincu. Il se pressait autour des maires expulsés et ceux-ci réunis en assemblée nommaient, à titre provisoire : l'amiral SAISSET, représentant de la Seine, commandant supérieur de la garde nationale ; — le colonel LANGLOIS, représentant de la Seine, chef d'état-major général ; le colonel SCHOELCHER, représentant de la Seine, commandant en chef de l'artillerie de la garde nationale.

Cette mesure était inopportune et vaine.

Le gouvernement élaborait un projet de loi municipale, il était préférable d'attendre. Le devancer, c'était, en présence de l'insurrection, manquer de respect envers la seule autorité légitime. Enfin il fallait ne pas oublier que 215 bataillons avaient adhéré au Comité central, et ne pas nommer M. Saisset au commandement d'une armée qui reconnaissait pour général M. Lullier.

Ainsi, dans le parti de l'ordre, à l'aveuglement qui précéda et favorisa le 18 mars, à la stupeur qui l'accueillit, succédèrent le désarroi, les agitations maladroites.

Remarquons-le, car plus tard, de ces

Floureus

groupes de gens de bonne intention et de peu de sens politique, sortira le parti dit de *conciliation*.

Ce fut sous l'inspiration de ces groupes qu'une foule bourgeoise et pacifique s'assembla vers deux heures de l'après-midi sur la place du nouvel Opéra, dans le but de protester contre le fait accompli.

La manifestation comptait plus de cinq cents personnes.

Ses membres étaient sans armes et portaient à la boutonnière un ruban bleu.

Ils descendirent la rue de la Paix, précédés d'un drapeau tricolore sur lequel on lisait : *Amis de l'Ordre*, ils criaient *Vive l'Ordre! Vive la République* [1].

Une foule curieuse et sympathique se pressait aux fenêtres et sur les trottoirs.

La manifestation s'avançait lentement.

Un cordon des gardes du 178e barrait l'entrée de la place Vendôme.

Arrivés à quelques pas de ce poste avancé, les manifestants s'arrêtèrent. Le

[1]. Voir la lettre du citoyen Varennes, commandant du 80me bataillon.

général Bergeret fit sommer les *émeutiers* de se retirer [2].

Les gardes nationaux croisèrent la baïonnette, et des tambours placés derrière eux battirent un roulement de sommation.

Cette situation se prolongea pendant cinq minutes environ. Une certaine agitation, — due à l'impatience peut-être, — se fit dans les rangs des insurgés.

En même temps un coup de feu partit. De quel côté ?

Entre dix rapports contradictoires, nous nous abstenons de nous prononcer.

Ce fut le coup de fusil ou de pistolet qui sert de signal et de prétexte, et qui a déjà joué un si grand rôle dans toutes nos émeutes.

Un mouvement tumultueux se produisit.

La fusillade éclata.

Plusieurs fédérés se blessèrent les uns les autres. Un grand nombre de manifestants tombèrent. La foule éperdue se dispersa et en un clin-d'œil la rue de la Paix fut déserte et morne.

XI

Petite chronique du 20 au 25 mars.

Le *Journal officiel* (de Paris) menace de suppression vingt-huit journaux qui, collectivement, ont engagé les électeurs à ne pas prendre part au vote auquel les a conviés le Comité central.

Arrestation du général Allard à la gare d'Orléans.

Ch. du Bisson (comte Raoul) est nommé chef d'état-major général.

Premières réquisitions du Comité chez les boulangers.

[2]. *Journal officiel* de Paris.

Sur une porte de l'Hôtel-de-Ville on placarde l'affiche suivante :

RÉPUBLIQUE FRANÇAISE.
Liberté - Égalité - Fraternité - Justice.

Mort aux voleurs !

Tout individu pris en flagrant délit de vol sera immédiatement fusillé.

Les élections sont ajournées au 26.

Les pouvoirs militaires sont remis aux *délégués* Brunel, Eudes et Duval « en attendant l'arrivée du général Garibaldi, acclamé comme général en chef. »

Sous l'ordre de ces délégués, « (nous croyons devoir le comprendre ainsi) se trouvent placés les généraux Garnier, commandant de place à Montmartre ; Henri, général à Montrouge; Gassier d'Abin, général également ; Ch. Lullier, précédemment nommé général en chef et Victor Bergeret, général à la place Vendôme.

Le gouvernement prussien s'émeut; on lit dans l'*Officiel de Paris* :

Le Comité central a reçu du quartier général prussien la dépêche suivante :

COMMANDEMENT EN CHEF DU 3e CORPS D'ARMÉE.

Quartier général de Compiègne,
le 21 mars 1871.

Au commandant actuel de Paris.

Le soussigné, commandant en chef, prend la liberté de vous informer que les troupes allemandes qui occupent les forts du nord et de l'est de Paris, ainsi que les environs de la rive droite de la Seine, ont reçu l'ordre de garder une attitude *amicale* et passive tant que les événements dont l'intérieur de Paris est le théâtre ne prendront point, à l'égard des armées allemandes, un caractère hostile et de nature à les mettre en danger, mais se maintiendront dans les termes arrêtés par les préliminaires de la paix.

Mais dans le cas où ces événements auraient un caractère d'hostilité, la ville de Paris serait traitée en ennemie.

Pour le commandant en chef du 3ᵉ corps des armées impériales.

Le chef du quartier général,
Signé : von Schlotheim,
Major général.

—

Le délégué du Comité central aux relations extérieures a répondu.

Paris, le 22 mars 1871.

Au commandant en chef du 3ᵉ corps des armées impériales prussiennes.

Le soussigné, délégué du Comité central aux affaires extérieures, en réponse à votre dépêche en date de Compiègne, 21 mars courant, vous informe que la révolution accomplie à Paris par le Comité central ayant un caractère essentiellement municipal, n'est en aucune façon agressive contre les armées allemandes.

Nous n'avons pas qualité pour discuter les préliminaires de la paix votés par l'Assemblée de Bordeaux.

Le Comité central et son délégué aux affaires extérieures.

—

Nous avons soussigné le mot *amicale*, il ne traduit pas exactement le mot allemand *pacifique* qui est moins affectueux, mais le comité est enchanté de cette entrée en relations avec une puissance étrangère et ses séides répètent partout avec fierté que les Prussiens sont très-favorables à la Commune.

C'est très-possible ; la guerre civile ne peut leur déplaire.

—

Le 20 mars le général Cremer, reconnu sur le boulevard de Sébastopol, a été acclamé par les gardes nationaux. Il est jeune, ces acclamations n'ont pas paru lui déplaire.

Le lendemain quelques journaux ne le trouvant pas assez compromis annoncent qu'il a accepté le commandement supérieur des forts et de l'enceinte.

Pourquoi pas la garde de la prison de la Santé ?

—

Tandis que, par ses affiches, le comité central nous invite à nommer une assemblée communale, son journal officiel déclare déchue de toute souveraineté l'Assemblée nationale.

Déjà, dans une affiche du 19, il nous avait annoncé qu'il avait chassé le gouvernement.

Mentionnons encore plusieurs placards *officiels* destinés à *chauffer* le zèle des électeurs et l'avis suivant dont l'éloquence sera goûtée :

« A partir du 21 la solde de la garde nationale sera faite régulièrement et les distributions de secours seront faits sans interruption. »

Enfin l'avis suivant :

FÉDÉRATION RÉPUBLICAINE
DE LA GARDE NATIONALE

Hôtel-de-Ville, 20 mars 1871, 6 h. du soir.

De nombreux repris de justice, rentrés à Paris, ont été envoyés pour commettre quelques attentats à la propriété, afin que nos ennemis puissent nous accuser encore.

Nous engageons la garde nationale à la plus grande vigilance dans ses patrouilles.

Chaque caporal devra veiller à ce qu'aucun étranger ne se glisse, caché sous l'uniforme, dans les rangs de son escouade.

C'est l'honneur du peuple qui est en jeu ; c'est au peuple à le garder.

> Ant. Arnaud, G. Arnold, Assi, Andignoux, Bouit, Jules Bergeret, Babick, Boursier, Baron, Billioray, Blanchet, Castioni, Chouteau, C. Dupont, Ferrat, Henri Fortuné, Fabre, Fougeret, C. Gaudier, Gouhier, H. Géresme, J. Grollard, Josselin, Fr. Jourde, Maxime Lisbonne, Lavalette, Ch. Lullier, Maljournal, Ed. Moreau, Mortier, Prudhomme, Rousseau, Ranvier, Varlin, Viard.

A cet avis édifiant le *Père Duchêne* réplique :

« Ecoutez, mes bons bougres de l'Hôtel-de-Ville, il faut songer à tout et prendre les mesures propices à assurer l'ordre dans Paris.

» Vous dites qu'il y a des malfaiteurs à la solde de la contre-révolution, payés pour semer le découragement et tâcher de déshonorer le peuple de Paris.

» Vous avez foutre bien raison !

» Mais il ne suffit pas de parler, il faut des mesures.

» Foutez-moi dedans tous ces gaillards-là et qu'on les juges presto.

» Et que ce soit foutu rudement, vivement et légalement.

» Quand les jean-foutres seront à l'ombre les bons bougres pourront dormir tranquilles.

» Le *Père Duchêne* vous signale le citoyen Protot, qui ferait bougrement bien l'affaire du peuple.

» C'est le défenseur de Mégy, le seul bon bougre, le seul ami et patriote qu'il y ait dans toute la satanée sequelle des bonnets carrés.

» Déléguez-moi ce gaillard-là au ministère de la justice, et, dans les quarante-huit heures vous m'en direz des nouvelles.

» Il faut que ça marche, foutre ! ou que ça saute.

« Et ça ne sautera pas ! »

(n° 8. 3 germinal).

Le *Père Duchêne*, on le verra bientôt, avait la main heureuse.

XII

Les Elections.

Ce jour-là le peuple de Paris ne prouva point qu'il était, — ainsi qu'il le dit volontiers, — le peuple le plus intelligent du globe.

Le 26 parut l'affiche suivante que nous ne reproduisons pas sans un sentiment de tristesse :

RÉPUBLIQUE FANÇAISE
Liberté, Égalité, Fraternité.

COMITÉ CENTRAL

Le Comité central de la garde nationale, auquel se sont ralliés les députés de Paris, les maires et adjoints, convaincu que le seul moyen d'éviter la guerre civile, l'effusion du sang à Paris, et, en même temps, d'affermir la République, est de procéder à des élections immédiates, convoque, pour demain dimanche, tous les citoyens dans les collèges électoraux.

Les habitants de Paris comprendront que, dans les circonstances actuelles, le patriotisme les oblige à venir tous au vote, afin que les élections aient le caractère sé-

Incendie de la Guillotine par les Fédérés.

rieux qui seul peut assurer la paix dans la cité.

Les bureaux seront ouverts à huit heures du matin et fermés à minuit.

Vive la République !

Les maires et adjoints de Paris :

1er arr. : Ad. Adam, Méline, adjoints. — 2e arr. : Emile Prelay, Loiseau-Pinson, adjoints. — 3e arr. : Bonvalet, maire ; Ch. Murat, adjoint. — 4e arr. : Vautrain, maire ; De Châtillon, Loiseau, adjoints. — 5e arr. : Jourdan, Collin, adjoints. — 6e arr. : Leroy, adjoint. — 9e arr. : Desmarest, maire ; E. Ferry, André, Nast, adjoints. — 10e arr. : A. Murat, adjoint. — 11e arr. : Mottu, maire ; Blanchon, Poirier, Tolain, adjoints. — 12e arr. : Grivot, maire ; Denizot, Dumas, Turillon, adjoints. — 13e arr. : Combes, Léo Meillet, adjoints. — 15° arr. : Jobbé Duval, Sextus-Michel adjoints. — 16e arr. : Chaudet, Sevestre, adjoints. : — 17e arr. : Fr. Favre, maire ; Malon, Villeneuve, Cacheux, adjoints. — 18e arr. : Clémenceau, maire ; J.-A. Lafont, Dereure, Jaclard, adjoints. — 19 arr. . Deveaux, Satory, adjoints.

Les représentants de la Seine, présents à Paris :

Lockroy, Floquet, Tolain, Clémenceau, V. Schœlcher, Greppo,

Les membres du Comité central :

Avoine fils, Ant. Arnaud, Assi, Andignoux, Bouit, Jules Bergeret, Babick, Baroud, Billioray, Blanchet, Castioni, Chouteau, C. Dupont, Fabre, Ferrat, Fortuné Henry, Fleury. Fougeret, C. Gaudier, Gouhier, H. Geresme, Grolard, Jourde, Josselin, Lavalette, Maljournal, Ed. Moreau, Mortier, Prudhomme, Rousseau, Ranvier, Varlin.

———

Cette liste de signatures où se trouvent réunis les noms de MM. Ad. Adam, Méline, Desmaret, Jobbé Duval et ceux de MM. Dereure, Léo Meillet, Malon, Mottu, ayant pour accolytes les membres du Comité central, montre assez l'état de démoralisation de Paris au lendemain du 18 mars.

Un grand nombre de gens honnêtes en étaient encore à se demander naïvement où était la ligne de conduite qu'ils devaient suivre.

A l'Assemblée, M. Louis Blanc demande : « qu'en prenant le parti que leur imposait la plus alarmante des situations, les maires et adjoints de Paris ont agi en bons citoyens. »

C'était demander à l'Assemblée de reconnaître sa déchéance.

Le *Rappel* s'en tirait par un jeu de mots :

« Voici l'état des choses, disait-il :

» D'une part une Assemblée élue conformément à la loi, une majorité régulière.

» D'autre part un pouvoir irrégulier sorti de l'ombre.

» D'une part une situation légale,

» De l'autre une aspiration légitime.

» Qu'est-ce que l'Assemblée avait à faire ? Une chose *bien simple* : Légaliser le légitime. »

Le 25, dans la soirée, les murailles se couvraient des deux affiches suivantes ; qu'on les relise, on en admirera l'habileté et l'hypocrisie de la première.

RÉPUBLIQUE FRANÇAISE.
Liberté, Égalité, Fraternité.

COMITÉ CENTRAL.
———

ELECTIONS A LA COMMUNE.

Citoyens,

Notre mission est terminée ; nous allons céder la place, dans votre Hôtel-de-

Ville, à vos nouveaux élus, à vos mandataires réguliers.

Aidés par votre patriotisme et votre dévouement, nous avons pu mener à bonne fin l'œuvre difficile entreprise en votre nom. Merci de votre concours persévérant ! la solidarité n'est plus un vain mot : le salut de la République est assuré.

Si nos conseils peuvent avoir quelque poids dans vos résolutions, permettez à vos plus zélés serviteurs de vous faire connaître, avant le scrutin, ce qu'ils attendent du vote aujourd'hui.

Citoyens,

Ne perdez pas de vue que les hommes qui vous serviront le mieux sont ceux que vous choisirez parmi vous, vivant de votre propre vie, souffrant des mêmes maux.

Défiez-vous autant des ambitieux que des parvenus ; les uns comme les autres ne consultent que leur propre intérêt et finissent toujours par se considérer comme indispensables.

Défiez-vous également des parleurs, incapables de passer à l'action ; ils sacrifieront tout à un discours, à un effet oratoire ou à un mot spirituel. — Évitez également ceux que la fortune a trop favorisés, car trop rarement celui qui possède la fortune est disposé à regarder le travailleur comme un frère.

Enfin, cherchez des hommes aux convictions sincères, des hommes du Peuple, résolus, actifs, ayant un sens droit et une honnêteté reconnue. — Portez vos préférences sur ceux qui ne brigueront pas vos suffrages ; le véritable mérite est modeste, et c'est aux électeurs à connaître leurs hommes, et non à ceux-ci de se présenter.

Nous sommes convaincus que, si vous tenez compte de ces observations, vous aurez enfin inauguré la véritable représentation populaire, vous aurez trouvé des mandataires qui ne se considèreront jamais comme vos maîtres.

Hôtel-de-Ville, 25 mars 1871.

Le comité central de la garde nationale :
Avoine fils, Ant. Arnaud, G. Arnold, Assi, Andignoux, Bouit, Jules Bergeret, Babick, Barroud, Billioray, L. Boursier, Blanchet, Castioni, Chouteau, C. Dupont, Fabre, Ferrat, Fortuné Henry, Fleury, Fougeret, C. Gaudier, Gouhier, H. Géresme, Grêlier, Grolard, Jourde, Josselin, Lavalette, Maljournal, Ed. Moreau, Mortier, Prud'homme, Rousseau, Ranvier, Varlin.

Paris, le 25 mars 1871.

Citoyens,

Dans Paris, où le pouvoir législatif a refusé de siéger, d'où le pouvoir exécutif est absent, il s'agit de savoir si le conflit qui s'est élevé entre des citoyens également dévoués à la République doit être vidé par la force matérielle ou par la force morale.

Nous avons la conscience d'avoir fait tout ce que nous pouvions pour que la loi ordinaire fût appliquée à la crise exceptionnelle que nous traversons.

Nous avons proposé à l'Assemblée nationale toutes les mesures de conciliation propres à apaiser les esprits et à éviter la guerre civile.

Vos maires élus se sont transportés à Versailles et se sont faits l'écho des réclamations légitimes de ceux qui veulent que Paris ne soit pas tout à la fois déchu de sa situation de Capitale et privé des droits municipaux qui appartiennent à toutes les villes, à toutes les communes de la République.

Ni vos maires élus, ni vos représentants à l'Assemblée nationale n'ont pu réussir à obtenir une conciliation.

Aujourd'hui, placés entre la guerre civile pour nos concitoyens et une grave responsabilité pour nous-mêmes, décidés à tout plutôt qu'à laisser couler une goutte de ce sang parisien que naguère vous offriez tout entier pour la défense et l'honneur de la France, nous venons vous dire : Terminons le conflit par le vote, non par les armes.

Votons, puisqu'en votant nous nous donnons le conseil municipal élu que nous devrions avoir depuis six mois.

Votons, puisqu'en votant nous investirons du pouvoir municipal des républicains honnêtes et énergiques qui, en sauvegardant l'ordre dans Paris, épargneront à la France le terrible danger des retours offensifs de la Prusse et les tentatives téméraires des prétentions dynastiques.

Nous avons dit hier à l'Assemblée nationale que nous prendrions sous notre responsabilité toutes les mesures qui pourraient éviter l'effusion du sang.

Nous avons fait notre devoir en vous disant notre pensée.

Vive la France ! vive la République !

Les représentants de la Seine présents à Paris :

V. Schœlcher, Ch. Floquet, Edouard Lockroy, G. Clémenceau, Tolain, Greppo.

—

Les élections s'accomplirent avec un calme assez naturel puisque le parti de l'ordre s'était abstenu en masse.

Voici le résultat du vote publié le 27.

Premier arrondissement.
— 4 conseillers à élire. —

Adam. 7.272
Méline. 7.251
Rochart. 6.629
Barré. 6.294

Deuxième arrondissement
— 4 conseillers. —

Breslay. 7.025
Loyseau-Pinson. 6.962
Tirard. 6.391
Chéron. 6.066

Troisième arrondissement
— 5 conseillers. —

Demay. 8.730
Arnaud. 8.679
Pindy. 7.816
Cléray. 6.115
Dupont 5.661

Quatrième arrondissement.
— 5 conseillers. —

Lefrançais. 8.619
Arthur Arnould. 8.608
Gérardin. 8.154
Amouroux. 8.150
Clémence. 6.163

Cinquième arrondissement.
— 5 conseillers. —

Jourde. 4.026
Régère. 3.949
Tridon. 3.948
Blanchet. 3.271
Ledroit. 3.236

Douzième arrondissement.

Varlin. 2.322
Fruneau. 2.194
Geresme. 2.173
Theisz. 2.150

Treizième arrondissement.

Léo Meillet. 6.664
Duval. 6.630
Chardon. 4.761
Frankel. 4.520

Ch. Cluseret

Quatorzième arrondissement.
— 3 conseillers. —

Billioray	6.100
Martelet	5.927
Decamp	5.830

Quinzième arrondissement.

Clément	5.025
Jules Vallès	4.403
Langevin	2.417

Seizième arrondissement.
— Deux conseillers. —

Docteur Marmoteau	2.675
De Bouteillier	1.959

Dix-septième arrondissement.

Varlin	9.356
Clément	7.121
Gérardin	6.142
Chalain	4.545
Malon	4.199

Par De la Brugère — Arthème Fayard, Éditeur — 6

Sixième arrondissement.

Albert Leroy	5.800
Goupil	5.111
Docteur Robinet	3.904
Beslay	3.714
Varlin	3.602

Septième arrondissement.

Dr Parisel	3.367
Ernest Lefèvre	2.859
Urbain	2.803
Brunel	1.947

Huitième arrondissement.
— 4 conseillers. —

Raoul Rigault	2.175
Vaillant	2.145
Arthur Arnould	2.114
Jules Allix	2.028

Neuvième arrondissement.
— 5 conseillers. —

Ranc	8.950
Ulysse Parent	4.770
Desmarets	4.232
E. Ferry	3.782
Nast	3.691

Dixième arrondissement.
— 5 conseillers. —

Gambon	14.734
Félix Pyat	11.813
Fortuné Henri	11.354
Champy	11.042
Babick	10.738

Onzième arrondissement.

Eudes	19.397
Mortier	18.379
Protot	18.062
Assi	18.041
Avrial	16.193
Verdure	15.557

Dix-huitième arrondissement
— 7 conseillers. —

Blanqui	14.953
Theisz	14.950
Dereure	14.661
J.-B. Clément	14.188
Th. Ferré	13.784
Vermorel	13.402
Paschal Grousset	13.359

Dix-neuvième arrondissement.

Oudet	10.065
Duget	9.547
Delescluze	5.846
Cournet	5.540
J. Miot	5.520
Ostyn	5.065

Vingtième arrondissement.

Ranvier	14.127
Bergeret	14.003
Flourens	13.498
Blanqui	13.338

Il résulte des chiffres qui précèdent que la *Délégation des vingt arrondissements*, siégeant place de la Corderie, qui agissait dans le sens du comité central, a vu sa liste passer, en totalité ou en majorité, dans les arrondissements : 3°, 4°, 8°, 10°, 11°, 13°, 14°, 18°, 19°, et 20°, c'est-à-dire dans la moitié des arrondissements. Elle a passée en partie moindre dans les 5°, 7°, 8°, 12°, 15°, et 17°, de sorte qu'elle peut revendiquer près des deux tiers des élus.

L'autre tiers était sur les listes des clubs républicains, de l'Association des défenseurs de la République, des délégués de la garde nationale. La réaction n'a donc pas à s'approprier un seul nom. Elle s'en consolera en disant qu'elle s'est abstenue. C'est peut-être ce qu'elle pouvait faire de plus habile, ayant peu de chances.

Il y a quatre élections doubles ; le citoyen Blanqui a été nommé dans le dix-huitième arrondisssement et dans le vingttième ; le citoyen Varlin, dans le sixième et dans le douzième ; le citoyen Arthur Arnould, dans le quatrième et dans le huitième ; le citoyen Theisz, dans le douzième et le dix-huitième.

Le général Cluseret, porté dans le douzième arrondissement par les délégués de la Corderie, n'a pas été nommé.

Mégy, porté dans le dix-septième, n'a pas été nommé.

Un grand nombre des nouveaux élus n'ayant accepté aucune candidature s'empressèrent de refuser la charge qui leur était offerte, ou de donner leur démission.

Nous citerons MM. Adam, Barré, Brelay, de Bouteiller, Cheron, Desmarets, Ferry, Fruneau, Goupil, Loiseau, Leroy, Meline, Marmottan, Nast, Parent (Ulysse) Robinet, Ranc, Tirard.

Il devint indispensable de procéder à des élections nouvelles, mais ainsi qu'on le verra, à mesure que le temps s'écoula, la situation devint plus grave, la lutte entre la Commune et l'Assemblée devint plus inégale. La première se débattit dans l'impuissance et ayant conscience de son incapacité et du danger qu'elle se créait en faisant appel à toutes les mauvaises passions, redouta à la fois de voir le scrutin abandonné chiffrer son impopularité, en même temps qu'il lui enverrait des collègues choisis parmi les plus violents et décidés à la renverser.

Un temps assez considérable s'écoula donc avant que l'on procéda à des élections complémentaires.

Cependant, comme nous croyons utile à l'intelligence des événements de présenter un tableau biographique de quelques membres du Comité central et de la Commune ; on nous permettra de joindre aux premiers élus les personnalités les plus remarquables de la seconde « fournée. »

XII

Les membres du Comité central et de la Commune,

Si, en dehors de la question des trente sous, de l'amour des galons, et des passions mauvaises, nous nous plaçons au point de vue du gros bon sens et de la bonne foi, nous dirons que le peuple de Paris devait rechercher dans la formation de son gouvernement des administrateurs, des gens versés dans l'étude des questions d'économie sociale et avant tout des gens honnêtes.

Il devait en outre, en état d'insurrection, rechercher des militaires instruits et incapables de le trahir.

Eh bien ! à ce double point de vue, le peuple de Paris se donna pour gouvernants et pour chefs militaires des hommes tarés, des aventuriers, des coquins, des aliénés, et des incapables.

C'est ce qu'il faut démontrer.

L'âme de l'insurrection, l'*Internationale*, fournit au Comité central ses principaux éléments et à la Commune plus tard un grand nombre de ses membres.

A ceux-ci furent adjoints des hommes d'une valeur négative, qui ont traversé les événements sans se faire connaître par une idée, ou un mot ou un acte personnels, et qui furent nommés sur la recommandation des premiers.

Aussi dans le Comité central, à côté d'Assi, Billioray, Johannard, Varlin, Jourde, Gouhier, — nous voyons Avoine fils, Moreau, Dupont, Rousseau, Boursier, Fougeret, Barroud.

Mais le premier groupe se complète et se fortifie par la coopération d'aventuriers, instruits, habiles, capables de tout, tels que Ganier d'Abin, le comte Raoul du Bisson ou d'un écervelé tel que Ch. Lulher.

La même classification peut-être faite pour la Commune. — Voyons :

Deux ou trois notoriétés, sortes de vétérans politiques : Ch. Delescluze, F. Pyat, Beslay, Jules Miot, Gambon.

Le corps de l'*Internationale* : — Beslay (déjà nommé), Amouroux, Assi, Babick, Chalain, Frankel, Jourde, Johannard, Malon, Ostyn, Pindy, Theisz, Varlin, Vaillant.

Les publicistes : — Vallès, Vermorel, Vésinier, Casimir, J. B. Clément, P. Grousset, Arthur Arnould, Tridon.

Deux avocats : — Ferré, Protot, (C'est bien peu) et deux étudiants : Longuet et Raoul Rigault.

Deux peintres — Courbet, Billioray.

Deux aliénés — Jules Allix, Ch. Luilier.

Des aventuriers — (Nous avons nommé ceux du Comité central) — Cluseret, La Cécilia, Dombrowski, Blanchet.

Enfin des déclassés, des gens de clubs et de barricades tel, que Lefrançais, Flourens, Johannard, Géresme, Emile Clément, Eudes, et d'autres dont les noms nous échappent par leur insignifiance.

Tel est, en somme, le tableau des membres de cette Commune qui a pendant deux mois exercé à Paris le pouvoir le plus absolu, disposé des hommes et des propriétés selon son bon plaisir, agité la France et menacé l'Europe entière.

Un premier coup d'œil, une simple énumération suffisent à nous montrer que ce gouvernement élu par le peuple parisien ne contient que quatre ou cinq personnages qui se soient fait une réputation d'hommes de talent.

Le compte en sera vite fait : Delescluze, Pyat, sont deux journalistes politiques de talent ; mais les Vallès, Bouit, Vésinier, Clément, etc, sont des écrivains très-inférieurs, certains sont plus que médiocres. Courbet est un grand peintre.

Mais Jacques-Durand Billioray ?

Ferré et Protot sont deux avocats sans causes.

Et les deux étudiants étaient plus connus dans les caboulots du quartier latin qu'à l'Ecole de droit.

Les ouvriers de l'*Internationale*, sont pour la plupart des ouvriers qui ne travaillent pas ; ils sont, ou étaient, intelligents, mais ne sont remarquables ni à l'atelier ni au club, encore moins à l'Hôtel-de-Ville.

En somme la plupart de ces individus ne devront leur célébrité qu'à leur scélératesse.

Après les avoir passés en revue par groupes, nous allons faire sortir des rangs, l'un après l'autre, ceux qui, pendant la guerre civile, ont tenu les premiers rôles.

Commençons par le fameux ASSI.

Nous empruntons au *Moniteur* les passages de sa biographie :

« Assi a maintenant trente-deux ans. C'est un méridional, d'origine italienne, brun, svelte et de taille moyenne. Il est joli et a eu de nombreuses aventures galantes qui lui valurent l'inimitié des puritains Delescluze et Chouteau et du fameux Billioray, ni puritain ni vieux, mais qui faisait l'ermite. Comme la plupart de ses collègues, il vivait chez sa maîtresse et demeurait place de la Corderie.

» On a beaucoup exagéré le talent de cet homme. Il est très-intelligent, faculté qui n'implique nullement l'aptitude aux affaires, très-enthousiaste, et se donne corps et âme, à l'idée qui le tient. Mais il est changeant et ne garde jamais longtemps le même dessein. Il n'a reçu qu'une instruction très-élémentaire. On a publié de lui quelques lettres émaillées de barbarismes.

En voici une que nous reproduisons textuellement. C'est une pièce émanant de la Commune.

Paris, le 27 avril 1871.

Aux citoyen Mais, intendant général.

Les fabrique de cartouche de la rue Picpus sont pl*ai*nes de selle et harnachement, étant nécessaire d'y fabriquer des cartouches veuillez je vous prie les faire enle*vair* tout de suite pour les faire transport*é* dans les magasins que vous jugerez convenable.

Paris, le 27 avril 1871.

Les membres de la Commune, charge de la surveillance de la fabrication de guerre.

Signé, Assi.

Ces sauveurs de la France ne savaient même pas le français.

« Assi était fondeur en métaux. Tous les chefs de l'*Internationale* ont ainsi un métier dont ils se font une espèce de titre auprès des classes ouvrières, bien que leurs intrigues et leurs pérégrinations sans nombre ne leur aient jamais permis de faire œuvre de leurs dix doigts. La conscription en fit un chasseur à pied. En 1866, nous le trouvons sergent-fourrier à Boulogne, où il remplit pendant quelque temps les fonctions de sergent-major. A la fin d'un trimestre, les décomptes et le sergent-major disparurent à la fois ; Assi, très-remuant de caractère, avait jeté le sac aux orties et passé en Angleterre. D'Angleterre il alla en Suisse, où il resta deux ans, puis revint à Londres, où Karl Marx en fit un ardent propagateur des idées communistes.

» Revenu en France après l'amnistie du 15 août 1869, il erra quelques temps, puis s'établit au Creuzot. Il sut habilement profiter des germes de mécontentement qui existaient entre les ouvriers et leur patron, organisa des réunions, fit circuler des programmes de l'*Internationale*, et en moins d'un mois indiscipina cinq mille ouvriers, leur donna un mot d'ordre et fit éclater l'une des plus formidables grèves qu'on ait encore vues : la grève du Creuzot, dont chacun se souvient.

» Il échappa à toutes les recherches de la justice, et parut un moment à la grève d'Anzin. Le mystère qui entourait cet homme si jeune encore, cette apparition subite sur le théâtre d'une seconde grève, en firent une sorte de personnage que la rumeur publique mêla à tous les mouvements qui eurent lieu depuis, bien qu'Assi se fût de nouveau réfugié en Angleterre.

» Assi arriva à Paris quelques jours avant le 4 septembre, ne prit aucune part à la Révolution, et au 31 octobre, Assi, quoique officier de la garde nationale, peu courageux du reste, ne joua qu'un rôle très-effacé dans ce coup de main, et ne fut pas inquiété.

» Assi était le membre du Comité central le plus connu. Cette notoriété lui fit attribuer une influence qu'il n'eut jamais.

» Avec Aadignoux et Greffier, il s'opposa à la reddition des canons, dans une séance fameuse ou Henri, Duval, Bergeret, Eudes, Ganier et Dombrowki furent nommés généraux.

» Le 19 mars, le Comité central se transporta à l'Hôtel-de-Ville et la présidence en fut conservée à Assi, qui la garda jusqu'au 26. Il combattit la motion relative à la répression des arrondissements restés fidèles à l'insurrection.

» Il fut nommés le troisième dans le 11e arrondissement, par 19,890 voix, aux élections du 13 mars. Il fit partie de la commission de sûreté générale. Dans les premiers jours d'avril, Paris étonné apprit que celui qu'il regardait comme l'âme de l'insurrection venait d'être incarcéré.

» Assi fut relâché quinze jours après. Il ne joua dès lors qu'un rôle très-effacé. »

A un autre. Le journaliste le plus acclamé de tous, le citoyen Jules VALLÈS.

Jules Vallès était originaire du département de la Haute-Loire ; il commença ses études au collége de Paris. Plus tard, il habita Rouen, son pere ayant été nommé professeur au lycée de cette ville. Mais Paris l'attira de bonne heure et sa famille ne le revit que lorsqu'il avait besoin d'argent. Les journaux de Rouen ont raconté qu'à la mort de son père sa conduite causa un tel scandale public que l'autorité dut l'inviter à quitter la ville.

C'est en 1860 qu'il débuta comme journaliste.

Du moins c'est à cette époque que parut son premier article au *Figaro*.

Cet article, dont le genre est aujourd'hui démodé, était très-étudié, quelque peu déclamatoire, mais en somme écrit d'une façon remarquable.

Il était intitulé les *Réfractaires*. D'autres suivirent avec les mêmes qualités et les mêmes défauts prétentieux.

Un an plus tard M. de Villemessant chargea Vallès de la chronique du *Figaro*, mais le journal était quotidien.

L'écrivain qui parlait volontiers de sa paresse, pour déguiser la paresse de son esprit et la pauvreté de son imagination, ne put tenir un mois.

Il se retira et fonda avec André Gill le journal *La Rue*. Menacée de mourir d'inanition, cette feuille chercha une mort honorable dans la suppression pour cause politique.

Puis, Vallès reprit la vie de ses héros les réfractaires, les bohêmes.

L'agitation socialiste l'arracha de temps en temps aux brasseries pour les réunions publiques ; malgré ses déclamations savantes et ses violences calculées, il n'obtint aucun succès.

Le seul journal qui prospéra sous son nom fut le dernier qu'il publia, *le Cri du Peuple* ; il est vrai qu'il n'y écrivit pas souvent.

Tel était l'écrivain.

Quant à l'homme politique il n'a jamais existé.

Vallès ne s'est jamais occupé de politique... encore moins d'économie sociale.

Un jour, comme il exhalait sa mauvaise humeur contre les coryphées de son parti.

— Comment donc, lui dis-je, êtes-vous dans cette galère ;

— J'ai d'abord eu la main prise, me répondit-il, puis le bras... et le reste y passera. Que voulez-vous !...

Mais voici une très-jolie page empruntée au *Paris-Journal* où il est peint de main de maître.

C'était sous le règne de la Commune, M. Polo, directeur du journal *l'Eclipse*, avec qui Vallès avait été lié, venait d'être arrêté et pillé par un nommé Pilotell, caricaturiste de dernier ordre, bohême déguenillé que le Comité central avait nommé à la direction des Beaux-Arts et qui avait quitté cette haute situation pour les fonctions de commissaire de police.

L'auteur que nous citons, raconte comment il fut trouver Vallès pour obtenir l'élargissement de M. Polo.

« La concierge de l'imprimerie du *Cri du Peuple*, dit-il, me confia qu'il dînait d'habitude chez un marchand de vin nommé Dehlle, au coin de la place des Victoires. J'y fus. Sa maîtresse l'attendait. Une pauvre grosse fille qui semblait désolée jusqu'aux larmes de la part que son Jules prenait dans les « bêtises de la Commune. »

— Voyez-vous, me dit-elle, il a perdu la tête depuis les élections de l'an passé. Un sieur R... lui avait persuadé de se présenter. Ce fut cet individu qui fit les frais de la chose. Jules échoua, parbleu ! Le sieur R... était un mouchard.... et l'argent venait du gouvernement, qui voulait — simplement — jeter des bâtons dans les roues de la candidature de M. Jules Simon.

» En ce moment Vallès entra. Il avait fait couper sa barbe et était habillé d'étoffe printanière avec une rosette rouge à la boutonnière comme une fleur. L'inévitable Pierre Denis lui emboîtait le pas, fourré d'une polonaise à brandebourgs, botté à la hongroise et coiffé d'un bonnet de loutre comme le geôlier du tableau des *Adieux de Louis XVI à sa famille au Temple*.

» En m'apercevant :

» — Voulez-vous me remplacer à l'Hôtel-de-Ville? me demanda Vallès brusquement.

» — Merci, lui répondis-je en plaisantant, je n'ai pas envie de me créer des titres pour être fusillé plus tard.

» Il ôta son paletot, son chapeau et son gilet.

» Ses épais cheveux noirs égouttaient de sueur ; ses yeux brûlaient de fièvre, sa poitrine haletait et hoquetait comme une soufflet de forge...

» — Quel métier! s'écria-t-il. Moi qui suis si paresseux! Ces gens-là me rendront enragé ou fou! Séance le jour! Séance la nuit! et pourquoi faire? L'éloge de Babœuf ou d'Anacharsis Klootz! Tenez, l'armée de Versailles nous arrache heure par heure un lambeau de terrain, de muraille et d'espoir. Eh bien, nous sommes convoqués ce soir pour délibérer sur une proposition de Courbet qui menace de donner sa démission, si l'on ne supprime Dieu par décret.

» Il ajouta d'un ton sec :

» — Je voterai contre la proposition... *Dieu ne me gêne pas*. Il n'y a que Jésus-Christ que je ne peux pas souffrir, *comme toutes les réputations surfaites.* »

Vallès, au surplus, n'avait jamais été bon ; il refusa donc, d'après le narrateur de *Paris-Journal*, de se mêler de l'affaire de M. Polo, et la conversation continua saccadée et violente.

» Je le regardai entre les deux yeux :

» — Voyons, comment tout cela finira-t-il?

» — Oh! de la façon la plus simple : Cluseret ou un autre vendra une porte aux Versaillais, et, l'un de ces matins, l'on nous cueillera dans nos lits... un joli bouquet pour Cayenne ! J'espère être prévenu à temps ; ma malle est faite ; je file en Suisse ou en Belgique. Avant six mois il y aura en France un changement de gouvernement qui amènera une amnistie. Alors je rentre ; ma popularité me fait nommer député : je siége sur les bancs de l'opposition.... modérée, et, ma foi...

» L'auteur de la *Rue* et des *Réfractaires* eut un singulier sourire :

» — On ne sait pas... Tout est possible... Voyez ce qu'est devenu Picard.

» A tout prendre, c'est ce rêve-là qu'ont fait tous les révolutionnaires. »

Enfin quelques jours avant le 18 mars Vallès était encore incertain sur le parti politique qu'il avait à suivre.

— Donnez-moi donc un bon conseil, disait-il à un de ses amis. Vous savez l'existence que je mène et combien j'en suis fatigué ; le gouvernement m'a fait offrir un consulat, cela ne me rapporterait que cinq ou six mille francs de fixe, mais avec quelques tripotages, je pourrai me faire une vingtaine de mille francs par an.

— Acceptez.

— N'est-ce pas?.. j'en ai bien envie.

Il est certain individus dont nous ne pouvons parler à cette heure ; nous devons attendre que la justice ait prononcé sur leur sort, mais nous donnerons quelques renseignements biographiques sur Cluseret, Raoul du Bisson, Rigault et son secrétaire Dacosta, Dombrowski.

Plus tard, nous donnerons les portraits d'autres personnages tels que Vermorel, Vésinier, Arnold, Allix, E. Clémont, Blanchet, Billoray.

La Cécilia, les rédacteurs du *Père Duchêne* : Vermesch, A. Humbert et Maxime Villiaume, le père Gaillard...

Mais ce nom nous rappelle que nous

avons là sous la main un portrait du citoyen Lefrançais, par Gaillard fils.

Il mérite l'honneur d'une reproduction. Le voici :

« Trapu, — ce mot en quelque sorte, peut résumer physiquement ce personnage, — épaules larges, tête volumineuse qu'il semble qu'on a, comme à plaisir, plantée entre les clavicules sur un cou.... absent ; cheveux et barbe épais et noirs, comme les yeux ; front arrondi, où la réflexion et l'étude logique semblent aussi avoir leur marque distinctive ; regards pénétrants, tour à tour doux et fermes, souvent sérieux ; allure inclinée, gestes rares.

» Point de prétention apparente ; point de pose, si ce n'est celle qui, ainsi qu'à tout autre orateur, lui est habituelle : une main appuyée sur une des tables formant tribune, l'autre invariablement enfoncée dans l'une ou l'autre de ses poches ; la tête rejetée en arrière et le corps en avant.

» Le citoyen Lefrançais est un ex-enseignant, mais n'a rien conservé, selon nous, pour cela, du pédagogue ; il est en train, du reste, en ce moment, de devenir maître d'école, dans un autre sens ; que le citoyen Briosne, son ami, nous pardonne..... cette louange pimentée...

» Arrêtons-nous. Un mot vient d'échapper à notre jeune plume. Elle a écrit : ami. Le citoyen Briosne et Lefrançais le sont ou plutôt l'étaient, en effet. Sans être attachés par le ventre, *comme les frères siamois des meetings*, leur intimité constante est suffisamment connue. Nous avons déjà présenté le premier au lecteur, qui se rappelle sans doute l'aveu que nous faisions de notre embarras extrême en présence de son incertitude systématique... Saisissons l'occasion qui se présente à nous pour faire au citoyen Briosne une amende honorable devant la netteté de la déclaration faite dernièrement par lui, en reconnaissant ici que cette incertitude apparente est une conviction profonde : celle de n'appartenir à aucune école, mais simplement d'être un chercheur... de quoi ?...

» Revenons au sujet présent. Ici nous devons renouveler notre promesse formelle d'impartialité et d'égalité absolues, de vérité rigoureuse, inflexible. C'est, nous le répétons, à notre point de vue que nous traitons ceci ; rien d'intéressé, rien de grossi outre mesure, rien qui ne soit enfin l'expression sincère et juste de ce que nous avons été à même, depuis l'ouverture des réunions publiques, de voir et de sentir.

» De fréquentes attaques, en pareil cas inévitables, furent faites par ses virulents adversaires au communisme. Quand ces attaques avaient lieu, le citoyen Lefrançais montait à la tribune défendre, avec une grande énergie, *son* système social. Président maintes fois, surtout au Pré-aux-Clercs, il y montra une fermeté réelle, imperturbable. C'était cependant au milieu de séances presque toujours tumultueuses et sous l'influence de courants contraires qui venaient battre incessamment la digue qu'il avait élevée.

» Ici se présente le point défectueux. Nous voulons parler de son alliance en quelque sorte intime avec les ennemis déclarés de la théorie communiste. Était-ce dans l'intérêt même de la *cause* ? Nous nous permettons d'en douter. Ce qui ne souffre pas le doute, c'est que, pendant un grand laps de temps, à part sa défense superficielle ordinaire, il ne posa pas clairement, formellement son point de vue, réserve qui, nous devons le déclarer, inquiéta beaucoup ses amis.

» Un discours très-heureux, prononcé il y a peu de jours aux Folies-Belleville, est venu à propos racheter le passé. Là, il s'est montré incontestablement profond, clair et précis. Il a démontré ses prin-

Affaire du Mont-Valérien.

cipes avec une logique, une netteté irréfutable : cela est dû, sans contredit, à plusieurs circonstances de bon augure : — tout d'abord la question mise à l'ordre du jour ; ensuite l'exposé simple et net que fit à ce sujet le citoyen Millière, dont nous aurons bientôt, lecteurs, à vous entretenir ; puis enfin et surtout une attaque un peu vive dirigée par le citoyen Briosne contre son ami Lefrançais.

» Ce que c'est pourtant qu'une discussion violente, qu'un excès de polémique entre intimes. Cela a valu au public des clubs un chef-d'œuvre oratoire et aux partisans de Cabet, un instant de véritable satisfaction.

» Par contre, il est vrai, l'ombre d'Oreste apparaîtra longtemps dans ses songes à Pylade, lequel, affolé, fasciné malgré lui par le souvenir impérieux de leur amitié sans nuages, s'écriera à la fin, n'y pouvant résister : O-reste !...

» G. GAILLARD FILS [1]. »

Le citoyen Lefrançais n'eut jamais la réputation d'un homme dangereux. En général, les Icariens ne s'occupent jamais de politique. Cabet était ennemi de toute violence et ses sectaires ont renoncé de bonne heure à convertir les vieilles sociétés pour réaliser leur utopie.

Malgré la présence de Lefrançais à la Commune, nous croyons qu'il ne faut pas confondre les Icariens avec les communistes de Paris.

Aucune biographie ne saurait faire avec le portrait de Lefrançais un plus piquant contraste que celle de l'illustre COMTE DU BISSON.

Un Raousset de Boulbon de nature inférieure. Que l'on nous pardonne de donner une si grande place à des individualités qui n'empruntent leur importance qu'aux événements, et qui, sans l'insurrection du 18 mars n'auraient pu obtenir une demi colonne du Dictionnaire Vapereau.

La vie romanesque du sieur Du Bisson se trouve résumée dans l'article suivant du journal *La Province*.

« Dans sa jeunesse, il servit en Espagne dans l'armée carliste, sous Cabrera.

» Après la déroute de cette armée, en 1840, il fut en Portugal, puis rentra en France, et revint à Caen, son pays natal.

» Il monta une industrie qui ne prospéra pas. Ayant conservé des relations avec le parti carliste, il s'affilia aux sociétés du parti légitimiste ; son caractère aventureux et ambitieux le fit se mettre en avant : compromis dans un complot en 1847, il fut condamné à deux ans de prison.

» 1848 le rendit libre ; le désordre des premiers jours de la République lui fit voir le moment propice à une restauration de Henri V. Il organisa un complot, se mêla au parti rouge, et coopéra activement aux journées de juin. Après l'apaisement de ces tristes journées, il fut poursuivi et condamné par contumace.

» Le coup d'Etat fit remuer tous les partis, car ils étaient déçus dans leurs espérances. Le moment sembla propice à Du Bisson pour monter une affaire et exploiter la situation. Il était alors en Belgique, en correspondance suivie avec les agents du parti légitimiste, notamment avec Jeanne, éditeur d'estampes, passage Choiseul. Le gouvernement eut vent de toutes ces menées ; une perquisition opérée chez Jeanne fit découvrir tout le complot ; les meneurs furent arrêtés, sauf Du Bisson, qui avait su se tenir à l'étranger, et mener ce complot sans faire acte de présence. Enfin le dénoûment de cette affaire eut lieu au mois de février 1853 ; le tribunal condamna les meneurs, et Du Bisson fut condamné par contumace à quatre ans de prison et dix ans de surveillance.

» Il fallait vivre ; il jeta les yeux sur

---

[1]. *Les Orateurs des clubs*, journal hebdomadaire, texte et dessins par Gaillard fils, n° 4, 6 mars 1869.

Naples, c'était sa seule ressource ; il offrit ses services à François II qui les accepta.

Dans un voyage à Nice il fit la connaissance d'un M. Palmero qui, après de mauvaises spéculations au Pérou, était rentré en France ; sa femme était parente du docteur Conneau, médecin et ami de l'empereur. M. Palmero avait conservé un peu de fortune, il avait deux filles charmantes ; il donnait à chacune cent vingt mille francs de dot. Le comte Du Bisson, qui était à cette époque un assez beau cavalier, agé de quarante-cinq ans, demanda et obtint une des filles ; l'autre se maria avec un certain docteur de La Vallette, dont j'aurai aussi occasion de vous parler, car il joue un certain rôle dans toute cette affaires comme membre du Comité central. Du Bisson, marié, emmena sa femme à la cour de Naples.

« Le règne de François II commençait à s'ébranler, on fortifiait Gaëte, car on prévoyait qu'il serait le refuge de la cour ; des achats d'armes étaient faits en Belgique ; il courut le bruit que dix mille fusils, que Du Bisson avait été chargé de recevoir et de faire transporter à Gaëte, n'étaient jamais arrivés à destination. Lorsqu'on s'en aperçut, la cause du dernier Bourbon était perdue.

» Voilà Du Bisson sur le pavé : il rentre chez son beau-père à Nice. Il emploie les débris de sa fortune à un voyage que son esprit d'aventure lui avait suggéré. Il va en Abyssinie, puis rentre en France ; mais n'ayant presque plus rien, il fallait vivre d'expédients, et Paris est une ville de ressources pour les fripons.

» Au café de la Porte-Montmartre, au premier étage, se réunissait une bande d'escrocs de toutes sortes, qui avaient formé une société dite des Billets de complaisance : cette société avait des ramifications dans les principales de France, et même à l'étranger. Les commerçants embarrassés trouvaient là des valeurs à leur gré ; pour dix francs on vous remettait une valeur de mille francs ; vous deviez en faire les fonds à l'échéance ; si vous ne le pouviez pas, le souscripteur n'ayant aucune valeur, vous étiez poursuivi avec d'autant plus d'acharnement que vous aviez trompé votre banquier.

» Du Bisson devint un des agents les plus actifs de cette société ; il a négocié pour plus de 100,000 francs de valeurs provenant de cette source ; il en avait soucrit pour une égale somme, mais cela le touchait peu ; il avait même acheté un magasin de machines à coudre, boulevard de Sébastopol, qu'il revendit avant d'avoir payé son vendeur, et, par une manœuvre des plus adroites, il devint, sans bourse délier, propriétaire d'une usine. Mais ce système de billets de complaisance devait avoir sa fin. Traqué, poursuivi par tous les huissiers, son matériel saisi par le propriétaire, il devait cinq termes, il allait être vendu et exproprié lorsque la guerre éclata. Les poursuites furent suspendues : Du Bisson profite de la situation et vend à des ferrailleurs le matériel saisi.

» On forme les bataillons de la garde nationale, la solde de 1 fr. 50 par jour était allouée ; Du Bisson n'avait garde de manquer cette occasion ; il se porte comme capitaine au 26e bataillon, il est élu ; la compagnie était fière d'avoir à sa tête un ancien général, paré de plusieurs décorations multicolores. On forme les compagnies de marche ; les officiers recevaient la solde de l'armée, bonne aubaine qu'il n'a garde de manquer, il est élu capitaine ; le chef de bataillon, brave propriétaire, n'ayant jamais servi, demanda à ne pas commander les compagnies de marche. Du Bisson prit le commandement par intérim : le bataillon ne fit pas de sortie, mais cette position avait mis Du Bisson en relief.

La capitulation de Paris vint anéantir ses espérances, il se jeta dans le parti avancé : le comité central se forma, il y lança son beau-frère, et lui fonda le comité de la confédération républicaine, qui s'installa à Montmartre ; c'est ce comité qui avait la garde des canons. Du Bisson commandait donc à Montmartre le 18 mars ; c'est ce comité qui s'était érigé en tribunal pour juger les gendarmes et les soi-disant sergents de ville que l'on prenait, et que l'on égorgeait ensuite.

» Le 18 mars. Du Bisson était à Montmartre et assistait à l'assassinat des malheureux généraux Clément Thomas et Lecomte ; il fit mine de les défendre. Mais, ayant été mis en joue par les gredins qu'il commandait, il se retira et laissa s'accomplir cette atrocité ; il n'avait voulu que se réserver pour plus tard des circonstances atténuantes.

» En récompense de ses services, il fut nommé deux jours après chef d'état-major général commandant la place : c'était lui qui commandait à la place Vendôme et fit massacrer, par les bataillons de Montmartre et de Grenelle, la manifestation sans armes de la rue de la Paix. C'est lui qui faisait fusiller les malheureux qu'on soupçonnait être des sergents de ville. Le *Journal officiel* fait mention d'une séance du Comité central dans laquelle on approuve les condamnations à mort et exécutions ordonnées pendant la nuit par le chef d'état-major Raoul du Bisson. »

Un de ses *collègues* GANIER D'ABIN nommé, comme lui, général par le Comité de Montmartre, était un aventurier dont l'épée avait été au service de qui avait consenti à la payer.

Ganier d'Abin, avant de servir la démocratie parisienne avait servi le roi de Siam !..

Théodoros n'eut pas imposé de pareilles hontes, et cependant l'orgueilleux Théodoros nous méprisait.

Ah ! le peuple parisien a beaucoup à faire pour racheter vis à-vis de la mère-patrie, — la *rurale*, — la couronne de stupidité et d'ignominies que, dans son libre-arbitre, il infligea pendant deux mois à la capitale.

Quelle humiliation !

Mais voyons, cherchons dans le personnel de la Commune quelque fantoche semblable à ceux de la *Danse des Morts* un de ces êtres ignobles et lugubres, qui aient le mot pour rire.

Nous le tenons.

Voici le citoyen RAOUL RIGAULT, délégué à *l'ex-préfecture* de police.

Rigault, étudiant *politiqueur et noceur* — que l'on nous passe cet argot, — n'avait jamais affiché son ambition.

Il avait eu souvent affaire aux sergents de ville sans jamais espérer être préfet de police.

Il allait, sans savoir où, de la crêmerie au café, du café à la brasserie, du bock à la cocotte.. et il arriva à la Commune.

Certaines popularités tentent certains individus. La paresse et la débauche mènent ceux-ci aux carrefours où les attendent celles-là.

L'œil allumé et la voix rauque ces dernières ont l'accueil prompt à leurs banaux adorateurs.

Les vauriens qui les accostent, soupçonnent parfois quelque pièce d'or cachée sous leurs oripaux rouges.

Obtiennent-ils plus que des caresses et des flatteries, obtiennent-ils quelques sous, les voilà souteneurs de ces filles, — les Popularités de clubs, de caboulos, de carrefours !..

Rigault était évidemment inconnu de la population ouvrière de Paris, bien qu'il ait écrit dans quelques feuilles républicaines.

Comment fut-il nommé ?

Grâce à la camaraderie et au scrutin de liste.

Était-il inférieur à ses collègues ?...

Non.

Comme intelligence il était même supérieur à beaucoup.

Il avait pour secrétaire un étudiant de des beaux parleurs du quartier et qui, par nature, semblait voué à ce qu'au théâtre on appelle les doublures.

Valet d'Aramis il eût été dévôt peut-être, lui qui posait pour être athée, — secrétaire de Vallès il copiait son maître ;

son espèce, nommé Gaston Dacosta, dit *Coco.*

Brave garçon, qui s'éprenait facilement

Ch. Delescluze.

Vallès l'ayant abandonné il s'attacha à Rigault.

La Commune l'avait nommé substitut du délégué à la police.

Revenons à Rigault, avant de commettre des scélératesses il fut le héros de quelques fredaines assez amusantes.

La *Petite Presse* racontait dernièrement celle-ci :

« Le citoyen Rigault qui était toujours tiré à quatre épingles, vêtu de linge très-fin et éblouissant de blancheur, qui avait toujours lorgnon à l'œil et bague au doigt, n'avait rien dans son aspect qui indiquât le fanatique ni même le puritain. Il était taquin et méchant, mais il plaisantait sans cesse et aimait à mystifier les gens.

» C'est lui qui — s'étant fait un point d'honneur de ne jamais prononcer le mot *saint*, qui portait atteinte à sa foi politique — déposait ainsi devant les juges, dans une affaire en police correctionnelle où il figurait comme accusé politique :

» — Les agents ont commencé à maltraiter mon ami, rue des Pères ; ils l'ont battu place Sulpice ; mais où ils l'ont le plus abîmé, ça été rue *Hya Michel*.

» — Comment ! rue *Hya Michel ?* lui dit le président du tribunal. Mais alors l'affaire ne s'est donc pas passée à Paris ?

» Effectivement, elle avait l'air de s'être passée à Saint-Pétersbourg...

» — Non, mon président, répondit un autre accusé, c'est bien à Paris que l'affaire a eu lieu. Seulement Rigault ne veut pas dire rue *Saint-Hya-cinthe-Saint-*Michel, car il évite le mot *saint* partout où il le rencontre.

» Les juges ne purent tenir leur sérieux. »

Lorsque cet aimable farceur eut fait arrêter M. Balathier de la *Petite Presse*, M. Victor Cochinat fut le trouver pour obtenir la mise en liberté de son rédacteur en chef.

« Le susdit Rigault, dit M. Cochinat, refusa d'abord et sans donner aucune raison, de satisfaire à ma demande, et comme je lui faisais observer que c'était là faire bon marché de la liberté de la presse...

» — La liberté de la presse, — me répondit-il, — connais pas !

» — Comment ! vous ne la connaissez pas !... Mais vous la demandiez tous les jours dans la *Marseillaise*, dont vous étiez un des rédacteurs !

» — Ah ! pas moi, les autres ! D'ailleurs, c'était du temps de Badinguet. Mais quant à moi, j'ai toujours dit bien haut que nous ne souffririons pas de journaux hostiles, *quand nous serions les plus forts*. Or, comme nous sommes les plus forts maintenant, il n'en faut pas !...

» — Mais serez-vous toujours les plus forts ?

» — Certainement. Paris est imprenable, et il faut bien que Versailles mette les pouces.

» — Et la province ?

» — La province, répliqua-t-il en riant, nous nous f..... pas mal de la province ?...

» Il n'y avait rien à dire à cela, et je fis valoir d'autres arguments qui parurent convaincre maître Rigault, car il changea d'avis et donna ordre au citoyen Dacosta, son secrétaire particulier, de me livrer mon Balathier.

» Pendant qu'on levait l'écrou de mon confrère, à la Conciergerie, je demande à ce jeune homme, qui ne me paraissait pas méchant, s'il ne trouvait pas puérile, inutile et absurde l'arrestation de journalistes aussi peu violents que MM. de Balathier et Richardet, du *National*, et, à mon grand étonnement, il me répondit qu'il pensait absolument comme moi, d'autant plus que ces arrestations lui donnaient beaucoup de travail.

» Mais alors, lui dis-je, pourquoi faites-vous ces choses que vous trouvez absurdes ?...

» — Ah ! — me répliqua-t-il d'un petit air insouciant et dégagé, — cela maintient dans la ville *une petite terreur...*

» — Très bien, citoyen Dacosta ! Alors

vous trouvez que cette *petite terreur* pose bien la Commune devant les dames?...

» Il rit approbativement et me fit voir clairement que lui aussi, comme son patron, il faisait de la terreur... par système, et nullement par passion politique. »

Encore une anecdote :

Une personne qui avait autrefois obligé ce personnage, quand il n'était qu'un misérable étudiant de brasseries et de bouges, apprend qu'un de ses amis est arrêté par ordre du délégué à l'*ex*-préfecture de police, comme on disait alors.

M. X..., se croyant fort de la reconnaissance que devait lui avoir le nouveau fonctionnaire, et voulant se porter garant de la personne arrêtée, se rend place Dauphine, est introduit auprès du jeune membre de la Commune, qui se répand en protestations de reconnaissance et d'affection.

— Que puis-je faire enfin pour vous prouver mes sentiments? lui dit-il.

M. X... lui raconte alors ce qui l'amène. Quand il a terminé, Raoul Rigault se lève, prend un air grave, une pose réfléchie; et tendant la main à son ancien bienfaiteur :

— Ecoutez, cher monsieur, ce que vous me demandez est impossible. Je ne puis faire relâcher la personne que vous réclamez ; mais je veux vous prouver que je ne suis pas un ingrat : demandez-moi un mandat d'amener, un décret d'accusation contre qui vous voudrez, je vous jure de le faire. Tenez, voilà un ordre d'arrestation en blanc, usez-en à votre guise.

M. X... stupéfait se sauva à la hâte, fuyant la présence de cet idiot sinistre.

Tels étaient ces drôles.

Nous en passons et des meilleurs, nous ne devons pas devancer les arrêts de la justice qui informe à l'heure où nous écrivons ; et d'ailleurs cette réserve servira à rompre la monotonie du récit ;
entre deux fusillades nous aurons la distraction d'un portrait.

Mais qu'on le tienne pour certain, sauf trois ou quatre déjà nommés, aucun nombre de la Commune ne fut ni plus estimable ni plus sérieux que ceux dont nous venons d'entretenir le lecteur.

Il y a pire ; il n'y a pas mieux.

—

XIV

Hors Paris

La propagande communiste faisait dans les grands centres de nos départements de rapides progrès.

L'armée de *l'Internationale* était sous les armes, — et depuis longtemps, — car depuis 1868, on peut dire qu'elle s'est constamment tenue prête à la guerre sociale.

L'insurrection de Lyon, dont on jugeait les principaux coupables *lyonnais*, l'insurrection de Marseille, les tentatives qui suivirent dans ces deux villes et presque en même temps à Toulon, à Bordeaux à Narbonne, à Limoges, à Guéret ne furent que les escarmouches de cette grande guerre pour laquelle s'enrôle le prolétariat des villes industrielles et qui menace la fin de notre siècle d'horreurs sans précédents comparables.

Nous n'avons pas l'intention puérile d'étonner le lecteur par des avertissements lugubres, ce que nous disons part d'une conviction profonde, eh bien ! entre la civilisation et la sauvagerie communiste c'est une guerre à mort.

Si l'armée nationale avait subi un échec grave, si quelques régiments avaient levé la crosse en l'air, la France entière, la Belgique, une parti de la Suisse, partageaient le sort de Paris.

Le tour de l'Italie, de l'Espagne et de

l'Angleterre seraient venus quelque mois plus tard.

Le cadre de notre récit ne nous permet point d'embrasser un sujet aussi vaste. Nous devons nous borner à mentionner les troubles éclatés en province.

Cependant les journaux de la Commune, tels que *le Rappel*, ayant pris à tâche de représenter comme « un *fait regrettable* » l'assassinat commis à la préfecture de Saint-Étienne sur la personne de M. Henri de l'Espée, nous croyons nécessaire d'apporter à la vérité des faits un témoignage de plus.

Le 25 le gouvernement avait reçu la dépêche suivante :

Saint-Étienne, 25 mars, 7 h. 5 m., matin.

réfet Loire à intérieur et préfets des départements et sous-préfets.

Cette nuit, l'Hôtel-de-Ville envahi par des séditieux.

Maire et colonel de garde nationale sequestrés ; préfet sorti de l'hôtel.

Rappel battu dès le matin ; Hôtel-de-Ville évacué par les séditieux ; les autorités en reprennent possession avec la garde nationale.

Que s'était-il passé ?

L'Hôtel-de-Ville avait été envahi par une bande d'insurgés. Le nouveau préfet, M. Henri de l'Espée, avait été surpris et cerné par ces misérables.

Enfin l'un, deux, nommé Fillon, lui avait à bout portant brûlé la cervelle !...

Quelques heures plus tard l'assassin et ses complices étaient arrêtés.

XVI.

Décrets, Réquisitions, Violences et Conflits.

L'activité du gouvernement se manifeste par un déluge d'affiches.

Et ce qui ajoute à la confusion c'est que le Comité central annonce chaque jour qu'il se retire et continue à gouverner.

Rien ne peut nous instruire de la part de pouvoirs que ce Comité a jugé bon de conserver. Il semble que ce dernier prenne la Commune sous son patronage et sous sa tutelle. En attendant les conflits inévitables, nous allons citer au jour le jour les principaux décrets, les premières réquisitions et les violences par lesquels ces étranges gouvernants s'essayèrent aux crimes.

Le 28 mars. — Proclamation des votes faite en grande pompe sur la place de l'Hôtel-de-Ville. Foule. — Salves d'artillerie. — Discours et chants patriotiques.

Le 29, ouverture des séances de la Commune sous la présidence du citoyen Lefrançais. — Le Comité remet ses pouvoirs à la Commune. Il déclare : « *n'être plus que ce qu'il avait toujours été*, le conseil de famille de la garde nationale.

Manifeste de la Commune, affiché dans Paris :

Citoyens,

Votre Commune est constituée.

Le vote du 26 mars a sanctionné la Révolution victorieuse.

Un pouvoir lâchement agresseur vous avait pris à la gorge : vous avez, dans votre légitime défense, repoussé de vos murs ce gouvernement qui voulait vous déshonorer en vous imposant un roi.

Aujourd'hui, les criminels, que vous n'avez même pas voulu poursuivre, abusent de votre magnanimité pour organiser aux portes mêmes de la cité un foyer de conspiration monarchique. Ils invoquent la guerre civile ; ils mettent en œuvre toutes les corruptions ; ils acceptent toutes les complicités ; ils ont osé mendier jusqu'à l'appui de l'étranger.

Nous en appelons, de ces menées exé-

Affaire de la Porte Maillot.

crables, au jugement de la France et du monde.

Citoyens,

Vous venez de vous donner des institutions qui défient toutes les tentatives.

Vous êtes maîtres de vos destinées. Forte de votre appui, la représentation que vous venez d'établir va réparer les désastres causés par le pouvoir déchu : l'industrie compromise, le travail suspendu, les transactions commerciales paralysées vont recevoir une impulsion vigoureuse.

Dès aujourd'hui, la décision attendue sur les loyers ;

Demain, celle des échéances ;

Tous les services publics rétablis et simplifiés ;

La garde nationale, désormais seule force armée de la cité, réorganisée sans délai.

Tels seront nos premiers actes.

Les élus du peuple ne lui demandent, pour assurer le triomphe de la République, que de les soutenir de leur confiance.

Quant à eux, ils feront leur devoir.

La Commune de Paris.

—

Il est donc bien entendu que la Commune de Paris est le seul gouvernement honnête et légitime de la République française.

Ce document a son importance ; plus tard le parti dit de Conciliation criera bien haut que le gouvernement à été l'auteur de la guerre civile et que Paris ne demande que ses « franchises municipales ! »

Décrets affichés dans la même journée :

La Commune de Paris,

Considérant que le travail, l'industrie et le commerce ont supporté toutes les charges de la guerre, qu'il est juste que la propriété fasse au pays sa part de sacrifices.

Décrète :

Art. 1er. Remise générale est faite aux locataires des termes d'octobre 1870, janvier et avril 1871.

Art. 2. Toutes les sommes payées par les locataires pendant les neuf mois seront imputables sur les termes à venir.

Art. 3. Il est fait également remise des sommes dues pour les locations en garni.

Art. 4. Tous les baux sont résiliables, à la volonté des locataires, pendant une durée de six mois, à partir du présent décret.

Art. 5. Tous congés donnés seront, sur la demande des locataires, prorogés de trois mois.

Hôtel-de-Ville, 29 mars 1871.

La Commune de Paris.

Nota. — Un décret spécial règlera la question des intérêts hypothécaires.

—

La Commune de Paris décrète :

1° La conscription est abolie ;

2° Aucune force militaire, autre que la garde nationale, ne pourra être créée ou introduite dans Paris ;

3° Tous les citoyens valides font partie de la garde nationale.

Hôtel-de-Ville, 29 mars 1871.

La Commune de Paris.

—

La Commune de Paris décrète :

ARTICLE UNIQUE

La vente des objets déposés au mont-de-piété est suspendue.

Hôtel-de-Ville, Paris, 29 mars 1871.

La Commune de Paris.

—

Citoyens,

La Commune étant actuellement le seul pouvoir,

Décrète :

Art. 1er. Les employés des divers services publics tiendront désormais pour nuls et non avenus les ordres ou communications émanant du gouvernement de Versailles ou de ses adhérents.

Art. 2. Tout fonctionnaire ou employé qui ne se conformerait pas à ce décret sera immédiatement révoqué.

Hôtel-de-Ville, 29 mars 1871.

Pour la Commune, par délégation :

Le président,
LEFRANÇAIS.

Assesseurs,
RANC, ED. VAILLANT.

—

Il n'appartient qu'à l'autorité communale et aux municipalités d'apposer des affiches sur papier blanc.

Les municipalités ne peuvent afficher en dehors de leur arrondissement respectif.

L'affichage des actes émanant du gouvernement de Versailles est formellement interdit.

Tout afficheur ou tout entrepreneur d'affichage contrevenant au présent avis sera rigoureusement poursuivi.

Hôtel-de-Ville de Paris, 29 mars 1871.

Pour le Comité et par délégation,
L. BOURSIER.

—

Le délégué civil et le commandant militaire de l'ex-préfecture de police,

Considérant qu'un exemple pernicieux est donné à la population par des chevaliers d'industrie qui encombrent la voie publique et excitent les patriotes aux jeux de hasard de toute sorte ;

Qu'il est immoral et contre toute justice que des hommes puissent, sur un coup de dé et sans peine, supprimer le peu de bien-être qu'apporte la solde dans l'intérieur des familles ;

Considérant que le jeu conduit à tous les vices, même au crime,

Arrêtent :

Art. 1er. — Les jeux de hasard sont formellement interdits. Tout joueur de dés, roulette, lotos, etc., sera immédiatement arrêté et conduit à l'ex-préfecture.

Les enjeux seront confisqués au profit de la République.

Art. 2. — La garde nationale est chargée de l'exécution du présent arrêté.

Paris, le 25 mars 1871.

Le commandant militaire,
Général E. DUVAL.

Le délégué civil,
RAOUL RIGAULT.

—

Nous ne ferons pas au lecteur l'injure de lui démontrer l'absurdité de la loi sur les loyers et l'hypocrisie de l'arrêté sur les jeux de hasard ?...

Le 1er avril *le Journal officiel de la Commune de Paris* a reparu sous l'ancien titre : — *Journal officiel de la République française, troisième année, numéro* 70.

—

L'administration des postes ayant suivi le gouvernement dans sa retraite à Versailles, la Commune en exprime par affiche son indignation.

Un public naïf partage cette indignation. Il n'a jamais compris cette mesure d'ordre et de sûreté qui enlevait à l'insurrection une administration nationale.

D'ailleurs nation et commune sont deux termes qu'il confond volontiers.

Un grand nombre de bonne gens demandent quel est le vrai gouvernement.

Le citoyen Vermorel est délégué à l'hôtel des postes pour réorganiser le service. Le citoyen Theisz lui succède deux jours plus tard.

La population riche déserte Paris. Bientôt tous ceux qui pourront le quitter s'empresseront de le faire; le citoyen R. Rigault délégué civil à l'ex-préfecture de police prend la parole :

« Attendu que la délivrance de laissez-passer exige une surveillance spéciale.

DÉCRÉTONS

« Il ne sera délivré de laissez-passer qu'a la préfecture de police, bureau des passe-ports. »

Les portes sont fermées ; on arme les forts de Vanves et d'Issy.

2 avril. — Le *Mot d'ordre* invite la Commune à faire disparaître la statue « du nommé Ney dit de la Moscowa et à en faire des sous. » (n° 38).

M. E. Razoua, député de la Seine, donne sa démission.

L'*Officiel de Paris* publie un article en faveur du tyrranicide.

La Commune déclare qu'il y a incompatibilité entre le mandat de député et celui de membre de la Commune.

Elle déclare en outre : — que son drapeau étant celui de la République universelle elle peut admettre en son sein des étrangers; que les élections des 6 membres qui n'ont pas obtenu le huitième des voix sont validées.

De tels abus sont sans danger ; aucune insurrection n'est à craindre.

Mais si le peuple mercenaire, l'armée fédérale, est peu à redouter pour le nouveau gouvernement de la République universelle, celui-ci semble destiné à se déchirer de ses propres mains.

Déjà le Comité central, qui n'a quitté qu'avec peine l'Hôtel-de-Ville, a fait des scènes à la Commune, son ingrate progéniture, — c'était en comité secret, — il est vrai, — mais le *Mot d'ordre* en a parlé.

D'ailleurs les secrets étaient mal gardés à la Commune.

Après le commerce des *bons de la Commune de Paris*, nouveau papier dont on commence à ruiner les boulangers et les épiciers, et que les citoyens conseillers donnent même aux cochers de fiacre, — après le commerce de ces bons il n'en est pas de plus actif que celui des secrets des séances.

Un membre envoie régulièrement le procès-verbal des séances secrètes au *Paris-Journal* réfugié à Versailles.

Grand scandale !

Le *Paris-Journal* raconte que cette copie n'est payée que quinze francs par jour.

C'est plus que ne vaut notre correspondant, ajoute le journal de M. de Pène, mais au risque de causer les plus vifs regrets à l'honorable conseiller, nous déclarons que ce n'est pas payé.

N'importe ! Les fédérés gardent leur sérieux. Vive la Commune ! Ils ont quarante-cinq sous par jour !..

On parle de conseillers arrêtés.

M. Lullier est en cellule à l'ex-préfecture.

Assi va le rejoindre.

Mais au bout de quatre ou cinq jours

l'ex-général en chef s'échappe et, dans une lettre d'un sérieux comique prend, Paris à témoin de son innocence et de son dévouement à la Commune.

C'est lui qui dans la nuit du 18 au 19 mars s'empara de l'Hôtel-de-Ville, de la place de Paris, des Tuileries. C'est lui qui transforma l'Hôtel-de-Ville en un camp retranché, « ses trois souterrains furent occupés. Les sept points stratégiques de la rive droite et les quatre points stratégiques de la rive gauche furent mis à l'abri de toute surprise. »

C'est lui...

Mais laissons parler :

« Le service des subsistances, organisé par mes soins, mit, dès le 20 mars, 60,000 rations d'excellents vivres de campagne (pain, vin, conserves anglaises) à la disposition de la garde nationale et des troupes cantonnées dans les casernes ayant fait leur soumission au nouveau gouvernement.

» Dans cinq jours, j'ai dormi en tout 7 h. $^{1}/_{2}$, pris 3 repas, passé 28 heures à cheval et expédié dans toutes les directions près de 2,500 ordres militaires.

» Le 24, à une heure du matin, brisé, harassé, ne tenant plus debout, je vins dire aux membres du Comité :

« — Citoyens, nous sommes maîtres de Paris au point de vue militaire ; je réponds de la situation sur ma tête ; mais agissons avec une extrême prudence au point de vue politique.

Et, pour la quatrième fois, j'ai réclamé l'élargissement du général Chanzy.

» Dès lors, on n'avait plus besoin de moi. Le lendemain, on m'appela au Comité ; on fit verrouiller les portes, on me fit entourer d'une trentaine de gardes, et, sans autre formalité, sous prétexte que j'avais délivré un sauf-conduit au citoyen Glais-Bizoin, on me fit jeter en prison comme ayant des communications avec Versailles. Le général de brigade du Bisson, mon chef d'état-major général, et le colonel Valigrane, mon sous-chef d'état-major, ont été en même temps arrêtés.

» Je ne descendrai pas à me disculper. Mon caractère est au-dessus du soupçon. En face d'un inénarrable outrage, je me recueille, et de ma poitrine gonflée s'échappe un seul cri, une invocation suprême à ceux dont j'ai toujours défendu la cause au péril de ma vie :

» Peuple de Paris, j'en appelle à ta conscience ! Peuple, j'en appelle à ta justice !

« CHARLES LULLIER. »

Ce malheureux était un échappé de Charenton.

Il est digne de l'indulgence de ses juges ; il eut dû pouvoir compter surtout sur l'indulgence de ses collègues.

———

La Gazette des Tribunaux nous apprend que des perquisitions à domicile s'opèrent sur une vaste échelle.

Les bureaux de M. Laloue, banquier, rue de la Chaussée-d'Antin, 23, ont été visités hier par des envoyés du comité, et certains papiers qui s'y trouvaient, saisis et transportés à l'Hôtel-de-Ville. Les scellés ont été apposés sur les caisses de la compagnie d'assurances la *Mutuelle*, rue Castiglione, 14, au grand émoi des voisins, tenus toujours en éveil par les barricades de la place Vendôme.

Enfin le domicile de M. Dubail, l'honorable maire démissionnaire du 11e arrondissement, a eu aussi sa visite domiciliaire. Un ordre d'arrestation avait même été décerné contre lui et contre son fils ; mais, ces messieurs ne se trouvant pas chez eux au moment de la perquisition, l'ordre n'a pu être exécuté. On se rappelle la vaillante conduite que M. Dubail fils avait tenue au fort de Rosny, où il servait en qualité d'artilleur. Blessé assez grièvement par un éclat d'obus, il n'en voulut pas moins demeurer à son poste jusqu'au bout, et ne songea sérieusement à sa blessure qu'après l'évacuation du fort.

L'administration des pompes funèbres n'est pas épargnée.

Un délégué de l'Hôtel-de-Ville est chargé de percevoir toutes les sommes versées pour les convois.

Ces expédients financiers sont un peu de la faute de M. de Rotschild et du gouverneur de la Banque.

Ces messieurs, — le premier surtout, — n'ont pas fait aux citoyens Jourde et Varlin, délégués aux finances, l'accueil que la Commune attendait d'eux.

Le citoyen Rotschild avait refusé net d'entrer en relation avec le nouveau gouvernement.

La Banque n'avait *lâché* que deux millions et encore avait-il fallu les lui arracher. Peut-être ses administrateurs, gardés à vue, pressentaient-ils qu'il leur faudrait plus tard en accorder bien d'autres !..

Ce pressentiment n'eut pas été trompeur, comme on le verra plus loin.

Mais nous pouvons le dire de suite, sans nuire beaucoup à l'intérêt de cette lamentable histoire, la Banque, en deux mois, fut volée de vingt-quatre millions.

Plusieurs autres institutions de crédit, — le Crédit foncier par exemple, qui eut la chance d'échapper au pillage, étaient gardées à vue par les soldats fédérés.

Le *Journal officiel* de Paris nous rapporte comme un fait tout naturel que les chefs de gare de Paris et de Bercy (ligne de Lyon) ont été arrêtés, parce que « malgré les ordres de la Commune, » ces messieurs avaient expédié sur Fontainebleau les recettes de leurs gares.

Les recettes n'appartiennent donc plus aux Compagnies ?..

Le directeur de la manufacture des tabacs du Gros-Caillou, a été contraint de livrer sa caisse.

Même fait s'est produit à la manufacture de Reuilly. Le directeur a été arrêté et son plus jeune fils gardé à vue dans la maison, ainsi que la plupart des femmes employées dans la manufacture.

Un délégué, muni d'un mandat d'arrêt, escorté de gardes-nationaux, a envahi le domicile de M. Degouvé-Denuncques.

Celui-ci se sauva par un escalier de service.

Délégué et gardes fouillèrent toute la maison, enfonçant les portes à coups de crosse, mais en vain.

Furieux de leur insuccès, ces citoyens déclarèrent à Mme Degouvé et à ses filles qu'ils les considéraient comme ôtages et ne les relâcheraient que lorsque M Degouvé se serait constitué prisonnier.

Ils les emmenèrent et, avec elles, la bonne et la concierge.

Ces dames restèrent toute une journée, gardées à vue (toujours) dans une chambre de la mairie du 10e arrondissement (1).

———

La Commune de Paris décrète :

1° Le titre et les fonctions du général en chef sont supprimés ;

2 Le citoyen Brunel est mis en disponibilité,

3° Le citoyen Eudes est délégué à la guerre, Bergeret à l'état-major de la garde nationale, et Duval au commandement militaire de l'ex-préfecture de police.

Paris, le 1er avril 1871.

La commission exécutive,

Général EUDES, FÉLIX PYAT, G. TRIDON, Général JULES BERGERET, LEFRANÇAIS, E. DUVAL, E. VAILLANT.

1. Voir la lettre de Mme Degouvé, publiée par les journaux du 2 avril à la date du 3.

C'est un décret du 1er avril.

Demain, 2 avril, nous aurons les généraux Eudes et Cluseret délégués au ministère de la guerre.

Le Comité central reconnaît leur autorité.

Le comité de l'artillerie (que l'on considère déjà comme un nouveau compétiteur) la reconnaît également.

La Commune a donc un pouvoir militaire *universellement reconnu*.

Le mot est de M. P. Meurice, qui pourtant n'est pas hostile à la Commune.

—

XVII.

Les conspirateurs royalistes ont attaqué !..

Tandis que la Commune s'occupait en comité secret de son épuration, réorganisait les services des administrations, saisissait les caisses publiques, et travaillait au bonheur du peuple par les décrets cités plus haut, le gouvernement des *gâteux*, comme l'appelait Rochefort, s'occupait de couper toutes relations des communistes de Paris avec leurs frères de province, réprimait les tentatives d'insurrection et organisait une nouvelle armée, — une des plus belles que la France ait eue, selon l'expression de M. Thiers.

Les avant-postes de cette armée occupaient déjà au sud et à l'ouest de Paris toutes les positions stratégiques prises naguères par les prussiens.

Un cordon de gendarmes et de sergents de ville gardait les ponts et les petits localités situées sur la rive gauche de la Seine, ce qui faisait la joie des journaux communistes et leur prêtait à dire que l'assemblée n'était défendue que par les sergents de ville.

Des collisions étaient imminentes.

A Paris, on parlait de marcher sur Versailles ; de Versailles on était prêt à marcher sur Paris.

Le 2 avril eut lieu une première escarmouche.

La nuit, on avait entendu des pas de troupes nombreuses ; plus de 10,000 hommes s'étaient massés vers la porte Maillot.

La Commune méditait quelque entreprise et le gouvernement en avait été sans doute averti par un correspondant de *Paris-Journal*.

C'était bien la peine, aux Gribouilles communistes, d'annoncer pour le 3 une revue au Champ-de-Mars pour masquer leur stratégie !...

Qui pouvait-on tromper ?

Les badauds de Paris, du moins, que le bruit du canon surprit et inquiéta beaucoup.

Ce bruit venait de Neuilly et de Courbevoie.

Entre huit et neuf heures du matin une patrouille de gendarmes ayant interpellé un poste de fédérés, ceux-ci répondirent *Commune !*

La patrouille fit feu ; les fédérés ripostèrent par une décharge qui tua l'officier de gendarmerie.

Des bataillons fédérés accoururent :

Les gendarmes se replièrent pour faire place à la ligne.

A la vue de la troupe de ligne, le 93e bataillon qui occupait la caserne de Courbevoie leva la crosse en l'air aux cris de *Vive la République! Vive la Commune!*

Mais ils n'avaient plus affaire au 88e de ligne.

La troupe fit feu. Le 93e bataillon prit la fuite, laissant sur la place un grand nombre de morts et de blessés. Le Mont-Valérien envoie quelques obus.

Les 119e et 118e bataillons, de soutien,

se replièrent dans Neuilly et derrière les remparts.

Tel fut le commencement de la journée. Le rond-point de Courbevoie était déblayé.

La ligne attaqua ensuite la barricade du pont de Neuilly. La fusillade se prolongea une demi-heure. Les fédérés étaient au nombre de 4,000, mais la plupart n'étaient armés que de fusils à piston et n'avaient qu'un nombre insuffisant de cartouches.

Ils durent se replier. Les gardes armés de chassepots protégèrent leur retraite en se déployant en tirailleurs.

La ligne emmena une vingtaine de prisonniers.

Ainsi la Commune, qui se préparait à l'offensive, avait été surprise !

Aussi quelles inquiétudes et quelle colère à l'Hôtel-de-Ville !... Les généraux multipliaient les ordres. Les rues étaient sillonnées de bataillons, de batteries se rendant aux remparts et d'estafettes lancées au galop. Quel émoi ! Quelle alarme !...

On en aura l'idée en lisant les affiches suivantes :

DÉPÊCHE TÉLÉGRAPHIQUE

Place à éxécutive.

Bergeret est lui-même à Neuilly. D'après rapport, le feu de l'ennemi a cessé. Esprit des troupes excellent. Lignards arrivaient tous, et déclaraient que, sauf officiers supérieurs, personne ne veut se battre. Colonel de gendarmerie qui attaquait, tué

Le colonel chef d'état-major.
HENRI.

Le *Tintamarre* eut-il mieux fait ? Elle a eu du succès.

L'autre est d'un comique déclamatoire et sérieux :

COMMUNE DE PARIS.

A la garde nationale de Paris.

Les conspirateurs royalistes ont ATTAQUÉ.

Malgré la modération de notre attitude, ils ont ATTAQUÉ.

Ne pouvant plus compter sur l'armée française, ils ont ATTAQUÉ avec les zouaves pontificaux et la police impériale.

Non contents de couper les correspondances avec la province et de faire de vains efforts pour nous réduire par la famine, ces furieux ont voulu imiter jusqu'au bout les prussiens et bombarder la capitale.

Ce matin, les Chouans de Charrette, les Vendéens de Cathelineau, les Bretons de Trochu, flanqués de gendarmes de Valentin, ont couvert de mitraille et d'obus le village inoffensif de Neuilly et engagé la guerre civile avec nos gardes nationaux.

Il y a eu des morts et des blessés.

Elus par la population de Paris, notre devoir est de défendre la grande cité contre ces coupables agresseurs. Avec votre aide, nous la défendrons.

Paris, 2 avril 1871.

La commission exécutive :
BERGERET, EUDES, DUVAL, LEFRANÇAIS, FÉLIX PYAT, TRIDON, VAILLANT.

La dernière est simplement odieuse, mais elle nous intéresse en ce quelle dénote chez ses auteurs un de ces premiers accès de rage et de fureur brutale qui seront bientôt fréquents.

La Commune de Paris,

Considérant que les hommes du gouvernement de Versailles ont ordonné et commencé la guerre civile, attaqué Paris, tué et blessé des gardes nationaux, que ce

Dombrowski.

crime a été commis avec préméditation et guet-apens, et sans aucune provocation,

Décrète :

Art. 1ᵉʳ. MM. Thiers, Favre, Picard, Dufaure et Pothuau sont mis en accusation.

Art. 2. Leurs biens seront saisis et mis sous séquestre jusqu'à ce qu'ils aient comparu devant la justice du peuple.

Art. 3. Les délégués de la justice et de la sûreté sont chargés de l'exécution du présent décret.

Par DE LA BRUGÈRE

Le *Rappel* exécute des variations sur ce thème de l'affiche :

« *Ils ont attaqué !* Voilà, dit-il que la bravade se change en attentat et la rouerie en crime ! Ils ont attaqué ! »

Que n'ont-ils pu attaquer plutôt, grand Dieu !...

« En avant foutre ! s'écrie le *Père Duchêne*. Nous irons à Versailles parce que nous ne voulons pas de la guerre civile. »

Son numéro du 14 germinal (4 avril) a pour titre :

LA GRANDE JOIE DU PÈRE DUCHÊNE.

« De voir que les jean-foutres de traîtres ont reçu une pile et que les patriotes s'en vont à Versailles pour foutre une fessée aux gredins de la ci-devant Assemblée nationale. — Sa grande motion pour qu'on ne fasse pas de quartier à ces cafards qui ont commencé la guerre civile ; avec sa pétition à la Commune pour qu'on remettre le jean-foutre Favre, dès qu'on le tiendra, entre les mains du père Duchêne. » [1]

Il s'agit en effet de marcher sur Versailles.

L'armée de la Commune est déjà en route. Hâtons-nous si nous voulons assister à cette grande expédition du 13 germinal, an 79.

XVIII.

L'armée de la Commune marche sur Versailles.

Dans la nuit du 3 au 4, les bataillons fédérés se massèrent aux portes du sud et de l'ouest.

Les citoyens Duval, Flourens, Eudes et Bergeret les avaient disposés en trois colonnes dont la première devait opérer par Montrouge, la deuxième par Issy, la troisième par Rueil et Nanterre.

Ces trois colonnes formaient ensemble un effectif de cent-vingt mille hommes appuyés d'environ deux cents mitrailleuses.

Tout s'ébranla dès l'aube.

Duval et Bergeret commandaient les bataillons réunis entre Neuilly et Courbevoie, évacué la veille par les troupes de l'Assemblée ; Flourens devait les rejoindre avec un deuxième corps moins considérable que le premier.

Eudes avait pour objectif Châtillon et Meudon.

Les fédérés étaient remplis d'enthousiasme.

Nul ne doutait du succès.

Et la crédulité de ce bon peuple est si grande qu'on ne craignait pas de lui lancer des bourdes semblables :

« La ligne et les marins ont promis de ne pas tirer. »

« Le Mont-Valérien doit nous ouvrir ses portes. »

Ou bien : « L'Assemblée terrifiée s'est réfugiée au Mont-Valérien »

Messager avant, messager pendant l'action, messager après la défaite.

Et voilà le gouvernement pour lequel 120,000 gardes nationaux allaient livrer bataille !..

Paris anxieux, attendait des nouvelles et voici ce que d'heure en heure, les placards et les journaux de la Commune lui apprenait :

11 heures du matin (Officiel.)

« Bergeret et Flourens ont fait leur jonction ; ils marchent sur Versailles. Succès certain. »

1 heure (journal La Sociale.)

Général Duval avec dix-sept bataillons en route sur Versailles.

L'assemblée serait, parait-il, réfugiée au Mont-Valérien.

---

[1]. Nous passerons plus tard en revue la presse officielle et officieuse de la Commune, mais nous devons prévenir que le *père Duchene* était inspiré directement par des membres les plus influents de l'Hôtel-de-Ville. Le *Rappel* est moins franc ; il n'est qu'officieux.

2 heures (Officiel.)

Le colonel Flourens et le général Duval ont opéré leur jonction à Courbevoie. A peine arrivés ils ont essuyé un feu nourri ouvert par le Mont-Valérien.

Les troupes se sont abritées derrière les murs et les maisons. Ainsi garanties, les commandant sont pu organiser un mouvement qui a complètement réussi, et les deux colonnes ont pu franchir les lignes et se mettre en marche sur Versailles.

Le général Bergeret est en tête de ses troupes, il les a entraînées au cri de *Vive la République !* et a eu deux chevaux de tués.

Le feu de l'armée de Versailles ne nous a occasionné aucune perte appréciable.

Celle-ci dépasse toutes les autres ; nous l'empruntons, sous sa forme même, à *la Montagne :*

TROISIÈME ÉDITION

Dernieres nouvelles

VICTOIRE !

Le général Duval et le général Eudes sont à Meudon et à Châtillon.

La garde nationale se bat avec enthousiasme.

La ligne, placée entre la gendarmerie et l'artillerie par les généraux de la honte, lève les crosses et fraternise avec le peuple.

Vive la République !
Vive la Commune !

Le Mont-Valerien est à nous !

Flourens marche sur Versailles.

Et maintenant voici la vérité :

Vers sept heures du matin le signal fut donné. Les bataillons se mirent en marche. Ils devaient suivre l'avenue de Neuilly jusqu'au carrefour de Courbevoie, puis prendre la route de Cherbourg et gagner Nanterre ; de là, par Rueil et Saint-Cloud, il leur fallait incliner vers Garches, de façon à se joindre à Ville-d'Avray aux bataillons qui opéraient le second mouvement.

Mais pour gagner Nanterre, il fallait passer d'abord sur la droite, puis sur la gauche du Mont-Valérien.

Croyaient-ils donc, ces insensés, pouvoir compter sur la trahison de la garnison du fort ?

D'abord en effet, rien ne bougea dans l'énorme forteresse.

La moitié des bataillons passa à 500 mètres ; mais soudain deux batteries de 7 et de 12 furent démasquées. A la première décharge les rangs furent fauchés ; une trouée se fit, et entre les deux tronçons de la colonne ainsi séparés, les morts et les blessés apparurent couchés.

Un moment, l'effroi arrêta tout élan.

Puis, le premier tronçon reprit sa course en avant au pas gymnastique ; tandis que le second fuyait en désordre, en criant à la trahison.

On raconte que plusieurs compagnies s'étaient déjà aventurées sur les glacis du fort et ne durent leur salut qu'à leur position trop rapprochée des batteries : les obus passèrent au-dessus d'elles.

Le fort accompagna les fuyards de ses projectiles jusqu'à Neuilly.

Ces fuyards ne connaissaient pas leur bonheur ; car les bataillons qui avaient dépassé le fort, ne devaient plus revenir.

Aussi Flourens, qui se trouvait à leur tête se dirigeait sur Rueil et rencontrait un corps de cavalerie qui bientôt l'enveloppait et lui faisait plus de 3,000 prisonniers.

Flourens, lui-même, parvenu d'abord à fuir, ne devait pas tarder à succomber.

Il entrait dans une maison avec Cypriani aide-de-camp de Bergeret, lorsqu'il fut aperçu par un gendarme sur lequel il fit feu de son revolver.

Un capitaine accouru au secours du soldat et frappa l'agresseur de son sabre qui lui ouvrit le crâne.

Flourens est mort sur le coup.

Pendant ce temps que se passait-il au sud? Entre tant de récits contradictoires nous donnerons la préférence à l'historien du *Consulat et de l'Empire*; M. Thier a rendu compte en ces termes, à l'Assemblée, des combats de Meudon et de Châtillon :

« D'une autre part, les insurgés étaient en force à Meudon. Là, l'attaque a été très-sérieuse; les gendarmes se sont conduits héroïquement; ils ont enlevé, avec peu de pertes, mais enfin avec quelques pertes, la position de Meudon et ils en sont restés les maîtres.

» A droite, vers le Petit-Bicêtre, les divisions de réserve sont arrivées très peu avant la fin du jour, et l'on n'a pas eu le temps d'achever les opérations. Les insurgés se sont repliés en perdant beaucoup de monde; mais ils sont restés dans la redoute de Châtillon. (Mouvement.)

» Il était trop tard pour les y attaquer, mais c'est une position qu'ils ne peuvent pas tenir. Ils ont évacué toute la campagne environnante jusqu'aux murs de Paris, ils sont partout en fuite, et il suffira demain de quelques coups de canon sur la redoute de Châtillon pour qu'il n'y ait plus un seul insurgé tenant la campagne. »

Le Chef du pouvoir exécutif n'a pas cru devoir mentionner quelques épisodes de ces combats indignes d'occuper l'attention d'une grande Assemblée, mais qui ont leur importance ici.

Les insurgés avaient perdu plusieurs chefs : Flourens dont nous avons parlé, Duval et Lucien Henri faits prisonniers à Châtillon. — Le général Duval avait été fusillé, avec deux de ses officiers.

Entre cent récits de ce dernier épisode voici celui qui nous a paru le plus exact, nous l'empruntons au journal *la Vérité* :

Les généraux Duval, Henry, et près de mille gardes nationaux avaient été cernés dans la redoute de Châtillon, et contraints de mettre bas les armes Jusqu'à ce qu'un tribunal quelconque eût statué sur leur sort, ils étaient prisonniers de guerre, c'est-à-dire sacrés.

Les fédérés ont été conduits entre deux rangs de soldats jusqu'au Petit-Bicêtre, petit groupe de maisons situées sur le rebord de la route de Choisy à Versailles; un combat très-vif a eu lieu ici le 17 septembre et une grande fosse surmontée d'une croix noire indique l'endroit unique où les victimes de cette journée ont été enterrées.

C'est à cet endroit que le général Vinoy, arrivant de Versailles avec son état-major, rencontra la colonne des prisonniers; il donna l'ordre de s'arrêter, et descendant de cheval :

« Il y a parmi vous, fit-il, un *monsieur* Duval qui se fait appeler général, je voudrais bien le voir. »

— C'est moi, dit Duval avec fierté en sortant des rangs.

— Vous avez aussi deux chefs de bataillon avec vous?

Les deux officiers désignés sortirent des rangs.

— Vous êtes d'affreuses *canailles*, dit Vinoy, vous avez fusillé le général Clément Thomas et le général Lecomte; vous savez ce qui vous attend.

— Capitaine, reprit le signataire de la capitulation de Paris, s'adressant au commandant de l'escorte, faites former un peloton de dix chasseurs, et vous, messieur, passez dans le champ à côté.

Fédérés enterrant leurs morts.

Les trois officiers de la Commune obéirent simplement : ils sautèrent un petit fossé, suivis du peloton funèbre. Le général et les deux commandants furent acculés contre une petite maisonnette qui, ironie du sort, portait sur sa façade l'inscription suivante : DUVAL, HORTICULTEUR.

Le général Duval et ses compagnons d'armes ont mis eux-mêmes habit bas, et deux minutes après ils tombaient foudroyés, au cri de : Vive la Commune !

Quant au général Henri on se contenta de l'emmener à Versailles.

C'était un jeune homme de vingt-deux ans. Il avait étudié la peinture et avait été élève de Gérôme.

En attendant le talent où le succès, il vivait en faisant des copies. L'insurrection l'avait affublé d'un uniforme de général, et il était général très-sérieusement.

Il avait été fait prisonnier le matin même, au moment où les chasseurs à pied enlevaient à la baïonnette le plateau de Châtillon.

Il avait eu le temps d'ôter son uniforme et d'endosser une capote de garde national.

Mais cette transformation ne l'a pas empêché d'être reconnu.

Henry combattait depuis la veille à la tête de sa légion composée de volontaires de Montrouge et des 103e, 44e, 136e, 143e, 202e, 217e et 243e, bataillons. Il était placé sous le commandement de Duval qui avait occupé Châtillon dans la nuit du dimanche à lundi.

Ce sont là de bien tristes héros, mais nous croyons utile d'en parler avant que la dalle pesante de l'oubli ne retombe sur eux et que leur nom ne devienne une énigme.

Pour la même raison, nous donnerons la biographie de Gustave Flourens.

D'après ce que nous tenons de gens qui l'ont connu personnellement, l'ambition déçue, l'existence agitée qu'il menait, le monde interlope dont il s'entourait avaient dérangé son esprit.

D'excentrique, Flourens, dans les derniers temps, était devenu fou.

Cet état mental n'était point trop visible dans le milieu ordinaire où il s'agitait, mais en dehors de ce milieu étrange il n'apparaissait que trop.

Son père était professeur au Collége de France.

Pendant un an Gustave, par intérim, occupa la chaire de professeur, et à la mort de M. Flourens, il adressa à l'empereur une supplique par laquelle il lui demandait de succéder à son père.

Cette demande ne fut pas appuyée du ministre et l'empereur ne crut pas devoir exceptionnellement l'accueillir. Gustave Flourens se jeta de dépit dans le camp des conspirateurs socialistes.

Prévoyant que l'insurrection communiste pouvait lui être funeste, il avait adressé au *Rappel* sa biographie.

Nous la reproduisons d'après ce journal, en partie du moins, car elle est fort longue.

« Gustave Flourens est né à Paris, le 4 août 1838, fit ses études au collége Louis-le-Grand, se fit recevoir licencié en lettres et sciences naturelles, professa pendant une année, en 1869, au Collége de France sur les races humaines.

» N'ayant pas obtenu l'année suivante l'autorisation nécessaire pour reprendre son enseignement, il partit pour la Belgique et l'Angleterre, donna des conférences, collabora à deux petits journaux l'*Espiègle* et la *Rive-Gauche*.

» D'angleterre partit pour Constantinople et Athènes. Conférences et collaboration à divers journaux.

» En 1866, lors de l'insurrection de Crète, Flourens s'embarqua sur le *Panhellénion* qui faisait de nuit la contrebande de guerre sur les côtes de Crète.

» Citons textuellement la mémorial de cette campagne :

« Là, pendant une année, au milieu de ces braves montagnards, il souffrit la faim, le froid, toutes les fatigues et tous les dangers d'une guerre insurrectionnelle, couchant dans la neige, se nourrissant de racines et d'herbes sauvages bouillies.

» Il envoyait des correspondances à tous les journaux indépendants d'Europe, afin d'animer les esprits en faveur de cette cause sacrée de l'indépendance crétoise. Il soutenait les espérances de ces pauvres insurgés, allant de village en village les exciter à la guerre et à la persévérance.

» En 1868, des élections générales ayant été faites en Grèce pour le Parlement hellénique, la Crète voulut aussi se faire représenter. Elle nomma Gustave Flourens président de sa députation.

» Arrivée à Athènes, cette députation trouva le ministère Bulgaris entièrement vendu à l'influence anglaise qui voulait l'anéantissement de l'insurrection crétoise. Gustave Flourens fut arrêté de nuit et jeté de force sur un paquebot français, par les ordres du gouvernement grec et de l'ambassade française, tandis que ses collègues crétois étaient violemment reconduits en Crète. »

Le reste vaut à peine quelques lignes :
— Condamnation à trois mois de prison pour délit de réunion. Duel avec Paul de Cassagnac. Collaboration à la *Marseillaise* et au *Rappel*.

Condamnation aux travaux forcés à perpétuité pour le complot des bombes. — Participation aux journées du 31 octobre et du 22 janvier. — Condamnation à mort. — Enfin participation à l'insurrection du 18 mars.

Il est mort à 33 ans ; il avait trop vécu pour le malheur du peuple.

—

XIV

La Commune se venge de sa défaite

L'armée insurrectionnelle avait fait des pertes sérieuses. On ne pouvait les évaluer à moins de dix mille hommes tant tués et blessés que prisonniers.

Mais la perte la plus sérieuse était dans l'atteinte portée au prestige militaire.

Quelle leçon pour ces stratégistes en chambre, critiques acerbes de Ducrot et de Trochu !...

Lorsque les bataillons décimés et éreintés furent rentrés en ville il fallut bien avouer la défaite et il en résulta naturellement chez les maîtres de l'Hôtel-de-Ville un recrudescence de fureur.

Bergeret *lui-même* ne fut pas épargné ; la Commune le mit en accusation et l'incarcéra.

C'était d'ailleurs dans les traditions républicaines.

Le découragement se montrant dans les bataillons, la presse commença à hurler contre les tièdes et à prêcher la chasse aux réfractaires, aux calotins et aux espions de Versailles.

Déjà le *Père Duchêne* avait averti les bataillons du 2ᵉ arrondissement qu'ils « jouaient un terrible jeu » et avait déclaré que « le peuple sent le besoin d'inaugurer *la politique du soupçon*. »

Le citoyen Rogeard, dans *le Vengeur*, avait rappelé de même que « la défiance est une vertu républicaine et que l'œil de Marat doit toujours être ouvert. »

Le *Cri du Peuple*, *la Sociale* tiennent le même langage. Mais ni Vallès ni André Léo (madame de Champseix) ne valent le *Père Duchêne* :

« Ah ! foutre ! Vous êtes malades, tas de chenapans !

» C'est bien votre rôle quand le canon tousse et quand vous voyez se dresser devant vous, frémissante, les narines gonflées, la grande figure de la Révolution.

» Oui, la Révolution !

» QUATRE-VINGT-TREIZE, entendez-vous ?

» C'est 93 qui vient pour vous, tas de jean-foutres ! »

Et, cependant, il y a quelques jours, une bande est allée s'emparer des bois de la guillotine et les a brûlés sur le boulevard Voltaire (boulevard du Prince-Eugène).

Le *Rappel* y a trouvé un beau sujet à antithèses et Rochefort un mot spirituel et vrai : Vous brûlez la guillotine, mais vous employez le chassepot comme le plus expéditif.

Déjà, par un décret, tout citoyen de 19 à 40 ans doit faire partie de la garde nationale ; déjà est organisée la chasse nocturne aux réfractaires ; voici pour accentuer davantage l'odieux de la tyrannie communiste le décret sur les suspects et les otages :

La Commune de Paris,

Considérant que le gouvernement de Versailles foule ouvertement aux pieds les droits de l'humanité comme ceux de la guerre ; qu'il s'est rendu coupable d'horreurs dont ne se sont même pas souillés les envahisseurs du sol français ;

Considérant que les représentants de la Commune de Paris ont le devoir impérieux de défendre l'honneur et la vie de deux millions d'habitants qui ont remis entre leurs mains le soin de leurs destinées ; qu'il importe de prendre sur l'heure toutes les mesures nécessitées par la situation ;

Considérant que des hommes politiques et des magistrats de la cité doivent concilier le salut commun avec le respect des libertés publiques.

Décrète :

Art. 1er. Toute personne prévenue de complicité avec le gouvernement de Versailles sera immédiatement décrétée d'accusation et incarcérée.

Art. 2. Un jury d'accusation sera institué dans les vingt-quatre heures pour connaître des crimes qui lui seront déférés.

Art. 3. Le jury statuera dans les quarante-huit heures.

Art. 4. Tous accusés retenus par le verdict du jury d'accusation seront les otages du peuple de Paris.

Art. 5. Toute exécution d'un prisonnier de guerre ou d'un partisan du gouvernement régulier de la Commune de Paris sera, sur-le-champ, suivie de l'exécution d'un nombre triple des otages retenus en vertu de l'article 4 ; et qui seront désignés par le sort.

Art. 6. Tout prisonnier de guerre sera traduit devant le jury d'accusation, qui décidera s'il sera immédiatement remis en liberté ou retenu comme otage.

———

Les réquisitions d'hommes, arrachés la nuit à leurs femmes et à leurs enfants, entraînés, enfermés dans une caserne et de là envoyés aux forts, ces réquisitions se multiplient.

Le 4 avril, furent arrêtés Mgr Darboy, et Mgr Surat, vicaire-général.

Conduits à la préfecture de police, insultés par Rigault, ils furent transférés bientôt après à Mazas en voiture cellulaire, avec le président Bonjean.

Au moment de monter en voiture le président s'inclina et céda le pas à l'archevêque :

Monseigneur Darboy, Archevêque de Paris.

Par De la Brugère

— La religion d'abord, Monseigneur, lui dit-il, la justice ensuite.

Le lendemain ce fut le tour du vénérable abbé Duguerry, curé de la Madeleine.

Mais dès le 1er avril ces arrestations avaient été commencées. Elle se multiplièrent jusqu'au 20 mai. En voici la liste complète :

Du 1er au 4 avril — l'abbé Blondeau curé de Plaisance, — abbé Croze, — les R.R. P.P. Chauveau, — Toilhaud, — de Regnon, — Biot, — Guillermy, — les R.R. P.P. Dominicains présents au couvent de Saint-Jean-de-Beauvais.

Le 4. — L'abbé Lagarde, l'abbé Jourdan, vicaire-général, l'abbé Petit, secrétaire de l'archevêché, le R. P. Perny, des Missionsé trangères.

Le 5. — L'abbé Moléon, curé de Saint-Séverin.

Le 9. — L'abbé Bayle, vicaire-général.

Le 10. — L'abbé Miquel, vicaire de Saint-Philippe-du-Roule.

Le 13. — L'abbé Lartigue, curé de Saint-Leu, l'abbé de Pontailler, vicaire à Belleville et cinquante autre vicaires. MM. Carré, Guebely, Delmar, Milhaud, Chartrain, Corriot.

Le 16. — L'abbé de Gélin et ses quatre vicaires.

Le 17 — Le R. P. Guérin, — les abbés Icard et Roussel Regnault, — Berthaud, curé de Montmartre et ses six vicaires, — le R. P. Bousquet, du couvent de Picpus avec onze prêtres et un frère laïque, — l'abbé Orx, de Plaisance, — l'abbé Hiron curé de Saint-Jacques-du-Haut-Pas et ses sept vicaires. — l'abbé Sire professeur à Saint-Sulpice.

Le 6 mai. — Cinq séminaristes, les RR. PP. jésuites de Vaugirard.

Du 7 au 20. — L'abbé Boltenwech, les abbés Baccuey, de Beuvron, Amondru, Giraudet, Lamazou et Juge, aumônier des Sœurs aveugles.

A cette liste, déjà si longue, il faudrait joindre celle plus longue encore des frères de la Doctrine chrétienne, et des religieuses cloîtrées et des sœurs de charité, mais nous croyons devoir nous borner à cette première énumération, elle suffit à donner une idée de la persécution organisée par les républicains de la République universelle.

Ce que nous regrettons aussi de ne pouvoir peindre ici ce sont les scènes de brutalité, de pillage, d'ivrognerie dont la plupart de ces arrestations furent accompagnées.

Enfin combien de citoyens moins notables et moins connus ont été victimes de ce banditisme ?

Le *père Duchêne* dénonce : on arrête. Il fait arrêter ainsi, un jour, M. Benoît, propriétaire rue Saint-Séverin, M. Chaudey, rédacteur républicain du *Siècle*.

Vermorel a arrêté de sa propre main le commissaire de la Bourse.

Vallès dénonce et fait arrêter un journaliste, son voisin.

Mais ce fait est tellement caractéristique qu'il faut le citer tout au long.

C'est le rédacteur du *Journal de Prais*, M. E. Hervé, qui va vous le raconter.

« Mon beau-père, M. Eugène Rolland, rédige, depuis six ans, un journal économique et financier qui fait autorité dans les matières spéciales dont il s'occupe. Dans ce journal, les questions politiques sont naturellement reléguées au second plan. Elles sont surtout envisagées dans leurs rapports avec le mouvement économique du pays. Toutefois M. Rolland n'a pas pu se dispenser de dire son sentiment sur ce qui se passe en ce moment à Paris, et ce sentiment, nous nous empressons de le déclarer, n'est pas favorable à la Commune.

» Le *Messager de Paris* ne se vend pas sur la voie publique. Il s'adresse à une classe toute spéciale de lecteurs que la Commune ne saurait se flatter de ranger sous sa bannière. Ce n'est pas dans le monde des banquiers, des agents de change, des grands industriels et des grands négociants que le drapeau rouge a jamais pu espérer faire des recrues. Les articles du *Messager de Paris* n'enlevaient donc pas un seul adhérent à la Commune. M. Rolland, on peut le dire, prêchait des convertis.

» Cette situation spéciale ne l'a pas mis à l'abri d'une dénonciation Le délateur s'est rencontré sous son propre toit. C'est un confrère, nous ne disons pas un concurrent. Le *Cri du peuple*, qui a pour rédacteur en chef M. Jules Vallès, membre de la Commune, s'imprime dans la même maison que le *Messager de Paris*. Les bureaux des deux journaux sont sur le même palier, porte à porte. Le *Cri du peuple* a dénoncé le *Messager de Paris;* il a dénoncé nominativement M. Eugène Rolland et a invité les gardes nationaux de la Commune à venir tirer de mon beau-père une vengeance convenable.

» Les gardes nationaux ne sont pas venus, ou du moins il en est venu si peu, que ce n'est pas la peine d'en parler. Mais en revanche il est venu un commissaire de police de la Commune, muni d'un mandat d'arrestation. Il s'est présenté au domicile privé de M. Rolland; il s'est présenté aux bureaux du *Messager de Paris*. N'ayant pas trouvé mon beau-père dans ces deux endroits, il est allé le chercher dans un restaurant du boulevard, où on le voit quelquefois; et là, il a arrêté un des principaux collaborateurs du *Messager de Paris*, M. Henri Duguiès, croyant arrêter M. Rolland lui-même. M. Duguiès a été conduit à la Préfecture de police et retenu pendant quatre heures. Après quoi, l'erreur dont il était victime ayant été reconnue, on l'a relâché et on lui a même fait des excuses

» Mon beau-père est en sûreté. Les agents de M. Jules Vallès peuvent se dispenser de le chercher : ils ne le trouveront pas. Mais il n'a pas dépendu de M. Jules Vallès et de la Commune qu'un homme de près de soixante ans, accusé tout au plus d'un délit de presse, ne fût jeté dans une cellule de Mazas, pour en sortir Dieu sait quand et Dieu sait comment. »

Dans le courant du mois d'avril la Commune supprima 18 journaux, et décréta l'arrestation les rédacteurs.

Voilà comment ces gens-là entendent la liberté de la presse !

Après avoir cité de tels faits, nous ne serons pas suspect d'exagération en disant que tout honnête homme à Paris avait à trembler pour sa vie et ses biens.

Tant que l'on put s'évader de cette enfer, on s'évada avec ou sans laissez-passer. Tous les jours des milliers de personnes firent queue à l'ex-préfecture de police pour obtenir des passe-ports jusqu'au moment où Raoul Rigault publia l'arrêté suivant :

Art. 1er Les passeports ne seront délivrés que sur des pièces justificatives sérieuses.

Art. 2. Aucun passe-port ne sera délivré aux individus tombant sous le coup de la loi militaire.

Art. 3. Aucun passe-port ne sera délivré aux individus qui, soit agents de l'ancienne police, soit à elle étrangers *ont des relations avec Versailles.*

Art. 4. Les individus qui, rentrant dans les cas prévus par les articles 2 et 3, se présenteraient pour obtenir des passe-ports seraient immédiatement envoyés au dépôt de l'ex-préfecture de police.

Le bureau des passe-ports devint une solitude. Les réfractaires se déguisèrent en femmes, en rouliers, en employés du chemin de fer. Un employé du chemin de fer du Nord gagna 500 francs par jour, dit-on, à procurer aux fuyards une défroque de graisseur.

Avant l'arrêté de Rigault la gare du Nord avait délivré en deux jours 600,000 billets de départ.

Vers le milieu d'avril, d'après la diminution des demandes quotidiennes chez les boulangers, on pouvait déjà estimer à 700,000 le nombre des émigrants.

Combien n'aurait-il pas été plus élevé si tant de pauvres familles n'avaient été retenues par le manque d'argent, et qui racontera jamais les souffrances, les privations endurées par ces prisonniers du prétendu gouvernement populaire.

Cependant toutes ces persécutions n'étaient que des roses auprès de ce qui attendait ceux que les communeux appelaient des jean-foutres, des roussins et des traîtres.

XX

Opérations militaires et électorales.

Depuis l'expédition de Duval et Flourens, beaucoup de gardes nationaux songèrent à chercher des emplois. Les bureaux des administrations publiques, les télégraphes, les contributions, les postes, l'assistance, l'ex-préfecture.

Les emplois étaient régulièrement et convenablement rétribués. On n'exigeait des candidats d'autres titres que la recommandation de quelque citoyen influent.

Enfin un grand nombre d'emplois étaient de véritables sinécures.

Ainsi, aux affiches qui faisaient appel à la bonne volonté des employés succédèrent bientôt des avis prévenant le public que le personnel administratif était complet.

Dans le courant du mois d'avril 60,000 fédérés marchaient encore au feu; c'est-à-dire consentaient à occuper les postes assaillis ou bombardés; les barricades de Neuilly, les portes de l'Ouest et du Sud et les forts; le reste n'acceptait ses trente ou quarante-cinq sous qu'à la condition de borner ses services à la garde intérieure.

Dans la plupart des arrondissements, lorsqu'on battait le rappel la nuit, on était certain de ne pas réunir une compagnie.

Alors on entendait frapper aux portes à coups de crosse et interpeller les *dormeurs*.

Avait-on réussi à compléter une compagnie, — de huit heures du soir à minuit? — La compagnie en marche perdait un tiers de ses hommes avant d'arriver aux remparts.

Un général demandait à la place un renfort de 10,000 hommes, il en recevait 3,000 et toujours trop tard. Aussi, les *purs*, les *enragés*, les gardes de Belleville, Montmartre, etc., restaient-ils plusieurs semaines aux postes avancés avant d'être relevés.

Ces hommes déployaient une énergie digne d'une meilleure cause.

On les voyait revenir, les mains et le visage noircis par la poudre, les vêtements déchirés, le pas alourdi par la fatigue.

L'intendance les laissait souvent manquer du nécessaire et leur prodiguait en vins et eau-de-vie un superflu dont ils abusaient.

Ils menaient une existence abrutissante.

Le danger, l'ivresse, l'exaltation du fantastique communiste étaient suivis d'un besoin de sommeil, d'une torpeur accablante, qui, plus d'une fois, les livra aux soldats de l'Assemblée.

Dans le nombre de ces misérables beaucoup marchaient pour donner à manger à leur famille, en dehors de tout fanatisme politique. La famille les accompagnait jusqu'aux portes. Et c'était parfois un spectacle navrant de voir les femmes écoutant le crépitement de la fusillade, l'œil effaré, les narines dilatées à l'odeur de la poudre, attendant que le ciel eut prononcé sur le sort de leurs maris, leurs amants, leurs frères, ou leurs pères.

Quelques-unes obtenaient un fusil et allaient se battre.

Plus tard on les enrôla comme ambulancières.

Enfin on en forma des régiments... Mais n'anticipons pas.

Cette armée de la Commune manquait surtout d'artilleurs et de cavaliers.

L'artillerie était nombreuse : — environ 800 pièces, les munitions abondantes, les réquisitions fournissaient des chevaux, mais les hommes manquaient pour les canons et les chevaux.

Quant aux généraux, vous avez pu voir que les premiers n'étaient point de savants stratégistes, ceux qui leur succédèrent Dombrowski, Wrobleski, Okolowitz, La Cécilia, Cluseret, c'étaient de ces aventuriers qui vivent de leur épée, se mettant au service de toutes les insurrections; gens de coups de mains, héros de cape et d'épée de la révolution universelle.

A Duval et Bergeret succéda Cluseret.

Depuis la délivrance de Paris, les notes biographiques sur ce général abondent dans les journaux, mais nous n'y ajoutons pas assez de confiance pour les transcrire, et il résulte de nos recherches que le passé de cet homme est des plus ténébreux. Il était inconnu avant que l'empire, pour démontrer au parti conservateur son importance, crut devoir faire une exposition universelle du parti rouge. En 1867 Cluseret se signala par quelques articles au *Courrier français* de Vermorel et à la *Liberté* de Girardin.

Ces articles empruntaient leurs sujets à des comparaisons entre les institutions américaines et les nôtres. Ils étaient écrits avec une verve remarquable et signés *Général Cluseret*.

Ce titre de général rencontrait beaucoup d'incrédules, on le croyait de pure fantaisie. Paul Cluseret était né à Paris en 1823.

Son père était colonel d'infanterie. Il fit ses études au régiment et entra à Saint-Cyr en 1841.

Il était lieutenant en janvier 1848, et en juin il était chef du 23° bataillon de la garde mobile.

Le 30 juin, nous trouvons dans le *Constitutionel* une lettre du jeune officier; il se plaint que dans le récit des faits du 22, son bataillon qui avait le plus souffert ait été complètement oublié.

« C'est au 23° bataillon que revient l'honneur d'avoir enlevé les barricades de la rue Saint-Jacques, jusqu'à la rue des Mathurins. Nous nous sommes battus de deux heures à huit heures du soir; nous avons pris dans ce laps de temps onze barricades et trois drapeaux. »

Mais le gouvernement ne lui fit pas attendre la récompense méritée ; le 28 juillet il fut décoré de la Légion d'honneur.

N'ayant pu obtenir de rentrer dans la ligne avec son grade de chef de bataillon, Cluseret donna sa démission. Cependant, quatre ans plus tard, il reprit du service comme lieutenant de chasseurs; en 1855 il était capitaine.

Il fit la campagne de Crimée, où il fut blessé, rentra en Afrique, dans les bureaux arabes et donna ou fut obligé de donner sa démission.

On a dit qu'il avait été obligé de se retirer et il s'est mal défendu de cette accusation.

Nous n'insisterons point.

Peu de temps après il passa en Amérique, et offrit son épée à Garibaldi qui le nomma colonel.

Mais bientôt un champ plus vaste s'offrant à son activité et à son ambition, il s'engagea dans l'armée nordiste et devint aide de camp de Mac-Clellan.

Après la guerre de sécession, si l'on en croit un journal de *Manchester*, il se rendit à Londres et joua un rôle considérable dans l'insurrection féniane, sous le nom de M. Auliff.

Les journaux anglais lui attribuent les aventures les plus romanesques.

Ce qui est certain, c'est qu'il fut contraint en 1867 de se réfugier en France.

Ses articles au *Courrier français* l'envoyèrent à Sainte-Pélagie et c'est là qu'il se lia avec Varlin et s'affilia à l'*Internationale*.

Banni de France, il retourna à New-York d'où il entretint avec Varlin une active correspondance.

Une de ses lettres fut saisie et le procureur impérial en donna lecture lors du procès de la célèbre association en 1870.

« Jusqu'à la mort de Napoléon, dit-il, je resterai tranquille mais ce jour-là, je vous l'affirme et je ne dis jamais oui pour non, Paris sera à nous, ou Paris n'existera plus. »

Ces menaces qui faillirent se réaliser, nous rappellent le mot d'*Antony* d'Alexandre Dumas.

« Elle me résistait, je l'ai assassinée ! » Nous autres gens à idées étroites, qui avons encore une patrie, nous ne saurons jamais nous élever à cette hauteur de vue et il nous semble criminel de violenter une capitale de 2,000,000 d'habitants et de la détruire si nous ne pouvons réussir à la posséder.

Ainsi que ses pareils, nos désastres l'attirèrent en France. Il reparut à Lyon, puis à Marseille, partout où l'insurrection eut besoin d'un général. On le croyait assez compromis pour ne pouvoir trahir.

A la Commune, on avait plus de confiance dans son intelligence que dans sa probité. — On le considérait comme un instrument dangereux, ainsi que tous les aventuriers. Il fit mettre Bergeret en accusation et plus tard fut arrêté lui-même sur les dénonciations de ses rivaux militaires.

En somme, il était inférieur comme instruction à Rossel, comme courage à Dombrowski, mais supérieur à La Cécilia.

A quel parti de la Commune se ralliait le général? Nous n'en savons rien. Se ralliait-il au parti hébertiste et fédéraliste représenté par les hommes de l'*Internationale*, Assi, Frankel, etc., ou au parti jacobin de la République *une et indivisible* dont le chef était Delescluze ?

Une lutte sourde s'était d'abord établie entre les deux partis. Après l'emprisonnement d'Assi, nous avons vu une commission exécutive composée de trois politiques jacobins et d'un neutre si l'on peut dire, c'étaient Delescluze, son ami inséparable Cournet, Félix Pyat et Vermorel.

Pyat avait besoin d'être tenu par les deux premiers, qui étaient des hommes d'énergie, Vermorel était un secrétaire intelligent et laborieux.

En somme qui régnait ?

Delescluze.

Ce vieux politique ne s'était pas emparé d'emblée de la situation, il avait mis en avant, deux généraux de carton, Eudes et Duval (était-ce Eudes et Duval ou Duval et Bergeret?.. Peu importe.) Dans la prévision où ceux-ci seraient appelés sur le champ de bataille, il s'offrit à les remplacer.

Ce fut Delescluze qui fit retarder les élections complémentaires. Ils les redoutaient pour deux raisons : ces élections ne pouvaient lui susciter que des embarras à la Commune et chiffrer l'énorme défection des électeurs.

Il craignait de se voir débordé par des

fédéralistes communistes enragés, tels que Vesinier, et d'autre part sentait le vide immense qui s'était fait, depuis l'expédition de Versailles, autour du conseil municipal de la République universelle.

De leur côté les candidats nouveaux se méfiaient si bien de Delescluze, qu'avant l'élection, quelques-uns évitaient de coucher chez eux, de crainte d'être enlevés et envoyés à Mazas.

Tous les journaux communistes tels que le *Cri du peuple* et le *Père Duchêne*, pressaient la Commune d'ouvrir le scrutin.

Les élections eurent lieu le 16 avril.

Mais si les abstentions avaient été nombreuses le 26 mars elles le furent bien davantage le 16 avril.

Ainsi, les majorités relatives qui avaient été dans les 2e, 3e, 8e, 9e, 17e arrondissements, de 5,600, 5,000, 2,200, 7,500, 9,3000, ne furent plus que de 3,500, 3,000, 520, 2,500, 3,500.

Ainsi dans le 1er arrondissement, sur 21,360 électeurs inscrits l'on compta 9,271 votants ; dans le 6e 3,462, sur 24,000 ; dans le 7e 1,939 sur 22,092 ; dans le 8e 1,130 sur 18,000.

La Commune consacra la séance du 18 à la validation de ces élections.

Le citoyen A. Arnould s'opposa à la validation : « Il aurait mieux valu, dit-il, laisser l'autorité au Comité central. Si vous admettez les conclusions du rapport, il n'y a pas de raison pour qu'un candidat ne soit pas élu par cinquante électeurs. »

Le citoyen Urbain considère l'abstention à un point de vue nouveau.

« Pour moi, dit-il, l'abstention ne peut jamais être une raison. Il y a un moyen de manifester son opinion : c'est le bulletin blanc.

« Le nombre de bulletins blancs eut pu invalider l'élection : or, puisque ceux qui ne veulent pas de vous ne l'ont pas fait, nous devons passer outre. »

« Ce n'est pas à la Commune, ajouta-t-il, de craindre de tomber dans le ridicule et l'odieux mais bien à ceux qui n'ont pas voté. »

— « Mais nous n'avons pas fait de loi électorale, s'écrie le citoyen Regère, nous avons appelé tout le monde au vote. *Tant pis pour ceux qui n'ont pas voté !* »

En conséquence, la Commune adopta les conclusions suivantes :

Considérant que, dans certains arrondissements, un grand nombre d'électeurs se sont soustraits par la fuite à leur devoir de citoyen et de soldats, et que dans les graves circonstances que nous traversons, nous ne saurions tenir compte pour la validité des élections du nombre des électeurs inscrits, nous déclarons qu'il est du devoir de la Commune de valider toutes les élections ayant obtenu la majorité absolue sur le nombre des votants.

Cependant ce vote est cause d'un conflit qui menace la Commune de dissolution.

Le *Vengeur* publie les deux lettres suivantes :

Au citoyen président de la Commune de Paris.

Citoyen président,

La mesure qui modifie la loi de 1849, pour valider les élections du 16 avril, ayant, à mes yeux, au moins le double tort d'être tardive et rétroactive, j'ai l'honneur de vous informer que je n'accepte pas, en ce qui me concerne la validation extra-légale résolue par la Commune, et que je considère comme nulle et non avenue ma prétendue élection dans le sixième arrondissement.

Salut et fraternité

A. ROGEARD.

Au citoyen président de la Commune de Paris.

Paris, le 20 avril 1871.

Citoyen président,

Si je n'avais été retenu au ministère de la guerre le jour où la question des élections a été tranchée, j'aurais voté avec la minorité de la Commune.

Je crois que la majorité, cette fois, s'est trompée.

Je doute qu'elle veuille revenir sur son erreur. Mais je crois que les élus n'ont pas le droit de remplacer les électeurs. Je crois que les mandataires ne doivent pas se substituer au souverain. Je crois que la Commune ne peut créer aucun de ses membres, ni les faire, ni les parfaire ; qu'ainsi elle ne peut de son chef fournir l'appoint qui leur manque pour la nomination légale.

Je crois enfin, puisque la guerre a changé la population, qu'il était juste de changer la loi plutôt que de la violer. Née du vote, en se complétant sans lui la Commune se suicide. Je ne veux pas être complice de sa faute.

Je suis convaincu de ces vérités au point que, si la Commune persiste dans ce que j'appelle une usurpation de pouvoir électif, je ne pourrai concilier le respect dû au vote de la majorité avec celui dû à ma concience ; et alors je serai forcé, à mon grand regret, de donner avant la victoire ma démission de membre de la Commune.

Salut et fraternité,

Félix Pyat.

—

« *Avant la victoire !* » que de prudence dans cette parole ! songent-ils donc déjà à plier bagage ? On se le demande dans le public, et les complices de la Commune ne paraissent pas en douter.

« Avant la victoire ! » Il est clair que, comme un autre personnage de la farce, il voudrait bien s'en aller. Est-il seul de ce sentiment ?

Il en résulte une séance très-orageuse dans laquelle le citoyen Vermorel prononce un véritable réquisitoire contre le démissionnaire qui, selon lui, n'est qu'un fuyard.

Une polémique violente et édifiante éclate entre *l'Ami du peuple*, journal de Vermorel et le *Vengeur*, journal de Pyat.

Ce dernier n'a pas le beau rôle.

Il se fait des armes de tout, du poison et de la boue, il invective et il calomnie. Au moins si les séances sont secrètes pouvons-nous voir les membres de la Commune se rouler dans le ruisseau.

Et voilà d'un côté, l'homme qui dans le *Courrier français* a insulté grossièrement madame de Metternich et s'est laissé cracher au visage par Paul de Cassagnac, qui insulté, à son tour, par une des plus hautes et des plus anciennes notoriétés de son parti, trouve dans celle-ci un adversaire indigne de lui, et mérite les bravos de la galerie.

Quel triste monde ! Convenez-en, gens du peuple, qui naïvement et honnêtement leur avez fait un pavois de vos robustes épaules.

Pyat traite Vermorel de mouchard. Il l'accuse de s'être offert au ministre Rouher. Il affirme à la Commune et dans son journal qu'il a *vu* certaine « lettre mystérieuse » dont malheureusement il n'avait pas la clé. Cette lettre est entre les mains de la police et Vermorel est invité à en demander communication au citoyen Cournet.

Ces calomnies sont émaillées de petites méchancetés. L'auteur du *Chiffonnier de Paris* s'amuse à faire la caricature « du correspondant de Rouher » et le compare à un bombyx à lunettes.

Vermorel réplique sur un ton plus digne. Il rappelle au démissionnaire, que déjà au 31 octobre, il s'est caché au moment du danger ; qu'à Sainte-Pélagie il a su obtenir son élargissement tandis que ses amis politiques restaient en prison.

Enterrement d'un fédéré.

Il lui reproche d'avoir, depuis qu'il est à la Commune, joué toujours un double jeu.

Ainsi, partisan en comité secret des mesures les plus violentes, les plus intolérantes, il affecte dans son journal de ne soutenir que des idées de modération, de conciliation et de liberté.

Les rieurs ne sont plus du côté Pyat.

A la Commune, un membre demande qu'il soit mis en accusation et fusillé.

Par DE LA BRUGÈRE

ARTHÈME FAYARD, Éditeur. — 11

Le vieillard prudent retire la démission qu'il avait donnée; des deux dangers il écarte le plus imminent.

Avant de clore la chronique du mois d'avril, il nous resterait encore plus d'une séance communaliste intéressante à retracer, entre autres celle où le citoyen Jourde présenta très-gravement l'état des finances de la Commune.

Mais un large cadre est nécessaire à un pareil tableau. Nous lui donnerons un cadre et une place à part et nous n'en parlons ici que pour le classer à sa date. Les fleurs les plus belles s'épanouissent en floréal.

Quant aux opérations militaires, nous n'en dirons qu'un mot, faute de pouvoir leur consacrer une *Illiade*.

Le citoyen Cluseret maintenait ses forces sur la défensive.

Chaque jour l'armée du gouvernement rétrécissait le demi-cercle dont elle pressait le sud et l'ouest de Paris, et le territoire de la République universelle diminuait peu à peu, comme diminuait la peau-de-chagrin du roman, d'une façon moins apparente que sensible, mais irrémédiable.

Un général jaloux de la haute position de Cluseret, prétendait que pour combattre l'invasion il fallait aller au-devant d'elle et que l'offensive était préférable.

Ce général avait une réputation de bravoure méritée. Il affrontait l'obus et payait de sa personne. *Le Cri du Peuple* soutenait sa jeune popularité, et minait l'autorité de Cluseret.

Ce général était Dombrowski.

XX.

Administrations et Administrateurs.

Par quelle administration commencerons-nous cette revue?

Nous avons : La Police, les Finances, les Postes.

L'Instruction publique était aussi une branche de l'administration communale.

Mais nous avons un classement tout fait.

La Commission exécutive s'est ainsi partagée la besogne.

Guerre, CLUSERET. — Finances, JOURDE. — Subsistances, VIARD. — Relations extérieures, PASCHAL GROUSSET. — Travail et échange, FRANKEL. — Justice, PROTOT. — Services publics, ANDRIEU. — Enseignement, VAILLANT. — Sûreté générale, RIGAULT.

Ajoutons : *Officiel*, VESINIER. — Postes, THESZ. — Banque de France, BESLAY.

Nous avons déjà parlé assez longuement de la guerre, passons aux finances.

François Jourde, à qui elles étaient confiées, avait été caissier d'une grande maison de commerce. C'était un homme d'une trentaine d'années, intelligent, que la plupart des membres de la Commune trouvaient tiède et timoré, mais qu'il aurait été impossible de remplacer.

Est-ce à lui que l'on doit imputer les mesures de pillage dont nous avons parlé plus haut?

Est-ce lui qui donnait les ordres?... Il encaissait du moins le produit de ces pillages et, comme on va le voir, il les portait aux recettes *diverses* sous la désignation de « réquisition » ou mieux « numéraire trouvé chez, etc. »

Mais, qui donc empochait tout ce qu'il n'a pas fait entrer en comptes?

Et enfin, au chapitre des recettes, on le remarquera, on ne trouve pas inscrite une seule fois l'Association internationale.

Des omissions aussi graves ne permettent pas de considérer ce *document* comme autre chose qu'une fiction, plus ou moins réussie, à l'usage des communeux naïfs; nous le reproduisons plus loin à titre de curiosité :

La publication de ce bilan auquel ne manque même pas, comme pastiche, le classique excédant de recettes, est suivie d'une discussion *communale*, — si je puis dire, — plus étonnante encore.

Le citoyen Jourde n'est comme financier ni de l'école de Law, ni de celle de Necker ni même de celle de Robert Macaire ; détrompez-vous ; le citoyen Jourde joue très-sérieusement les Turgot.

Il repousse la formation d'un Comité de Salut public ; il est prêt à se retirer devant un pouvoir dont l'avènement doit effrayer les capitaux et ébranler le crédit.

« Je demande, ajoute-t-il. qu'on me laisse rassurer le crédit, amener le retour du numéraire à force d'économies, tout en diminuant de 50 % les droits d'octrois, en doublant le budget de l'instruction publique.

» J'aurais pu réduire le budget de la ville, à moins de 50 millions par an.

» Pour cela il aurait fallu que je pusse contracter des emprunts parfaitement garantis..... »

Le financier Jourde de Colbert n'oublie qu'un point, c'est qu'il ne pourra pas toujours recevoir de l'argent *trouvé* ou *réquisitionné*, surtout à la Banque de France !

Il y a, comme cela, une bonne douzaine de millions sur 26, sans compter ce qu'il n'a pas cru devoir inscrire, comme les deux millions de l'*Internationale*.

Et sans doute d'autres fonds qui restent dans le secret de ses mouvements de numéraire.

Mais laissons au lecteur, l'amusement d'éplucher et commenter ce bilan heureusement extraordinaire de la Commune de Paris, et passons à d'autres administrations.

Le citoyen Viard a été délégué aux subsistances « jeune, mais pratique » ainsi qu'il s'est défini lui-même à la Commune, ce citoyen était un ancien commerçant qui aurait dû s'il avait été plus pratique se contenter de la célébrité acquise à son nom par un de ses parents, l'inventeur du siccatif-Viard.

Il n'aurait pas dû non plus voter pour le Comité de Salut public.

Mais il a fait preuve de bons sens en combattant le décret qui prohibait le travail de nuit des ouvriers boulangers.

Nous n'avons rien à dire des relations extérieures du citoyen Paschal Grousset... et pour cause.

Quant à ses relations intérieures elles furent toutes marquées au cachet de l'intolérance et même de la tyrannie.

A un autre.

Léo Frankel, délégué à la commission de travail et d'échange, était encore un sinécuriste ; Jourde n'ayant pas encore réussi à relever le crédit.

Ce citoyen, ouvrier bijoutier, est né à Bude (Hongrie) en 1844. Il était instruit, passait en sa qualité d'allemand pour un profond philosophe et versé dans les questions de métaphysique et de « science sociale » mais n'avait pu se faire la réputation d'un homme de bon sens. — Au demeurant, membre du Conseil fédéral. Il a voté pour la validation des élections à la majorité des votes et motivé de la sorte son vote en faveur de l'inepte et odieux Comité de salut public : « Quoique je ne voie pas l'utilité de ce comité, je je vote pour. »

Passons à la Justice ; le citoyen Protot, délégué.

Protot était un favorisé du *Père Duchêne*, et il en était digne. C'est un conspirateur de vocation, un terroriste éclairé, cruel et froid. On lui doit la loi sur les otages et le jury d'accusation. Ce n'était certes pas un sinécuriste !... Il peut avec Rigault revendiquer la plus large part dans les crimes sans noms du gouvernement communiste.

La *Revue des Deux-Mondes* a publié un curieux récit de la visite faite par M. Rousse

CAISSES CENTRALES DU TRÉSOR PUBLIC

Resume des mouvements de fonds du 20 mars au 30 avril inclus.

RECETTES

Le 4 avril, il a été reconnu dans les armoires n°s 1 et 2, comptoir principal et diverses caisses...	721.342 »
Le 7 avril, dans la resserre, reconnu en billets, or et argent..........	3.879.585 »
Idem une caisse renfermant des thalers pour une somme de...........	37.833 75
Le 19, dans la resserre une cassette or...............................	12.000 »
Plus un rouleau d'or trouvé dans la resserre..........................	1.000 »
Billon epars dans la cave, non compris dans le chiffre de 285.000 fr. trouvés le 4 avril..	500 »
Diverses sommes trouvées au fur et à mesure des recherches.........	1 336 46
Reliquat de caisses de souscriptions en faveur des victimes du bombardement...	4.515 »
Total.....	4.658.112 21
Porte au crédit de la caisse centrale par le crédit de l'ex-caisse centrale des finances..	4.658.112 21

(Voir l'état annexe pour la différence des sommes trouvées avec celles devant exister d'après la situation au 18 mars 1871.)

RECETTES DE DIVERSES ADMINISTRATIONS ET ÉTABLISSEMENTS COMMUNAUX

Banque de France. — Ses diverses remises de fonds..................		7.750.000 »
Direction des télégraphes. — Y compris 500 fr., produit de la vente de vieux papiers..		50.500 »
Octroi communal. — Versements.....................................		8.466.988 10
Contributions directes. — Versement du caissier principal............		110.192 20
Douanes. — Versement par Révillon..................................		38.010 »
Halles et marchés. — Versements des délégués aux halles............	519.599 19	
— — du délégué pour le depotoir.........	2.077 »	521.676 19
Manufactures des tabacs. — Versements des entrepositaires...........		1.759.710 55
Services des travaux publics. — Versements par Duvivier.............		5.980 »
Enregistrement et timbre. — Versement du directeur.................		560.000 »
Association des cordonniers. — Versement par Durand, délégué......		775 50
Caisse municipal de l'Hôtel-de-Ville. — Versement par divers.........		1.281.477 85
Remboursements effectués par la garde nationale. — Suivant detail aux diverses caisses...		480.840 30
Mairie du 6e arrondissement. — Versement du secrétaire.............		17.305 95
Caisse de retraite des employés de l'Hôtel-de-Ville. — Retenues sur un état d'appointements...		28 35
Comptes de cautionnements. — Mme Andrieu......................	1.000 »	
— Manteuil......................	1.000 »	2.050 »
— Finbruke......................	50 »	
Produit de diverses saisies ou réquisitions. — Archevêché (numéraire).	1.308 20	
Communauté de Villers...	250 »	
Numéraire trouvé chez les freres Dosmont et Demore (suivant procès-verbal)...	7.370 »	8.928 20
Chemins de fer. — Versement en exécution du décret du 27 avril.....		303.003 »
Produit de passe de sacs..		341 30
Total général.................................		26.013.916 70

PAYEMENTS

Il a été payé du 10 mars au 30 avril 1871 inclusivement,

SAVOIR :

Aux diverses municipalités.............................	1.445.645	64
A la délégation de la guerre.........................	20.036.573	15
A l'intendance.......................................	1.813.318	25
A la délégation de l'intérieur.......................	103.730	»
— de la marine..............................	29.259	34
— de la justice.............................	5.500	»
— du commerce..............................	50.000	»
— de l'enseignement........................	1.000	»
— des relations extérieures................	112.129	96
Comité central......................................	15.651	20
Commission de travail et d'échange..................	»	»
Hôtel-de-Ville et mairie de Paris....................	91.753	48
Commission exécutive................................	90.675	16
— de sûreté.............................	235.039	40
— des monnaies et médailles.............	8.000	»
Domaines de la Seine................................	20.934	91
Service télégraphique...............................	50.100	»
— des ambulances.............................	10.000	»
Enregistrement et timbre............................	7.777	46
Ponts et chaussées.................................	27.516	71
Hôpitaux militaires................................	182.510	91
Gouverneur des Tuileries...........................	6.000	»
— de l'Hôtel-de-Ville...................	5.000	»
Assistance extérieure..............................	105.175	»
Association métallurgique..........................	5.000	»
Légion des sapeurs-pompiers........................	99.943	45
Bibliothèque nationale.............................	30.000	»
Journal officiel....................................	3.122	»
Manufacture des tabacs.............................	91.922	78
Contrôle des chemins de fer........................	2.000	»
Commission des barricades..........................	44.500	»
Imprimerie nationale...............................	100.000	»
Direction des postes...............................	5.000	»
Contributions directes.............................	2.300	»
Association des tailleurs..........................	20.000	»
— des cordonniers......................	4.662	»
Frais généraux.....................................	197.436	99
Divers...	51.910	83
	25,138,089	12
Balance...	875,827	58
	26,013,916	70

26.013.916 70

Le total des recettes du 20 mars au 30 avril 1871 inclus s'élève à la somme de.. 26.013.916 70
Le total des dépenses du 20 mars au 30 avril 1871 inclus s'élève à la somme de.. 25.138.089 12
Il reste donc un excédant de recette de....................................... 875.827 58
Représenté par les soldes des caisses, détaillés comme suit :
Caisse centrale.. 673.600 98
— n° 1... 729.68 70
— n° 2... 56.627 85
— n° 2 bis.. 45.223 15
— n° 3... 19.650 90
Fonds spéciaux.. 7.756 »
Somme égale à l'excédant de recettes....................... 875.827 58

Paris, 1er mai 1871.

Certifié conforme : *Le caissier principal*
G. DURAND.

bâtonnier de l'ordre des avocats au citoyen délégué à la justice. M. Rousse désirait obtenir de celui-ci une permission de visiter dans sa prison Gustave Chaudey, avocat à la cour d'appel dénoncé par le *Père Duchêne* et arrêté sur ses instances.

« Comme j'ouvrais la porte de l'antichambre du ministère de la justice, deux hommes en sortaient portant accrochés en travers d'un bâton, un seau rempli de vin. L'un d'eux me salua comme une connaissance. Après quelques mots échangés, il me dit qu'il est à la chancellerie depuis sept ans, qu'il y est entré sous le règne de M. Baroche. Voyant que la salle d'attente est pleine de monde, je prie ce brave homme de faire passer ma carte à M. Protot. Au bout d'un instant, je suis introduit, par cet huissier improvisé, bras nus et le tablier retroussé, dans le cabinet du garde des sceaux, et c'est bien le cabinet où ont passé les plus hautes gloires de notre magistrature.

Dans cette grande pièce pleine de si imposants souvenirs, une demi-douzaine d'individus très-sales, mal-peignés, en vareuse, en paletot douteux ou en blouse d'uniforme, remuaient des papiers entassés pêle-mêle sur des tables, sur les chaises et sur les planchers. Devant le grand bureau de Boule, j'aperçus un long jeune homme de vingt-quatre à vingt-cinq ans, mince, osseux, sans physionomie, sans barbe, sauf une ombre de moustache incolore, en bottes molles, veston râpé, sur la tête un képi de garde national orné de trois galons. J'étais devant le garde des sceaux de la Commune ; il se tenait debout, des lettres à la main. En me voyant, il parut fort gêné, devint très-pâle, et m'invita très-poliment à m'asseoir, pendant que ses secrétaires continuaient à dépouiller la correspondance.

— Monsieur Protot lui dis-je, vous pressentez sans doute l'objet de ma visite :
je viens vous parler de M. Chaudey ; il y a quelques mois (car les révolutions vont vite), vous avez été l'objet d'une perquisition, vous avez été sous le coup d'un mandat d'arrêt. Vous étiez avocat, le conseil de l'ordre a dû s'émouvoir : il a nommé un rapporteur, M⁰ Lacan, pour suivre cette affaire, et, au besoin, pour vous venir en aide.

Aujourd'hui, que *vous êtes au pouvoir, et que vous faites arrêter un confrère*, vous devez trouver tout naturel que le bâtonnier vienne vous demander quelques explications.

— Mais, monsieur, ce n'est pas moi qui ai fait arrêter le citoyen Chaudey ; c'est le délégué à la sûreté.

— Ah ! j'en suis très-heureux ; mais vous êtes délégué à la justice, vous êtes dans le cabinet du ministre de la justice ; vous devez, j'imagine, être consulté sur les arrestations et les conséquences qu'elles entraînent.

— Oui, monsieur. Je ne connais pas bien l'affaire de M. Chaudey. Il paraît qu'il a fait partie de la manifestation des amis de de l'ordre, dans la rue de la Paix.

— Ah ! eh bien ! cette fois du moins ce n'est pas lui qui a commandé le feu. C'est sur lui qu'on aurait tiré, au contraire.

— Oh ! non, ce sont eux qui ont tiré des coups de revolver.

— Vous croyez cela ?

— Oui, *il y a des preuves*.

— Ecoutez, monsieur Protot, ce n'est pas le moment de discuter cela. Je voudrais seulement savoir si vous comptez faire juger M. Chaudey, devant quelle juridiction, et comment je puis lui être utile.

— Si M. Chaudey est coupable, le jury d'accusation le mettra en jugement. Vous avez dû voir le projet de décret que j'ai soumis hier à la Commune. Je ne sais pas si elle l'adoptera. *Il y a des garanties pour les accusés.*

— Je pense au moins, sans avoir lu votre projet, qu'il doit y avoir des garanties pour les accusés.

— *Oh ! oui, il doit y en avoir*, répéta M. Protot machinalement, fort mal à son aise et embarrassé de son personnage, *il doit y en avoir.*

— Eh bien, je voudrais voir M. Chaudey ; pouvez-vous m'en donner le moyen.

— Oui, je pourrai sans doute vous donner un permis, mais pas aujourd'hui ; cela me créerait un conflit avec le délégué à la sûreté. Seulement, dans quelques jours, si vous voulez bien revenir, je vous donnerai une permission.

— Soit ! lui dis-je, je reviendrai.

Et comme je n'avais plus rien à faire dans cette caverne de justice, où j'étouffais de colère, je me levai et sortis, reconduit jusqu'à moitié chemin par ce malheureux, plus empêtré devant moi dans les poches de sa vareuse que jamais chancelier de France ne le fut dans les plis de sa simarre. »

La Commune.

Les *services publics*, confiés au citoyen Andrieu, sont le titre superbe d'un chapitre demeuré en blanc.

S'agit-il des services municipaux ? Mais ils sont presque tous du ressort de l'infatigable Rigault. C'est lui qui ouvre les jardins publics, prend soin de la voirie, rend les ordonnances pour les foires aux jambons et aux pains d'épices.

Que restait-il à faire au citoyen Andrieu ? Peu de choses, et il devait s'en plaindre, car ce citoyen était un homme sérieux et travailleur.

Jules Andrieu, ancien professeur libre, ancien comptable, avait des connaissances spéciales en matière d'administration. Il a écrit un livre assez remarquable l'*Histoire du moyen-âge* publié par la *Bibliothèque nationale*.

Instruction publique : VAILLANT.

On se souviendra longtemps de la façon dont la commune entendait l'instruction publique. Elle commença par expulser de leurs écoles les frères de la doctrine chrétienne et les religieuses. On interdit dans les écoles tout objet qui pouvait rappeler une croyance religieuse, enfin on décréta une sorte d'instruction d'Etat.

Le gouvernement devint le censeur des idées et des croyances. Lui seul put décider ce que nous devions penser ou croire. Et si ce système eut pu s'établir et durer, nous aurions eu une commission de l'*Index* pour les livres, une censure des études, une sorte de concile politique appuyé, pour faire respecter ses jugements infaillibles, sur un tribunal inquisitorial. Voilà comment ces messieurs entendent la liberté d'enseignement.

Vaillant, délégué à l'instruction publique, était un jeune homme qui avait fait d'excellentes études, mais un esprit sans vigueur et sans lucidité.

Après avoir passé à Paris sa thèse de docteur ès-sciences, Vaillant partit pour l'université d'Heildelberg où il séjourna en 1866 et 1867. Il continua ensuite ses études de médecine à Tubingen et a Vienne. La guerre de 1870 l'a obligé à rentrer en France.

En même temps qu'il étudiait la médecine, il suivait en allemagne les cours de philosophie. Sa pratique de la philosophie Allemande lui a faussé l'esprit et obscurci le jugement, elle en a fait un métaphysicien politique.

Il est un des membres les plus influents de la Société internationale.

Il nous reste à parler de l'administration du *Journal officiel*, de la Banque de France et des Postes, et nous aurons terminé cette longue revue.

Le Journal officiel.

Pendant trente ans nous avons toujours entendu les socialistes se plaindre de manquer d'organes pour expliquer au peuple leurs théories d'économie sociale nouvelle. Lorsqu'il ont eu la liberté de la presse, la tribune des clubs, un public immense et sympathique, qu'en ont-ils fait ?

A leurs conférences quotidiennes, à leurs innombrables journaux devons-nous une seule étude sérieuse, une seule réforme d'économie sociale clairement exposée ? Ils se sont répandus en critiques amères souvent brutales contre l'organisation actuelle des sociétés, fruits des lents progrès des siècles ; ils ont tout condamné, jusqu'aux principes les plus antiques, les plus vivaces, les plus féconds, mais que nous ont-ils indiqué, comme capable de les remplacer ?

De cette foule où l'on n'entend parler que de réformes sociales n'est pas sorti un seul réformateur, un seul économiste... pas une idée !...

Jamais journaux n'ont été plus vides que les leurs.

Feuilletez la collection du *Journal officiel* de la Commune, vous n'y trouverez pas une étude d'économie sociale. C'est que ces gens-là étaient pour la plupart très-ignorants et que leurs écrivains les plus distingués, Pyat, Vallès, Vermorel, Delescluze étaient complètement étrangers à l'économie politique. Le journal qui eut dû être l'organe officiel des idées aussi bien que des actes du parti, ne fut que l'organe de ses actes ; le parti n'avait pas d'idée.

Après la *partie officielle* le journal de la Commune ne contenait que des articles de fantaisie assez médiocres ou des inepties. On n'y trouvait pas même l'originalité dans l'utopie. C'est insipide. D'ailleurs le journal qui recevait les inspirations du gouvernement n'était point l'*Officiel*, mais le *Père Duchêne*.

Cette dernière feuille, rédigée avec esprit et un véritable talent, était la confidente et l'interprète des passions de l'Hôtel-de-Ville.

Mais voyons comment fut administrée, sous la Commune, la feuille de M. Wittersheim.

Le 19 mars, un détachement du 140e bataillon amenait à l'*Officiel* le citoyen Lebeau, membre du comité central, Paul Vapereau, fils de l'auteur du Dictionnaire, son secrétaire, Vésinier, Barberet, Floris-Piraux.

Ces messieurs venaient prendre possession du journal.

M. André, représentant de M. Wittersheim, tenta vainement de leur faire comprendre que l'imprimerie était une propriété particulière, que c'était commettre un véritable vol que de s'en emparer ainsi.

On n'y regarda pas de si près ; les baïonnettes étaient là ; il fallut céder.

L'imprimerie fut occupée et les délégués firent à la hâte un journal avec quelques proclamations qu'ils avaient en poche, et les matières qui n'avaient pu trouver place dans le dernier numéro du gouvernement.

La première journée fut néanmoins assez calme.

Mais voici que le lendemain les Pilotel, les Pipe-en-Bois, tout ce que Paris compte de bohêmes tarés et de fruits secs en disponibilité vint faire irruption dans les bureaux.

Alors commença le règne des ripailles sans fin : Dès le principe l'administration

Manifestation des femmes.

avait été sommée de nourrir les rédacteurs et leurs invités, il fallut même transformer une partie des bureaux en chambres à coucher, pour les dignes compagnes de ces drôles.

Les désordres de tout genre de ces deux mois et demi ont coûté 80,000 francs environ à la maison Wittersheim.

On fumait donc, on buvait, on chantait quand on ne faisait pas pis.

Mais ces agapes joyeuses et fraternelles, devaient prendre bientôt une teinte tragique.

Le 24 mars, le citoyen Vésinier prit la qualité de rédacteur en chef et se trouva par là en conflit d'autorité avec le citoyen Lebeau, se disant directeur.

La victoire resta à Lebeau, qui mit Vésinier à la porte.

Hélas! ce triomphe devait être de courte durée; le 26, deux jours après, survint un troisième larron, le citoyen Longuet, qui saisit maître *Officiel*.

Ce ne fut pas, il est vrai, sans une résistance énergique de la part de son prédécesseur. Des explications on en devait venir facilement au coup de poing entre gentilshommes de cet accabit.

On sortait les révolvers quand la garde de service intervint et sépara les combattants.

Longuet, le plus avisé, courut rapidement au ministère de l'Intérieur et fit incarcérer son adversaire.

Ainsi le débat fut clos, et Longuet prit possession du fauteuil dictatorial.

Le nouveau venu était un de ces types d'étudiants de 27ᵉ année, comme on n'en rencontre presque plus.

D'une tenue sale et débraillée, fainéant avec obstination, quoique se disant toujours affairé, le citoyen Longuet se levait à 10 heures, déjeûnait, arrivait le plus souvent à la Commune à 5 heures, lorsqu'il n'y avait plus rien à faire, et passait sa soirée et sa nuit à la brasserie de la rue Saint-Séverin, lieu de réunion de la plupart de ces tristes notabilités.

A quatre heures du matin, il revenait à l'*Officiel* et, sous prétexte de faire un article dont il n'écrivit jamais une ligne, il retardait la mise en page de trois heures.

Le premier argent qu'il reçut, il l'employa à acheter une chemise trop courte pour sa longue personne, et pendant trois jours, par l'entrebâillement de son pantalon et de son gilet, on put voir une étiquette bleue avec cette mention : 3 fr. 50.

Après quelques jours de cette administration, Longuet fut remplacé par le citoyen Vésinier, dit *Racine-de-Buis*, autant par sa ténacité que par la forme accidentée de son individu.

Le 14 mai, le citoyen Régère vint signifier à M. André d'avoir à vendre désormais l'*Officiel* cinq centimes : c'était une perte énorme pour l'imprimerie, aussi protesta-t-il de toute son énergie.

A toutes ces récriminations, Régère ne faisait qu'une réponse;

— Voulez-vous aller à Mazas?

Pourtant une enquête fut ordonnée et un rapport présenté à la Commune par les citoyens Vermorel et Arthur Arnould.

Les conclusions en étaient le transfert du *Journal officiel* à l'Imprimerie nationale et le payement d'une indemnité de 50,000 fr. à l'administration.

La Commune entendit le réclamant et déclara qu'elle était très-satisfaite de l'état de choses existant; que l'*Officiel* continuerait à se vendre cinq centimes et que les propriétaires s'arrangeraient.

M. André fut sequestré dans son appartement, et l'on plaça un factionnaire à sa porte.

Il perdit, néanmoins, tout à fait patience à la fin, et signifia nettement à la Commune qu'il refusait formellement d'imprimer, dorénavant, l'*Officiel*.

Ceci se passait le mardi 23, le lendemain du jour de l'entrée des troupes dans Paris.

Les Postes

L'administration des postes de la Commune était réduite aux plus étroites proportions : —. Recevoir toutes les lettres pour Paris, la France et l'étranger et n'expédier que les lettres pour Paris.

Ce fut une bien sotte et bien odieuse mystification que celle qui consista à se charger des lettres pour la province et à les garder en sacs dans un dépôt de l'Hôtel des postes, — après en avoir pris connaissance.

Malgré la terreur, quelques murmures se firent entendre et le *Père Duchêne* prévint l'orage en déclarant que c'était très-bête d'inviter les « pauvres bougres à f... leurs lettres dans les boîtes comme s'ils avaient le moyen de f... comme cela leurs quatre sous à l'eau. »

Le public s'adressa alors à des agences, et voici ce qui se passait.

A l'entrée du bureau de l'agence on trouvait deux gardes fédérés.

— Que désirez-vous citoyen?
— Remettre une lettre pour la province.
— Votre lettre est-elle fermée?
— Sans doute.
— On n'accepte que des lettres ouvertes.
— Eh bien, je consens à l'ouvrir. Voilà qui est fait.

Le cachet rompu, l'on se dirigeait vers le grillage d'un bureau pour y déposer sa lettre.

— Un instant, citoyen, criait le fédéré.
— On n'accepte pas les lettres sans les lire. Nous sommes délégués ici pour cela.

Consentez-vous à cette dernière formalité ? Le fédéré lisait votre lettre, quelques fois à haute voix, ce qui amusait la galerie, puis passait la lettre à l'employé de l'agence en lui disant d'un ton d'autorité :

— Vous pouvez recevoir la lettre et... la monnaie.

Et l'on n'avait plus qu'à payer une surtaxe de vingt, ou trente ou cinquante centimes.

Et cependant M. Theisz, le directeur des postes, était l'un des membres les plus modérés de la Commune !...

M. Theisz est un ouvrier ciseleur agé de trente-deux ans, qui, à force de travail et d'ordre, était parvenu à se créer un établissement prospère dans le 18e arrondissement. Il s'est mêlé activement au mouvement social et a été un des membres les plus influents de l'*Internationale*. Il fut aussi un des membres du Comité de résistance des ouvriers bronziers dont on se rappelle la grève.

Qand on parle des gens de la Commune devant un de ses partisans, celui-ci ne manque jamais de vous dire : Pourtant ce n'étaient pas tous des fous et des coquins, voyez Theisz? Qu'avez-vous à en dire? Et Beslay, qui a gardé la Banque?

Beslay, contemporain et émule de M. Theisz, qui adressa à celui-ci de si beaux discours, était en effet un vieillard intelligent honnête et inoffensif, dont la Commune, selon l'expresion de l'un des chefs de l'*Internationale*, aurait dû faire son palladium.

Il était délégué à la Banque et n'empêcha point M. de Plœuc de sauver cet établissement du pillage d'abord, et, dans les derniers jours, de l'incendie. S'il est honnête il se reprochera d'avoir prêté son nom à la plus abominable parodie du gounement républicain.

A la fin de sa carrière politique, il a eu le courage de protester contre la démolition de la maison de M. Thiers ; mais il craignait que M. Thiers n'attribuât cet acte à un sentiment de rivalité haineuse de sa part. C'est assez naïf.

Le Comité de Salut public.

Il paraît que l'idée d'un Comité de Salut public est inséparable de l'idée de Commune révolutionnaire, ou plutôt que l'une engendre nécessairement l'autre.

Ainsi, à Lyon en septembre 1870, le parti républicain après avoir composé et installé à l'Hôtel-de-Ville ce qu'il appelle une Commune et arboré le drapeau rouge eût aussi son *Comité de Salut public*.

Depuis longtemps déjà le *Père Duchêne* réclamait cette force sinistre. Il trouvait deux moyens pour exterminer la réaction, l'offre d'une prime à tout fédéré qui apporterait la tête d'un soldat de Versailles et la création du Comité de Salut public :

« C'est une guerre d'extermination, n'est-ce pas ?

» Vous voulez anéantir les mouchards, hé ?

» Eh bien ? faites comme on doit faire pour la chasse quand on veut anéantir le gibier.

» Autorisez le Braconnage de la guerre.

» Citoyens membres de la Commune,

» Une prime pour ceux qui rapporteraient dans leur gibecière la tête d'un roussin.

» Et puis,

» Nom de Dieu !

» Le Comité de Salut public, foutre ! «

Dans sa séance du 29 avril, la Commune discuta la création du précieux Comité. Cette discution s'ouvrit sur la proposition du citoyen Miot. « A voir cette tête si digne, dit de Miot, M. Clère, dans sa biographie des hommes de la Commune, on croirait que Miot est l'un des *sages* de la Commune.

Mais cette tête ornée d'une si belle barbe blanche est dépourvue de tout jugement, elle ne raisonne pas et il n'en sort qu'un vieux radotage révolutionnaire.

C'est en effet une servile imitation de 93, que les ineptes dictateurs du Comité de Salut public vont s'efforcer d'adapter à la situation actuelle. »

Cette proposition soulève des protestations nombreuses mais elle sont étouffées par le rappel à l'ordre.

Le citoyen Régère déclare que le projet Miot n'a rien d'excessif, la Commune, selon lui, n'exercera son action de salut qu'à l'aide d'un gouvernement permanent, régulièrement constitué, c'est-à-dire composé de cinq membres chargés de transmettre le peuvoir émané de la Commune, aux divers délégués.

Le citoyen Grousset voit dans la proposition Miot, un acte de méfiance envers la Commission exécutive, néanmoins l'urgence est adoptée, à la satisfaction de Billioray. Les allures du délégué à la guerre l'inquiète ; le citoyen Cluseret semble viser à la dictature ; pour arrêter « l'organisation de la désorganisation, » il faut un Comité souverain qui fasse marcher tous les services.

Le citoyen Babyck combat cette opinion ; mais le parti des exaltés l'emporte.

Dans sa séance du 1er mai, la Commune met aux voix la proposition Miot. Il a été convenu que les votes seraient motivés.

Le vote donne les résultats suivants :

Votants 68 — Majorité absolue, 35,

Pour, 45,

Contre, 23,

Le décret est adopté.

Nous croyons intéressant de reproduire ll'expression des motifs de chaque votant, C'est présenter le tableau le plus fidèle et le plus complet des opinions qui divisaient les membres de la Commune. C'est restituer devant l'histoire, à chacun d'eux, sa part de responsabilité dans les crimes qui furent commis plus tard.

Attaque du Pont de Courbevoie.

Votes motivés.

J'ai accepté le mandat impératif ; je crois être logique avec mes paroles et mes engagements en votant pour le Comité de salut public.

TH. FERRÉ.

Absent lors de la discussion sur la qualification de Comité de salut public et sous le bénéfice des observations que j'avais à présenter sur le titre même de « Comité de salut public, » je vote pour.

J. COURNET.

Considérant que vu les dangers de la patrie, jamais le nom de salut public n'est plus en situation ;
Que le Comité de salut public ne saurait être une dictature dangereuse, puisqu'il est sous le contrôle de la Commune.

PARISEL.

Attendu que le mot de salut public est absolument de la même époque que les mots de République et de Commune de Paris, je vote pour.

PYAT.

Me conformant au mandat impératif qui m'a été conféré par mes électeurs, je vote pour le Comité de salut public, parce qu'il est urgent que la Commune reste dans le sens le plus large du mouvement révolutionnaire qui l'a nommée.

GÉRARDIN.

Je vote pour le Comité de salut public comme mesure révolutionnaire indispensable dans l'état actuel de la situation.

CH. LEDROIT.

Considérant qu'aucune mesure trop énergique ne saurait être prise par la Commune dans les circonstances actuelles, et voulant rester fidèle au mandat impératif que j'ai reçu de mes électeurs, je vote pour.

URBAIN.

Je vote pour un Comité de salut public, attendu que, si la Commune a su se faire aimer de tous les honnêtes gens, elle n'a pas encore pris les mesures indispensables pour faire trembler les lâches et les traîtres, et que, grâce à cette longanimité intempestive, l'ennemi a peut-être obtenu des ramifications dans les branches essentielles de notre gouvernement.

BLANCHET, DUPONT.

Attaqués impitoyablement et sans motifs légitimes, j'estime que nous devons défendre avec la plus grande énergie la République menacée.

TH. RÉGÈRE.

Je vote pour, attendu que la Commune détruira le Comité de salut public, quand elle voudra.

J. ALLIX.

Je vote pour le Comité de salut public, attendu que notre situation est plus terrible encore que celle où nos pères de 93 se sont trouvés, et que ceux qui l'attaquent ne voient pas clair.

ÉMILE OUDET.

Espérant que le Comité de salut public sera en 1871 ce que l'on croit généralement, mais à tort, qu'il a été en 1793, je vote pour.

RAOUL RIGAULT.

Considérant que l'institution d'un Comité de salut public aura pour effet essentiel de créer un pouvoir dictatorial qui n'ajoutera aucune force à la Commune ;

Attendu que cette institution serait en opposition formelle avec les aspirations politiques de la masse électorale, dont la Commune est la représentation ;

Attendu en conséquence que la création de toute dictature par la Commune serait de la part de celle-ci une véritable usurpation de la souveraineté du peuple, nous votons contre.

ANDRIEU, LANGEVIN, OSTYN, VERMOREL, V. CLÉMENT, THEISZ, SÉRAILLER, AVRIAL, MALON, LEFRANÇAIS, COURBET, EUGÈNE GÉRARDIN, CLÉMENCE, ANT. ARNOULD, BESLAY, VALLÈS, JOURDE.

Si j'eusse assisté à la séance d'hier, j'aurais combattu la proposition d'un Comité de salut public, que je considère comme une dictature.

Obligé de prendre une résolution dans ce cas, je vote pour la dénomination exécutive.

V. CLÉMENT.

Par suite d'indisposition, je m'étais retiré à six heures et demie. Si j'eusse été présent, j'eusse voté contre toute proposition, et je me rallie à la proposition qui me paraît la moins grave, et je vote pour l'exécutif.

CH. BESLAY.

Contraint de me prononcer pour une formule, je vote pour le mot : exécutif.

Mais en faisant toutes mes réserves sur les articles du projet de Miot.

JOURDE.

Je vote pour, parce que le terme « salut public » a été, est, et sera toujours de circonstance.

GÉRESME.

Pour l'ensemble.

Je vote pour, parce que l'indécision depuis un mois nous a compromis, et qu'une plus longue hésitation à prendre des mesures énergiques perdrait la Commune et la République.

G. RANVIER.

La situation exigeant énergie et unité d'action, malgré son titre, je vote pour.

EUGÈNE POTTIER.

Comme j'ai reçu de mes électeurs le mandat impératif, je vote pour.

E. CLÉMENT.

Vu la gravité des circonstances et la nécessité de prendre promptement les mesures les plus radicales, les plus énergiques pour réprimer les trahisons qui pourraient perdre la République, je vote pour.

J. MIOT.

Quoique je ne voie pas l'utilité de ce Comité, mais ne voulant pas prêter à des insinuations contraires à mes opinions révolutionnaires socialistes, et tout en réservant le droit d'insurrection contre ce Comité, je vote pour.

LEO FRANCKEL.

Considérant que mes électeurs m'ont confié le mandat impératif de poursuivre le triomphe de la Révolution par les mesures les plus énergiques, et que le Comité de salut public, à mon sens, est seul capable d'atteindre ce but, je vote pour.

A. LANGLAS.

Je vote pour :

Parce que je suis d'avis de prendre des mesures radicales et sérieuse, mais que détestant les mots ronflants qui restent souvent lettre morte, je m'étais opposé par mon vote au mot *salut public*.

A. SICARD.

Je vote pour :

Parce que j'ai conscience de la situation et tiens à rester conséquent avec les engagements pris par moi devant les électeurs.

JACQUES DURAND.

Restant d'accord avec les électeurs qui m'ont nommé, et désirant comme eux qu'on n'hésite devant aucune mesure nécessaire :
Je vote pour.

H. CHAMPY.

Je vote *pour* sur l'ensemble du décret, tout en ayant voté contre l'article 3 et le titre du Comité de salut public, qui, dans l'esprit des présentateurs, détermine l'esprit du projet, parce que, conformément à ce que je soutenais il y a peu de jours, malgré l'illusion de l'Assemblée, elle ne fait qu'ajouter aux rouages de son organisation un rouage qui manquait, et consacrer une division nécessaire des pouvoirs au contrôle plus effectif du travail des commissions. (En votant contre l'article 3, j'ai voté contre l'erreur de l'assemblée qui croit faire ce qu'elle dit et ne fait encore que décréter sans effet.)

Mais je ne partage pas l'illusion de l'assemblée qui croit avoir fondé un comité politique directeur, un Comité de salut public, alors qu'elle ne fait que renouveler avec une étiquette nouvelle sa commission exécutive des premiers jours. Si l'assemblée voulait avoir un réel comité exécutif, pouvant vraiment prendre la direction de la situation, parer aux éventualités politiques, elle devrait commencer par se réformer elle-même, cesser d'être un petit parlement bavard, brisant le lendemain aux hasards de sa fantaisie ce qu'il a créé la veille et se jetant au travers de toutes les décisions de sa commission exécutive La Commune ne devrait être qu'une réunion de commission se réunissant pour discuter les résolutions, les rapports présentés par chaque commission, écoutant le rapport politique de son comité exécutif, et jugeant si ce comité remplit son devoir, s'il sait donner l'impulsion de direction, s'il a l'énergie, la capacité nécessaire pour le bien de la Commune.

Au comité exécutif seraient renvoyées les affaires politiques, aux commissions diverses toutes les affaires du ressort de ces diverses commissions, et les séances se passeraient sans incidents inutiles, à prendre des résolutions, et non plus à discourir.

Pour un comité exécutif de cet ordre, et seul pouvant vraiment porter le titre de *Salut public*, qui n'a pas d'ailleurs d'importance et qui a le désavantage d'être une répétition, je voterai *oui* sans phrases.

En un mot, il faut organiser la Commune et son action ; faire de l'action, de la Révolution, et non de l'agitation, du pastiche.

ED. VAILLANT.

Contre l'ensemble.

En me référant aux motifs énoncés par Andrieu, et surtout par le motif que je ne crois pas à l'efficacité du Comité de salut

G. Courbet.

public; ce n'est qu'un mot, et le peuple s'est trop longtemps payé de mots : je vote contre.

A. Vermorel.

Considérant que l'établissement du Comité de salut public est une atteinte portée aux droits que les membres de la Commune tiennent de leurs électeurs : je vote contre.

A. Clémence.

Le citoyen Babick, contre. La Commune n'étant pas en danger, n'a pas besoin de Comité de salut public. Elle se sauvera par elle-même.

Babick.

Par De la Brugère

Je vote contre l'ensemble du projet, parce qu'il aboutit, en réalité, à la confusion des pouvoirs qui amène des conflits et produit le désordre et l'anarchie, et que je voulais la séparation des fonctions avec la responsabilité effective, devant la Commune, de cette commission exécutive, ayant pleins pouvoirs sur toutes les autres commissions, mais laissant à la Commune tout entière le rôle de comité de haute surveillance, avec puissance de la briser et de la révoquer, tout en s'abstenant de toute intervention directe dans l'exécution et la direction.

Rastoul.

Contre. Parce que je n'aime pas les défroques inutiles et ridicules qui, loin de nous donner de la force, nous enlèveront celle que nous avons.

G. Tridon.

Adhérant à la déclaration Franckel, je vote contre, comme membre de cette Commune et comme délégué aux finances.

Jourde.

Ne croyant pas plus aux mots sauveurs qu'aux talismans et aux amulettes, je vote contre pour les raisons d'ordre et de droit développées par Andrieu, et aussi pour le motif de bon sens et de bonne politique indiqué par Babick.

Ch. Longuet.

Proposition.

Je désire que tous titres ou mots appartenant à la Révolution de 89 et 93 ne soient appliqués qu'à cette époque. Aujourd'hui, ils n'ont plus la même signification et ne peuvent plus être employés avec la même justesse et dans les mêmes acceptions.

Les titres : *Salut public, Montagnards, Girondins, Jacobins,* etc., etc., ne peuvent être employés dans ce mouvement socialiste républicain.

Ce que nous représentons, c'est le temps qui s'est passé de 93 à 71, avec le génie qui doit nous caractériser et qui doit relever de notre propre tempérament.

Cela me paraît d'autant plus évident que nous ressemblons à des plagiaires, et nous rétablissons à notre détriment une terreur qui n'est pas de notre temps. Employons les termes que nous suggèrent notre révolution.

G. Courbet.

Il est procédé à la nomination des cinq membres du Comité de salut public.

Par 37 votants sont élus :

Les citoyens Ant. Arnaud, par 33 voix; Léo Meillet, par 27; Ranvier, par 27; Félix Pyat, par 24; Charles Gérardin, par 21.

Le président donne alors lecture des protestations suivantes, déposées par les citoyens qui se sont abstenus de prendre part à la nomination des membres du Comité.

Les soussignés,

Considérant qu'ils ont voté contre l'institution dite *Comité de Salut public,* dans lequel ils n'ont vu que l'oubli des principes de réforme sérieuse et sociale d'où est sorti la Révolution communale du 18 mars ;

Le retour dangereux ou inutile, violent ou inoffensif, à un passé qui doit nous instruire, sans que nous ayons à le plagier.

Déclarent qu'ils ne présenteront pas de candidats et qu'ils regardent en ce qui les concerne l'abstention comme la seule attitude digne, logique et politique.

Ch. Longuet, Lefrançais, Arthur Arnould, Andrieu, Ostyn, Jourde, B. Malon, A. Serrailler, Beslay, Babick, Clémence, Courbet, E. Gérardin, Langevin, Rastoul, J. Vallès, Varlin.

Vu que nous ne pouvons nommer personne à une institution considérée par nous comme aussi inutile que fatale, nous nous abstenons.

Avrial, V. Clment, Vermorel, A. Theisz, G. Tridon, Pindy, E. Gérardin.

Considérant que le Comité de salut public est une institution dictatoriale incompatible avec le principe essentiellement démocratique de la Commune, -je déclare ne pas prendre part à la nomination des membres de ce Comité.

C. LANGEVIN.

L'ordre du jour étant épuisé, la séance est levée à neuf heures.

—

Le cas du citoyen Blanchet.

Parmi ces votes motivés avez-vous remarqué celui du citoyen Blanchet? « Si la Commune, dit-il, a su se faire aimer des honnêtes gens, elle n'a pas pris encore les mesures indispensables pour faire trembler les lâches et les traîtres. »

Or, qu'apprenons-nous : ce zélé et honnête Blanchet est un traître !

Et il ajoutait : « Et que grâce à cette longanimité intempestive, l'ennemi a peut-être obtenu des ramifications dans les branches essentielles de notre gouvernement. »

C'est trop fort... Ce farceur sinistre n'était autre chose qu'un nommé Panille, ancien secrétaire d'un commissaire de police et ancien capucin.

Rigault, averti par des délégués de Lyon qui se rappelaient avoir eu affaire au secrétaire Panille, en fit la découverte. Cela jeta un peu de gaîté en ces tristes jours. N'était-ce pas charmant de voir ces individus qui avaient la manie de voir des mouchards dans leurs meilleurs amis, qui appelaient ce pauvre Vermorel « l'homme de Rouher » accepter pour collègue au Comité central le citoyen Panille et l'héberger ensuite par 3,274 voix du 5⁰ arrondissement au grand hôtel des gouvernements provisoires.

Oui, ce coquin de Panille, pris par l'oreille et conduit devant la Commune par ce scélérat de Rigault, fut un amusant spectacle.

Cela nous reporte à tous les singes que le peuple prit pour des hommes, et nous en sommes réduits, tant notre décadence en toutes choses est grande, à regretter les coquins spirituels tels que Collet. Ah ! ce dernier, de notre temps, serait parvenu aux plus hautes dignités de la Commune.

Ce fut dans sa séance du 5 mai que l'aéropage parisien reçut du citoyen délégué à l'ex-préfecture la notification de l'arrestation de l'un de ses membres. — Voici la scène ; elle n'est pas une des moins curieuses de l'histoire de la Commune.

Séance du 5 mai 1871.

Présidence du citoyen Johad. — Assesseur le citoyen Jacques Durand.

Le citoyen RAOUL RIGAULD. — Vous vous rappelez qu'il a été convenu que quand il aurait été procédé à l'arrestation d'un collègue, on ferait un rapport à la Commune ; je le fais aujourd'hui, non pas dans les vingt-quatre heures, mais dans les deux heures.

Aujourd'hui nous avons appelé devant vous le citoyen Blanchet. Depuis longtemps nous étions prévenus que ce nom n'était pas le sien ; que sous un autre nom il avait exercé des fonctions et subi une condamnation qui ne lui permettaient pas de rester parmi nous.

Quoi qu'il ait toujours voté avec la majorité et le comité de sûreté générale, à cause de cela surtout, je n'ai pas gardé de ménagements. (Approbation.) C'est le citoyen Ferré qui a fait l'enquête. Le citoyen Blanchet s'est présenté devant vous ; je ne crois pouvoir faire mieux que de vous lire le procès-verbal que nous avons dressé de cette entrevue.

« L'an mil huit cent soixante et onze, le cinq mai,

» Devant nous, délégué à la sûreté générale et membre dudit comité, est comparu le membre de la Commune connu sous le nom de Blanchet,

» Lequel, interpellé par le citoyen Ferré, a déclaré qu'il ne s'appelait pas Blanchet, mais bien Panille (Stanislas.)

» Sur seconde interpellation, Panille déclare qu'il a bien été secrétaire de commission de police à Lyon, qu'il est entré, à Brest, dans un couvent de capucins en qualité de novice vers 1860, qu'il y est resté huit ou neuf mois.

» Je partis, ajoute-t-il, en Savoie, où je rentrai dans un second couvent de capucins, à Laroche. Ceci se passait en 1862.

» Revenu à Lyon, je donnai des leçons en ville. On me proposa d'être traducteur interprète au palais de justice. J'acceptai. On me dit après qu'une place de secrétaire dans un commissariat était vacante, j'acceptai également ; je suis entré dans ce commissariat vers 1865, et j'y suis resté environ deux ans.

» Au bout de ce temps, quand je demandai de l'avancement, quand je demandai à être commissaire spécial aux chemins de fer, ma demande étant restée sans réponse, j'offris ma démission, qui fut acceptée. C'est après ces événements que je vins à Paris.

» J'ai été condamné à six jours de prison pour banqueroute à Lyon. J'ai changé de nom parce qu'il y avait une loi disant qu'on ne pouvait signer son nom dans un journal lorsqu'on a été mis en faillite. »

» Nous, délégués à la sûreté générale, et membre dudit Comité envoyons à Mazas le sieur Panille.

» Laurent, Th. Ferré, A. Vermorel, Raoul Rigault, A. Dupont, Trinquet. »

Le citoyen RIGAULD. — Voici les faits. Je n'insisterai pas beaucoup sur les détails, à moins que l'assemblée ne le demande. (Oui ! oui !)

Alors, puisque vous le voulez, j'insiste.

Il y a quelque temps, deux citoyens, qui étaient près de la porte d'entrée, voyant sortir Blanchet, me dirent : « Connaissez-vous bien ce citoyen? Nous sommes de Lyon, et nous croyons qu'il a été secrétaire du commissaire de police de Lyon. »

Nous nous livrâmes à une investigation, et nous avons reconnu qu'il y avait concordance parfaite comme âge, comme signalement, etc., entre le nommé Blanchet et le nommé Panille.

L'identité établie par le témoignage de ces deux citoyens que je ne connaissais pas, mais dont nous avons les noms, nous avons continué l'enquête. D'autres rapports sont venus nous démontrer que ce Blanchet avait été chez les capucins, qu'il avait embrassé la vie monastique avec tout ce qu'elle comporte.

Hier, nous nous sommes fait délivrer un extrait du casier judiciaire, qui relatait que le nommé Blanchet avait été condamné à six jours de prison pour banqueroute frauduleuse, en 1868, par le tribunal de Lyon. Nous l'avons appelé devant nous ; nous étions tous présents, et nous avons été d'accord qu'il fallait d'abord lui demander sa démission, que je dépose sur le bureau du président. Puis, persuadé que, sous ce nom de Blanchet, il pouvait avoir commis des faux, j'ai cru qu'il fallait l'envoyer à Mazas ; c'est donc sous cette inculpation que je l'ai fait arrêter.

Il a reconnu tous ces faits ; je ne lui ai pas demandé de signer, mais nous étions présents tous les six, et c'est devant nous qu'il a avoué ce que je viens de vous lire. Par conséquent, je vous demanderai de vouloir bien confirmer son arrestation et d'accepter sa démission.

Le président lit la démission du citoyen Blanchet :

« Je soussigné, député à la Commune sous le nom de Blanchet, déclare donner ma démission de membre de la Commune.

» PANILLE, dit BLANCHET. »

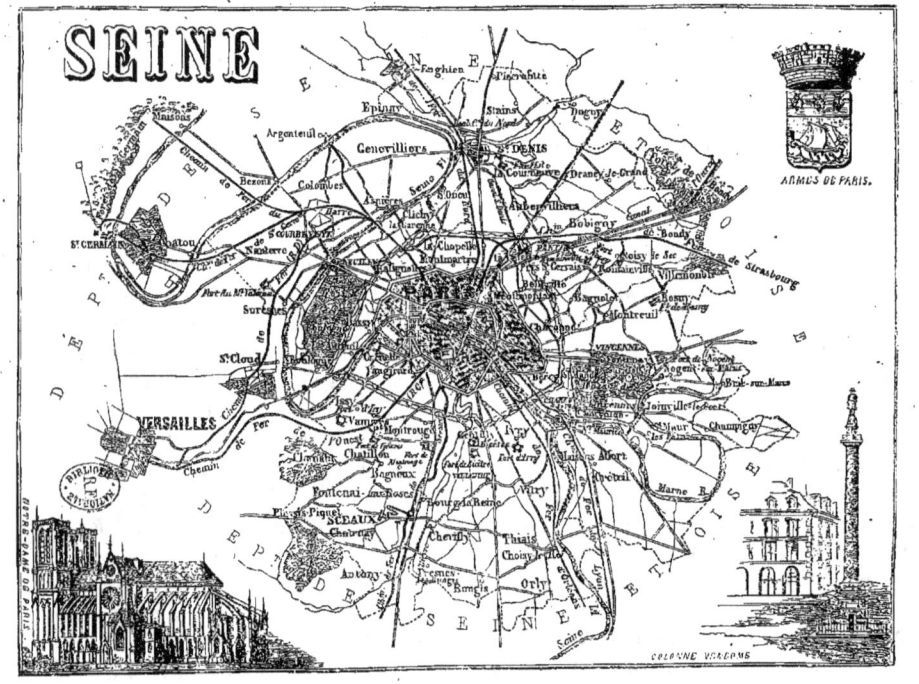

En sa qualité de délégué de l'administration du 5ᵉ arrondissement, Blanchet a laissé contracter et a contresigné des mariages dont les actes sont nuls de plein droit. Que vont devenir les époux? Quel valeur auront ces mariages?

On songe aussi que la supercherie de Blanchet aurait pu échapper à Rigault. Vingt jours plus tard le citoyen eut prit place, comme tant d'autres, dans le martyrologe de la liberté.

Evénements militaires.

Nous avons laissé en arrière notre chronique militaire. Il est vrai que depuis l'expédition Duval, Flourens et Bergeret, la Commune restée sur la défensive n'a remporté aucune victoire, ni subi aucun désastre.

Les journaux parlent toujours de ses succès, mais ce n'est qu'à la fin d'avril qu'ils ont réellement besoin de chanter les triomphes des fédérés, car à cette époque seulement la situation de ceux-ci devient véritablement critique.

Nous ne rapporterons pas tous les incidents de la lutte, nous ne donnerons de celle-ci qu'un compte-rendu sommaire. Le but des opérations de l'armée nationale était de rétrécir de jour en jour son cercle d'investissement, et ce but était atteint vers la fin d'avril avec un succès visible.

Ainsi l'armée pouvait établir ses batteries de brèche dans le bois de Boulogne et, au sud, avait rendu intenables les forts de Vanves et d'Issy.

Le général Faron, le 21 avril s'est emparé des Moulineaux. Toutes ses rencontres sont extrêmement meurtrières, surtout pour les fédérés. Le chassepot peut inquiéter la garnison du fort.

A la même date, du côté de Neuilly, les fédérés ont perdu deux barricades.

Chaque jour, parmi ceux qui attendent leur délivrance de Versailles, on parle d'une attaque générale.

Le 30 avril, devait être pour la Commune une journée fatale.

On se souvient que Cluseret avait encore le commandement supérieur; il ne devait plus le conserver longtemps.

A onze heures du matin de forts détachements de fédérés, noirs de poudre, souillés de boue, harassés, rentraient en ville. « Nous sommes trahis, disaient-ils, nous avons évacué le fort d'Issy; il va sauter. »

Le fort en effet était évacué.

La Commune, alarmée, donna aussitôt l'ordre de le réoccuper. L'ordre fut exécuté par les 126ᵉ et 194 de Belleville. Mais le fort était cerné et l'on pouvait s'attendre à le voir prochainement au pouvoir de « l'ennemi. »

En même temps la Commune faisait arrêter Cluseret et l'enfermait à Mazas. Il lui fallait un homme plus énergique, elle se souvint de Rossel et lui confia le commandement en chef.

Celui-ci prétendit réorganiser l'armée fédérée et se trouva bientôt en désaccord avec le comité central qui n'avait pas abdiqué entièrement.

Cette hostilité eut pour résultat de mettre le comble à la désorganisation des services militaires, de mécontenter tout le monde, bref de précipiter la reddition d'Issy.

Tandis qu'à la Commune on s'étonnait de ne point recevoir de rapport de Rossel, une affiche de celui-ci tirée sur papier blanc à dix mille exemplaires apprenait aux parisiens que le drapeau tricolore flottait sur le fort d'Issy.

La nouvelle produisit chez les communeux un effet terrible; et, comme toujours, le premier cri fut trahison! On démentit le fait, mais le drapeau s'apercevait du rempart. Que devenir?... On imagina une histoire d'un romanesque et d'un dramatique étourdissants.

AU PEUPLE DE PARIS.

Citoyens,

La Commune et la République viennent d'échapper à un péril mortel.

La trahison s'était glissée dans nos rangs. Désespérant de vaincre Paris par les armes, la réaction avait tenté de désorganiser ses forces par la corruption. Son or, jeté à pleines mains, avait trouvé jusque parmi nous des consciences à acheter.

L'abandon du fort d'Issy, annoncé dans une affiche impie par le misérable qui l'a livré, n'était que le premier acte du drame : une insurrection monarchique à l'intérieur, coïncidant avec la livraison d'une de nos portes, devait le suivre et nous plonger au fond de l'abîme.

Mais, cette fois encore, la victoire reste au droit.

Tous les fils de la trame ténébreuse dans laquelle la Révolution devait se trouver prise sont, à l'heure présente, entre nos mains.

La plupart des coupables sont arrêtés. Si leur crime est effroyable, leur châtiment sera exemplaire. La cour martiale siége en permanence. Justice sera faite.

Citoyens,

La Révolution ne peut pas être vaincue, elle ne le sera pas.

Mais s'il faut montrer au monarchisme que la Commune est prête à tout plutôt que de voir le drapeau rouge brisé entre ses mains, il faut que le peuple sache bien aussi que de lui, de lui seul, de sa vigilance, de son énergie, de son union, dépend le succès définitif.

Ce que la réaction n'a pu faire hier, demain elle va le tenter encore.

Que tous les yeux soient ouverts sur ses agissements.

Que tous les bras soient prêts à frapper impitoyablement les traîtres. Que toutes les forces vives de la Révolution se groupent pour l'effort suprême, et alors, alors seulement, le triomphe est assuré.

A l'Hôtel-de-Ville, le 12 mai 1871.

Le Comité de salut public :

ANT. ARNAUD, E. EUDES, F. GAMBON, G. RANVIER.

———

Il n'est pas de public qui ait plus usé et abusé du mélodrame que le public parisien, depuis le mélodrame classique de l'Ambigu jusqu'au mélodrame bouffe des Variétés. Très-amoureux de la mise en scène, au point d'en faire une des conditions de son existence, toujours à la recherche d'un sauveur, d'un héros, d'un premier rôle politique, Rocambole ou Flourens, le drame de la Commune lui plût d'abord. Cependant, au bout de soixante représentations, il se lassa et le drame Rossel n'obtint aucun succès.

O public ignorant, ingrat et méchant ; Rossel était cependant un vrai premier rôle, et les Mélingue de l'avenir vous en feront pleurer. C'était un rôle d'étude, bien préférable à ce rôle de geste que remplit Dombrowski.

Rossel portait en lui les éléments les plus pathétiques ; c'était un officier distingué de l'armée régulière. Il s'était bien battu à Metz. C'était un patriote convaincu ; et après la capitulation de Metz, le cœur gros de douleur il s'était retiré au camp des politiques exaltés.

Pourquoi ne l'avons-nous pas vu dans les Vosges avec Bourbaki, au Mans avec Chanzy?.. Nous ne savons pas. Mais pourquoi l'avons-nous vu avec les communeux ? Nous allons le dire.

Rossel à Metz avait un plan, dont l'exécution eut, selon lui, sauvée l'armée. Ce plan ne fut pas pris en considération. *Inde iræ :* de la grande colère.

L'officier oublia son devoir de soldat.

Blessé dans son orgueil, il se jeta dans le camp des orgueils blessés. Il trahit son drapeau. Et d'officier de talent qu'il était devint plus petit que le plus humble soldat de Bazaine soumis à son général et le suivant en captivité.

M. Rossel était un officier *incompris*.

Nous avions, en 1830, la femme incomprise ; depuis, le poète incompris ; depuis encore le réformateur socialiste humanitaire incompris, l'officier...

Certes, en venant offrir ses services à la Commune, il se faisait encore quelques illusions. Faut-il l'en blâmer ou l'en plaindre ? On lui donna d'abord à présider la cour martiale, et il se montra d'une sévérité telle que la Commune s'empressa de l'appeler à d'autres fonctions.

On sait ce qu'il devint ensuite.

Nous en étions dans le récit de son aventure au où jour il fût décrété d'arrestation.

Le citoyen Ch. Gérardin fut chargé d'exécuter l'arrêt ; mais auparavant Rossel avait fait parvenir au *Mot d'Ordre* et au *Père Duchêne* une lettre, où il mettait la Commune tout entière sur le banc des accusés ; voici cette lettre :

Paris le 9 mai 1871.

Citoyens membres de la Commune.

Chargé par vous à titre provisoire de la délégation de la guerre, je me sens incapable de porter plus longtemps la responsabilité d'un commandement où tout le monde délibère et où personne n'obéit.

Lorsqu'il a fallu organiser l'artillerie, le Comité central d'artillerie a délibéré et n'a rien prescrit. Après deux mois de révolutions, tout le service de vos canons repose sur l'énergie de quelques volontaires dont le nombre est insuffisant.

A mon arrivée au ministère, lorsque j'ai voulu favoriser la concentration des armes, la réquisition des chevaux, la poursuite des réfractaires, j'ai demandé à la Commune de développer les municipalités d'arrondissement.

La Commune a délibéré et n'a rien résolu.

Plus tard, le Comité central de la Fédération est venu offrir presque impérieusement son concours à l'administration de la guerre. Consulté par le Comité de salut public, j'ai accepté ce concours de la manière la plus nette, et je me suis dessaisi, en faveur des membres de ce Comité, de tous les renseignements que j'avais sur l'organisation. Depuis ce temps-là, le Comité central délibère, et n'a pas su agir. Pendant ce délai, l'ennemi enveloppait le fort d'Issy d'attaques aventureuses et imprudentes dont je le punirais si j'avais la moindre force militaire disponible.

La garnison, mal commandée, prenait peur, et les officiers délibéraient, chassaient du fort le capitaine Dumont, homme énergique qui arrivait pour les commander, et tout en délibérant évacuaient leur fort, après avoir sottement parlé de le faire sauter, chose plus impossible pour eux que de le défendre.

Ce n'est pas assez. Hier, pendant que chacun devait être au travail ou au feu, les chefs de légions délibéraient pour substituer un nouveau système d'organisation à celui que j'avais adopté, afin de suppléer à l'imprévoyance de leur autorité toujours mobile et mal obéie. Il résulta de leur conciliabule un projet au moment où il fallait des hommes, et une déclaration de principes au moment où il fallait des actes.

Mon indignation les ramena à d'autres pensées et ils ne me promirent pour aujourd'hui comme le dernier terme de leurs efforts qu'une force organisée de 12,000 hommes, avec lesquels je m'engage à marcher à l'ennemi. Ces hommes devaient être réunis à onze heures et demie : il est une heure, et ils ne sont pas prêts ; au lieu

Bonjean

d'être 12,000, ils sont environ 7,000. Ce n'est pas du tout la même chose.

Ainsi, la nullité du Comité d'artillerie empêchait l'organisation de l'artillerie; les incertitudes du Comité central de la fédération arrêtent l'administration; les préoccupations mesquines des chefs de légions paralyse la mobilisation des troupes.

Je ne suis pas homme à reculer devant la répression, et hier, pendant que les chefs de légions discutaient, le peloton d'exécution les attendait dans la cour. Mais je ne veux pas prendre seul l'initiative d'une mesure énergique, endosser seul l'odieux des exécutions qu'il faudrait faire pour tirer de ce chaos l'organisation, l'obéissance et la victoire. Encore, si j'étais protégé par la publicité de mes actes et de mon impuissance, je pourrais conserver mon mandat. Mais la Commune n'a pas eu le courage d'affronter la publicité. Deux fois déjà je vous ai donné des éclaircissements nécessaires, et deux fois, malgré moi, vous avez voulu avoir le Comité secret.

Mon prédécesseur a eu le tort de se

débattre au milieu de cette situation absurde.

Eclairé par son exemple, sachant que la force d'un révolutionnaire ne consiste que dans la netteté de la situation, j'ai deux lignes à choisir : briser l'obstacle qui entrave mon action oc me retirer.

Je ne briserai pas l'obstacle, car l'obstacle c'est vous et votre faiblesse : je ne veux pas attenter à la souveraineté publique.

Je me retire, et j'ai l'honneur de vous demander une cellule à Mazas.

Signé : ROSSEL.

Le *Mot d'Ordre* faisait suivre cette lettre des réflexions suivantes, qui avaient une grande portée.

Nous sommes entièrement de l'avis du citoyen Rossel, sauf quand il demande pour lui une cellule à Mazas. Il nous paraît évident, en effet, que, dans la crise que nous traversons, la question militaire primant toutes les autres, il nous faut ici un dictateur chef du pouvoir exécutif, comme nos ennemis de là-bas ont eu la précaution d'en choisir un.

Que ce maître absolu dans l'organisation de la défense de Paris s'appelle Rossel ou de tout autre nom, ce n'est pas à nous à indiquer quelqu'un, mais bien à la Commune à chercher son homme.

Nous n'avons, pour notre part, qu'un mot à dire : elle n'a pas un jour à perdre pour le trouver.

HENRI ROCHEFORT.

Le *Père Duchêne* prenait également le parti de l'accusé. Il y avait donc à l'Hôtel-de-Ville un parti Rossel, ou si l'on veut un certain nombre de membres bien décidés à se séparer des *pères de la Commune* autrement dit, du Comité central.

Déjà le citoyen Jourde s'est élevé avec amertume contre ces empiètements d'une « autorité qu'il a été, dit-il, profondément étonné de voir se forcer elle-même ses attributions, » et dont il ne saurait reconnaître les ordres.

Suivons l'affaire Rossel, elle a cela de bon qu'elle nous montre dans toute sa laideur le caractère de Pyat, pétri de boue et de venin. Ainsi que nous l'avons dit, la Commune avait chargé un de ses membres, Charles Gérardin, de s'assurer de la personne du du colonel.

Gérardin, un des enragés, était un homme de confiance, il avait été nommé membre de la Commission de sûreté générale, il avait fait parti du Comité de salut public.

C'était à lui que la Commune devait la découverte des Dombrowoki, Wrobleski, Okolowitch. Il aimait le bruit et le mouvement guerrier. On le voyait souvent inspectant à cheval les avant-postes.

C'était lui enfin qui avait recommandé Rossel à Cluseret. Mais il était attaché au Comité central, et, en ces dernières circonstances il se trouva naturellement investi de la confiance de *la gauche* de la Commune ([1]).

Ils avaient jugé bon de fuir ensemble.

Où se sont-ils cachés? On l'a toujours ignoré et nous ne le saurons que lorsque Rossel comparaîtra devant le conseil de guerre.

La gauche de la Commune s'est réunie hier à mairie du 1ᵉʳ arrondissement, sous la présidence du citoyen E. Clément, et y a pris les plus énergiques résolutions sur la situation que nous a faite Rossel.

---

1. On lit dans *le Vengeur*.

Gérardin fut trouver Rossel et l'emmena à l'Hôtel-de-Ville ; ils restèrent quelque temps seuls dans une salle, mais lorsque l'on fut pour les avertir que la Commune en séance les attendait, on ne les trouva plus.

Le journal de Pyat, le *Vengeur* (dont le vrai titre aurait dû être le dénonciateur) s'acharne après Rossel et ne lui épargne les calomnies d'aucun genre :

« Comme nous l'avons espéré, le colonel Rossel n'est pas parvenu à gagner Versailles... »

« Une visite domiciliaire a été opérée au domicile de Gérardin et là *un ami* des deux évadés, *un ancien agent* de la police impériale, a tiré un coup de revolver sur le courageux et habile commissaire de la Commune, le citoyen de Lachapelle, qui n'a pas été atteint. L'assassin a été arrêté. Quant au domicile ou domiciles du colonel Rossel, ils ont été perquisitionnés sans résultat, pour le présent.

« Reste à remarquer que plusieurs faits graves se sont passés en connexité avec cette double évasion.

« Le citoyen Gérardin aurait livré à son ami Rossel un secret qu'il s'était engagé à garder ; et aussitôt le secret connu de Rossel, l'affiche aurait paru, puis la démission, puis la fuite, et enfin, comme conséquence, une tentative d'assassinat sur le citoyen Dombrowski, par les gendarmes de Versailles. La tentative sur le général, heureusement, n'a pas mieux réussi que celle sur le commissaire de la Commune.

« Décidément donc, ce n'est ni le colonel ni son ami, qui aura la cellule de Mazas, ce sont leurs misérables complices. »

Puis vient une lettre du citoyen cuisinier Lacord, destinée à éclairer le débat, ou à l'envenimer.

Citoyen rédacteur,

Je viens vous signaler un fait qui s'est passé en ma présence et que le citoyen Rossel ne pourra nier.

Le citoyen Rossel a déclaré, dans une réunion où j'assistais, avoir appris, par un de ses observatoires, à midi cinquante minutes, que le drapeau tricolore flottait sur le fort d'Issy, et qu'il avait cru devoir en donner connaissance au peuple de Paris par une affiche, dont il avait fourni immédiatement le bon à tirer, à 10,000, à l'Imprimerie nationale, sous sa responsabilité.

Au moment même où les affiches étaient apposées sur les murs de Paris, le commandant du fort d'Issy venait déclarer, sur son honneur, qu'il avait quitté le fort à deux heures, et que le drapeau tricolore n'y flottait pas.

En présence de cette formelle déclaration, le citoyen Rossel fut interpellé sur l'empressement qu'il avait mis à faire afficher cette mauvaise nouvelle avant d'en avoir contrôlé l'exactitude et informé la Commune, et surtout d'avoir augmenté le tirage de 4,000 sur les tirages ordinaires.

Il répondit simplement qu'il ne niait pas « d'avoir agi avec trop de précipitation ; » du reste, qu'il venait d'adresser sa démission à la Commune.

En vous signalant ce fait, j'établis suffisamment que le citoyen Rossel avait un intérêt mystérieux à faire connaître cette mauvaise nouvelle, qu'il avait préjugée à l'avance et qu'il semblait attendre avec impatience.

Salut et fraternité.

B. LACORD (du Comité central).

Le *Mot d'Ordre*, de son côté, publie le communiqué suivant de la délégation de la guerre en réponse aux attaques du *Vengeur*.

Au citoyen rédacteur du *Mot d'Ordre*.

Citoyen,

M. Félix Pyat ne s'est pas plus trompé sur le compte du citoyen Rossel que sur celui du maréchal Bazaine : c'est lui qui le dit du moins. Je ne considère pas si plusieurs altercations entre le citoyen Rossel et M. Félix Pyat, où ce dernier n'a pas joué le beau rôle, sont étrangères ou non à la rédaction de la lettre parue ce matin dans le *Vengeur;* mais, en laissant de côté toute question personnelle, je me vois obligé, comme honnête homme, comme républicain, de rétablir simplement la vérité.

Ce qui excite surtout la vertueuse indignation de M. Pyat, c'est l'annonce que le drapeau tricolore flottait sur le fort d'Issy. Cette phrase paraît à M. Pyat grosse de trahison. Or, grâce à certaines circonstances (je ne veux accuser personne), nous n'avons pas connu directement au ministère de la guerre l'occupation du fort d'Issy par les royalistes. Nous avons seulement reçu deux dépêches ainsi conçues :

« *Observatoire de la Muette à Guerre.*

» Midi.

» Drapeau tricolore flotte sur le fort d'Issy, occupé par la ligne. Beaucoup de troupes arrivent. »

Puis une seconde dépêche venant de notre observatoire de l'Arc-de-Triomphe de l'Etoile :

« *Arc-de-Triomphe à Guerre,*

» 2 heures 15.

» Apercevons drapeau tricolore versaillais à l'extrémité du fort d'Issy. »

Ne recevant pas communication directe de l'occupation du fort d'Issy, un seul fait nous paraissait établi : le drapeau tricolore arboré sur les ruines du fort. Nous avons communiqué ce fait, que la population parisienne avait le droit de ne pas ignorer.

Quant au reste des circonstances d'impression et de collage d'affiches relevées par M. Pyat avec une subtilité vraiment haineuse, je vous avouerai que ces détails jouant la police ne me paraissent pas mériter une réfutation.

Salut et fraternité.

Le chef d'état-major,

L. Séguin.

Enfin Rossel qui n'est pas encore sorti de Paris, prend part au débat et adresse au journal *La Commune*, la lettre qui suit :

Au rédacteur de la *Commune*,

Un mot, citoyen !

« Ma lettre, dis-tu, t'a paru venir d'un homme énergique, et qui, au fond à raison, ou d'un *traître* qui joue admirablement son rôle. »

On peut en dire autant de toutes les actions humaines, et il n'y a pas d'acte d'héroïsme ou d'honnêteté qui ne puisse cacher une gredinerie.

En parlant de mes intentions, tu ne débrouilleras rien, car elles peuvent toujours rester suspectes. Juge les actes en eux-mêmes, sans préjuger les intentions : tu seras là sur un terrain solide et vrai,

Est-ce un acte honnête ou un acte de trahison d'avoir donné au peuple, avec la plus grande publicité, la nouvelle de la prise du fort d'Issy par l'ennemi ?

Est-ce un acte honnête ou un acte de trahison d'avoir dit à la Commune pourquoi je me retirais, et d'avoir fait savoir au peuple ce que je disais à la Commune ?

Si tu sort de là pour parler de mes intentions, impossible de te débrouiller ; car je suis seul à connaître mes intentions, et si je te les dis, tu as le droit de ne pas me croire.

Pourquoi donc prononcer gratuitement le mot de traître ? J'ai beau être blindé, je trouve qu'il aurait mieux valu ne pas le dire, ou le prouver.

ROSSEL.

12 Mai 1871.

La maison du sieur Thiers place Georges.

Cependant la défaite d'Issy avait crié vengeance et l'avait obtenue. Le Comité de salut public avait décrété : « La maison du sieur Thiers, située place Georges, sera rasée » et tandis que, pour le plus grand bonheur du citoyen Courbet, l'on sciait la colonne Vendôme, on procédait à la démolition de la maison de l'historien du *Consulat et de l'Empire*. C'est ainsi que la Commune récompense toutes les gloires, celle de l'historien et celle de la grande armée.

Nous donnerons plus loin l'histoire de la destruction de la colonne.

Le 12 mai, en séance, la Commune s'occupa de la maison du *sieur* Thiers. Voici le compte rendu de cette séance mémorable publié par le journal *Officiel* du citoyen Vésinier.

Séance du 12 mai 1871.

PRÉSIDENCE DU CITOYEN FÉLIX PIAT,

Le citoyen président. Je donne lecture d'une lettre du citoyen Fontaine, délégué aux domaines, relative à la démolition de l'hôtel Thiers :

« *Aux citoyens membres de la Commune.*

» Le citoyen Fontaine, directeur des omaines, prévient la Commune que, conformément au décret du Comité de salut public, il fait procéder aujourd'hui à la démolition de la maison du sieur Thiers, située place Géorges.

» Il demande à la Commune d'envoyer une délégation pour assister à cette opération, qui aura lieu à quatre heures de l'après-midi

» Salut et solidarité.

» *Le questeur de la Commune,*

» LÉO MEILLET. »

Le citoyen Courbet. Le sieur Thiers a une collection de bronzes antiques ; je demande ce que je dois en faire.

Le citoyen président. Que le citoyen Courbet nous fasse l'exposé de son sentiment sur cette question.

Le citoyen Courbet. Les objets de la collection de Thiers sont dignes d'un musée. Voulez-vous qu'on les transporte au Louvre ou à l'Hôtel-de-Ville, ou voulez-vous les faire vendre publiquemen ?

Le citoyen Protot, délégué à la justice. J'ai chargé le commissaire de police du quartier de faire conduire les objets d'art au garde-meubles et d'envoyer les papiers à la sûreté générale.

J'ai fait commencer de suite la démolition.

Les papiers sont entre nos mains. Quant aux petits bronzes, je pense qu'ils arriveront en bon état.

Le citoyen Courbet. Je vous ferai remarquer que ces petits bronzes représentent une valeur de peut-être 1,500,000 francs.

Le citoyen Demay. Relativement à la collection des objets d'art de Thiers, la commission exécutive, dont faisait partie le citoyen Félix Pyat, avait désigné deux hommes spéciaux, c'étaient le citoyen Courbet et moi. Je demande que vous complétiez cette délégation.

N'oubliez-pas que ces petits bronzes d'art sont l'histoire de l'humanité, et nous,

nous voulons conserver le passé de l'intelligence pour l'édification de l'avenir. Nous ne sommes pas des barbares.

Le citoyen Protot. Je suis ami de l'art aussi ; mais je suis d'avis d'envoyer à la Monnaie toutes les pièces qui représentent l'image des d'Orléans ; quant aux autres objets d'art, il est évident qu'on ne les détruira pas.

Le citoyen président. Le citoyen Demay demande que des spécialistes soient chargés de surveiller la destination de ces objets et de sauvegarder les objets de l'art.

Le citoyen Clémence. La collection Thiers se compose aussi de richesses bibliographiques pour la conservation desquelles je demande qu'on nomme une commission ; je désirerais en faire partie.

Le citoyen Paschal Grousset. Il y a aussi chez Thiers des pièces appartenant aux archives, des pièces on ne peut plus curieuses ; il serait bon que dans la commission que l'on va nommer il y eut des historiens, des hommes de lettres... (La clôture !)

Le citoyen président. Nous allons procéder à la nomination de cinq membres qui composeront la commission mixte proposée par Protot.

L'assemblée nomme successivement les citoyens dont les noms suivent : Courbet, Demay, Paschal Grousset, Clémence, Félix Pyat.

La Crise.

Cependant tout présageait un prochain dénouement.

L'armée nationale rétrécissait de plus en plus le cercle de l'investissement. Vanves menaçait d'avoir le sort d'Issy.

Des surprises terribles, sanglantes avait jeté l'épouvante parmi les fédérés.

Enfin, aux désastres militaires s'ajoutaient les dissentions intestines, les scènes scandaleuses, si bien que la Commune semblait sur le point de se dissoudre.

En vain, pour galvaniser un pouvoir qui se meurt dans une agitation stérile, quelques forcenés essaient-ils encore de la terreur, et pour déguiser leur faiblesse et leur incapacité, veulent se montrer terribles. La scélératesse même ne déguise pas ces fruits-secs de la politique. Et bien qu'on les sache capables de tous les crimes on s'habitue à leurs menaces.

Le *Père Duchêne* a beau dire « que Fouquier-Tinville lui chatouille les pieds le soir au moment où il va faire un somme. » On hausse les épaules. Il demande que l'on fusille les ôtages (n°s 47 et 51).

On frémit et l'on écoute le canon de Mac-Mahon.

On se dit : ces misérables vont bientôt rendre compte de leurs crimes et il semble entendre des malfaiteurs hurlant dans leurs cellules de la Roquette à l'heure où l'on assemble les bois de justice.

Ils se sentent perdus.

Plus d'un l'avoue, Vermorel le dit à un de nos amis.

Ce moment de crise suprême est aussi l'heure des suprêmes tentatives. Voyant Paris lui échapper, la Commune redouble d'activité dans ses mesures militaires, commence à préparer l'incendie et la ruine de la ville et en même temps répand à profusion ses articles de propagande, adresses aux ouvriers, aux paysans...

Le général Cluseret, appelé à la succession de Rossel, adresse au citoyen Vallès, son cher collègue, un rapport sur la situation militaire.

On se souvient peut-être que Vallès avait harcelé de ses critiques le général Cluseret ?

A la date du 16 mai, il lui écrit :

Mon cher collègue,

La différence entre l'état de la défense telle que je l'ai quittée le 30 avril et telle que je le retrouve le 15 mai, me force à rompre le silence que je m'étais imposé.

J'avais ordonné, à plusieurs reprises, avant mon arrestation, au citoyen Gaillard père, de cesser les travaux inutiles des barricades intérieures, pour concentrer toute son activité de barricadier sur la barrière de l'Etoile, la place du Roi-de-Rome et celle d'Eylau.

Ce triangle forme une place d'armes naturelle; en y joignant la place Wagram et barricadant l'espace restreint compris entre la porte de Passy et la porte de Grenelle, on a une seconde enceinte, plus forte que la première.

J'avais donné l'ordre au colonel Rossel de faire faire ce travail, et, pour plus de sûreté, dérogeant aux habitudes hiérarchiques, j'avais donné des ordres directs au citoyen Gaillard père, en présence du colonel Rossel, sachant qu'il n'écoutait que ce dernier.

Non content de cela, dès le second jour de mon arrestation, j'écrivais au citoyen Protot et à la Commission exécutive de donner toute leur attention à ce travail indispensable.

Mes ordres ont-ils été exécutés? On me dit que non.

Il importe qu'ils le soient, et de suite.

Ils peuvent l'être dans les vingt-quatre heures, si la population veut s'y mettre de bonne volonté.

Mais il ne faut pas, à la barrière de l'Etoile, au Trocadéro, à Wagram et au rond-point de Grenelle des travaux d'amateur. Il faut des travaux comme ceux de la rue de Rivoli.

Ces travaux que j'avais ordonné comme mesure de précaution, sont devenus des travaux d'*urgence* depuis qu'en mon absence on a laissé prendre Issy, et surtout commis cette faute énorme : laisser envahir le bois de Boulogne; mouvement que je faisais surveiller chaque nuit, et ne se serait jamais accompli si j'avais été là.

Maintenant, nous avons à subir un siége en règle.

Aux travaux d'approche, il faut opposer des travaux de contre-approche, si vous ne voulez pas vous réveiller un de ces matins avec l'ennemi dans Paris.

Aux batteries, il faut opposer des batteries; à la terre, de la terre. En un mot, faire une guerre de position.

Opposer des poitrines d'hommes à des projectiles, est insensé.

C'est du métier, du métier, rien que du métier qu'il faut. C'est pourquoi je ne suis nullement étonné de la différence entre la situation au 30 avril et celle au 15 mai.

Mais, récriminer n'avance à rien. C'est de l'action qu'il faut, et de la science.

Je dis au peuple ce qu'il y a à faire. Qu'il le fasse ou le fasse faire.

Viendra ensuite la 3ᵉ ligne, allant de la porte Saint-Ouen au pont de la Concorde, qui utilisera les fameux travaux de la rue Rivoli.

Salut fraternel.

Général J. CLUSERET.

En même temps, à l'aide de ballons, le citoyen Paschal Grousset essaie d'établir des relations extérieures. Ces ballons ne sont pas montés; ils portent au bout d'une corde un paquet de proclamations et d'articles de propagande. Une mèche dont la durée est calculée, est allumée et coupe la corde du paquet, qui, une heure, deux heures après le départ, tombe ainsi en pleine campagne hors des lignes d'investissement.

Cette idée en amena une autre du même genre. On s'occupa à l'Hôtel-de-Ville de la fabrication d'un nombre considérable de ballons qui, au lieu de prospectus communeux, devaient porter des paquets de projectiles explosibles et incendiaires destinés à Versailles.

Mais le vent d'est se fit attendre et Mac-Mahon arriva avant qu'il fut favorable à l'éxécution de ce dessein.

Revenons aux ballons de propagande. La Commune en lança des centaine. Voici le plus beau morceau de littérature socialiste qui ait jamais profité de ces voies aériennes, c'est une circulaire communiste adressée aux paysans.

AU TRAVAILLEUR DES CAMPAGNES

Frères on te trompe. Nos intérêts sont les mêmes, Ce que je demande, tu le veux aussi ; l'affranchissement que je réclame, c'est le tien. Qu'importe si c'est à la ville ou à la campagne que le pain, le vêtement, l'abri, le secours, manquent à celui qui produit toute la richesse de ce monde ? Qu'importe que l'oppresseur ait nom : gros propriétaire ou industriel ? Chez toi comme chez nous, la journée est longue et rude et ne rapporte pas même ce qu'il faut aux besoins du corps. A toi, comme à moi, la liberté, le loisir, la vie de l'esprit et du cœur manquent. Nous sommes encore et toujours, toi et moi, les vassaux de la misère.

Voilà près d'un siècle, paysan, pauvre journalier, qu'on te répète que la propriété est le fruit sacré du travail, et tu le crois. Mais ouvre donc les yeux et regarde autour de toi ; regarde-toi toi-même, et tu verras que c'est un mensonge. Te voilà vieux ; tu as toujours travaillé ; tous tes jours se sont passés, la bêche ou la faucille à la main, de l'aube à la nuit, et tu n'es pas riche cependant, et tu n'as pas même un morceau de pain pour ta vieillesse. Tous tes gains ont passé à élever péniblement des enfants, que la conscription va te prendre, ou qui, se mariant à leur tour mèneront la même vie de bête de somme que tu as menée et finiront comme tu vas finir, misérablement ; car, la vigueur de tes membres s'étant épuisée, tu ne trouveras guère plus de travail ; tu chagrineras tes enfants du poids de ta vieillesse et te verras bientôt obligé, le bissac sur le dos et courbant la tête, d'aller mendier de porte en porte l'aumône méprisante et sèche.

Cela n'est pas juste, frère paysan, ne le sens-tu pas ? Tu vois donc bien que l'on te trompe ; car s'il était vrai que la propriété est le fruit du travail, tu serais propriétaire, toi qui as tant travaillé. Tu posséderais cette petite maison, avec un jardin et un enclos, qui a été le rêve, le but, la passion de toute ta vie, mais qu'il t'a été impossible d'acquérir — ou que tu n'as acquise peut-être, malheureux, qu'en contractant une dette qui t'épuise, te ronge et va forcer tes enfants à vendre, aussitôt que tu seras mort, peut-être avant, ce toit qui t'a déjà tant coûté. Non, frère, le travail ne donne pas la propriété. Elle se transmet par hasard ou se gagne par ruse. Les riches sont des oisifs, les travailleurs sont des pauvres, — et restent pauvres. C'est la règle ; le reste n'est que l'exception.

Cela n'est pas juste. Et voilà pourquoi Paris, que tu accuses sur la foi de gens intéressés à te tromper, voilà pourquoi Paris s'agite, réclame, se soulève et veut changer les lois qui donnent tout pouvoir aux riches sur les travailleurs. Paris veut que le fils du paysan soit aussi instruit que le fils du riche, et *pour rien*, attendu que la science humaine est le bien commun de tous les hommes, et n'est pas moins utile pour se conduire dans la vie que les yeux pour voir.

Paris veut qu'il n'y ait plus de roi qui reçoive 30 millions de l'argent du peuple et qui engraisse de plus sa famille et ses favoris; Paris veut que, cette grosse dépense n'étant plus à faire, l'impôt diminue grandement. Paris demande qu'il n'y ait plus de onctions payées 20,000 100,000 francs; donnant à manger à un homme, en une seule année, la fortune

A. Vermorel.

de plusieurs familles; et qu'avec cette économie on établisse des asiles pour la vieillesse des travailleurs.

Paris demande que tout homme qui n'est pas propriétaire ne paye pas un sou d'impôt; que celui qui ne possède qu'une maison et son jardin ne paye rien encore; que les petites fortunes soient imposées légèrement, et que tout le poids de l'impôt tombe sur les richards.

Paris demande que ce soient les députés, les sénateurs et les bonapartistes, auteurs de la guerre, qui payent les cinq milliards de la Prusse, et qu'on vende pour cela leurs propriétés, avec ce qu'on appelle les biens de la couronne, dont il n'est plus besoin en France.

Paris demande que la justice ne coûte plus rien à ceux qui en ont besoin, et que ce soit le peuple lui-même qui choisisse les juges parmi les honnêtes gens du canton.

Paris veut enfin, écoute bien ceci, travailleur des campagnes, pauvre journalier, petit propriétaire que ronge l'usure, bordier, métayer, fermier, vous tous qui semez, récoltez, suez, pour que le plus clair de vos produits aille à quelqu'un qui ne fait rien; ce que Paris veut, en fin de compte, c'est LA TERRE AU PAYSAN, L'OUTIL

A L'OUVRIER, LE TRAVAIL POUR TOUS.

La guerre que fait Paris en ce moment, c'est la guerre à l'usure, au mensonge et à la paresse. On vous dit : les Parisiens, les socialistes, sont des partageux. Eh ! bonnes gens, ne voyez-vous pas qui vous dit cela ? Ne sont-ils pas des partageux ceux qui, ne faisant rien, vivent grassement du travail des autres ? N'avez-vous jamais entendu les voleurs, pour donner le change, crier : Au voleur ! et détaler tandis qu'on arrête le volé ?

Oui, les fruits de la terre à ceux qui la cultivent. A chacun le sien ; le travail pour tous. Plus de très-riches ni de très-pauvres. Plus de travail sans repos, plus de repos sans travail. Cela se peut ; car il vaudrait mieux ne croire à rien que de croire que la justice ne soit pas possible. Il ne faut pour cela que de bonnes lois, qui se feront, quand les travailleurs cesseront de vouloir être dupés par les oisifs.

Et dans ce temps-là, croyez-le bien, frères cultivateurs, les foires et marchés seront meilleurs pour qui produit le blé et la viande, et plus abondants pour tous, qu'ils ne furent jamais sous aucun empereur ou roi. Car alors, le travailleur sera fort et bien nourri, et le travail sera libre des impôts, des patentes et des redevances, que la grande Révolution n'a pas toutes emportées, comme il paraît bien.

Donc, habitants des campagnes, vous le voyez, la cause de Paris est la vôtre, et c'est pour vous qu'il travaille, en même temps que pour l'ouvrier. Ces généraux qui l'attaquent en ce moment, ce sont les généraux qui ont trahi la France. Ces députés, que vous avez nommés sans les connaître, veulent nous ramener Henri V. Si Paris tombe, le joug de misère restera sur votre cou et passera sur celui de vos enfants. Aidez-le donc à triompher, et, quoi qu'il arrive, rappelez-vous bien ces paroles — car il y aura des révolutions dans le monde jusqu'à ce qu'elles soient accomplies : — LA TERRE AU PAYSAN, L'OUTIL A L'OUVRIER, LE TRAVAIL POUR TOUS.

LES TRAVAILLEURS DE PARIS.

—

Dans un autre proclamation signée Grousset et adressée à toutes les villes de France, la Commune de Paris appelle aux armes avec l'accent de la détresse : « Assez de sympathies platoniques, vous avez des fusils, des munitions, aux armes ! villes de France !

» Paris fera son devoir et le fera jusqu'au bout.

» Mais ne l'oubliez pas : Lyon, Marseille, Lille, Toulouse, Nantes, Bordeaux et les autres ! Si Paris succombait pour la liberté du monde, l'histoire vengeresse aurait le droit de dire que Paris a été égorgé parce que vous avez laissé s'accomplir l'assassinat. »

Partout la Commune avait des émissaires. L'insurrection couvait partout. C'était la guerre sociale à courte échéance, le renversement et la ruine de la *vieille* société, l'abolition de la propriété, de la religion et de la famille, ou plutôt une guerre d'extermination entre ceux qui possèdent et leurs adhérents d'un côté et le prolétariat communiste de l'autre.

Puis l'intervention de l'étranger et le partage de la France sans doute.

Mais sauf dans le monde de l'*Internationale*, la révolution communiste ne soulevait à l'étranger qu'un profond dégoût. Veut-on savoir ce que l'on en pensait aux États-Unis, voici l'opinion de l'*Hérald* de New-York :

« Aujourd'hui tous les gens bien disposés pour la France et le peuple français ont changé d'avis, et le sentiment universel est que les Français sont absolument incapables de se gouverner eux-mêmes. Autrefois on se vantait avec orgueil d'être citoyen romain. De nos jours, on est fier de pouvoir dire : « Je suis Américain, ou Anglais, ou Allemand ; » mais quel est l'homme qui n'a pas de honte de confesser : « Je suis citoyen de la France? » Les événements des derniers jours ont consterné le monde, et beaucoup de gens regardent la France comme une autre Pologne, qui doit être occupée, partagée, anéantie.

Nous pourrions en citer d'autres dont le jugement n'est pas moins sévère.

Veut-on connaître l'opinion de Mazzini? Il l'a publiée dans un article de son journal le *Roma del popolo*.

Cette insurrection, dit Mazzini, qui a soudainement éclaté, sans plan préconçu, mêlée à un élément socialiste purement négatif, abandonnée même par tous les républicains français de quelque renommée, et défendue avec passion et sans aucun esprit fraternel de concession par des hommes qui auraient dû, mais qui n'ont pas osé, se battre contre l'étranger, devait inévitablement aboutir à une explosion de matérialisme et finir par accepter un principe d'action qui, s'il avait jamais force de loi, rejetterait la France dans les ténèbres du moyen-âge et lui enlèverait pour des siècles à venir tout espoir de résurrection.

Ce principe, ajoute-t-il, est la souveraineté de l'individu, qui ne peut amener qu'une indulgence personnelle illimitée, que la destruction de toute autorité, et que « la négation absolue de l'existence nationale. » Il est aussi sensé de concéder à chaque famille l'autorité absolue que de la donner à la Commune. Ce que veut la France, « ce n'est pas seulement de se délivrer de ce fantôme d'autorité qui ne peut avoir de véritable vie d'initiative, mais de fonder d'elle-même un pouvoir puissant, qui unirait les plus pures et les meilleures aspirations, et qui ne donnerait aucune raison de crainte qu'il négligeât son devoir, ni qu'il n'empiétât sur les droits du peuple. »

Les concerts des Tuileries.

Le numéro de l'*Officiel* du 12 mai, qui nous rend compte de la trame ténébreuse du traître Rossel nous raconte aussi une fête donnée aux Tuileries.

Cette fête avait été donnée au profit des veuves et des orphelins des gardes nationaux morts pour la Commune.

Le docteur Rousselle, chirurgien en chef de la république universelle (le titre est modeste), en avait été l'organisateur.

Trois concerts distincts eurent lieu simultanément : l'un dans la salle des Maréchaux, l'autre dans la galerie de Diane, et le troisième dans la salle de spectacle.

Chaque salle avait un orchestre approprié à sa dimension et les mêmes artistes y chantèrent alternativement.

Il y eut foule.

La citoyenne Bordas du grand café Saint-Martin chanta la *Canaille* ; la citoyenne Agar récita le *Lion blessé* ; l'orchestre joua la Marseillaise et le Chant du Départ.

« L'éclairage dit *l'Officiel* était splendide, non-seulement à l'intérieur mais encore au dehors. Des verres de couleur rouge étaient disposés partout dans les arbres et les massifs ; des lampions émaillaient les gazons et les bordures. C'était d'un charmant effet. »

Cela rappelait les fêtes de l'empire comme cette description le style de Théophile Gauthier.

Mais la fête eut un intermède d'un « charmant effet » ce fut l'arrestation de M. Schœlcher.

M. Victor Schœlcher, ancien proscrit

de 1851, élu député de Paris le 8 février 1871 par 150,000 voix, n'ayant jamais assisté à aucune fête des Tuileries, ou peut-être poussée par le désir d'entendre Madame Bordas chanter *La Canaille*, s'était rendu à l'un des trois concerts, et tandis qu'il s'abandonnait au charme de la mélodie ou se laissait éblouir par le splendide éclairage du docteur Roussel, il sentait tout-à-coup une main ferme s'abattre sur son épaule et une voix lui chuchotta à l'oreille :

« Citoyen Schœlcher je vous arrête. »

Quelle était cette main ?.. Quelle était cette voix ?

C'étaient la main et la voix du citoyen Barrois, lieutenant de la garde fédérée.

Le député suivit le lieutenant à l'ex-préfecture où il fût maintenu en état d'arrestation.

L'Officiel ajoutait : — « L'ex-représentant du peuple de Paris est accusé de connivence avec l'ennemi. »

Cependant, soyez rassuré, vous qui voyez dans ce député mélomane un ôtage de plus; le citoyen Schœlcher fut remis en liberté deux où trois jours plus tard par ordre du citoyen Raoul Rigault.

Il ne pouvait y avoir de fête complète sous la Commune sans une arrestation.

M. Schœlcher cependant a couru un danger sérieux.

Le lendemain le même Vermesch qui avait fait arrêter le journaliste Chaudey, écrivait dans son *Père Duchêne* :

« Qu'on fusille ce gredin !

» Si le *Père Duchêne* était quelque chose ce serait fait dans les cinq minutes. »

Il l'a échappé belle !..

Mais revenons à des sujets plus sérieux.

Nous avons dit que la Commune, depuis la création orageuse du Comité de salut public était près de se dissoudre, en effet la place n'était plus tenable à l'Hôtel-de-Ville pour les membres de la minorité opposée au susdit comité.

Ces membres résolurent de se retirer et envoyèrent aux journaux la déclaration que nous reproduisons plus bas :

DÉCLARATION
de la
MINORITÉ DE LA COMMUNE

Les membres appartenant à la minorité de la Commune avaient résolu de lire à la séance qui devait avoir lieu régulièrement le lundi 15 mai, une déclaration qui aurait sans doute fait disparaître les malentendus politiques existant dans l'Assemblée.

L'absence de presque tous les membres de la majorité n'a pas permis l'ouverture de la séance.

Il est donc de notre devoir d'éclairer l'opinion publique sur notre attitude et de lui faire connaître les points qui nous séparent de la majorité.

Les membres présents :

Arthur Arnould. — Ostyn. — Longuet. — Arnold. — Lefrançais. — Serraillier. — Vallès (Jules). — Courbet. — Victor Clément. — Jourde. — Varlin.

DÉCLARATION.

Par un vote spécial et précis, la Commune de Paris a abdiqué son pouvoir entre les mains d'une dictature à laquelle elle a donné le nom de *Salut public*.

La majorité de la Commune s'est déclarée irresponsable par son vote et a abandonné à ce Comité toutes les responsabilités de notre situation.

La minorité à laquelle nous appartenons affirme au contraire cette idée, que la Commune doit au mouvement révolutionnaire, politique et social d'accepter toutes les responsabilités et de n'en décliner aucune, quelque dignes que soient les mains à qui on voudrait les abandonner.

Quant à nous, nous voulons, comme la majorité, l'accomplissement des rénovations politiques et sociales ; mais contrairement à sa pensée, nous revendiquons, au nom des suffrages que nous représentons, le droit de répondre seuls de nos actes devant nos électeurs sans nous abriter derrière une suprême dictature que notre mandat ne nous permet d'accepter ni de reconnaître.

Nous ne nous présenterons donc plus à l'Assemblée que le jour où elle se constituerait en cour de justice pour juger un de ses membres.

Dévoués à notre grande cause communale, pour laquelle tant de citoyens meurent tous les jours, nous nous retirons dans nos arrondissements, trop négligés peut-être. Convaincus d'ailleurs que la question de la guerre prime en ce moment toutes les autres, le temps que nos fonctions municipales nous laisseront, nous irons le passer au milieu de nos frères de la garde nationale et nous prendrons notre part de cette lutte décisive soutenue au nom des droits du peuple.

Là encore nous servirons utilement nos convictions et nous éviterons de créer dans la Commune des déchirements que nous réprouvons tous, persuadés que, majorité ou minorité, malgré nos divergences politiques, nous poursuivons tous un même but :

La liberté politique,
L'émancipation des travailleurs.
Vive la République sociale !
Vive la Commune !

Ch. Beslay. — Jourde. — Theisz. — Lefrançais. — Eugène Gérardin. — Vermorel. — Clémence. — Andrieux. — Serrailler. — Longuet. — Arthur Arnould. — Clément Victor. — Avrial. — Ostyn. — Frankel. — Pindy. — Arnold. — J. Valès. — Tridon. — Varlin. — Courbet.

Ainsi sur 101 membres nommés aux élections du 26 mars et du 16 avril, — les uns comme Mortier par 21,186 voix ; les autres comme Longuet par 1,058, — la Commune n'en compte plus effectivement aujourd'hui que 47, — c'est-à-dire moins de la moitié !... Mais la Commune règne toujours... la Commune ou le Comité central ?...

Celui-ci vient d'être préposé par le Comité de salut public à l'administration de la guerre.

Il nous semble déjà sentir le pétrole.

Les Conciliateurs.

Sous ce titre nous allons examiner les manœuvres d'un parti sur lequel se rabattent aujourd'hui les derniers défenseurs de la Commune. Ne pouvant toutefois l'examiner dans toutes ses ramifications, genres, espèces, variétés infinies, nous devrons nous borner à passer en revue les actes principaux des *Francs-maçons communeux* et de la *Ligue d'union républicaine des droits de Paris.*

HISTOIRE DE LA COMMUNE

Cette tâche n'est pas facile à remplir ; il faudrait en effet dégager de la situation tout ce qu'il y avait d'idées fausses au point de vue du droit et toute l'habileté à l'aide de laquelle quelques faiseurs politiques ont su profiter de ces mêmes idées erronées.

En ce pays de suffrage universel, tout le monde aime assez monter en grade, de simple électeur passer candidat et de candidat plus ou moins *célèbre*, être élu à n'importe quel corps politique.

Tout le monde, disons-nous, par là nous n'entendons point cependant, les *terreux*, ceux dont nous parle le poète :

« On voit des fainéants qui cultivent la terre »

Nous voulons parler de tout un monde d'individus qui pour se faire une réclame, pour faire autre chose que de manger leurs rentes, ou pour se faire des rentes, ne trouvent rien de mieux que de politiquer.

Servir le peuple... C'est une profession dite libérale.

On endosse sans vergogne la livrée de ce souverain et l'on se dit indépendant ; comme ces mercenaires suisses d'autrefois qui, parce qu'ils s'engageaient librement au service d'un prince, se considéraient plus indépendants que les soldats nationaux.

Dans les temps de troubles, de misères, les serviteurs du peuple se multiplient dans des proportions fabuleuses.

On est étonné de ce qu'une ville comme Paris, par exemple peut renfermer de dévouements.

Le dévouement, cette vertu sublime, cette rare et dernière expression de la grandeur morale, est devenu une banalité, il court les rues, il pavoise les murailles de ses manifestes, il encombre les journaux de ses déclarations, et de l'éloquence de Mirabeau à celle de Mangin son éloquence parcourt toutes les gammes.

Le souverain, flatté de ce concours, distribue au scrutin des prix d'habileté en croyant naïvement récompenser le mérite.

On comprend dès lors l'immense concours de dévouement que devait susciter l'avènement de la Commune.

Cette Commune satisfaisait-elle entièrement sa gracieuse majesté ?...

Non ; c'est prouvé.

Sa Majesté le peuple était-elle d'autre part complètement satisfaite de son gouvernement légitime, né de son vote ?...

Non, pas complètement.

On comprend alors quel avenir politique semblait s'offrir à ceux qui sauraient flatter les sentiments populaires et bénéficier des fautes des deux partis belligérants. C'est au jeu de la roulette tenir la place du banquier.

Cependant, pour continuer la comparaison, quand la ligne *conciliatrice* sortait de son rôle de banquier, c'était plutôt pour jouer sur la rouge que sur la noire. Placée entre la Commune et l'Assemblée, elle allait de l'une à l'autre tortueusement sans laisser voir l'objet direct de sa démarche, puis venait poser devant le public avec des airs hypocrites de sincérité, en voulant paraître seule loyale et désintéressée.

Elle prétendait représenter seule exactement les aspirations de la population parisienne ; elle accusait l'Assemblée de ne point vouloir accéder aux justes réclamations de Paris et, en même temps, elle reprochait à la Commune de ne pas formuler nettement les droits de Paris.

Au fond, sous les apparences fallacieuses d'une mission de conciliation, la ligue (et même la franc-maçonnerie communeuse), faisait le jeu de la Commune. Ses membres les plus notables, anciens représentants démissionnaires ou anciens maires et adjoints étaient plus avec l'Hôtel-de-Ville qu'avec Versailles. Le mot conciliation leur servait de marque.

Que signifiait ce mot conciliation ?

S'agissait-il, comme l'a dit le *Rappel*, de *légaliser* la Commune, cette aspiration *légitime?*

Légaliser le légitime ?.. C'est un mauvais jeu de mots. Ce qui est légal est légitime, ce qui est légitime est légal.

S'agissait-il d'obtenir l'absolution de l'insurrection par l'autorité ? Autre non sens. Les insurgés pouvaient-ils être reconnus belligérants et mis sur le même pied que les soldats de l'armée nationale ? C'eût été mettre le crime sur le même pied que le devoir.

Que prétendaient-ils donc ? Que l'Assemblée nationale se laissât dicter des conditions par une bande qui avait usurpé le pouvoir ?..

A la fin du règne communiste, c'était surtout au côté philantropique plutôt qu'au côté politique de la question qu'ils s'attachaient.

Au nom de l'humanité, ils venaient prêcher la levée d'un siége qui avait déjà coûté tant de sang à notre brave armée, et qui seul pouvait délivrer la France de la bande de l'Hôtel-de-Ville et faire triompher le Droit.

Le premier, le plus grand, devoir de l'Assemblée était de rendre force à la Loi, de faire respecter l'autorité de la nation représentée par elle et c'était indignement égarer l'opinion des malheureux habitants de Paris que de leur persuader que leurs biens et leur vie étaient plus précieux à la France que le triomphe du Droit représenté par l'Assemblée et l'armée nationales.

C'était créer des embarras à M. Thiers dont la tâche était à la fois si douloureuse et si difficile.

C'était se rendre complice de la Commune.

Et quelle misérable complicité!..

Complicité servile, désavouée et repoussée cent fois par les chefs communeux qui dès la première heure leur avaient crié : Arrière! qui n'est pas avec nous, est contre nous.

Les documents relatifs à l'histoire de la *Ligue de l'Union républicaine pour les droits de Paris* sont extrêmement nombreux et comprennent une période assez longue. La Ligue, d'abord incertaine, flottante, ne conquit une influence considérable que vers la fin de mai. Ce fut alors que la Commune la détesta de toute la haine que peut inspirer à une personne qui se sent mortellement atteinte, les manœuvres d'une héritière qui guette l'agonie et étend la main vers la succession.

Cette association politique prit naissance au commencement du mois d'avril, mais ce ne fut seulement qu'un mois plus tard environ quelle se propagea en province au point d'y devenir dangereuse, autant que l'était en février la ligue du Comité central de la Garde nationale. Voici le manifeste de la Ligue publié le 7 avril :

« Les citoyens soussignés, réunis sous la dénomination de : *Union républicaine pour les droits de Paris*, ont adopté le programme suivant, qui leur paraît exprimer les vœux de la population parisienne :

» Reconnaissance de la République ;

» Reconnaissance du droit de Paris à se gouverner, à régler, par un conseil librement élu et souverain dans la limite de ses attributions, sa police, ses finances, son assistance publique, son enseignement et l'exercice de la liberté de conscience ;

» La garde de Paris exclusivement confiée à la garde nationale, composée de tous les électeurs valides.

» C'est à la défense de ce programme que les membres de l'Union veulent consacrer tous leurs efforts, et ils engagent tous les citoyens à les aider dans cette tâche en faisant connaître leur adhésion, afin que les membres de l'Union républicaine, forts de cette adhésion, puissent exercer une énergique action médiatrice, capable d'amener le rétablissement de la paix et de maintenir la République.

» Paris, le 5 avril 1871.

» BONVALET, ancien maire du troisième arrondissement ;
» J.-A. LAFONT, ancien adjoint du dix-huitième arrondissement ;
» MAURICE LECHATRE ;
» G. LACHEVALIER, avocat, préfet démissionnaire ;
» A. COURNEUX ;
ONIMUS, docteur-médecin.
CORBON, ancien maire du quinzième arrondissement ;
PATRON, négociant,
HIPPOLYTE STUPUY ;
LAURENT PICHAT, publiciste ;
MAILLARD, chef du contentieux de la Compagnie l'Union ;
SOUDÉE, négociant ;
H. FRANDCHAMP, négociant ;
DESONNAZ, publiciste ;
DUBOIS, docteur-médecin ;
A. MURAT, ancien adjoint du dixième arrondissement ;
G. ISAMBERT, publiciste,
G. MANET ;
J. MOTTU, ancien maire du onzième arrondissement ;
L. GILLET, fabricant d'articles d'éclairage ;
LOISEAU PINSON, ancien adjoint du deuxième arrondissement ;
E. BRELAY, ancien adjoint du deuxième arrondissement ;
E. VILLENEUVE, docteur médecin, ancien adjoint du dix-huitième arrondissement ;
G. CLÉMENCEAU, représentant du peuple démissionnaire ;
EDOUART LOCKROY, représentant du peuple démissionnaire ;
CHARLES FLOQUET, représentant du peuple démissionnaire.

Huit jours plus tard, environ, les membres de la ligue se rendirent à Versailles ; ils obtinrent une audience de M. Thiers et lui développèrent leur programme ; et voici comment, d'une part ils rendent compte aux Parisiens de l'insuccès de leur démarche, et ce que M. Thiers en dit dans sa circulaire du 18.

Les déclarations de M. Thiers à nos délégués, disent les membres de la ligue, ne nous offrent ni garantie pour le maintien de la République, ni pour l'établissement des libertés communales ; en un mot pour aucune de nos revendications.

Ce que nous avions annoncé s'est alors réalisé. La guerre civile, qu'il dépendait de l'Assemblée d'arrêter, a sévi avec une fureur nouvelle.

D'un autre côté, la Commune, en ne formulant pas son programme et en refusant de s'expliquer sur le nôtre, enlève aux défenseurs des droits de Paris les avantages d'un terrain nettement circonscrit.

Et cependant, en face de l'étranger qui nous guette, nous demeurons plus que jamais convaincus que la seule issue possible du conflit est dans la transaction dont nous avons indiqué les éléments.

En cet état, nous avons le devoir de maintenir tout notre programme et de prendre les résolutions qui, suivant les diverses phases de la lutte, nous paraîtront les plus propres à assurer le triomphe de nos principes.

Dès à présent nous avons résolu de nous mettre en rapport avec les Conseils municipaux des principales villes de France, et de leur faire connaître les vœux légitimes de Paris auxquels ils prêteront leur puissant concours.

Lyon, qui a conquis sa Commune, Lille, Mâcon et d'autres villes qui comprennent que la cause de Paris est celle même de toutes les communes de France, ont devancé notre appel.

Leur intervention est un signe qu'il serait imprudent à l'Assemblée de méconnaître. Qu'elle comprenne enfin que

Chaudey.

toutes les grandes villes de France sont résolues à maintenir envers et contre tous la forme républicaine et à lui donner, comme base inébranlable, l'intégrité des libertés communales.

Paris, 18 avril 1871.

—

D'autre part, M. Thiers dans une circulaire s'exprime en ces termes :

« Bien des intermédiaires sont venus à Versailles pour porter des paroles non pas au nom de la Commune (sachant qu'à ce titre ils n'auraient pas été reçus), mais au nom des républicains sincères qui demandent le maintien de la République, et qui voudraient voir appliquer des traitements modérés aux insurgés vaincus. La réponse a été invariable : « Personne ne menace la République, si ce n'est l'insurrection elle-même. »

» Le chef du pouvoir exécutif persévérera loyalement dans les déclarations qu'il a faites à plusieurs reprises.

» Quant aux insurgés, les assassins exceptés, ceux qui déposeront les armes auront la vie sauve.

» Les ouvriers malheureux conserveront pendant quelques semaines, le subside qui les fait vivre.

« Paris jouira, comme Lyon, comme Marseille, d'une représentation municipale élue, et, comme les autres villes de France, fera les affaires de la cité. Mais, pour les villes comme pour les citoyens, il n'y aura qu'une loi, une seule, et il n'y aura de privilége pour personne ; toute tentative de sécession essayée par une partie quelconque du territoire sera énergiquement réprimée en France, ainsi qu'elle l'a été en Amérique.

» Telle a été la réponse sans cesse répétée, non pas aux représentants de la Commune que le gouvernement ne saurait admettre auprès de lui, mais à tous les hommes de bonne foi qui sont venus à Versailles pour s'informer des intentions du gouvernement. »

L'union fait la force ; si la ligue seule n'est pas assez puissante, elle va s'accroître comme un fleuve s'accroît des eaux de nombreux ributaires. Le 20 deux associations dont le but est le même que celui de la ligue, viennent se joindre à celle-ci ; ce sont la réunion des 24 *chambres syndicales* et ouvrières *l'Union nationale*. Ces nouveaux adhérents nomment des délégués pour tenter un nouvelle démarche à Versailles.

En même temps une tentative directe, si l'on peut dire, est faite au sein même de l'Assemblée par un représentant, M. Jean Brunet. Mentionner cette tentative ne suffirait point à éclairer le lecteur qui s'intéresse à l'histoire du parti de la conciliation, nous reproduirons le passage de la séance relatif à la proposition Brunet.

M. J. Brunet : Je depose une proposition relative aux événements de Paris.

Ma proposition a pour but la pacification de Paris. (Mouvement.) Le but justifiera suffisamment l'urgence que je vous demande. (Approbation.) L'Assemblée jugera si elle veut m'autoriser à lire la proposition.

Voix : Lisez ! lisez !

J. Brunet : « Vu que la lutte fratricide qui désole Paris exige, après vingt jours de batailles sanglantes, ou une attaque qui menace d'être plus sanglante encore et qui ne pourra qu'accroître les causes d'irritation qui divisent la population, ou un blocus hermétique qui étoufferait par la famine deux millions d'habitants à peine remis des souffrances du siége ;

» Pour mettre fin au malentendu (Exclamations, rumeurs prolongées), aux luttes et aux ruines qui dévorent la patrie ;

» L'Assemblée se déclare prête à traiter avec Paris. » (Nouvelle explosion de murmures.)

Une voix : On ne traite pas avec les brigands.

Voix nombreuses : Assez ! Assez !

M. J. Brunet (poursuivant sa lecture) « ... et à prendre toutes les mesures qui paraîtront les plus propres à produire l'apaisement des haines et à réunir le concours des volontés et des efforts ;

» Décrète :

» Art. 1er. L'Assemblée nationale, agissant d'après ses pleins pouvoirs, fait un appel solennel à la concorde. (Bruit.) Elle se déclare décidée à satisfaire aux vœux légitimes de Paris (Nouvelles et bruyantes interruptions), tout en réservant au gouvernement son droit de rattacher Paris au reste de la France. Des voix : C'est C'est déjà fait !

» Art. 2. Toute offensive contre Paris sera suspendue ; mais toute attaque de Paris sera vigoureusement repoussée. (Nouvelle agitation.) Les communications seront rétablies... (Interruption.) Le transport des vivres sera facilité par tous les moyens possibles.

» Art. 3. L'Assemblée nommera une commission de vingt-cinq membres, pour rechercher les moyens d'arriver au résultat désiré. Cette commission se rendra un compte exact de la situation et préparera toutes les solutions... (Agitation continue.)

« L'Assemblée déléguera à Paris une section en parlementaires.

Voix : Assez! assez!

« La Commission adressera des rapports à l'Assemblée qui, après avoir entendu le gouvernement, statuera d'urgence. « (Murmures à droite.)

Voix nombreuses : La question préalable!

M. le président : fait remarquer à l'Assemblée, que c'est elle qui a voulu entendre la lecture de cette proposition.

Voix à droite : La question préalable! la question préalable.

Une voix à gauche : Il faut observer le règlement!

M. le président : La Chambre veut-elle renvoyer à la commission d'initiative parlementaire ? (Violents murmures.)

Voix nombreuses : Non! non! la question préalable! la question préalable!

M. le président : Aux termes de l'art. 39 du règlement, la question préalable peut toujours être proposée.

Voix nombreuses : Aux voix! aux voix!

M. J. Brunet : Ce n'est pas parce qu'il y a ici une majorité qu'on peut qualifier d'*écrasante* que la Chambre doit étouffer la pensée d'un de ses représentants...

M. Tolain : La question préalable est une injure!

La question préalable est adoptée à une très grande majorité.

Quelques membres à gauche se lèvent seuls contre la question préalable.

Un membre à gauche : Je demande la parole!

M. le président : Sur quoi, monsieur ?

Le même membre : Sur un mot qui a été prononcé.

M. le président : Je ne vous accorde pas la parole.

Des voix à gauche : Nous demandons le rappel à l'ordre : on nous a traités de factieux. (Grande agitation à gauche.)

M. Pagès-Duport : Le mot factieux a, en effet, été prononcé par moi. J'ai dit : « On ne traite pas avec les factieux. » Et je ne puis m'expliquer qu'une partie de cette Assemblée prenne cette épithète pour elle.

L'incident est clos

Mais la ligue ne se tient pas pour vaincue ; elle va organiser le mouvement le plus dangereux pour l'ordre et la seule autorité qui puisse le maintenir; à l'Assemblée nationale elle va opposer des assemblées départementales et communales. Elle veut provoquer la réunion d'un congrès des représentants des conseils municipaux de France.

C'est une seconde guerre civile qui se prépare.

Voici la circulaire que la ligue adresse à tous les conseils municipaux :

Citoyens,

La *Ligue d'union républicaine des droits de Paris*, malgré la persistance de ses efforts, n'a pu mettre fin à la lutte fratricide qui ensanglante Paris et désole la France. Ses démarches réitérées, celles des différents groupes de citoyens qui ont spontanément adopté son programme comme base de réorganisation entre Versailles et la Commune, les adresses et les délégations envoyées par les conseils municipaux de plusieurs départements, n'ont pas eu les résultats que nous étions en droit d'attendre.

La Ligue maintient résolûment son programme, et continue son œuvre de médiation et d'humanité, mais elle pense qu'à son action directe la province doit joindre, plus que jamais, l'autorité de son intervention, et elle est convaincue que, pour que cette intervention devienné efficace, toutes les grandes communes de France, au lieu de procéder par des démarches isolées, doivent s'unir dans un effort commun et s'entendre pour une démarche collective.

Paris et la province ont les mêmes aspirations, leurs revendications sont identiques, elles doivent être unies pour en obtenir la réalisation ; la province sait bien d'ailleurs, qu'en arrêtant à Paris le fléau de la guerre civile avant qu'une victoire sanglante fasse des vainqueurs et des vaincus, elle se préserve peut-être de semblables malheurs.

Nous faisons donc appel à tous les conseils municipaux des communes de France, qui vont être nommés aux prochaines élections.

Qu'un grand congrès où chaque ville déléguera un ou plusieurs de ses membres se réunisse soit à Lyon, soit dans toute autre ville qu'il lui conviendra de désigner, et que cette imposante réunion d'hommes que le suffrage universel a jugés dignes d'être aussi ses mandataires, cherche le meilleur moyen de mettre un terme au déchirement de la patrie, et présente ses résolutions a Versailles et à la Commune.

Puisse leur intervention arrêter la guerre civile, préserver la France de la réaction menaçante, et assurer l'existence de la République par la juste garantie des franchises municipales !

Le gouvernement se vit bientôt en butte à des adresses ou remontrances respectueuses de divers conseils municipaux. Les pouvoir exécutifs et administratifs furent à la veille d'un conflit, MM. Quinet, L. Blanc, Langlois, A. Peyrat, Farcy, Brisson, Greppo, Tirard, Brunet, Tolain, Edmond Adam appuyaient ce mouvement dans leur réponse à une adresse qui leur avait été envoyée par le conseil municipal de Mâcon.

La province, ignorante des faits et gestes de la bande communiste, croyait qu'il était avec les Delescluze, les Bergeret, les Rigault, les Vallès, les Billioray, des accomodements et blâmait M. Thiers de ne pas user d'indulgence envers ces enfants égarés. Le mouvement de la ligue avait déjà gagné un grand nombre de villes, quand parut la circulaire du ministre de la justice, M. Dufaure. Elle produisit une sensation profonde, on la trouva trop sévère, nous l'approuvons complétement ; la voici :

Versailles, le 23 avril 1871.

Monsieur le procureur général,

Vous recevrez en même temps que cette circulaire, la loi qui vient de rendre au jury la connaissance des délits commis par la voie de la presse ou par les autres moyens de publication qu'énumère la loi du 17 mai 1819. L'Assemblée nationale est ainsi revenue aux traditions libérales qui ont fait, pendant plus de trente ans, l'honneur de la tribune française. La conscience publique, représentée par le jury, appréciera, dans leur infinie variété, les manifestations d'opinion que la liberté de chacun pourra produire ; elle saura discerner le degré de perversité que ces manifestations peuvent supposer et les dangers qu'elles peuvent faire courir.

A côté du principe général que la loi consacre, elle a admis des exceptions dont les motifs sont trop évidents pour qu'il soit nécessaire de les développer. Les tribunaux correctionnels n'auront plus à connaître que des infractions matérielles aux règlements qui forment la discipline de la presse, ou des contestations que des sentiments violemment ou imprudemment exprimés peuvent faire naître entre particuliers.

La magistrature permanente se trouvera ainsi placée en dehors des luttes politiques et rendue à l'observation impartiale des intérêts de toute nature qui s'agitent autour d'elle, à la recherche indépendante et consciencieuse du droit de chacun, garantie à la fois de tout entraînement de parti et de tout soupçon de partialité.

Au surplus, la loi actuelle fait revivre en grande partie celle du 27 juillet 1849 qui n'est pas restée une lettre morte, qui a été exécutée pendant deux ans et demi, jusqu'à l'attentat du 2 décembre 1851, qui a été interprétée par la Cour de cassation dans celles de ses dispositions qui auraient pu présenter quelque obscurité.

Si les délits de la presse sont soumis à d'autres juges que les crimes et délits ordinaires, vous seul monsieur, le procureur général, êtes chargé, par vous et par vos substituts, de poursuivre la répression des uns et des autres. Mais, il faut en convenir, l'accomplissement de ce devoir est d'une extrême délicatesse : la limite n'est pas toujours facile à déterminer entre la simple erreur et la pensée coupable, entre l'écrivain qui n'a pas la conscience du mal qu'il fait et celui qui recherche avidement le scandale qu'il veut produire. Vous aurez même souvent à vous demander s'il n'est pas plus sage de dédaigner que de poursuivre. Vous connaissez les lois en vigueur sur la presse ; vous vous pénétrerez des sentiments libéraux qui, à trente ans de distance, ont été communs aux législateurs de 1819 et de 1849 ; en laissant la presse libre, vous défendrez contre ses attaques tout ce qu'ils ont voulu faire respecter.

Mais chaque époque est mise en présence de dangers qui lui sont propres : je vous signale tout particulièrement ceux du temps où nous vivons. Il se trouve, en ce moment, des écrivains qui déshonorent leur plume par les plus honteuses apostasies et les entreprises les plus violentes contre les principes essentiels de tout ordre social. Ils ont longtemps et vivement demandé le suffrage universel, et ils outragent aujourd'hui, sans relâche, une Assemblée qui en est incontestablement l'expression la plus libre et la plus certaine. A les en croire, elle serait agressive, provoquante, avide de nouvelles révolutions, quoiqu'ils sachent bien que depuis le jour où elle a nommé provisoirement le plus illustre de ses membres chef du pouvoir exécutif de la République française, elle n'a pas fait un pas rétrograde ; mais en revanche, tout en prodiguant sans cesse le grand nom de liberté, ils sont devenus les adorateurs, ils se font, par toute la France, les apologistes effrontés d'une dictature usurpée par des étrangers ou des repris de justice, *qui a inauguré son règne par l'assassinat, qui le signale tout les jours par l'arrestation des bons citoyens, le bris des presses, le pillage des établissements publics, le vol avec effraction, de nuit et à main armée, chez les particuliers ; l'incarcération des prêtres, l'enlèvement et la réduction en lingots des vases sacrés.* Oui, la force matérielle qui s'est constituée dans Paris, sous le nom de Commune pour commettre de si abominables excès, trouve des apologistes qui deviendraient bientôt ses imitateurs si elle triomphait.

« Ce ne sont pas les ennemis d'un gouvernement quelconque, mais de toute société humaine ; vous ne devez pas hésiter à les poursuivre.

Et ne vous laissez pas arrêter lorsque, dans un langage plus modéré en apparence sans être moins dangereux, ils se font les apôtres d'une conciliation à laquelle ils ne croient pas eux-mêmes ; mettant sur la même ligne l'Assemblée issue du suffrage universel et la prétendue Commune de Paris ; reprochant à la première de n'avoir pas accordé à Paris ses droits municipaux bien que, pour la première fois, l'Assemblée nationale ait donné spontanément à cette grande ville tous les droits de représentation et d'administration dont jouissent les autres communes de France ; enfin la suppliant de tendre sa noble main tachée de sang que ses ennemis n'oseraient lui présenter. Pour être plus hypocrite, ce langage n'est pas moins coupable : il énerve le sentiment du juste et de l'injuste ; il habitue à considérer du même œil l'ordre légal et l'insurrection, le pouvoir créé par le vœu de France et la dictature qui s'est imposée par le crime et règne par la terreur.

» La promulgation de cette nouvelle loi vous impose, monsieur le Procureur général, une tâche laborieuse ; je serai toujours prêt à la partager avec vous. Nous avons été pendant de longs mois les témoins attristés de tous les maux que la guerre étrangère peut verser sur un pays ; dans la guerre civile que de grands coupables cherchent maintenant à allumer, notre rôle doit être plus actif ; notre intervention personnelle est un devoir plus impérieux, vous et moi nous saurons le remplir.

« Recevez, monsieur le Procureur général, l'assurance de ma considération très-distinguée.

» *La garde des sceaux, ministre de la justice,*

« J. DUFAURE. »

———

La critique a généralement porté sur deux points. On a reproché au ministre ces lignes que nous avons soulignées relatives aux vols, aux arrestations et aux assassinats commis par la Commune, on a taxé ces accusations d'exagération...

Le lecteur peut se reporter aux pages 61 et 62 de notre livre.

On a reproché ensuite à M. Dufaure le passage de sa circulaire relatif aux épîtres de la conciliation.

Nous ne sommes ni par la presse, ni par l'administration, ni par aucun point attaché au gouvernement, nous ne sommes attaché à lui que par le sentiment de notre devoir civique, par ce sentiment qui aujourd'hui, chez tout Français éclairé et impartial, n'est qu'un respect plus fervent pour l'autorité dont l'affaiblissement mine l'existence de notre patrie.

Le respect de l'autorité s'en va, chez nous, au profit de l'anarchie, et de ces désordres sans nom qui amèneront peut-être l'intervention étrangère d'une nouvelle Sainte-Alliance et le partage de la France...

Nous ne voulons plus obéir aux lois votées par les représentants français du suffrage universel... Après une *guerre sociale* dont notre malheureux pays sera le foyer, nous serons réduits à subir les lois des Russes et des Prussiens.

Oui, deux dangers nous menacent, dont le premier est le moins imminent :

L'anarchie militaire, dans le genre espagnol.

La guerre sociale ; guerre cent fois plus terrible que nos anciennes jacqueries ou que la grande guerre des paysans, la guerre du *soulier ferré* qui ravagea l'Allemagne.

Tous les penseurs depuis trente ans l'annoncent, tous les événements la préparent et je vis entouré d'aveugles qui se *refusent* à la voir !..

Nous avons perdu le respect de l'autorité politique, comme celui de toute autre autorité morale. Les nations nous regardent, à cause de ce mal, avec méfiance et mépris.

Il faut, si nous ne voulons périr, apprendre à nous respecter nous-même dans ceux à qui nous avons délégué nos pouvoirs. Ils faut les respecter jusque dans leurs fautes et leurs erreurs.

La responsabilité des fautes d'un gouvernement issu du suffrage universel, remonte à la nation.

M. Dufaure parla un langage aussi noble et aussi juste que la situation du pays énervé, inconscient, défaillant pouvait l'inspirer.

Le 25 avril la Ligue obtint un succès ; succès des plus honorables.

Les malheureux habitans de Neuilly se trouvaient sous les feux de l'armée fédérée et de l'armée nationale. Leurs maisons étaient criblées d'obus ; leurs rues impraticables. Ils souffraient du plus atroce bombardement et de la guerre des rues.

Il leur était impossible de déménager et de fuir.

La ligue intervint en leur faveur et demanda un armistice que le gouvernement s'empressa d'accorder.

Cet armistice fut pour le mardi 25 avril de 9 heures du matin à 5 heures du soir.

Un service de déménagement et de sauvetage fut centralisé au Palais de l'Industrie ; il s'opéra dans un ordre parfait. Les habitants de Neuilly qui n'avaient pas d'asile étaient dirigés sur les diverses mairies qui, par voie de réquisition, devaient pourvoir à leur logement.

L'impression produite par cet événement fut des plus favorables à la Ligue.

En même temps, et dans un sens politique qui secondait le sien, se produisait le mouvement des francs-maçons favorables à la Commune. Depuis quelque temps déjà, les Maçons, en grand nombre, se prononçaient pour la révolution socialiste.

Les journaux avaient déjà publié le manifeste suivant :

Manifeste de la Franc-Maçonnerie.

En présence des événements douloureux devant lesquels la France tout entière gémit ; en présence de ce sang précieux qui coule par torrents, la Maçonnerie, qui représente les idées d'humanité et qui les a répandues dans le monde, vient une fois encore affirmer devant vous, Gouvernement et membres de l'Assemblée, devant vous, membres de la Commune, les grands principes qui sont sa loi et qui doivent être la loi de tout homme ayant un cœur d'homme.

Le drapeau de la Maçonnerie porte, inscrite sur ses plis, la noble devise : « Liberté — Egalité — Fraternité — Solidarité ! »

La Maçonnerie prêche la paix parmi les hommes, et, au nom de l'humanité, proclame l'inviolabilité de la vie humaine.

La Maçonnerie maudit toutes les guerres ; elle ne saurait assez gémir sur les guerres civiles.

Elle a le droit et le devoir de venir au milieu de vous, et de vous dire :

Au nom de l'humanité, au nom de la fraternité, au nom de la patrie désolée, arrêtez l'effusion du sang ; nous vous le demandons, nous vous supplions d'entendre notre appel.

Nous ne venons pas vous dicter un programme ; nous nous en rapportons à votre sagesse ; nous vous disons simplement : arrêtez l'effusion de ce sang précieux qui coule des deux côtés, et posez les bases d'une paix définitive, qui soit l'aurore d'un avenir nouveau.

Voilà ce que nous vous demandons énergiquement, et, si notre voix n'était pas entendue, nous vous disons ici que l'humanité et la patrie l'exigent et l'imposent.

Paris, le 8 avril 1870.

Montanier, Bécourt, membre du conseil de l'ordre ; Saugé, Dandre, Baumann, Chanut, Barré, Limonaire, Mottart, Ragaine, Martin, Marchal, Simon, Hirsch, Vilmotte, vénérables.

Ce manifeste était inspiré par un bon sentiment, mais était dénué de raison politique.

Les idées d'humanité, dont il était question n'étaient sans doute pas étrangères à l'apaisement du conflit, mais ne se rattachaient à lui que par celles de droit et de justice dont la Commune était la négation même.

Bien que les constitutions diverses des loges maçonniques s'opposent à ce que la Franc-Maçonnerie prenne part aux conflits politiques, cependant, subissant une sorte d'entraînement un nombre considérable de Maçons, appartenant à différentes loges, résolurent d'adhérer, dans une manifestation publique, à la Commune. Ils décidèrent, en outre, qu'ils iraient planter leurs bannières sur les remparts et porter aux obus le défi de la paix.

Le 28, à dix heures du matin, toutes les loges des trois rites : Grand-Orient, rite Ecossais et rite Misraïm se réunirent dans la cour du Louvre : les dignataires, le cordon rouge en sautoir, les reins ceints du tablier symbolique, les chevaliers Rose-Croix, les chevaliers Kadoches à l'écharpe noire frangée d'argent se pressaient parmi les officiers des Loges portant leurs insignes sur la poitrine. L'effet pittoresque était saisissant.

Une foule compacte se pressait pour assister au défilé.

A neuf heures, de l'Hôtel-de-Ville, était sortie une députation composée des citoyens Lefrançais, J. Durand, E. Clément, J. Andrieu, Jules Allix et Franckel, escortée d'un bataillon de garde nationale, musique en tête.

Cette députation allait au-devant des Francs-Maçons pour les conduire à l'Hôtel-de-Ville.

Au moment où elle arrivait dans la cour du Louvre, la foule était immense, tout animée et tout émue ; les musiques militaires jouaient la *Marseillaise* et le *Chant du Départ*.

Le cortége se mit en marche à onze heures et demie par la rue de Rivoli ; les membres de la Commune et les grands dignitaires en tête.

Les dignitaires, les membres du conseil de l'ordre entrèrent seuls dans l'Hôtel-de-Ville.

Cette société, qui représente jusque dans ses superstitions l'amour le plus antique des hiérarchies, n'était-elle pas étrange dans sa visite aux anarchistes ?

Mais la cérémonie commence ; l'action de ce curieux mélodrame se précipite. Chassez de votre souvenir l'image de l'Hôtel-de-Ville brûlé par le pétrole et représentez-vous cela :

Les membres de la Commune, rangés sur le perron de l'escalier d'honneur, devant la statue de la République, ceinte d'une écharpe rouge frangée d'or et entourée de trophées et de drapeaux, reçoivent les dignitaires.

Les bannières, étagées et groupées sur les marches, font à l'assemblée un cadre éclatant et vivant d'une beauté et d'une richesse admirables.

L'émotion est dans tous les cœurs. Toutes les bouches crient : Vive la Fraternité ! vive la Liberté ! vive la Franc-Maçonnerie ! vive la Commune ! vive la République universelle !

Cependant, le silence se rétablit peu à peu. Le citoyen Félix Pyat fait un pas en

Henri Rochefort.

avant, et, s'adressant aux Dignitaires, il dit :

« Frères citoyens de la grande patrie, de la patrie universelle, fidèles à nos principes communs : Liberté, Egalité, Fraternité, et plus logiques que la Ligue des droits de Paris, vous, Francs-Maçons, vous faites suivre vos paroles de vos actions.

» Aujourd'hui les mots sont peu, les

Par De la Brugère

actes sont tout; aussi, après avoir affiché votre manifeste, — le manifeste du cœur, — sur les murailles de Paris, vous allez maintenant planter votre drapeau d'humanité sur les remparts de notre ville assiégée et bombardée.

» Vous allez protester ainsi contre les balles homicides et les boulets fratricides au nom du droit et de la paix universelle. (Bravos unanimes et cris de : Vive la République ! vive la Commune !)

» Aux hommes de Versailles vous allez tendre une main désarmée — désarmée, mais pour un moment, — et nous, les mandataires du peuple et les défenseurs de ses droits ; nous, les élus du vote, nous voulons nous joindre tous à vous, les élus de l'épreuve, dans cet acte fraternel. (Nouveaux applaudissements. — Vive la Commune ! — Vive la République !)

» La Commune avait décidé qu'elle choisirait cinq de ses membres pour avoir l'honneur de vous accompagner. Il a été proposé, justement, que cet honneur fût tiré au sort; le sort a désigné cinq noms favorisés pour vous suivre, pour vous accompagner dans cet acte glorieux. (Marque d'approbation.)

» Votre acte, citoyens, restera dans l'histoire de la France et de l'humanité.

» Vive la République universelle ! »

(Applaudissements. — Vive la Commune ! Vive la République !

Le citoyen Beslay, doyen de la Commune, prend ensuite la parole :

« Je me suis associé comme vous aux paroles que vous venez d'entendre, à ces paroles fraternelles qui rassemblent ici tous les Francs-Maçons.

» Le sort ne m'a pas favorisé hier, lorsqu'on a tiré les noms des membres de la Commune qui devaient aller recevoir les Francs-Maçons.

» Nous avons voulu qu'il y ait un tirage au sort des noms, parce que toute la Commune de Paris voulait s'associer, dès le commencement, à cette grande manifestation ; je n'ai pas eu le bonheur d'être désigné, mais j'ai demandé à aller au-devant de vous comme doyen de la Commune de Paris et aussi de la Franc-Maçonnerie de France, dont j'ai l'honneur de faire partie depuis cinquante-six ans.

» Que vous dirai-je, citoyens, après les paroles si éloquentes de Félix Pyat ? Vous allez faire un grand acte de fraternité en posant votre drapeau sur les remparts de notre ville et en vous mêlant dans nos rangs contre les ennemis de Versailles. (Oui ! oui ! — Bravo !)

» Citoyens frères, permettez-moi de donner à l'un de vous l'accolade fraternelle. »

Le citoyen Beslay embrasse l'un des Frans-Maçons placés près de lui. (Applaudissements. — Vive la Commune ! Vive la République !)

Le citoyen F∴ Monière, vénérable d'une loge, lit un discours écrit.

Puis le citoyen Térifocq, vénérable d'une autre loge, dit ces mots, tenant une bannière en main :

« Je réclame l'honneur de planter la première bannière sur les remparts de Paris, la bannière de la *Persévérance*, qui existe depuis 1790. » (Bravos).

La musique d'un bataillon joue la *Marseillaise*.

Le citoyen Léo Meillet parle ensuite :

» Vous venez d'entendre la seule musique que nous puissions exécuter jusqu'à la paix définitive.

» Voici le drapeau rouge, que la Commune de Paris offre aux députations maçonniques.

» Ce drapeau doit accompagner vos bannières pacifiques ; c'est le drapeau de la paix universelle, le drapeau de nos droits fédératifs, devant lequel nous devons tous nous grouper, afin d'éviter qu'à l'avenir une main, quelque puissante qu'elle soit, ne nous jette les uns sur les autres, autrement que pour nous embrasser. (Applaudissements prolongés.) C'est le drapeau de la Commune de Paris, que la Commune va confier aux Francs-Maçons. Il sera placé au-devant de vos bannières et devant les balles homicides de Versailles.

» Quand vous les rapporterez, ces bannières de la Franc-Maçonnerie, qu'elles reviennent déchirées ou intactes, le drapeau de la Commune n'aura pas faibli. Il les aura accompagnées au milieu du feu : ce sera la preuve de leur union inséparable. » (Nouveaux applaudissements.)

Le citoyen Térifocq prend le drapeau rouge des mains du citoyen Léo Melliet, et adresse ces paroles à l'Assemblée :

« Citoyens frères,

» Je suis du nombre de ceux qui ont pris l'initiative d'aller planter l'étendard de la paix sur vos remparts, et j'ai le bonheur de voir à leur tête la bannière blanche de la loge de Vincennes, sur laquelle sont inscrits les mots : *Aimons-nous les uns les autres* (Bravos.)

» Nous irons présenter cette bannière la première devant les rangs ennemis ; nous leur tendrons la main, puisque Versailles n'a pas voulu nous entendre.

» Oui, citoyens frères, nous allons nous adresser à ces soldats et nous leur dirons : Soldats de la même patrie, venez fraterniser avec nous ; nous n'aurons pas de balles pour vous avant que vous nous ayez envoyé les vôtres ; venez nous embrasser et que la paix soit faite ! (Bravos prolongés. — Sensation.)

» Et si cette paix s'accomplit, nous rentrerons dans Paris, bien convaincus que nous aurons remporté la plus belle victoire, celle de l'humanité !

» Si, au contraire, nous ne sommes pas entendus et si l'on tire sur nous, nous appellerons à notre aide toutes les vengeances ; nous sommes certains que nous serons écoutés et que la maçonnerie de toutes les provinces de France suivra notre exemple ; nous sommes sûrs que sur chaque point du pays où nos frères verront des troupes se diriger sur Paris, ils iront au-devant d'elles pour les engager à fraterniser.

» Si nous échouons dans notre tentative de paix, et si Versailles donne l'ordre de ne pas tirer sur nous pour ne tuer que nos frères sur les remparts, alors nous nous mêlerons à eux, nous qui n'avions pris jusqu'ici le service de la garde nationale que comme un service d'ordre, ceux aussi qui n'en faisaient pas partie, comme ceux qui étaient déjà dans les rangs de la garde nationale, et tous ensemble nous nous joindrons aux compagnies de guerre pour prendre part à la bataille et encourager de notre exemple les courageux et glorieux soldats, défenseurs de notre ville. »

Applaudissements prolongés : — Vive la Commune ! Vive la Franc-maçonnerie !

Le citoyen Térifocq agite le drapeau de la Commune qu'il tient entre les mains, et s'écrie : « Maintenant, citoyens, plus de paroles, à l'action ! »

L'Idole.

Floréal, pour la Commune, ne fut pas un mois de roses. Tandis que l'on faisait une battue générale dans les V°, VI° et IX arrondissements pour arrêter les réfractaires et que l'on enfermait ceux-ci, comme un troupeau, dans l'église Notre-Dame de Lorette ; le fort de Vanves, (14 mai,) était occupé par l'armée nationale. Aucune pièce n'avait pu être enclouée ; les fédérés s'étaient retirés avec précipitation, abandonnant leur artillerie, leurs morts et leurs blessés.

L'*Officiel-communeux* avait ainsi rendu compte de cette situation : « VANVES. *Journée calme.* »

Le 15 mai quatre bataillons sont décimés par un feu violent à la porte Maillot et de Sablonville. Ils perdent beaucoup d'officiers.

Le 17, le fort d'Issy tire sur les bastions. Recrudescence de fureur à l'Hôtel-de-Ville ; les citoyens Urbain et Miot réclament l'application du décret contre les ôtages.

En même temps que la Commune s'acharne contre les vivants, elle fait rage contre les morts.

Le monument élevé à la gloire de la Grande Armée empêchait de dormir la grande armée de la Commune. La démolition de la colonne de la place Vendôme, déjà plusieurs fois annoncée, devait enfin, le 17 mai, être un fait accompli.

La destruction de cette colonne fut le premier pas fait dans la réalisation d'un plan de dévastation générale ; c'est pour cela surtout qu'il mérite toute notre attention.

Le décret du 12 avril qui condamnait ce monument de notre gloire militaire, ne pouvait nous surprendre, lors même que nous aurions ignoré que le parti, qui prétend renouveler le monde dans ses institutions et ses mœurs, a juré de détruire tout ce qui, dans les arts, peut être une protestation éloquente en faveur du monde actuel, — ainsi que nous l'expliquerons tout à l'heure, — nous savions, tout le monde savait, qu'un des premiers actes de la Commune devait être la démolition de la colonne.

Déjà, pendant le siége, au mois de novembre, croyons-nous, le citoyen Courbet, qui, en qualité de compatriote de Proudhon, s'est toujours cru un homme politique, avait dans une réunion publique demandé que l'on déboulonnât la colonne Vendôme et que l'on en fît des gros sous.

Pourquoi ?

Au point de vue Courbet cette proposition était une réclame, mais il faut voir plus haut et plus au fond.

Ce qui semblerait ressortir des articles de la presse communiste qui excitèrent à cet acte et en réclamèrent l'accomplissement, c'est que la colonne a été démolie pour faire justice des souvenirs odieux du premier empire. Avec elle on exécute en effigie Napoléon Ier.

Cela paraît tout d'abord de la stupidité. Nous ne perdrons pas notre temps à expliquer que la même justice rétroactive pourrait être appliquée, selon les opinions philosophiques ou politiques du moment, à tous les monuments du pays. Nous noterons en passant que le *Mot d'Ordre*, quelques jours plus tard, demanda que l'on exécuta de même le « *nommé Ney dit de la Moskowa*, » tout comme dans un de ces numéros de mars on peut lire au sujet du bivouac des soldats établis dans le jardin des Tuileries : — « Pendant qu'ils y sont, que ne brûlent-ils le reste ? » (Les Tuileries.) Nous le répétons, la logique du procédé est si *simple* qu'en voyant scier la colonne Vendôme on se proposa de faire disparaître le Henri IV du Pont-Neuf, et

Quai d'Orsay. — Conseil d'État. — Légion d'Honneur.

l'on détruisit le Henri IV de l'Hôtel-de-Ville.

Certes Henri IV n'a jamais été odieux.

Ce n'est donc pas, inspiré par la haine contre ce roi, que l'on détruisit sa statue, c'est pressé par la logique.

Le tour de Louis XIV et de Louis XIII serait venu.

Devant la statue de Moncey, le peuple, qui n'avait pas hésité devant celle du prince Eugène, le peuple hésita; mais il fit disparaître les armes impériales... refaisant à sa façon l'histoire du père Loriquet pour qui Napoléon n'avait jamais été que le général des armées de S. M. Louis XVIII. Il eut volontiers coiffé Moncey du bonnet rouge.

Bref on aurait détruit toutes les œuvres d'art qui rappellent des idées politiques ou des sentiments religieux contraires aux *principes* de la Commune.

Après les statues seraient tombées les églises.

Le style gothique, si éminemment religieux, aurait été proscrit... Ne l'avait-il pas été déjà? Que l'on se souvienne des destructeurs de statues et d'églises de la première République.

Que l'on se rappelle que pour les iconoclastes de la Révolution, un tableau, une œuvre d'art quelconque n'avait de valeur que par l'idée qu'elle exprimait, ou le personnage quelle rappelait et qu'un tableau fût-il signé, Raphaël dès lorsqu'il avait un sujet religieux était bien à jeter au feu, et entachait de suspicion son propriétaire.

Le Louvre y aurait donc passé?... Sans doute. Et l'incendie nous a déjà répondu affirmativement.

Mais nous allons descendre encore plus bas, et toujours logiquement de l'absurde au plus absurde encore.

Vallès avait exprimé le vœu que l'on brûlât les bibliothèques, et peu s'en fallut que ce vœu ne fût réalisé ⁱ.

Après lui, voici ce qu'écrivait Rochefort, en terminant un article intitulé « Le dernier jour de la colonne. »

« Tout ce qui rappelle au peuple ces massacreurs, et ces pervertisseurs qu'on intitule (1) Bonaparte, doit être écarté comme un cauchemar. Aujourd'hui même le bonhomme de bronze sera descendu de son socle et le socle anéanti avec son bonhomme. *Eh bien ce serait justice si, sur la place même où ils ont si longtemps trôné, le peuple brûlait de sa main cet autre monument dépravateur qui s'appelle* L'HISTOIRE DU CONSULAT ET DE L'EMPIRE. »

(*Le Mot-d'Ordre, mercredi 17 mai.*)

A la bonne heure! après l'art plastique, la littérature et l'histoire, l'histoire surtout!

Ces gens-là seraient des insensés s'ils n'étaient simplement des coquins ou des scélérats.

Ils ne sont pas des insensés, car ils savent fort bien que les iconoclastes d'aucune époque, mahométans ou chrétiens, ne triomphèrent par cette dévastation des œuvres de leurs rivaux et prédécesseurs.

Ils le savent. L'entreprise d'anéantir les idées contraires aux leurs en détruisant ce qui les représente dans les œuvres d'art et les bibliothèques, est pure chimère, pussent-ils inonder la France de leur pétrole émancipateur.

Mais alors s'ils le savent, pourquoi reprennent-ils les errements sauvages des iconoclastes antiques?

C'est parce qu'ils sont, comme Rochefort (un type), des énervés sans idée, qui se montreront féroces s'il le faut pour ne pas avoir l'air de ce qu'ils sont: de rien...

C'est pour la même raison qu'Erostrate brûla le temple de Delphes.

Cependant nous ferons une réserve.

---

1. On verra plus loin l'incendie de la bibliothèque du Louvre et les tentatives dont furent l'objet les bibliothèque des Archives et de l'Arsenal.

Le plan des incendiaires était des plus vastes.

Ce n'est pas par orgueil qu'ils brûlaient la Cour des comptes, les dossiers et les registres d'état-civil, ceci est une affaire à part que nous expliquerons en temps et lieux.

Lisons le récit de la chûte de la colonne. Nous emprunterons celui du *Mot-d'Ordre*. Le voici :

La démolition de la colonne de la place Vendôme, annoncée pour deux heures, avait attiré une foule immense qui se pressait rue de la Paix, place du nouvel Opéra et rue Castiglione; ces emplacements ne suffisant pas au nombre toujours croissant des curieux, on s'était porté dans les rues avoisinantes, où, faute de voir, on espérait entendre la chûte du colosse.

Les balcons et les fenêtres des rues de la Paix et Castiglione sont garnis de curieux. On remarque également sur quelques balcons de la place un grand nombre d'officiers. La garde nationale est rangée sur le pourtour, l'arme au pied.

Cependant, les ouvriers travaillent encore à l'échafaudage masqué par des toiles. Les uns agrandissent l'ouverture taillée en forme de sifflet jusqu'à l'escalier, et assez large pour livrer passage à un homme ; les autres continuent, du côté de la rue Castiglione, à scier horizontalement la pierre, en observant une légère inclinaison. L'entaille représente un tiers, et la partie sciée un autre tiers. Des manœuvriers achèvent le lit où doit tomber l'homme de bronze. Ce lit est formé de plusieurs couches disparates de sable, de fascine et de fumier.

On craint aussi pour l'égout qui se trouve à l'entrée de la rue de la Paix, à droite, et qu'on a oublié ou négligé d'étayer.

Plusieurs dessinateurs prennent le croquis de la colonne.

Les ouvriers font tomber les débris de pierres réduites en poussière. La toile de l'échafaudage est enlevée.

Trois heures. — Un citoyen monté sur la colonne, agite un drapeau tricolore, sans doute pour indiquer que la chute de la colonne doit entraîner celle du drapeau. En tous cas, c'est un signal. La musique du 190e bataillon exécute la *Marseillaise*, à laquelle succèdent le *Chant du départ*, exécuté par la musique du 172e bataillon.

M. Glais-Bizoin, qui est présent, cède à un mouvement d'ardeur juvénile en se découvrant.

Les canons braqués sur la rue de la Paix sont retirés, et, par mesure de précaution, on a enlevé le milieu de la barricade construite en pavés.

Quelques membres de la Commune vont prendre place sur le balcon du ministère de la justice.

Trois heures et demie. — Le clairon sonne. Les ouvriers descendent de l'échafaudage, fait éloigner tout le monde. Chacun se range autour de la place.

On manœuvre le cabestan. Les trois câbles se tendent et se rejoignent, on observe d'un œil avide et anxieux. Tantôt les regards se portent alternativement sur la partie sciée et sur la statue. Un nuage blanc passe, et, dans sa marche, on croit voir tomber la colonne.

Il s'écoule quelques minutes. L'incertitude et la crainte du danger croissent en proportion de l'attente.

Tout à coup un fort craquement se fait entendre. Grande rumeur dans la foule Est-ce la colonne qui cède? Point! C'est un cabestan qui casse en renversant cinq ou six travailleurs attelés au moulinet. Heureusement il n y a pas eu d'accident.

On envoie chercher un nouvel appareil, mais il paraît qu'il ne faut pas moins de deux heures pour l'apporter et le mettre en place. Pendant ce temps, cinq ou six ouvriers escaladent le piédestal de la colonne et commencent à travailler de la pioche et de la pince sur le fût de la colonne qui ne paraît pas suffisamment entamé : besogne périlleuse et dont on suit les progrès en frémissant.

Pendant ce travail trois corps de musique qui ont pris position devant le ministère de la justice, l'état-major et le n° 10 de la place, exécutent des fanfares militaires et des airs patriotiques.

Quatre heures et demie. — On hisse de nouveaux cordages. Tous ces préparatifs demandent du temps.

Le travail poussé aussi loin que possible, les ouvriers descendent. Le clairon avertit de s'éloigner.

A cinq heures un quart, les cabestans recommencent à fonctionner.

La tension des câbles s'opère lentement. Il est cinq heures et demie. L'attention est immense. Chacun est haletant.

Un cri, étranglé par la peur d'un accident dont il est impossible de mesurer l'étendue, part de toutes les bouches. La colonne s'ébranle. Un silence d'épouvante se fait dans la foule anxieuse. Puis, après avoir oscillé un instant sur sa base, cette masse de bronze et de granit tombe sur le lit qui lui a été préparé. Un bruit sourd se mêle au craquement des fascines ; des nuages de poussière s'élèvent dans les airs.

A l'instant une immense clameur se dégage de la foule; on crie : Vive la République ! vive la Commune !

Tout le monde se précipite en poussant des cris.

Les fascines et le fumier ont été chassés de chaque côté à plus de dix mètres.

La colonne est toute disloquée.

La statue a un bras cassé et la tête séparée du tronc.

En deux minutes le drapeau rouge est arboré sur le piédestal qui est resté debout.

Un sergent escalade le soubassement de l'ex-édifice et prononce un discours. Il est interrompu par la foule qui désire écouter le général Bergeret, monté sur les débris de la colonne brisée.

Le général est applaudi à tout rompre.

Les corps de musique au milieu des applaudissements et des cris patriotiques, exécutent la *Marseillaise* et le *Chant des Girondins*.

Les cordons de sentinelles qui gardent la place sont rompus. Vingt mille personnes se précipitent autour des débris de la colonne ; chacun cherche à s'emparer de quelques bribes de bronze, de fer ou de pierre.

Un escadron arrive au grand trot et se range autour de ce qui fut le monument du premier empire pour maintenir la cohue. Les cavaliers ont fort à faire.

On craignait que la chûte du monobronze n'occasionnât quelque regrettable malheur. Il n'en a rien été. Une certaine trépidation du sol et des maisons de la place, un mouvement de recul de la foule, quelques cris de femmes et d'enfants, un peu d'émotion, beaucoup de poussière, et puis c'est tout. La colonne a vécu.

La Commune a vengé la première République en brisant le César qui l'avait écrasée sous le talon de sa botte.

Périsse ainsi la gloire des tyrans !

L'homme de Brumaire et Waterloo a le sort de l'homme de Décembre et de Sedan. Tous deux ont amené l'invasion ; tous deux doivent être confondus dans une même pensée, et voués à l'exécration publique.

Cet article était précédé des Iambes d'Auguste Barbier intitulés l'*Idole* :

A leur place on lira peut-être avec intérêt des strophes traduites du poète allemand Uhlmann, la pièce est intitulée le Retour.

Un soldat prussien rentre dans ses

DE 1871.   137

Paschal Grousset.

foyers, désarmé par la paix, et déplore le mal qu'il n'a pu faire :

Marchez plus lentement, mes pieds; c'est la
[frontière.
Je te revois, patrie, avec joie et douleur.
De ton sein maternel j'arrache cette pierre.
Aussi loin que je puis, je la jette en arrière,
Puisse-t-elle en tombant écraser une fleur !

Une fleur, sur le sol de cette France infâme
Qui gardera du moins ce souvenir de moi !
Et puis, je te dirai, la colère dans l'âme,
Tout ce qu'à l'avenir ma vengeance réclame
De ce peuple orgueilleux, insolent et sans foi !

Qu'il ait, pendant vingt ans, le rire sur la
[bouche,
Mère, sucé le sang le plus pur de ton cœur !
Qu'il ait vingt ans traîné nos vierges sur ta
[couche,
Ce qu'il en a flétri de son amour farouche,
O mère, tu le sais seule avec le Seigneur !

Par DE LA BRUGÈRE

Aussi, quand se leva l'aurore vengeresse;
Qu'un cri de mort sortit de la Bérézina;
Que, dans sa coupe d'or, inconstante déesse,
La Victoire, à son tour, nous eut versé l'ivresse,
Que Leipzig eut brisé les chaînes d'Iéna.

M'élançant aussitôt dans la mêlée obscure,
Je ne demandai rien qu'à mourir triomphant,
Et m'abreuvant du sang de cette race impure,
Dans mes bras, comme l'aigle à la large enver-
[gure,
Etouffer et le père, et la mère, et l'enfant.

Quand je touchais au but, qui m'a volé ma gloire,
Qui m'arracha mon glaive et m'en perça le flanc?
Quand la hache à la main, ivre de ma victoire,
J'approchais du bûcher la flamme expiatoire
Qui s'éteignit dans l'eau quand je voulais du sang.

La paix ! Et de quel droit, malgré nous l'a-t-on
[faite!
Nous demandions vengeance, on nous donna la
[paix:

ARTHÈME FAYARD, Éditeur. — 18

Nous marchions en avant, on sonna la retraite,
Nous tenions dans nos dents Paris, notre con-
[quête ;
On nous dit : — Le Français est ton ami. —
[Jamais !!!

Mon ami ? Français ! qui le dit cela s'abuse.
Jamais dans les palais, jamais dans les cachots,
Je ne serai l'ami du Français plein de ruse
Lorsque je sens qu'il est, tout haut je l'en accuse,
L'ennemi de mon sang, de ma chair, de mes os !

Si je touche le seuil de cet ami de France,
A peine reconnu, la haine au même instant,
Hôtesse au cœur aigri, de tous les coins s'élance,
Le verre qu'elle m'offre a mon nom sur son anse,
Et sa main a frappé mon père en combattant !

Si, fuyant la maison, je marche dans la rue,
Suis-je plus heureux ? Non — je regarde — je
[lis.
Et par mes yeux ma haine incessamment accrue
Peut voir en se heurtant, du pont à la statue,
Sur la statue : Iéna ! — Sur le pont : Austerlitz !

Tout-à-coup, à mes pieds, surgit une colonne
Qui monte dans les airs comme une tour d'airain,
La guerre échevelée à ses flancs tourbillonne
Et, sur son piédestal, où la Victoire tonne,
Elle tient enchaînés le Danube et le Rhin !

Si mes vœux exaucés me changeaient en tempête ;
Si mon souffle était foudre, et mon regard éclair,
Comme de cette tour je briserais la tête !
Comme statue et pont, souvenirs de défaite,
Rouleraient dans le fleuve et du fleuve à la mer !

Plus noble fut ton cœur à toi, clémente Mère,
Tu voulus pardonner quand tu pouvais punir !
Mais moi, buveur haineux, vers la vengeance
[amère
Je tends incessamment et mon bras et mon verre,
Et du Passé menteur j'appelle à l'Avenir.

Nous reverrons et pont et colonne et statue ;
Nous les renverserons, ô Seine, dans ton eau,
Et viendrons cette fois à la France abbatue,
Avec le feu qui brûle, avec le fer qui tue,
Faire payer les frais d'un autre Waterloo !

De retour dans la Patrie allemande, le soldat de 1871 n'aura pas les mêmes regrets à exprimer !...

Redisons avec le *Cri du peuple* : « Ils sont vengés ! Justice est faite ! »

—

Explosion de la cartoucherie de l'Avenue Rapp.

Cette honteuse journée fut terminée par un événement des plus déplorables.

A six heures du soir, une effroyable explosion se fit entendre dans la cartoucherie située entre l'avenue Rapp et le Champ-de-Mars.

Des secousses plus ou moins violentes furent ressenties à deux kilomètres, on peut se faire ainsi une idée des effets qui se sont produits aux environs et sur le lieu du sinistre. Les rues de Grenelle-Saint-Dominique et de Saint-Dominique-Saint-Germain ont surtout souffert.

Un grand nombre de maisons, par suite du tremblement de terre et de la vibration de l'air, ont été fortement endommagées ; les murs se sont lézardés, les toits et les plafonds se sont écroulés ! Les balles projetées par millions dans toutes les directions firent de nombreuses victimes. L'incendie dura jusqu'à la nuit.

Le *Salut public* ne vit, dans ce désastre, qu'une occasion de calomnie contre le gouvernement national, une diversion *politique* et un sujet à propagande ; il lança l'affiche suivante, *quatre heures après* :

« Le gouvernement de Versailles vient de se souiller d'un nouveau crime, le plus épouvantable, le plus lâche de Paris : ses agents ont mis le feu à la cartouchière de l'avenue Rapp et provoqué une explosion effroyable.

» On évalue à une centaine le nombre des victimes.

» Des femmes, un enfant à la mamelle, ont été mis en lambeaux. Quatre des coupables sont entre les mains de la justice... »

Ce dernier trait est le sceau de la calomnie. L'enquête sur cet événement est demeurée à l'état de projet: quelques personnes honorables ont en effet été arrêtées elles ont dû leur salut comme tant d'autres à l'entrée des troupes le 21 mai.

Le lendemain tous les journaux officieux affirment que les auteurs de l'explosion, *jugés dans la nuit*, seront passés par les armes dans les vingt-quatre heures. — Est-ce pour empêcher quelques scélérats de profiter de cette occasion pour violer les prisons et égorger?...

Le Réveil déclare que c'est « un complot polonais. »

De plus fort en plus fort.

Cependant la Commune se disloque

Vingt et un membres se séparent de leur collègues, prétendant que la Commune s'abrite derrière le Comité central. Ils déclarent qu'ils ne siégeront plus que lorsque la Commune siégera en cour de justice pour juger un de ses membres.

Ce sont : Beslay, E. Gérardin, Andrieu, Vermorel, Jourde, Theisz, Lefrançais, Clémence, Sérailler, Longuet, Arnold, Tridon, Varlin, Vallès, Pindy, Frankel, Courbet, Ostyn, Avrial, E. Clément, A. Arnould.

Nous verrons bientôt l'affaire E. Clément qui fait pendant à l'affaire Blanchet. Procédons avec ordre et assistons auparavant à la séance célèbre où fut ordonnée la mise à exécution du décret concernant les otages.

C'est à la fin de la même séance que la minorité des vingt et un annonça sa retraite. Ses membres assistaient encore à ette réunion du 17 mai.

Séance du 17 mai.

PRÉSIDENCE DU CITOYEN LÉO MEILLIET.
ASSESSEUR, LE CITOYEN Dr PILLOT

La séance est ouverte à deux heures et demie.

Conformément à l'avis inséré dans le *Journal officiel* de ce matin, il est procédé à l'appel nominal des membres présents par le citoyen Amouroux, l'un des membres secrétaires de la Commune.

Total, 66 membres présents.

Le citoyen *président*. — Il va être donné lecture du procès-verbal de la séance du 12 mai.

Le procès-verbal est lu et adopté sans observations.

Le citoyen président donne lecture d'une lettre du citoyen Sicard, donnant sa démission de membre de la commission de la guerre.

Ensuite, l'assemblée se forme en comité secret pour entendre une communication du citoyen Ferré, délégué à la sûreté générale.

La séance publique est reprise à trois heures un quart.

Le citoyen Urbain communique à l'assemblée un rapport du lieutenant Butin, dénonçant le viol et le massacre d'une ambulancière pendant qu'elle soignait les blessés.

Le citoyen *Urbain*. — Ce rapport est certifié par le lieutenant Butin, de la 3e compagnie du 105e bataillon.

Je demande, soit à la Commune, soit au Comité de salut public, de décider que dix des otages que nous tenons en mains soient fusillés dans les vingt-quatre heures, en représaille du meurtre de la cantinière assassinée, et de notre parlementaire accueilli par la fusillade, au mépris du droit des gens. Je demande que cinq de ces otages soient fusillés solennellement à l'intérieur de Paris, devant une délegation de tous les bataillons, et que les cinq autres soient fusillés aux avant-postes devant les gardes témoins de l'assassinat. J'espère que ma proposition sera acceptée.

Le citoyen *J.-B. Clément*. — J'appuie la proposition du citoyen Urbain ; j'ai des renseignements par un parent qui revient de Versailles, où il était prisonnier. Les nôtres, qui sont détenus à Versailles, sont excessivement maltraités ; on leur donne très-peu de pain et d'eau ; on débite des infamies sur leur compte, et on les frappe à coups de crosse de fusil ; il faut en finir. J'adresserai, à ce sujet, une question au citoyen Parisel, chef de la délégation scientifique.

Le citoyen *Parisel*. — Je demande la parole.

Plusieurs membres. — Le comité secret !

L'assemblée se forme en comité secret.

La séance publique est reprise.

Le citoyen *Raoul Rigault*, procureur de la Commune. — Je présente le projet que voici :

« La Commune de Paris, vu l'urgence,

« Décrète :

» Art. 1er. Le jury d'accusation pourra, provisoirement, pour les accusés de crimes ou délits politiques, prononcer des peines aussitôt après avoir prononcé sur la culpabilité de l'accusé.

» Art. 2. Les peines seront prononcées à la majorité des voix.

» Art. 3. Ces peines seront exécutoires dans les vingt-quatre heures.

» RAOUL RIGAULT, URBAIN, L. CHALAIN »

Je suis d'avis de répondre aux assassinats des Versaillais de la manière la plus énergique, en frappant les coupables et non les premiers venus. Et cependant, je dois le dire, j'aimerais mieux laisser échapper des coupables que de frapper un seul innocent.

Parmi les gens que nous détenons, il y de véritables criminels qui méritent d'être considérés comme plus que des otages. Eh bien ! le sort peut désigner les moins coupables, et ceux qui le sont le plus souvent peuvent être épargnés.

En attendant que la justice soit instituée complètement, j'ai cru utile d'établir un tribunal chargé de l'examen des crimes dont il s'agit. Je déclare, en outre, que je demanderai qu'il ne soit pas tenu compte de la prescription pour les crimes de cette espèce. Et je place sous la même ligne les hommes qui sont d'accord avec Versailles et les complices de Bonaparte.

Le citoyen *président*. — Il y a une proposition formulée par le citoyen Urbain.

Le citoyen *Urbain*. — Si l'assemblée décide que les représailles auront lieu dans un très-court délai...

Le citoyen *Raoul Rigault*, procureur de la Commune. — Le jury d'accusation est assigné pour demain.

Le citoyen *Urbain*. — Si l'on nous donne les moyens d'exercer légalement, d'une façon convenable et promptement, les représailles, je serai satisfait.

Le citoyen *président*. — Voici la proposition Urbain :

« Vu l'urgence,

» La Commune

» Décrète :

» Dix individus désignés par le jury d'accusation seront fusillés en punition des assassinats commis par les Versaillais, et notamment de l'assassinat d'une infirmière fusillée par eux au mépris de toutes lois humaines.

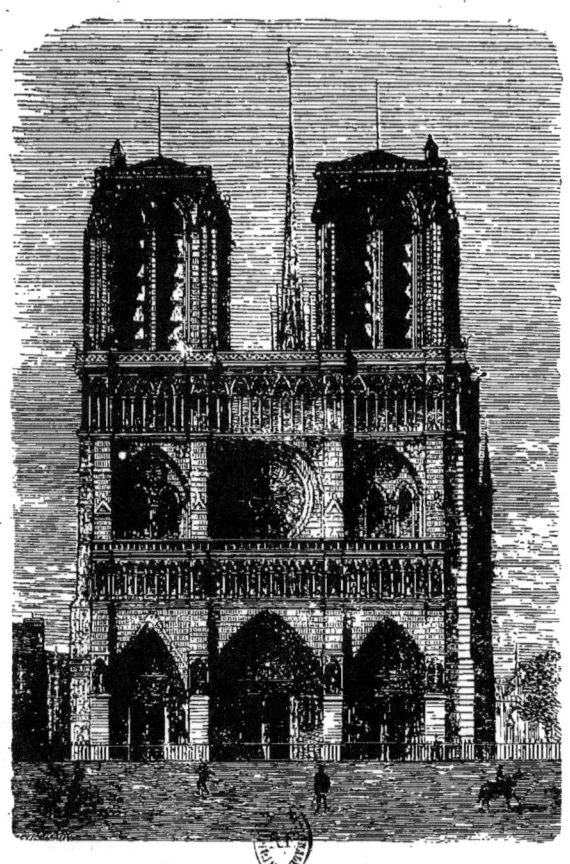

Notre-Dame de Paris.

» Cinq de ces otages seront fusillés dans l'intérieur de Paris, en présence de la garde nationale.

» Les cinq autres seront fusillés aux avant-postes, et aussi près que possible du lieu où a été commis le crime.

» URBAIN. »

Le citoyen *Protot*. — Je déclare, au sujet du projet présenté par le citoyen Rigault, que le jury d'accusation ne peut se prononcer que sur les questions de faits, qu'il n'y a pas de peines contre les délits dont parle le citoyen Rigault. Il faut donc déterminer la peine dont ils sont susceptibles.

Le citoyen *Amouroux*. — Je suis d'avis

qu'on doit user de représailles. Il y a un mois, nous avons annoncé la mise à exécution d'un projet qui a mis fin pendant quelques temps aux crimes que commettaient les Versaillais ; mais comme, en définitive, l'on n'a rien fait, les Versaillais ont de nouveau recommencé à assassiner les nôtres. En présence de ce qui se passe, je demande quel usage on fait de la loi sur les otages. Devons-nous condamner les gens retenus de ce titre ? Mais est-ce que les Versaillais jugent nos gardes nationaux ? Ils les prennent et ils les tuent sur les grands chemins. Agissons donc ! et pour chacun de nos frères assassinés, répondons par une triple exécution ; nous avons des otages, parmi eux des prêtres, frappons ceux-là de préférence, car ils y tiennent plus qu'aux soldats.

Le citoyen *Vaillant*. — Je suis, je l'avoue, dans un grand embarras quand je vois, moi incompétent dans la grave question qui nous occupe, les deux seuls personnages compétents de cette assemblée sur la matière en complet désaccord. Ne serait-il pas bon que les citoyens Protot et Rigault s'entendissent pour nous apporter une résolution quelconque ?

Le citoyen *Protot*, délégué à la justice. — Il n'y a pas de résolution à prendre. Le procureur de la Commune peut traduire devant les deux premières sections du jury d'accusation les personnes qu'il a fait juger.

Le citoyen *Raoul Rigault*, procureur de la Commune. — En présence des événements, ces moyens ne me suffisent point.

Le citoyen *Pillot*, président. — Ne perdons point de vue ce qui est en discussion, c'est-à-dire la proposition Urbain. La grande question de ce moment est d'anéantir nos ennemis. Nous sommes en révolution, et il faut agir en révolutionnaires ; il faut instituer un tribunal qui juge et fasse exécuter ses arrêts.

Le citoyen *Urbain*. — Le jury d'accusation dont on vient de parler va-t-il fonctionner ? S'il doit fonctionner, ma proposition peut subsister, dans le cas contraire, il vaudrait mieux voter sur la proposition Rigault.

Le citoyen *Philippe*, délégué au 12ᵉ arrondissement. — Nous sommes en butte à une réaction terrible. Il faut prendre des mesures énergiques ; que l'on sache que nous sommes bien décidés à briser tous les obstacles que l'on oppose à la marche triomphante de la Révolution.

Le citoyen *Urbain*. — Si l'on vote sur le projet Rigault, je retire ma proposition.

Le citoyen *Vaillant*. — Si votre jury d'accusation fonctione régulièrement, il n'y a pas besoin de proposition spéciale. Vous n'avez qu'à appliquer le décret de la Commune relatif aux représailles, en déclarant que les citoyens Rigault et Protot sont chargés de l'exécution.

Le citoyen *Protot*, délégué à la justice Si j'avais pu m'entretenir avec le procureur de la Commune, je lui aurais démontré qu'il y en a pour quinze jours au moins à traduire en justice tous les accusés de complicité avec Versailles. Les contumax devraient déjà être condamnés.

Le citoyen *Raoul Rigault*, procureur de la Commune. D'après le Code, les jurés ne sont pas compétents pour juger les contumax. Il faut que vos jurés soient un véritable tribunal révolutionnaire.

Le citoyen *président* donne de nouveau lecture de la proposition du citoyen Raoul Rigault ; je vais mettre cette proposition cette voix.

Le citoyen *Protot*, délégué à la justice.

— Je demande le renvoi du vote à demain.

Le citoyen *Régère*. — Oui, à demain !

Le citoyen *Léo Franckel*. — Je demande la parole.

Le citoyen *président*. — On propose de

renvoyer les différents projets à une commission composée des citoyens Protot et Rigault.

Le citoyen *Régère*. — Avec un tiers ; je propose le citoyen Paschal Grousset. (Mouvements divers.)

Le citoyen *Protot*. — Un décret de la Commune dit qu'une Chambre, composée de douze jurés, statuera sur le sort des accusés de complicité avec les Versaillais. Je demande que ce décret soit exécuté.

Le citoyen *Urbain*. — Je demande que ma proposition soit mise aux voix.

Le citoyen *Protot*, délégué à la justice. — Les assignations sont données pour faire comparaître les détenus devant le jury d'accusation.

Le citoyen *Urbain*. — Alors, je me rallie à l'ordre du jour; mais je déclare que si le décret n'est pas exécuté, je reprendrai ma proposition dans les quarante-huit heures.

Le citoyen *Amouroux*, l'un des secrétaires, donne lecture du décret suivant :

« La Commune de Paris,

» Considérant que le gouvernement de Versailles foule ouvertement aux pieds les droits de l'humanité comme ceux de la guerre ; qu'il s'est rendu coupable d'horreurs dont ne se sont pas souillés les envahisseurs du sol français;

» Considérant que les représentants de la Commune de Paris ont le devoir impérieux de défendre l'honneur et la vie de deux millions d'habitants qui ont remis entre leurs mains le soin de leurs destinées ; qu'il importe de prendre sur l'heure toutes les mesures nécessitées par la situation ;

» Considérant que des hommes politiques, des magistrats de la cité doivent concilier le salut commun avec le respect des libertés publiques,

» Décrète :

» Art. 1er. Toute personne prévenue de complicité avec le gouvernement de Versailles sera immédiatement décrétée d'accusation et incarcérée.

» Art. 2. Un jury d'accusation sera institué dans les vingt-quatre heures pour connaître les crimes qui lui seront déférés.

» Art. 3. Le jury statuera dans les quarante-huit heures.

» Art. 4. Tous accusés retenus par le verdict du jury d'accusation seront les otages du peuple de Paris.

» Art. 5. Toute exécution d'un prisonnier de guerre ou d'un partisan du gouvernement de la Commune de Paris, sera, sur le champ, suivie de l'exécution d'un nombre triple des otages retenus en vertu de l'article 4, et qui seront désignés par le sort.

» Art. 6. Tout prisonnier de guerre, sera traduit devant le jury d'accusation, qui décidera s'il sera immédiatement remis en liberté ou retenu comme otage, »

Le citoyen *président*. Voici l'ordre du jour motivé que je mets aux voix :

« La Commune, s'en référant à son décret du 7 avril 1871, en demande la mise à exécution immédiate, et passe à l'ordre du jour. »

Cet ordre du jour est adopté.

Ces représailles infâmes rencontre la critique, mais non le blâme de la presse communeuse. Rochefort appelle cela « la réponse du berger à la bergère. »

Il ne quitte pas le ton de cascadeur qui lui est familier. Chez lui c'est devenu un tic, et l'homme d'état du *Mot d'Ordre*, l'ex-représentant de Paris, les pieds dans cette boue sanglante, semble toujours sortir des coulisses du Palais-Royal. Entre l'emphase du *Rappel* et la bouffonnerie du

Mot d'Ordre nous ne savons quelle lecture serait indigne de reposer l'esprit.

Le *Père Duchêne*, cependant, s'attire une verte semonce. Cette réplique au *bon bougre* de l'imprimerie Sornet lève un coin du masque et laisse surprendre la pâleur du comédien Vermesch déguisé en Hébert et tremblant du rôle qu'il s'est donné.

Vermesch avait traité de lâches les vingt et un membres qui venaient de se retirer de la Commune; un de ces derniers le citoyen Arnold lui répliqua.

Aux citoyens Humbert et Vermesch, principaux rédacteurs du Père Duchêne.

« Il est bon que l'opinion publique soit pleinement instruite et sache qui se cache derrière un paravent trop commode.

» Vous vous permettez, dans votre journal, de traiter de « j... f... et d'ignobles lâches » les signataires d'un acte auquel, pour ma part, j'ai adhéré. Vous trouvez bon, assis devant votre table, d'insulter un groupe de citoyens qui ont fait leurs preuves, dont un certain nombre ont, le 18 mars, siégé rue Ramponneau, rue Saint-Maur et à la Corderie, et ce n'était pas dans des fauteuils ; ils étaient du Comité central, dont les membres, au dire de Picard, jouaient leurs têtes.

» Qui êtes-vous donc, citoyens, pour vous arroger ce droit d'insulter ?

» De quel bataillon faites-vous partie, s'il vous plaît ? de quelle compagnie de marche ?

» La plume est plus commode que le fusil pour combattre ! mais encore faut-il la bien tenir. A travers les n.... de D..., les f..., etc., qui émaillent votre journal, le public, croyez-le, cherche les bonnes raisons. Or, pour mériter vraiment la réputation de crânerie dont vous vous affublez dans vos écrits, il faudrait prouver la qualité par vos actes.

» Mais j'ai le regret d'apprendre à l'opinion publique que l'un de vous n'était pas parfaitement rassuré de sa qualité de Père Duchêne le jour de l'arrestation du citoyen Rossel.

» A tort ou à raison », inconsidérément peut-être, vous avez soutenu vaillamment Rossel au pouvoir. Ainsi, le jour de sa chûte, par hasard évidemment, vous étiez au ministère de la guerre ; et, suivant un bon conseil d'ami qui vous fut donné, l'un de vous, pâle et défait, s'est sauvé par les couloirs dérobés du ministère, dans la crainte d'être compromis et arrêté. Qui vous eût rencontré n'eût pas soupçonné qu'il se trouvait en face du terrible Père Duchêne.

» Je ne veux pas abuser de la situation en mettant même l'initiale du héros de cette épopée, mais il ne faudrait pourtant pas m'y pousser trop.

» Si, au moins, votre ligne de conduite et de critique était bien droite ? Mais l'on vous a vus soutenir tour à tour le Comité central, Cluseret au pouvoir, Rossel au pouvoir, puis Delescluze, délégué.

» Il y a un proverbe populaire qui caractérise cette manière de *travailler*. Mais assez sur ce chapitre personnel.

» Si vous aviez, vous et vos collaborateurs, lu avec quelque loyauté la déclaration de la minorité, vous l'eussiez pu apprécier pour ce qu'elle est. Nous ne nous retirons pas de la Commune ; mais nous croyons sincèrement que le temps n'est plus aux longues délibérations : il est à l'action.....

» Ainsi, conclusion : ce n'est pas nous qui redouterons l'appel aux électeurs.

» Continuez de distribuer contre nous vos beaux jurons dans le *Père Duchêne*, derrière votre ci-devant paravent. Quant à

Raoul Rigault.

Assi.

Félix Pyat.

Par DE LA BRUGÈRE

Dupont.

ARTHÈME FAYARD, ÉDITEUR — 19

moi, je signe en toutes lettres, et puis je ne suis pas difficile à trouver.

> » F. ANROLD.
> » Chef du 64ᵉ bataillon. »

C'est à peu près à cette époque, dans son numéro 65, que ces farceurs sinistres Vermesch et Humbert écrivaient leur « Grande motion pour qu'on foute en bas l'infâme baraque des Tuileries. »

Que l'on ne vienne donc pas dire aujourd'hui que l'incendie des monuments est l'œuvre d'ex-pensionnaires de Mazas et de la Roquette ! Vous le voyez, lecteurs, à mesure que nous avançons dans cette histoire horrible, nous voyons les chefs pousser la multitude aux actes de dévastation.

Nous n'inventons rien.

Nous citons décrets, articles de journaux et jusqu'à des compte-rendus de séances communales entières.

Nous les suivons au jour le jour, n'ayant pas un seul bienfait à citer, n'ayant que du mal à raconter. Nous n'accordons que peu de place aux faits militaires. A la date où nous sommes arrivé, on se battait au Lycée de Vanves... Que vous importent ces péripéties de la lutte à main armée ? Du moins, pour nous, l'intérêt n'est pas là ; il est dans la lutte des passions de ces ambitieux ahuris, dans la dislocation de leur prétendu gouvernement.

Le Dossier du citoyen E. Clément.

Le 18 mai, sur un rapport fait à la Commune par Raoul Rigault et inséré à l'*Officiel*, le citoyen Émile Clément, membre de la Commune, a été mis en état d'arrestation et écroué à Mazas.

Il était convaincu d'avoir sollicité l'emploi d'agent secret de la police impériale.

Clément avait sollicité et obtenu son adjonction au Comité de sûreté générale. Son but était de fouiller en toute liberté dans les archives de la préfecture de police et de parvenir ainsi à mettre la main sur les documents compromettants pour les renfermés dans les cartons de M. Piétri.

Quelques renseignements imprudemment demandés par lui et relatifs à des demandes d'emploi dans la police impériale, dont on classait les originaux, donnèrent l'éveil aux soupçons du citoyen Ferré, délégué à la sûreté générale.

Le dossier de Clément fut bientôt trouvé et le délégué eut sous les yeux les preuves écrites que son collègue était un ancien agent de Piétri.

Cité devant la Commune, Émile Clément n'essaya d'opposer aucune dénégation.

Il fut enfermé à Mazas.

On n'a pas eu le temps de le juger et nous ignorons ce qu'est devenu ce misérable.

En somme, ce membre de moins, combien reste-t-il de conseillers à la Commune? Cinquante membres pour diverses raisons ont déjà cessé de prendre part à ses délibérations.

Paris est à la merci d'une poignée de... communeux.

Mais, pardonnez lecteurs, nous nous apercevons d'une omission. Nous avons oublié l'incarcération du citoyen Jules Allix.

Jules Allix,

Ce n'était pas un méchant homme, ce pauvre Jules Allix, celui qui écrit ces lignes l'a connu autrefois, il y a une dizaine d'années : Allix était aliéné.

C'était alors un homme bien sympathique, d'une physionomie fine et douce, d'un caractère charmant, lorsqu'il n'était pas sous l'influence de sa triste maladie.

Sa folie n'avait rien d'effrayant, et commandait la pitié et l'intérêt.

Allix ne rêvait que le bonheur du genre humain. A peine échappé de la maison de santé, il cherchait à réaliser son rêve.

C'est ainsi qu'un jour il crut avoir fondé une banque d'échange des produits. Il avait loué, — c'est son rêve que je raconte, — pour en faire un immense entrepôt, les Galeries Saint-Hubert de Bruxelles. Là chaque producteur devait apporter un produit de son travail et en recevoir la valeur.

— Qu'est-ce donc, lui demandait-on, pourrait vous apporter un charpentier ou un maçon ?

— Une charpente, un pan de mur répondait le rêveur imperturbable.

— Et que lui donneriez-vous en échange ?

— Ah ! voilà !.. je suis allé trouver les éditeurs Meline et Caus, je leur ai fait part de mon projet humanitaire auquel ils ont fait le meilleur accueil. Ils me cèdent leur fonds de librairie moyennant deux cents mille francs. C'est deux cents mille francs trouvés. Avec ces livres je rembourse les producteurs du prix de leur travail.

— Aussi on vous apporte un mur ?

— Je donne des volumes.

C'est à Allix que l'on doit l'invention des escargots sympathiques, destinés à remplacer très-avantageusement le télégraphe.

Selon la théorie qu'il exposa d'une façon très-sérieuse et très-amusante dans le journal *La Presse,* en 1856, on établissait de la manière suivante une correspondance entre deux personnes :

On choisissait 48 escargots dont 24 étaient sympathiques à leurs congénères. On séparait les couples. Monsieur X. en emportait moitié et laissait les autres à son correspondant.

Chaque escargot représentait une des lettres de l'alphabeth. Dès que A était excité à Paris, je suppose, son correspondant sympathique à Marseille en donnait des signes évidents et l'on marquait la lettre A.

La grande difficulté était de découvrir les sympathies entre escargots... le reste allait tout seul...

O peuple de Paris ! devais-tu attendre que Jules Allix eut brisé les scellés de la mairie de son arrondissement pour reconnaître que sa place était plutôt marquée à Charenton qu'à l'Hôtel-de-Ville ?..

Après Blanchet, Émile Clément et Allix quels maîtres, dans ta sagesse, te plaira-t-il encore de te donner et d'imposer à la France ?..

Il nous reste encore les Billioray, les Rigaud, les Delescluze, les Pyat, les Vésinier... Allons toujours... Après la démence inoffensive d'Allix, allons jusqu'à la folie furieuse !..

Vesinier.

Le citoyen Vésinier est nommé définitivement directeur de l'*Officiel*.

Voici, en quelques lignes, sa biographie. Vesinier est âgé de 45 ans, il est né à Cluny, département de Saône-et-Loire. Son père était huissier. Il reçut l'instruction primaire et travailla comme clerc à l'étude paternelle.

C'est, croyons-nous un républicain convaincu et un socialiste *enragé*, c'est-à-dire disposé à mettre le monde à feu et à sang plutôt que de renoncer au triomphe des prolétaires.

En 51 il fut maire provisoire pendant 24 heures. Proscrit il se réfugia à Genève où il fit la connaissance d'E. Sue, et obtint de lui l'autorisation de reproduire, vendre et au besoin continuer le roman des *Mystères du peuple*.

Lorsqu'il eut mangé le peu d'argent qui lui revenait de son père, il travailla un peu dans les ateliers de Genève et s'occupa activement de librairie démocratique.

En brouille avec Fazy, il dut quitter Genève; voyagea en Italie, et enfin partit pour l'Angleterre.

Voici un discours qu'il y prononça quelques jours avant de rentrer en France, ce discours est comme tout ce qu'il fait, du reste, d'une grande clarté. Nous le garantissons sincère — et cela à son éloge, la sincérité est rare dans son parti. Mais d'après ce discours on pourra juger de ce qui attend la France avec des utopistes et des destructeurs de cette trempe :

Citoyens et citoyennes,

Lorsqu'une grande idée fait son apparition dans le monde, elle doit forcément rencontrer chez les hommes des ennemis acharnés.

L'idée qui nous réunit ici est de ce nombre.

A peine née, l'Association internationale des travailleurs rencontre sur son chemin des adversaires d'autant plus déterminés qu'ils sont plus forts qu'elle par les richesses ou l'impudence. (Applaudissements.)

Au milieu des violences dont nous sommes l'objet, il faut plus que jamais que nous affirmions notre but : l'indépendance du travailleur.

A chaque condamnation, prononcée contre un de nos frères, serrons les rangs autour du drapeau rouge et jetons aux tyrans ce cri suprême défi : Vive la République sociale ! (Hurrahs frénétiques.)

Mais pour arriver à notre but, travailleurs, il ne nous suffit pas d'être unis contre l'ennemi commun, il faut marcher au combat la tête haute et d'un cœur hardi.

Il nous faut vaincre ou mourir. Pour cela, il nous faut hardiment nier Dieu, la famille, la patrie ! (Mouvements divers.)

Il faut soustraire nos enfants au joug abrutissant des prêtres, des rois et de la nationalité. (Applaudissements.)

Nier Dieu, c'est affirmer l'homme unique et véritable souverain de ses destinées. C'est tuer le prêtre et la religion. La négation de la divinité, c'est l'homme s'affirmant dans sa force et sa liberté. (Bruyants applaudissements.)

Quant à la famille, nous la repoussons de toute nos forces, au nom de l'émancipation du genre humain.

C'est à la famille que nous devons l'esclavage de la femme, l'abrutissement de l'enfance.

L'enfant appartient à la société et non à ses parents; à la société de l'instruire, de l'élever, d'en faire un citoyen. Quant aux parents, ils ne doivent que la reproduction.

Nier la famille, c'est affirmer l'indépendance de l'homme dès le berceau ; c'est arracher la femme à l'esclavage où l'ont jetée les prêtres et une civilisation pourrie. (Applaudissements frénétiques.)

Quant à la patrie, nous la répudions, parce que nous n'acceptons pas que l'on puisse faire égorger des hommes au nom des nationalités.

Tous les travailleurs, tous les prolétaires sont frères ; l'ennemi, c'est la société telle qu'elle est organisée. (Applaudissements.)

La société est mauvaise ; donc il faut la changer.

Travailleurs de tous les pays, à l'œuvre !

Guerre impitoyable au capital, à la propriété et à tous les gouvernements qui les protègent.

Le droit au travail pour tous, l'atelier à

tous, la propriété à tous, voilà notre but. (Hurrahs enthousiastes.)

Pour y parvenir nous n'épargnerons rien : nous combattrons, nous mourrons s'il le faut à l'ombre du drapeau rouge, étendard du socialisme et de la Commune.

Devons-nous ajouter que Vesinier ne sait pas le premier mot de ce que l'on est convenu d'appeler « questions sociales. »

Détruire l'organisation sociale actuelle en anéantissant l'épargne, le capital, en un mot la richesse d'une nation, voilà le premier article de son programme.

Tant qu'il y aura un capitaliste, l'organisation prolétarienne aura un ennemi.

Quant à la littérature et aux beaux-arts il appartient à la secte des iconoclastes dont nous avons parlé plus haut. Son esprit est rebelle à la compréhension du Beau, ou il le dédaigne ou il le hait.

Les Calomnies.

La calomnie fut érigée en système.

Nous ne ferons pas la liste complète des calomnies inventés et affichées par la Commune, nous nous contenterons de grouper les principales, pour mémoire :

« Le gouvernement a provoqué l'insurrection. »

» Les Versaillais ont attaqué. »

» Les gendarmes ont violé et fusillé enceinte une ambulancière qui était allée seule porter secours à un blessé abandonné sur le champ de bataille. »

« 150 lignards sont entrés aujourd'hui dans Paris au cri de vive la Commune. Ils assurent qu'une division tout entière est prête à suivre leur exemple. »

« Rossel est un traître. »

« Les Versaillais ont fait sauter la cartoucherie du Champ-de-Mars. »

» On assassine nos prisonniers. »

Viennent ensuite les calomnies contre les prêtres, les ignorantins et les religieuses.

Les premiers sont accusés de viols, suivis d'assassinats ; les religieuses de maltraiter les malades.

Pour soutenir la première calomnie, la Commune a recours à un procédé qui n'aurait eu aucun succès dans une ville moins ignorante de sa propre histoire.

On déterre les squelettes des terrains qui, avant la révolution, étaient des cimetières et dépendaient de ces églises. Ces exhumations, ces exhibitions de squelettes frappent vivement l'imagination d'une foule ignorante.

Ces fouilles sont toujours précédées ou accompagnées de l'arrestation des prêtres et des religieux ou religieuses.

C'est ainsi que nous avons eu tour à tour : — Les squelettes des cavaux de l'église Saint-Laurent ; les sequestrées du couvent de Picpus, les squelettes de l'église de Notre-Dame-des-Victoires.

On a dit : Calomniez, il en restera quelque chose. Il n'est donc pas sans utilité de reproduire ici, à côté de la calomnie, la réfutation.

Nous trouvons dans la *Gazette médicale* la note suivante, au sujet des squelettes trouvés dans l'église Saint-Laurent. Elle est due au docteur Prat :

On a découvert dans un caveau placé au-dessous de la chapelle de la Sainte-Vierge de l'église Saint-Laurent un curieux ossuaire.

Derrière le chœur, dans le petit bâtiment demi-circulaire faisant face au faubourg Saint-Martin, se trouve un escalier de pierre composé de treize à quatorze marches. On descend dans une sorte de vestibule, d'où l'on a un large accès dans un hémicycle voûté, par trois entrées formées au moyen de deux piliers en arceaux.

Sur un terrain de remblai, manifestement calcaire, se trouvent, à moitié découverts, quatorze squelettes d'hommes et de femmes étendus symétriquement et placés avec la préoccupation évidente, de la part des fossoyeurs de l'époque, de faire tenir le plus grand nombre possible de corps dans cet espace relativement étroit.

Quatre de ces squelettes sont sur la droite, disposés en éventail, la tête dirigée vers le mur de l'hémicycle. On voit sortir de terre la tête et le cou d'un cinquième cadavre rangé en travers le long du mur, et qui, placé plus inférieurement, semble devoir leur servir de traversin. Neuf autres squelettes sont sur deux rangées, tête bêche, la tête de l'un aux pieds du voisin.

Les crânes sont penchés tantôt à droite tantôt à gauche, tantôt en arrière, ce qui ne prouve pas, comme on l'a dit, que les corps aient été inhumés pendant l'époque de la rigidité cadavérique ou en dehors de cette époque ou même pendant la vie, bien que quelques-uns des visiteurs voulussent trouver dans ce fait une marque certaine que ces corps avaient été enterrés vifs.

Je ne relèverais pas cette opinion, qui paraît être celle de ceux qui se racontent à eux-mêmes des histoires pour se faire peur, si je ne l'avais vue partagée par un médecin inconnu qui se trouvait là. Le poids de la tête doit faire impression à la place où elle pèse le plus sur un terrain d'autant moins tassé qu'il est probable, comme cela se fait encore en Italie, quand on enterre dans les églises, que, dans le cas particulier, on a mis une couche de chaux inférieurement et supérieurement.

Les maxillaires inférieurs ont tous subi cette influence de la pesanteur; les têtes tournées à droite, par exemple, ont toutes le maxillaire inférieur légèrement tourné à gauche; ce qui donne à la tête un aspect étrange qui fait supposer aux assistants que les corps enterrés vifs avaient crié à l'aide sans être entendus, tandis que c'est un simple effet de la gravitation. La tête étant plus lourde a tourné davantage, et les ligaments ne retenant plus de condyle dans son trou glénoïdien, la mâchoire a légèrement tourné sur l'un de ses axes, selon la loi de la pesanteur qui agissait sur elle, indépendamment de l'action de cette même loi sur la totalité du crâne.

Un de ces cadavres, couché sur le dos, placé au milieu de l'hémicycle, a la tête directement renversée en arrière, la mâchoire entraînée par la pesanteur du levier, dont l'extrémité est aux apophyses géni, sous les premières incisives, à tourné sur les angles que forment les deux branches montantes avec la branche horizontale, et le cadavre ouvre la bouche bien plus fortement qu'il n'a pu le faire pendant toute sa vie. C'est là un effet *post-mortem* des plus éloignés.

Ces maxillaires inférieurs sont de formes les plus variées. Les uns épais et d'une hauteur considérable, les autres amincis ; les tables osseuses externes semblent s'être rapprochées l'une de l'autre, surtout sur les cadavres qui avaient perdus des dents pendant la vie et dont les alvéoles sont remplies de tissus osseux, car il y a là des hommes et des femmes adultes de tout âge, des vieux et des jeunes, ainsi que le démontrent les sutures quelquefois incomplètes du frontal et l'aspect de la suture sagittale, comme l'a remarqué avec raison le docteur Delarue, avec lequel je me trouvais lors de ma seconde visite.

Sur l'un des sujets, on aurait trouvé des cheveux blonds; mais les cheveux, comme on sait, peuvent se conserver fort longtemps.

Lorsque j'étais membre de la commission de la Société d'anthropologie à l'Exposition universelle, j'ai eu entre les mains plusieurs crânes envoyés par le vice-roi d'Égypte ; ces crânes dataient de l'époque des Ptolémées, et portaient de véritables perruques artificielles, pareilles à ces faux cheveux tout coiffés dont les femmes se servent de nos jours, et qui étaient admirablement conservés. J'en possède encore une mèche, que j'ai prise alors pour l'examiner chez moi.

On aurait trouvé aussi un coléoptère clavicorne nécrophage, dont je m'expliquerais assez peu la présence dans l'intérieur d'un terrain formé, par hypothèse, de chaux vive, c'est-à-dire s'emparant avec violence de l'eau de tout corps, mort ou vivant, pour s'hydrater. La présence de cette chaux, qui, après s'être hydratée, aurait empêché la formation de l'acide carbonique libre, expliquerait encore comment on a pu descendre sans danger dans ce caveau mortuaire qui n'exhale aucune espèce d'odeur. La terre attachée aux os n'a pas de goût particulier et les os ne happent pas à la langue.

Immédiatement sous chaque corps, et principalement dans les régions fortement musculaires, on remarque la teinte noirâtre du terrain signalée par M. Tardieu dans sa thèse. *Sur les voieries et cimetières.* Mais ce qui doit attirer l'attention, ce sont des lignes noirâtres indiquant sur certains os longs les attaches musculaires : j'ai parfaitement vu ces lignes sur deux fémurs à la lèvre interne de la ligne âpre et à la partie supérieure et postérieure d'un humérus.

Tous les bassins sont écartés l'un de l'autre, paraissant avoir subi l'opération de la symphyséotomie.

On n'a trouvé aucune trace de vêtements ni de linceul, ni même de cercueils ; les corps sont si près les uns des autres, qu'ils sembleraient indiquer, par cette position même, qu'ils n'étaient pas placés chacun dans une bière.

Cependant, il serait possible de trouver un argument contraire dans cette même disposition, et la bière, construite d'une façon légèrement conique du côté des pieds, expliquerait comment, pour avoir plus de place, on a rangé les corps en sens inverse, les uns ayant les pieds tournés du côté où les autres ont la tête. Ces cercueils, d'ailleurs, s'il y a eu des cercueils, ce qui est douteux, n'auraient pas été cloués, mais les planches ajustées l'une sur l'autre et retenues par des pattes à queue ou des chevilles de bois.

On n'a trouvé aucun clou, aucun objet précieux, si ce n'est un peigne d'écaille, et un fil d'or qui tenait en place quatre dents incisives.

Tel est, en résumé, le procès-verbal très-sommaire de ce qui peut intéresser les médecins dans un fait qui préoccupe tout Paris. Je dois ajouter cependant que l'église Saint-Laurent est une des plus anciennes de Paris.

Saint-Grégoire de Tours dit qu'en 583 il y eut un débordement si considérable de la Seine et de la Marne, que l'eau couvrait tout l'espace qui s'étend depuis la Cité jusqu'à la basilique de Saint-Laurent, et qu'entre ces deux points il arriva plusieurs naufrages. Cette église fut rebâtie sur l'emplacement d'un cimetière, et vers la fin du dix-septième siècle on exhuma de plusieurs tombeaux des cadavres vêtus d'habits noirs, semblables à ceux des moines qui furent jugés alors avoir neuf cents ans d'antiquité.

Je ne relève pas ce qu'il peut y avoir d'exagéré dans cette longévité cadavérique. Toujours est-il que cette église fut entièrement reconstruite en 1429, augmentée en 1548, en grande partie reconstruite en 1595, considérablement réparée en 1622 et enrichie encore d'un portail nouveau sous le dernier règne.

Aux époques de trouble et d'émeute, la difficulté de transporter les morts, à travers les barricades et à travers les hommes, souvent avinés, qui les gardent, a obligé d'enterrer à la hâte, sur place, dans les jardins, dans les caveaux des églises. En 1830, j'ai vu enterrer un nombre considérable de combattants de juillet dans un jardin de l'hôpital Saint-Antoine.

La tante d'un de nos plus distingués confrères, agrégé à la Faculté de médecine, tuée en passant dans la rue, fut inhumée dans les caveaux de Saint-Eustache, où elle repose encore.

En tout temps, on fut heureux de pouvoir déposer dans les caveaux des églises les corps des personnes qui devaient être transportées en province, et dont, par des circonstances particulières et presque toujours par imprévoyance de la mort, le lieu d'inhumation n'était pas suffisamment préparé.

Tout récemment, après le 18 mars 1871, les portes de Paris étant interdites par ceux qui avaient pris provisoirement le pouvoir, les pompes funèbres ont été obligées de déposer un certain nombre de corps dans les églises pour y attendre des moments plus calmes et une circulation plus facile ; car c'est une chose bien remarquable que, pendant les orages révolutionnaires, les morts (eux-mêmes ! ! !) soient privés de la liberté d'aller et venir, pour la grande incommodité des vivants.

Ainsi tombent les calomnies des journaux de la Commune au sujet des squelettes de l'église Saint-Laurent. N'est-il pas honteux d'user de tels moyens pour tromper le peuple, son souverain. Quels tristes courtisans, et ils se récrient contre ceux qui flattaient jadis l'empereur ou le roi !...

Jamais le peuple n'est plus trompé, mystifié que lorsqu'il lui plaît d'exercer la souveraineté.

Cette leçon vaut-elle un fromage ? comme dit le fabuliste. Vaut-elle le bien-être et la tranquillité ?...

Mais, que viennent faire ces mots bien-être et tranquillité ? Le clairon de la guerre retentit plus que jamais. C'est de la guerre qu'il faut nous occuper désormais.

Le maréchal Mac-Mahon dont les avant-postes touchent à l'enceinte, vient d'adresser à son armée, une armée de cent mille hommes, une proclamation qui doit être entendue jusqu'à l'Hôtel-de-Ville.

Voici l'ordre du jour de Mac-Mahon. C'est le glas de la Commune :

Soldats !

Vous avez répondu à la confiance que la France avait mise en vous.

Par votre bravoure, votre énergie, vous avez vaincu les obstacles que vous opposait une insurrection disposant de tous les moyens préparés par nous contre l'étranger.

Vous lui avez enlevé successivement les positions de Meudon, Sèvres, Rueil, Courbevoie, Bécon, Asnières, les Moulineaux et le Moulin-Saquet. Vous venez enfin d'entrer dans le fort d'Issy.

Dans ces différents combats, plus de 3,000 prisonniers et de 150 bouches à feu sont restés entre vos mains.

Le pays applaudit à vos succès et y voit le présage de la fin d'une lutte que nous déplorons tous.

Paris nous appelle pour le délivrer du prétendu gouvernement qui l'opprime. Avant peu, nous planterons sur ses remparts le drapeau national, et nous obtiendrons le rétablissement de l'ordre réclamé par la France et l'Europe entière.

Soldats, vous avez mérité la reconnaissance de la patrie.

Au quartier général de Versailles, le 12 mai 1871.

Le maréchal de France, commandant en chef,

DE MAC-MAHON, DUC DE MAGENTA.

Éboulement des maisons de Neuilly. — Plusieurs habitants sont ensevelis sous les décombres.

Paris pressent qu'il va être délivré de l'horrible cauchemar qui l'oppresse.

LA COMMISSION DES BARRICADES.
— Barricades. — Mines, — Torpilles. — Pétrole.

Cependant des bruits sinistres circulent.

Le père Gaillard à été destitué de ses fonctions de directeur de la Commission des barricades, il est vrai, mais depuis le 23 avril il a travaillé à miner Paris et à préparer tous les engins de destruction.

« Je rentre dans la vie privée, dit-il dans sa lettre au citoyen Delescluze, heureux si le peu que j'ai fait peut être utile à mon pays. »

Qu'a-t-il fait pour notre bonheur ?

Interrogeons le *Journal Officiel*. Nous y trouvons le procès-verbal de la séance du 12 de la Commission des barricades.

Et maintenant que ceux qui ne se trouvaient pas à Paris pendant le siége de la Commune et qui prétendent qu'il n'est pas vrai que les communeux aient voulu faire sauter Paris, se donnent la peine de lire ce qui suit ; nous leur réservons encore d'autres surprises :

Commission des barricades.

Séance du 12 avril 1871.

PRÉSIDENCE DU CITOYEN ROSSEL
chef d'état-major du ministère.

La séance est ouverte à trois heures et demie.

Sont présents : les citoyens Rossel, au lieu et par ordre du citoyen délégué à la guerre ; Miot, membre de la Commune ; Blin, colonel chef de la 5ᵉ légion, spécialement convoqué pour la séance ; de Thirion, de la 4ᵉ compagnie du génie ; Havet, de la 3ᵉ compagnie ; Leduc, de la 5ᵉ compagnie ; Gigout, de la 6ᵉ compagnie ; tous commandants desdites compagnies ; Buyat, délégué du 14ᵉ arrondissement ; Guillot, du 11ᵉ ; Jean, du 9ᵉ ; Gaillard père, du 1ᵉʳ et du 20ᵉ arrondissement.

Le citoyen Thirion accepte les fonctions de secrétaire.

Le citoyen président met en discution l'examen du système actuel de barricades.

Les citoyens Miot, Gaillard père et Buyat prennent successivement la parole pour examiner et critiquer diverses portions du système existant.

La commission, considérant que les barricades actuelles ont été construites en vue d'un genre de guerre tout différent de celui que nous aurons à faire sur des points qui ne sont plus menacés ; que plusieurs de ces barricades entravent la circulation sans rendre aucun service, et surtout qu'elles sont construites en pavés, et deviendraient très-dangereuses pour les défenseurs si elles étaient attaquées par l'artillerie, à cause des éclats de pierre que détacheraient les projectiles ;

Décide que les barricades actuelles seront détruites par le service de la voirie municipale au fur et à mesure de la construction de nouvelles barricades, formant un système destiné à défendre la ville contre les attaques de l'extérieur.

Le citoyen président met en délibération le mode de construction des barricades.

Le citoyen Guillot présente un système de barricade à étage, avec étage inférieur voûté et crénelé.

La commission décide qu'un rapport écrit sera présenté par le citoyen Guillot sur son système.

La commission arrête la forme et les dimensions des deux types de barricades, l'un pour les grandes voies de communication, l'autre pour les petites rues.

Ces barricades sont en terre, avec un fossé de deux mètres de profondeur du côté de l'ennemi, et un petit fossé de 50 à 80 centimètres de profondeur du côté intérieur.

Le citoyen Gaillard père propose que les égoûts soient coupés dans le fossé, et minés en avant de la barricade. Il représente que les barricades sont principalement destinées à démontrer à l'ennemi et à la population que pour prendre Paris, il faudrait le détruire maison par maison.

Il faut donc accumuler dans les barricades les moyens de la défense les plus propres à agir sur le moral de l'ennemi. Il n'est pas probable qu'elles servent, car l'attaque n'aura pas l'énergie d'avancer jusque-là; mais, avec cette organisation, Paris défie la trahison et les surprises.

Un membre fait remarquer qu'on accélérera la construction en utilisant les pavés pour le noyau de la barricade. Il y a dans chaque arrondissement de grands dépôts de pavés préparés à l'avance. La commission adopte ce système, pourvu que les pavés soient recouverts d'un mètre cinquante de terre franche du côté tourné vers l'ennemi. La terre destinée à revêtir le massif en pavé sera prise dans le grand fossé pour le parapet, et dans le petit fossé pour le côté intérieur de la barricade.

Un membre insiste sur l'urgence d'une action immédiate, révolutionnaire, au lieu d'une action méthodique; il a confiance dans la spontanéité des efforts individuels, qui donneront des résultats bien plus rapides qu'un procédé régulier. La commission entre dans ces vues et décide que les barricades doivent être étudiées méthodiquement et exécutées révolutionnairement.

La commission arrête ainsi qu'il suit le tracé des barricades, sauf modifications dans les cas particuliers :

La commission décide que la conservation des travaux du gaz et de l'eau sera assurée jusqu'au moment de l'attaque, aussi bien que celle des égouts, qu'il n'est pas nécessaire d'ouvrir pour miner.

La commission arrête ainsi qu'il suit l'emploi des égouts pour les mines.

Elle répudie absolument, comme trop lente, toute construction et fouille de galerie de mine, mais elle admet que les fourneaux de mine seront faits au fond et sur le côté des égouts, et arrête ainsi qu'il suit leur position et leur charge.

Premier fourneau à 20 mètres en avant du fossé; charge 40 kilog. de poudre.

Second fourneau à 12 mètres plus loin; charge 100 kilog.

Troisième fourneau à 12 mètres plus loin que le second; charge 100 kilog.

Et ainsi de suite si les circonstances le permettent, toujours avec la charge de 100 kilog. Chaque fourneau devra être amorcé séparément.

La commission décide que le procès-verbal de la séance sera publié et affiché, à l'exception des mesures qui règlent l'emplacement et la stratégie des barricades.

La commission charge le citoyen Gaillard père de faire lithographier et livrer au public et au commerce les profils recommandés par la commission.

Les citoyens Morel, 4e arrondissement; Thirion, 8e; Jean, 9e; Guibot, 11e; Buyat, 14e; Leduc, 15e; Darnal, 16e, Gaillard père 1er et 20e, reçoivent pleins pouvoirs pour l'organisation des barricades dans leurs arrondissements.

La commission décide que la rue du Rempart sera barricadée de chaque côté de chaque porte, ainsi que toutes les voies aboutissant aux portes, et que les maisons d'encoignures seront organisées militairement.

La commission décide que la prochaine séance aura lieu demain 13 avril, à trois heures après-midi, au ministère de la guerre ; on y examinera les mesures prises et les études faites dans chaque arrondissement. En attendant, chaque délégué doit opérer d'urgence, et faire commencer le travail avec le concours de la délégation communale, en se conformant au plan d'ensemble adopté.

Chaque barricade sera composée de deux portions appuyées l'une au côté droit, l'autre au côté gauche de la rue, et laissant entre elles et les maisons un passage de trois mètres. Cependant, dans les voies qui ne sont pas nécessaires à la circulation des voitures, on ne fera qu'une barricade, avec un passage de 1 mètre de largeur à l'une des extrémités.

La commission arrête ainsi qu'il suit le profil d'une barricade pour grandes voies de communication :

Profondeur du fossé, 2 mètres.
Largeur, ce qu'il faudra pour le massif.
Largeur, de la barricade, 4 mètres.
Epaisseur en haut, 6 mètres.
Largeur de la banquette de tir, 2^m 50.
Talus du côté de l'ennemi, 4 mètres de base.
Talus montant à la banquette, 5^m 50 de base.
Epaisseur totale, 19 mètres.
Hauteur du massif de pavés, 2^m 50.
Epaisseur en pied, 15 mètres.
Epaisseur en haut, 7^m 50.
Fossé intérieur *ad libitum*

Le dessus de la barricade et le dessus du massif de pavés doivent être en pente du côté de l'ennemi.

La commission arrête ainsi qu'il suit le profil des barricades pour les rues détournées :

Profondeur du fossé, 2 mètres.
Largeur, ce qu'il faudra.
Hauteur de la barricade, 3 mètres.
Epaisseur en haut, 2 mètres.
Largeur de la banquette, 2^m 50.
Talus montant à la banquette, 3^m 50.
Epaisseur au pied, 11 mètres.

Hauteur du massif de pavés, 1^m 60.
Epaisseur au pied, 8 mètres.
Epaisseur en haut, 3^m 50.
Fossé intérieur, pas plus de 80 centimètres de profondeur.

Le lendemain une partie du procès-verbal de cette délibération, avec dessin explicatif, fut affichée sur les murs de Paris.

Les travaux décidés furent accomplis en grande partie, mais heureusement ils furent exécutés par des ignorants. Des torpilles furent descendues dans les égouts des principales rues, des quartiers du sud, du centre et de l'ouest, mais la plupart furent reliées entre elles par des fils électriques non isolés.

Des tonneaux de poudre furent également descendus dans les égouts ou enfouis, comme rue du Bac, mais travaux de mine qui en permissent l'explosion sans danger pour les incendiaires.

Enfin dès le mois d'avril plusieurs monuments furent transformés en poudrières, nous citerons en autres Notre-Dame et le Panthéon.

« Si nous ne réussissons pas nous ferons sauter Paris » tels étaient les propos que tenaient les chefs de la Commune dès le commencement d'avril.

« Si M. Thiers est chimiste, écrivait Vallès, parlant de la résistance à outrance, il doit comprendre ce que nous voulons dire. »

A côté de la commission des barricades, la Commune avait organisé une *délégation* scientifique.

Nous empruntons les renseignements qui suivent au *Petit Moniteur :*

EXPÉRIENCES INCENDIAIRES
de la Délégation scientifique de la Commune.

Dans les premiers jours d'avril, le *Journal officiel* de la Commune publia un décret en apparence inoffensif, instituant un comité qui prenait le nom de Délégation scientifique, et dont le travail consistait, comme l'avoua plus tard, le 16 mai, le citoyen Paschal Grousset, à rechercher « les forces terribles que la science met au service de la révolution. »

En exécution de ce décret, la Délégation scientifique, par ordre du citoyen Parisel, président, et du citoyen docteur Pillot, maire ou plutôt délégué du 1er arrondissement, fit requérir et mettre à sa disposition M. Borme, chimiste fort habile et connu par ses travaux sur les produits explosifs et incendiaires. M. Borme n'essaya pas de résister aux ordres de la Commune, car il avait compris de quelle importance il pouvait être de connaître exactement les projets de destruction de la Délégation et les moyens d'exécution, afin de les combattre ou d'en entraver l'effet.

Une des premières expériences auxquelles dut se soumettre M. Borme eut lieu, le 22 avril, pour apprécier les propriétés du feu grégeois, qui, pendant le siège des Prussiens, avait été proposé par M. Borme lui-même comme un moyen de défense des plus terribles. Cette essai fut opéré sur la réquisition du membre de la Commune Pillot, dans la cour du Louvre, à neuf heures du soir, les grilles étant fermées. Le délégué à la mairie du 1er arrondissement, après avoir vu deux fusées fixes projeter leur pluie de feu et couvrir une surface de vingt mètres carrés, fit conserver la troisième et dernière fusée pour s'assurer des qualités incendiaires du feu grégois. A cet effet, un madrier de 50 centimètres de largeur fut réclamé à un gardien du Louvre, et, pendant que l'on fixait cette pièce de bois sous la fusée attachée à la grille, le chimiste Borme tirait de sa poche une bouteille qu'il versa sur la surface du madrier, lequel, immédiatement après l'explosion de la fusée, prit feu et se consuma à moitié.

Le citoyen Pillot, enchanté du succès obtenu et se laissant entraîner à dire ce qu'il avait sur le cœur, déclara que ce moyen était infaillible pour *brûler les parquets*, et que tôt ou tard, s'il fallait de Paris faire un nouveau Moscou, avec l'aide du feu grégeois et de deux autres compositions incendiaires sur lesquelles la Commune comptait, il ne resterait plus une maison debout dans Paris en vingt-quatre heures.

A la suite de cette soirée, une réquisition eut immédiatement lieu pour mettre à la disposition de M. Borme le matériel ayant servi à la fabrication des fusées de guerre pendant le siège, et pour le compte du ministère de la guerre.

Enfin, le 28 avril, le citoyen Parisel, président de la délégation scientifique, requit et s'empara des ateliers de M. Ruggieri et de plus de 200,000 francs de produits existants dans les magasins. M. Borme fut chargé de l'exécution de cet arrêté, avec défense de rien laisser sortir des ateliers sans la signature et le cachet de la délégation.

M. Borme, ayant eu des relations avec M. Ruggieri pendant le siège de Paris et ayant même fait des expériences dans ses vastes ateliers de Montmartre, s'empressa de mettre en lieu de sûreté divers produits de l'invention de M. Ruggieri, afin que la délégation ne fît pas main basse sur ces terribles engins de destruction pour les diriger contre les troupes du Gouvernement.

Le 4 mai, l'ordre fut donné, par décret, à M. Borme, d'expérimenter dans les ateliers Ruggieri une composition incendiaire, fabriquée par un sieur Alexandre Decot. La délégation scientifique engagea M. Borme à apporter dans ses essais son concours le plus dévoué, « afin que les expériences puissent porter *fruit* » (*sic*).

Cette composition était d'une manipulation très-dangereuse, car, aussitôt préparée, elle prenait feu au contact de l'air.

Plusieurs détonations ayant eu lieu, M. Borme trouva moyen de les empêcher afin de pouvoir procéder aux expériences et à l'analyse de ce produit éminemment incendiaire, et, après en avoir reconnu les propriétés, M. Borme n'alla pas plus loin et ne parla pas à l'inventeur du travail et des modifications qu'il avait fait subir à sa composion.

Trois jours plus tard, à la porte de Vanves, en présence de plusieurs membres de la Commune, la composition Decot fut essayée en grand ; aucun résultat ne fut obtenu, et cependant on opérait sur huit kilos à la fois. Le lendemain, nouvelles expériences, mais de résultats incendiaires, pas davantage.

Après chacune de ces expériences, faites en grand apparat communeux, Parisel lui-même, membre de la Commune et chef de la délégation scientifique, se livra à des essais d'une composition incendiaire de sa propre invention qu'il fait préparer par M. Borme; mais les expériences de Parisel eurent le même sort que celles d'Alexandre Decot, et on dut renoncer à l'emploi de ces moyens, qui n'étaient infaillibles qu'au laboratoire. En effet, Parisel, soupçonnant quelque chose de ce qui se passait réellement, ordonna au sieur Decot de préparer lui-même un kilogramme de sa composition au laboratoire de l'Ecole des mines. Le 13 mai, le sieur Decot voulut obéir et paya de la vue et de graves blessures au bras sa tentative, qui amena une terrible explosion (*Officiel* du 12 mai).

Pour arriver à détruire, à paralyser entièrement les effets de ces compositions incendiaires, M. Borme avait dénaturé une forte quantité de produits achetés par la délégation scientifique, et qui était destinée aux essais.

Quant à ses fusées à lui, M. Borme avait mélangé, avec l'aide d'un de ses amis, un trésorier de la marine en retraite, M. Obriet, qui l'avait accompagné à Paris au début de la guerre en septembre dernier, une quantité déterminée de poudre dans la matière fusante; pendant trois semaines entières, il a tenu en échec la délégation scientifique en lançant des fusées d'essai, à la porte de Vanves, et ces fusées éclataient et se déchiraient en l'air, après avoir parcouru un espace de 40 à 50 mètres au plus.

En résumé, M. Borme a su tenir en haleine et dans l'espérance, du 22 avril au 18 mai, les membres de la Commune qui avaient, un mois avant l'entrée de l'armée, décidé l'incendie de la capitale.

Le 19 mai, M. Borme avait l'ordre d'inspecter les égouts et de s'assurer si les fils électriques communiquant aux torpilles fonctionnaient bien ; mais le 18, en apprenant que M. Borme n'avait pas encore mis à la disposition de la délégation scientifique un seul kilogramme de produits incendiaires, ni une seule fusée, et qu'il avait même dénaturé d'autres compositions, le Comité de salut public ordonna l'arrestation de M. Borme, et celui-ci paya son dévouement par un emprisonnement à titre d'otage. Heureusement pour lui, l'incendie du Palais-de-Justice et de la Préfecture de police, dans la matinée du 24 mai, lui rendait la liberté ; mais, si la Commune n'avait pu recevoir de lui des produits incendiaires, elle y avait suppléé par le pétrole, et l'on sait que le programme de ruine a été bien rempli.

Un arrêté de la délégation scientifique et bientôt après un décret du Salut public ordonnèrent la réquisition de tous les produits chimiques et *des huiles minérales*.

La réquisition du pétrole s'opéra sur une vaste échelle, mais les détenteurs de produits chimiques firent la sourde oreille.

Le 18 mais l'avis suivant parut à l'*Officiel*.

DÉLÉGATION SCIENTIFIQUE.

Les possesseurs de phosphore et produits chimiques qui n'ont pas répondu à l'appel du *Journal officiel* s'exposent à une saisie immédiate de ces produits.

Paris, le 18 mai 1871.

Le membre de la Commune, chef de la délégation scientifique,

PARISEL

Cet avis était suivi des deux communications suivantes, qui se rattachent toujours au même sujet, le branle-bas de combat :

MINISTÈRE DE LA GUERRE.

Direction du génie

Les ouvriers qui savent faire des gabions, fascines et clayonnages peuvent se présenter tous les jours à la direction du génie, 84, rue Saint-Dominique-Saint-Germain.

Le prix de la journée qui leur sera allouée pour ce genre de travail est de 5 francs.

Les citoyens qui veulent concourir à la défense de la République en travaillant aux ouvrages de défense de Paris, par la construction de barricades et de tranchées à forfait, peuvent se présenter à la direction du génie, 84, rue Saint-Dominique-Saint-Dominique.

Paris, le 18 mai 1871.

On a remarqué la haute paie offerte aux travailleurs du génie.

Les fédérés ne voulaient plus marcher, sauf quelques bataillons qui n'étaient ni immortels ni infatigables. On dut encore offrir une haute paie pour recruter des hommes.

On forma de nouveaux bataillons sous la dénomination de *Bataillons des Eclaireurs fédérés*.

Voici le décret d'organisation de ces « ouvriers de la *dernière heure*. »

« Le but du bataillon étant de prévenir toute surprise sur nos troupes, de harceler continuellement l'ennemi afin de donner des renseignements à l'état-major général sur les positions et les forces ennemies, les citoyens vraiment patriotes qui comprennent le mandat impérieux qui leur est imposé sont invités à prendre les renseignements nécessaires avant de contracter un engagement.

Le bataillon des éclaireurs fédérés suivra les traces des guérillas espagnols.

Il faut affronter tous les périls, tous les dangers, toutes les privations ; il faut, enfin, tout sacrifier à la République.

Que celui qui se sent la force morale et physique de remplir cette mission se hâte de prendre place dans nos rangs.

La solde allouée aux volontaires est fixée à 2 fr. par jour et les vivres.

Les sous-officiers et les officiers auront la solde de la garde nationale.

Les femmes des volontaires recevront la même indemnité que dans la garde nationale.

Enrôlement : rue des Prêtres-Saint-Germain-l'Auxerrois, 10, (ancienne école des frères), de neuf heures du matin à cinq heures du soir.

Armement (chassepots), habillement, campement immédiats.

Paris, le 18 mai 1871.

MERCIER, J. TREVES, DARRE, FONTAINE, DECHOLLES.

D¹ CONSTANTIN CHARALAMBO, *chirurgien-major.*

Vu et approuvé par ordre du général Eudes :

Le colonel chef d'état-major,

COLLET.

D'autres corps du même genre avaient été déjà formés. — Les Lascars et les Enfants du Père Duchêne.

Des régiments de femmes existaient déjà et depuis plusieurs jours faisaient la chasse aux réfractaires. C'étaient ces étranges femelles, — qui ne ressemblent à des femmes que lorsqu'elles sont mortes, comme disait, d'autres créatures, A. Dumas fils, — qui étaient chargées de faire exécuter l'ordre suivant :

8° légion. — Ordre formel.

Tous les citoyens de 19 à 40 ans faisant partie des 3° et 4° bataillons, qui n'auront pas rejoint *immédiatement* leur casernement à la caserne de la Pépinière, seront arrêtés et déférés à la cour martiale. *(La peine encourue est celle de mort.)*

Trois bataillons étrangers à l'arrondissement sont mis à la disposition de la légion pour faire exécuter cet ordre.

Paris, le 17 mai 1871.

Le lieutenant-colonel sous-chef de légion, chef d'état-major,
AUGUSTE PETIT.

Vu et approuvé :
Les membres du bureau militaire,
BAUCHE, BRESSLER, DENNEVILLE, LEGALITE.

Les documents n'abondent pas au sujet de la formation des régiments de femmes.

Ce silence est éloquent.

Il prouve en définitive que les journaux de la Commune les plus exaltés ont quelque honte à en parler.

C'est une réprobation tacite. Un témoignage muet de mépris.

Les femmes, de tout temps, ont pris une part plus ou moins active aux guerres civiles et pour ne pas remonter plus haut, nous pouvons citer les Vésuviennes de 1848, mais combien ces dernières, repoussées alors, étaient différentes des créatures infâmes pour lesquelles on dût inventer le nom de *pétroleuses*.

Celles-ci sont descendues au dernier degré de l'abjection.

Les moins scrupuleux de la Commune en furent d'abord dégoûtés. Elles imposèrent leurs services. On n'osa les refuser et ce ne fut qu'à la fin, que Delescluze vit le parti abominable qu'il pouvait tirer de ces clientes atroces et songea à en faire ce qu'il appelait des *fuséennes*.

A la fin de mai, pour compléter le système de destruction dont nous avons suivi l'élaboration jusqu'ici, l'on créa des compagnies d'incendiaires sous le nom de fuséens et fuséennes.

Les fuséennes, — lisez incendiaires, — ne furent organisées qu'après ces bataillons d'amazones chargées de la chasse aux réfractaires. Nous en sommes redevables au *Comité de Salut public*.

Delescluze régnant, une bande de femmes vieilles ou jeunes, traînant la guenille de soie ou de laine, pécheresses des ruisseaux de Montmartre ou de Belleville, débris grouillants de Saint-Lazare et autres lieux, horde misérable — et pitoyable à la vérité, — au nombre de 400 environ, se rassembla en place de Grève, et demanda le citoyen Delescluze.

Que voulait cet arrière ban du communisme ?

Un salaire, sans doute.

Mais pour quelle tâche ?

N'importe laquelle.

L'ex-rédacteur en chef du *Réveil* en frémit de dégoût

Mais il dût vaincre ses répugnances et *jouer du balcon* ; farce spéciale aux gouvernements d'aventures dont devait périr à la fin ce pauvre Hôtel-de-Ville.

Le chef austère que l'on aimait à comparer à l'*incorruptible* Robespierre, parut.

« Citoyen, dit une *déléguée* de la bande, nous venons offrir nos services au Comité de Salut public.

Cournet.

Millière.

Allix.

Gambon.

Par De la Brugère

Arthème Fayard, Éditeur — 21

« Nous désirons former un bataillon destiné à surveiller les portes de la ville et à renvoyer au feu, les lâches qui tenteraient de déserter leurs postes et de rentrer en ville. »

Certes, la mesure proposée ne manquait point d'opportunité ; les portes étaient souvent assaillies par les fuyards ; les positions devenaient de moins en moins tenables, et l'autorité des chefs était complétement méconnue.

Delescluze ne l'ignorait pas, puisqu'il en était réduit à faire habiller en lignards quelques centaines d'individus et à les faire parader à l'Hôtel-de-Ville comme des soldats de la crosse-en-l'air accourus pour jouir des félicités communeuses.

Cependant il lui déplut de former un semblable bataillon ; c'était organiser l'émeute aux portes de la ville.

L'œil fixé sur cette bande, il réfléchit et conçut le projet d'en faire des fuséennes et des pétroleuses.

Il remercia les citoyennes de leur dévouement ; leur annonça que ce dévouement serait payé au taux ordinaire de 1 franc 50 cent par jour et qu'elles formeraient bientôt des compagnies de fuséennes.

A la dernière heure on distribua des bidons de pétrole à ces misérables... Nous avons encore leurs œuvres sous les yeux.

Avouons-le, les volontaires du crime ne sont pas d'un enrôlement difficile.

Nous n'en disons pas davantage sur ce chapitre.

Nous craignons d'en dire plus que nous ne pourrions prouver pièces en mains, et l'on aura remarqué que nous ne citons jamais un fait grave sans lui donner une preuve authentique à l'appui.

On se souvient que le citoyen Babik, membre de la Commune, dit à M. l'abbé Féron : « Si Versailles entrait à Paris, ce serait sur des ruines, nous ferons tout sauter. »

Les mêmes propos ont été tenus par des hommes du parti, bien avant l'époque dont parle l'abbé Féron, tantôt comme menace et tantôt à titre confidentiel et comme avertissement.

Ajoutons encore un mot cependant, outre les fusées incendiaires, et le pétrole en bidons et en bouteilles, les obus à pétrole, — les soldats de la République universelle et communiste avaient encore les bombes Orsini.

Mais faisons trève à ce triste sujet et oublions-le un moment pour parler des bienfaits de la Commune. A mesure que décroissait sa puissance, la Commune se montrait plus généreuse et plus tendre envers ses défenseurs.

Les caisses du citoyen Jourde n'étaient pas inépuisables, mais à défaut d'argent comptant la Commune donnait des promesses.

Les bienfaits de la Commune.

Nous n'avons pas trouvé jusqu'à présent beaucoup de décrets à applaudir, en voici un ; il est relatif à l'enseignement professionnel.

Une première école professionnelle sera prochainement ouverte dans le local précédemment occupé par les jésuites, rue Lhomond, 18, V⁰ arrondissement.

Les enfants âgés d'environ douze ans et au-dessus, quel que soit l'arrondissement qu'ils habitent, y seront admis pour compléter l'instruction qu'ils ont reçue dans les écoles primaires, et pour y faire en même temps l'apprentissage d'une profession.

Les parents sont donc priés de faire inscrire leurs enfants à la mairie du Panthéon (V⁰ arrondissement), en désignant le métier que chacun de ces enfants désire apprendre.

Les ouvriers au-dessus de quarante ans qui voudraient se présenter comme maîtres d'apprentissage devront aussi se faire inscrire à cette mairie, en indiquant leur profession.

Nous faisons appel en même temps, aux professeurs de langues vivantes, de sciences, de dessin et d'histoire, qui désirent nous prêter leur concours pour cet enseignement nouveau.

Paris, le 6 mai 1871.

Les membres de la commission pour l'organisation de l'enseignement,

EUG. ANDRÉ, E. DACOSTA, J. MANIER, RAMA, E. SANGLIER.

Approuvé par le délégué à l'enseignement.

ED. VAILLANT.

Malheureusement nous n'avons pas d'autres décrets de même valeur à faire suivre.

Dans les *bienfaits* d'un autre ordre nous avons un décret en faveur des associations ouvrières. Il n'a d'autre défaut que d'être inefficace.

Plusieurs fois la Commune s'est préoccupée du sort des veuves et des orphelins que laissaient les fédérés morts à son service et du sort des blessés.

Le 9 avril elle déclara que tout citoyen blessé à l'ennemi recevrait une pension annuelle ou viagère dont le chiffre serait fixé dans les limites de 300 à 1,200 francs.

Le 10, elle accorda par décret une pension de 600 francs aux veuves des gardes nationaux « tués à l'ennemi. » Ce décret est digne d'être cité :

« La Commune de Paris,

» Ayant adopté les veuves et les enfants de tous les citoyens morts pour la défense des droits du peuple.

» Décrète :

» Art. 1er. — Une pension de 600 francs sera accordée à la femme, mariée ou non, du garde national tué pour la défense du droit du peuple, après enquête qui établira ses droits et ses besoins.

» Art. 2. — Chacun des enfants, reconnus ou non, recevra jusqu'à l'âge de dix-huit ans une pension de trois cent soixante-cinq francs, payable par douzièmes.

» Art. 3. — Dans le cas où les enfants seraient déjà privés de leur mère, ils seront élevés au frais de la Commune, qui leur fera donner l'éducation intégrale nécessaire pour être en mesure de se suffire dans la société.

» Art. 4. — Les ascendants, père, mère, frères et sœurs de tout citoyen mort pour la défense des droits de Paris et qui prouveront que le défunt était pour eux un soutien nécessaire, pourront être admis à recevoir une pension proportionnelle à leurs besoins, dans les limites de 100 à 900 fr. par personne.

» Art. 5. — Toute enquête nécessitée par l'application des articles ci-dessus sera faite par une commission spéciale, composée de six membres délégués à cet effet dans chaque arrondissement, et présidée par un membre de la Commune appartenant à l'arrondissement.

» Art. 6. — Un comité, composé de trois membres de la Commune, centralisera les résultats produits par l'enquête, et statuera en dernier ressort.

» Paris, le 10 avril 1871. »

Dans sa séance du 19 mai sur la proposition du citoyen Amouroux elle rattacha à ce premier décret le décret suivant :

Il sera fait application aux parents des

victimes de la cartoucherie de l'avenue Rapp du décret du 15 avril 1871, concernant les veuves et les orphelins.

Faut-il indiquer ici l'habileté de ces décrets ? Il est évident que la Commune ne pouvait servir de si nombreuses et si riches pensions, si elle les votait, sans rire, c'est qu'elle savait que de nombreux imbéciles se diraient après sa chute : « Ah ! si la Commune était rétablie nous aurions *tant* de rentes ! »

Tous ces rentiers de la Commune sont autant de dévoués partisans.

L'argent étant difficile à trouver. Le peuple s'attendait de jour en jour à voir un décret qui autoriserait à retirer *tous* les objets engagés au mont-de-piété. Les intéressés, en général, ne doutaient pas que cela fut facile : il n'y avait qu'à donner des ordres ... De l'argent !... A quoi bon.

Cependant la Commune n'osa prendre une semblable mesure ; elle s'enquit des sommes nécessaires au remboursement. Le chiffre en était énorme, trente millions, croyons-nous.

Où les prendre ?..

On se résigna après longues délibérations, à un moyen terme et l'*Officiel* du 6 mai publia le décret suivant :

La Commune décrète :

Art. 1 er. Toute reconnaissance du mont-de-piété, antérieure au 25 avril 1871, portant engagement d'effets d'habillement, de meubles, de linge, de livres, d'objets de literie et d'instruments de travail, ne mentionnant pas un prêt supérieur à la somme de vingt francs, pourra être dégagée gratuitement à partir du 12 mai courant.

Art. 2. Les objets ci-dessus désignés ne pourront être délivrés qu'au porteur, qui justifiera, en établissant son identité, qu'il est l'emprunteur primitif.

Art. 3. Le délégué aux finances sera chargé de s'entendre avec l'administration du mont-de-piété, tant pour ce qui concerne le règlement de l'indemnité à allouer, que pour l'exécution du présent décret.

Pour éviter la foule et l'encombrement, on imagina de tirer au sort à l'Hôtel-de-Ville, des lots des objets engagés. Procédé impossible.

Le 21 mai parut cet avis, qui fut le dernier !..

En exécution du décret communal du 6 mai courant, il a été procédé hier 20 mai à deux heures, à l'Hôtel-de-Ville, salle Saint-Jean, en séance publique, présidée par le citoyen Lefrançais, membre de la Commune, à un second tirage au sort de quatre nouvelles séries d'objets engagés au mont-de-piété, qui devront être délivrés gratuitement.

Ce tirage a donné les résultats suivants :

1° Du 16 au 31 janvier 1870 ;
2° Du 16 au 30 novembre 1869 ;
3° Du 16 au 31 mai 1870 ;
4° Du 1er au 15 février 1871.

Le retrait des objets compris dans chacune de ces séries peut se faire immédiatement, aux établissements où ils sont déposés : à l'administration centrale, rue des Blancs-Manteaux ; rue du 31 Octobre (ancienne rue Bonaparte) ; ou rue Servan.

L'administration rappelle que les habitants de la Commune de Paris peuvent seuls bénéficier du droit du 6 mai ; les habitants des communes suburbaines n'y ont aucun droit.

Chaque reconnaissance devra porter le cachet de la mairie, du commissaire de police, du juge de paix ou du conseil de famille du bataillon de l'arrondissement de l'emprunteur.

Là se bornèrent les bienfaits de la Commune.

Fermons ce chapitre et reprenons la chronique des méfaits et des crimes.

Deux avis du 19 mai.

La délégation scientifique acceptera tous les jours, de huit heures à onze heures du matin, les soumissions de sulfure de carbone qui lui seront faites.

Paris, le 19 mai 1871.

Le membre de la Commune, chef de la délégation scientifique,

PARISEL.

On sait que le sulfure de carbone est une matière incendiaire des plus redoutables, et l'on se souvient de la mission de la délégation scientifique.

Le second avis paraît insensé ; il a produit à Paris pendant quelques jours une sensation profonde, le voici :

Les habitants de Paris sont invités de se rendre à leur domicile *sous quarante-huit heures* ; passé ce délai, leurs titres de rente et grand-livre seront brûlés.

Pour le Comité central,
GRÊLIER.

Les tribunaux de la Commune.

Nous n'avons pas cru devoir reproduire les comptes-rendus de la Cour martiale ; nous avons craint de fatiguer l'attention du lecteur, mais nous sommes certains qu'on lira avec intérêt deux séances du fameux *Jury d'accusation* récemment institué, tribunal où les criminels occupaient les places des juges et où l'innocence se trouvait au banc des accusés.

JURY D'ACCUSATION.

(Compte-rendu spécial du *Bulletin du Jour*.)

PREMIÈRE SECTION.

Audience du 19 mai.

Les otages. — Gendarmes et gardes de Paris pris à Montmartre le 18 mars.

Grande difficulté pour les sténographes de se placer, les huissiers ayant reçu l'ordre d'exiger d'eux une autorisation, qui n'est délivrée que par le Comité de salut public. Cette mesure, dont on n'avait pas été averti à l'avance, force les *reporters* non privilégiés de se placer tant bien que mal dans la salle, et de se livrer à leur travail fort peu commodément installés à une petite table, dont on leur concède l'usage.

Un auditoire très-nombreux est venu assister aux débats.

Le jury entre en séance à trois heures, et se place non plus sur les bancs qu'il occupait le matin, mais en demi-cercle là où siégeaient anciennement les magistrats de la cour d'assises.

Le siége de l'accusateur public est occupé par le citoyen Raoul Rigault, procureur de la Commune, et par l'un de ses substituts.

Celui du président, par un garde national dont nous ignorons le nom.

On introduit quatre accusés. Ce sont des sous-officiers de gendarmerie.

On interroge le premier accusé : il se nomme Genty, il a quarante-cinq ans, et est gendarme depuis quinze ans.

Le Procureur de la République. — Avant d'être gendarme, l'accusé n'était-il pas garde de Paris ?

R. Oui.

Le second accusé s'appelle Garaudé, il était soldat de ligne avant d'être gendarme.

D. Pourquoi avez vous changé de corps ?
R. Parce que c'est plus avantageux.

Le troisième accusé se nomme Poireau ; il declare être marié.

Le quatrième accusé se nomme Millot (Ferdinand), est âgé de trente-trois ans, a été cultivateur à Faucogney (Haute-Saône).

Tous les inculpés appartenaient à la garde de Paris ; ils répondent avec assurance.

Le citoyen président. — La parole est au ministère public.

Le citoyen Raoul Rigault. — Citoyens, vous vous rappelez les assassinats commis à Versailles sur nos généraux et sur des victimes qui, pour être plus obscures, n'en sont pas moins intéressantes. La Commune de Paris a décidé alors qu'elle userait de représailles sur les otages qu'elle avait entre les mains. Or, les accusés ici présents ont-il cette qualité ? Je crois que oui. Ces quatre hommes ont fait partie de la garde de Paris, que nos épaules connaissent encore mieux que nos intelligences. Après avoir rétabli l'ordre sous M. Bonaparte, ils l'ont rétabli sous le gouvernement du 4 septembre et sous celui de Thiers et de Picard. C'est pour cela que nous vous demandons, citoyens jurés, de déclarer que ces hommes sont des otages. Les faits sont palpables, établis ; il n'y a donc pas de défense à entendre. Nous avons cité devant vous ces quatre gendarmes pour prouver que nous ne faisons rien arbitrairement : c'est vous qui allez prononcer.

Le premier accusé prend ensuite la parole :

Citoyens, dit-il, vous savez qu'un soldat n'a pas de volonté. Nous avons quitté notre caserne à deux heures du matin le 18 mars, sans savoir où l'on nous menait. Nous n'avons pas tiré sur le peuple, nos chefs nous l'avaient défendu : nous avons fraternisé avec les gardes nationaux de Montmartre, auxquels nous nous sommes rendus. Nous avons bu avec eux, ils ont bu avec nous.

Le procureur de la Commune. — Je ne comprend pas que des hommes appartenant à la garde de Paris, puisqu'il faut l'appeler par son nom, s'assimilent à des soldats. Les soldats, on sait comment nous les traitons quand ils viennent à nous. Mais vous, si vous vous êtes rendus, c'est que vous ne pouviez pas faire autrement ; avez-vous tiré sur le peuple ? Peu m'importe ! votre position est celle-ci : Pouvez-vous être considérés ou non comme otages ? toute la question est là. Du reste, un mot servira à vous faire condamner, vous avez dit être entrés dans la garde de Paris parce que c'était plus avantageux ; or, vous saviez quels ordres vous recevriez, quelle besogne il vous faudrait accomplir dans ce corps où vous entriez pour quelques sous de plus.

Si vous étiez des soldats, le peuple de Montmartre ne s'y serait pas trompé, et de même que les hommes du 88e de ligne ne sont pas sur ces bancs, vous n'y seriez pas non plus, si vous n'étiez pas dans une autre situation. Je requiers que les débats soient déclarés clos.

M. le président. — Les débats sont clos.

Le jury se retire pour délibérer à trois heures et demie.

Il rentre en séance à quatre heures moins cinq minutes.

M. le président prononce un verdict aux termes duquel le jury a répondu affirmativement sur Genty, Poireau, et Garaudé, par onze voix contre une ; négativement par sept voix contre cinq, sur le quatrième accusé ; Milliot est déclaré non otage.

En conséquence, le procureur de la Commune requiert que les trois premiers accusés soient conservés comme otages. et que le quatrième soit renvoyé des fins de la poursuite.

Après ces quatre sous-officiers de gendarmes, on en amène cinq autres. Ils ont été pris de la même façon que les premiers ; les choses se passent pour ceux-ci comme pour ceux-là.

Notons seulement la partie du réquisitoire du citoyen procureur de la Commune, dans laquelle il a reproché aux accusés de nier être allés à Montmartre pour tirer sur le peuple, et de dire que s'ils l'avaient su, ils n'y seraient pas allés :
« Soyez francs, dit-il, nous ne forçons personne à être de notre avis ; si vous venez nous dire que vous êtes bonapartistes, nous n'aurions peut-être pas la force de requérir ; ce que nous voulons, c'est qu'on ait un avis. Nous autres républicains, quand au lieu d'être à cette place nous étions à la vôtre, nous disions : vous êtes les plus forts, frappez-nous, mais cela ne nous empêchera pas de vous haïr et de vous mépriser. »

Un des accusés fait observer que la garde de Paris était une garde municipale payée par la ville et non par le pouvoir ; qu'elle était moins chargée de défendre celui-ci que de maintenir l'ordre dans celle-là.

Le verdict a été, pour cette seconde série, affirmatif pour les quatre premiers accusés, négatif pour le cinquième.

Troisième série de cinq gendarmes et verdict affirmatif pour les cinq accusés.

M. le substitut Huguenot, avant que l'audience soit levée, déclare qu'à la prochaine audience, l'image du Christ aura disparu de la salle et sera remplacée par celle de la République.

L'audience est levée à six heures dix minutes du soir, et renvoyée à lundi, dix heures du soir.

2ᵉ SECTION.

Quelques anciens sergents de ville ont comparu devant la 2ᵉ section du jury, qui a statué également sur la question de savoir si ces hommes doivent être considérés comme otages. Cette section siége dans l'ancienne salle des appels de police correctionnelle.

On procède cependant autrement que dans la 1ʳᵉ section ; les accusés sont amenés un par un ; leur qualité d'ex-sergents de ville est constatée et ils ont emmenés sans qu'aucune décision soit prononcée contre eux. Même absence de défenseurs.

La séance de la 2ᵉ section a été indiquée pour aujourd'hui dix heures du matin.

(4ᵉ SECTION.)

Audience du 20 mai.

Les Otages. — Sergents de ville.s

Le jury d'accusation comprend, comme on sait, quatre sections : les deux premières ont siégé hier ; la troisième seule a siégé aujourd'hui ; la première et la seconde reprendront lundi, et ainsi de suite.

L'audience de la 4ᵉ section, annoncée pour dix heures du matin, n'a été ouverte qu'à onze heures et quart ; trois ou quatre personnes seulement dans la salle.

Comme à l'audience précédente, on a amené sur les bancs plusieurs sergents de ville pris à Montmartre le 18 mars ; il s'agit toujours pour le jury de résoudre la question suivante : ces hommes peuvent-ils ou non être considérés comme otages, c'est-à-dire être compris dans le nombre de ceux contre lesquels la Commune croirait devoir user de représailles?

Tous les accusés sont dans les mêmes conditions et se défendent de la même manière.

Un jeune substitut du procureur de la Commune, dont nous ignorons le nom, occupe le siége de l'accusateur public.

Un quart d'heure se passe à attendre les accusés.

Le premier accusé se nomme Daussin ; c'est un ancien facteur, qui s'est fait sergent de ville parce qu'il ne gagnait pas assez. Au mois de septembre 1870, il a été licencié, est entré dans la garde nationale et est entré dans les gardiens de la paix, ce que lui reproche l'accusation.

Le 18 mars, il s'est rendu à Montmartre en corps. Il déclare, comme tous les autres accusés, qu'il ne savait pas où on le conduisait ; s'il l'avait su, dit-il, et c'est encore un système de défense généralement adopté, il n'aurait pas marché ou il se serait sauvé en route.

Le second accusé, le nommé Klein (Victor), âgé de trente-deux ans et ex-gardien de la paix, n'a pas su où on le conduisait le 18 mars, etc.

Le troisième a été se promener, le 18 mars, du côté de la barrière de Fontainebleau ; il était en bourgeois, on l'a reconnu, et il a été arrêté.

M. le président. — Quel était votre état ?

R. Scieur de long.

D. Avez-vous servi ?

R. Oui, j'ai servi dans les dragons, puis dans les guides.

Un juré. — C'est cela! Vous êtes passé de la garde impériale dans la police impériale.

D. Pourquoi n'avez-vous pas, en sortant du service, repris votre profession ?

R. J'étais parti de mon pays; j'aidais mon père, et je n'aurais pu le faire avec mon salaire.

D. Savez-vous lire ?

R. Un peu.

D. Vous en saviez assez long pour lire votre journal et vous faire une opinion.

Un autre accusé a été arrêté chez lui, un autre au moment où il allait prendre son service.

On entend ainsi huit accusés tous sergents de ville, jusqu'à une heure moins un quart.

A cette heure, l'audience est suspendue et ne doit être reprise qu'à deux heures.

Aucun verdict n'a encore été prononcé.

On sait qu'ils ont été assassinés.

Pauvres martyrs obscurs de la grande cause de l'ordre !...

Braves soldats qui n'ont pas su trahir à une époque et dans un ville où la trahison des soldats livrant leur général était acclamée.

Celui qui écrit ces lignes les a vu défiler le 18 mars, entre deux haies de fédérés, il pressentait bien qu'ils ne seraient pas plus heureux que les deux généraux déjà tombés rue des Rosiers.

La foule les regardait passer, indifférente.

Voici les noms des otages choisis par le jury de la 4e section ; nous regrettons de ne pouvoir donner la liste complète des otages, le nombre de ces infortunés s'élevait à 36.

Dessin, Jean-Baptiste-Alfred ; Laisné, Jules-Marie-Victorin ; Oswald, Jean-Pierre ; Regnier, Joseph-Etienne, Guénard, Louis ; Desbades, Antoine-Marie ; Girard, Nicolas-Félix ; Languet, Pierre-Marie ; Goujenot, François-Eugène ; Marchetti, Charles-François ; Marguerite, Jean ; Chemera, Jean-François ; Villemain. Sébastien.

Conciliation in extremis.

Les délégués d'un congrès dit de *conciliat* lyonnais arrivèrent le 20 mai à Paris. Ils apportaient la déclaration suivante :

DE 1871. 169

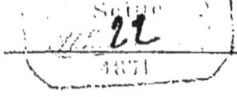

M. A. Thiers, chef du pouvoir exécutif de la République française.

Au chef du pouvoir exécutif de la République française,

A la Commune de Paris,

Les délégués, membres des conseils municipaux de seize départements réunis à Lyon.

Au nom des populations qu'ils représentent,

Affirment la République comme le seul

Par DE LA BRUGÈRE

ARTHÈME FAYARD, Éditeur — 22

gouvernement légitime et possible du pays, l'autonomie communale comme la seule base du gouvernement républicain, et demandent :

La cessation des hostilités ;

La dissolution de l'Assemblée nationale, dont le mandat est terminé, la paix étant signée ;

La dissolution de la Commune ;

Des élections municipales dans Paris ;

Des élections pour une Constituante dans la France entière.

Dans le cas où ces résolutions seraient repoussées par l'Assemblée ou par la Commune, ils rendraient responsables devant la nation souveraine celui des deux combattants qui les refuserait et menacerait ainsi de donner à la guerre civile de nouveaux aliments.

Ont signé les délégués des départements suivants :

Ardèche, Bouches-du-Rhône, Cher, Drôme, Gard, Hérault, Isère, Loire, Haute-Marne, Nièvre, Pyrénées-Orientales, Rhône, Saône-et-Loire, Savoie, Var, Vaucluse.

Fuite de Rochefort; son arrestation.

Malgré ses rodomontades, Rochefort tremblait et ce n'était un mystère pour personne. A Versailles même on savait qu'il songeait à fuir et *Le Gaulois* annonçait à la date du 18 qu'il avait écrit à sa sœur alors à Arcachon pour la prier de le joindre à Bruxelles avec ses enfants.

« Plusieurs journaux en reproduisant cette note me forcent à la relever, répliqua Rochefort,

» Je n'ai à Arcachon que ma sœur, ma fille et mon petit garçon, qui étaient venus m'y retrouver quand j'étais malade, et il y a déjà quelque temps que je leur ai écrit, non pour les inviter à aller me retenir un appartement à Bruxelles, mais pour leur dire de venir me rejoindre à Paris, tant je crois peu à l'entrée des Versaillais.

» La seule crainte que puisse me faire éprouver la note publiée par les chanteurs du *Gaulois*, c'est que ma lettre ne soit, en effet, tombée dans les mains du préfet de Bordeaux. Elle contenait un chèque que j'adressais à ma famille pour les frais du voyage d'Arcachon à Paris, et il est possible que, fidèle aux traditions de l'Empire, ce fonctionnaire ait à la fois gardé ma missive et empoché mon argent. »

Très-bien, mais vingt-quatre heures plus tard Rochefort envoie aux journaux ce mot d'avis :

Monsieur le rédacteur,

Je vous serais vivement obligé si vous vouliez bien annoncer à vos lecteurs qu'en présence de la situation faite à la presse, le *Mot d'ordre* croit de sa dignité de cesser de paraître.

Salut fraternel,

Henri ROCHEFORT.

On remarqua naturellement combien le *Mot d'ordre* était plus jaloux de sa dignité que *la Lanterne* ou *la Marseillaise*. Mais il s'agissait bien de dignité !... Et le jour même où cette note était publiée le rédacteur du *Mot d'ordre* arrivait à Meaux en chaise de poste. Il voyageait sous un nom d'emprunt en compagnie de l'abbé Mourot, son secrétaire.

Mais à peine arrivés à Meaux les deux personnages étaient mis en état d'arrestation et expédiés sous bonne escorte à Versailles.

La police de cette ville était avertie depuis plusieurs jours et ils étaient attendus à Meaux.

Le cocher qui les avait conduit était un agent de la sûreté.

Cet événement, qui autrefois eut eu un si grand retentissement, passa presque inaperçu. Rochefort a cessé d'amuser les bourgeois et d'étonner le peuple.

Il parait même que ce malheureux Rochefort, était devenu suspect à l'ex-préfecture.

Vesinier, — qu'il avait eu l'imprudence de *turlupiner* sous prétexte qu'il est bossu et lui faisait l'effet d'une racine de buis, —Vesinier l'avait traité de mouchard dans son journal le *Paris libre*. Il avait accolé son nom à celui de Marchal de Bussy.

Le *Gaulois* a depuis affirmé, que Raoul Rigault avait lancé un mandat d'amener contre le Pasquin du *Mot-d'Ordre*. Et c'est pourquoi ce dernier s'est fait prendre à Meaux.

« Entre deux *Meaux* il faut choisir le moindre ! »

Et le *Cri du peuple* de J. Vallès cite le Gaulois *sans le demander*. C'est avec des plaisanteries que les anciens amis ont accueilli la nouvelle de la fuite si courte de ce plaisant, et ses ennemis eux-mêmes n'ont pas eu contre lui une explosion de haine.

Les arrestations se multipliaient.

Tous ceux qui croyaient voir un moyen de fuite le tentaient encore. Un plus grand nombre changeaient chaque nuit de logement ; beaucoup de fugitifs du centre allaient la nuit à Belleville ou à la Villette.

D'autres disaient froidement : « Si ces bandits viennent pour m'arrêter, je les tue. »

Plusieurs même eurent le courage de l'écrire et de le signer.

Paris le 21 mai.

Nous avons sous les yeux la collection des journaux de Paris et aux dates des 20, 21 et 22 mai; ils ne laissent rien pressentir de l'entrée de l'armée nationale.

A la date du 23 quelques feuilles reproduisent la communication officielle suivante du gouvernement national.

« Le Chef du pouvoir exécutif vient d'adresser à tous les préfets la circulaire suivante qui sera affichée dans toutes les communes :

» Versailles 20 mai, 3 h. 10 s.

Quelques préfets ayant demandé des nouvelles, il leur a été fait la réponse suivante :

Ceux qui s'inquiètent ont grand tort. Nos troupes travaillent aux approches. Nous battons en brèche au moment où j'écris. Jamais nous n'avons été plus près du but. Les membres de la Commune sont occupés à se sauver. M. Henri Rochefort a été arrêté à Meaux. »

Les troupes de l'ordre étaient depuis plus de 24 heures dans Paris.

A la date du 23, le *Rappel*, l'*Avant-garde*, le *Paris libre*, l'*Officiel* lui-même annoncent le fait accompli et depuis longtemps connu ; mais quelques journaux, entre autres le *Cri du peuple*, gardent encore le silence.

Avant de nous laisser entraîner par le cours des événements, il nous semble curieux de parcourir ces organes de la Commune, rédigés par ces hommes qui ont été pour les journalistes des régimes précédents des critiques si sévères, et qui depuis, ont été des dénonciateurs.

Dans le numéro du 32 mai du journal de Vallès nous lisons :

La Bataille.

Porte Maillot.

A une heure du matin les Versaillais ont tenté l'assaut de la porte Maillot. La cannonade était furieuse. Le Mont-

Valérien et le château de Bécon tiraient à toute volée. Bientôt la fusillade est devenue très-intense, il s'y mêlait le crépitement des mitrailleuses.

La barricade d'Inkermann a été enlevée à la baïonnette par les lignards. Les fédérés se sont réfugiés derrière les barricades du Roule. Mais la position est devenue bientôt intenable; le mouvement de retraite devenait très-prononcé et déjà les Versaillais n'étaient plus qu'à 200 mètres de l'enceinte, lorsque le 74e bataillon les prenant à revers a fait une charge admirable à la baïonnette et les a repoussés de barricade en barricade et les a forcés à reprendre leurs positions.

Du même.

Dernière heure :

Neuilly — Tout va bien.

Du même, toujours communication de Delescluze :

22 mai 8 heures du soir [1].

« On avait dans la soirée, parlé de l'entrée des Versaillais dans la ligne des remparts.

» Le citoyen Delescluze dément la nouvelle en ces termes :

» L'observatoire de l'Arc-de-Triomphe nie l'entrée des Versaillais, du moins il n'y voit rien qui y ressemble. Le commandant Renard, de la section, vient de quitter mon cabinet, et affirme qu'il n'y a a eu qu'une panique et que la porte d'Auteuil n'a pas été forcée; que si quelques Versaillais se sont présentés ils ont été repoussés. J'ai envoyé chercher onze bataillons de renfort, par autant d'officiers d'état-major, qui ne doivent les quitter qu'après les avoir conduit au poste qu'ils doivent occuper.

« DELESCLUZE. »

N'est-ce qu'un mensonge, ou réellement Delescluze ignorait-il ce qui s'était passé depuis trente heures à quelques centaines de pas de l'Hôtel-de-Ville?..

Quant au *Cri du Peuple* il mentait sciemment, car les obus éclataient déjà rue d'Aboukir devant ses bureaux.

En tout cas, quelle confiance dans la crédulité aveugle du peuple !

Quant au journal de Vesinier, *Le Paris libre*, nous lisons sous la rubrique : — *Dernières nouvelles. Dépêches de la matinée* (à la date du 23).

« D'après nos derniers renseignements, les Versaillais seraient entrés par la porte de Saint-Cloud.

Les fédérés, obligés de se replier, se seraient retranchés à quelque distance derrière leurs barricades, *où l'ennemi, peu nombreux du reste, n'a pas osé les inquiéter.* »

Quant au *Rappel* du 23, il se décide à publier l'entrée « des Versaillais; » il donne même des détails très-complets, mais dans un style amphigourique il nous répète je suis oiseau, je suis souris, tout comme la chauve-souris de la fable.

« Nous l'avons déjà dit et nous le répétons, nous sommes contre l'Assemblée, mais nous ne sommes pas pour la Commune. Ce que nous défendons, ce que nous aimons, ce que nous admirons c'est Paris.

» Nous sommes pour Paris, parce que Paris c'est aussi la France. Nous sommes pour le citoyen, parce que le soldat est citoyen aussi. »

Mais laissons ces hâbleurs et ces hypocrites et voyons ce qui s'est passée.

---

1. Imprimé dans le numéro qui a paru le 23 à 6 h. du matin.

Entrée de l'armée nationale à Paris.

L'assaut ne devait être donné que le 23; néanmoins les batteries de brèche entamaient la maçonnerie du rempart au Point-du-Jour et au Bois de Boulogne.

La porte Maillot n'était plus tenable.

Déjà la Commune préparait sa fuite, et nous voyons dans le journal l'*Avant-garde*

Palais-Royal.

que plusieurs membres, Protot, entre autres, sont accusés d'avoir déjà pris la fuite. Deux ou trois ballons sont partis le soir, et il est à penser qu'ils n'ont pas emporté des paquets de proclamations, mais des gens tels que Pyat, pour en nommer dont la lâcheté est notoire.

Les gens de la Commune ne redoutaient point seulement les batteries de brèche, mais encore la trahison. Ils n'avaient que ce mot à la bouche comme si la trahison eut été l'essence même de leur gouvernement.

Et avaient-ils tout à fait tort ?

On a dit que la police de M. Thiers comptait sur la trahison pour éviter autant que possible l'effusion du sang. Le procès de Versailles nous a appris que Charles Lullier, un *des pères du* 18 *mars*, avait, par vengeance, par ambition, peut-être offert au gouvernement de lui livrer les chefs de l'insurrection. Comité central et Commune Gassien d'Æbin et de Bisson étaient du complot. Il s'était mis en rapport, à Versailles, avec M. Camus, ingénieur des ponts-et-chaussées et M. le baron Duthel de la Tuque, qui étaient convenus avec lui d'organiser une contre-révolution.

Citons l'acte d'accusation :

« Lullier s'occupe activement de son projet, espérant faire ainsi oublier sa part active dans l'insurrection du 18 mars, en mettant pour condition qu'on le laisserait partir lui et ses complices, Gassien d'Æbin et de Bisson, sans les inquiéter. Deux mille francs ont été donnés par M. Camus pour solder les frais de la conspiration et Lullier, chef du mouvement, devait prescrire après l'éxécution un compte approximativement évalué par M. Camus à 30,000 francs. Le chef du complot devait faire arrêter les membres de la Commune et du Comité central, les envoyer à Mazas et renvoyer les otages à Versailles.

« Le plan a échoué, d'après Lullier, parce que le prétexte attendu pour agir ne s'est pas présenté ; d'après M. Camus, parce que ce dernier a été arrêté par les insurgés. Il s'ensuit que la convention n'eut plus de raison d'être. »

Grassien d'Æben et de Bisson étaient également des « pères du 18 mars » avec Blanchet, cela nous fait quatre pères indignes. Et si nous prenions la Commune ?... Emile Clément, cela fait cinq, en deux mois !

Quant à Cluseret, suspect, incriminé et incarcéré, on le relâcha, avec des circonstances atténuantes, c'est-à-dire que tout en condamnant ses opérations militaires on admit la pureté de ses intentions, et l'on accepta de nouveau ses services.

Il redevint officier supérieur de la Commune, dont la défense fut confiée à Dombrowski et à La Cécilia.

Un mot de biographie, sur ces deux généraux dont le premier avait du moins le mérite d'être brave.

Nous prendrons nos renseignements dans le *Journal Officiel* (le vrai), qui publia ce qui suit :

Une note publiée par les chefs de l'insurrection de Neuilly essaie de calmer les inquiétudes qu'à inspirées la nomination de l'étranger Dombrowski comme commandant de place. Nous sommes en mesure de donner sur ce personnage des renseignements qui feront connaître les hommes qui siègent à l'Hôtel-de-Ville.

Jéroslas Dombrowski est né à Cracovie. Il est âgé de quarante-cinq ans. En 1863, lors de l'insurrection polonaise, il combattit avec le grade de colonel. En 1865, impliqué dans un procès pour crime de fabrication et d'émission de faux billets de banque russe, il fut mis en liberté en vertu d'une ordonnance de non lieu. Il comparut une seconde fois sous la même inculpation devant la cour d'assises de la Seine, et fut acquitté.

Jéroslas Dombrowski fabriquait de faux passeports et de faux certificats, dans lesquels il attestait que certains de ses compatriotes, qu'il gratifiait de grades imaginaires, avaient pris une part active à l'insurrection, alors qu'ils y étaient restés complètement étrangers. Ces certificats avaient pour objet de faire obtenir des subsides aux pétitionnaires réfugiés.

Dans le courant de février dernier, Dombrowski a cherché à fomenter l'insurrection à Bordeaux, et un mandat fut décerné contre lui.

Il parvint à se soustraire à la justice.

Inutile de raconter ce qu'il fit depuis.

Nous insisterons seulement sur ce point que Dombrowski était courageux et chargeait à la tête de ses troupes ; qu'en cela il se distinguait de Cluseret, ainsi que le *Cri du peuple* en fit la remarque.

Il prit pour aide de camp le colonel Dombrowski, son frère, croyons-nous, ou du moins son parent et introduisit dans l'armée fédérée plusieurs officiers polonais.

Quant à La Cécilia, nos renseignements biographiques sont de source suspecte, c'est-à-dire communeux.

Le citoyen La Cécilia est né à Tours.

Pour ne pas servir l'empire, il s'engagea dans l'armée italienne, où il fit les campagnes de 1859-1860. Il fut blessé deux fois et parvint au grade de capitaine du génie. Après la guerre il rentra en France.

Quand éclata la guerre avec la Prusse, La Cécilia fit taire ses sentiments politiques pour ne songer qu'à la France, et partit lieutenant dans les francs-tireurs de Paris. C'est dans ce corps qu'il parvint au grade de colonel, après s'être distingué aux affaires d'Ablis, de Châteaudun, de Varize, et pour avoir dirigé la brillante défense d'Alençon.

Après le 18 mars, il est entré au service de la Commune de Paris comme colonel chef d'état-major du général Eudes. Aujourd'hui, il occupe le premier poste militaire de la ville de Paris..

La Cécilia a trente-six ans. Ce n'est pas seulement un soldat, c'est un homme du monde et un érudit. Il a longtemps étudié en Allemagne. Il sait vingt-six langues orientales et européennes, et passe pour un mathématicien extrêmement distingué.

Savant et homme du monde?.. Il est permis de douter de ces qualités tout aussi bien que des talents militaires du général communeux, lorsqu'on a lu les lettres et billets suivants signés La Cécilia et trouvés chez les citoyen Gustave et Elie May, intendants militaires de la Commune, ci-devant négociants en pierres fines rue Turbigo 77.

Voici :

RÉPUBLIQUE FRANÇAISE.
GARDE NATIONALE DU DÉPARTEMENT DE LA SEINE.

Etat-major général.

Cher citoyen,

Promissio boni viri est obligatio : Avec la cordialité qui vous distingue vous m'avez promis :

1° Deux épées avec *double fourreau* et dragonnes (sic) ;
2° Des cigares ;
3° Des boîtes de conserves, et surtout des boîtes d'asperges, et enfin, hélas ! deux pièces de vin, une de Bourgogne et l'autre de Bordeaux.

Depuis trois jours je suis comme sœur Anne, mais je ne vois rien venir.

His eripe me, invicte, malis !

Salut et fraternité.

Le général commandant la place,
N. LA CÉCILIA.

Paris, le 27 avril 1871.

Une seconde lettre, à vingt-trois jours de date, est d'une allure moins joyeuse.

Paris, le 20 mai 1871.

Citoyen délégué,

Ma position n'est plus tenable : d'un moment à l'autre je suis exposé à être tourné sur ma gauche. L'importance stratégique de ma position est nulle depuis la prise des forts d'Issy et de Vanves. Je vous demande l'autorisation d'évacuer mon poste, afin de ne pas sacrifier inutilement la vie de tant de braves gens.

Salut et fraternité,

Le général de division commandant le centre,
A. LA CÉCILIA.

Ch. Delescluze, nous subissons en ce moment une attaque furieuse, j'ai la douleur de vous dire que je partage l'avis exprimé dans cette dépêche.

A vous,

JOHANNARD.

Que dites-vous des préoccupations gastronomiques du citoyen général ? Et de ces citations de cuistre de lycée ?

Voilà les hommes que les fédérés avaient choisis pour chefs et dont dépendaient 2,000,000 d'habitants.

Leur armée avait été décimée et diminuée par la défection de bien des gens que tourmentaient leur conscience ou la crainte des châtiments, mais d'autre part cette armée s'était accrue depuis avril de renforts arrivés de la province et de l'étranger, qui avaient déversé à Paris la lie de leur population.

Londres, seul, nous croyons l'avoir déjà dit, avait, selon l'avis de l'ambassadeur à Jules Favre, envoyé plus de 4,000 individus.

On s'est étonné dans certains départements éloignés de plus de 60 lieues de la capitale du nombre et de l'importance des convois de pétrole en destination de cette ville, pendant le règne de la Commune.

Pétrole et communeux abondaient de tous côtés.

Enfin, ces messieurs du Salut public, avaient formé des corps de bandits, vengeurs de ceci ou de cela, avec des hautes paies et enrégimentaient les femmes et les adultes.

Voilà l'armée communeuse, au moment de la délivrance.

Maintenant retournons aux remparts, et n'oublions pas la date de ce jour mémorable : le 21 mai.

Deux hommes sont les héros de la journée du 21 mai ; ce sont eux qui ont ouvert Paris : l'un s'appelle Trèves, l'autre Ducatel.

Depuis cinq jours le capitaine de frégate Trèves étudiait toute cette partie de Billancourt, rive droite de la Seine, comprise entre la pointe nord de l'île de Saint-Germain et les routes de Sèvres et de Saint-Cloud, en vue du commandement des batteries mobiles qu'il devait prendre dans le corps d'armée du général de Cissey. Durant toute la matinée du 21 mai il visita la batterie de brèche établie à onze cents mètres des remparts.

Il se trouvait dans les tranchées, à cinquante ou soixante mètres du mur des fortifications, tandis que les puissantes batteries de Montretout, la célèbre batterie de Breteuil servie par des marins, et celle des Quatre-Tourelles, ainsi que les forts d'Issy et Meudon tiraient sur le Point-du-Jour et la porte de Saint-Cloud, cette partie des remparts formant l'axe de ce véritable éventail de feu.

Le silence des remparts étonna le commandant Trèves. Personne ne répondait de la ville, ni artillerie, ni mousqueterie, et alors l'idée lui vint de s'assurer de l'état dans lequel était le pont-levis de la porte Saint-Cloud, abattu depuis trois jours.

S'il y avait du monde derrière, il y en avait peu ; mais il fallait le voir. M. Trèves fit prévenir les soldats des tranchées de son dessein, en recommandant, par conséquent, de ne pas lui tirer dessus et de se tenir prêts à recevoir les insurgés qui pourraient se montrer.

Les hommes ayant mis en joue, le commandant sauta dans les tranchées et se dirigea sur le saillant même du bastion, au bord du fossé du rempart. Il examina pendant deux minutes les restes du pont, le fossé, la possibilité enfin de tenter un assaut, salué par nos obus, qui pleuvaient avec rage ; mais la surexcitation du moment ne lui laissait pas le souci de s'inquiéter du danger.

Il revenait au pas dans la tranchée, lorsque vers trois heures et quart le feu de nos batteries devenant rasant, il aperçut un homme vêtu en bourgeois apparaissant à mi-corps au-dessus du bastion 64, se démenant des deux bras, agitant un mouchoir blanc et poussant des cris qu'on ne pouvait entendre au milieu du vacarme d'artillerie qui faisait rage.

Les soldats de la tranchée disaient :

— C'est une ruse.

Ferré.

— Je vais voir! fit le commandant Trèves en s'avançant.

— Vous seriez fusillé, nous allons avec vous! s'écrièrent les soldats et les sous-officiers qui, au nombre de douze ou quinze, voulurent absolument le suivre.

— Si c'est une ruse, dit Trèves, il faut qu'il n'y ait qu'une tête cassée, ce sera la mienne..... Vous allez rester là, le fusil en joue.

Les soldats obéirent, et le commandant s'élança au pas de course vers la porte.

Il arriva à la place-d'armes, au réduit élevé en face, passa par dessus, tout en se garant des obus ; et au moment où il allait mettre le pied sur le pont-levis dont il ne restait qu'une poutrelle, il s'aperçut qu'il était suivi d'un sergent, le brave Contant, du 91e de ligne, qui avait voulu absolument partager sa fortune et venger au besoin, disait-il, le colonel des loups de mer.

Trèves passa le pont, entra dans l'enceinte et sauta dans le fossé où l'homme en bourgeois était venu à sa rencontre. Il le prit au collet et lui mit son revolver sur la poitrine.

— Ne craignez rien, je suis loyal, je ne vous trompe pas, vous pouvez entrer ! cria celui-ci.

— Qui êtes-vous ?

— Je suis Ducatel, piqueur des ponts et chaussées, ancien sous-officier d'infanterie de marine.

Trèves porta ses yeux de tous côtés et vit qu'ils étaient bien seuls.

Oui, reprit Ducatel. Paris est à vous, tout est abandonné de ce côté, vous pouvez entrer !

Le commandant pénètre plus avant dans l'enceinte, et, guidé par Ducatel et toujours suivi du sergent Contant, visite les bastions de droite et de gauche, constate une évacuation complète. Puis il entre dans les maisons voisines, et s'assure qu'elles ne sont point gardées.

L'enthousiasme de ces trois hommes était immense, et ils ne songeaient nullement aux obus, qui semblaient tomber plus nombreux encore de ce côté.

Enfin quand le commandant Trèves fut bien certain que la place était libre, il sauta sur le bastion 64, et levant sa casquette et l'agitant, s'écria :

— Paris est à nous!

Il n'y avait pas une minute à perdre ; le commandant emmena Ducatel hors de l'enceinte : il fallait rendre immédiatement compte aux généraux de ces faits, et le témoignage du brave citoyen qui les avait précipités n'était pas de trop.

Ils sortirent sous le feu des obus que les batteries de l'ouest surtout dirigeaient précisément en cet instant sur la porte même de Saint-Cloud ; mais l'enthousiasme mis au cœur de ces hommes par un grand devoir accompli leur faisait mépriser la mort.

Rentré dans la tranchée, le commandant Trèves télégraphia aux généraux Douai et Vergé ce qui venait de se passer.

Une heure après, le feu cessait sur toute la ligne, et le commandant Trèves rentrait dans l'enceinte avec une section du génie. Là, l'étude particulière qu'il a fait des torpilles, lui permit de découvrir la mine préparée par les insurgés pour une explosion en cas d'assaut.

Paris était bien à nous. La Providence, car nous ne voulons pas dire le hasard, avait accompli son œuvre. Elle avait suscité un citoyen obscur et courageux pour donner aux hommes honnêtes la clef de la grande ville, livrée aux appétits d'une bande de scélérats.

Ducatel a couru de grands périls ; il avait passé à travers les lignes des insurgés, était parvenu à gagner le Point-du-Jour, puis la porte de Saint-Cloud pour venir crier aux soldats, sous une pluie de projectiles, que cette partie de Paris était à nous si nous le voulions.

C'est là un acte qu'un grand cœur peut seul accomplir.

Le commandant Trèves a rempli, lui, son devoir de soldat audacieux et héroïque.

Ceux du métier diront que son entrée dans Paris, tout seul, le premier, dans Paris assiégé par cent mille hommes, est un coup de fortune, de la veine : — c'est une gloire !

Les faits militaires qui suivirent, l'effroyable vengeance des hommes de la Commune, qui ont tenté d'anéantir la ville entière le jour où ils se sont reconnus vaincus, ont détourné l'attention du fait capital qui a précipité le dénouement du drame ; mais il ne faut pas que les noms des deux héros du 21 mai soient oubliés.

Les noms de Trèves et de Ducatel ne périront pas.

On sait que M. Trèves officier de la Légion d'honneur, a été élevé au grade de capitaine de vaisseau, rang de colonel.

M. Ducatel a reçu une indemnité pour sa maison détruite par les obus et la ville de Paris lui fait une rente 4,000 fr.; mais ce qui, pour lui, vaut mieux, c'est la croix de la Légion d'honneur.

Mais revenons aux opérations militaires.

Il avait été décidé que l'assaut serait donné le 23 ; les troupes du général Douai qui occupaient les avant-postes n'avaient donc point reçues les munitions nécessaires à une lutte prolongée dans la ville au moment où le général recevait les avis de MM. Trèves et Ducatel.

Le général Douai fit amener des caissons de cartouches, sans retard, et se décida à pénétrer dans l'enceinte après en avoir référé au maréchal.

C'était un marin qui avait eut le premier l'honneur d'entrer dans Paris ; ce fut un bataillon de fusiliers marins qui, le premier, en plein jour, franchit l'enceinte en escaladant la brèche de la porte de Saint-Cloud.

Ils ne rencontrèrent personne.

Aussitôt ils sont suivis de nombreux détachements d'infanterie qui suivent le rempart dans la direction d'Auteuil et improvisent à chaque porte des ponts-levis.

En même temps d'autres détachements, traversant le viaduc d'Auteuil, ouvrent les portes d'Issy et de Vaugirard au général de Cissey.

Surpris, ahuris de voir la ligne, les fédérés se repliaient presque sans résistance.

A la tombée du jour les corps de Douai, de Cissey et Vinoy étaient entrés dans Parise, et déjà maître du pont de Grenelle. Les fédérés (n'en déplaise au capitaine Renard) qui occupaient l'Arc-de-Triomphe et y établissaient une batterie, s'empressèrent de déguerpir et de déménager leurs pièces.

A dix heures du soir, le Trocadéro était occupé sans coup férir.

Trente-mille hommes étaient dans Paris.

Le bruit s'en répandit rapidement, mais les fuyards étaient les premiers à le contredire et dans les quartiers communeux, le 22 au soir, on se refusait encore à y croire et l'on n'ajoutait foi qu'à la communication de Delescluze.

A peine l'armée fut-elle au Trocadéro et aux Champs-Elysées, des pièces furent braquées sur les deux barricades qui fermaient le quai de la Conférence et la rue de Rivoli. — Le général de Cissey s'emparait en même temps de l'École-Militaire où il faisait de nombreux prisonniers et capturait un parc d'artillerie et un matériel de guerre considérable, sans rencontrer de résistance sérieuse. Avant minuit il accupait Grenelle, une partie de Vaugirard et touchait à la gare Montparnasse et au pont de l'Alma.

Toutes ces opérations s'étaient accomplies comme par enchantement, mais alors la lutte allait changer de caractère, la résistance allait devenir générale et furieuse. Le rappel fut battu vers deux heures dans tous les quartiers, et le tocsin pour la première fois fit tressaillir de joie les parisiens qui apprenait par lui la fin de leur longue captivité.

Le tocsin? se disait-on. Les communeux sont donc en danger. Voici l'heure suprême de la crise. D'ici demain serons-nous réquisitionnés, fusillés, brûlés? Ou serons-nous délivrés?

Pour qui connaissait, comme nous, la situation il y avait de l'angoisse dans cette attente.

A deux heures et demie la double enceinte sur la rive gauche se trouvait forcée et les troupes de la brigade Bocher pouvait ouvrir la porte de Versailles.

Dombrowski, d'après *Le Rappel* a transporté son état-major aux Batignolles, dont une formidable barricade garde l'entrée de la grande-rue.

On termine la barricade Pigale.

Le ministère de la guerre est évacué; il n'est plus tenable et son personnel s'était transporté, avant le jour, à l'Hôtel-de-Ville.

C'est également à l'Hôtel-de-Ville que siège le Comité central.

Le poste de la prison du Cherche-Midi trop faible pour résister, a pris peur et s'est retiré; les détenus en ont profité pour s'évader.

—

Le 22 mai; actes de la Commune

Avant d'entrer d'avantage dans le détail des opérations militaires, donnons les proclamations affichées du Comité de Salut public.

AU PEUPLE DE PARIS.

A LA GARDE NATIONALE.

Citoyens,

Assez de militarisme, plus d'états-majors galonnés et dorés sur toutes les coutures!

Place au peuple, aux combattants, aux bras nus! L'heure de la guerre révolutionnaire a sonné.

Le peuple ne connaît rien aux manœuvres savantes, mais quand il a un fusil à la main, du pavé sous les pieds, il ne craint pas tous les stratégistes de l'école monarchiste.

Aux armes! citoyens, aux armes! Il s'agit, vous le savez, de vaincre ou de tomber dans les mains impitoyables des réactionnaires et des clérinaux de Versailles, de ces misérables qui ont, de parti pris, livré la France aux Prussiens et qui nous font payer la rançon de leurs trahisons!

Si vous voulez que le sang généreux qui a coulé comme de l'eau depuis six semaines ne soit pas infécond, si vous voulez vivre libres dans la France libre et égalitaire, si vous voulez épargner à vos enfants et vos douleurs et vos misères, vous vous lèverez comme un seul homme, et, devant votre formidable résistance, l'ennemi, qui se flatte de vous remettre au joug, en sera pour la honte des crimes inutiles dont il s'est souillé depuis deux mois.

Citoyens, vos mandataires combattront et mourront avec vous, s'il le faut. Mais au nom de cette glorieuse France, mère de toutes les révolutions populaires, foyer permanent des idées de justice et de solidarité qui doivent être et seront les lois du monde, marchez à l'ennemi, et que votre énergie révolutionnaire lui montre qu'on peut vendre Paris, mais qu'on ne peut ni le livrer ni le vaincre!

La Commune compte sur vous, comptez sur la Commune!

Le délégué civil à la guerre.
DELESCLUZE.

Le Comité de Salut public.
ANT. ARNAULD, BILLIORAY, EUDES,
F. GAMBON, G. RANVIER.

L'affiche suivante a été apposée dans le 2ᵉ arrondissement :

Commune de Paris.

2ᵉ ARRONDISSEMENT. — MAIRIE DE LA BOURSE.

Les monarchistes qui veulent anéantir Paris se croient sûrs de la victoire; ils ne font que creuser leur tombe.

Aux barricades, frères! aux barricades! Que chaque coin de rue devienne une forteresse, que les enfants roulent des pavés, que les femmes cousent des sacs à terre!

Aux armes, bataillons fédérés! La province, éclairée, enthousiasmée, mar-

Prise d'une barricade par les soldats de la ligne et les marins.

che à notre aide. Aujourd'hui la lutte acharnée, demain la victoire définitive. Debout ! Vous tenez en vos mains le sort de la Révolution.

Vive la Commune ! Vive la République !

Paris, 22 mai 1871.

La délégation communale,

Eugène Potier, Auguste Serrailler, Jacques Durand, Jules Johannard.

Autre publiée le même jour dans le journal *le Salut public* de Maroteau.

Citoyens,

La trahison a ouvert les portes à l'ennemi ; il est dans Paris ; il nous bombarde ; il tue nos femmes et nos enfants.

Citoyens, l'heure suprême de la grande

lutte a sonné. Demain, ce soir, le prolétariat sera retombé sous le joug ou affranchi pour l'éternité. Si Thiers est vainqueur, si l'Assemblée triomphe, vous savez la vie qui vous attend : le travail sans résultat, la misère sans trêve. Plus d'avenir ! Plus d'espoir !

Vos enfants, que vous aviez rêvés libres, resteront esclaves ; les prêtres vont reprendre leur jeunesse ; vos filles, que vous aviez vues belles et chastes, vont rouler flétries dans les bras de ces bandits.

AUX ARMES ! AUX ARMES !

Pas de pitié. — Fusillez ceux qui pourraient leur tendre la main ! Si vous étiez défaits, ils ne vous épargneraient point. Malheur à ceux qu'on dénoncera comme les soldats du droit ; malheur à ceux qui auront de la poudre aux doigts ou de la fumée sur le visage.

FEU ! FEU !

Pressez-vous autour du drapeau rouge sur les barricades autour du comité de Salut public, — Il ne vous abandonnera pas.

Nous ne vous abandonnerons pas non plus, nous nous battrons avec vous jusqu'à la dernière cartouche, derrière le dernier pavé.

LE COMITÉ DE SALUT PUBLIC.

Quel flux de paroles ! que de déclamations vaines !

Déjà les obus arrivaient rue d'Aboukir.

Un journal l'*Avant-Garde*, qui énumère les progrès des *ruraux*, ajoute avec naïveté :

L'aspect de Paris est désolent !

Les boutiques sont fermés !

La sienne ne devait pas tarder à se fermer également.

L'Officiel des 23 et 24 mai.

Peu de personnes ont acheté dans la rue les numéros du 23 et 24 mai de l'*Officiel de la République française*. (Paris-Belleville). Le numéro du 23 parut sur demi-feuille et ne contenait qu'une page d'impression ; cependant il sortit encore de l'imprimerie du quai Voltaire.

Celui du 24, contenait le double de matière, mais déjà direction et rédaction avaient été transportés rue Vieille-du-Temple, 87, à l'imprimerie *nationale*.

Le numéro du 23 contenait : la suite de la séance du 1er prairial de la Commune ; un état des remboursements opérés par les payeurs de la garde nationale, daté du 22 mai et signé Guillemois : une adresse d'un *Congrès de Lyon* adressée collectivement aux membres de la Commune de Paris et au chef du pouvoir exécutif ; — un entrefilet intitulé. « Affaire du curé Raymond » — des faits divers.

La fin de la séance communale avait été consacrée à l'audition de Cluseret qui se justifiait non au point de vue de la stratégie, mais à celui de ses excellentes intentions.

La rédaction d'un compte de remboursement est d'autant plus remarquable que le pétrole était versé pour l'épurement de tous nos comptes et consumait jusqu'aux actes de l'état-civil. L'affaire du curé Raymond placée au-dessus des faits divers. On y retrouvera cette indépendance de tout esprit de justice, cette liberté sans mesure dans les accusations les plus graves qui sont la liberté et l'indépendance du moment. Quant au style...

L'affaire du curé Raymond.

« Nous recevons de deux de nos lecteurs les détails les plus intéressants sur ce drôle qui volait la nourriture des malheureux enfants qui lui avaient été confiés.

« Ce serviteur de l'Eglise entretenait une femme nommée Héloïse au numéro 28 de la rue Néron, et durant le siége, paraît-il, on menait joyeuse vie.

« C'est là que venait s'engouffrer l'argent volé. Entre autre, le curé Raymond aurait été, nous assure-t-on condamné à cinq ans d'emprisonnement pour vol.

« Il avait aussi un domicile rue du faubourg Montmartre au coin de la rue Lafayette, dans la maison du dentiste Duchesne. Il y jouissait d'une assez mauvaise réputation. La femme de la rue Néron est en fuite. Elle a emporté avec elle tout ce qui était transportable. Une perquisition opérée à son domicile a fait découvrir que cette honnête personne vivait entre autre, avec un individu auquel elle sous-louait une partie de son logement. »

Passons au n° du 24; il est plus important. Nous en transcrivons le *sommaire*.

PARTIE OFFICIELLE. — Proclamations de la Commune au peuple de Paris et aux soldats de Versailles. — Autres proclamations du Comité du Salut public et du Comité central à l'armée de Versailles. — Ordre du délégué de la guerre. — Remboursements opérés par les payeurs de la garde nationale.

Partie non officielle. — Bulletin communal. — Proclamation du Comité central. — Des francs-maçons de tous les rites et de la fédération républicaine de la garde nationale. — Suite de la séance de la Commune du 1ᵉʳ prairial. — Rapport militaire. — L'association internationale des travailleurs. — Faits divers.

On doit remarquer la confusion qui règne dans ce classement où le Comité central devient officiel et où la Commune cesse de l'être.

Poursuivons.

Paris, 23 mai 1871.

LE PEUPLE DE PARIS
AUX SOLDATS DE VERSAILLES

Frères

L'heure des grands combats contre les oppresseurs est arrivée !
N'abandonnez pas la cause du travail !
Faites comme vos frères du 18 mars !
Unissez-vous au peuple dont vous faites partie !
Laissez les aristocrates, les privilégiés, les bourreaux de l'humanité se défendre eux-mêmes et le règne de la justice sera facile à établir.
Quittez vos rangs !
Entrez dans nos demeures !
Venez à nous au milieu de nos familles, vous serez accueillis fraternellement et avec joie.
Le peuple de Paris a confiance en votre patriotisme.
Vive la République !
Vive la Commune !

3 prairial, an 79.

La Commune de Paris.

—

Que tous les bons citoyens se lèvent !
Aux barricades !
L'ennemi est dans nos murs !
Pas d'hésitation !
En avant pour la République, pour la Commune et pour la liberté !

AUX ARMES !

Paris, 3 prairial an 79.

Le Comité de Salut public.

ANT. ARNAUD, BILLIORAY, EUDES, GAMBON, G. RANVIER.

Le Comité de Salut public autorise les chefs de barricades à requérir les ouvertures des portes des maisons, là où ils le jugeront nécessaire ;

A réquisitionner pour leurs hommes tous les vivres et objets utiles à la défense, dont il feront récipissé et dont la Commune fera état à qui de droit.

Paris, 3 prairial an 79.

Le membre du Comité de Salut public
G. RANVIER.

—

Le Comité de Salut public arrête :

Art. 1er. Les persiennes ou volets de toutes les fenêtres demeureront ouvertes.

Art. 2. Toute maison de laquelle partira un seul coup de fusil ou une aggression quelconque contre la garde nationale sera brulée.

Art. 3. La garde nationale est chargée de veiller à l'exécution stricte du présent arrêté.

Hôtel-de-Ville, 3 prairial an 79.

Le Comité de Salut public
A. ARNAUD, EUDES, GAMBON, G. RANVIER.

—

Soldats de l'armée de Versailles !

Le peuple de Paris, ne croira jamais que vous puissiez diriger contre lui vos armes ; quand sa poitrine touchera les vôtres ; vos mains reculeront devant un acte qui serait un véritable fratricide.

Comme nous, vous êtes prolétaires ; comme nous vous avez intérêt à ne plus laisser aux monarchistes conjurés le droit de boire votre sang, comme ils boivent vos sueurs.

Ce que vous avez fait au 18 mars, vous le ferez encore, et le peuple n'aura pas la douleur de combattre des hommes qu'il regarde comme des frères, et qu'il voudrait voir s'asseoir avec lui au banquet civique de la Liberté et de l'Egalité.

Venez à nous, frères ! Venez à nous, nos bras vous sont ouverts !

3 prairial an 79.

Le Comité de Salut public.

(mêmes signatures.)

—

Soldats de l'armée de Versailles !

Nous sommes des pères de famille ; Nous combattons pour empêcher nos enfants d'être un jour courbés, comme vous, sous le despotisme militaire.

Vous serez un jour pères de famille. Si vous tirez sur le peuple aujourd'hui, vos fils vous maudiront comme nous maudissons les soldats qui ont déchiré les entrailles du peuple en juin 1848 et en décembre 1851.

Il y a deux mois, au 18 mars, vos frères de l'armée de Paris, le cœur ulcéré contre les lâches qui ont vendu la France, ont fraternisé avec le peuple : Imitez-les, soldats, nos enfants et nos frères, écoutez bien ceci, et que votre conscience décide :

Lorsque la consigne est infâme, la désobéissance est un devoir.

4 prairial an 79.

Le Comité central.

—

Citoyens,

La porte de Saint-Cloud, assiégée de quatre côtés à la fois, par le feu du Mont-Valérien, de la butte Mortemart, des Moulineaux et du fort d'Issy, que la trahison a livré ; la porte de Saint-Cloud a été forcée par les Versaillais, qui se sont répandus sur une partie du territoire parisien.

Ce revers loin de nous abattre doit être un stimulant énergique. Le peuple qui

Incendie de la Croix-Rouge.

détrône les rois, qui détruit les bastilles ; le peuple de 89 et de 93, le peuple de la Révolution, ne peut perdre en un jour le fruit de l'émancipation du 18 mars.

Parisiens, la lutte engagée ne saurait être désertée par personne ; car c'est la lutte de l'avenir contre le passé ; de la liberté contre le despotisme, de l'égalité contre le monopole, de la fraternité contre la servitude, de la solidarité des peuples contre les oppresseurs.

AUX ARMES !

Donc, AUX ARMES ! Que Paris se hérisse de barricades et que derrière ces remparts improvisés, il jette encore à ses ennemis son cri de guerre, cri d'orgueil, cri de défi, mais aussi cri de victoire ; car Paris avec ses barricades est inexpugnable.

Que les rues soient toutes dépavées, d'abord parce que les projectiles ennemis tombant sur la terre sont moins dangereux, ensuite parce que ces pavés, nouveaux moyens de défense devont être accumulés de distance en distance sur les balcons des étages supérieurs des maisons.

Que le Paris révolutionnaire, le Paris des grands jours fasse son devoir, la Commune et le Comité de salut public feront le leur.

Hôtel-de-Ville, 2 prairial an 79.

Le comité du Salut public.
(Signatures.)

Correspondance.

Paris, 20 mai 1871.

Mon cher Vesinier,

J'ai lu votre motion pour l'abolition des majorats, des titres de noblesse, etc.

C'est bien, mais vous avez oublié les pensions *civiles* des catins de l'Empire. Niel, Troplong, etc., de 20 mille francs. Songez-y bien.

Je vous serre la main bien cordialement.

Maurice LACHATRE.
38, Boulevard Sébastopol.

Les prêtres fusillés.

« Nous avons des ôtages et parmi eux des prêtres ; frappons ceux-là de préférence, car les Versaillais y tiennent plus qu'aux soldats. » Ces paroles prononcées dans la séance de la Commune du 17 mai, ont été sans doute la cause de ce bruit, que sans horreur les journaux de Versailles ne sauront trop redire : « Le lendemain de l'explosion de la cartoucherie Rapp trois ôtages dont Mgr l'archevêque de Paris, ont été fusillés à Mazas ! »

Non, non, l'archevêque vit bien et se porte au mieux et la commune sent que cette florissante santé pontificale lui est encore plus précieuse à elle qu'à M. Darboy, lui-même.

« Un prêtre, un évêque enchaîné, insulté, assassiné, tombé comme l'agneau pascal en bénissant les ivrognes et les repris de justice qui l'égorgeaient !... »

Vous entendez cela d'ici, et les cris d'horreur de la France et les phrases de Versailles ! Nous en aurons pour cinquante ans de plus de cléricalisme.

Comment, l'Eglise avait passé vingt ans dans le lit de Bonaparte ; on voudrait la laver dans le sang, dans le martyr ! Mais procéder révolutionnairement ce n'est pas procéder sottement !

Il y avait une mesure fort simple à prendre dès le 18 mars : C'était de donner avec politesse au clergé de Paris les premiers laissez-passer pour Versailles.

L'énergie révolutionnaire qui consiste à sauver au dehors la situation militaire par des exécutions à l'intérieur ressemblerait trop à celle de cet homme qui avait un cheval ombrageux et un âne doux, l'homme ne pouvait parvenir à dompter le cheval, et après chaque tentative inutile qu'il en faisait, il courait rouer son âne de coups ; l'âne criait et saignait, cette occupation faisait encore le cheval plus libre et plus rebelle.

Domptez les chevaux, mais pour cela ne passez pas le temps à frapper les ânes.

(*Rappel*.)

Cette pasquinade du *Rappel*, *en pareil moment*, nous fait souvenir du joueur d'orgue des assassins de Fualdès.

Nous ne croyons pas intéressant de reproduire in-extenso ce n° du 24 mai, cependant avant d'en finir citons encore cet entre-filet, *une perle* :

« Au moment de mettre sous presse, nous apprenons que des batteries établies aux Buttes-Chaumont répondent activement aux obus versaillais du Trocadéro et portent la mort dans les rangs des INCENDIAIRES. Ils ont eu quelques explosions redoutables dans leurs positions qu'ils viennent d'occuper, au milieu de la grande cité respectée par les Prussiens. »

Quelle horreur les incendies inspirent aux pétroleux et quel respect ces honnêtes pétroleux éprouvent pour la grande cité en flammes !

Revenons maintenant aux opérations de l'armée.

Faits militaires du 22 mai.

Paris s'est réveillé par un soleil splendide.

La nouvelle de l'entrée de l'armée a pénétré partout, ici répandant la joie, là des sentiments de colère et de terreur.

Les arrondissements occupés sont des quartiers délivrés, car aucun d'eux n'avait pactisé avec la Commune.

Les rues sont pavoisées ; les vieux drapeaux tricolores qui n'avaient pas pris l'air depuis la fausse nouvelle du 7 août se déploient joyeusement en signe d'une prochaine victoire.

Cela fait plaisir de revoir ces honnêtes figures de soldats. Aucune passion ne les pousse, aucune exaltation ne cave leurs yeux, n'altère leurs traits ; ce sont des jeunes gens calmes et forts comme le devoir ; ils n'ont besoin ni d'eau-de-vie ni d'absinthe, ils n'ont pas le crime mais le dévouement à accomplir.

A mesure qu'ils s'avancent, on les applaudit, on les bénit, on les encourage, les plis de leurs drapeaux les enveloppent.

Les voilà donc ces *roussins* dont le *Père Duchêne* mettait la tête à prix : « *Une prime*, s'écriait-il, pour ceux qui rapporteront dans leur gibecière une tête de roussin ! » Les voilà donc ces *brigands* de Charette et de Cathelineau !... C'étaient les têtes de ces braves garçons que demandait le journal favori de la Commune !

Dès le matin, ladite Commune tient une dernière séance. Elle décrète que chaque membre se rendra dans son arrondissement afin d'activer et de diriger la direction des barricades.

Des fédérés *purs* envahissent les quartiers hostiles de l'Opéra, de la Bourse, du faubourg Saint-Germain ; un premier cordeau est tiré le long de la chaussée, puis tout passant doit apporter son pavé ; des pauvres diables sont retenus des heures entières à cette besogne. Mais les travaux marchent mal et lentement et ces barricades informes indigneraient Gaillard père.

Cette journée du lundi est donc employée par les fédérés à descendre dans les quartiers du centre et à les barricader. Les boulevards intérieurs, les deux quais depuis la rue du Bac, les abords de l'Opéra, de Notre-Dame-de-Lorette, ainsi que les alentours de Saint-Sulpice et du Panthéon, tels sont les points spécialement travaillés, afin de relier par une ligne continue de Montrouge à Montmartre, le quartier général de l'Hôtel-de-Ville.

Si l'armée avait pu, dans la journée et la nuit du lundi, continuer, sans arrêt d'une heure, d'une minute, son mouvement offensif dans Paris, il est à peu près certain qu'elle eût renversé, sans effort, tous ces essais de barricades, encore informes et faibles; mais il a fallu compter avec la fatigue des troupes, qui, comme l'a dit M. Thiers, opéraient déjà sans relâche depuis vingt-quatre heures. D'ailleurs, puisque l'entrée était due à une surprise, ne fallait-il pas aussi se reconnaître, et compléter sur-le-champ les préparatifs d'attaque, encore en voie d'élaboration?

Enfin, le principal était moins d'empêcher la construction des barricades sur ces points secondaires et intermédiaires, que de mettre la main sur les positions maîtresses et stratégiques de Paris.

L'enlèvement de ces positions, tel devait être évidemment l'objet principal du plan d'attaque, auquel des circonstances accidentelles ne pouvaient faire déroger.

La Seine décrit dans Paris un arc de cercle; sur chaque versant s'étend la ville, en forme de circonférence. Mais la rive gauche est moins étendue que la rive droite; de plus, le versant de la rive gauche est d'une altitude également inférieure : il ne présente que deux points culminants, le Panthéon et la butte aux Cailles, vers le boulevard d'Italie, sur la Bièvre. Le versant de la rive droite forme un vaste éventail, dont le prolongement extrême se développe à partir d'Auteuil, par le Trocadéro, par le rond-point de l'Etoile (58 mètres), par la hauteur de Monceau (43 mètres), par la crête de Montmartre (128 mètres), par les buttes Chaumont (101 mètres), et par le cimetière du Père-Lachaise (96 mètres). Le versant droit est donc à peu près du double supérieur, en hauteur et en périmètre, au versant gauche.

Par les circonstances générales de l'insurrection, elle se trouvait concentrée, dans sa plus grande puissance de nombre et d'énergie, sur les hauteurs de la rive droite. Le quartier Saint-Marceau et celui de Montrouge avaient assurément encore un renom révolutionnaire; mais l'acropole de la Commune était certainement à Montmartre, appuyé sur ses puissants contreforts du Temple, de Belleville et de Charonne.

Aussi, à première vue, les manœuvres d'attaque devaient suivre parallèlement les crêtes de chaque côté de la Seine; mais l'attaque de gauche, se heurtant à des obstacles moins ardents et ayant à parcourir un périmètre moins long, devait marcher plus vite, de façon à traverser la Seine et à coopérer, à l'attaque de droite, contre le nœud même de la résistance.

Quant au centre, rencontrant de front les barricades, il lui fallait, de son côté, mesurer sa marche sur les progrès latéraux des ailes, qui cheminant en avance des corps intermédiaires, coupaient, isolaient et prenaient à revers tout le massif des barricades.

Mais citons le rapport de Mac-Mahon :

Les positions du Trocadéro et de la Muette, sur la rive droite, étant enlevées, la division Bruat, et la tête du corps du général de Cissey, occupant déjà une partie du quartier de Grenelle sur la rive gauche, le maréchal dont le quartier général venait d'être transporté au Trocacadéro, avait à régler la suite à donner aux opérations.

Les insurgés, qui avaient établi de nombreuses barricades, dont plusieurs étaient armées d'artillerie, à tous les carrefours principaux et près des portes, se défendaient encore avec énergie. Leurs principaux points de résistance paraissaient être Montmartre, la place de la Concorde, les Tuileries, la place Vendôme et l'Hôtel-de-Ville.

N'ayant pas l'espoir de pouvoir enlever ces positions dans la journée, le maréchal donne les instructions nécessaires pour occuper, s'il est possible, avant la nuit, des points qui lui permettent de les tourner dans la journée du lendemain.

Le corps du général Douay, à droite, doit occuper, le soir, le palais de l'Industrie, le palais de l'Elysée et le ministère de l'intérieur.

Le général Clinchant, sur sa gauche, cherchera à se rendre maître de la gare de l'Ouest, de la caserne de la Pépinière et du collége Chaptal.

Le général Lamirault, suivant le chemin de fer de ceinture, s'avancera jusqu'à la porte d'Asnières.

Sur la rive gauche, le général de Cissey doit chercher à s'emparer de l'Ecole militaire et des Invalides, en les tournant par l'est, et, s'il est possible, de la gare Montparnasse.

Le général Vinoy laissera la division Bruat sur la rive gauche pour appuyer le mouvement du général de Cissey, qui a été obligé de laisser six bataillons à la garde des forts et des batteries du Sud.

A la fin de la journée, cette division occupera les écuries de l'empereur et la manufacture des tabacs.

La division Faron, du général Vinoy, restera en réserve près du Trocadéro.

Telles étaient les principales dispositions adoptées pour la journée du 22.

Sur les six heures environ, après un instant de repos, les troupes sur la rive droite, reprennent leur marche en avant. Les insurgés, revenus de leur première surprise, s'étaient portés aux batteries des buttes Montmartre, de la place de la Concorde et des Tuileries; il balayent bientôt de leurs projectiles la place du Trocadéro et le quai de Billy.

Le général Douay commence le mouvement en avant; à droite, la division Vergé se dirige sur le palais de l'Industrie et sur celui de l'Elysée dont elle s'empare. Les divisions Berthaut et l'Hérillier tournent le rond-point de l'Etoile dont les défenses tombent entre leurs mains.

Le général Clinchant formant un échelon un peu en arrière de la gauche du général Douay, enlève la formidable barricade de la place d'Eylau et s'empare de la porte Dauphine.

Les généraux Douay et Clinchant continuent ensuite leur mouvement.

Les divisions Berthaut et l'Hérillier (corps Douay) s'engagent dans les rues Morny et Abbatucci, et se portent sur la caserne de la Pépinière et l'église Saint-Augustin, dont elles s'emparent après une vive résistance. Elles enlèvent ensuite une forte barricade construite au débouché des rues d'Anjou et de Suresnes, dont elles ne peuvent approcher qu'en cheminant à travers les maisons et les jardins.

Le corps du général Clinchant enlève, par sa droite, la place Fontaine et le parc Monceaux, puis le collége Chaptal, la place d'Europe et la gare Saint-Lazare : sa gauche s'empare des places Saint-Ferdinand, de Courcelles, de Wagram, fortement défendues, et, enfin son extrême gauche, de la porte des Ternes, de la porte Bineau et de celle d'Asnières.

Le général Lamirault appuie le mouvement de ces deux corps, et, avant la nuit, vient s'établir en arrière du chemin de fer de l'Ouest, sa gauche à la porte d'Asnières.

Le général Montaudon, qui était resté à la garde des positions de Neuilly et d'Asnières, apercevant les mouvements du 5ᵉ corps, se porte en avant avec la brigade Lefebvre, s'empare du rond-point d'Inkermann, le village Levallois-Perret, et de différentes batteries extérieures qu'il trouve armées de 105 pièces de canon ; un de ces détachements occupe la porte Maillot.

Sur la rive gauche, la deuxième brigade de la division Bruat, après avoir enlevé plusieurs barricades dans le quartier de Grenelle, doit appuyer le mouvement du général Vergé sur le palais de l'Industrie. Elle s'avance en longeant les quais, et s'empare du ministère des affaires étrangères et du palais législatif.

Les trois divisions du deuxième corps, après avoir pénétré dans l'enseinte par les portes de Sèvres et de Versailles, exécutent les mouvements prescrits.

La division Susbielle formant trois colonnes, se porte, sans rencontrer de résistance, sur le Champ-de-Mars où elle débouche à sept heures du matin, après avoir enlevé la caserne Dupleix. L'Ecole militaire ainsi tournée est bientôt occupée, presque sans coup férir. Un parc de 200 pièces de canon, d'énormes dépôts de poudre et des magasins considérables d'effets, de vivres et de munitions tombent entre nos mains.

Au centre la division Lacretelle, après avoir enlevé brillamment les vastes bâtiments crénelés du collége des Jésuites, flanqués de fortes barricades, ainsi que les barricades qui protégent la mairie du 15ᵉ arrondissement, s'avance par les rues Lecourbe et Croix-Nivert jusqu'à la place Breteuil où elle s'établit.

A droite, la division Levassor-Sorval s'avance en trois colonnes vers le chemin de fer de l'Ouest.

Le général Osmont, longeant les fortifications, enlève la porte de Vanves et une forte barricade armée d'artillerie à l'intersection du chemin de fer de ceinture et de la voie ferrée de l'Ouest. Le colonel Boulanger, à la tête du 14ᵉ de ligne, se dirige par les rues Dombasle et Voillé, et s'établit sur la voie ferrée au sud de la gare des marchandises.

La brigade Lion, prenant la rue de Vaugirard, s'avance sans obstacle jusqu'au boulevard Vaugirard, et de là, se porte rapidement en deux colonnes sur la gare Montparnasse, s'en empare et s'y fortifie.

Ainsi, à la fin de la journée, sur la rive gauche, la ligne des postes avancés s'appuie à la Seine, au Corps législatif, passe par les Invalides, la place de Breteuil, forme saillant à la gare de l'Ouest, et vient, en suivant la voie ferrée, s'appuyer aux fortifications à la porte de Vanves.

Les premiers incendies du 22 au 23.

La Commune se jugea perdue et, pour la première fois, eut une idée nette de la situation.

Le 22, Jourde quitta le ministère des finances, pour l'Hôtel-de-Ville. Aucune troupe fédérée n'occupait le ministère. Aucun combat n'avait été livré à la barricade qui fermait l'entrée de la rue de Rivoli.

Le rapport de Mac-Mahon nous dit : — « Sur les six heures (du matin) environ après un instant de repos, les troupes, sur la rive droite, reprennent leur marche en avant. Les insurgés, revenus de leur première surprise s'étaient portés aux *batteries des buttes Montmartre, de la place de la Concorde et des Tuileries ; ils balayent bientôt de leurs projectiles la place du Trocadéro et le quai de Billy.*

» Le général Douay commence le mouvement en avant ; à droite, la division

Vergé se dirige sur le palais de l'Industrie et sur celui de l'Elysée dont elle s'empare. »

Ainsi Montmartre tirait sur le Trocadéro.

La barricade du quai de la Conférence, sur le quai de Billy.

Où devait porter la riposte ?

Était-ce sur le ministère ?

Notons qu'il était six heures du matin ; que dans la matinée le palais de l'Industrie et l'Elysée étaient pris.

D'où provenaient donc ces obus qui, selon le dire de Jourde auraient mis le feu aux combles du ministère, le 22 au soir?..

Il admet que « des brigands » ont pu mettre le feu le 23, et il nous faut croire que le 22, des obusiers du Trocadéro, répondant aux batteries de Montmartre, ont mis le feu au ministère?.. C'est assez difficile. « Le lundi, un obus vint tomber *fortuitement c'est évident*. Le feu prit et l'on pourrait savoir des pompiers de service ce jour-là, que je fis tout mon possible pour faire éteindre l'incendie, comme de fait on y réussit quand je sortis à quatre heures et demie, tout était fini. »

Les pompiers dont parle Jourde, trouvèrent les réservoirs vides et les conduits d'eau coupées.

Le désastre n'était que différé ; nous y reviendrons à la date du 23.

Tandis qu'on éteignait le premier incendie du ministère des finances, on mettait le feu rue du faubourg Saint-Honoré et rue Royale.

Le 22 à 5 heures, un capitaine du 110e fédéré se présentait au n° 1 du faubourg Saint-Honoré, dans le magasin de confection de M. Aurelly.

— En reconnaissance de vos bons procédés, lui dit-il, je vais f... le feu à votre maison ; vous avez cinq minutes pour vous en aller.

M. Aurelly et sa femme se sauvèrent, et quelques instants après le feu mis dans les bureaux de journaux de modes de M. Vincent, embrasat tout le groupe de maisons qui fait le coin de la rue Royale et du faubourg Saint-Honoré.

Six malheureux jeunes gens qui s'étaient réfugiés dans les caves pour ne pas servir dans la garde nationale, furent ensevelis dans les décombres.

Du magasin Aurelly, le feu se communiqua aux magasins de la *Pensée* et brûla au n° 3 une galerie de 30 mètres de long sur 10 de large. Là, se trouvaient outre des marchandises de prix, des livres d'une grande importance.

Les dames qui habitaient la maison, parvinrent à s'échapper par la boutique du marchand de vin, qui devait être, du reste, bientôt consumée elle-même, ainsi que celles du gantier et du teinturier qui l'avoisinaient.

Le gérand du Cercle de la rue Royale, se voyant envahi par 200 fédérés, les grisa. Le chef chargé d'incendier, fit des confidences. Il donna même le mot d'ordre qui ce soir-là était *Amsterdam*.

Malheureusement à toutes les tentatives que l'on fit pour le faire renoncer à ses projet incendiaires, sa seule réponse était celle-ci :

— Laissez, laissez, demain ma fortune sera faite, j'aurai cent mille francs.

Le lendemain il avait plusieurs balles dans la tête, et on exposait son cadavre sur les ruines d'une des maisons qu'il avait incendiées.

Pendant la nuit du 22 au 23, la fusillade crépitait, partant en même temps de la barricade de le rue Saint-Honoré, de l'église de la Madeleine, de la place de la Concorde et du passage de la Madeleine, dans lequel un poste d'infanterie avait pris position.

L'incendie était depuis longtemps allumé, et les flammes éclairaient de sinistre lueurs le théâtre de cette lutte horrible.

Dans une cave de la brasserie Weber, alors en flammée, étaient réfugiés un homme, sa femme enceinte et sa petite fille âgée de trois ans. La chaleur était insupportable ; la fumée suffoquait ces malheureux — mort pour mort, dit le père, mieux vaut une balle que cet affreux supplice ; je vais tenter le passage avec notre enfant... Attendes moi !

Prenant alors sa fille entre ses bras, il s'élance au milieu d'une grêle de balles et de mitraille vers le passage, où il espérait trouver un abri.

A la grille les fusils s'abaissent vers sa poitrine.

— Tuez-moi, s'écria-t-il, mais sauvez mon enfant.

Les fusils se relevent.

Un soldat saisit la pauvre petite et la fait passer dans l'intérieur.

— Entrez vite, dit-on au père.

— Non, j'ai encore ma femme à sauver.

—Eh ! bien, dit le caporal, si vous n'êtes pas tué par la fusillade, revenez, nous ne tirerons pas sur vous.

L'homme repart, pénêtre de nouveau dans la cave, à travers les flammes et reparait bientôt ramenant sa femme, au milieu de la mitraille. La grille se referme sur eux ; ils étaient sauvés !

Autre épisode.

Les magasins du Louvre avaient depuis longtemps tenté la cupidité des fédérés.

Lundi soir, une bande de ces brigands vint réquisitionner une quantité considérable de linge, sous prétexte d'ambulances. En tête marchait un citoyen Landeck, membre de la Commune, ceint d'une écharpe rouge, et le pistolet au poing.

On voulut arrêter le pillage, et l'un des employés, plus hardi que les autres, s'adressant à Landeck :

— Mais, mon cher ami, lui dit-il...

— Mon cher ami ? interrompit le citoyen Landeck avec hauteur, apprenez, citoyen, que je suis un magistrat, et, si vous me manquez de respect, je vous casse la gueule.

Le digne magistrat appuyait ses paroles d'un mouvement de révolver des plus significatifs.

Cependant l'un des propriétaires des magasins, M. Hériot, homme d'une grande énergie, était accouru en toute hâte ; il représenta que ce n'était pas lui qui serait ruiné, mais ses actionnaires et plus de quarante de ses employés dont la fortune presque entière était placée dans la maison.

— La cause que nous servons, dit Landeck, est au-dessus de toutes ces petites considérations ; d'ailleurs, quand nous aurons fait le bonheur de la France, vous retrouverez au centuple ce que vous aurez perdu maintenant.

Devant la force, il fallût céder.

En vain M. Hériot envoya-t-il chercher un capitaine qui commandait les forces du quartier, celui-ci s'inclina profondément devant M. Landeck et lui laissa respectueusement continuer sa fructueuse besogne.

M. Hériot n'en était pas à sa première épreuve : vingt fois déjà on l'avait menacé de le fusiller.

Tantôt c'était sous prétexte qu'il empêchait ses employés de servir la Commune.

Une autre fois cinquante mégères, dont la plupart avaient sans doute été dans sa maison, hurlaient qu'il le fallait prendre parce qu'on avait tiré du magasin.

Puis c'étaient ses chevaux qu'on venait lui réclamer, et comme il déclarait que ses écuries étaient rue Jean-Goujon, déjà occupée par les Versaillais, on ne proposait rien moins que de l'écharper sur place.

On le forçait à avoir sans cesse ses portes et ses volets ouverts, à loger des nuées de gardes nationaux.

Mardi, enfin, on vint lui demander, avec accompagnement toujours d'écharpe

Vermesch. Humbert.

Rédacteurs du *Père Duchêne*.

Arthur Arnould. Maroteau.

rouge et le revolver au poing, ses étoffes compactes pour faire des barricades ; on prendrait également ses velours et ses soies ; du reste, ajoutait-on, c'était autant d'enlevé à l'incendie.

Car c'était le moment où le citoyen Napias-Piquet incendiait le premier arrondissement.

La journée du 22 avait déjà été marquée par plusieurs assassinats.

Ainsi que nous l'apprennent les dépositions des derniers témoins entendus au sujet d'Urbain, devant le 3e conseil de guerre de Versailles, les témoins Zagler et Jacques Tholomier, le 22, à six heures du soir, on a amené aux Tuileries quatre individus que l'on disait être des espions.

Une sorte de cour martiale s'était installée dans l'appartement de l'impératrice. Elle était composée du général Bergeret et deux membres de la Commune.

Les quatre prisonniers furent jugés et condamnés à mort.

On les fit descendre dans la cour, on les rangea contre la muraille et on les fusilla.

Bergeret et un membre de la Commune étaient au balcon ; à la dernière victime tombée, ces messieurs crièrent : Vive la Commune !

D'autres massacres se préparaient.

Le 22 le commandant du 101e fédéré, Cerisier, se présente à la prison de la Santé et vient demander à Collet, — directeur de la prison pendant la Commune, — de procéder à l'assassinat des sergent de ville et des gendarmes retenus comme otages.

Collet prétendit qu'il n'avait pas d'ordre.

Il était dix heures du soir.

Cerisier s'éloigna mécontent pour chercher un ordre mais cet ordre, avait déjà été reçu par Collet, la veille à midi, il était signé Th. Ferré.

Ferré se multipliait, ainsi que Raoul Rigault.

C'est sur leurs ordres que les otages détenus à Mazas destinés à être exécutés, ont été transférés à la prison de la Roquette en deux convois : le premier et le plus considérable, composé de quarante personnes environ, parmi lesquelles l'archevêque de Paris et M. Bonjean (le président), a eu lieu le lundi 22 mai, vers neuf heures du soir ; le second, de quinze personnes seulement, le mardi 23, vers midi. Sur ce chiffre de cinquante-cinq otages transférés, il n'y avait guère qu'une dizaine de laïques ; tous les autres appartenaient au clergé régulier ou séculier, Pères jésuites, Pères de Picpus, missionnaires, curés et vicaires des paroisses de Paris, séminaristes, fonctionnaires de l'archevêché.

Le sort réservé aux otages n'était que trop évident par l'installation même des cellules où ils furent enfermés : ni tables, ni chaises, ni matelas, ni draps, une simple paillasse avec une couverture. C'était bien suffisant, disait-on, pour le court séjour qu'ils avaient à y faire.

La plupart des prisonniers de cette catégorie, au nombre de quarante-trois, furent placés dans la 4e division. *Cette division restera célèbre :* c'est là que l'on a puisé toutes les victimes des *journées politiques.* Il n'y en a que dix-sept sur quarante-trois qui aient survécu [1].

M. Perny, missionnaire, récemment arrivé de Chine et arrêté le 14 avril au moment où il sortait de travailler à la bibliothèque Sainte-Geneviève, nous trace dans un ouvrage du plus vif intérêt, le récit de cette translation.

Il était placé dans la même voiture que monseigneur Darboy, l'abbé Deguerry et M. Bonjean, et un autre missionnaire de Chine.

---

1. Lettre de l'abbé Lamazou.

« Voyez donc, monseigneur, disait avec enjouement l'abbé Deguerry, en parlant des deux missionnaires, n'est-ce pas singulier, ces deux orientaux qui viennent se faire martyriser ici.

» M. Bonjean rappelait avec amabilité à monseigneur des circonstances de sa vie, des entrevues d'autrefois. M. le curé de la Madeleine me semblait aussi calme, aussi peu soucieux que s'il se fut rendu, en temps ordinaires, chez un de ses amis.

» J'admirais la fermeté d'âme de ce prêtre distingué ; malgré son grand âge, M. Deguerry ne semblait pas avoir souffert à Mazas.

» M. Bonjean, au contraire, avait beaucoup souffert dans cette prison. Néanmoins, il était très-calme ; sa conversation était encore enjouée et spirituelle.

» Quant à Mgr l'archevêque, il parlait peu ; il souriait seulement en entendant la conversation de ses voisins, et retombait continuellement dans un état de préoccupation. J'ai tout lieu de croire qu'il faut en attribuer la cause aux souffrances endurées à Mazas et à l'état de santé fort délicate de Sa Grandeur [1].

» Pour ma part, je ne cessais alors d'admirer le calme, la résignation de tous ces personnages, naguères au faîte des honneurs civils et ecclésiastiques et maintenant traités par une vile populace comme les plus indignes scélérats.

» Aucune plainte sur le passé et sur le présent, aucun murmure contre les odieux traitements dont nous étions l'objet. Il ne fut même pas question des motifs qui avaient déterminé notre translation ailleurs ni de la situation politique du moment.

» Nous demeurâmes plus d'une heure dans cette voiture, stationnant dans la cour de Mazas. Au dehors, la foule était immense et impatiente. Elle savait que l'on allait transférer le clergé à la Roquette. Elle frappait avec violence à la porte, menaçant de l'enfoncer si l'on n'ouvrait pas. A la vue de cette foule d'enfants des deux sexes, de femmes du peuple, d'hommes en blouse à la figure sauvage, exaspérés, poussant des cris d'une joie féroce, j'éprouvai peut-être la plus pénible impression de toute ma vie. »

Le 23. — Opérations militaires.

A partir de ce jour Mac-Mahon n'a plus devant lui que des hordes de barbares.

Les actions les plus atroces se succèdent sans interruption ; les insurgés deviennent de véritables démons.

C'est le premier jour des incendies et des massacres organisés.

Mais voyons d'abord les opérations de l'armée, ensuite, comme nous l'avons fait pour la journée précédente, nous raconterons les hauts-faits des communards.

Nous citons le rapport du maréchal :

L'enlèvement des buttes Montmartre constitue la grande opération de la journée.

Les hauteurs de Montmartre ayant la plus grande partie de leurs barricades et de leurs batteries dirigées au sud vers l'intérieur de Paris, le plan d'attaque consiste à tourner les défenses et à les enlever en cherchant à s'élever sur ces hauteurs par les côtés opposés. Le général Ladmirault doit attaquer par le nord et l'est. Le général Clinchant par l'ouest.

Les troupes d'attaque se mettent en mouvement à quatre heures du matin. La division Grenier, longeant les fortifications, débusque l'ennemi des bastions et enlève, avec le plus grand entrain, tous les obstacles. Arrivés à hauteur de la rue Mercadet, la brigade Abbatucci poursuit

---

1. On lui avait posé des vésicatoires la veille.

sa marche sur les boulevards Bessières et Ney, enlève les barricades de la porte Clignancourt, le pont du chemin de fer du Nord, et atteint la gare des marchandises, où elle tourne à droite pour s'élever sur les buttes par les rues des Poissonniers et de Lebat ; elle atteint la rue Mercadet et se trouve arrêtée dans un quartier hérissé de barricades entre le chemin de fer et le boulevard Ornano. La brigade Pradier, qui a suivi la rue Mercadet, avance lentement sous le feu plongeant des buttes et du cimetière Montmartre, où elle ne pénètre qu'après les plus grands efforts.

La division Laveaucoupet se prolonge le long des fortifications et atteint les rues des Saules et du Mont-Cenis, par lesquelles elle doit aborder les hauteurs de Montmartre.

De son côté, le 5ᵉ corps (Clinchant), suivant le boulevard des Batignolles et les rues parallèles, s'empare de la mairie du 17ᵉ arrondissement, de la grande barricade de la place Clichy, et, longeant le pied sud des buttes, franchit tous les obstacles et pénètre dans le cimetière par le sud, en même temps que les têtes de colonne du 1ᵉʳ corps y entrent par le nord.

A ce moment, les hauteurs de Montmartre se trouvent entourées au nord et à l'ouest par les troupes du 1ᵉʳ et du 5ᵉ corps. Une attaque générale a lieu par toutes les rues, qui, de ces deux côtés, gravissent les pentes.

Le corps Clinchant s'élevant par la rue Lepic, s'empare de la mairie du dix-huitième arrondissement.

La brigade Pradier, du 1ᵉʳ corps, à la tête de laquelle marchent les volontaires de la Seine, arrive la première à la batterie du Moulin de la Galette ; bientôt après, une compagnie du 10ᵉ bataillon de chasseurs soutenue par les attaques vigoureuses du général Wolff, plante le drapeau tricolore sur la tour de Solferino. Il était une heure.

Nous étions maîtres de la grande forteresse de la Commune, du réduit de l'insurrection, position formidable d'où les insurgés pouvaient couvrir tout Paris de leurs feux. Plus de 100 pièces de canon et des approvisionnements considérables en armes et en munitions tombent entre nos mains.

La division Montaudont, du 1ᵉʳ corps, qui n'a point concouru à l'enlèvement des buttes, se dirige vers l'embarcadère du Nord et conquiert les barricades armées d'artillerie du boulevard Ornano et de la Myrrha.

Le corps Clinchant, de son côté, descendant les pentes de Montmartre, enlève la place Saint-Georges, Notre-Dame-de-Lorette et le collége Rollin.

Pendant ce temps, le corps Douay, pivotant sur sa droite, se porte par sa gauche sur Notre-Dame-de-Lorette, enlève le carrefour de la rue Lafayette et de la rue du Faubourg-Montmartre, et, se rabattant par la rue Drouot sur le boulevard, prend la mairie du neuvième arrondissement et le grand Opéra. Par sa droite, cheminant à travers les maisons et les jardins, il enlève avec de grandes difficultés la rue Royale et la place de la Madeleine.

Sur la rive gauche, le deuxième corps exécute un grand mouvement de conversion sur sa gauche, de manière à tourner et envelopper toutes les défenses du quartier de l'Observatoire.

Le général Levassor-Sorval, après s'être emparé de la forte barricade du boulevard du Maine, à la jonction de la rue de Vanves, ainsi que du cimetière Montparnasse, porte ses efforts sur la place Saint-Pierre, où les insurgés s'abritent derrière une forte barricade armée d'artillerie. Tandis qu'un bataillon du 114ᵉ s'avance par la rue d'Alesia, un bataillon du 113ᵉ, longeant les remparts, s'empare du bâtiment d'octroi du bastion 79, tournant ainsi les barricades de la rue de Châtillon. Les insurgés se voyant prêts d'être cernés, abandonnent leur formidable position et les 8 pièces de canon qui la défendent.

La place d'Enfer et le Marché aux chevaux sont en même temps vigoureusement enlevés.

Pendant ce temps, les divisions Susbielle et Lacretelle ont gagné du terrain en avant.

Les troupes du général Lacretelle s'emparent de la caserne de Babylone, de l'Abbaye-aux-Bois et attaquent le carrefour de la Croix-Rouge, où l'ennemi se défend avec des forces considérables. On ne peut s'en rendre maître que bien avant dans la nuit.

De son côté, le général Bocher (division Susbielle) enlève vigoureusement les barricades des rues Martignac et Bellechasse, se rend maître de la rue de Grenelle et de la caserne de Bellechasse, où les insurgés éprouvent de grandes pertes.

Les fusilliers marins de la division Bruat et le 46ᵉ de ligne (brigade Rocher), se portent en avant en même temps par les rues de l'Université et de Grenelle, s'emparent du ministère de la guerre, de la direction du télégraphe, et de toutes les barricades jusqu'à la rue du Bac, et portent leurs têtes de colonne à Saint-Thomas-d'Aquin.

Dans la soirée, deux barricades de la rue de Rennes, qui tenaient la gare Montparnasse en échec, sont tournées et prises par la division Levassor-Sorval, qui s'empare de la Maternité, de la rue Vavin, et pousse ses têtes d'attaque jusqu'aux abords du Luxembourg.

La ligne de bataille de l'armée, le 23 au soir, débordant, par ses ailes, le centre de Paris, formait un immense angle rentrant, avec son sommet à la place de la Concorde et les côtés appuyés, à gauche, à la gare des marchandises du Nord, et à droite, au bastion 81, près de la porte d'Arcueil.

Tel est le rapport du maréchal de Mac-Mahon.

Les généraux de l'insurrection ne nous ont pas laissé de rapports militaires.

Nous allons suppléer à cette lacune.

Eudes commandait la rive gauche; il était depuis longtemps installé au palais de la Légion d'honneur.

Bergeret. — nous le savons par l'exécution du 22, — commandait au Tuileries.

Dombrowski défendait le centre :

La Cécilia et Cluseret, les Batignolles et Montmartre et bientôt après la prise de ce quartier, le Château-d'Eau et la Bastille.

Eudes et Bergeret lui-même, reconnurent bientôt l'impossibilité de tenir ; ils étaient débordés, au sud par Bocher et Susbielle, au nord-ouest par le général Douay.

Ils en informèrent la préfecture qui leur répondit par cet ordre désormais célèbre :

Exécutez archevêque et autres otages, incendiez Tuileries et Palais-Royal, et repliez-vous sur l'église Saint-Germain-des-Prés. Tout va bien.

Signé RAOUL RIGAULT.

Presque à la même heure, partait l'ordre signé Th. Ferré :

Citoyen Lucas,

Faites flamber finances.

Paris, 4 prairial an 79.

A la même date doit être rapporté sans doute l'ordre du lieutenant-colonel Parent dont la maison Susse a possédé l'original et publié le fac-simile.

Voici le texte de cet ordre :

Incendiez le quartier de la Bourse, ne craignez pas.

Le lieutenant-colonel,
PARENT.

Au-dessous de la signature se trouve un cachet dont l'inscription est ainsi conçue :

République Française
Commandant militaire
de
l'Hôtel-de-Ville.

Puis plus bas :
LE COLONEL.
Commandant l'Hôtel-de-Ville.

Cette pièce a été trouvée sur le corps d'un insurgé tué par les troupes du général Vinoy, le 28 mai, à l'attaque de la mairie du IIe arrondissement,

Autres ordres du même genre et de la même date :

COMMUNE DE PARIS.
ÉTAT-MAJOR GÉNÉRAL
Au citoyen général Dombrowski.

Citoyen,

J'apprends que les ordres donnés pour la construction des barricades sont contradictoires.

Veillez à ce que ce fait ne se reproduise plus.

Faites sauter ou incendier les maisons qui gênent votre système de défense. Les barricades ne doivent pas être attaquables par les maisons.

Les défenseurs de la Commune ne doivent manquer de rien ; donnez aux nécessiteux les effets que contiendront les maisons à démolir.

Faites d'ailleurs toutes les réquisitions nécessaires.

Paris, 3 prairial an 79.
DELESCLUZE, A. BILLIORAY.
P. O. le colonel d'état-major,
LAMBRON.

Voici la copie exacte d'un ordre trouvé dans la poche du chef de la barricade de la rue du Château-d'Eau, le citoyen Jacquet :

COMMUNE DE PARIS.
État-major de la place.

Le citoyen Jacquet est autorisé à requérir tous les citoyens et tous les objets qui lui seront utiles pour la construction des barricades de la rue du Château-d'Eau et de la rue Albouy.

Le vin seul et l'eau-de-vie sont et demeurent exceptés.

Les citoyens et citoyennes qui refuseront leur concours seront immédiatement passés par les armes.

Les citoyens chefs de barricades sont chargés d'assurer la sécurité des quartiers.

Ils doivent faire visiter les maisons suspectes. Faire partout ouvrir les portes et les fenêtres durant la durée des perquisitions.

Toutes les persiennes doivent être ouvertes, toutes les fenêtres fermées.

Les soupiraux des caves doivent être surveillés avec un soin particulier.

Les lumières doivent être éteintes dans les quartiers attaqués.

Les maisons suspectes seront incendiées au premier signal.

DELESCLUZE.

Cachet bleu avec ces mots :
COMMUNE DE PARIS
Le chef de légion du 10e arrondissement
BRUNEL.

Cachet rouge avec ces mots :
COMMUNE DE PARIS,
MAIRIE DU 10e ARRONDISSEMENT.

Le citoyen Billioray, avec 100 hommes, est chargé des 9ᵉ et 20ᵉ arrondissements.

Le citoyen Vésinier, avec 50 hommes, est chargé spécialement des boulevards de la Madeleine à la Bastille.

Ces citoyens devront s'entendre avec les chefs de barricades pour assurer l'exécution de ces ordres.

Paris, 3 prairial an 79·

Delescluze, Regere, Ranvier,
Johannard, Vésinier, Brunel,
Dombrowski.

Copie d'un ordre trouvé sur le citoyen belge Van der Hooven, chef de barricades au faubourg du Temple.

Le citoyen délégué commandant la caserne du Château-d'Eau est invité à remettre au porteur du présent les bonbonnes d'huile minérale nécessaires au citoyen chef général des barricades du faubourg du Temple.

Le chef de légion.

Brunel.

Un papier trouvé à la mairie du Panthéon écrit et signé de la main de Régère, trace à Millière le rôle qui lui est dévolu en ces termes écrits en anglais :

« Millière, *Burn the house.* »

Traduction : brûle les maisons.

Tous ces ordres eurent de zélés exécuteurs.

Paris *flamba*, comme dit Th. Ferré, pendant six jours, les 23, 24, 25, 26, 27 et 28 mai.

La première série des incendies comprend :

Le palais de la Légion d'honneur.

La caserne et le palais d'Orsay.
La rue de Lille.
La rue du Bac.
La rue Royale.
Le ministère des Finances.
Les Tuileries
Le Palais-Royal.
Le Palais-de-Justice.

Ces rues, ces palais, furent tous « de la même fournaise. »

La Légion d'honneur.

La révolution du 4 septembre avait mis en liberté l'assassin Eudes ; la Commune en fit un général.

Eudes établit sa résidence au palais de la Légion d'honneur.

C'est là qu'Eudes, aidé de la citoyenne Eudes, a donné des fêtes auprès desquelles auraient pâli les réceptions de l'Œil-de-Bœuf. Madame Eudes était, dit-on, une bonne commère. Il lui arrivait souvent de faire le matin, à son petit lever, des distributions de xérès aux pauvres diables de fédérés qui montaient la garde dans « sa cour. » Elle disait au concierge du palais, M. Hamel : « Autrefois, on appelait Flahaut : monsieur le comte ; mais, moi, on peut me tutoyer. Voilà ce qu'il y a de bon dans notre gouvernement »

Ce qu'il y avait aussi de bon, c'est qu'on était allé piller la maison du marquis de Gallifet et qu'on avait apporté là toute sa garde-robe et tous ses équipages. L'argenterie de la maison de la Légion d'honneur de Saint-Denis a subi le même sort. On l'avait mise en sûreté là au moment du siége pour la garantir des Prussiens de Berlin. Ce sont les Prussiens de Paris qui l'ont volée.

Le feu a été mis le lundi aux quatre coins du bâtiment. Le concierge Hamel a voulu résister, supplier. On l'a arrêté et conduit au dépôt de la préfecture, d'où il n'a pu sortir que le samedi

Il ne reste du palais de la Légion d'honneur que les écuries, qui ont été sauvées par le sang-froid du lampiste Rochez, et le portique du fond de la cour, au-dessus duquel on voit un remarquable bas-relief.

Le palais d'Orsay et le Conseil d'État.

Après le 18 mai, ce palais avait été occupé par le citoyen Peyrouton.

Jusqu'au 1ᵉʳ avril on laissait pénétrer dans le bâtiment, mais plus tard l'entrée en fut interdite. Un nommé Cousinski du 91ᵉ de marche fut installé comme chef du matériel du Conseil d'État et un nommé Coppmann, avec la même qualité à la cour des Comptes. En même temps les 135ᵉ et 67ᵉ bataillons s'établirent dans le palais et dans les maisons avoisinantes.

Le 67ᵉ (de la place du Trône) y est resté jusqu'au dernier moment.

Le mardi 23, à six heures du soir, les troupes du gouvernement ayant occupé le palais Bourbon, les insurgés commencèrent à déguerpir ; à plusieurs reprises, ils avaient pris la fuite, et l'on crut le quartier sauvé ; mais les fédérés revinrent aux palais de la Légion d'honneur et d'Orsay, pour mettre à exécution les sinistres instructions parties de l'Hôtel-de-Ville. Des tonneaux de pétrole sont apportés dans la petite cour du côté de la rue Bellechasse, et le feu est mis à la partie ouest du bâtiment. En même temps des gardes nationaux du 67ᵉ enfoncent les portes du Conseil d'État, et apportent dans les salles et la bibliothèque des matelas imprégnés de pétrole. Tout le rez-de-chaussée est incendié et le feu se communique rapidement au premier, à la Cour des comptes, par les escaliers et surtout par les vastes ouvertures pratiquées au plafond des salles d'attente pour recevoir le jour.

Il était sept heures moins vingt quand le feu éclata ; il se propagea avec une rapidité inouïe, qui s'explique par la construction du monument, tout en bois à l'intérieur et rempli de papiers. Non-seulement Paris fut couvert de paperasses enflammées, mais le vent en porta à Versailles, et, ce qui est plus étonnant, les pompiers accourus du département de la l'Eure rapportèrent des débris de papiers noircis provenant de la Cour des comptes, et qui avaient voltigé jusqu'à Evreux. Le palais est entièrement consumé ; il n'en reste que les murs. L'escalier d'honneur de la Cour des comptes est couvert par les fresques de Chassériau, qui ont échappé en partie ; les deux grisailles du bas sont intactes ; au premier, le grand panneau représentant la Paix protectrice des arts est brûlé en partie ; le panneau en face : « l'Ordre pourvoit aux frais de la guerre, » est presque intact, ainsi que les panneaux du fond : « la Justice réprimant les abus et le commerce rapprochant les peuples. »

Au Conseil d'État, deux belles toiles sont en cendres : *le président Duranty*, par Paul Delaroche, dans la salle du Contentieux, et *Justinien*, par Eugène Delacroix, dans la Salle de législation. Dans la grande salle de l'assemblée générale se trouvaient une série de beaux panneaux représentant Vauban, Sully, Colbert, Richelieu, Turgot, Suger, Portalis et Cambacérès.

Le palais d'Orsay a eu pendant sa construction des destinations différentes. Élevé sur l'emplacement occupé par un chantier de bois, il devait être le palais du roi de Rome ; plus tard, il fut continué

Vue des Tuileries.

Par DE LA BRUGERE.   ARTHÈME FAYARD, éditeur. — 26

et presque fini, pour recevoir le ministère des affaires étrangères ; enfin, vers 1840, on se décida à y établir le conseil d'État, qui siégeait alors dans un bâtiment du ministère des travaux publics, et qu'on installa au rez-de-chaussée. La Cour des comptes, qui de temps immémorial avait son siége au Palais de Justice, occupa le reste du palais d'Orsay.

On évalue à plus de 2 millions les frais de réparation, et il n'a pas encore été pris de décision au sujet de l'installation du conseil d'État et de la Cour des comptes, jusqu'à la réédification de leur ancien local.

Les rues de Lille et du Bac.

Non loin de là les Enfants du Père Duchêne et autres fédérés procédaient, à l'aide du pétrole, à la destruction de la rue de Lille et de la rue du Bac.

La plupart des hôtels de la rue de Lille étaient déserts heureusement.

L'incendie a dévoré dans cette rue les n°° 37, 39, 43, 45, 48, 49, 50, 51, 53, 55, 57, 61, 63, 65, 67, 69, 81, 83.

Au numéro 47 il y a eu un commencement d'incendie.

Le numéro 63, au coin de la rue de Poitiers appartenait à M. le marquis de Villeneuve. Le n° 63 appartenait au marquis de Villeneuve-Bargemont, ancien maire de l'arrondissement.

Les n°° 67 et 69 étaient la propriété de M. de Pommereu.

Le concierge de l'hôtel du comte de Chabrol au n° 81 a été fusillé parce qu'il voulait empêcher les insurgés de barbouiller de pétrole la maison confiée à sa garde.

De l'hôtel de la Caisse des dépôts et consignations il n'est resté que les gros murs ; on n'a rien pu sauver.

Rue du Bac ont été incendiés, à l'aide du pétrole, les numéros : 3, 4, 6, 7, 9, 11 et 13.

Les numéros 54, 56, 58, 60, 62, 64 n'ont été qu'endommagés.

Le commandant du 75° de ligne, en s'emparant des barricades de la rue du Bac, menait de front l'attaque des insurgés et le sauvetage des maisons.

Une partie du quartier doit son salut à ce brave officier.

Plus tard les pompiers de Saint-Cloud et un groupe de pompiers normands travaillèrent énergiquement, de concert avec une compagnie du génie.

Trois pompiers de Sotteville (Seine-Inférieure) ont été tués rue du Bac.

Voici ce que raconte M. Armand Després, enfermé alors dans le quartier ; il s'était installé à l'ambulance établie par un pharmacien de la rue de Beaune.

Je venais de voir un commandant des insurgés grièvement blessé, pour lequel les gardes nationaux m'avaient conduit derrière la barricade de la rue du Bac, au plus fort de l'action, sans doute en haine des bourgeois. C'est alors que j'ai recueilli le premier mot annonçant les désastres qui allaient frapper notre quartier. Ce commandant disait à ses hommes :

— Vous entendez, que tout soit fait comme j'ai dit ; n'épargnez rien ; le feu partout !

Je ne voulus point croire que ce fût là un ordre exécutable. Mais, à sept heures, un autre blessé me demanda si je pouvais le placer en lieu sûr, parce que, disait-il, on mettait le feu partout dans la rue depuis la Légion d'honneur, et qu'il ne voulait pas brûler. Il était père de famille ! Il me conseillait, en outre, de m'en aller si j'étais du quartier. A ces mots, je lui dis :

— Y a-t-il de la poudre ? répondez-moi,

car je suis du quartier, et père de famille.

— Non, ajouta cet homme, il n'y a que le feu ; du pétrole partout.

Pendant ce temps, tout remuait rue de Beaune, rue de Lille et rue de Verneuil ; la fumée et les flammes s'élevaient sur la rue de Lille. Des hommes que les insurgés appelaient « Enfants perdus, Francs-tireurs, etc., » effondraient les devantures des boutiques à coups de crosse de fusil, pour jeter dans la pièce des étoupes trempées dans le pétrole, puis des étoupes allumées ou de petites masses qui brûlaient.

D'autres badigeonnaient les volets des boutiques et les portes de bois avec des pinceaux trempés dans le pétrole, et l'allumaient ensuite avec une torche. A côté, dans la rue de Beaune, des fédérés ayant un numéro au képi, disaient aux femmes et aux vieillards :

— Voilà les Versaillais qui envoient des bombes à pétrole et incendient le quartier allez-vous-en vite !

— Mais, malheureux, ai-je dit à un de ceux-là, qui était resté près de l'ambulance pour éloigner les fédérés ivres, mais ce sont les vôtres qui mettent le feu.

Cela l'embarrassa fort, et je vis bien qu'il n'ignoraient pas la vérité. Puis les insurgés se mirent à crier :

— Fermez les fenêtres, sauvez-vous, tout brûle !

Les hommes armés couraient en frappant de la crosse du fusil les portes et les fenêtres du rez-de-chaussée. Des femmes jusqu'alors dissimulées et qu'on ne connaissait pas, parurent autour des incendiaires. L'incendie et le pillage allaient de compagnie ; mais le feu a limité le vol.

....

Depuis, je me suis rappelé bien des choses que j'avais vues dans la journée du mardi, et je me suis rendu compte jusqu'à quel point l'incendie avait été préparé à l'avance.

Entre les pansements, j'entendais ces propos : « Les Versaillais tirent sur nous des maisons de la rue du Bac ; il faudra que nous brûlions le Petit-Saint-Thomas pour en finir. — Des gardes nationaux qui se battent pour Versailles, tirent sur nous ; nous brûlerons le quartier. » Des femmes disaient en passant : « Nous ne serons pas vainqueurs, mais nous ferons le plus de mal que nous pourrons. »

Vers midi, mardi, des voitures fermées, conduites par un fédéré placé à côté du cocher, étaient allées rue de Lille en passant au milieu des barricades. Peu après un pompier isolé, un casque sur la tête, un képi à la main, a passé pour aller rue de Lille. J'avais remarqué que cet individu, en traversant la rue, n'avait parlé à personne, qu'il ne lui avait été rien dit, tandis que les fédérés demandaient à chacun : « Où allez-vous ! »

Trois heures après, le même pompier repassa, et, comme la première fois, les fédérés ne lui dirent rien.

La figure de cet homme, sa marche lente et embarrassée me prévinrent contre lui. Il avait le visage empourpré et regardait obliquement comme s'il craignait d'être vu. Cet homme était assurément venu pour disposer les matières incendiaires dans les monuments de la rue de Lille.

Les Enfants-perdus, avec le petit chapeau de franc-tireur à plumes rouges, n'étaient point pris de boisson ; ils avaient une sorte de tournure de discipline. Le mardi matin, ils ont touché, au sud du quartier, une paie de 30 à 50 fr. Etait-ce une solde comptée d'avance ou une paie spéciale pour l'incendie ? C'est ce qu'il est difficile de savoir. Plusieurs de ces hommes ont été blessés, et quand on leur demandait leurs noms, un d'eux au moins a montré une carte pliante portant en tête ces mots imprimés ; « Carte d'identité et de sûreté. »

La rue Royale. — Le Ministère des finances.

De l'autre côté de la Seine flambaient les Tuileries, une partie de la rue Royale et le Ministère des Finances.

Nous avons déjà dit comment le feu avait été mis chez M. Vincent, rue du faubourg Saint-Honoré, 1, et comment il fut mis rue Royale. Toute la partie de cette rue qui s'étend depuis le faubourg jusqu'au n° 23 a été absolument consumée. Le 23 a énormément souffert.

Chez Rouzé, le glacier de l'Opéra, qui habite la maison voisine, l'état-major de la garde fédérée a bu 300 bouteilles de champagne.

L'incendie altère.

Quant à la destruction du Ministère des Finances nous devons nous en rapporter aux fait relevés par le procès des 18 chefs de la Commune traduits devant le troisième conseil de guerre de Versailles.

Nous préférons citer le compte-rendu du procès à en donner une simple analyse ; notre impartialité en matière si grave, ne pourra point être suspectée.

Audience du 21 août.

M. N... sous-chef aux Finances est prié de déposer sur les faits relatifs à l'incendie.

D. Parlez-nous, maintenant, de l'incendie.

R. Revenu à Paris avec l'armée, le 23 mai, vers quatre heures du soir, je n'ai pu pénétrer au ministère que le lendemain matin 24. Un général m'accueillit quand je lui dis : « Voyez cette fumée, c'est la fortune de la France qui se consume !... » (Sensation.)

On me donna des auxiliaires et je tâchai de sauver le grand-livre,

Déjà deux agents subalternes du ministère étaient à l'œuvre, au 2ᵉ étage. Dans ces jours de défaillance il est juste et moral de louer leur dévouement. Des soldats, des officiers même s'unirent à nous. A onze heures, le grand-livre, jeté par la fenêtre dans la cour était sauvé. Au reste, je dois rassurer le public : si ce grand-livre et son double eussent péri, la garantie des créanciers de l'Etat leur eût survécut : C'eût été un travail de géant, mais le ministère l'eût accompli avec honneur et les rentiers n'eussent subi qu'un léger retard ! (Approbation.)

Le grand-livre sauvé, je pénétrai au premier étage dans les salons et le cabinet du ministre. J'y ai découvert de nombreuses valeurs au porteur pour un total considérable. Je traversais des pièces où, chose à signaler, je trouvais les meubles brûlant, tandis que ni plafonds ni cloisons n'étaient atteints par l'incendie. Il est donc évident que si au cinquième étage le feu put être mis par des projectiles, au deuxième l'incendie a été préparé, allumé. Une forte odeur de pétrole était, au reste, répandue partout.

M. le président. — Et le concierge du ministère a, nous en sommes informés, trouvé et mis de côté trois fûts qui avaient contenu du pétrole. Revenons aux valeurs dont vous parliez.

Le témoin. — Dans une armoire étaient des titres de rentes, d'emprunts, d'obligations trentenaires. Dans une autre armoire, des valeurs considérables appartenant à un M. Debrousse. Le cabinet du ministre avait l'aspect d'une pièce que l'on vient de quitter : on avait dû y être encore à midi.

D. On n'y sentait rien ?

R. L'odeur du pétrole était partout, là comme ailleurs. Mais nous avons sauvé tous les papiers, *y compris la copie des lettres de Jourde* et les papiers aussi de son secrétaire général. Jourde avait dû fuir à la hâte, laissant même sa tunique. Dans une chambre un lit défait était encore tiède.

D. Avez-vous des renseignements spéciaux sur la propagation du feu ?

R. J'ai entendu dire que tous les corridors avaient été enduits de matières inflammables, au rez-de-chaussée, aux combles (Mouvement); que des bombes incendiaires éclataient sur les plates-formes. Les pompes, si nombreuses, ne se trouvaient plus, les réservoirs d'eau étaient crevés, les tuyaux coupés. C'était, on le voit, un sinistre préparé de longue main ! (Sensation). Fuyant devant les flammes, je redescendis au rez-de-chaussée, j'y préservai encore de nombreuses valeurs, mais ne pus, à mon vif regret, enlever tous les éléments de la solde de la garde nationale. Ces états de *deux mois* de payement remplissaient plus de paperasses que l'administration française régulière — si décriée — n'en emploierait en *trois ans !*

D. Avez-vous vu des pompiers ?

R. Oui, c'était du moins leur uniforme, mais ils n'avaient que des moyens impuissants de combattre un pareil feu : à peine trois ou quatre pompes !

Cette curieuse déposition a été écoutée et suivie avec une légitime attention.

Jourde se lève, assez pâle. Il proteste, il s'étonne qu'un témoin de cette importance ne paraisse qu'au moment du réquisitoire. Comment contrôler et combattre cette déposition ?... Il la trouve mauvaise. Elle l'est, en effet, pour lui !

Aussi ne riposte-t-il que faiblement, malgré sa surabondance de paroles. Il revient à sa distinction déjà connue des deux incendies. Le premier éteint par ses soins, le second rallumé à son insu par il ne sait quels brigands. Il avoue que le 23, le 24, le 25, il y a des mesures générales d'incendie prises dans tout Paris; les faits ne le prouvent que trop ! mais il affirme avec énergie son ignorance de ces procédés barbares.

Autres témoignages. — Audience du 22 août.

JACQUES JEAN, *pompier.* J'étais de ceux qui ont lutté contre le premier incendie du ministère des finances; et j'étais encore de service là le 23.

M. LE PRÉSIDENT. — Qu'avez-vous vu ?

R. Dans les bureaux, il y avait des bouteilles vides, elles sentaient le pétrole.

D. A-t-on trouvé de l'eau dans les réservoirs du ministère ?

R. Ils étaient vides, le 21 comme le 22.

D. Pourquoi ?

R. Les eaux étaient barrées.

Jourde affirme que les réservoirs étaient vides depuis le 18 mars.

Un autre témoin, pompier également, le sapeur Belly a travaillé au déblayage de l'incendie du ministère. Il a trouvé partout les traces du pétrole et confirmé tous les détails donnés par d'autres témoins.

En vérité il eût fallu que le pétrole manquât dans ce quartier pour que ce ministère ne flambât point.

C'eût été une anomalie.

Encore quelques détails sur ce sujet.

On doit de grands éloges aux soldats qui se sont montrés infatigables, pour combattre le feu.

Un caporal a été blessé par un obus à pétrole et un officier atteint par une balle; un pompier a été blessé par la chute de la cage de l'escalier du ministère. Mais en somme il n'y a pas eu d'accidents graves.

Les Tuileries et le Louvre.

Un autre foyer immense, celui du palais des Tuileries flamboyait en face du ministère.

Pendant les derniers jours le palais avait été occupé par Bergeret.

Le 22 il avait reçu quelques compagnies de la Villette.

Dans le Louvre veillaient encore quelques honnêtes gens : MM. Héron de Villefosse et Morent étaient restés à leur poste, avec un grand courage, et M. Barbet de Jouy révoqué, mais rendu ingénieux par cette révocation même pour la conservation de ses chers chefs-d'œuvre, avait obtenu d'être considéré comme gardien des scellés, apposés sur les collections de son département.

Tous trois s'entendaient entre eux, couchant dans leurs cabinets, se trouvaient donc seuls au Louvre le lundi matin 22.

Les rues se couvraient de barribades. Aucun des employés non révoqués ne put sortir de chez lui pour se rendre au Musée.

Cette première journée se passa dans l'anxiété.

Dans la nuit du lundi au mardi, tous les gardiens présents au Louvre furent pris et emmenés à la mairie de Saint-Germainl'Auxerrois, ou, à diverses reprises ils furent menacés d'être fusillés.

Tandis que les gardiens étaient sous les verrous, quelques hommes, conduits par un capitaine très-exalté, entraînaient M. Morent dans la cave, et, lui plaçant le revolver sur la tempe, lui ordonnaient de leur indiquer un prétendu souterrain menant aux Tuileries, lequel n'existait pas.

Toute la journée du mardi, de nombreuses voitures chargées de poudre passèrent par la cour du Louvre, se rendant aux Tuileries. Le soir, les gardiens prisonniers à la mairie purent revenir au Louvre, tombant de fatigue. Dans la nuit, vers minuit, une formidable explosion se fit entendre, et le Louvre en trembla jusque dans ses fondements ; la partie centrale des Tuileries, où l'on avait accumulé des matières fulminantes, venait de sauter. Bientôt le palais ne fut plus, d'un bout à l'autre, qu'une immense brasier, éclairé d'une manière fantastique par des lueurs diversement colorées, selon les huiles minérales et les ingrédients qui brûlaient. Que de souvenirs et de richesses perdus, hélas ! Onze voitures du mobilier de la couronne, renfermant une partie des collections de M. Thiers, y avaient été amenées la veille : tout était consumé.

La dévastation marchait avec une rapidité vertigineuse ; la bibliothèque du Louvre allait être livrée aux flammes ; il était grand temps de leur arracher leur proie dernière, et la plus riche de toutes, le Louvre et le Musée même. M. Barbet de Jouy prend sur lui de faire enfermer et garder à vue les délégués de la fédération artistique. Cela fait, il obtient qu'on place de solides chaînes de fer aux portes des quatre grilles, afin que les fédérés ne puissent plus envahir la cour, dont ils avaient volé les clés. Puis il attend de pied ferme, montrant à tous la plus calme énergie, prenant toutes les mesures, selon les progrès de l'incendie, qu'il suit sans cesse de ses regards anxieux. A deux heures du matin, l'incendie de la bibliothèque venait mettre le comble à ses angoisses et à celle de ses fidèles compagnons. Mais, grâce à sa vigilance, tous les périls furent l'un après l'autre conjurés (nous passons bien des détails) et la nuit s'écoula sans qu'un seul fédéré eût réussi à forcer le seuil de l'établissement.

Enfin le mercredi, à dix heures du matin, la division Vergé arrivait et prenait ses cantonnements dans la cour. Malheureusement, malgré les prières de MM. Barbet de Jouy et H. Villefosse, quelques officiers persistèrent à vouloir tirer par les fenêtres. Les fédérés qui étaient au Pont-Neuf ripostèrent vigoureusement, et la galerie d'Apollon a dû à cette malheureuse circonstance d'avoir servi de point de mire. Plusieurs obus y ont pénétré. Le drapeau tricolore, précipitamment hissé sur tous les pavillons, fut cause aussi de bien des dégâts, et notamment de l'accident causé à une Renommées de Sarrazin au pavillon Lemercier.

Mais après tout le Louvre était sauvé. Grâce à l'activité des sapeurs-pompiers et d'une compagnie du génie, on fut bientôt maître du feu. Rien, parmi les collections, ne se trouve sérieusement endommagé; le bâtiment seul a souffert; il n'y a que des pertes matérielles et réparables. Les gardiens qui étaient présents au Louvre ont tous déployé un zèle et un courage remarquables, particulièrement le gardien Thibaudet, qui se procura les chaînes et les attacha aux grilles, tandis que les balles sifflaient tout autour de lui. Honneur encore une fois à chacun de ces fonctionnaires courageux qui sont restés à la peine et à qui nous devons la conservation du Louvre !

Il reste à déplorer la destruction de la bibliothèque.

Le pavillon où elle était établie fait face au Palais-Royal; c'est un des plus beaux du Louvre.

Cette bibliothèque, dont rien n'explique le stupide anéantissement, était peu fréquentée du public. On n'y pouvait travailler qu'avec une autorisation du ministère de la maison de l'Empereur.

Elle avait pour conservateur M. Louis Barbier, oncle de M. Olivier Barbier, de la Bibliothèque impériale, qui aurait été mortellement atteint, dans ces jours néfastes par une balle perdue.

Elle comptait environ 90,000 volumes, quelques-uns en éditions rares ou en exemplaires précieux. Ainsi, c'est là notamment qu'on avait versé la très-précieuse collection de manuscrits, de livres d'heures, d'œuvres de poètes ou d'historiens ayant appartenu à des rois, à des princes français, et revêtus de leurs reliures originales, qui en 1852 fut offerte au musée des souverains par M. Mottley. C'est, au point de vue de l'histoire et de la curiosité, une perte sensible.

Cette bibliothèque contenait encore le dépôt de tous les ouvrages français ou étrangers que recevaient en don le Louvre ou les Tuileries.

Mais qu'importe à tous ces individus qui se posent en flambeaux du progrès? que leur importe à tous ces gens qui réclament si haut des bibliothèques pour le peuple?...

La seule lumière qu'ils aient projetée jusqu'à cette heure sur les masses, c'est l'incendie.

Ce n'est pas au respect et à l'amour des œuvres d'art qu'ils ont convié le peuple.

C'est à leur destruction.

Ces prétendus amis du peuple, ces courtisans effrontés sont-il assez jugés?

Ruines de l'Hôtel-de-Ville, pavillon superbe de la Bibliothèque du Louvre, vous avez répondu.

Ces flambeaux de l'humanité sont des Pétroleux.

La Préfecture de Police... et le Palais de Justice.

Ils devaient faire partie de la première fournaise...

Déjà à son entré à l'ex-préfecture Raoul Rigault avait fait brûler les dossiers compromettants.

Et si dans l'imagination de ces hommes un édifice représente une institution, la préfecture de police était désignée à leur vengeance.

Pour composer son personnel Rigault avait fait appel à tous les bohèmes des caboulots de la rive gauche.

Ce personnel installé, il s'occupa, selon sa propre expression « d'organiser le désordre. »

Il renvoya tout d'abord les garçons de bureaux de l'administration.

Le concierge Jean Charlet fut seul excepté, personne n'ayant voulu le remplacer à son poste difficile.

L'administration de Rigault n'était sévère que pour les Versaillais — et la gaieté n'était pas bannie de la préfecture. Rigault aimait l'orgie et donnait l'exemple.

Les caisses furent mises au pillage, et deux employés Rief et Leballeur furent dit-on, expulsés pour concussion.

Après l'affaire Pilottell, Raoul Rigault se retira, fut remplacé par Cournet, — mais en réalité Rigault garda toujours la préfecture... Cournet dut bientôt céder la place à Théodore Ferré.

Le jour de son installation, ce citoyen se fit garder par le 104e bataillon.

Le 23 il donna l'ordre à un gardien de mettre en liberté des femmes détenues à la préfecture ; ce brave homme, — le gardien, — en profita pour ouvrir toutes les portes dont il avait les clés.

La préfecture regorgeait de détenus ; et cependant disent les communeux, jamais Paris n'avait été si vertueux que pendant la Commune : pas un vol, pas un assassinat!...

Les loups s'étaient fait bergers.

Les brebis étaient en sûreté, sous les houlettes pastorales de Rigault et de Ferré.

Ce dernier pasteur des peuples, qui, peut-être, sera bientôt le baron de Brisse de quelque tribu de la nouvelle Calédonie, nous a donné de sa personne un croquis bien fait, spirituellement fait, qu'il ne s'agit pas de perdre.

Hâtons-nous de le recueillir avant que les transports de Toulon comptent un Ferré de plus :

Voici, dit la *Gazette des Tribunaux* (qui a eu chaud le 24 mai) ce qui a été trouvé au domicile de l'incendiaire-*politique*.

Inconvénients d'une petite taille et des ridicules.

J'ai le malheur d'avoir le nez passablement long ; personne ne s'imaginera jamais combien, jusqu'à présent, il m'a occasionné de désagréments, mais il faut dire aussi que ma petite taille, la croissance de mes moustaches y ont un peu contribué. Dans la rue, on se retourne pour bien m'observer ; on sourit ; les gamins se moquent de moi et me donnent des sobriquets.

Aux écoles où j'ai été, j'ai toujours eu des surnoms, tels que ; Fée carabosse, Maréchal-Nez, Sans-Nez, etc ; quelquefois je ne supportais pas des interpellations, alors une querelle surgissait qui finissait par quelques horions donnés et reçus des deux côtés.

Je suis chez mes parents la risée des personnes qui viennent les voir.

Chez mon patron, mon physique n'étant pas favorable, on ne peut s'imaginer que je vaille quelque chose : ne représentant pas, on se figure que je suis sans capacité aucune.

Lorsque je suis en société avec des personnes instruites, de crainte de faire des fautes de langue, je deviens timide, je ne puis parler ; alors je bredouille ; ce qui n'est pas un moyen de prouver mon intelligence.

Outre cela, je suis mal vêtu, ce qui me donne l'air emprunté et gauche ; je suis orgueilleux, je me redresse, alors j'ai tout à fait l'air d'une caricature.

Enfin, pour finir, j'ai des pensées fort au-dessus d'un jeune homme de mon âge ; je veux paraître sérieux et sévère, et tout cela ne concorde pas avec ma figure de *polichinelle*.

Allons, pauvre ami, sois fort ; dédaigne

Par DE LA BRUGÈRE

ARTHÈME FAYARD, ÉDITEUR — 27

les mauvaises paroles qu'on te dira, aie du cœur et de l'énergie, tu parviendras et personne n'aura rien à réclamer.

Il existe un proverbe à Paris, où il est dit : « Ceux qui réussissent ont toujours raison ; ceux qui n'arrivent pas, toujours tort ; » tâche que la première partie d'icelui soit vraie pour toi.

Th. Ferré.
8 octobre 1862.

Ferré n'avait pas encore l'esprit faussé à ce moment. Ces dernières lignes de cet étrange document d'autobiographie le prouvent. Malheureusement le temps a fait son œuvre, pour cette âme souffrante, la piqûre est devenue plaie : la haine est venue après l'agacement. L'énergie qu'il se recommandait à lui-même a mal tourné : il voulait parvenir... Le voilà arrivé. Où?... quelques pouces de plus et Ferré devenait peut être le modèle des gens tranquilles.

Si le nez de Cléopâtre avait eu une autre forme, disait Paschal, la face du monde aurait changé.

Cet intéressant personnage, qui a trempé dans tous les crimes de la Commune, prépara le 23 les massacres et les incendies de la nuit suivantes.

Dans la nuit du 23 au 24, il y eut dit-on, un grand banquet à la préfecture. Les convives ne rappelaient ni par le talent, ni par la dignité de caractère le banquet des Girondins ; c'étaient de « bons bougres » selon *La Sociale* et « des pures » de « bonnes bougresses, » selon le *Père Duchêne*.

Avant de se séparer, un grand nombre d'entreux voulurent enlever quelques souvenirs.

Ils se répandirent dans la préfecture et le Palais de Justice et prirent soin d'enlever les menus objets qui pouvaient avoir quelque valeur.

C'est ainsi que dans le local de la 5e Chambre de la Cour qui était destinée a être brûlée comme les autres, les magistrats ont trouvé leurs toques dépouillées entièrement des galons d'or qui les entouraient, Des galons ! pouvaient-ils en manquer !..

Ces messieurs et ces dames ont également enlevé les croix d'honneur et autres décorations que portaient certains membres de la Cour les jours de cérémonie.

Le vol précédant l'incendie...

Il est vrai qu'ils auraient pu piller le magasins du Palais-Royal...

C'est une circonstance atténuante.

Nous allions en finir avec cette terrible journée du 23, lorsque l'acte d'accusation du procès des pétroleuses, — affaire de la rue de Lille, — nous apporte des révélations nouvelles.

Ces faits, sans doutes, ont encore présents a la mémoire des lecteurs, mais notre histoire inévitablement incomplète, les réclame surtout pour ses lecteurs de demain.

Les faits cités par le commissaire du Conseil de guerre lui appartiennent et nous le lui restituons,

« Après avoir pillé les caves, les effets, le linge, l'argenterie, les objets d'art, les bijoux, ils jetèrent par les fenêtres les meubles et les matelas qui s'y trouvaient.

» Dans la rue, des apprêts sinistres avaient lieu. « Il faut que Paris saute ! Nous allons brûler tout ! » Telles étaient les menaces faites aux honnêtes gens épouvantés.

» Des barricades arrosées de pétrole s'élevèrent de toutes parts. Après en avoir passé l'inspection, Eudes, suivi de son *état-major*, des Enfants du Père-Duchêne et d'autres bataillons fédérés, alla s'installer à la caserne Bonaparte. Il ne resta plus alors sur les lieux que le 135e bataillon, Belleville et les Enfants-Perdus, écume de tous les pays.

» Le combat commença dans l'après midi. De prétendues ambulances improvisées aux n° 4, rue de Solférino, et 79, rue de Lille, reçurent les blessés.

La nuit, tout en apportant un peu de calme au dehors, fut le signal de l'orgie dans les hôtels occupés par les insurgés. Le liquide volé coula à flots. Après avoir enduré toutes les vexations, toutes les injures, le concierge du comte de Chabrol, l'infortuné Thomé, père de deux enfants, venait d'être lâchement assassiné. Retenues et outragées dans ce *pandémonium*, la veuve et la belle-sœur allaient sans doute subir le même sort, lorsque, le sommeil de l'ivresse s'emparant de leurs ignobles gardiens, elles purent s'enfuir et se réfugier dans une maison de la rue des Saints-Pères.

Le mardi, les terribles scènes de la veille recommencèrent. Le combat s'engagea à toutes les barricades. Cinq femmes, et parmi elles les nommées Rétiffe, Suétens, Marchais et Papavoine, se distinguaient particulièrement au plus fort de la lutte. « Elles allaient et venaient, disent les témoins, servaient à boire et à manger aux insurgés, ou aidaient ceux-ci à piller. Elles étaient armées, pour la plupart, et portaient des écharpes rouges. L'une, très-grande, fit le coup de feu à la barricade de la rue Bellechasse ; une autre roula un tonneau de pétrole contre la porte de l'hôtel n° 6 de cette même rue. Tantôt elles avaient l'uniforme de garde national, tantôt elles étaient vêtues d'effets sordides. Elles tenaient des propos épouvantables et forçaient les fédérés à rester aux barricades. »

« Pendant ce temps, l'œuvre de destruction était assurée partout. Le pétrole, ce liquide dangereux sur lequel l'esprit diabolique des membres de la Commune avait compté, était charrié à la Légion d'honneur, répandu à profusion dans les corridors et conduit jusqu'aux caves où on avait eu soin de placer des barils de poudre et de cartouches. Le sieur Audet et un autre vieillard arrêtés sans motif, venaient d'être traînés dans ce palais pour être fusillés, et ils ne recouvrèrent sans doute la liberté que grâce au tumulte et à la confusion qui régnaient parmi les bandits.

A six heures du soir, une attaque des marins obligea définitivement les insurgés à battre en retraite. Un coup de clairon se fit entendre, c'était le signal convenu : les forcenés allaient détruire par le feu ce qu'ils ne pouvaient garder, et anéantir les traces de leurs vols et de leurs forfaits.

Sept ou huit de ces misérables étaient chargés de remplir la mission infernale à la Légion d'honneur, *Soixante-cinq 'rancs !* le prix du crime, avaient été payés, le matin même, à chacun d'eux Un officier du 35° bataillon les aida en déchargeant son révolver sur un ruisseau de pétrole. Des colonnes de flammes s'élevèrent alors de tous côtés. Seul et caché sous un escalier, le nommé Rochaix assistait à cet horrible spectacle ; dès qu'il put sortir, ce courageux serviteur courut chercher du secours et, aidé du sieur Cartier, cocher, rue de Lille, 97, il enleva les barils de poudre ou de cartouches placés dans les caves du palais et dont l'explosion eût pu causer d'effroyables malheurs.

« A l'hôtel du comte de Béthuné, les incendiaires poussaient la cruauté jusqu'à enfermer dans une cave le concierge, son épouse, leur jeune fils et un neveu, après avoir mis le feu au pétrole répandu dans les appartements. « Il faut que tu crèves là-dedans ! » disait le digne chef des Enfants-Perdus à la femme Sthehlin qui, affolée à la vue des dangers que son fils allait courir, reprochait à l'infâme sa conduite criminelle et lui lançait sa malédiction. »

Est-ce tout ?...

Nous avons dit du moins tout ce que nous savons sur la journée du 23, passons à celle du 24, et donnons la parole au rapport du maréchal de Mac-Mahon.

La journée du 24 ; opérations militaires.

24 mai. — La journée du 24 mai comptera parmi les plus sinistres dans l'histoire de Paris. C'est la journée des incendies et des explosions. Le ciel reste obscurci pendant tout le jour par la fumée et les cendres.

Déjà, la veille, un immense incendie dévorait le palais de la Légion d'honneur, la Cour des comptes et le conseil d'Etat ; les Tuileries avaient brûlé toute la nuit, et dès l'aube, l'incendie atteignait le Louvre et menaçait les galeries de tableaux.

Dans la matinée, de nouveaux incendies se déclarent au ministère des finances, au Palais-Royal, dans la rue de Rivoli, dans la rue du Bac, au carrefour de la Croix-Rouge.

Le Palais de Justice, le Théâtre-Lyrique, l'Hôtel-de-Ville sont livrés aux flammes quelques heures plus tard.

Tout le cours de la Seine, en amont du Palais législatif, paraît en feu.

A l'horreur qu'inspirent ces immenses foyers, viennent s'ajouter des explosions considérables dans les quartiers de la Sorbonne et du Panthéon.

Le maréchal donnes des ordres pour qu'un grand effort soit fait sur le centre, afin de conjurer l'incendie des monuments enflammés et préserver du feu et des explosions ceux qui ne sont pas encore atteints, et surtout le Louvre.

Dans ce but, le corps de Cissey a pour mission de s'emparer du Luxembourg et de la forte position du Panthéon, clef de tout le quartier des Ecoles.

Dès le point du jour, la division Bruat se porte en avant, balaye tout ce qui est devant elle entre la Seine et la rue Taranne et s'empare successivement de l'École des Beaux-Arts, de l'Institut, de la Monnaie, des barricades de la rue Taranne et lance ses fusiliers-marins vers le Luxembourg.

Pendant ce temps, les brigades Bocher et Paturel, du corps de Cissey, se dirigent, par les rues d'Assas et Notre-Dame-des-Champs, de manière à tourner l'édifice par l'ouest et le sud.

Au signal de la charge, ces troupes, formant trois colonnes, se précipitent sous une grêle de balles et s'emparent du Luxembourg, sous le feu des canons des barricades de la rue Soufflot.

Pour assurer la possession du palais, le 17e bataillon de chasseurs à pied traverse en courant le boulevard, enlève vaillamment la première barricade de la rue Soufflot, et débusque les insurgés des rues Cujas et Malebranche.

A la droite, la division Levassor Sorval s'empare du parc de Montsouris, de l'asile des Aliénés, opère un changement de front en avant sur la gauche, et se dirige de manière à tourner le Panthéon par l'est. Elle enlève le Val-de-Grâce, atteint la rue Mouffetard et tourne à gauche pour marcher droit sur le Panthéon.

A l'aile gauche, la division Lacretelle, qui a pour mission de s'emparer du boulevard Saint-Germain et de déborder le Panthéon par le nord, enlève une barricade rue de Rennes, et poursuit sa marche à travers la place et la rue Saint-Sulpice, les rues Racine et de l'Ecole-de-Médecine. Les colonnes atteignent le boulevard sans le dépasser. Vers quatre heures, notre artillerie ayant éteint le feu des batteries des insurgés établies au pont Saint-Michel, la division Lacretelle franchit le boulevard et s'empare de la place Maubert et du lycée Louis-le-Grand.

Les trois divisions du corps Cissey marchent alors vigoureusement en avant sur le Panthéon ; les insurgés, menacés de tous les côtés, prennent la fuite, laissant sur le terrain un grand nombre des leurs.

Sur la rive droite, la division Berthaud (corps Douay), se porte vers deux heures du matin sur la place Vendôme, s'en empare presque sans coup férir, enlève le Palais-Royal, et dirige ses efforts sur les Tuileries, afin d'arrêter les progrès de l'incendie, et sur le Louvre, pour préserver des flammes les richesses artistiques qu'il renferme.

La division d'Hérillier s'élançait de son côté rapidement sur la Banque, s'y établissait solidement et poussait ses têtes de colonne à la Bourse, à la direction des postes et à l'église Saint-Eustache.

La division Vergé (corps Vinoy), après avoir porté ses efforts sur l'incendie du Louvre, dépassait l'église de Saint-Germain-l'Auxerrois et, vers neuf heures du soir, la brigade Daguerre atteignait la place de l'Hôtel-de-Ville et s'emparait de la caserne de Lobau.

Le corps Clinchant a l'ordre d'occuper par sa droite la place de la Bourse, et de se relier par sa gauche avec le Ier corps vers le Château-d'Eau.

La division Garnier, franchissant tous les obstacles, enlève le Conservatoire de musique, l'église Saint-Eugène, le Comptoir d'Escompte traverse le boulevard Montmartre, touche à la Bourse, tourne à gauche, vient s'emparer du formidable ouvrage de la Porte Saint-Denis, et porte ses avant-postes jusqu'au boulevard de Strasbourg.

La division Duplessis, marchant droit devant elle, enlève le square Montholon, l'église Saint-Vincent-de-Paul, la caserne de la Nouvelle-France et la barricade du carrefour du boulevard Magenta et de la rue de Chabrol.

Le corps Ladmirault a pour objectif l'occupation des gares du Nord et de l'Est.

La division Montaudon, chargée de cette opération, quitte son bivouac de la porte Clignancourt à six heures et demie, et se met en marche sur deux colonnes ; le 31e de ligne qui tient la tête de colonne, achève la conquête du pâté de maisons qui domine la gare des marchandises, et après avoir tourné, par l'église Saint-Bernard, les barricades de la rue Stephenson, il se trouve maître de la gare du Nord vers midi et demi. Le 36e de marche, qui doit occuper la gare du Nord, ne peut en approcher qu'en cheminant à travers les maisons et les jardins. Il arrive avec de grandes difficultés à la hauteur de la rue de Dunkerque, se jette sur la barricade qui protège l'accès de la gare, s'en empare ainsi que des mitrailleuses qui la défendent, et pénètre de vive force dans la gare.

Les troupes de la division Grenier, qui doivent appuyer celles de la division Montaudon, et les relier au corps Clinchant, viennent occuper, à l'intersection des boulevards Ornano et Rochechouart, un fort ouvrage sur lequel les insurgés font un retour offensif, qui est vigoureusement repoussé. La brigade Abbatucci gagne alors la gare du Nord, tandis que la brigade Pradier enlève une forte barricade dans la rue Lafayette, près de Saint-Vincent-de-Paul, où elle s'établit.

La division Laveaucoupet occupe les hauteurs de Montmartre, et travaille aux batteries destinées à combattre celles des insurgés sur les buttes Chaumont.

Dans la soirée du 24, nous sommes maîtres de plus de la moitié de Paris et des grandes forteresses de la Commune, telles que Montmartre, la place de la Concorde, l'Hôtel-de-Ville et le Panthéon. Le front de bataille forme une ligne à peu près droite, s'étendant depuis les gares des chemins du Nord et de l'Est, jusqu'au parc de Montsouris.

Lé maréchal avait porté, dès le matin, son quartier général au ministère des affaires étrangères. »

La journée du 24. — Publications et hauts-faits de l'insurrection.

Un collectionneur a bien voulu nous permettre de prendre copie du dernier numéro du *Vengeur*.

Ce numéro du 24 mai est une rareté.

Le tirage en a été interrompu par l'arrivée de l'armée rue d'Aboukir.

Il n'a paru que sur demi-feuille et le premier article est imprimé en caractères d'affiches.

F. Pyat se trouvait à la porte d'entrée de l'imprimerie lorsque se présenta un officier de la ligne :

— Où est Pyat? demanda celui-ci.

Le directeur du *Vengeur* ne perdit pas sa présence d'esprit.

— Le voilà qui sort, lui répondit-il en lui indiquant un inconnu qui sortait de l'atelier.

Et l'insaisisable Pyat disparut.

On sait qu'il excelle à se dérober. Il doit posséder l'anneau de Gygès qui rend invisible.

Voilà le dernier numéro qu'il laissa aux bons fédérés qui paraissaient dans ses élucubrations le courage de se faire casser les reins et de nous accomoder au pétrole.

LE VENGEUR

Paris, 24 mai.

Citoyens,

Depuis trois jours la lutte suprême est engagée dans nos murs; la grande lutte entre le droit et le privilége, entre le peuple et les exploiteurs du peuple ; entre la plus juste des causes et la plus criminelle des conspirations ; entre la République et la restauration ; entre la plus belle des révolutions et la plus audacieuse des réactions.

C'est dans nos murs maintenant, et sur nos places,

C'est du haut de nos murs,

C'est des fenêtres de nos maisons, que les assassins assassinent, et que les incendiaires bombardent... Depuis trois jours Paris combat, dans ses rues, pour son droit communal, pour les droits de la France, pour les droits du genre humain.

Citoyens,

Vous avez votre glorieuse part dans la guerre sainte, séculaire, entre les oppresseurs et les opprimés ; Paris est le héros de cette grande épopée.

Une fois de plus son sang coule pour l'intérêt commun de tous les peuples ;

Une fois de plus les volontaires de la liberté et de la justice sont aux prises avec les mercenaires du despotisme, les esclaves de la discipline, et les aveugles complices de l'usurpation.

Jamais la grande cité n'a autant souffert pour la grande cause ;

Plus que jamais aussi son sacrifice aura été sublime, plus que jamais sa victoire sera féconde, durable et décisive.

Vive la République!

Vive la Commune!

F. PYAT, A. ROGEARD, F. DÉCAUDIN, C. CLODONG, F. BRAS.

Citoyens,

Dombrowski est mort.

Derrière sa voiture, j'ai vu passer aussi un commandant blessé sur une civière et soutenant d'une main défaillante le drapeau qui ombrageait sa pâle et mâle figure.

Quel était ce blessé, parisiens ?

C'était le commandant du bataillon belge. Et le drapeau ? Le drapeau de la Commune de Paris. Or qui avait blessé qui avait tué ces défenseurs de Paris ? Des balles françaises !

Les traîtres qui ont livré Paris aux prussiens tuent les parisiens et les étrangers amis de Paris.

Tout un monde nouveau dans ces faits.

Les royalistes, prêts comme toujours à s'allier à l'ennemi contre la République ; et la République française soutenue par les plus nobles enfants de tous les pays.

La révolution du 18 mars a eu beau se localiser, s'appeler communale, elle est au fond, comme toujours plus que nationale..... européenne. C'est la lutte du monde nouveau contre le vieux.

Pologne, Italie, Belgique, Espagne, Allemagne même, offrant l'élite de leurs bonnes actions ; et tandis que les rois font cause commune avec leur aristocratie contre Paris ; la Commune de Paris, dans son principe, représente si bien la liberté européenne que tout démocrate la défend, comme sa seconde patrie ; que tout républicain se bat pour elle comme un parisien. Dombrowski est né à Paris aussi bien que Cluseret ; il est né à Montmartre, puisqu'il y est mort. La mort l'a naturalisé. Ce belge blessé est notre compatriote. Point de différence de race, quand il y a ressemblance de droit !

Il y a vingt-trois ans, en 1848, j'ai vu aussi la veille au soir du 24 février, porter dans Paris le cadavre d'une victime au boulevard des Capucines devant l'hôtel du ministre Guizot. Le corps fut promené sanglant sur tous les boulevards jusqu'aux bureaux du *National* et le mort donna le signal de la révolution aux vivants.

Notez bien, citoyens, ce mort était un français comme il s'en trouve tant, regardant sans parti pris la manifestation qui se faisait contre le ministre des affaires étrangères. Ce n'était pas un patriote français, ni un démocrate étranger ; c'était un curieux et la vengeance publique en a fait un vainqueur du roi Philippe.

Citoyens, quel exemple ! soldats, quelle honte !

Et maintenant quelle plume pourrait crier vengeance et louer dignement ces hommes ?.. Que peut dire la plume que ne dirent cent fois même les coups de canon qui ont tué ou blessé ce héros ? Le meilleur moyen de les louer c'est de les imiter. La plume, comme l'outil, doit faire place au fusil. La parole est à la poudre, le temps d'agir est venu. Tout homme doit être soldat, un soldat du droit comme Dombrowski ; car c'est le sort de tout homme d'Europe ; qu'il soit belge, polonais ou français qui se joue aujourd'hui sur le pavé de Paris. (*Le Vengeur*)

———

Peuple, tiens bon. Livré à toi-même, à ta force à ton instinct révolutionnaire, sans autre chef que ton courage, sans autre direction que ta justice, reste fidèle à toi-même, ne sois pas traître à ta cause ! Sauve-là, comme tu l'as toujours sauvée de tes propres mains, par tes propres efforts comme tu l'as sauvée en 48, en 1830 et en 92. Si tu la perds en 71 tout le passé sera perdu. Si tu la sauve l'avenir est à toi.

———

Nous corrigeons nos épreuves sous un toit sillonné d'obus, au bruit des mortiers et des mitrailleuses. Les fumées fauves de l'incendie se font voir dans le ciel étoilé, les seules lumières en vue sur les boulevards et les rues adjacentes. Le ministère de la marine brûle, aussi celui des finances, dit-on incendié par les Versaillais qui nous reprochent la maison de M. Thiers !
— Minuit, le bombardement continue.

———

Les quartiers réactionnaires sont seuls envahis : Saint-Germain, Saint-Honoré, Chaussée-d'Antin, jusqu'à l'Opéra.

Des barricades intérieures deviennent formidables.

La barricade de la Commune est à la fois terrible et charmante. Elle est couronnée de verdure, d'un vrai boulingrin émaillé de drapeaux rouges en guise de coquelicots. L'art et le goût parisien se fourrent partout, jusque sur un tas de pavés. Montmartre surpris un instant est en train de se reprendre lui-même.

Le combat a été vif toute la journée rue de Lafayette et faubourg Montmartre.

La Bataille.

Paris résiste à une armée entière, à une armée entrée par trahison, par surprise, qui s'est emparée des positions d'où elle croyait n'avoir qu'à parler pour vaincre. Et malgré la trahison, malgré la surprise, malgré les bonnes positions de l'ennemi, Paris résiste. Il se hérisse de barricades solides et bien construites, ces défenses de la dernière heure possèdent ce qui a manqué aux remparts des citoyens courageux, braves, dévoués pour les défendre.

Les traitres ne les vendront pas ; le peuple ne les vendra pas ; le peuple les a fait et les garde. Des traîtres il y en a encore, malgré l'héroïsme de leurs concitoyens, malgré les exemples de dévouement et d'abnégations de nos braves gardes, des misérables ont tué, cachés derrière des persiennes sur les sentinelles isolées des barricades à Montmartre et rue de Rivoli. De pareils crimes ne méritent point de pitié ; les maisons fouillées ont livré les traîtres qui ont été immédiatement passés par les armes.

Le tocsin tient sur ses gardes la population qui frémit d'ardeur et d'impatience. La batterie de la rue Royale, la terrasse des Tuileries, tonnent sur l'Esplanade et sur le rond-point des Champs-Elysées ; c'est un vacarme effroyable en rapport avec l'effervescence des esprits et la rage des combattants.

Nos mitrailleuses balayent le boulevard Malesherbes où les Versaillais ne parviennent pas à s'établir.

Les obus pleuvent sur la rue de Rivoli, le boulevard de la Madeleine ; il en arrive jusqu'aux Variétés, rue du Croissant et la porte Saint-Denis. Les femmes, les enfants, les passants inoffensifs tombent sous les coups des royalistes, lancent au hasard au milieu de la cité, faisant des morts détruisant la ville, mais ne parvenant ni à l'effrayer, ni à la décourager.

Parisiens et parisiennes savent mourir ; ils n'ont qu'une honte ; celle des lâches qui les regarde encore à cette heure sans leur prêter une aide fraternelle.

La circulation est assez difficile ; partout il faut présenter ses laissez-passer et sa carte d'identité. Que n'a-t-on pris plutôt ces mesures de prudence.

Nous ne pouvions aller aussi loin que nous le désirions sur les Batignolles.

Du côté de Vaugirard, les ruraux n'ont pas approché d'une ligne depuis hier, malgré leurs efforts et leur nombre

Encore des soldats de la ligne qui viennent à nous aujourd'hui affirment que leurs camarades ont le désir de faire comme eux ; pourquoi hésitent-ils ? Ils ont peur de nos vengeances ? Pauvres frères ! Comme on les trompe !

Aux barricades on voit travailler des femmes, des enfants des vieillards. Tous comprennent la grandeur de la lutte et s'unissent dans un suprême effort.

Le peuple sait que sur lui seul repose

Lullier.

le salut de l'avenir, à tous prix il fera nos enfants libres.

FERDINAND BIAS.

On nous assure que le *Père Duchêne* a également publié son dernier numéro le 24; s'il en est ainsi nous serions reconnaissant envers le collectionneur qui voudrait communiquer cette rareté.

Le 24 on vit plusieurs ballons s'élever au-dessus de Paris.

On ne se demanda point que portent-ils, qui emportent-ils. En effet, si Pyat, après

Par DE LA BRUGERE.

avoir fait l'oraison funèbre de Dombrowski, avait pris la fuite, bien d'autres membres songeaient à en faire autant. Delescluze lui-même, ce moribond, si l'on en croit le journal de M. Ranc, le journal *La Cloche*, aurait eu la même pensée :

« Dans l'après-midi du mercredi, Delescluze et deux de ses collègues montèrent en voiture et se firent conduire à la porte de Vincennes. Ils durent attendre avant d'arriver à la porte même ; trois omnibus défilaient, allant chercher des munitions à Vincennes.

Au moment de passer, comme ils montraient l'ordre qu'ils s'étaient donné à eux-mêmes, le chef de bataillon de service à cette barrière reconnut Delescluze.

— Où allez-vous donc, citoyen Delescluze ? lui dit-il.

— Je vais, répondit Delescluze, organiser le service des munitions à Vincennes.

— Vous avez des ordres écrits, demanda le commandant.

— Sans doute

— Donnez-les moi en ce cas. Un de nos hommes les portera à Vincennes. Quant à vous, vous ne sortirez pas. Vous nous avez fourrés dans le pétrin, vous y resterez avec nous, Faites comme moi, je mourrai à mon poste ; allez mourir au vôtre.

La voiture dut retourner. On sait que Delescluze suivit exactement le conseil du chef de bataillon et qu'il mourut derrière une barricade.

Mais le côté piquant de cette histoire, c'est que les cochers des trois omnibus dont le défilé avait retardé le passage de Delescluze et permis au commandant d'arriver à temps pour empêcher sa fuite, étaient trois membres de la Commune déguisés.

Le fait nous est affirmé par des gens qui prétendent les avoir reconnus. Une heure plus tard, cette évasion n'eût plus été possible ; les Prussiens entouraient les fortifications et ne laissaient plus personne sortir de Paris. »

Lorsqu'ils eurent reconnu qu'ils ne pouvaient plus tenir à l'Hôtel-de-Ville, les membres de la Commune, qui y étaient encore présents, opérèrent le soir par la rue du Temple une retraite « aux flambeaux. »

Ces messieurs se retirèrent, escortés de soldats fédérés portant des torches.

Ils se rendaient à la mairie du 11ᵉ

Combien de pauvres diables parmi les sujets, les voyant passer ainsi, ont envié les héros de pareille mise en scène.

Ils avaient laissé Pyndy, — gouverneur de l'Hôtel-de-Ville, — seul avec quelques hommes et beaucoup de pétrole pour incendier le palais municipal.

Dans la nuit, l'incendie éclata, aux quatre coins à la fois. Les individus qui défendaient les barricades par lesquelles la place était fermée, se battaient encore ignorant la *retraite* de leurs chefs.

L'incendie les frappa de stupéfaction et d'épouvante, ils prirent la fuite vers la Bastille ; ils ne prévinrent même pas les postes avancés et les barricades de la Préfecture de police ; peu s'en fallut ainsi que ces derniers ne fussent cernés grâce à l'abandon des barricades qui protégeaient leur dernière position.

C'est à tort que l'on a dit qu'un grand nombre de blessés fédérés avaient été brûlés à l'Hôtel-de-Ville. Pindy n'était resté qu'avec quelques hommes.

Un mot sur ce héros.

Louis-Jean Pindy, était un ouvrier menuisier âgé de trente et un ans membre influent de l'Internationale.

« C'est, dit la biographie de M. J. Clere, une de ces natures ignorantes que le dévouement et l'obéissance passive aux ordres les plus ineptes rendent capables des actes les plus horribles, même quand ils ne les approuvent pas, pourvu qu'on leur présente comme utiles à la cause qu'ils ont embrassée. »

Lors du procès de juin 1870, dans lequel il fut impliqué.

On avait saisi, en outre, chez Pindy, un des prévenus de l'Internationale qui a joué un rôle important dans la Révolution du 18 mars, des formules de poudres et d'engins destructifs avec ces mentions : « A jeter par les fenêtres. » — « A jeter dans les égouts. » Pindy déclara qu'il ne possédait ces objets qu'à titre de simple curiosité. Mais si nous rapprochons ces découvertes et ces préparatifs des incendies et des tentatives d'embrasement de la ville entière dont nous venons d'être témoins, nous en arrivons à être convaincus que ce n'est pas comme simple curiosité que M. Pindy possédait ces formules, et qu'il possédait déjà ces engins destructeurs, dont l'emploi était formellement désigné par les étiquettes placées sur leurs enveloppes.

Pindy était, depuis le 18 mars, colonel commandant de l'Hôtel-de-Ville, et avait plusieurs fois manifesté son intention de faire sauter ce monument plutôt que de se rendre.

En même temps le feu était mis au Théâtre-Lyrique et au théâtre du Châtelet.

C'est mercredi matin, à sept heures, que les fédérés mirent le feu au Théâtre-Lyrique.

Le concierge, M. Mial, prévoyant quelque funeste accident, était ce jour-là même sorti pour mettre ses enfants en sûreté. Sa femme était donc seule quand les fédérés se présentèrent.

Ils étaient environ quarante, sous la conduite d'un colonel d'état-major de la garde nationale, qui tout d'abord appuya son pistolet sur la gorge de madame Mial, lui enjoignant de les diriger à travers tout le théâtre, lui et sa bande.

La malheureuse femme, tremblante, prit les clefs et conduisit les honorables personnages sur la scène et dans les différents couloirs. Des bonbonnes de pétrole furent déposées dans les dessous tandis que l'on badigeonnait les murs à grands flots du liquide incendiaire.

Madame Mial contemplait ces sinistres préparatifs avec terreur, elle essaya de se retirer.

— Restez, lui cria brutalement le colonel.

— Mais pourtant, maintenant que je vous ai conduits, vous n'avez plus besoin...

— Restez, répéta-t-il, ou je vous brûle la cervelle.

La concierge eût très-vraisemblablement péri dans les flammes si, profitant d'une distraction de ses bourreaux, elle n'avait eu le bonheur de s'échapper.

Cependant la flamme gagnait rapidement; des coulisses elle s'était étendue aux loges, et, quelques instants après, des torrents de flammes signalaient à Paris ce nouveau crime de la Commune.

Incendié le mercredi matin, à sept heures, le Théâtre-Lyrique a brûlé jusqu'au soir, et, quand enfin le dévorant fléau eut arrêté ses ravages, il ne restait plus que la façade, le foyer du public compris; tout le reste, sans exception, avait été la proie des flammes.

Le désastre est énorme. L'on sait que la construction des deux théâtres (théâtres Lyrique et Châtelet) n'a pas coûté à la Ville moins de huit millions. Il faut ajouter à ce chiffre la perte d'une quantité considérable de matériel.

Il y avait eu, en effet, peu de jours avant, au Théâtre-Lyrique, une représentation donnée par la Fédération artistique, et l'on n'avait pas eu le temps encore de débarrasser la scène des décors et autres accessoires indispensables.

Quant au Châtelet, voici ce que raconte, par une lettre adressée aux journaux, M. Paul Banès caissier de ce théâtre.

« Monsieur le rédacteur en chef,

» Je lis dans votre numéro d'hier que *la scène et le magasin de décors du théâtre du Châtelet ont été détruit par le feu.* Il n'en est rien heureusement : la scène est intacte, et comme il n'y avait au théâtre que les seuls décors servant aux représentations du *Courrier de Lyon*, et tous en place, le feu n'a pu les atteindre.

» Voici du reste le détail de ce qui s'est passé et de ce qui a été brûlé :

» Mercredi à une heure un quart (trois

heures environ avant l'incendie du Théâtre-Lyrique), quatre bandits, après avoir forcé l'entrée du café situé à l'angle du quai, ont pénétré dans la salle par la porte qui, de ce café établit le soir des représentations une communication avec le vestibule du théâtre, et ont contraint, le revolver au poing, le concierge, Julien Clément, ainsi que les trois pompiers de service, à sortir immédiatement pour leur laisser consommer leur crime.

» Restés maîtres du théâtre, ces misérables incendiaires placèrent dans la partie du bâtiment formant façade dans la rue des Lavandières-Sainte-Opportune, où était établi un atelier de menuiserie et sous une chambre avec escalier, le tout construit en bois et à hauteur d'homme, servant de cabinet au machiniste en chef, un immense panier d'osier qu'ils trouvèrent là, et dans lequel étaient entassés de vieux costumes hors d'état de servir, et une grande quantité de journaux; mais avant d'y mettre le feu, ils inondèrent le tout de pétrole, en arrosèrent le sol et en lancèrent même sur tous les meubles servant chaque soir aux représentations du *Courrier de Lyon*, et qui étaient dans cette partie du théâtre appelée *lointain*, en termes de coulisse, et construit en planches mobiles au-dessus de la cour, au-delà des portes de fer.

» Après tous ces préparatifs faits et le feu mis, ils se retirèrent satisfaits de leur action criminelle, mais revinrent à plusieurs reprises pour raviver l'incendie qui n'allait pas assez vite à leur gré, menaçant de brûler la cervelle à quiconque tenterait d'en arrêter les progrès; enfin, ils s'éloignèrent pour continuer ailleurs, sans nul doute, leur œuvre de destruction. — Après leur départ définitif deux hommes (*les frères Margoutand*), employés au journal *le Figaro*, et qui, depuis deux jours, étaient cachés dans le théâtre afin d'éviter d'être pris par les émissaires de la Commune comme gardes nationaux réfractaires, et qui avaient pu se réfugier, sans être aperçus des incendiaires, dans la partie de la scène affectée le soir au service des pompiers, ces deux hommes, dis-je, purent enfin sortir de leur cachette et faire rentrer le concierge, moins les pompiers qui avaient pris la fuite et ne revinrent plus (peut-être étaient-ils de connivence avec les bandits.)

» Alors, avec l'aide des nommés *Eugène Guilloret*, gazier spécialement attaché au service du théâtre par la maison Clémençon, *Charpentier*, machiniste, *les frères Binet*, aussi machinistes et secondés par tous les voisins accourus, tous les efforts furent faits pour arrêter l'incendie; enfin, après deux jours et deux nuits d'un dévouement presque surhumain, on parvint à le circonscrire dans l'endroit seulement où il avait été allumé. Malheureusement, à gauche se trouvait le magasin des costumes de femmes, celui des meubles et accessoires du théâtre, et au-dessus un étage dans lequel étaient renfermés les costumes d'hommes ; aussi, tout ce matériel qui représentait une valeur de 50 à 60,000 francs a-t-il été complétement brûlé.

Les loges des artistes, les bureaux d'administration, la scène tout entière, ainsi que la salle, tout cela est resté intact. Les décors mêmes qui servaient aux représentations du *Courrier de Lyon* sont sur le théâtre, et les acteurs n'auraient qu'à monter dans leurs loges pour revêtir leurs costumes, les seuls échappés au désastre. »

Dès le matin, à trois heures, le Palais-Royal était également incendié. On dit que c'est un commandant nommé Landeck qui accomplit cet acte communeux.

Le Palais-Royal lui déplaisait peut-être.

On sait que la colonne déplaisait à M. Courbet...

Un proverbe dit des goûts : et des couleurs il ne faut pas disputer...

Ministère de la marine.

Oui, mais un autre dit : Brûler n'est pas répondre.

Quoi qu'il en soit, un certain commandant fédéré se passa la fantaisie de brûler le Palais-Royal. Des habitants des galeries virent vers trois heures du matin de noires spirales d'une épaisse fumée qui paraissait sortir de la chapelle et de l'escalier d'honneur. Plusieurs hommes courageux, comprenant le danger qui menaçait non-seulement le château, mais aussi le Théâtre-Français et par suite les bâtiments des galeries, descendirent à la hâte pour porter les premiers secours : MM. E. Lesaché, peintre-graveur, et le propriétaire des magasins de la Ville-d'Amiens les conduisaient. Lorsqu'ils entrèrent dans la cour du château, un capitaine d'insurgés les invita brutalement à se retirer, sous peine d'être fusillé, « il faut que ça brûle, » leur criait-il.

Après quelques minutes d'hésitation, le petit groupe enhardi et grossi par d'autres personnes, revint résolûment sur ses pas. Les pompes du château avaient été reléguées cour des Fontaines : on les arma, et tandis qu'une chaîne s'organisait, les plus vigoureux escaladèrent la terrasse, pénétrèrent au milieu des appartements et commencèrent à emporter les meubles et objets qui auraient alimenté le feu.

Les insurgés essayèrent une seconde fois de rompre la chaîne ; plusieurs coups de feu même furent tirés sur les travailleurs de la terrasse ; personne ne fut atteint. Mais les troupes de ligne approchaient, et vers cinq heures le Palais-Royal fut abandonné par les fédérés. Ceux qui ne s'enfuirent pas allèrent se placer derrière les barricades qui obstruaient les rues Saint-Honoré et de Rivoli. Un seul d'entre eux, volontaire du père Duchêne et chef de la barricade construite rue de Richelieu, devant le Théâtre-Français, courait sans cesse de sa barricade jusque dans la cour où se faisait la chaîne. Deux, trois, quatre fois, il arma son chassepot et lâcha sa détente ; l'aiguille, heureusement, était cassée. On l'entoura, on lui arracha son fusil et ses pistolets et on l'entraîna au poste de la Banque.

Cependant l'incendie se propageait : deux pompes, servies par des mains inexpérimentées, ne pouvaient suffire. On courut à la Bibliothèque nationale, dont le régisseur eut l'obligeance extrême de céder la pompe ; trois pompiers l'amenèrent. Le dévouement et l'adresse de ces braves gens sont au-dessus de tout éloge ; nous leur devons le salut du théâtre.

Depuis une heure, les hommes, les femmes, les enfants de tout âge et de toutes les conditions étaient accourus et formaient trois chaînes ; la troisième s'étendait jusqu'au bassin du jardin. Néanmoins le feu prenait d'effrayantes proportions : trois pompes et trois chaînes, dont une beaucoup trop longue, le modéraient à peine. C'est alors qu'apparurent les dernières conséquences de l'abandon presque complet d'un quartier tel que le Palais-Royal par tous les fuyards que la peur avait depuis deux mois éloignés de Paris. Si quelques hommes, moins timorés qu'eux, si des femmes intrépides, et des enfants n'eussent pas pendant les quatre premières heures lutté de toutes leurs forces contre le terrible ennemi commun, c'en était fait du théâtre, des ailes du château et probablement d'une partie des bâtiments qui entourent le jardin.

Les bras manquant, on alla demander à M. de Ploëc, gouverneur de la Banque, cinquante de ses employés : M. de Ploëc, avec un empressement et une bonne grâce sans égale, les donna immédiatement. Ces messieurs amenèrent une quatrième pompe. Les colonels des 90° et 91° de ligne voulurent bien mettre à notre disposition trois compagnies ; un commandant du génie céda une section de sapeurs ; enfin un capitaine, deux lieutenants et deux pompiers arrivèrent.

Grâce à tant de bonnes volontés, le danger, c'est-à-dire l'envahissement du théâtre par le feu, fut conjuré. Vers six heures, l'intérieur du château était presque entièrement brûlé, mais nous avions la certitude que cette œuvre abominable de destruction serait arrêtée aux quatre murailles.

La chaleur du foyer était telle que nous avons vu des morceaux de glace fondus de formes étranges ; les pierres se sont en quelque sorte vitrifiées, et l'on nous a montré des amalgames de métal, de chaux, de plomb et de porcelaine qui présentent l'aspect le plus bizarre.

Nous n'en avons pas fini avec la seconde série des incendies.

Il nous reste encore d'autres *fantaisies* de ce genre à mentionner en chroniqueur découragé mais scrupuleux que nous sommes.

Nous avons beau nous entendre dire :
— brûler un monument, détruire un édifice national n'est pas un crime.

Ce n'est qu'un caprice artistique ou un mouvement de mauvaise humeur chez des mécontents politiques ; tout citoyen a droit au pétrole.

Nous avons bien entendu ces maximes nouvelles, il nous semble que les dévastations des propriétés publiques ne sont point de simples délits.

Il nous souvient que des gens ont été brûlés vifs. Et cela nous indigne.

Puis nous nous demandons parfois en compulsant les notes de cette histoire, si Paris tout entier n'est pas destiné à périr ainsi et si la parole de Cluseret, — le brave général heureusement réfugié aujourd'hui dans l'État de Missouri, — ne se réalisera pas ?

On se souvient de son dilemne :

« Ou la Commune réussira, ou Paris sautera. »

Or, êtes-vous bien sûr que la Commune réussira ?

Et d'ailleurs quel choix feriez-vous ?

Une heure après l'Hôtel-de-Ville, la Préfecture et le Palais-de-Justice flambaient.

Sur cet incendie, les audiences du 4me conseil de guerre de Versailles nous ont donné des renseignements complets.

Après les vols que nous avons racontés, Ferré s'occupa des prisonniers.

La Conciergerie en regorgeait.

Allait-il procéder à une exécution générale et sommaire ou choisir ses victimes.

Il eut pu ordonner un massacre général ; et il est certainement en sa faveur de considérer qu'il se résigna à un seul assassinat, du moins à la conciergerie.

M. Veysset fut la victime qu'il choisit.

Nous citons le compte rendu du procès :

Le témoin Pierre Régeau, sous-brigadier au dépôt de la préfecture, dit que le 24 il avait vu Ferré venir au dépôt. Il était accompagné de Fouet, de Wurtz et de quelques autres fédérés.

Il a pris le registre d'écrou, a levé les noms de tous les employés de la préfecture qui étaient détenus, puis est entré dans le cabinet du juge d'instruction où il appela ces hommes. On les interrogeait, et ils étaient ensuite renvoyés dans leurs cellules.

Le dernier qu'on a appelé était Veysset qui a été fusillé par les ordres de Ferré. On l'a conduit jusqu'à la barricade du quai, et on m'a dit qu'on avait jeté son corps à l'eau.

Après son interrogatoire, ce malheureux Veysset était rentré dans la prison et y a passé quelques nuits.

M. le président. — Vous étiez là au moment de l'incendie ?

R. Oui, c'était le même jour ; il a commencé à huit heures et demie à peu près, et j'ai entendu un des fédérés qui disait à son officier :

— Est-ce qu'on ne va pas mettre le feu ? Celui-ci lui répondit :

— Tais-toi donc, béta, tout est prêt et tout va sauter depuis la préfecture jusqu'à l'Hôtel-de-Ville !

M. le commissaire du gouvernement. — Lorsque vous avez vu Ferré et ses hommes, étaient-ils armés ?

Le témoin. — Quelques-uns étaient armés, mais Ferré n'avait qu'une écharpe et une petite badine avec laquelle il se frappait les mollets en disant :

— Dépêchons-nous, ça ne va pas !

Autre déposition sur le même sujet.

Verguerie (François), employé au dépôt de la Préfecture :

Le 24, Ferré est venu à la préfecture et a ordonné de faire un triage entre les détenus. Il voulait, disait-il, fusiller tous ceux qui avaient servi sous l'Empire et le gouvernement de Versailles. Je lui ai fait observer qu'il ne pourrait les découvrir au milieu de tous les autres prisonniers, car ils étaient plus d'une centaine et alors il s'enferma dans le cabinet du juge d'instruction, d'où il donna l'ordre de lui amener trois hommes. L'un était fou, il le renvoya ; on ne put trouver l'autre qui ne répondit pas à l'appel de son nom. Veysset seul fut amené à Ferré. Au moment de l'exécution, Veysset dit : Vous m'aviez promis la vie sauve ; mais Ferré lui répondit brutalement :

— C'est bon, c'est bon, marchons ! mes hommes n'ont pas le temps l'attendre.

Ce peloton était commandé par un nommé Greffier, et il y avait un homme en manches de chemises et nu-pieds. C'était un détenu mis en liberté, sans doute, mais il ne venait pas de chez nous, et n'était pas armé.

Ferré. — Voulez-vous demander au témoin, si moi j'étais armé.

Le témoin. — Il n'avait pas d'arme, il avait une écharpe et une petite canne.

M. le commissaire du Gouvernement. — Est-ce que vous n'avez pas vu Ferré distribuer de l'argent aux hommes qui allaient fusiller Weysset.

Le témoin. — Oui, je l'ai vu donner des pièces d'argent, mais je ne saurais dire si c'étaient des pièces de cent sous ou de quarante sous. »

Les incendiaires de la rue de Lille recevaient chacun, (ou chacune) une somme de 65 francs.

Il est encore consolant de voir que les meurtres et les incendiaires étaient payés.

Beaucoup de scélérats de profession se trouvaient sans doute parmi les coupables, et un grand nombre de combattants se seraient refusé au crime.

En même temps qu'il incendiaient le Palais de Justice et la Préfecture, les insurgés mettaient le feu à l'Assistance publique, édifice de construction récente, situé place de l'Hôtel-de-Ville, avenue Victoria et quai Lepeltier.

C'est le bien des pauvres qu'ils ont réduit en cendres ; ils ont oublié que dans toutes nos luttes civiles ce bien avait été respecté de tous les partis.

Dans la nuit du mercredi 24 au jeudi 25 mai le feu fut mis dans les bâtiments de l'Assistance, à trois endroits différents, au rez-de-chaussée dans le bureau des *visiteurs*, pièce pleine de nombreux papiers, au premier étage dans la salle dite des *imprimés*, qui renferme toute la papeterie usuelle de l'administration ; enfin dans les combles remplis par la précieuse collection des archives.

Le dépôt des archives de l'Assistance publique, peu connu du public, est un des monuments les plus importants relatifs à l'histoire de Paris.

Au mois de septembre dernier, quand l'arrivée des Prussiens et la perspective d'un bombardement parurent imminentes, l'archiviste chargé de conserver cette collection, M. Brièle prit l'initiative des mesures préventives contre la possibilité

Vésinier.

La Cécilia.

Gaston Dacosta.

Par DE LA BRUGÈRE

Myot.

d'un incendie : il fit faire quatorze grandes caisses dans lesquelles on entassa les plus précieux documents et qu'on descendit ensuite au fond des caves.

Ainsi ont été préservés une foule de manuscrits et de titres dont la perte eût été un irréparable désastre. Nous mentionnerons :

1° Les *Cartulaires* de l'Hôtel-Dieu, manuscrit en minuscules gothiques des 12° et 13° siècles.

2° Le *Livre de vie active*, très-beau manuscrit du 15° siècle où se trouvent de très-curieux renseignements sur l'Hôtel-Dieu à cette époque. On y voit notamment une enluminure représentant les malades couchés, comme ils étaient parfois alors, sept dans un seul lit.

3° Les trois *Antiphonaires* de la Charité, in-folios énormes, richement ornés quoique avec un goût médiocre.

4° La collection complète des registres des délibérations de l'ancien bureau de l'Hôtel-Dieu qui s'étend sans la moindre lacune de l'année 1531 à l'année 1792. Ce recueil est un document des plus intéressants pour l'histoire de la santé publique depuis trois siècles ;

5° Les titres de propriété des anciennes maisons de Paris dont l'Hôtel-Dieu était propriétaire ;

6° La collection des comptes de l'hôpital Saint-Jacques-aux-Pèlerins remontant à la fondation de cet hôpital, c'est-à-dire aux premières années du 16° siècle ; en outre, toutes les vieilles chartes dudit hôpital.

7° Quarante cartons environ, contenant les plus précieux documents relatifs aux dons et legs faits aux hôpitaux ; les titres provenant de la célèbre famille de Lionne remplissent à eux seuls huit de ces cartons.

8° Un nombreux choix de pièces venant de l'hôpital du Saint-Esprit-en-Grève ; des Enfants-Rouges, des Enfants-Trouvés, etc.

Par cette énumération, on peut juger de ce que l'Assistance publique a sauvé, grâce à un acte de prudence ; elle possède encore les éléments d'une magnifique collection ; mais disons aussi les pertes qu'elle a subies : l'incendie a dévoré tout ce qu'on n'avait pu descendre dans les caves. Voici la liste sommaire des documents qu'il a détruits :

1° Une grande partie des documents connus sous le nom de *Fonds des indigents des paroisses*, qui renfermaient les titres des fondations charitables au profit des hôpitaux ; il est vrai qu'on pourra retrouver chez les notaires les minutes de ces actes de fondations ;

2° Les registres de l'ancien hôpital général (Salpêtrière). Pas une pièce de cette collection n'a été sauvée ;

3° Toute la collection des pièces relatives à l'administration des hôpitaux de Paris pendant la période dite *intermédiaire*, c'est-à-dire de 1792 à 1801. Il sera possible de retrouver la meilleure partie de ces documents aux archives centrales ;

4° Une grande partie des titres de l'hôpital de la Charité : les archives centrales peuvent également y suppléer ;

5° Les archives modernes ont été complétement brûlées à l'exception de l'importante collection des minutes des arrêtés du conseil général de l'administration depuis 1801 jusqu'à 1855 ; à partir de 1855 jusqu'à l'année actuelle, toutes les autres minutes ont péri dans les salles du secrétariat ;

6° Le catalogue raisonné des archives. Ce travail, commencé depuis plusieurs années, avait déjà produit trois énormes volumes d'un haut intérêt historique, dus le premier à M. Julien Tournier, et les deux autres à M. Brièle. Toute l'édition de cet important ouvrage a été dévorée par les flammes. Heureusement, quelques exemplaires isolés avaient été déjà distribués : ils permettront de faire une réimpression.

En résumé, beaucoup des pertes de l'Assistance publique, en fait d'archives, pourront se réparer. Grâce aux archives centrales, aux archives des domaines, aux minutes des notaires et aux manuscrits de la Bibliothèque nationale. Mais quel travail! On estime à trois ans au moins la durée des recherches nécessaires rien qu'aux archives centrales.

Le journal *Le National* à donné les détails suivants sur la tentative d'incendie dirigée contre Notre-Dame; ce sont les plus exacts :

Le mercredi 24 mai, à trois heures du matin, arrive sur la place du parvis Notre-Dame une voiture portant deux tonneaux de pétrole et conduite sous la direction d'un lieutenant d'état-major de la garde nationale. Ce misérable requiert dans un établissement du voisinage deux seaux et des pinces pour accomplir son abominable travail, car il ne cache pas qu'il est chargé de détruire la métropole.

On lui représente tout ce qu'il y a d'affreux dans un pareil acte, accompli tout à côté de l'Hôtel-Dieu, qui renferme sept à huit cents malades ou blessés, dont la vie sera bien exposée par cette sauvagerie.

Il répond qu'il a des ordres formels, mais qu'il va cependant en référer au Comité de salut public; bientôt il vient annoncer que le monument sera épargné.

Toutefois on est entré dans l'église, et quelque temps après la voiture repart, mais les tonneaux n'y sont plus ; l'édifice n'a pas changé d'aspect, ses portes sont fermées et le guet est fait par une compagnie de gardes nationaux dont le numéro nous a été signalé par des personnes du quartier. Ces braves exécutent leur consigne, qui est de menacer de mort tout individu qui tentera de séjourner autour de l'édifice ; aussi les quelques passants ou curieux jugent-ils prudent de ne pas se le faire dire deux fois.

Quelques heures plus tard les gardes nationaux abandonnent leur poste. A ce moment l'incendie de l'Hôtel-de-Ville présentait une violence inouïe et remplissait de crainte et d'horreur tout le quartier; cependant les fédérés tenaient encore au-devant, ils occupaient également la caserne de la Cité, le Palais de justice et le Tribunal de commerce; la barricade du Petit-Pont lançait sur l'armée régulière des bordées qui faisaient trembler la Cité. Les fédérés étaient donc toujours fidèles à leur tactique : brûler avant de se replier.

Un passant croit apercevoir de la fumée qui s'échappe de la toiture de la cathédrale, il vient à l'Hôtel-Dieu faire part de sa découverte; les internes en pharmacie sont prévenus; six d'entre eux courent sur le lieu du sinistre; on leur indique la demeure du sonneur qui, après quelques difficultés, leur livre les clés du monument. Ils y pénètrent par la rue du Cloître-Notre-Dame, malgré les observations des personnes présentes qui craignent que ce soit une fournaise contenant des barils de pétrole ou de poudre; mais ils sont arrêtés bientôt par une fumée noire et suffocante qui remplit complètement l'intérieur; les lumières s'éteignent dans ce milieu irrespirable.

Cependant, à mesure que l'atmosphère devient moins insupportable, on avance de quelques pas. On trouve un premier brasier en avant du maître-autel, avec lequel il se relie des deux côtés; il est formé par des chaises, des fauteuils, des tapis entassés jusqu'à l'autel, qui va bientôt s'enflammer, car il est brûlant, et la chaleur en a fait déjà casser le marbre.

On a réussi, non sans peine, à organiser la circulation de quelques seaux d'eau, que des femmes et des jeunes filles, habitant la rue du Cloître et la rue Chanoinesse, font parvenir avec beaucoup de zèle.

On pouvait espérer déjà que les efforts seraient couronnés de succès si on agissait rapidement; les monceaux de bois pétillaient en se carbonisant, il fallait les atteindre de suite; on donna donc de l'air en brisant quelques vitraux, et en tournant le monument on attaqua avec des barres de fer les grandes portes s'ouvrant sur la place du Parvis, l'une fut enfoncée et l'autre ouverte, mais il n'y avait point encore d'incendie de ce côté.

Les fédérés de la caserne de la Cité accueillirent ces tentitives sur la façade par quelques coups de feu qui n'atteignirent personne; les balles vinrent s'aplatir sur la pierre du portail. On ouvrit aussi la porte qui donne sur le quai et on organisa une chaîne pour éteindre un nouveau brasier que l'on venait de découvrir.

Au bout de quelque temps de travail, tout danger parut être conjuré; l'air et la lumière étaient venus dans la partie basse de l'édifice; on put s'occuper de visiter le sous-sol, où l'on ne trouva rien de suspect. On sortit les chaises et les boiseries qui avaient été épargnées, afin d'enlever tout prétexte à un retour de l'incendie. Il y en avait plusieurs monceaux se rattachant ensemble et aboutissant à l'autel; ils se reliaient aux boiseries du chœur et longeaient le monument pour atteindre les grandes orgues; une chaire était renversée, des bancs et des cloisons brisés, le lutrin et d'autres livres éparpillés dans le chœur.

Heureusement le feu n'avait pu encore gagner tout ce qu'on lui avait préparé, et les pertes ne sont pas très-importantes; elles ne comprennent que ce qui avait été entassé dans le chœur, sur les côtés et un peu en avant. Les magnifiques bas-reliefs en chêne sculpté sont intacts, si ce n'est l'extrémité, qui a été un peu léchée par les flammes; une partie du grand lustre est tombée.

C'est ainsi que l'on put préserver d'un très-grand désastre l'un de nos plus beaux et plus anciens monuments.

En avons-nous fini avec les incendies du 24?

Pas encore.

Il nous reste à mentionner des incendies moins importants mais non moins odieux.

Les débats du 4e Conseil de guerre nous ont appris que ce sont les *Enfants du Père Duchêne* qui ont mis le feu à trois maisons du carrefour de la Croix-Rouge, à l'aide de touries de pétrole amenées à dessein.

Les insurgés ont également brûlé, par les mêmes moyens, plusieurs maisons de la rue Vavin.

On est épouvanté rien qu'à la pensée du spectacle affreux qu'offrait Paris en ce moment.

Mais nous croyions avoir tout dit et nous avions encore omis les incendies de la rue du Louvre, de la maison 79 de la rue de Rivoli, des premiers numéros du boulevard de Sébastopol, et des maisons de la rue de Rivoli qui avoisinent la Tour Saint-Jacques.

A vingt lieues de Paris tombaient les papiers et des linges à demi brûlés.

La ville disparaissait en partie sous les vagues énormes de flamme et de fumée et de Saint-Cloud on pouvait croire que tout Paris brûlait.

Le maréchal Mac-Mahon avait réclamé le secours des pompiers de plusieurs départements voisins.

Bruxelles, Anvers, Londres nous envoyaient avec une générosité spontanée leurs pompiers armés de puissants engins à vapeur que nous ne possédions pas.

L'ordre avait été donné par le comité de Salut-Public de rassembler toutes les pompes au Champ-de-Mars et de les y brûler. La négligence des communeux ne permit pas que cet ordre fut exécuté.

Mais c'est assez nous étendre sur les incendies du 24 passons aux massacres.

Les massacres du 24 mai.

On ne saurait connaître encore le nombre des assassinats commis par les communeux.

C'est ainsi que nous ignorons les noms des quatre victimes tombées le 23 mai dans la cour des Tuileries.

Ce fut dans la nuit du 23 au 24 que Raoul Rigault procéda à l'assassinat de M. Gustave Chaudey, arrêté sur la dénonciation du *Père Duchêne* et gardé comme ôtage.

Le procureur de la Commune s'était présenté à onze heures du soir et avait fait descendre Chaudey, auquel, sans autre préparation, il avait dit :

— Je vous annonce que vous êtes à votre dernière heure.

— Comment? vous voulez donc m'assassiner? répondit Chaudey.

— On va vous fusiller, répliqua l'autre, et tout de suite.

Mais les gardes nationaux du poste, qu'il requit d'abord, se refusèrent à cette odieuse besogne, et il alla lui-même hors de la prison chercher des bourreaux plus dociles. Il les trouva.

Le prisonnier fut amené devant eux

Raoul Rigault, tirant son épée pour donner le signal, les fusils partirent, et Chaudey tomba.

Les balles avaient porté trop haut. Chaudey n'était que blessé. Un sergent l'acheva en lui déchargeant dans l'oreille deux coups de revolver.

Ainsi tomba cette noble victime.

A peine l'ami de Chaudey, M. Cernuschi, qui venait d'être instruit de tous les détails de l'horrible drame, rentrait-il chez lui, que Mme Chaudey s'y présentait. La pauvre femme ignorait tout. La veille on lui avait dit, à la prison de Sainte-Pélagie, que son mari avait été transféré au dépôt de la préfecture, et elle venait prier un ami de la conduire auprès de son mari, qu'elle croyait encore vivant.

Impossible de lui cacher plus longtemps l'affreuse vérité. Elle l'avait devinée, d'ailleurs, aux larmes qui suffoquaient celui auprès duquel elle était venue chercher aide et protection.

A cette nouvelle, elle saisit convulsivement dans ses bras son enfant, qu'elle avait amené avec elle, et ne put murmurer que ces mots :

— Tu n'as plus de père, mon fils ; il ne nous reste plus qu'à mourir aussi.

Et tout ce que la douleur a de plus désolé et de plus déchirant, elle le ressentit. Epuisée par tant d'émotions, elle était tombée sans connaissance et folle de désespoir.

Raoul Rigault ne devait pas tarder à rencontrer le châtiment.

On sait que le quartier du Panthéon fut pris le 24.

Rigault fut arrêté le jour même, et passé par les armes.

La lettre suivante du propriétaire de l'hôtel Gay-Lussac où il logeait nous donne sur la mort de ce scélérat des détails authentique.

Cette lettre a été adressée au *Petit Moniteur.*

Paris, 29 mai 1871.

Monsieur.

Dans votre numéro du 28 courant vous avez reproduit un article du *Siècle*, concernant l'arrestation de Raoul Rigault.

Ce récit renferme plusieurs inexactitudes que je vous prie de rectifier.

Un jeune homme de mise convenable s'est présenté le 18 avril à mon hôtel, comme arrivant de province, pour louer un appartement, attendant, m'a-t-il dit, *que les affaires s'arrangent* et lui permettent de se mettre dans ses meubles : il m'a payé de suite quinze jours.

Il m'a donné son : VARENNE (Auguste), *27 ans, homme d'affaires, né en Espagne, domicile et dernière demeure :* PAU.

Une lettre apportée par un commissionnaire, en l'absence du soi-disant Varenne, à l'adresse de Raoul Rigault, me donna quelques soupçons qui augmentèrent ensuite par sa rare présence dans son nouveau domicile.

Cet appartement n'a été occupé que par lui seul, et non par une actrice.

Les chasseurs du 19e qui ont tiré sur Raoul Rigault et qui sont venus pour l'arrêter, sont arrivés par la rue Gay-Lussac, et non par la rue des Feuillantines.

Raoul Rigault portait le costume de commandant du 142e bataillon.

Effectivement, l'on m'a pris d'abord pour lui, mais on n'a pas fouillé la maison.

Entendant qu'on le poursuivait, Raoul Rigault, monta au sixième étage, où je le rejoignis en lui disant qu'il lui fallait descendre ou que je serais fusillé à sa place ; il m'offrit de fuir sur les toits, ce que je refusai. Alors, il me dit :

— Je ne suis ni un c..... *ni un lâche*, et je descends...

Je suis redescendu chercher les chasseurs qui sont montés, et on l'a arrêté au deuxième étage.

Raoul Rigault s'est présenté en disant : *Me voilà ! c'est moi! en se frappant la poitrine*, et il a remis au caporal son épée et son revolver.

Tels sont les détails exacts relativement à l'arrestation de Raoul Rigault.

Agréez, monsieur, mes remerciements sincères.

CHRETIEN,

Propriétaire de l'hôtel Gay-Lussac,

rue Gay-Lussac, 29.

C'est aussi le même jour, croyons-nous que le citoyen Millière fut fusillé au Panthéon.

On rapporte que ce docteur ès-pillage et incendies, venait de faire fusiller trente gardes fédérés qui avaient refusé de marcher. Ce massacre avait eu lieu contre les murs du Panthéon ; en exécuta l'assassin à la place même où ses victimes étaient tombées.

C'est ainsi qu'il ne put remplir la mission que lui donnait en anglais l'agréable Régère : — « Millière, brûle les maisons. »

Rigault mort, Ferré dut se multiplier.

Les 24, 25, 26 et 27 mai il se voua tout entier au massacre des otages de la Roquette.

Avant d'entamer le récit de la longue série d'assassinats dont cette prison fût le théâtre, et afin de ne point le scinder en chapitres, nous donnerons l'histoire d'autres meurtres commis par les subalternes de Ferré, Trinquet et le fameux Cerisier.

Dans l'audience du 16 août du 3e conseil de guerre, un témoin, M. Morosolli, employé, raconte ce qui s'est passé les 24 et 25 mai, à la mairie du 20e arrondissement.

Le 24 mai, il a vu amener dans la cour de la mairie un malheureux dont il ignore le nom et qui bientôt après tomba sous les balles des gardes nationaux.

Trinquet présidait à « l'exécution. »

Quand les gardes eurent fusillé l'homme, comme il n'était pas tout à fait mort, Trinquet déchargea son revolver à la tête de l'infortuné que l'on venait de fusiller.

La cour était pleine de monde ; aussi les

témoins ne manquent pas et le sieur Eugène Bobain vint faire une déposition exactement conforme à la première.

Et cependant, d'après un témoin, tous les collègues de ce Trinquet se plaignaient de sa modération !...

Ce fut sans doute pour rendre justice à ces plaintes que le lendemain il fut procédé à une seconde fusillade dans la même mairie.

Mais ces meurtres isolés sont d'un effet bien pâle à côté des massacres dont il nous reste à donner le tableau.

Parlons du massacre des frères-Dominicains d'Arcueil.

C'est le 16 mai que, sous prétexte que les frères dominicains servaient d'espions aux assiégeants, une bande de fédérés appartenant au 101ᵉ bataillon est venue « réquisitionner » tout le personnel de l'établissement, professeurs et employés. On les conduisit au fort de Bicêtre, où, après les avoir dépouillés de leur argent et les avoir fouillés, on les enferma dans une casemate, ils y restèrent huit jours sans autre lit qu'un peu de paille, sans autre nourriture que du pain et de l'eau, qu'on négligea même de leur donner pendant les deux derniers jours de leur captivité.

Dans la nuit du mercredi 24 au jeudi 25, les fédérés évacuèrent le fort ; à huit heures et demie, cette opération était terminée ; les sentinelles s'étaient retirées, laissant les prisonniers dans leurs casemates. On songea à eux pourtant, et un officier à cheval vint leur dire : Vous êtes délivrés, nous allons vous mener aux Gobelins pour vous y mettre en sûreté.

Sur tout le parcours, les malheureux dominicains n'ont cessé d'être outragés et maltraités de toutes les manières par la population de ce quartier. Arrivés à la mairie de la route d'Italie, on les fit asseoir dans une cour où pleuvaient les obus ; puis on leur enjoignit de se rendre au 9ᵉ secteur, où on leur fit subir un nouvel interrogatoire.

A deux heures et demie, un homme en chemise rouge accourt : — Il nous faut des travailleurs pour la barricade. Que font là ces soutanes ? Amenez-les-nous, c'est ce qu'il nous faut !

On mène les prisonniers à la barricade, où les balles pleuvaient avec une telle intensité, que les insurgés n'y voulaient plus rester.

De la barricade on les reconduit au secteur, sur l'ordre du colonel Cerisier.

A quatre heures, nouvel ordre du même personnage, apporté par une chemise rouge. Les dominicains sont mis sur deux rangs, et on les fit sortir deux par deux ; mais, au moment où les premiers mettent le pied sur le seuil, des coups de feu retentissent : c'étaient les gardes nationaux du 101ᵉ qui exécutaient les dernières instructions du colonel Cerisier. Les religieux tombent foudroyés ; 21 sur 24 ont le même sort, 3 seulement parviennent à s'échapper.

Comme il s'occupait d'assassiner M. Chaudey, Rigault avait encore eu le soin d'envoyer l'ordre écrit « d'exécuter archevêque et otages. »

Ferré, Vaillant et Ranvier se chargèrent de ces « exécutions. »

Les récits de quelques prisonniers échappés au massacre ; — le livre de l'abbé Perny, que nous avons déjà cité, deux longues lettres du vicaire de la Madeleine, l'abbé Lamazou, et les débats du 3ᵉ conseil de guerre ont fait sur ces horribles événements une lumière complète. Nous emprunterons notre récit à ces derniers documents.

Le 24 mai, entre sept et huit heures du soir, Ferré, Vaillant et Ranvier entrèrent à la Roquette avec une quarantaine de gardes fédérés, des 195, 206 et 130ᵉ bataillons et d'autant de Vengeurs de la République et d'un pompier.

Un gardien, une liste à la main, alla de cellule en cellule pour appeler six otages portés sur cette liste, c'étaient :

L'archevêque de Paris.

M. Bonjean, président de la cour de cassation,

L'abbé Deguerry, curé de la Madeleine.

Le Père Dùcoudray, supérieur du collége des Jésuites,

Le Père Clercq professeur au même collége.

L'abbé Allard, aumônier des ambulances.

Ces prisonniers pressentaient leur sort; ils y étaient préparés.

M. de Marcy, qui avait obtenu d'échanger sa cellule avec celle de l'archevêque, rapporte que Monseigneur Darboy était en quelque sorte averti de son sort.

« J'ai vu aussi M. Bonjean, ajoute-il, cet homme qui était aussi amoureux de la justice que du travail. J'ai causé deux heures entières avec lui. Il avait obtenu quarante-huit heures de liberté pour aller voir Mme Bonjean, qu'il appelait à si juste titre sa sainte compagne, car je l'ai vue, et je puis en témoigner.

» M. Bonjean, esclave de sa parole et craignant de ne pouvoir revenir dans le délai qui lui était accordé, n'usa pas de la permission qui lui était donnée. Il resta, et vous savez ce qui est advenu. Lorsqu'on fit l'appel des otages, M. Bonjean était en bras de chemise. Il demanda s'il devait prendre ses vêtements. On lui répondit brusquement : « Descendez comme vous êtes. » Il comprit alors ce que signifiait cet appel sinistre, et, se tournant vers moi, il me dit : « Dites à ma femme que je meurs avec son souvenir dans mon cœur. » Il descendit ensuite, et peu de minutes après je vis ces otages passer par le chemin de ronde, conduit au lieu de leur exécution. »

Là ils se trouvaient en face de leur bourreaux.

On se mit à les injurier, à les appeler brigands, espions de Versailles, etc.

Ferré, qui commandait le premier peloton d'exécution, dit à ces insulteurs : — « Vous n'êtes pas ici pour injurier, mais pour faire votre devoir. »

Comme les injures continuaient, Ranvier, accompagné de Vaillant, s'écria : — Allons ! Il faut que ça finisse !

Les otages furent poussés contre la muraille.

Un feu de peloton se fit entendre, et le crime était consommé.

Les corps des victimes furent ensuite dépouillés de leurs vêtements, entassés sur une charrette et jetés dans la fosse commune du Père-Lachaise.

Entre dix récits de ce crime nous croyons devoir reproduire celui de M. Evrard, sergent-major du 106° bataillon, prisonnier à la Roquette ; il écrivait le 28 mai au journal *La Liberté* :

Paris, 28 mai 1871.

Monsieur le rédacteur,

Je viens de rentrer chez moi, après un séjour de près de deux mois dans les prisons de la Commune ; arrêté le 3 avril ; je n'ai pu recouvrer ma liberté que le 27 mai, grâce à un concours providentiel de circonstances.

A peine entre les mains de ces bandits, je fus conduit au dépôt de la Préfecture, où je restai jusqu'au 14 avril, le 22 mai, j'étais extrait de la prison de Mazas, où j'avais été enfermé depuis le 14 avril ; et transféré avec 35 autres prisonniers à la Grande-Roquette, au dépôt des condamnés. Parmi ceux-ci se trouvaient l'archevêque de Paris et M. l'abbé Deguerry, curé de la Madeleine.

Mgr Darboy occupait la cellule n° 21 de la 4° division, et je me trouvais à quelque distance de lui, dans la cellule n° 26. La

Régère.

Billioray.

cellule occupée par le respectable prélat était autrefois le cabinet d'un surveillant. Ses compagnons de captivité étaient parvenus à lui procurer une table et une chaise. La cellule était elle-même plus vaste que les autres.

Le mercredi 24 mai, à sept heures et demie du soir, le directeur de la prison, un certain Lefrançais, homonyme du membre de la Commune, et ayant séjourné six années au bagne, monta dans la prison à la tête de cinquante fédérés, parmi lesquels se trouvait un pompier, et occupa la galerie dans laquelle étaient enfermés les prisonniers principaux. Ces fédérés se rangèrent dans la galerie qui conduit au chemin de ronde du Nord, et peu d'instants après un brigadier de surveillants alla ouvrir la cellule de l'archevêque et l'appela à voix basse. Le prélat répondit : *Présent !*

Puis il passa à la cellule de M. le président Bonjean, puis ce fut le tour de M. l'abbé Allard, membre de la Société internationale de secours au blessés; le P. DuCoudray, supérieur de l'école Sainte-Geneviève, et le P. Clerc, de la Compagnie de Jésus ; enfin, le dernier appelé fut M. l'abbé Deguerry, le curé de l'église de la Madeleine. A peine leur nom était-il prononcé, que chacun des prisonniers était amené dans la galerie et descendait l'escalier conduisant au chemin de ronde ; sur les deux côtés, autant qu'il me fut permis de le juger, se tenaient les gardes fédérés, insultant les prisonniers et leur lançant des épithètes que je ne puis reproduire.

Mes infortunés compagnons furent ainsi accompagnés par les huées de ces misérables jusqu'à la cour qui précède l'infirmerie; là, il y avait un peloton d'exécution, Mgr Darboy s'avança, et s'adressant à ses assassins, il leur adressa quelques paroles de pardon. Deux de ces hommes s'approchèrent du prélat, et, devant leurs camarades, s'agenouillèrent et implorèrent son pardon ; les autres fédérés se précipitèrent vers eux et les repoussèrent en les insultant; puis, se retournant vers les prisonniers, ils leur adressèrent de nouvelles injures. Le commandant du détachement en fut outré ; il fallait donc que ce fût bien exagéré. Il imposa silence à ces hommes, et, après avoir lancé un épouvantable juron :

« Vous êtes ici, dit-il, pour fusiller ces gens-là, et non pas pour les eng..... »

Les fédérés se turent, et, sur le commandement de leur lieutenant, ils chargèrent leurs armes.

Le P. Allard fut placé contre le mur et fut le premier frappé ; puis Mgr Darboy tomba à son tour. Les six prisonniers furent ainsi fusillés et montrèrent tous le plus grand courage.

Le 25 mai.

Nous reprendrons bientôt le récit du massacre des otages qui se continua les 25, 26 et 27.

Revenons à Mac-Mahon :

Le but principal de cette journée, dit le maréchal dans son rapport, est de faire un mouvement en avant par l'aile droite, de s'emparer de la butte aux Cailles sur la rive gauche, et, sur la rive droite, de la place de la Bastille et du Château-d'Eau, de manière à refouler l'insurrection dans les quartiers de Ménilmontant et Belleville.

A l'extérieur de Paris, le lieutenant-colonel Leperche, avec quelques détachements du 2ᵉ corps, a continué l'investissement du fort de Montrouge ; ainsi que du fort de Bicêtre dans la matinée. En même temps une reconnaissance du corps du Barail occupe la redoute des Hautes-Bruyères et Villejuif.

Vers deux heures, à la suite du désordre produit dans le fort d'Ivry par l'explosion de la poudrière, un détachement du 4e dragons, vigoureusement appuyé par deux escadrons du 7e régiment de chasseurs, se lance rapidement à l'assaut du fort et s'en rend maître.

L'insurrection sur la rive gauche, dans l'intérieur de Paris, se trouve concentrée sur la place d'Italie et la butte aux Cailles, où elle semble décidée à opposer la plus vive résistance.

Le général de Cissey donne des ordres pour prendre à revers ces positions en les tournant à droite et à gauche par les fortifications.

Pour favoriser cette attaque, des batteries destinées à battre ces positions avaient été établies dans la nuit au bastion 81, à l'Observatoire et sur la place d'Enfer.

Les colonnes se mettent en mouvement vers midi.

A la droite, la brigade Lion quitte le parc de Montsouris, et se frayant un passage entre le chemin de fer de ceinture et les fortifications, enlève successivement toutes les portes qu'elle fait occuper, atteint le pont Napoléon qu'elle masque, tourne à gauche, en suivant le remblai du chemin de fer d'Orléans et s'empare de la gare aux marchandises. La brigade Osmont se déploie à l'abri de l'asile Sainte-Anne, franchit la Bièvre, se lance à l'assaut de la butte aux Cailles, à travers les enclos et les jardins, occupe l'avenue d'Italie et la route de Choisy.

Au centre, la brigade Bocher, formée en trois colonnes, débouche par la rue Corvisart, les boulevards Arago et de Port-Royal, enlève les Gobelins que les insurgés incendient en l'abandonnant, prend la barricade du boulevard Saint-Marcel et arrive à la mairie du 13 arrondissement en même temps que le général Osmont. Les insurgés, attaqués de front et de flanc, s'enfuient en désordre, laissant en nos mains 20 canons, des mitrailleuses et des centaines de prisonniers. Le général Bocher continue sa marche par les boulevards de l'Hôpital et de la Gare, et atteint les insurgés dans leur dernier refuge, derrière une forte barricade, sur la place Jeanne-d'Arc. Ils se rendent tous à discrétion au nombre de sept cents.

A la gauche, le général Lacretelle se porte en avant, par le sud de la Halle aux vins, franchit le Jardin des Plantes et arrive à la gare d'Orléans déjà occupée par la division Bruat. L'armée de réserve (général Vinoy), se met en mouvement à huit heures du matin, en trois masses principales. A droite, la division Bruat quitte la rue Saint-André-des-Arts, et longeant les quais, traverse la Halle aux vins, pénètre dans le Jardin des Plantes et enlève avec beaucoup d'entrain la gare d'Orléans. Au centre, la brigade La Mariouse suit les quais de la rive droite, atteint par le quai Morland, le Grenier d'abondance que les insurgés incendient en l'abandonnant. Elle ne peut franchir le canal de l'Arsenal, dont la chaussée est balayée à la fois par une batterie du boulevard Bourdon et par les ouvrages du pont d'Austerlitz.

Alors que le génie construit, sous la protection de la flotille, une passerelle sur le canal près du fleuve, le 35e de ligne, franchissant le canal sur cette passerelle passe sous le pont d'Austerlitz, monte sur le quai de la Râpée et s'empare des défenses du pont d'Austerlitz. Le pont de Bercy est en même temps enlevé, et, à la nuit, la gare du chemin de fer de Lyon et la prison de Mazas sont occupées.

A la gauche la division Vergé qui est rentrée sous le commandement du général Vinoy, doit tourner la place de la Bastille par le nord; elle enlève brillamment les barricades des rues Castex, de la Cerisaie et de Saint-Antoine, s'empare de la rue Royale, mais, vu l'heure avancée, ne peut terminer son mouvement tournant et s'emparer de la Bastille.

Dans cette journée, la flottille prête un appui des plus efficaces aux colonnes de l'armée de réserve qui combattent sur les deux rives de la Seine.

Dans la soirée du 24, les canonnières avaient tiré quelques coups de canons sur les barricades des quais. Le 24, elles remontent la Seine jusqu'à la hauteur des têtes d'attaque, battent le quai des Célestins et ceux de la Cité : peu après, devançant les colonnes, elles marchent à toute vitesse en tirant à mitraille, et viennent s'établir à 100 mètres du musoir du canal Saint-Martin, prenant d'écharpe toute la ligne d'insurgés, qui se pressent sur les quais, et contre-battant les défenses du canal. Aussitôt le pont d'Austerlitz enlevé, les canonnières, précédant les colonnes, remontent jusqu'au-delà du pont de Bercy dont elles facilitent l'occupation.

Le corps Douai appuie le mouvement du corps Clinchant sur le Château-d'Eau : à cet effet, il s'empare de l'Imprimerie nationale, enlève les barricades des rues Charlot et de Saintonge, et s'avance jusque sur le boulevard du Temple près duquel il bivouaque, entretenant toute la nuit un feu des plus vifs avec les insurgés.

Le corps Clinchant est chargé de l'attaque de la place du Château-d'Eau. Les vastes bâtiments de la caserne du Prince-Eugène et des Magasins-Réunis étaient reliés par une grande et solide barricade. Cette fortification, couvrait, avec la Bastille, le quartier de Belleville et les Buttes-Chaumont, dernier refuge de l'insurrection. Toutes les forces du corps Clinchant concourent à son enlèvement.

La brigade de Courcy quitte la rue du Faubourg-Poissonnière à quatre heures du matin, s'avance entre le boulevard et la rue Paradis, établit des batteries près de l'église Saint-Laurent et dans la rue du Château-d'Eau pour combattre celles des insurgés, et conquiert successivement la mairie du 10e arrondissement, le théâtre des Folies-Dramatiques, les barricades du boulevard, celles de la rue du Château-d'Eau, franchit le boulevard Magenta, et s'établit dans les maisons de la rue Magnan : de là elle se précipite sur la porte de la caserne du Prince-Eugène, dans la rue de la Douane; la porte est enfoncée par le génie, et la tête de colonne (2e provisoire) s'élance dans l'intérieur et s'en rend maître.

La brigade Blot, appuyant l'attaque de la brigade de Courcy, se porte d'abord droit devant elle, enlève brillamment la double barricade du carrefour des boulevards Magenta et Strasbourg, s'empare de l'église Saint-Laurent, de l'hôpital Saint-Martin, de la barricade de la rue des Récollets, tourne alors à droite, et, après avoir délogé les insurgés des barricades du quai Valmy et de la rue Dieu, s'empare de l'entrepôt de la douane.

Pendant ce temps la division Garnier, qui a bivouaqué à la Bourse, et dans la rue des Jeûneurs, s'avance par les rues parallèles au boulevard et se porte sur l'église Saint-Nicolas-des-Champs, poste avancé du Château-d'Eau.

Les troupes prennent d'assaut ou en les tournant toutes les barricades, dans les rues Montorgueil, des Deux-Portes Saint-Sauveur, des Gravilliers, au carrefour des rues Turbigo et Réaumur, enlèvent les barricades des rues Meslay, de Nazareth et de Vertbois, entourent l'église de Notre-Dame-des-Champs, qui tombe en nos mains, en même temps que le Conservatoire des Arts et Métiers, entraînant dans leur chute le marché Saint-Martin et son parc d'artillerie, l'école Turgot, le marché et le square du Temple et de nombreuses barricades dans les rues voisines.

La tête de colonne de la brigade d

Brauer pousse jusqu'au boulevard du Temple et le 14ᵉ provisoire s'empare du passage Vendôme et du théâtre Déjazet. Dans la nuit, le 2ᵉ provisoire (brigade de Courcy), pénètre dans les Magasins-Réunis.

Le corps de Ladmirault, qui doit concourir à l'attaque des Buttes-Chaumont, prépare son mouvement en cherchant à occuper les principaux points de passage du canal Saint-Martin, et, en se prolongeant par sa gauche le long des fortifications ; il s'empare dans ce but, à droite, de l'usine à gaz, de l'école professionnelle et des abords de la rotonde de la Villette, et à gauche, des bastions 36, 35, 34 et 33.

Dans la soirée du 25 mai, toute la rive gauche était en notre pouvoir, ainsi que les ponts de la Seine ; la prison de Mazas et le Château-d'Eau étaient enlevés, la Bastille et la rotonde de la Villette menacées.

Massacres et incendies du 25 mai.

Mais le champ était encore assez vaste pour les crimes de la Commune.

Belleville, Ménilmontant, Charonne ne sont pas pris.

A la Butte-aux-Cailles 7 à 8,000 fédérés environ, armés d'une artillerie formidable, battent le quartier de Montrouge.

Leurs tirailleurs descendent dans la vallée de la Bièvre et font une démonstration offensive contre les troupes régulières.

La résistance qu'ils opposèrent au Château-d'eau fut des plus opiniâtres : Le théâtre de la porte Saint-Martin incendié, ainsi que les maisons à l'entrée de la rue de Turbigo et du boulevard Voltaire, les devantures éventrée, les plaques de tôle tordues, d'énormes blocs de pierre détachés et gisant à terre, du sang aux pavés, tout cela dépasse en sombre horreur tout ce que l'on a pu avoir sur les champs de bataille prussiens.

Les habitants ont vécu pendant ces heures dans des transes mortelles, enfermés dans des caves, affamés, terrifiés par les explosions qui se faisaient entendre non-seulement dans les rues, mais jusque dans les maisons ; car les fédérés avaient exigé qu'on laissât les allées ouvertes.

Là on se fusillait, on s'égorgeait avec des cris horribles.

On croyait que la maison allait s'écrouler, ou brûler et vous étouffer dans les caves.

Tandis que se livrait cette bataille désespérée, les Ferré, les Vaillant, étaient toujours à la Roquette. Le 25, ils réclamèrent un otage.

C'était peu.

Le banquier mexicain Jecker, — qui s'était fait arrêter en allant demander un passeport à R. Rigault, fut appelé au greffe dans la matinée et fut envoyé à la mort.

Quelle bizarre destinée que celle de Jecker !...

« Il paraît, dit l'abbé Lamazou, que le même soir du mercredi 24, il y eut de nombreuses exécutions d'anciens gardes de Paris, d'ex-agents de police et de soldats prisonniers ; mais je ne sais rien par moi-même à ce sujet. »

Après l'incendie de l'Hôtel-de-Ville les conseillers s'étaient retirés à la mairie du XIᵉ... non loin de la Roquette.

A cette mairie devait naturellement avoir lieu des « exécutions. »

M. Lasnier, négociant armurier, arrêté comme conspirateur et fabricant de brassards tricolores après avoir passé onze jours à Mazas, fut transféré et à la susdite mairie et eut l'honneur d'être interrogé par Ferré,

Voici comment, dans sa déposition devant le 3e Conseil, il raconte ce qui se passa.

R. Nous étions douze ou treize. Je venais le troisième. Devant moi était un sergent de ville qui fut assassiné par l'ordre de Ferré à coups de pistolet. Au premier coup, Ferré cria, sans écho : Vive la Commune ! (Profonde sensation.)

D. Comment avez-vous échappé à un sort pareil ?

R. Un deuxième sergent de ville fut tué d'un coup de fusil. Mais c'était lent, Ferré réclama un peloton d'exécution. Le chef de poste refusa de le fournir. Ce refus nous a sauvés. Après vingt-sept heures, nous avons été relâchés. Après bien des épreuves, je suis arrivé à Belleville où j'ai dû prendre un fusil et faire mine de combattre pour n'être pas assassiné.

Ferré se lève. Il est pâle, les dents serrées, les mots se heurtent sur ses lèvres blêmes :

— Je ne connais pas cet homme... Il ne me connaît pas non plus. Tout ce qu'il raconte là est faux ! (Mouvement).

Le témoin persiste avec une grande énergie. Il reconnaît Ferré ; il décrit son costume, son paletot à collet noir.

Ferré ne se contient plus de rage. Le voilà donc tombé ce masque fier et dédaigneux ! Le petit bourreau se démène, se crispe, il se défend.

— Non, ce n'était pas moi, je n'étais pas sur ce palier où il dit m'avoir vu... (au témoin) : je connais votre nom ; votre personne, je ne la connais pas... Le témoin se... trompe. J'emploie ce mot pour rester calme et mesuré.

Mais le témoin maintient toutes ses affirmations sous la foi du serment. M. le président l'invite à se recueillir, à peser la gravité de son récit. Il persiste résolûment, il brave les regards irrités de Ferré, qui s'écrie : *Cela me révolte !*

A cette exclamation épique, un long murmure emplit la salle : c'est l'auditoire qui est révolté.

Le témoin ne se laisse pas intimider. Ferré continue à se défendre *unguibus et rostro*. A peine s'il est intelligible tant l'angoisse et la colère le prennent à la gorge.

Nouvelles objurgations du président au témoin Lasnier.

Le témoin. — J'ai juré de dire la vérité. C'est la vérité. J'en suis absolument sûr !

Cette déposition de M. Lasnier impressionna vivement le public.

Massacres du 26.

Nous emprunterons le récit de cette journée de la Roquette à l'abbé Lamazou :

« Le vendredi 26, le bruit de la lutte, qui se rapprochait du quartier de la Roquette, et les nouvelles qui transpiraient du dehors avaient rendu un peu d'espérance aux prisonniers, qui tous, du reste, avaient fait résolûment le sacrifice de leur vie et s'étaient chrétiennement préparés à la mort, les laïques soutenus et encouragés par les ecclésiastiques. A cause du mauvais temps, la promenade avait eu lieu dans le corridor même des cellules, et s'était prolongée l'après-midi bien au-delà de l'heure réglementaire. Il était cinq heures environ, quand, au milieu de cette promenade, apparut un des gardiens, une liste à la main, et que le sinistre appel recommença : quinze détenus parmi lesquels dix membres du clergé et cinq laïques, furent appelés, rangés, comptés et emmenés tels qu'ils se trouvaient, la plupart tête nue. Il paraît qu'ils ont été conduits hors de la prison, on ne sait où, probablement au cimetière du Père-Lachaise ou derrière quelques barricades, et mis à mort dans la soirée. Aucun d'eux n'a reparu.

» Parmi ces victimes j'en signalerai deux particulièrement, la première est le Père Olivet, supérieur des jésuites de la rue de Sèvres, ancien élève de l'école normale, qui venait de se rencontrer à la Roquette avec un de ses vieux camarades de l'École, otage comme lui, et qu'il n'avait pas revu depuis trente-quatre ans. Le second est un jeune séminariste de Saint-Sulpice, âgé de vingt ans, nommé Seigneuriet, fils d'un inspecteur d'Académie du Jura.

» Sa figure vraiment angélique et son extrême jeunesse avaient ému tous ses compagnons de captivité et personne ne pouvait croire qu'il put être exécuté.

» Son crime unique était d'avoir été demander à la préfecture le passeport nécessaire pour retourner dans sa famille.

» Arrêté sur place par des fédérés, jeté à la conciergerie, transféré de là à Mazas, puis à la Roquette, il a partagé le sort commun.

» C'était un agneau conduit à la boucherie.

» Tous les condamnés durent croire que leur dernière heure était arrivée et que leur lente agonie allait finir le soir même, on échangea donc les derniers adieux, les dernières prières, et chacun prit ses dispositions pour faire parvenir aux parents ou aux amis qu'il laissait derrière lui les tristes reliques ou les vœux suprêmes. Cependant la soirée, la nuit se passèrent sans nouvel incident, quoiqu'au milieu d'une horrible attente et d'une anxiété mille fois plus cruelle que la mort même. Dans la matinée, le bruit de la fusillade se rapprochait sensiblement du quartier de la prison et de la mairie du 11ᵉ arrondissement où siégeaient, disait-on, les débris de la Commune.

» Mais les prisonniers avaient à redouter par-dessus tout la crise finale : la défaite de l'insurrection pouvait être le signal d'un massacre en masse; les bandits qui entouraient ou qui occupaient la prison ne devaient pas abandonner leur proie sans essayer de se venger en égorgeant le reste des otages. C'est en effet ce qu'ils tentèrent d'exécuter dans l'après-midi, après la prise de la mairie, lorsqu'ils battaient en retraite sur le Père-Lachaise.

L'honorable résistance de la plupart des gardiens, secondée par les détenus de la prison eux-mêmes, auxquels quelques hommes énergiques n'hésitèrent pas à faire appel, et qui s'armèrent de tout ce qui leur tomba sous la main, barricadant les portes, les couloirs, les corridors; cette résistance fut le salut des otages.

» Vers quatre heures, la horde qui avait assailli les grilles et que l'on tenait ainsi en échec, eut une panique. On criait que les Versaillais arrivaient. Ce fut une débandade générale, en un instant la prison fut vide d'assaillants, et les prisonniers de toute catégorie livrés à eux-mêmes, libres de fuir ou d'attendre l'arrivée de la troupe, que l'on devait croire prochaine. Constatons tout de suite que, par un retard inexplicable, la prison ne fut occupée que dans la nuit du samedi au dimanche, vers trois heures et demie du matin, c'est-à-dire près de douze heures après avoir été abandonnée par les fédérés. Ce retard a eu de terribles conséquences. Ne voyant pas arriver la troupe, redoutant le retour et l'invasion de quelque bande de forcenés ivres de sang et de vin, ayant surtout à craindre la mise à exécution des atroces menaces d'incendie faites depuis plusieurs jours, plusieurs otages ne purent se résoudre à attendre plus longtemps, et tentèrent de gagner par des voies diverses les premiers postes de l'armée de Versailles.

» Quelques-uns eurent le bonheur de réussir; d'autres, ne connaissant pas le quartier, trahis plutôt que protégés par des déguisements incomplets, ou manquant de présence d'esprit et de sang-froid, ont été massacrés aux environs de la prison même, dans la soirée, par des émeutiers qui rôdaient en armes autour de la Roquette, et qui faisaient surtout une chasse de cannibales aux ecclésiastiques. Quatre de ces malheureux périrent ainsi dans la maison des Jeunes-Détenus ; et leurs cadavres, conservant à peine forme humaine, mutilés de la manière la plus horrible, furent enfouis sur place dans un même trou, après avoir été l'objet d'abominables outrages.

» Parmi eux se trouvait le malheureux curé de Bonne-Nouvelle, le seul de mes compagnons d'infortune qu'il m'ait été possible de reconnaître lorsque j'ai été appelé, le dimanche matin, à constater leur identité. Pour les trois autres, il m'a été impossible de rien affirmer, tant ces amas de chairs sanglantes offraient peu de traces de la physionomie pourtant bien remarquable de ceux avec lesquels je venais de vivre pendant cinq jours, et que je venais à peine de quitter.

» Les otages qui avaient pris le parti de rester dans la prison et d'y attendre l'arrivée de leurs libérateurs ont été délivrés le dimanche matin, vers quatre heures.

» Cette semaine de la captivité des otages, du 22 au 28 mai, a présenté beaucoup d'autres épisodes dignes du plus douloureux intérêt, et dont le récit complet et sincère devra être fait un jour, non pour la satisfaction d'une vaine curiosité, mais pour servir de leçon d'enseignement d'abord et aussi pour l'honneur même des victimes. Je n'ai voulu parler ici que des principaux incidents dont j'ai été le témoin oculaire : d'autres, à leur tour, apporteront leur témoignage. Je ne puis finir sans rendre hommage à l'admirable conduite des membres du clergé, qui formaient la très-grande majorité des condamnés, et dont le courage d'une simplicité héroïque m'a rappelé celui des martyrs. Un trait qui me paraît sublime se détache pour moi au milieu de beaucoup d'autres, et je regarde comme un devoir sacré de le signaler à l'admiration de tous les hommes de cœur.

« Le père Guerrin, des Missions étrangères, occupait la cellule 22, qui communique avec la cellule 21, où se trouvait un des otages laïques, marié et père de famille. Après lui avoir prodigué toutes les consolations et tous les encouragements de la charité la plus affectueuse, le Père Guerrin, dans la nuit qui suivit l'assassinat de l'archevêque et des cinq autres victimes, fit observer à son compagnon que l'appel des condamnés s'était fait et se ferait probablement dans la matinée. « Votre position est autrement pénible que la mienne, lui dit-il, je suis prêtre, missionnaire, le martyre que j'ai été chercher en Chine, sans le trouver, eh bien ! je le trouverai ici : peu importe que ce soit aujourd'hui plutôt que demain ; surtout si je puis le rendre utile et le faire contribuer à vous sauver la vie. »

» On ne pouvait proposer plus simplement, comme une chose toute naturelle, allant pour ainsi dire de soi, et sans contestation possible, un acte d'héroïque abnégation ; et ce ne fut qu'à grand'peine, après un long débat, sur des instances réitérées, et avec la menace de se refuser absolument à profiter de cette substitution, que le compagnon du père Guerrin pût obtenir de lui la promesse de renoncer à son généreux projet. Quels commentaires ajouter à un pareil fait. »

Nous nous sommes laissé entraîner un peu loin, au-delà du 26, mais le vicaire de la Madeleine n'a dit que ce qui était parvenu à sa connaissance.

Nous avons à entendre d'autres témoins de cette journée.

Chasse aux Fédérés dans les Catacombes.

Mentionnons à la date du 26 l'incendie du Grenier d'abondance.

Cette incendie fut d'une violence extraordinaire.

Il était alimenté par d'énormes quantités de lard entassées dans ces magasins.

On nous a montré un jambon retrouvé dans les ruines et qui est devenu une véritable curiosité : il est littéralement cristalisé.

La viande s'est rabougrie sous la flamme, et le sel qu'elle contenait lui a fait une sorte de carapace vitrifiée.

Entre tous les témoins des scènes atroces de la Roquette nul n'était mieux placé, — que l'on nous passe l'expression, — que le médecin attaché au service de la prison.

M. Puymoyen, dans l'audience du 9 août du 3ᵉ conseil de guerre a déposé des faits suivants :

« La Commune, étant aux abois, avait dû se replier peu à peu, et se réfugier à la mairie du 11ᵉ arrondissement.

» Chez nous, aux Jeunes-Détenus, on avait installé la Cour martiale. C'est de là que j'ai vu sortir sur la place des malheureux qu'on paraissait relâcher, et qui étaient attendus par une foule ignoble qui les maltraitait indignement. On m'a dit que Ferré présidait cette cour martiale.

» Je dois dire que l'on procédait d'une singulière façon dans cette Cour martiale. J'ai vu conduire là un pauvre gendarme arrêté près du Grenier d'Abondance, sur une dénonciation. Comme il était revêtu d'une blouse, d'un pantalon bleu et qu'il avait un tablier, on lui demanda où il avait volé ces divers objets. La foule voulait pénétrer à l'intérieur de la prison avec l'escorte qui amenait le malheureux soldat.

» La résistance des employés qui, par parenthèse, se sont bien conduits, a pu empêcher que l'on envahit la cour. L'escorte était commandée par une jeune femme portant gaillardement son chassepot et son chignon d'emprunt. Je suis entré avec ce pauvre malheureux gendarme dans le greffe.

» Un nommé Briand, qui était chargé de l'instruction sommaire, demanda au gendarme d'où provenait son pantalon et sa blouse. Le soldat fit preuve d'un grand courage, tint tête, et par son aplomb déconcerta même ce juge d'instruction.

» Il lui demanda : « Etes-vous marié, et avez-vous de la famille ? » Le gendarme répondit avec un sang-froid admirable : « Oui, je suis marié ; j'ai huit enfants ! » On le fit entrer dans l'arrière-greffe, où se trouvaient les juges. Chose pénible à constater, les assesseurs de cette Cour martiale se trouvaient être des jeunes gens qui semblaient même heureux du rôle qu'ils jouaient et qui affectaient encore de se donner des airs importants.

» Ayant un instant après questionné encore relativement à la décision prise au sujet de ce gendarme, on me dit qu'il était en cellule provisoire. Je tremblai pour lui, car je savais que cela voulait dire qu'on allait livrer le prisonnier à la foule, et que celle-ci allait se précipiter sur lui, l'écharper et l'assassiner.

» Lorsqu'on disait simplement : Cet individu ira en cellule, il était fusillé ; mais quand on ajoutait : en cellule provisoire, le malheureux était livré à la foule qui le mettait en pièces.

» Ayant insisté auprès des gardes nationaux, la femme dont je vous parlais tout à l'heure s'écria : Ah! ça, par hasard, est-ce qu'il est aussi pour les gendarmes, celui-là? L'un d'eux ajouta : Casse-lui donc la gueule ! »

» Je remarquai aussi que cette femme, avec une sollicitude toute particulière, regardait dans les gibernes, de ses hommes et examinait s'ils avaient encore beaucoup de cartouches. Ce fut elle qui s'opposa le plus à tout acte de générosité.

» Quand je vis sortir le pauvre gendarme, il me regarda avec compassion ; il avait sans doute remarqué dans mes yeux quelques signes de sympathie. Et lorsqu'on lui dit qu'il pouvait sortir, entendant les cris de la foule, il se tourna de mon côté en laissant échapper ces mots : Mais je vais être lapidé !

« J'essayai d'interpeller la foule. Vous n'y pensez pas, lui dis-je, mais c'est un assassinat que vous allez commettre sur un père de huit enfants !

» Je fus repoussé près du mur, et l'un des gardes nationaux, voulant me faire comprendre comment il entendait la fraternité, me dit : « Eh ! dis donc mon vieux frère, tu sais, il y a encore quelque chose là pour toi ! » En même temps; il me montra son chassepot, et me promena sa baïonnette dans les favoris. J'avoue que je perdis un peu la tête. J'entendis alors une détonation qui m'indiqua que le gendarme venait d'être tué. On le conduisait devant la boutique d'un marchand de couronnes pour le fusiller, mais comme les gardes étaient très-long à venir, il avait voulu se sauver. On avait couru après lui, on l'avait maltraité et on lui avait déchargé plusieurs coups de fusil.

» Aussitôt après cette événement, une personne, en me voyant une décoration à ma boutonnière, me dit : « Rentrez vite ! » On me poussa et on me fit rentrer à la Roquette. »

Le journal *La Liberté* a annoncé depuis que l'odieuse femme dont a parlé M. Puymoyen avait été arrêtée. Cette nouvelle est-elle vraie ?... En tout cas nous sommes de ceux qui pensent que de telles criminelles n'échappent jamais au châtiment.

Mais ce n'est pas tout ; et la déposition du docteur est continué en ces termes :

» On amena ensuite un militaire de la ligne. C'était un jeune homme qui avait vingt et quelques années tout au plus. Il avait les bras liés derrière le dos. Le gendarme, lui, était tenu dessous les bras par de jeunes drôles. On voulu tuer ce jeune fantassin dans la prison.

» Les hommes de l'escorte, qui amenaient le jeune fantassin, ayant appris qu'un gardien du nom de Bernard ne voulait pas laisser sortir l'enfant, s'écrièrent qu'on allait fusiller les deux hommes en même temps,

» Le malheureux militaire eut à subir les plus indignes traitements. C'était à qui emporterait des fragments de ses vêtements; on le laissa presque nu. Un misérable fédéré lui dit : Allons, mets-toi à genoux ! puis : Allons, lève-toi ! Et pendant ce temps le peloton d'exécution s'apprêtait à décharger ses armes. Ce misérable plaça ensuite un bandeau sur les yeux de la victime. Il le lui retira, puis le lui remit. C'était une succession de supplice qu'on se plaisait à lui faire endurer. Enfin on le fusilla et on jeta son corps dans une charrette de marchande des quatre saisons.

» Plusieurs prêtres étaient sortis de la Roquette. L'abbé Surat eut l'imprudence, en passant devant une barricade, de se faire connaître et de montrer des objets de valeur. On l'arrêta ; c'était à la hauteur du n° 130, boulevard du Prince-Eugène. On voulut le fusiller ; mais on décida qu'il ne serait pas exécuté dans cette maison, comme le voulaient les fédérés. On le ramena à la prison et on le fusilla.

» On mit en liberté nos jeunes détenus. Les petits furent chargés de porter des bidons de pétrole, les plus grands furent armés de chassepots, et on les força à se battre en ayant soin de les placer en avant, afin qu'ils fussent tués à la première escarmouche. C'est ce qui arriva ; six ayant été tués, une partie rentra le soir et une autre partie revint le lendemain.

» L'abbé Surat avait essayé de se sauver des mains de ses assassins ; mais la femme dont j'ai parlé bouscula les gardes, s'arma de son poignard et s'écria : « À moi l'honneur de le frapper la première. »

» La pauvre victime plaça instinctivement ses deux bras en avant pour se préserver, et dit à la furie : « Oh! grâce! grâce! » Elle répondit en se précipitant sur lui et en faisant un ignoble jeu de mots : « Grâce! grâce! tiens, en voilà un maigre! » En même temps elle lui déchargea un coup de revolver à bout portant. Les brigands qui l'avaient tué ne l'avaient pas fouillé comme ils l'avaient fait pour les autres, Ils ne lui avaient pas même pris ses chaussures, contrairement à ce qui se passait. Un de nos jeunes détenus s'approcha pour les lui enlever, et un fédéré lui cria : « Va prendre les souliers, ça peut te servir. » L'abbé Surat avait 300 fr. sur lui et sa croix. On les retrouva plus tard.

» Les fédérés, honteux peut-être de leurs crimes, n'avaient pas songé à le fouiller, et ils s'étaient empressés de le mettre dans un trou pratiqué sur la place pour enfouir les victimes. »

Tandis que ces scènes horribles se passaient à la prison des jeunes détenus, que devenaient les otages restés à la grande prison de la Roquette?

« Le vendredi 26 mai, dit l'abbé Lamazou, otage lui-même, trente-huit gendarmes et seize prêtres avaient été conduits au Père-Lachaise pour y être passés par les armes. Le jour suivant, comme l'armée de Versailles abordait les hauteurs du Père-Lachaise, où l'on avait dressé cette infernale batterie, chargée de réduire en cendres les plus beaux monuments de Paris, on donna l'ordre de fusiller les prêtres, les soldats et les sergents de ville que renfermait encore la prison.

» Les membres de la Commune, qui s'obstinaient dans leur horrible besogne, s'étaient installés au greffe de la Roquette. Je pouvais, de ma cellule, suivre leurs délibérations, et j'affirme qu'il ne doit pas y avoir de cabaret mal famé où la tenue ne soit plus édifiante.

» A trois heures et demie le pourvoyeur de ces exécutions signifiait aux habitants du second et du troisième étage l'ordre de descendre. Cédant à une généreuse inspiration d'humanité, un gardien de la Roquette, dont le nom doit être connu du public, M. Pinet, ouvrait avec rapidité toutes les cellules, et déclarait qu'il était affreux de voir ainsi fusiller d'honnêtes gens par d'ignobles bandits; qu'il allait sacrifier sa vie pour la nôtre, si nous voulions leur opposer une énergique résistance.

» Cette proposition fut accueillie avec ardeur; chacun improvisa une arme de fer ou de bois; deux solides barricades furent établies à l'entrée des portes du 3e étage; une ouverture fut pratiquée au plancher pour communiquer notre résolution à l'étage inférieur, où les sergents de ville méditaient le même dessein. Sous la direction du gardien Pinet et d'un zouave entreprenant, le pavillon de l'Est devenait une véritable forteresse.

» La Commune, qui devait parodier et même dépasser tout ce qu'il y avait d'odieux et de grotesque dans la révolution de 1793, laissait pénétrer dans la cour cette ignoble populace qu'on ne voit à Paris que dans les jours sinistres, pour lui ménager le spectacle d'une nouvelle journée de Septembre.

» Pendant qu'elle proférait des menaces, quelques-uns des gardes nationaux chargés de nous fusiller montèrent au troisième étage, annonçant qu'on allait faire sauter la prison par la mine ou la réduire en cendres avec leur épouvantable artillerie du Père-Lachaise, et mirent le feu à l'une de nos barricades pour nous asphyxier. L'incendie fut bientôt éteint. Un détail que je tiens à ne pas oublier : l'individu qui agitait son fusil de la manière la plus cynique était un des condamnés à mort par la cour d'assises de la Seine, qui se trouvaient à la Roquette, et les détenus qui s'étaient fait ouvrir la porte, quittaient la prison au cri enthousiaste de : Vive la Commune !

» Notre énergique résistance causa une vive émotion à la Commune, qui s'enfuit, elle aussi, du côté de Charonne et de Belleville. La foule, impressionnée par cet exemple, suivit la Commune, et les portes de la prison purent être fermées. Nous étions à moitié sauvés, grâce à la déroute qui s'ensuivit ; c'est alors que, passant de la menace à la séduction, la populace restée devant la Roquette se mit à crier : Vive la ligne ! assurant qu'elle voulait simplement rendre la liberté à tous les prisonniers. Quatre ecclésiastiques et dix-huit soldats se laissèrent abuser par ces promesses ; ils furent fusillés aussitôt contre un des murs de la prison, et les corps des quatre prêtres servirent de couronnement à la barricade voisine.

» Pendant la nuit, une garde sévère fut établie dans les deux étages ; les cris menaçants proférés à l'extérieur n'effrayèrent personne. Enfin, dimanche 28, au lever du jour, la fusillade des troupes de Versailles, dont nous suivions le crépitement avec une émotion plus facile à comprendre qu'à exprimer, nous annonçait leur approche ; à cinq heures un quart, la barricade placée en face de la Roquette était emportée d'un élan, et les soldats d'infanterie de marine prenaient possession de la prison.

» Nous étions rendus, d'une manière tout à fait inespérée, à la vie après quatre jours de l'agonie la plus cruelle qui se puisse imaginer. »

Un autre prisonnier de la Roquette que nous avons déjà cité. M. Eward, apporte aussi à l'histoire de ces sanglantes journées, son contingent de renseignements.

« Vendredi soir donc, la scène qui s'était passée dans la journée du mercredi se renouvela, et quinze prisonniers, parmi lesquels se trouvaient M. de Vraisse, autrefois employé à la préfecture de police ; le P. Radigue et le P. Ollivain, de la Compagnie de Jésus, tombèrent sous les balles de ces misérables assassins.

» Ce même jour est mort un jeune séminariste à peine âgé de vingt ans, M. Seigneuray, fils du directeur du collége de Lons-le-Saulnier. Il me disait : « Mon pauvre père ! mes pauvres parents ! quel désespoir pour eux ! Enfin, je paye pour la position de mon père, heureux si ma mort peut sauver un de mes semblables et donner quelques remords à mes bourreaux ! »

» Hier samedi, le surveillant Longevin vint nous trouver vers trois heures de l'après-midi, et nous prévint de ne pas nous émouvoir du bruit qui se faisait à l'extérieur. Nous pressentions en effet de graves événements. Le surveillant nous recommanda le calme et la patience.

» A la même heure, le délégué à la sûreté générale, Ferré, membre de la Commune, vint s'installer au greffe et fit venir les condamnés du pénitencier et les hommes qui étaient détenus dans la prison en attendant leur transfert au bagne. Il leur déclara « qu'ils étaient libres. » Des armes et des munitions furent données à ces bandits, et de suite commença le massacre d'un grand nombre de prisonniers, au nombre desquels se trouvaient soixante-six gendarmes. Cinq gendarmes ont bienheureusement échappé au massacre ; ils se trouvaient à l'infirmerie. Vers sept heures, les gardiens de la prison et les détenus délivrés et armés étaient-ils ivres ou avaient-ils jugé à propos de s'échapper ? toutefois est-il que le surveillant Langevin remonta, et ouvrant en toute hâte les portes de nos cellules, il nous dit : « Sauvez-vous, vous le pouvez, mais faites vite ! ».

» Nous nous élançâmes hors de la

prison. Arrivés sur la place de la Roquette, nous nous divisâmes. M. Rabut, commissaire de police, est sorti en même temps que moi ; j'ai cherché un asile dans le quartier, et ce matin je regagnais mon domicile. »

Encore les incendiaires.

Nous croyions qu'il ne nous restait plus à parler que de trois incendies considérables : — Les Gobelins, les magasins du Tapis-Rouge et les entrepôts de la Villette, mais, à mesure que nous écrivons, de nouveaux documents nous parviennent, l'instruction de ces événements, qui ne furent qu'une longue série de crimes, est faite chaque jour par les personnes qui en furent les témoins et les victimes. Les récits particuliers nous en apprennent plus que les audiences des conseils de guerre.

L'armée en fusillant sur le théâtre même de leurs exploits les pétroleurs et les pétroleuses, a sans doute délivré l'humanité d'une race infâme, mais elle nous a privé de constatations judiciaires. Les misérables *femmes* traduites devant le 4e conseil de guerre sous la dénomination de pétroleuses, n'ont pas versé la liqueur communaliste.

Leur procès n'a rien relevé de la stratégie des Assi, des Bergeret, des Eudes, des Megy, des Ferré. Mais voici un document qui vient de jeter une grande lumière sur les moyens héroïques de la défense communiste, c'est un récit très-long mais très-intéressant de tous les faits dont le secrétaire du *Cercle de la rue Royale*, M. Berthaudun, a été le témoin pendant les journées des 21, 22, 23 et 24 mai.

Nous avons déjà parlé des incendies de la rue Royale, mais le récit de M. Berthaudun ajoute des faits nouveaux à ceux que nous avons cités et surtout nous montre à l'œuvre les héros communistes de la dernière heure, les incendiaires.

Le cercle de la rue Royale avait été occupé par une partie du 109e bataillon et des marins de la Commune. Ces marins étaient d'anciens forçats et devaient sans doute leur costume à ce qu'ils avaient longtemps séjourné dans nos principales villes maritimes. Quelques-*uns* étaient des femmes.

M. Berthaudun en avait d'abord imposé à ces bandits par sa fermeté, puis il les avait grisés avec du vin d'office additionné d'eau-de-vie. Il avait ainsi sauvé la cave des vins fins qu'il put offrir plus tard à nos braves soldats.

Cependant sa situation était des plus critiques.

Le 23, les animaux féroces qu'il tentait d'apprivoiser et de dompter montraient les crocs... puis l'incendie éclatait sur trois points dans la rue.

« Le commandant, dit-il, lançait à tous des regards soupçonneux. Depuis ma violente sortie, il ne me parlait plus, et quoique l'heure de son repas approchât, il ne paraissait pas, comme la veille, s'en préoccuper. La rue continuait à être sillonnée par des individus traînant des touries, d'autres portant des caisses sous le poids desquelles il paraissaient fléchir. Un obus vint éclater à ce moment, et un des porteurs fut tellement effrayé qu'il jeta son fardeau et s'enfuit précipitamment. Je vis aussi sortir du ministère une pompe ordinaire, servant habituellement à l'extinction des incendies. Cette pompe était traînée par quelques marins et trois femmes, qui me parurent fortement exaltées. Je ne comprenais pas tout d'abord à quoi pouvait être utile cet instrument de secours ; j'eus la naïveté de croire que le feu gagnant les maisons voisines, ils voulaient circonscrire l'incendie et l'empêcher de se propager ; mais, hélas ! je fus bientôt détrompé, car je vis installer la pompe au coin du faubourg. Les femmes vidèrent des touries de pétrole dans le récipient, puis, ce groupe de hideux misérables se précipita avec rage pour faire mouvoir l'appareil. L'un d'eux tenant la lance se disposait à arroser les maisons qui se trouvaient de l'autre côté de la rue, de façon à pouvoir commettre son crime sans risquer de recevoir son juste châtiment.

» Profondément affligé de trouver tant de perversité dans la nature humaine, je quittai ma fenêtre et redescendis dans la cour. Là je ne rencontrai que des femmes affolées, criant, pleurant et serrant leurs enfants dans leurs bras ; j'eus beaucoup de peine à faire descendre ces malheureux dans les caves, d'où ils étaient sortis de peur d'y être brûlés vifs. Je leur fis comprendre que leur crainte était exagérée, car, avant que l'incendie arrivât jusqu'à nous, il fallait au moins quarante-huit heures, vu la solidité des constructions. Je tâchais de les convaincre quoique je fusse très-peu convaincu moi-même ; je m'attendais à chaque instant à recevoir la visite de la bande de pétroleurs et pétroleuses ; c'est dans cette crainte terrible que je vis approcher la nuit.

On vint me dire vers huit heures que l'homme au nez bourgeonné était à la cuisine. Je ne voulus pas le voir, mais je donnai des instructions pour qu'on augmentât sa dose de liquide, afin de l'empêcher de nuire pendant quelques heures ; là, suivant son habitude, ce misérable devint communicatif et annonça fort tranquillement que notre pâté de maison était destiné à « flamber », qu'on nous préviendrait une heure avant, que du reste il était chargé de donner les ordres en temps opportun.

» Après avoir fait ces confidences infernales sur le sort qui nous était réservé, il s'était levé péniblement de son siége et était allé se coucher dans l'appartement de monsieur K... Son état le rendait incapable de bouger pendant quelques heures, j'en étais parfaitement convaincu :- à ce moment j'avais bien envie de le faire enfermer dans une cave et de le garder là jusqu'à la fin, mais le moyen était dangereux ; nous étions surveillés de très-près. Le commandant avait dû aller à la marine et faire sur notre compte un rapport défavorable ; il était venu lui-même pendant le dîner du délégué deux ou trois fois à la cuisine sous prétexte de prendre un peu de potage et avait constamment refusé de prendre part aux libations du délégué du Comité central ; j'étais, après avoir bien réfléchi, obligé d'attendre encore dans des angoisses terribles un moment plus favorable pour tenter notre délivrance.

» Plusieurs marins vinrent dans le courant de la soirée demander du vin et des aliments. Ils mangèrent, burent davantage et se retirèrent dans les salons où ils s'étendirent sur le tapis. Après leur départ de l'office je fus prévenu que quelques-uns d'entre eux avaient emporté les couverts en ruolz dont ils s'étaient servis pour prendre leur repas, je crus inutile de les faire réclamer ; le cuisinier me fit demander vers neuf heures la permission de rentrer chez lui pour rassurer sa femme et ses enfants, je refusais tout d'abord craignant de le voir exposé à de nombreux périls, mais il insista beaucoup et Charpentier m'affirma qu'il allait le faire reconduire par des gardes nationaux : effectivement ils descendirent ensemble et je les vis sur la porte causer avec un groupe de cinq individus ; ces derniers portaient des costumes de fantaisie, l'un d'un se détacha et traversa rapidement la rue, suivi de Bedet ; je les perdis de vue à leur entrée à la Marine, quant à Charpentier, il rentrait avec les quatre autres, qui, avant de le suivre, avaient rangé au coin de la porte quelque chose que je ne pus distinguer. Dix minutes après, je vis les mêmes hommes s'en aller en emportant les mêmes objets. Charpentier vint m'expliquer le mystère. Il avait trouvé ces misérables assis sur des sacs de chiffons ayant à leur côté des seaux remplis de pétrole et recouverts de toiles pour préserver le pétrole des étincelles qui jaillissaient de toutes parts ; ils attendaient tranquillement des ordres ; c'était à eux que Charpentier s'était adressé pour faire reconduire le cuisinier. Cette bande de brigands avait justement apporté le matin à la cuisine du saucisson et du jambon que le chef leur avait préparés de très-bonne grâce ; aussi l'un d'eux après un peu d'hésitation voulut bien le reconduire à condition toutefois qu'on les régalerait.

« C'est pour cela que vous m'avez vu
» avec eux, me dit Charpentier, j'ai fait
» tout mon possible pour les griser et les
» garder plus longtemps, ils n'ont pas
» voulu, ils m'ont dit qu'ils ne savaient
» pas exactement où ils devaient aller
» verser leur abominable marchandise. »
Nous les suivîmes des yeux et les vîmes s'arrêter vers le milieu de la rue, puis revenir sur leur pas et finalement gagner la porte de la Marine, toujours chargés de leurs seaux à pétrole. »

Dans la soirée M. Berthaudun qui, autant que possible, restait à la fenêtre, afin de guetter les incendiaires et de surveiller les progrès de l'incendie entendit le dialogue suivant qui s'était établi entre un fédéré placé en sentinelle à sa porte et un défenseur de la barricade voisine :

— *Hé ! Surau, est-ce que t'es propriétaire de la rue Royale, toi ?*

— *N'a pas de danger !*

— *Eh bien ! ni moi non plus, je m'en f... ils peuvent tout griller.*

Puis, apercevant un groupe de malheureux qui fuyaient leurs logements en flammés, il ajouta : — *En v'la un tas de farceurs qui ne veulent pas griller dans leurs cassines, s... tas de n... de D..., je leur-z-y f... ma baïonette dans le ventre s'ils viennent par-là.*

Peu de temps après, un marin, envoyé par le commandant fédéré de la Marine vint trouver M. le secrétaire du Cercle.

« Je suis chargé, dit-il, de vous annon-
» cer que nous allons, dans une ou deux
» heures, faire sauter le ministère de la
» Marine et les égouts, et que nous avons
» ordre de mettre le feu à toute la rue
» Royale. Je vous engage donc à faire
» mettre à l'abri les femmes et les enfants
» que vous avez ici ; nous vous offrons le
» passage dans nos lignes pour vous
» mettre en sûreté à l'intérieur de Paris,
» mais hâtez-vous ; dans une demi-heure,
» nous ne pourrons plus rien pour vous. »
— Je compris qu'il était inutile de discuter avec ce brigand ; je me contentai de m'adresser aux gens qui m'entouraient en leur disant : « Mes amis, vous venez d'en-
» tendre la déclaration qui nous est faite ;
» il n'est malheureusement pas en mon
» pouvoir de vous protéger plus long-
» temps ; que chacun suive sa propre
» inspiration. Pour moi, je ne veux ni ne
» dois quitter mon poste ; seulement la
» situation sera probablement très-difficile
» ici, et je vous invite à profiter de la
» facilité qui vous est offerte, pour ga-
» gner un abri plus sûr. »

— Ces malheureux crurent devoir tous m'engager à partir avec eux, mais j'éprouvais, je ne sais pourquoi, une répulsion invincible à m'engager dans les lignes des insurgés ; je sentais que là n'était pas le salut, la délivrance.

» L'homme voulut également m'engager à quitter la position, en me disant : — « Ci-
» toyen, vous pourrez avoir chaud, tout
» à l'heure. » Je lui répondis : « C'est
» possible, mais j'ai un moyen infaillible

Club de femmes à l'église Saint-Eustache.

» d'abréger mes souffrances. — Après tout, c'est votre affaire, me dit-il, ça vous regarde ; je vais attendre votre monde sur la porte du ministère. » Puis, il partit ; son compagnon ne le suivit pas, il resta sur le seuil de la porte.

Je remontai chez moi, je prévins mon ami Mirlin de la situation et je l'engageai vivement à partir. J'eus beaucoup de peine à le décider. Enfin Alexandre et Charles le prirent dans leurs bras et le descendirent dans la cour. Je donnai mon chapeau à mon pauvre blessé, car les communeux lui auraient fait un mauvais parti, s'ils avaient vu le képi d'officier de l'armée régulière qu'il portait. Puis, j'embrassai tous ceux qui partaient. A ce moment, je puis l'avouer sans faiblesse, mon cœur se serra et des larmes m'obscurcirent la vue. Je recommandai le blessé à mes serviteurs, puis ils partirent, les hommes portant les enfants, les femmes des paquets et des objets précieux.

» Je fis à mon concierge la recommandation au cas où il m'arriverait malheur, de faire parvenir à ma femme des lettres que j'avais préparées depuis plusieurs jours, ensuite je l'engageai à rejoindre le groupe qui était déjà au ministère. »

Le Cercle échappa à l'incendie. Les fédérés, malgré leur commandant avaient pris la fuite et lorsque les troupes prévenues par M. Berthaudun y entrèrent le commandant lui-même s'était enfui.

Le ministère de la Marine échappa également au pétrole. Il fallut *quinze voitures* du train pour en enlever toutes les munitions, cartouches, obus, boîtes à mitraille, pétrole, tonneaux de poudre qu'un nommé Matheron y avait accumulés et qu'il avait fait placer sur de la paille, aux endroits les plus propres à favoriser l'explosion formidable qu'il méditait lorsqu'il serait forcé d'abandonner la position.

» Lorsque le moment du danger arriva, dit encore M. Berthaudun, Matheron jugea prudent de s'esquiver en laissant au plus sauvage de la bande, un nommé Girardot, le soin d'achever son œuvre criminelle.

» Ce dernier se disposait à faire sauter le ministère lorsqu'un brave employé resté à son poste, le chef du matériel, essaya d'apprivoiser cette bête sauvage. Il est des animaux féroces qu'on apprivoise avec un morceau de sucre ; il en est d'autres sur qui la pièce de cent sous exerce un attrait irrésistible. M. X... promit donc à Girardot de l'argent et la vie sauve, s'il renonçait à son abominable projet. Girardot résista d'abord, puis se laissa fléchir.

— Au même instant les fédérés à moitié ivres, qui étaient restés au ministère, se sauvent dans toutes les directions en criant : « Les voilà ! faites sauter. »

» Il était trop tard. Nos braves soldats envahissaient le ministère par la rue Royale et la rue Saint-Florentin et faisaient prisonnière cette troupe de brigands, dont la majeure partie fut fusillée séance tenante.

» Girardot fut remis aux mains de l'autorité et conduit à Versailles.

» Matheron, pris quelques jours après, a dû être envoyé à Brest. »

Venons aux derniers incendies.

Dans le faubourg Saint-Martin, les magasins du Tapis-Rouge furent incendiés en plein jour par des individus qui s'y présentèrent portant du pétrole.

— Que désirez-vous, leur demanda le maître de la maison.

— Nous venons f..... le feu. Vous avez cinq minutes pour vous sauver.

Et incontinent, ils se mirent à arroser de pétrole les marchandises du magasin.

On a, dit-on, arrêté quelques-uns des pétroleux, ils ont eu bien de la chance ; ils auraient pu être fusillés.

Enfin, le 26 au matin, vers huit heures et demie, cent cinquante gardes nationaux environ, appartenant pour la plupart au 242° bataillon, faisaient irruption dans les magasins de la *Compagnie des entrepôts et magasins généraux de Paris.*

Ils s'empressèrent d'en fermer les portes, ils s'emparèrent de tous les employés présents et, le revolver sur la gorge, les sommèrent de les conduire dans les magasins d'abord et dans l'annexe de la compagnie, 157 et 159, rue de Crimée, ensuite.

Battus par tous ces forcenés dont beaucoup étaient ivres, les employés les conduisirent aux endroits désignés. — Un seul, le contre-maître Moulinet s'y refusa avec la plus grande énergie.

Mais, arrivés devant les magasins, les insurgés furent obligés de s'arrêter : toutes les portes étaient fermés et ils n'en possédaient pas les clés.

Sous les menaces les plus terribles, ils voulurent contraindre Moulinet à leur livrer ces clés. Ce dernier leur répondit qu'il ne les avait pas. On enfonça les portes à coup de crosse.

Pendant que les insurgés se livraient à cette opération, le 119ᵉ régiment de ligne débouchait à l'angle de la rue de Flandre, devant le restaurant du *Cadran bleu* et ouvrait un feu des plus nourris et des plus meurtriers.

Surpris par cette attaque, les insurgés montèrent en toute hâte aux étages supérieurs des magasins et répondirent tant bien que mal au feu des soldats.

Ce combat ne dura pas plus d'une demi-heure au bout de laquelle le commandant Colliot s'élança à l'assaut des Entrepôts à la tête des deux premières compagnies de son bataillon.

Déjà, il avait pu forcer l'entrée principale, après s'être emparé d'une barricade, quand d'immenses langues de flammes s'élancèrent vers le ciel ; à travers, on apercevait les insurgés fuyant à toutes jambes. Mais les Entrepôts étaient cernés.

Vingt-deux incendiaires furent fusillés sur place, beaucoup périrent sous les décombres, trois insurgés furent passés par les armes dans les bureaux de l'administration ; quant aux autres, ils se sauvèrent par le canal Saint-Martin.

Les pertes de l'entrepôt réel du boulevard de la Villette n° 204 sont évaluées à *dix-sept millions* ; celle de l'entrepôt annexe de la rue de Crimée à *douze millions* : en tout VINGT-NEUF MILLIONS.

—

Le 27 mai. — Opérations militaires.

Nous voici arrivés aux derniers jours de cette semaine infernale. Reprenons le rapport militaire du maréchal de Mac-Mahon.

27 *mai.* — Les insurgés, chassés de leurs positions de la place du Trône, de la Bastille, du Château-d'Eau et de la rotonde de la Villette, se sont réfugiés sur les Buttes-Chaumont et les hauteurs du Père-Lachaise.

Leurs batteries dirigent un feu violent sur notre ligne de bataille, mais depuis trois jours la batterie de Montmartre répond à leur feu, balaye les buttes de ses projectiles, et prépare ainsi l'attaque des dernières positions de l'insurrection.

Pendant que les corps Douay et Clinchant se tiendront sur la défensive sur le boulevard Richard-Lenoir et sur le canal, le corps Ladmirault et l'armée de réserve attaqueront les positions des insurgés en les enveloppant par l'est.

Les Buttes-Chaumont et les hauteurs du Père-Lachaise forment deux contreforts qui ont leur origine à l'est, près des remparts, entre les portes de Romainville et Ménilmontant. C'est vers ce point qui domine les buttes et le sommet du Père-Lachaise de vingt-cinq à trente mètres, que l'aile gauche du corps Ladmirault et l'aile droite de l'armée de réserve (général Vinoy) devront se réunir pour se porter ensemble à l'ouest, sur les positions des insurgés.

A cet effet, le 1ᵉʳ corps (général Ladmirault), se dirigera vers les Buttes-Chaumont, en formant des échelons; l'aile gauche en avant. La colonne formant l'échelon de gauche suivra la rue militaire, le long des fortifications; les autre colonnes ne devront se mettre en mouvement que successivement, lorsque l'échelon qui les précède aura enlevé les hauteurs qui sont à leur gauche.

L'armée de réserve (général Vinoy), exécutera une opération semblable, l'aile droite en avant; l'échelon de droite suivra les boulevrads Davoust et Mortier, le long des remparts, pour venir se joindre à l'échelon tête de colonne du corps de Ladmirault, sur les hauteurs indiquées, entre les rues de Belleville et de Ménilmontant.

Les colonnes des ailes marchantes du corps Ladmirault et de l'armée de réserve (général Vinoy), étant réunies, tous les échelons exécuteront un mouvement de conversion vers l'ouest, de manière à envelopper les insurgés, et à les rejeter vers le canal Saint-Martin et le boulevard Richard-Lenoir.

La division Grenier qui forme l'aile gauche du corps Ladmirault, se met en mouvement à six heures et demie; l'échelon de gauche franchit le canal de l'Ourq, s'empare du poste-caserne du bastion 25, enlève la porte de Pantin, et se rend maître des bastions 24, 23 et 22.

Les échelons en arrière de cette division s'emparent des barricades de la rue de Flandre; la compagnie d'éclaireurs, lieutenant Muller, enlève brillamment la mairie du 19ᵉ arrondissement et l'église Saint-Jacques.

Les troupes entretiennent alors une vive fusillade contre l'ennemi embusqué dans les jardins et les maisons de Belleville, pendant que des batteries établies dans les bastions 25 et 24, sur la voie ferrée, et en avant du marché aux bestiaux, canonnent les hauteurs de Belleville.

La division Montaudon, qui forme les échelons de droite, se met en mouvement à onze heures.

La brigade Dumont tourne le bassin de la Villette en franchissant la place de la Rotonde, enlève les barricades de la rue d'Allemagne, et s'établit au marché de la rue de Meaux.

La brigade Lefebvre, à l'aile droite, se concentre dans les rues de la Butte-Chaumont et du Terrage, franchit à son tour le canal sous une grêle de balles, enlève la grande barricade du rond-point et celle de la rue des Ecluses-Saint-Martin, et atteint le boulevard de la Villette par les rues Grange-aux-Belles, Vicq-d'Azir et de la Chopinette.

Il était six heures; à ce moment, les brigades Lefebvre, Dumont et Abbatucci sont rangées en demi-cercle au pied des Buttes-Chaumont; la brigade Pradier s'est élevée jusqu'au bastion 21, où l'artillerie a monté une mitrailleuse et une pièce de 12, prenant les buttes à revers. La charge est sonnée, nos troupes s'élancent à l'assaut et couronnent bientôt les hauteurs, s'emparant des Carrières-d'Amérique, des hauteurs de Belleville et du sommet de la Butte-Chaumont, où la tête de colonne du régiment étranger plante le drapeau tricolore.

La prise des Buttes-Chaumont fait tomber en nos mains une artillerie nombreuse et une grande quantité de munitions.

De son côté, l'armée de réserve se met en mouvement, mais n'avance qu'avec difficulté.

La brigade La Mariouse se porte en avant, le long des fortifications. La brigade Derroja reste en réserve sur le cours de Vincennes. La brigade Bernard de Seigneurens, formant des échelons en arrière, s'avance par la rue Puebla et enlève toutes les barricades. Un bataillon du 1er régiment d'infanterie de marine s'avance contre une barricade qui l'inquiète et se laisse entraîner jusqu'au Père-Lachaise, où il rencontre une défense énergique ; mais il est soutenu par deux bataillons de sa brigade et par un régiment de la division Faron, et parvient à se maintenir dans le cimetière et à s'en rendre maître. La brigade Langourian remonte jusqu'à la place du Trône, où elle assure les derrières en procédant au désarmement des quartiers environnants.

L'armée de réserve rencontre de grandes difficultés. La place Voltaire est fortifiée d'une manière formidable, et l'artillerie des insurgés tire à mitraille sur la place du Trône. Le général Faron fait contrebattre ce réduit de l'insurrection par le feu de six pièces établies sur la place du Trône.

Le général La Mariouse, continuant ses mouvements par la route militaire, se rend maître de la porte de Bagnolet et de la mairie du 20 arrondissement.

Les corps Douai et Clinchant se consolident pendant ce temps dans leurs positions le long du boulevard Richard-Lenoir et du canal Saint-Martin, et établissent des batteries pour enfiler les principaux débouchés par lesquels les insurgés pourraient franchir la ligne de bataille.

Le corps Douai dirige de la place de la Bastille un feu d'artillerie très-actif sur la mairie du 11e arrondissement et sur l'église Saint-Ambroise.

Ainsi dans la soirée du 27, l'armée est maîtresse des Buttes-Chaumont et du cimetière du Père-Lachaise. La ligne de bataille forme les trois quarts d'un cercle, l'aile gauche appuyée au bastion 21, et l'aile droite à la porte de Bagnolet.

Le général de Cissey procède au désarmement de la population sur la rive gauche.

Dans ces dernières heures de la lutte, bien peu des membres de la Commune étaient restés sur les barricades ; la plupart étaient déjà cachés, quelques-uns étaient hors de Paris.

Vermorel tombé grièvement blessé à une barricade du Château-d'eau avait été fait prisonnier.

Depuis il est mort à Versailles.

Le fameux commandant du 101e et son commandant Cerisier, ces scélérats qui avaient massacré les dominicains, avaient été enveloppés à la Butte-aux-Cailles, tous furent tués. Il n'échappa du 101e que quelques hommes qui s'étaient cachés pour ne pas se battre lorsqu'on apprit l'entrée des troupes dans Paris.

Plusieurs de ces misérables, se voyant cernés et perdus levèrent la crosse en l'air, mais les soldats ne firent pas de quartier.

La prise des batteries des Buttes-Chaumont et du Père-Lachaise délivra le centre de Paris du danger incessant et d'un véritable cauchemar. Pendant cinq jours et cinq nuits du 23 au 27 l'ordre : « Tirez sur la Bourse, la Poste et Saint-Eustache » fut exécuté par les obusiers des buttes et du cimetière. Le passage du Saumon et la cour qui l'avoisine reçurent ainsi soixante obus.

Nous avons eu des éclats entre nos mains, ces obus étaient à pétrole.

Il est à croire qu'ils avaient l'intention de faire sauter la cartoucherie de mitrailleuses Christophe, située rue Mandar.

L'Hôtel des postes reçut un grand nombre d'obus mais sans en souffrir beaucoup. Cela dut faire de la peine au citoyen Theisz ; on sait que ce directeur sinécuriste des postes a protesté par une lettre datée de Londres contre l'intention que le public bénévole lui avait prêtée de s'être opposé à l'incendie de l'Hôtel des postes.

Saint-Eustache fut moins heureux, il fut dévasté par les projectiles. L'abside a été en partie démoli, la toiture de la chapelle de la Vierge a été effondrée et il s'y était déclaré un commencement d'incendie. Voici comment cet édifice fut sauvé.

Le 5ᵉ régiment provisoire, faisant partie du 4ᵉ corps, était arrivé aux halles, d'où l'on voyait une fumée noire et épaisse sortir du clocheton; M. Vallier, lieutenant au 3ᵉ bataillon de la garde nationale et professeur à l'école de Saint-Cyr, qui avait obtenu du 5ᵉ régiment de servir dans ses rangs, demanda à aller reconnaître où était le foyer de ce nouvel incendie. Entrant dans l'église, il monta rapidement dans les combles et parvint au clocheton. Il vit qu'il serait facile de se rendre maître du feu, car il ne s'agissait que d'éteindre les poutres enflammées qui supportent le clocheton.

Pour cela, il fallait de l'eau, et l'église ne disposait que d'une pompe; M. Vallier réunit des hommes du quartier qui firent la chaîne et par ce moyen éteignirent avec quelques seaux d'eau les poutres brûlantes. Il était temps, car un peu plus tard le feu se communiquait à la forêt de bois de la charpente de la nef, et dès lors l'incendie n'aurait pu être maîtrisé.

La bibliothèque de l'Arsenal fut également sauvée après avoir couru les plus grands dangers. Ainsi qu'après la déroute des fédérés on a retrouvé à la caserne des Célestins qu'ils venaient d'abandonner une liste de personnes à fusiller : on y lisait les noms de M. Edouard Thierry, administrateur de la Comédie française, directeur de la bibliothèque de l'Arsenal, et de MM. Henri de Bornier et Laurent (de l'Ardèche) bibliothécaires adjoints; un des principaux propriétaires du quartier M. Pinaud, était aussi désigné aux assassins.

Le jeudi 25 une bande de fédérés, amenant du pétrole se présenta devant la bibliothèque : en toute hâte, les conservateurs firent fermer les grilles qui entourent l'édifice. Déjà les projectiles des troupes nationales commençaient à pleuvoir dans la rue : les communeux ne jugèrent pas à propos de s'attarder à franchir l'obstacle qui leur était apposé.

Ajoutons qu'ils étaient en petit nombre, une douzaine d'hommes tout au plus, appartenant au bataillon des *Enfants-Perdus*. Le gros de leur troupe s'était déjà retiré au Père-Lachaise.

Peu de temps après la bibliothèque fut mise en péril par l'incendie du Grenier d'abondance situé à trois cents mètres de là. Heureusement le vent maintint les flammes dans la direction de la Bastille.

Pendant ces terribles journées les bibliothécaires ont fait courageusement leur devoir.

Le canal Saint-Martin l'a aussi échappé belle : 200 tonneaux de poudre et 400 de pétrole étaient accumulés sous la voûte du canal; les incendiaires ont été asphyxiés en voulant y mettre le feu.

Le dernier jour de la Commune.
Opération militaire du 28 mai.

Enfin la Commune râle dans le sang de ses fanatiques et de ses victimes. Le rapport militaire sur la journée du 28 nous fait assister à ses suprêmes convulsions.

28 mai. — L'armée de réserve et le corps Ladmirault continuent leur marche enveloppante. Les colonnes qui longent les fortifications doivent se rejoindre et se rabattre vers l'ouest pour enlever de concert les positions que l'insurrection occupe encore.

Les corps Douay et Clinchant, se tenant sur une vigoureuse offensive, ont pour mission de repousser les insurgés qui, refoulés des hauteurs, se porteraient vers l'intérieur de Paris.

Les troupes du général Vinoy se mettent en marche à quatres heures du matin. La brigade La Mariouse suit le boulevard Mortier le long des remparts, atteint la porte de Romainville, enlève une forte barricade dans la rue Haxo, et prend 2,000 insurgés ainsi qu'un matériel d'artillerie considérable. La brigade Derroja se dirige par le boulevard de Charonne vers le cimetière du Père-Lachaise, occupé par la brigade de Seigneurens, enlève vigoureusement les barricades des rues des Amandiers de Tlemcen, et des Cendriers, de Ménilmontant et occupe par sa droite la place du Puebla.

La brigade Langourian, traversant la place du Trône, suit l'avenue Philippe-Auguste, enveloppe la prison de la Roquette, à cinq heures du matin, et délivre les otages, au nombre de 169. Les insurgés en avaient malheureusement fusillé 64 l'avant-veille.

La brigade Langourian descend alors la rue de la Roquette, s'empare de la mairie du 11e arrondissement, pousse ses têtes de colonne sur l'avenue du Prince-Eugène pour se relier avec le corps Douay sur le boulevard Richard-Lenoir, et sauve de la destruction l'église Saint-Ambroise en coupant des fils qui doivent communiquer le feu aux poudres qu'elle renferme.

De son côté, le corps Ladmirault poursuit sa marche en avant. Le général Grenier se dispose à attaquer le bastion 19, lorsqu'il aperçoit à son sommet le drapeau tricolore, que la division Faron vient d'y arborer. Les deux divisions font alors leur jonction et se rabattent vers l'ouest.

Dès lors, les insurgés, acculés dans leurs derniers retranchements, entourés et attaqués de tous les côtés, sont forcés de se rendre ou de se faire tuer.

Les insurgés sont débusqués des rues des Bois et des Près-Saint-Gervais. A dix heures, l'église de Belleville est enlevée, ainsi que la partie haute de la rue de Paris, et successivement toutes les fortes barricades de cette rue. Un grand nombre de prisonniers et un matériel considérable d'artilllerie tombent en nos mains. L'hôpital Saint-Louis est pris et, peu après, la grande barricade du faubourg du Temple.

Il était trois heures de l'après-midi ; toute résistance avait cessé ; l'insurrection était vaincue.

Le fort de Vincennes restait seul au pouvoir des insurgés, qui, sommés de se rendre dans la matinée du 29, se constituent prisonniers à dix heures du matin.

En résumé, l'armée réunie à Versailles avait, en un mois et demi, vaincu la plus formidable insurrection que la France ait jamais vue. Nous avions accompli des travaux considérables, creusé près de 10 kilomètres de tranchée, élevé 80 batteries armées de 350 pièces de canon. Nous nous étions emparés de cinq forts armés d'une manière formidable et défendus avec opiniâtreté, ainsi que de nombreux ouvrages de campagne.

L'enceinte de la place avait été forcée et l'armée avait constamment avancé dans Paris, enlevant tous les obstacles, et après huit jours de combats incessants, les grandes forteresses de la Commune, tous ses réduits, toutes ses barricades étaient tombés en notre pouvoir.

L'incendie des monuments avait été conjuré ou éteint, et d'épouvantables explosions avaient été prévenues.

L'insurrection avait subi des pertes énormes : nous avions fait 25,000 prisonniers, pris 1,500 pièces de canon et plus de 400,000 fusils.

Les guerres de rues sont généralement désastreuses et excessivement meurtrières pour l'assaillant; mais nous avions tourné les positions, pris les barricades à revers, et nos pertes, quoique sensibles, ont été relativement minimes, grâce à la sagesse et à la prudence de nos généraux, à l'élan, à l'intrépidité des soldats et de leurs officiers.

Les pertes, pour toute la durée des opérations, s'élèvent à :

	OFFICIERS		TROUPE		
	Tués.	Blessés.	Tués.	Blessés.	Disparus.
Officiers généraux et d'état major	5	10	»	»	»
Infanterie	63	353	698	5201	162
Infanterie de marine et fusiliers marins	»	7	14	235	»
Équipages de la flotte et canonniers-marins	1	3	5	32	»
Cavalerie	1	4	3	48	7
Artillerie	6	35	41	318	8
Génie	5	8	20	163	3
Intendance et troupes d'administration	»	»	1	11	3
Prévôté et gendarmerie	»	10	12	46	»
Totaux	83	430	794	6024	183

Dans ces diverses opérations, les troupes de toutes armes ont rivalisé de bravoure et de dévouement.

Le génie, dans l'attaque des forts, a fait ce qui ne s'était pas vu jusqu'ici. Afin de bloquer les assiégeants, il a dirigé ses tranchées de manière à envelopper complètement les ouvrages.

L'artillerie, bien que le feu de la place ne fût point éteint, est venue établir ses batteries à quelques centaines de mètres des remparts.

L'infanterie a partout attaqué les positions avec intelligence et sans hésitation.

Les marins de la flotte ont montré une vigueur et un entrain remarquables.

La cavalerie, par sa vigilance, a rejeté constamment les insurgés dans la place; en plusieurs circonstances, elle a mis pied à terre pour enlever des positions.

L'intendance est parvenue à ravitailler largement les divisions, même dans Paris; les troupes à sa disposition se sont fait remarquer dans le transport des blessés et par les soins donnés par les ambulances.

La télégraphie civile a été à la hauteur de ses fonctions, et a constamment relié le grand quartier général avec les quartiers généraux des corps d'armée et des divisions.

J'ai eu également à me louer du service du Trésor et des postes, qui s'est fait régulièrement.

Paris, le 30 juin 1871.

Le maréchal commandant en chef l'armée de Versailles,

DE MAC-MAHON, DUC DE MAGENTA.

Lorsque tout fut fini, un silence surprenant régna dans Paris. Toutes les rues étaient pavoisées aux couleurs nationales et une foule silencieuse, curieuse, chercha à voir de ses yeux ce qui restait encore de la capitale.

A cinq heures, le maréchal faisait placarder une dépêche ainsi conçue :

» Habitants de Paris,

» L'armée de la France est venue vous sauver, Paris est délivré. Nos soldats ont enlevé à quatre heures les dernières positions occupées par les insurgés.

» Aujourd'hui la lutte est terminée, l'ordre est rétabli, le travail et la sécurité vont renaître.

» Au quartier général le 28 mai 1871.

» Le maréchal de France.
» Commandant en chef.
» MAC-MAHON, *duc de Magenta.*

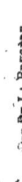

Massacre des otages

Reddition de Vincennes; 29 mai.

Des munitions de guerre en quantités énormes étaient déposées au fort de Vincennes; on tremblait que les fédérés ne fissent sauter le fort; et les allemands qui occupaient le fort de Charenton se montraient, paraît-il, assez peu rassurés sur ce point.

Le 29 le fort fut sommé de se rendre.

Le commandant fédéré, un nommé Faltot, demandait pour lui et les siens non-seulement la vie sauve mais la liberté, menaçant de faire sauter Vincennes.

On lui accorda la vie sauve ainsi qu'à la plupart de ces hommes, mais quelques grands coupables furent arrêtés et passés par les armes.

On cite : le capitaine Revol qui a présidé à l'arrestation de l'archevêque de Paris ;

Le prince de Bagration, russe, ancien commandant de la gare du nord;

Le colonel Delorme ;

Vierlet, commissaire central de la commune de Vincennes.

Lepercheux, commissaire délégué de la Commune, Van der Buch, belge, commissaire délégué à la porte de Vincennes ;

Bourdieu, ex-sergent des chasseurs à pied, qui, avec un nommé Merlet, était chargé de faire sauter le fort.

Au moment de son arrestation Merlet s'est brûlé la cervelle.

Les pièces suivantes ont été trouvées au fort de Vincennes, parmi les papiers du commandant de ce fort pendant l'insurrection. Elles établissent nettement la nature des relations que la Commune avait avec les allemands, et permettent d'affirmer, dit le *Français*, que si M. de Bismark eût poussé l'impudeur jusqu'à entrer en négociations avec ceux qui étaient alors les maîtres de Paris, les obstacles et les difficultés ne fussent pas venus de leur part.

Le citoyen Levacque étant envoyé en mission extraordinaire auprès du prince royal de Saxe, afin de prendre des renseignements sur les ordres qu'il aurait pu recevoir concernant l'occupation du territoire de la commune de Vincennes par les troupes sous ses ordres, *et de préparer la population de cette ville à se résigner à recevoir lesdites troupes avec le meilleur accueil possible*, permis de circulation dans tous les sens est accordé au citoyen Levacque, pour la cause de l'humanité.

Vincennes, le 20 mai 1871.

Le colonel commandant la place.

Signé : Faltot.

Il est donc bien avéré que, dès le 20 mai, et avant même que l'armée française ne fût entrée dans Paris, le colonel préposé par le gouvernement de la Commune à la garde du fort de Vincennes avait envoyé un parlementaire à l'ennemi pour lui offrir de lui rendre cette place; il songeait en même temps à préparer la population à accepter sans protestation cette ignominie. Les premiers pourparlers n'aboutirent pas, et il semble que les Prussiens eux-mêmes aient eu honte de consentir au marché qui leur était proposé.

Le 25 mai, une première sommation avait déjà été adressée au commandant fédéré, mais les conditions de celui-ci n'avaient pas été acceptées par les officiers de l'armée.

Ce fut alors que Faltot osa adresser aux généraux allemands l'inqualifiable proposition dont voici le texte :

Fort de Vincennes, 28 mai 1872.

En présence des sommations qui lui sont faites par des soi-disant officiers de l'armée de Versailles, lesquels lui ont refusé de montrer tout pouvoir, étant à bout de nourriture et privés de toute solde servant à nourrir leur famille, le colonel commandant soussigné, après s'en être entendu avec les officiers de la garnison qui sont tous de Vincennes ou des environs, a déclaré remettre entre les mains des officiers dûment autorisés de Sa Majesté Impériale Allemande, ledit fort dans les conditions d'armement et de matériel où il se trouve actuellement, sous la réserve qu'il sera délivré aux officiers qui en feront la demande des passe-ports pour se rendre hors de France, sous la garantie de ladite Majesté, que la garnison sortira en armes, et que nul citoyen de Vincennes ne sera insulté pour avoir pris la défense du fort. Quant au colonel soussigné, il reste prisonnier de Sa Majesté Allemande, à qui il confie sa famille et sa vie. — Les officiers soussignés, exerçant des commandements dans le fort de Vincennes, déclarent adhérer aux propositions ci-dessus, en exprimant seulement le désir que le colonel Faltot soit traité comme ils le seront eux-mêmes.

(*Suivent les signatures.*)

L'on ne dit pas que le colonel Faltot ait insisté pour demeurer prisonnier du roi de Prusse; mais l'on sait seulement que cette proposition reçut de l'état-major allemand l'accueil qu'elle méritait.

Le bilan de l'incendie

Il nous reste à faire le bilan des désastres causés par les pétroleux de la Commune et ensuite à raconter la chasse faite à ces bandits qui cherchèrent un dernier refuge dans les égouts et les catacombes.

Le bilan de l'incendie a été établi en chiffres approximatifs par le *Figaro* comme il suit:

Ministère des finances	12.000.000
Palais des Tuileries et annexes	27.000.000
Palais-Royal	3.000.000
Hôtel-de-Ville	30.000.000
Palais de Justice	3.000.000
La Conciergerie	500.000
Préfecture de police	2.000.000
Théâtre-Lyrique	1.000.000
Théâtre du Châtelet	200.000
Théâtre de la Porte-Saint-Martin et maisons voisines	4.000.000
Théâtre des Délassements-Comiques	200.000
Grenier d'abondance (non compris les marchandises)	5.000.000
Arsenal	1.500.000
Saint-Eustache	200.000
Manufacture des Gobelins (non compris les tapisseries)	1.000.000
Mairie du 4e arrondissement	300.000
Caisse de Poissy et de la boulangerie	2.500.000
Assistance publique	2.000.000
Palais de la Légion d'honneur	1.000.000
Conseil d'Etat et Cour des comptes	8.000.000
Archives de la Cour des comtes	900.000
Caisse des dépôts et consignations	4.000.000
Caserne du quai d'Orsay	500.000
Entrepôts de la Villette (non compris les marchandises évaluées à 30 millions)	3.000.000
Chemin de fer de Lyon	300.000
Huit maisons, rue Royale	2.000.000
Douze maisons, rue de Rivoli	3.300.000
Quatre maisons, boulevard Sébastopol	800.000
Deux maisons, boulevard Beaumarchais	300.000

Quatre maisons, boulevard Richard-Lenoir..........	600.000
Vingt maisons, rue de la Roquette.................	2.000.000
Cinq maisons, rue Saint-Martin....................	1.200.000
Une maison, rue du Temple..	400.000
Huit maisons, aux abords de l'Hôtel-de-Ville..........	2.000.000
Deux maisons, place du Louvre	500.000
Quinze maisons, rue de Lille.	3.000.000
Sept maisons, rue du Bac....	1.500.000
Une maison, carrefour de la Croix-Rouge.............	200.000
Quatre maisons, rue Vavin..	300.000
Deux maisons, r. Notre-Dame-des-Champs.............	200.000

Ces évaluations, qui sont seulement approximatives, arrivent au chiffre inouï de cent trente millions cinq cent mille francs.

C'est dans la séance de la Commune du 20 avril qu'à été *officiellement* décidé l'incendie des principaux monuments de Paris.

Cette séance a été des plus orageuses. Le citoyen Beslay, qui essayait de s'opposer à ce vandalisme, a été hué et presque maltraité, tandis que la Commune presque tout entière acclamait Delescluze déclarant en style théâtral que, s'il fallait mourir, « on ferait à la liberté des funérailles dignes d'elle. »

La chasse aux Communeux.

Pendant plusieurs jours les journaux furent remplis du récit de la mort d'un grand nombre de chefs insurgés. La plupart de ces messieurs, comme l'on sait, se portent à merveille.

Nous ne tenons même pas pour certaine la mort de Delescluze dont on croit avoir reconnu le cadavre. Qu'est-il devenu? On l'ignore.

Peut-être, de même que Félix Pyat, est-il resté caché à Paris. Les seuls membres de la Commune qui aient été tués sont Rigault et Millière; Vermorel blessé, à la barricade du Château-d'Eau, est mort à Versailles.

« Prenez donc un fusil, citoyen, lui disait-on.

» — Je ne suis pas ici pour combattre répondit-il, je suis ici pour me faire tuer. »

Vermorel était brave; mais il ne pouvait être un combattant sérieux, car il était myope à ne pas voir à deux pas devant lui. Disons encore, tandis que son nom est au bout de notre plume, que cet ambitieux de talent fourvoyé parmi les Pindy et les Billoray s'était toujours opposé aux crimes de ses collègues. Ses opinions n'étaient pas les leurs, on peut s'en assurer par la lecture d'une brochure intitulée : *Qu'est-ce que la République?* publiée quelques jours après sa mort. Les opinions de cette brochure étaient si raisonnables que Vermorel disait à son éditeur, dans les premiers jours de la Commune : — « Ne publiez pas cela, vous me feriez fusiller. »

Deux cours martiales avaient été établies; l'une au palais du Luxembourg, l'autre au théâtre du Châtelet. On n'a fusillé qu'un très-petit nombre de communards « de distinction. » En général ce sont de simples gardes fédérés qui furent ou fusillés ou maintenus en arrestation.

Cependant au Luxembourg, dès le 27, on jugea une des célébrités du monde socialiste.

Le docteur Tony-Moilin.

Ce docteur, délégué par la Commune à la mairie du 6ᵉ arrondissement, a été condamné à mort par la cour martiale du Luxembourg, dans la nuit de 27 au 28.

M. Tony-Moilin vivait maritalement, depuis assez longtemps déjà, avec une femme qui était, lorsqu'on l'arrêta, dans son septième mois de grossesse.

Il a exprimé le désir de légitimer cette alliance avant de mourir.

Le président de la cour martiale a immédiatement mandé M. Hérisson, le maire du 6ᵉ arrondissement, que M. Tony-Moilin avait supplanté après le 18 mars.

Deux officiers de service au Luxembourg ont été témoins de ce mariage *in extremis*.

A deux heures du matin, la cérémonie était achevée, et à cinq heures, le docteur Tony-Moilin avait cessé de vivre.

Cependant un certain nombre de conseillers, avaient le bonheur d'être arrêtés et réservés à des temps plus calmes; nous citerons : Assi, Ferré, Grousset, Billioray, Régère, Urbain, Lullier, Champy, Ferrat, Verdure, Trinquet, Victor Clément, Jourde, Courbet, Descamps.

Le 3ᵉ conseil de guerre siégeant à Versailles, à qui ces messieurs furent déférés, eut à regretter l'*absence* de quelques notabilités : Pyat, Bergeret, Ranvier, Miot, Vennier, Pillot, Delescluze, Cluseret, Eudes, Tridon, etc.

Mais le nombre des simples fédérés faits prisonniers arriva, au bout de huit jours, au chiffre respectable de 25,000.

Si à ces 25,000 prisonniers on ajoute dix mille individus tués, cela fait pour l'armée de la Commune une perte de 35,000 hommes, au moins.

Paris respira.

Des perquisitions furent exercées dans toutes les maisons afin de saisir les armes qui n'avaient pas été rendues à l'Etat. Voici les chiffres exacts des armes saisies entre les mains des insurgés et des armes rendues :

285,000 chassepots;
190,000 fusils à tabatière;
68,000 fusils à piston;

Soit : — 543,000 fusils de tous modèles avec leurs sabres-baïonnettes ou baïonnettes, et les fourniments correspondants;
56,000 sabres de cavalerie;
14,000 carabines, système Enfield;
39,000 revolvers;
10,000 armes diverses.

Total : — 666,000 armes de toute espèce, indépendamment des 1,700 pièces de canon et mitrailleuses.

Tout cela était destiné à défendre 400 barricades environ; dont plusieurs étaient des forteresses.

Un vœu public était de voir arrêtés ceux qui, avec les membres de la Commune, avaient fait le plus de mal par la publication de feuilles où ils battaient monnaie en exploitant la bêtise et les plus ignobles instincts. Ces individus pourraient être classés en deux catégories : ceux qui faisaient franchement leur besogne et ceux qui se réservaient des *considérations* atténuantes; les cyniques et les tartuffes.

Des premiers, quelques-uns furent arrêtés : Marotteau qui a été condamné à mort le 1ᵉʳ octobre par le 3ᵉ conseil de guerre; Rochefort, condamné à la déportation dans une enceinte fortifiée, Humbert, sur le sort duquel, à l'heure où nous écrivons, on n'a pas encore prononcé.

De plus coupables qu'eux ont réussi à passer à l'étranger; — quant aux rédacteurs du *Rappel* et de l'*Avant-garde* ils n'ont pas été inquiétés.

La Commune comprenait parmi les membres et comptait au nombre de ses défenseurs plusieurs milliers d'étrangers. Voici la liste des personnages les plus notables de ce gouvernement cosmopolite :

Anys-el-Bittar, directeur des manuscrits à la bibliothèque nationale. (Égyptien.)

Biondetti, chirurgien-major du 233ᵉ bataillon. (Italien.)

Babick, membre de la Commune. (Polonais.)

Becka, adjudant du 207ᵈ bataillon. (Polonais.)
Cluseret, général, délégué à la guerre. (Américain.)
Cernatesco, chirurgien-major des Lascars. (Polonais.)
Crapilinski, colonel d'état-major. (Polonais.)
Capellaro, membre du bureau militaire. (Italien.)
Carneiro de Cunha, chirurgien-major du 38ᵉ bataillon. (Portugais.)
Charalambo, chirurgien-major des éclaireurs fédérés. (Polonais.)
Dombrowski, général des forces de la Commune. (Polonais.)
Dombrowski (son frère), colonel d'état-major. (Polonais.)
Durnoff, commandant de légion. (Polonais.)
Enchelaub, colonel du 88ᵉ bataillon. (Allemand.)
Ferrera Gola, directeur général des ambulances. (Portugais.)
Frankel, membre de la Commune. (Hongrois.)
Giorock, commandant du fort d'Issy. (Valaque.)
Grejorok, commandant de l'artillerie de Montmartre. (Valaque.)
Kertzfeld, directeur en chef des ambulances. (Allemand.)
Iziquerdo, chirurgien-major du...ᵉ bataillon. (Polonais.)
Jalowski, chirurgien-major des zouaves de la République. (Polonais.)
Kobosko, cavalier estafette, mis à l'ordre du jour de l'armée de la Commune. (Polonais.)
La Cecilia, général en chef. (Italien.)
Landowski, aide-de-camp du général Dombrowski. (Polonais.)
Mizara, commandant du 104ᵉ bataillon. (Italien.)
Maratuch, aide-major du 72ᵉ bataillon. (Hongrois.)
Moro, commandant du 22ᵉ bataillon. (Italien.)
Okolowicz et ses frères, général et officiers d'état-major. (Polonais.)
Ostyn, membre de la Commune. (Belge.)
Olinski, chef de la 17ᵉ légion. (Polonais.)
Pisani, aide-de-camp du général Flourens. (Italien.)
Potampenki, aide-de-camp du général Dombrowski. (Polonais.)
Ploubinski, officier d'état-major. (Polonais.)
Pazdzierswski, commandant du fort de Vanves. (Polonais.)
Piazza, chef de légion. (Italien.)
Pugno, directeur de la musique à l'Opéra. (Italien.)
Romanelli, directeur du personnel de la guerre. (Italien.)
Rozyski, chirurgien-major du 144ᵉ bataillon. (Polonais.)
Rubinowicz, officier d'état-major. (Polonais.)
Rubinowicz (P), chirurgien-major des fusiliers marins. (Polonais.)
Syneck, chirurgien-major du 151ᵉ bataillon. (Allemand.)
Skalski, chirurgien-major de 240ᵉ bataillon. (Polonais.)
Soteriad, chirurgien-major du...ᵉ bataillon. (Espagnol.)
Thaller, sous-gouverneur du fort de Bicêtre. (Allemand.)
Van Oostal, commandant du 115ᵉ bataillon. (Hollandais.)
Vetzel, commandant des forts du Sud. (Allemand.)
Wrobleski, général, commandant l'armée du Sud (Polonais.)
Witton, chirurgien-major du 72ᵉ bataillon. (Américain.)
Zengerler, chirurgien-major du 74ᵉ bataillon. (Allemand.)

Presque tous ces individus ont réussi à repasser la frontière. Cluseret est en Amérique ; Frankel, en Suisse. Babick est à Berne, on vient dit-on de l'enfermer dans une maison de fous, à la suite d'une promenade qu'il avait faite par la ville, monté sur un âne caparaçonné de rouge, en annonçant la fin du monde. Okolowicz, qui avait été arrêté dans une ambulance, s'est évadé de Versailles le 1er octobre.

La Cécilia est en Angleterre.

Quant aux polonais et aux allemands, on comprend qu'il leur a été facile de s'échapper.

Quelques arrestations ont été faites dans des circonstances intéressantes. Nous citerons celle de Ferré, de Grousset et de Billioray.

Le 28 on s'était emparé de Ferré et on l'avait enfermé à la prison de la Roquette ; mais il avait réussi à s'en échapper sous un déguisement de femme, et toutes les recherches faites pour savoir ce qu'il était devenu étaient, depuis ce moment, restées infructueuses.

Une dénonciation mystérieuse révéla que Ferré, qui avait pris le nom de Barré, se tenait caché avec son frère au dernier étage d'une maison rue Montorgueil, 6.

Le commissaire de police du Palais-de-Justice, M. Bérillon, procéda à cette arrestation avec l'assistance de plusieurs agents du service de sûreté, notamment de l'inspecteur Vandevielle, qui s'est fait remarquer dans des circonstances semblables par son sang-froid et son énergie.

Dès trois heures du matin, les alentours du n° 6, rue Montorgueil, se trouvèrent cernés, et les mesures furent si bien prises que l'arrestation s'opéra sans bruit et sans que les locataires de la maison s'en fussent aperçus.

Billioray fut arrêté huit jours plus tard dans le 14 arrondissement, par suite des diverses circonstances suivantes :

Depuis plusieurs jours déjà, on était venu aviser le commissaire de police du quartier de Montparnasse de la présence de Billioray dans ces parages.

Tout fut mis en œuvre par le magistrat pour découvrir la retraite du membre de la Commune, et l'on ne tarda pas à le soupçonner de demeurer au n° 19 de la rue des Cannettes, sous le nom d'emprunt de Bénézech.

Lorsqu'on vint s'assurer de sa personne, il nia *mordicus* qu'il eût jamais connu seulement le nom de celui pour lequel on le prenait, protesta contre l'arbitraire de la justice française, soutint qu'il était bien M. Bénézech, étranger, arrivé depuis peu dans la capitale. Il fut emmené tout de même.

Ce nom de Bénézech donna l'éveil. C'était celui de son beau-frère, dont on arriva sans peine à connaître la demeure et qu'on arrêta, ainsi que plusieurs parents de Billioray, qui, tous, s'accordèrent à le reconnaître avec une unanimité déplorable... pour lui. Il voulut encore soutenir son rôle et nier, jusqu'à ce qu'enfin, à bout d'arguments et forcé dans ses derniers retranchements, il s'écria :

— Eh bien ! oui, je l'avoue. C'est moi qui suis Jacques-Durand-Billioray.

Puis, fondant en larmes, il fut pris d'une violente crise nerveuse, qui provoqua un évanouissement complet.

Revenu à lui, on le transporta du commissariat de Montparnasse à la grande prévôté du Luxembourg, qui l'expédia le soir même sur Versailles, dans une voiture cellulaire fortement escortée. Quand on le fouilla, on trouva sur lui une somme de 1,015 fr.

Billioray est un homme dans toute la force de l'âge. Il avait réussi à se rendre presque méconnaissable, dans l'espoir d'échapper aux poursuites. Blond, et portant auparavant les cheveux assez longs, il s'était fait presque raser la chevelure et l'avait teinte en noir. Il avait également noirci sa barbe et ses sourcils. Tel quel, il

ne répondait en rien au signalement qu'on avait de lui.

L'arrestation de Grousset amusa beaucoup par ses détails burlesques.

Depuis cinq ou six jours on soupçonnait fortement que Paschal Grousset, l'ex-délégué aux relations extérieures, devait être caché dans la rue Condorcet.

Au bout de trois jours ces soupçons se changèrent en quasi-certitude ; on allait dans le quartier jusqu'à dire qu'il venait chaque matin déjeuner chez une demoiselle Acard, avec laquelle il entretenait depuis sept ans environ des relations intimes et qui logeait, 39, rue Condorcet.

A une heure de l'après-midi, M. Duret, commissaire de police, accompagné de deux agents de la sûreté et d'un serrurier, se présentait au quatrième étage de cette maison.

Il avait été prévenu que deux femmes y étaient logées, mais que l'une d'elles venait de sortir ; c'était mademoiselle Acard, qui était allée acheter quelques journaux.

Après un coup de sonnette, auquel il ne fut fait aucune réponse. M. Duret fit enfoncer la porte, et vit d'abord une femme qui lui tournait le dos.

Cette femme, pourvue en apparence d'une abondante chevelure noire, ou plutôt d'un chignon énorme attaché au sommet de la tête, était en jupon noir, et en camisole.

— Vous êtes Paschal Grousset, s'écria l'agent de l'autorité en saisissant le bras de cette femme et en la forçant à se retourner.

Grousset, car c'était bien lui, n'essaya ni de nier ni de faire la moindre résistance ; il avoua son nom et se déclara homme de lettres et membre de la Commune.

Puis il demanda à reprendre ses vêtements masculins, ce qui lui fut accordé, et la perquisition commença immédiatement.

Tout d'abord Grousset resta parfaitement impassible, se vantant qu'on n'eût jamais mis la main sur des papiers, et se flattant qu'il en serait toujours ainsi.

Mais lorsqu'on eut donné l'ordre de fouiller le ciel-de-lit, il se troubla et pâlit.

— Vous avez la cachette, s'écria-t-il.

On saisit en effet une liasse énorme de documents, dont l'étude sera probablement fort intéressante pour l'histoire des relations extérieures pendant la Commune.

Après un premier interrogatoire assez sommaire chez le commissaire de police, Grousset fut dirigé vers la mairie du IX° arrondissement.

Il avait demandé la permission de fumer un cigare, plaisir dont il était privé depuis dix jours environ qu'il était déguisé en femme.

C'est en effet le 23 qu'on a cessé d'entendre parler de lui, et tout porte à croire que c'est depuis ce jour-là qu'il s'est réfugié chez la demoiselle Acard.

A peine arrivé à la mairie Drouot, Grousset fut reconnu et immédiatement salué des cris :

« A mort l'assassin ! à mort l'incendire ! qu'il aille à pied ! »

Un peloton de troupe fut chargé d'escorter la voiture qui le renfermait, mais il ne put contenir la fureur des assaillants ; on s'efforçait d'approcher de lui, on lui montrait le poing et l'on essayait de le frapper.

Plusieurs fois déjà M. Duret s'était mis à la portière pour inviter la foule à respecter son prisonnier.

— Prenez patience, disait-il, justice sera faite, mais mon honneur de magistrat est engagé à ce que je remette Paschal Grousset vivant entre les mains de la justice.

On l'écoutait d'abord avec déférence,

Mourot.

Protot.

Rastoul.

Par DE LA BRUGÈRE

Gromier.

ARTHÈME FAYARD, Éditeur. — 34

mais bientôt les clameurs reprenaient violemment, et il est probable que justice aurait été faite sur l'heure, si le cortége n'avait rencontré M. le général Pradier, qui s'enquit des causes de tout ce bruit. Il prit aussitôt indifféremment tous les officiers et soldats qu'il trouvait sur la route et en fit une escorte assez imposante pour dompter le torrent.

On se dirigea vers le palais de l'Industrie par les boulevards et la rue Royale.

Au point où les décombres s'amoncellent, à l'entrée du faubourg Saint-Honoré, la fureur de la foule redoubla avec plus de violence que jamais.

— Regarde, misérable, ce que tu as fait ! A mort l'incendiaire ! qu'on le fusille sur les ruines des maisons qu'il a brûlées.

— Cette foule est féroce, dit Paschal Grousset.

— Il faut être philosophe, lui dit M. Duret ; il y a une quinzaine de jours, si l'on m'eût saisi, j'aurais pu être à votre place et vous à la mienne : qui sait alors si vous m'eussiez sauvé des fureurs de tout ce monde ?

Cependant la voiture avançait lentement, Grousset ne pouvait comprendre, disait-il, qu'on pût le confondre avec les iconoclastes du Louvre et des Tuileries, lui homme de lettres, lui artiste.

Après un trajet long et souvent interrompu, le cortége fit enfin son entrée au palais de l'Industrie, siége de la grande prévôté militaire, d'où Paschal Grousset a été dirigé le soir même sur Versailles. Un grand nombre d'insurgés, avons-nous dit, s'étaient réfugiés dans les égouts et dans les catacombes. On organisa des recherches qui donnèrent des résultats importants, et évitèrent sans doute de nouveaux malheurs, puisque les égouts de certains quartiers renfermaient des torpilles et des tonneaux de poudre.

Traqués de tout côtés comme des bêtes fauves non-seulement par des hommes mais encore par de gros chiens ratiers, qui sont un précieux auxiliaire dans cette chasse à l'homme, les derniers débris de la fédération communiste ont été, en quelque sorte, cueillis par vingtaines.

En quatre jours, on en a capturé ainsi plus de 300, la plupart ayant laissé sur les barricades leurs armes et leur fourniment, tous dans un état de dénûment horrible à voir.

Par ordre supérieur, un chirurgien et un aide, porteur d'une cantine médicale, accompagnaient les rondes de police dans le Paris souterrain, afin de donner les premiers soins à ceux des réfugiés qui seraient tombés dans un trop grand état de faiblesse, et éviter ainsi que le grand air n'eût des conséquences extrêmes.

A la plupart on faisait avaler un cordial, et les plus malades étaient dirigés sur une ambulance, — section des consignés, bien entendu.

Au point d'intersection de la rue Vavin et du boulevard extérieur, les égoutiers ont trouvés cinq cadavres, dont celui d'un officier, défigurés par les rats.

Quatre cents individus environ ont été trouvés dans les souterrains. Cent cinquante au moins étaient morts d'épuisement ; cent cinquante autres étaient bien près de leur dernier râle quand sont arrivés les médecins qui accompagnaient les agents ; les autres ont été pris sans résistance, après une fuite désespérée, qui les conduisait toujours à une bouche d'égout où on les guettait, et où ils se faisaient prendre en sortant.

Ces quatre cents individus provenaient en grande partie de la garnison de Bicêtre. Il n'y a, du reste, parmi eux aucun personnage important.

La police parcourait les catacombes avec des torches.

Un matin on a vu sortir des Catacombes, près de l'hôtel de Cluny, un pauvre diable qui, mourant de faim, et de lassitude, venait se constituer prisonnier. Depuis le 24 mai, il vivait dans les souterrains : plusieurs fois les agents avaient passé près de lui sans l'apercevoir. Il avait vu ses compagnons faits prisonniers un à un, et avait assisté à l'agonie de ceux que n'avait pas pris la police.

Quand il est sorti des souterrains, pâle et horriblement décharné, avec ses habits sales et en lambeaux, il avait véritablement l'air d'un fantôme fédéré. Il avait jeté son fusil depuis longtemps.

Pendant près d'un mois, chaque jour amena de semblables découvertes.

La *Vérité* a raconté qu'une capture importante aura été faite dans les caves du collége Rollin.

« Un fédéré s'y était caché, se dissimulant habilement toutes les fois qu'une ronde passait, mangeant les provisions qu'il y avait amassées en homme prudent, faisant, en un mot, comme le rat de la fable de La Fontaine dans son frómage de Hollande.

» Que faisait-il donc dans sa cachette? Etait-ce pour se dérober aux poursuites dirigées contre les frères? Loin de là, une arrestation était le moindre de ses soucis ; ce qu'il cherchait, ce qu'il attendait avec patience, c'était de pouvoir mettre le feu aux fourneaux de mine dont il connaissait l'existence en cet endroit et qui devait lui procurer la satisfaction de faire sauter le quartier.

» Malheureusement pour lui, mais fort heureusement pour la société, il n'a pu mettre son sinistre projet à exécution. La patrouille de sûreté l'a découvert, caché derrière un monticule de lampions, les yeux hagards, les cheveux hérissés, la physionomie blême ; il avait à la main un fusil chargé dont on l'a empêché à temps de servir.

Le gouvernement avait pris, dès le 26, des mesures de sûreté exceptionnelles sur les frontières.

On s'attendait à la fuite des chefs, après ou pendant la bataille. Mais la police ne fit point preuve d'habileté en ces circonstances.

Restait l'extradition.

Le ministre des affaires étrangères expédia par le télégraphe l'instruction suivante aux représentants de la France à l'étranger.

Versailles, 26 mai 1871.

Monsieur, l'œuvre abominable des scélérats qui succombent sous l'héroïque effort de notre armée ne peut être confondue avec un acte politique. Elle constitue une série de forfaits prévus et punis par les lois de tous les peuples civilisés. L'assassinat, le vol, l'incendie systématiquement ordonnés, préparés avec une infernale habileté, ne doivent permettre à leurs complices d'autre refuge que celui de l'expiation légale.

Aucune nation ne peut les couvrir d'immunité, et, sur le sol de toutes, leur présence serait une honte et un péril. Si donc vous apprenez qu'un individu compromis dans l'attentat de Paris a franchi la frontière de la nation près de laquelle vous êtes accrédité, je vous invite à solliciter des autorités locales son arrestation immédiate, et à m'en donner de suite avis, pour que je régularise cette situation par une demande.

Recevez, monsieur, les assurances de ma haute considération.

Signé : Jules Favre.

La Belgique et l'Espagne s'empressèrent de répondre que les membres de la Commune et leurs agents seraient immédiatement arrêtés et livrés au autorités françaises.

A la Chambre des représentants de Bruxelles, le 25 mai, répondant à une interpellation de M. Dumortier relativement aux événements de Paris et félicitant la presse belge d'avoir à l'unanimité flétri les insurgés de Paris, M. d'Anethan dit : Le Gouvernement est armé de pouvoirs suffisants pour arrêter aux frontières les misérables auteurs des horreurs commises à Paris. Il ajoute : « Je ne peux pas considérer comme réfugiés politiques ces hommes que le crime a souillés et que le châtiment doit atteindre. Le gouvernement agira avec fermeté. »

Tridon qui cependant s'était réfugié en Belgique et habitait Bruxelles sans s'y cacher, ne fût pas livrée à la police française; mais peut-être le fit-on en considération que Tridon était atteint d'une maladie mortelle et n'avait plus que peu de jours à vivre.

Quant à l'Angleterre et à la Suisse il ne fallait pas espérer obtenir le consentement de ces deux états *libres*.

Enfin en Prusse, le règne des communeux trouva des apologistes jusqu'au sein même du Parlement, et au lendemain des désastres.

Victor Hugo et le droit d'asile.

Victor Hugo que la mort de son fils Charles avait obligé à aller à Bruxelles, jugea prudent d'y rester pendant le règne de la Commune. Le danger passé, il crut utile a sa popularité de protester contre la déclaration du gouvernement belge, et adressa à *l'Indépendance* la lettre suivante qui, chez nous aussi bien qu'a Bruxelles, fit événement et souleva l'indignation des honnêtes gens :

Bruxelles 26 mai 1871.

Monsieur,

« Je proteste contre la déclaration du gouvernement belge relative aux vaincus de Paris.

Quoi qu'on dise ou quoi qu'on fasse, ces vaincus sont des hommes politiques.

Je n'étais pas avec eux.

J'accepte le principe de la Commune, je n'accepte pas les hommes.

J'ai protesté contre leurs actes : loi des otages, représailles, arrestations arbitraires, violation des libertés, suppression des journaux, spoliations, confiscations, démolitions, destruction de la colonne, attaques au droit, attaques au peuple.

Leurs violences m'ont indigné comme m'indigneraient aujourd'hui les violences du parti contraire.

La destruction de la colonne est un acte de lèse-nation. La destruction du Louvre eût été un crime de lèse-civilisation.

Mais des actes sauvages, étant inconscients, ne sont point des actes scélérats. La démence est une maladie et non un forfait. L'ignorance n'est pas le crime des ignorants.

La colonne détruite a été pour la France une heure triste ; le Louvre détruit eût été pour tous les peuples un deuil éternel.

Mais la colonne sera relevée, et le Louvre est sauvé.

Aujourd'hui, Paris est repris. L'Assemblée a vaincu la Commune. Qui a fait le 18 mars? De l'Assemblée ou de la Commune, laquelle est la vraie coupable? L'histoire le dira.

L'incendie de Paris et un fait monstrueux, mais n'y a-t-il pas deux incendiaires? Attendons pour juger.

Je n'ai jamais compris Billioray, et Rigault m'a étonné jusqu'à l'indignation ; mais fusiller Billioray est un crime ; mais fusiller Rigault est un crime.

Ceux de la Commune, Johannard et La Cecilia, qui font fusiller un enfant de quinze ans, sont des criminels ; ceux de l'Assemblée qui font fusiller Jules Vallès, Bosquet, Parisel, Amouroux, Lefrançais.

Brunet et Dombrowski sont des criminels.

Ne faisons pas verser l'indignation d'un seul côté. Ici le crime est aussi bien dans l'Assemblée que dans la Commune, et le crime est évident.

Premièrement, pour tous les hommes civilisés, la peine de mort est abominable ; deuxièmement, l'exécution sans jugement est infâme. L'une n'est plus dans le droit, l'autre n'y a jamais été.

Jugez d'abord, puis condamnez, puis exécutez. Je pourrai blâmer, mais je ne flétrirai pas.

Vous êtes dans la loi.

Si vous tuez sans jugement, vous assassinez.

Je reviens au gouvernement belge.

Il a tort de refuser l'asile.

La loi lui permet ce refus, le droit le lui défend.

Moi qui vous écris ces lignes, j'ai une maxime : *Pro jure contra legem*.

L'asile est un vieux droit.

C'est le droit sacré des malheureux.

Au moyen âge, l'Eglise accordait l'asile même aux parricides.

Quant à moi, je déclare ceci :

Cet asile, que le gouvernement belge refuse aux vaincus, je l'offre.

— Où ?

En Belgique.

Je fais à la Belgique cet honneur.

J'offre l'asile à Bruxelles.

J'offre l'asile place des Barricades, n° 4.

Qu'un vaincu de Paris, qu'un homme de la réunion dite Commune, que Paris a fort peu élue et que, pour ma part, je n'ai jamais approuvée, qu'un de ces hommes, fût-il mon ennemi personnel, surtout s'il est mon ennemi personnel, frappe à ma porte, j'ouvre. Il est dans ma maison. Il est inviolable.

Est-ce que, par hasard, je serais un étranger en Belgique ? Je ne le crois pas. Je me sens le frère de tous les hommes et l'hôte de tous les peuples.

Dans tous les cas, un fugitif de la Commune chez moi, ce sera un vaincu chez un proscrit ; le vaincu d'aujourd'hui chez un proscrit d'hier.

Je n'hésite pas à le dire ce sont choses vénérables.

Une faiblesse protégeant l'autre.

Si un homme est hors la loi, qu'il entre dans ma maison. Je défie qui que ce soit de l'en arracher.

Je parle ici des hommes politiques.

Si l'on vient chez moi prendre un fugitif de la Commune, on me prendra. Si on le livre, je le suivrai. Je partagerai sa sellette. Et, pour la défense du droit, on verra, à côté de l'homme de la Commune, qui est le vaincu de l'Assemblée de Versailles, l'homme de la République, qui a été le proscrit de Bonaparte.

Je ferai mon devoir. Avant tout les principes.

Un mot encore.

Ce qu'on peut affirmer, c'est que l'Angleterre ne livrera pas les réfugiés de la Commune.

Pourquoi mettre la Belgique au-dessous de l'Angleterre ?

La gloire de la Belgique, c'est d'être un asile. Ne lui ôtons pas cette gloire.

En défendant la France, je défends la Belgique.

Le gouvernement belge sera contre moi, mais le peuple belge sera avec moi.

Dans tous les cas, j'aurai ma conscience.

Recevez, monsieur, l'assurance de mes sentiments distingués.

VICTOR HUGO.

Cette étrange réhabitation du droit d'asile, faillit coûter cher à l'auteur ; dans la soirée qui suivit sa publication la foule s'ameuta place des Barricades, on attaqua la maison de Victor Hugo et on faillit l'écharper.

Le gouvernement belge l'engaga à quitter le pays. A ce sujet, au Parlement belge, le ministre de la justice flétrit hautement : « ces malfaiteurs intellectuels qui soufflent la discorde entre la capital et le travail et excitent le peuple à l'émeute. Ce sont, a-t-il ajouté, de plus grands coupables que les incendiaires et les assassins qu'ils encouragent.

Hugo s'empressa de se rendre à l'invitation du ministre et passa à Londres.

Pour qui connaît l'immense orgueil du grand poète et ses mœurs peu hospitalières la lettre sur le droit d'asile prête à rire plus qu'à se fâcher. La générosité est le moindre défaut du père de monseigneur Bienvenu.

Un jour — c'est une anecdote entre cent que nous pourrions citer, se présente à Hauteville-House un évadé de Cayenne. Il demande l'hospitalité au citoyen Hugo.

— Etes-vous sans papier? lui demande celui-ci.

— Des papiers, citoyen? fait l'évadé ébahi. Et comment voulez-vous que j'en possède. Me faudrait-il un passe-port de Bonaparte?...

— J'en suis fâché, citoyen, répond l'auteur des misérables, mais j'attendrai pour vous recevoir que vous ayez établi votre identité.

Et il lui ferma sa porte.

Vésinier, qui à cette époque rédigeait à Bruxelles *La Cigale*, s'empara du fait.

Il fit faire un dessin où le poëte était représenté éconduisant l'évadé de Cayenne, et, au-dessus, il copia l'entrevue de Monseigneur Bienvenu avec Jean Valjean.

La critique était heureuse ; elle eut un grand succès. A l'étranger ont est édifié sur la bienfaisance de Victor Hugo, et ses façons théâtrales font sourire.

Hugo a plus de génie que Gœthe sans, avoir plus de cœur.

Les femmes de la Commune.

Nous avons négligé ce monde-là ; et nous avons beaucoup à dire sur les dames patronesses de l'assassinat et de l'incendie.

Dans toutes nos insurrections les femmes ont joué un triste rôle, mais jamais on ne vit débordement pareil à celui de la Commune.

Et combien d'espèces variées!.. Depuis la pierreuse des Carrières d'Amérique jusqu'à la cocotte élégante, depuis l'ignorante ambulancière jusqu'à la femme de lettres ! et la conférencière.

Quel défilé étrange que celui de ces régiments de femmes, habillées en soldats, le chassepot à l'épaule, le révolver à la ceinture, la crapule de l'héroïsme.

Nous avons eu la cantinière.

L'ambulancière.

La femme-soldat.

La femme-artilleur.

La femme-marin.

La cavalerie féminine seule nous a manqué dans ce carnaval sanglant.

Les mêmes êtres qui le soir jadis recherchaient sur les trottoirs les réfractaires du vice, au lieu de rubans roses arboraient la cocarde rouge et comme des furies, le pistolet au poing recherchaient les réfractaires de la Commune.

Nous avons eu les oratrices de clubs et les pétroleuses.....

Après cela il faut tirer l'échelle ; l'Afrique centrale ne possède point, de pareils monstres. Aucun voyageur n'a découvert de peuplade aussi horrible que la populace parisienne. Londres seul renferme quelque chose d'équivalent, ce n'est plus de la nature humaine, et l'on conçoit l'étonnement du Père Perny à la vue de la tourbe qui entourait la voiture de Mazas à la Roquette. Les faubourgs de

Pékin ne lui avaient jamais rien offert de pareil.

Enfin, les femmes de la Commune comptaient des vétérans de toutes les insurrections de Paris et des héroïnes des insurrections étrangères.

Pour en citer une en passant, la citoyenne Rose Merbey, en état d'arrestation, n'est-elle point agée de soixante-deux ans?

Lors de l'insurrection de juin 1848, Rose Merbey se signala sur une barricade de la rue Saint-Martin, où elle se tenait debout, un grand drapeau rouge à la main, excitant les combattants et appelant le peuple aux armes. Le nombre des arrestations faites dans le monde féminin s'élève à près de mille. Elles ne furent pas les plus faciles. Elles étaient armées jusqu'aux dents et les dents n'étaient pas quelquefois leurs armes les moins redoutables.

Déjà plusieurs, à l'époque où paraît notre histoire de la Commune, ont comparu devant les conseils de guerre et nous avons pu voir les types les plus différents.

Des ambulancières ivrognes et voleuses, des êtres stupides et dégradés.

Des femmes du demi-monde telles que la citoyenne veuve Leroy, maîtresse d'Urbain et la citoyenne Acard, maîtresse de Paschal Grousset.

Des portières pétroleuses, telles que les femmes qui viennent d'être condamnées dans l'affaire du Tapis-Rouge. Ces dernières semblaient répondre à l'idéal de la bonne b.... de patriote du *Père Duchêne*.

Cependant les femmes de la Commune ont leurs défenseurs et Bergeret lui-même écrit aujourd'hui leur éloge [1].

« Si la Commune a été sublime, dit-il,

[1]. Nous lisons dans le *Figaro* que Bergeret lui-même étant employé dans un magasin de modes de Bruxelles a été condamné pour escroquerie à trois mois de prison.
Quoi! Bergeret lui-même!...

c'est que les femmes s'en sont mêlées.

» Aphrodite ou Marie, ou Némésis, ou Tisiphone, comme vous voudrez l'appeler, quel que soit son hypostase, la divinité féminine a parlé. Vous ne l'aurez pas impunément bafouée. Ce que femme veut, Dieu le veut. »

Avant d'aller plus loin, que l'on compare les Tisiphone de la Commune avec les infâmes royalistes comme il les appelle. Voici matière à comparaison :

Nous trouvons dans plusieurs journaux de province une lettre touchante et digne, écrite par Mme de l'Espée, en réponse à une adresse de condoléances des dames de Saint-Etienne. Nos lecteurs n'ont certainement pas oublié quelle fut la fin de M. de l'Espée, le jeune et sympathique préfet de la Loire, assassiné d'un coup de revolver à bout portant par les communeux de Saint-Etienne.

Voici le dernier paragraphe de la lettre de Mme de l'Espée :

« Je vous demande de prier, sans vous lasser, pour le pauvre martyr dont vous m'avez envoyé les restes, pour les orphelins qui ne peuvent plus que pleurer et se souvenir, pour la veuve qui demande à Dieu la force de pardonner, le courage de vivre.

» Thérèse Dursus de l'Espée. »

Voilà comment parle la veuve, la mère, la chrétienne, la femme selon ce que nos ennemis appellent en blasphémant : réaction et superstition.

Voici maintenant la femme selon le progrès et selon la Commune, peinte par elle-même dans une lettre trouvée sur le bureau du président, à l'Hôtel-de-Ville :

Citoyen président,

Le patriote Gaillard père ayant demandé dans la soirée d'hier de transporter les rédacteurs, les actionnaires et les abonnés des journaux réactionnaires, je viens à mon tour demander que les royalistes et bourgeois qui refuseront de s'abonner au *Père Duchêne*, au *Cri du Peuple* et au *Vengeur*, soient immédiatement traduits devant la cour martiale, fusillés dans les vingt-quatre heures, et leurs biens confisqués au profit de la Commune.

Adeline Prourouska,
96, rue Montmartre.

Libre Paris. le 34ᵉ jour de notre rénovation démocratique et sociale.

Nous n'avons pas la primeur de ce joli billet; mais il nous a paru que dans le voisinage de la letttre de Mme de l'Espée, il retrouvait ce qui ne doit pas être dans le dictionnaire de la citoyenne Prourouska : une virginité.

La soirée dont parle la citoyenne Prourouska était une soirée du club de Saint-Eustache où Gaillard père et l'aimable Adeline prenaient souvent la parole.

Un soir Gaillard père y demanda l'exécution des ôtages, et y fut très-applaudi. C'etait dans les cordes de l'assemblée.

Une autre actrice du club de l'église Saint-Michel des Batignolles demandait chaque soir qu'on fusillât dix prêtres par jour pour intimider les Versaillais. Elle avait pour amie une cantinière qui avait le rôle assez bizarre de recruter à certains bataillons des cantinières jolies... et avenantes. Que dites-vous encore de ces dames.

Est-ce par elles que la Commune a été sublime ?

Venons à d'autres héroïnes, ou comme dit le général lui-même à d'autres hypostases de la divinité féminine.

Le procès des incendiaires du Tapis-Rouge va nous donner quelques types remarquables des femmes de la Commune : les femmes Levieux et Bonnefoy.

M. Fleck, propriétaire des magasins du Tapis-Rouge dépose en ces termes :

Le 24 mai, à six heures, les fédérés entrèrent dans la maison et incendièrent les bâtiments du fond.

Prévenu par un locataire, nous pûmes nous sauver. Je sais que la concierge, madame Bonnefoy, n'a cessé de tenir des propos « incendiaires » contre les Versaillais. Le jour de l'entrée des troupes, elle dit même :

— Ah ! ils sont entrés ! Eh bien ! on en rôtira plus de trente mille !

De plus, pendant les trois jours, elle est restée aux barricades, excitant les hommes à la lutte.

On arrêta la femme Bonnefoy, mais elle fut relâchée peu après. Un jour, dans un bureau de tabac, elle dit que c'était nous qui avions mis le feu à la maison ; je fis alors ma déposition, et, sur ma plainte, on l'arrêta de nouveau.

D. Vous prétendez que pendant les trois jours cette femme Bonnefoy donnait des ordres, excitait, enfin a pris tout le temps une part active à l'insurrection ?

R. Parfaitement, la porte cochère était ouverte, et je voyais tout ce qui se passait.

D. On a fait des réquisitions chez vous ?

R. Oui, sur les dénonciations des femmes Levieux et Bonnefoy, on a réquisitionné deux jeunes gens.

D. Qui vous fait penser que c'est sur les dénonciations de ces deux femmes ?

R. Parce qu'on les a entendues dire : « Il y a ici des jeunes gens, pourquoi ne marchent-ils pas ? »

D. N'a-t-on pas réquisitionné autre chose ?

R. Si, de la toile dont le commandant Chavenon m'a donné un reçu.

D. Et vous affirmez avoir vu les deux mêmes femmes travailler aux barricades ?

R. Oui, monsieur.

Ruines de l'Hôtel-de-Ville.

D. Toutes les deux ?

R. Oui, monsieur.

D. La femme Bonnefoy manifestait une grande animation contre la société ?

R. Oui, elle répétait continuellement des propos qui ne laissaient aucun doute sur ses sentiments.

D. Comment la gardiez-vous chez vous ?

R. J'avais pris la maison en location avant la guerre ; la femme Bonnefoy y était, et je ne pus la renvoyer. Je dus ainsi hériter de cette famille.

D. Vous avez vu la femme Levieux causer avec le commandant Chavanon ?

R. Oui, monsieur.

D. On aurait dit « que votre maison était un nid d'aristos ? »

R. Je sais qu'on a dit ces mots. Nous étions fort mal vus par les fédérés. Mon frère avait un jour, dans une réunion publique, tenu tête à Brunel et aux autres, ce qui les avait fortement irrités contre nous. La femme Bonnefoy ajoutait encore à cette irritation en disant que mon frère était parti pour se battre avec les Versaillais contre la Commune ; ce qu'elle savait parfaitement faux.

Le conseil de guerre a condamné les les femmes Bonnefois et Levieux à la déportation dans une enceinte fortifiée.

Faut-il rappeler la femme du général Eudes qui avait fait des toilettes de madame Galiffet siennes et versait si gracieusement aux fédérés le vin des caves de la Légion d'honneur ?

Et la citoyenne Leroy, la maîtresse d'Urbain, qui, avant de voler à la mairie de celui-ci, avait déjà était condamnée pour escroquerie ?

Urbain, paraît-il, ignorait cet antécédent qui fut revélé à l'audience.

Et la femme Marie Moussu, la pétroleuse ?

Le 19 juin à 11 heures du soir elle avait tenté de mettre le feu à l'aide de linges imbibés de pétrole, à une maison de l'avenue d'Italie, mais, aperçue à temps par une femme Lejeune, elle fut arrêtée avant d'avoir pu accomplir son crime.

Marie Moussu nia d'abord, mais pressée par le juge d'instruction, elle finit par avouer qu'elle avait eu réellement l'intention de mettre le feu. Seulement elle jura que c'était par vengeance. Son amant, dit-elle, un garçon boucher, du nom de Vigneron, l'ayant abandonnée, elle avait voulu se venger de lui en incendiant la maison qu'il habitait.

Cette défense, que la pétroleuse par amour a représentée devant le 4ᵉ conseil, lui a peu réussi, car il l'a condamnée à la peine de mort.

En même temps que le conseil de guerre prononçait sur le sort de Marie Moussu, la huitième chambre jugeait une petite affaire d'escroquerie, dont je ne veux parler que parce qu'elle donne un détail curieux sur la façon dont on se mariait sous la Commune.

La prévenue, grosse fille de vingt ans à peine, est une cuisinière qui a profité de l'absence de son maître pour le dévaliser. Cela s'est vu, se voit et se verra toujours ; mais ce qui, dans son cas, est tout spécial : c'est qu'elle n'a commis ces vols que pour monter son ménage et faire bonne figure auprès de l'époux de son choix, le sieur Anet, avec lequel elle a contracté mariage sous la Commune, à l'aide du contrat suivant, sans aucune formalité préalable :

RÉPUBLIQUE FRANÇAISE

Le citoyen Anet, fils de Louis Anet et la citoyenne Maria Saint, s'engage à suivre le dit citoyen partout où il ira et à l'aimer toujours.

Signé ANET. MARIA SAINT.

Fait pardevant le citoyen et la citoyenne *signé ci-dessu* (sic).

FUIHIER. LAROCHE.

Ce n'était pas plus difficile que cela sous le règne des Delescluze et des Raoul Rigault, et cependant mesdames Leroy et Acard n'en ont pas profité.

Est-ce qu'avec le flair ordinaire des femmes, elle auraient été effrayées par avance de cet engagement de suivre leurs maris partout où ils pourraient aller? On est tenté de le croire, à en juger par le touchant accord avec lequel elles refusent toutes deux, les nobles âmes! d'épouser aujourd'hui ceux dont elles voulaient bien être les maîtresses, alors, il est vrai, qu'ils étaient les maîtres!

Nous ne sommes pas au bout de ce long défilé des communeux devant les tribunaux; à l'heure où nous écrivons, il en reste encore environ 400 à juger.

Elles sont enfermées à la maison centrale de Clermont.

En attendant leur jugement ces dames vivent à Clermont dans un bien-être quelles n'ont jamais osé rêver, pour la plupart.

Une correspondance de Clermont donne sur le séjour des pétroleuses dans cette prison des détails qu'on ne lira pas sans intérêt [1].

Tandis que dans une autre partie de la prison, les détenues sont debout à quatre heures et demie du matin et travaillent jusqu'au soir, les pétroleuses, jouissant d'une bien autre considération, vivent sous un régime beaucoup plus adouci, se lèvent plus tard, cultivent les charmes de l'oisiveté, et ont du vin à chacun de leurs repas. Quant à leur pain, qui est, du reste, celui de toute la maison, il est très-bon, très-savoureux, et si quelqu'un, pendant le siége, sous l'administration du grand Jules Ferry, en avait montré de pareil, il eût couru grand risque d'être assassiné.

Elles couchent dans des lits qu'elles ne savent même pas arranger. Le dortoir des détenues est bien mieux soigné que le leur.

Aux yeux du gouvernement qui compte M. Jules Simon parmi ses membres, ces horribles mégères qui ont détruit des quartiers entiers de Paris sont considérées comme de simples prévenues. Elles ont droit aux douceurs de la prévention et à des égards. On leur donne le bien-être et la faculté d'écrire aux frères et amis.

Une correspondance des plus actives s'échange tous les jours entre ces messieurs des pontons de Cherbourg et de Brest et ces dames de Clermont.

Ces dames noircissent beaucoup de papier, et ces messieurs ne s'en privent pas. Il y a dans leur nombre des lettrées. Celles-là travaillent pour toute la bande. Elles écrivent à madame Jules Simon : « *Chère madame* » et signent : la *citoyenne*...

La composition de ce troupeau de femmes est étrange. Il y a là la femme de cinquante ans, fougueuse, clubiste; la cantinière de dix-huit à vingt ans, qui a tant défilé sur les boulevards pendant le siége et la Commune, et la fille publique.

Pour comble de misère, les coups de filets de la police ont amené des enfants. Ils sont là de neuf à dix. Deux sont à peine âgés de dix mois.

— Tenez, me dit une religieuse, en me désignant l'un d'eux, regardez ce petit pétroleur.

Une bonne de la maison, une détenue, le tenait dans ses bras; il tapait sur une vitre avec une vivacité incroyable pour son âge; peut-être s'essayait-il à tambouriner une charge, à sonner la *Marseillaise* ou l'un de ces chants horribles qui appellent la mort, airs enfantins avec lesquels il avait été bercé.

Ces femmes, qui sont absolument sans ressources et sans autres vêtements que ceux qui les couvrent, ont été priées à

---

1. *Les Pétroleuses*, par A Mercade.

travailler pour le compte de l'entrepreneur de la maison. Elles pouvaient gagner facilement 1 fr. 50 par journée. Une trentaine d'entre elles avaient accepté. Les meneuses ont arrêté ce bel élan.

Et pourtant la misère est grande. Beaucoup de ces femmes portent encore sous leurs robes des pantalons de chasseurs à pied qu'elles se sont adjugés lors des pillages des casernes.

Leur état, à leur arrivée, était horrible. Jamais pareille vermine ne s'était abattue sur la prison de Clermont. Tous les produits chimiques de la maison y passèrent.

En échange de ce récurage dégoûtant, des injures, des propos atroces, des gestes immondes, l'étalage hideux de tout ce qui se dit et se fait dans les sous-sols de Paris.

Elle voulaient étonner les ruraux et les rurales qui les gardaient.

Les rurales, ce sont les bonnes sœurs de l'ordre de la Sagesse, qui se vouent à l'œuvre des prisons. Ces saintes religieuses qui gardent depuis longtemps, dans la prison de Clermont, des femmes qui ont assassiné, des empoisonneuses, des infanticides, des voleuses, des incendiaires, ont littéralement reculé d'horreur en présence de ce cercle inconnu de l'enfer.

On a envoyé en cellule, à Rouen, une quinzaine des plus forcenées. Le calme est loin d'être venu ; mais la folie furieuse des premiers jours semble descendue de quelques degrés.

La maison centrale de Clermont est réservée uniquement aux femmes, et leur surveillance est confiées aux sœurs de la Sagesse. Ces religieuses vivent avec des détenues, et ne les quittent ni jour ni nuit. Le jour, elles président aux travaux des ateliers. Toute la nuit, elles se promènent de long en large dans les dortoirs et sont relevées toutes les deux heures. A la chapelle, le dimanche, elles font de même. Elles ne perdent jamais de vue, un seul instant, les prisonnières.

Détail curieux : Pour ne pas encourager les démonstrations trop hâtives d'un repentir de commande et pour arrêter net les manœuvres de l'hypocrisie, le réglement ne permet la communion aux détenues qu'après six mois de séjour dans la maison.

La bonne conduite est récompensée par des adoucissements : le va et vient du service, les emplois à la buanderie, à la boulangerie, à la cuisine.

En 1867, il y avait, dans la maison, une femme qui y était entrée en 1812. Elle n'avait plus ni parents, ni personne au monde qu'elle connût.

— Où voulez-vous que j'aille, si, par malheur, on me fait grâce? disait-elle. Voilà près de soixante ans que je suis ici. J'y mourrai.

Elle a tenu parole.

Parmi les détenues, il en est qui gagent jusqu'à 80 fr. par mois, d'autres 2 fr. par jour. La moyenne des salaires est de 40 fr. par mois. Elles confectionnent les dessus de bottines ; elles fabriquent des corsets. Tout travail est rétribué : la boulangerie, la buanderie, la cuisine. L'entrepreneur du travail de la maison donne un tiers à l'Etat, prend un tiers et donne un tiers aux détenues. Il leur doit en outre trois vêtements, le nécessaire de toilette, plus la nourriture.

La coutume barbare de couper les cheveux des femmes n'existe plus.

Les prisonnières n'ont jamais d'argent à leur disposition ; on leur donne des cachets correspondant aux douceurs permises à la cantine ; puis on porte ces dépenses à leur compte, voilà tout.

La règle austère de la maison, où les journées se passent presque tout entières au travail, finit par courber sous son joug les caractères les plus rebelles et les natures les plus perverses. Le règlement d'une prison est comme un engrenage d'un effet lent et sûr; il broie les volontés et fait presque des automates. On a un exemple de ce que peut la règle dans les maisons d'aliénés, où, au son de la cloche, des fous se mettent en rang, le matin pour la visite, comme des soldats à la parade.

Avec le temps, les figures de toutes ces condamnés revêtent une teinte uniformément mate, une sorte de blancheur claustrale. Transportées en bloc dans un autre milieu, elles fourniraient un bien curieux sujet d'étude à ceux qui croient aux lois de la physionomie.

Le costume est d'une grande simplicité. Le numéro d'écrou fixé au bras, et une mélancolie générale peinte sur toutes ces figures, rappellent seulement au visiteur qu'il est en présence de femmes qui ont été coupables ou criminelles. On serait presque tenté de trouver à cette maison un air de bien-être, tant il y règne sur les personnes et sur les choses une propreté brillante, raffinée même.

Tous les matins, la maison est lavée de haut en bas à l'eau de potasse. Les murs sont d'une blancheur éblouissante; les réfectoires et les dortoirs très-propres et très-aérés.

Le château de Clermont est situé sur un mamelon d'où l'on jouit d'un panorama magnifique. On découvre, de là, le département de l'Oise presque en entier. De tous côtés, les masses profondes des forêts encadrent l'immense horizon. Les Romains appelaient ce pays la Gaule chevelue, à cause de ses grands bois. Il y a là, dans cette splendide nature, je ne sais quoi de doux et de reposé qui convient aux âmes agitées et qui doit calmer à la longue les caractères les plus réfractaires à toute discipline. »

—

Le dernier numéro du Père Duchêne.

Il y a quelques jours en publiant le *rarissime* numéro du *Vengeur* que n'ont pu donner aucun des historiens de la Commune, nous avons prié nos lecteurs de nous procurer le dernier numéro du *Père Duchêne*.

Ce numéro est également très-rare.

Notre appel a été entendu.

Remercions M. E. D*** qui a bien voulu nous envoyer le numéro en question. Nous ne doutons pas que cette rareté ne soit lue avec le même intérêt qui a accueilli le dernier numéro du journal Pyat, Rogeard et Cie.

Nous reproduisons donc inextenso.

TROISIÈME LETTRE

bougrement patriotique

du

PÈRE DUCHÊNE

Sur la police.

Avec sa grande colère contre le citoyen Ferré et le citoyen Raoul Rigault, qui ne foutent rien et passent leur temps à se faire les ongles au lieu de griffer.

Le Père Duchêne est bougrement en colère aujourd'hui.

Et nom de Dieu! il n'a pas tort!

Comment, foutre!

On conspire dans Paris,

Et le Comité de Salut public se remue comme un diable dans un bénitier, parce qu'il sent qu'il faut avoir l'œil,

Et ce nom de Dieu de citoyen Ferré, délégué à la sûreté, et le citoyen Rigault procureur de la Commune ne foutent rien,

Et boivent chopine sans doute,
Et se donnent des genres d'aller voir la pantomime.
Au lieu d'abattre de la besogne,
Et de veiller au salut de la cité?
Qu'est-ce que c'est que ça, nom de Dieu!
Et pourquoi ces bougres-là, qui ne sont pourtant ni l'un ni l'autre des jean-foutres, n'ouvrent-ils pas l'œil comme il convient?
Foutre! foutre!...
Le Père Duchêne l'a déjà dit, il croit que tant qu'il ne sera pas pour quelque chose dans la police de la Cité rien ne marchera!
Et le vieux ne se fout pas dedans!
On lui dit bougrement des choses au Père Duchêne,
Citoyen Rigault,
Et des choses qui ne te font pas toujours honneur.
Ce qui le fout bougrement en colère!
Ainsi par exemple :
On lui dit qu'au fur et à mesure qu'on arrête des jean-foutres suspects de haute trahison envers la cité, tu t'empresses de les faire relâcher sans examen, ou après un examen derisoire ;
De telle sorte que ces mauvais bougres continuent de conspirer avec les Versailleux et travaillent comme devant à nous foutre dans la moutarde !
Si tu crois que ça amuse le Père Duchêne quand il entend cela,
Et que ça le met dans de bonnes dispositions à ton égard,
Tu te fous bougrement le doigt dans l'œil !
Il ne te dit que ça.
Et toi, citoyen Ferré, c'est tout la même chose.
Toi, tu as l'air de faire attention à la cité comme un poisson à une orange !
Est-ce pour ça que les bons bougres de la Commune t'ont envoyé à la police !

Tonnerre de Dieu!
On est un homme,
Ou on ne l'est pas !
Et quand on en est un
On le fait voir, foutre !
Depuis que tu es là, qu'est-ce que tu as fait ?
Voudrais-tu dire au Père Duchêne quel bougre de service tu as rendu à la ville?
Tu ne te conduis pas bien, citoyen Ferré,
Et le Père Duchêne, qui voit bougrement de membres de la Commune, sait qu'on n'est pas content de toi à l'Hôtel-de-Ville !
Tiens,
Veux-tu qu'il te dise une chose, qu'il sait et pertinement encore!
C'est que journellement,
Il entre ici des officiers supérieurs du génie de Versailles et, qu'ils viennent examiner nos plans étudier nos trucs et s'assurer des moyens à employer contre les patriotes, eu égard à nos forces et à nos ressources.
Qu'est-ce que tu dis de ça !
Et par qui fais-tu faire ta police?
Nom de Dieu !
On n'est pas au quai de l'Horloge pour dormir !
Et si le Père Duchêne avait celui de se frotter la couenne sur le matelas de Piétri, il en foutrait du fil à retordre à ses roussins.
Et ça roulerait, il t'en répond ;
Et roide !
Foutre ! foutre !
Est-ce qu'on prend des employés comme ça pour s'amuser ?
Non foutre !
On les prend pour servir le peuple !
Et si l'on devient un jour roussin, il faut qu'on soit roussin de la Révolution et qu'on la sauve !
Ce n'est pas ainsi que tu la sauveras, citoyen Ferré !

Car tu ne fais pas attention aux portes.
Et c'est pourtant là-dessus que tu devrais crânement ouvrir l'œil.
Bougre! Est-ce que ce n'est pas important?
Est-ce qu'on doit entrer dans la cité comme dans un moulin?..
Or,
Tout entre dans Paris, hommes et femmes.
Et tous comme s'ils étaient le ministre des finances!
Ce n'est pas comme ça qu'il faut faire, foutre!
Et le Père Duchêne dit que ce ne sont pas seulement les hommes qu'il faut surveiller aux postes,
Mais encore les femmes!
Car le Père Duchêne le sait bien,
Les gardes nationaux sont toujours délicats,
Et il suffit qu'on ait une jupe sur les fesses pour qu'ils ne disent rien,
Et c'est pourquoi sans doute les calottins gardent leurs cotillons.
Mais, nom de Dieu! il y a un tas de gueuses qui en profitent pour faire l'espionnage;
Le Père Duchêne le sait bien!
Et, foutre, il faut que ça change!
Et il faut, tonnerre, qu'on soit sévère,
Et qu'on ouvre l'œil!
Et que les patriotes ne se laissent pas foutre dedans, faute d'avoir pris les précautions nécessaires.
Eh bien! foutre! citoyen Ferré, le Père Duchêne dit que la première chose à faire, c'est de foutre aux portes des citoyennes qui ouvrent l'œil et qui ne laissent pas les mouchardes vaquer à leurs affaires, comme de bonnes petites bourgeoises,
Qui n'ont en tête que leur pot-au-feu,
Et qui ne passent pas leur temps à faire de la contrebande!
Fous aux portes de la ville des citoyennes dévouées à la Révolution et que ces citoyennes fouillent toutes les poches des femmes pour les quelles les citoyens gardes nationaux ont trop de respect!
Voilà une mesure qui sera rudement patriotique.
Et qui ferait crânement plaisir aux bons bougres.
Parce qu'ils veulent et qu'ils ont le droit d'exiger des garanties pour leur sûreté:
Le Père Duchêne leur en foutrait à ces femmes qui font la manche sans avoir l'air d'y toucher et il les mettrait au pas en deux temps.
Une chose qu'il ferait encore, citoyen Ferré.
Ce serait de réquisitionner tout ce qui se trouve chez les armuriers en fait d'armes et de munitions!
On dit que le commerce ne va pas.
Le Père Duchêne, lui, ferait toujours aller le commerce des armes,
Et ce serait toujours ça!
De cette façon,
Les dits armuriers ne pourront pas avoir l'idée de foutre leurs armes hors de Paris.
Et les jean-foutres ne sauront pas où en trouver pour tenter un coup de main!
Agis ce qu'il faut faire, citoyen Ferré,
Et qui ne te fera pas blâmer par les bons bougres!
Après comme tu le voudra, nom de Dieu!
Mais ne dors pas, foutre!
Et sois bien persuadé que si tu n'ouvres pas l'œil sur les affaires de la cité,
Le Père Duchêne ouvre le sien sur ta personne, une belle affaire!

—

Ça va bien nom de nom!
Et foutre les calotins n ont plus beau jeu!

Au bout du compte c'est encore moins la faute du Père Duchêne que la leur.

Qui dit calotte, dit ennemi du peuple !

Jean-foutre qui cherchent à mettre des bâtons dans les rues de la Révolution, symbole éternel du droit et de la justice, vivante image du progrès.

Les calotins !

Ah ! patriotes, il y a bougrement longtemps que le Père Duchêne a l'œil ouvert sur leurs agissements.

Et ces jean-foutres là !

Nom de Dieu ! on ne saurait trop le répéter.

C'est à eux que nous devons toute la sacrée jean-foutrerie qui nous a si longtemps foutus dans la moutarde !

Foutre ! ça se répare malgré tout ! C'est qu'il font parler d'eux les calotins.

Le Père Duchêne, qui n'est pas cancanier, n'aime pourtant pas pousser au scandale,

Ne va pas vous raconter toutes les sacrées histoires qu'il a entendues,

Et que foutre, il croit pourtant bougrement vraies.

Ça serait du reste du temps perdu, aujourd'hui qu'on n'en a pas à perdre.

Et en passant, il se permet de dire au citoyen délégué de la sûreté générale.

Qu'il ne faut pas trop s'amuser à fouiller la dedans, justement parce que aujourd'hui, nom de nom, il faut surtout songer au salut de la Commune.

Une chose bien simple.

C'est comme ça du moins que le Père Duchêne l'entend :

On sait qu'il y a quelque part une boîte à messes, où il se passe de drôles de choses !

Eh bien ! voilà ce que le Père Duchêne ferait s'il était à la sûreté générale :

Dabord, foutre au bloc la famille de calotins qui fréquente la boîte.

Ça ne fait pas un pli,

Et d'un !

En suite foutre les scellés partout !

Et puis, quand on a le temps, on éclarcit l'affaire pour la plus grande instruction des patriotes et la plus grande joie du Père Duchêne !

Voilà comme il faut agir !

Et s'il y a des jean-foutres qui vous disent à cela :

« Faut *instruire* l'affaire ; on ne peut pas laisser des innocents en prison comme ça. »

Foutre ! des innocents, c'est des calotins ; il y a trop beau temps qu'il nous tiennent sous leur sacré éteignoir de jésuites !

Le Père Duchêne voulait aujourd'hui, patriotes, à propos justement des boîtes à messes, vous raconter une petite histoire qui l'a bougrement fait rigoler.

Un vieux patriote des amis du Père Duchêne est venu hier le trouver à son échoppe et lui a apporté une sacrée affiche,

Où, foutre, il est dit qu'on va vendre tout l'attirail de la boutique qui à nom *Chapelle Bréa !* Du côté de l'avenue d'Italie !

Le Père Duchêne se rappelle le jean-foutre Bréa.

Et nom de Dieu ce serait trop long de raconter aujourd'hui cette histoire-là !

Il suffit de vous dire, patriotes, que c'était en juin 1848,

Quand les patriotes d'il y a vingt-deux ans, se battaient eux aussi à l'ombre du drapeau rouge,

Pour le triomphe de la grande Révolution sociale !

Ah ! il y a en eu de tués des bons bougres, là !

Et des déportés qui ont été faire la récolte du poivre.

Ah ! foutre ! il faudra qu'un jour le Père Duchêne raconte tout au long cette histoire aux patriotes !

Trinquet.

Jouauard.

Ulysse Parent.

Par De la Brugère

Bergeret, *lui-même*.

Arthème Fayard, Éditeur. — 36

Eh ! bien, Bréa est un de ceux qui fusillaient le peuple !

Le peuple l'a pris et l'a fusillé, parce qu'il avait voulu le trahir et faire comme les jean-foutres qui lèvent la crosse en l'air et qui vous fusillent à bout portant !

Les jean-foutres avaient fait élevre une chapelle en son honneur !

La Commune fait vendre tout le mobilier de cette boîte qui ne rappelle, comme toutes les boîtes à calotins, comme la sacrée chapelle expiatoire, que les défaites du peuple et de la Révolution.

Le Père Duchêne est bougrement content,

Car la Commune fait là ce qu'on appelle d'une pierre deux coups :

Elle consacre sa haine pour les jean-foutres qui, comme Bréa, fusillent les patriotes,

Et fout encore une fois dans la mélasse une boite à calotins.

Une chose qui fait rudement plaisir au Père Duchêne c'est que la Commune vient d'ouvrir solennellement la grande fête de la justice.

Ah ! foutre ! c'est ça qui était imposant, mes bougres !

Fallait voir comme les citoyens jurés paraissaient dans des attitudes, pénétrés de la grandeur de leur rôle !

Et pleinement conscients de l'acte souverain qu'ils allaient accomplir.

Ah ! bon dieu de bois !

Ce n'est pas ces bougres-là qui ressemblent aux vieux jean-foutres qui foutaient à leur place du temps de Badinguet.

Sous prétexte qu'il n'y a que les richards, qui soient capables d'avoir une opinion.

Le Père Duchêne vous fout son billet qu'il n'a pas eu besoin de peser leurs sacs pour être sûr qu'ils feraient bougrement bien l'affaire,

Et qu'il n'y avait pas de danger qu'ils disent blanc quand c'était noir.

Ça se voyait déjà à la façon dont ils écoutaient l'allocution du citoyen procureur de la Commune.

Mais c'est surtout quand les roussins sont arrivés et que le citoyen président a commencé à jaboter un peu, histoire de leur tirer les vers du nez et de savoir comment les jean-foutres prétendaient se tirer de là.

C'est surtout alors que Père Duchêne a été content,

Et qu'il s'est dit :

Voilà des bougres qui ne se foutent pas dedans.

Attendu qu'ils y vont en conscience.

Et par conséquent, mon vieux, tu peux dormir tranquille sur tes deux vieilles oreilles !

Les jean-foutres ne seront pas confondus avec les bons bougres !

Justice sera rendue à tout le monde,

Et ça ira nom de Dieu !

Oui, foutre ! ça ira !

Et même pour commencer ça été déjà pas mal,

Et le Père Duchêne a eu la joie d'entendre déclarer coupables une tapée de gredins,

Qui avaient eu l'infamie de foutre des balles à la gueule des patriotes à la journée du 18 mars,

Et dont quelques-uns ont eu même le toupet de déclarer qu'ils ne croyaient pas mal faire.

Et que ce n'est pas ça qui les empêche d'être de braves républicains.

Quand le Père Duchêne a entendu ainsi ces jean-foutres se vautrer dans le mensonge,

Et vouloir se donner des airs de patriotes pour sauver leur chienne de peau,

Il s'est foutu dans une si grande colère qu'il n'a pas pu s'empêcher de gueuler tout haut ce qu'il en pensait,

Et de montrer le poing, de sa place, aux roussins !

Ah ! foutre de Dieu, en entendant ces jean-foutres d'assommeurs débiter leurs momeries,

Il s'imagine encore sentir sur ses épaules tous les coups de casse-tête et de massue qu'ils lui ont foutu sur le boulevard, du temps de Badinguet.

Et dame ça ne le foutait point de bonne humeur.

C'est pourquoi il n'a pas été fâché de voir que ces lâches hypocrites ne se trouvaient pas parmi les acquittés, et qu'ils allaient tout bonnement retourner à la Conciergerie, voir s'il n'y a rien de changé dans leur domicile.

Ce qui est bougrement juste et utile ;

Attendu que les sacrés Versailleux continuent à fusiller les fédérés et même les infirmières.

Et que, nom de Dieu, ça ne peut pas se passer comme cela plus longtemps.

—

Vive la Commune, patriotes !

C'est le Père Duchêne qui vous le dit :

La brave cité de Paris ne sera pas encore foutue cette fois ci.

Et les roussins Versailleux sont en train de barbotter dans une sacrée mélasse.

Et savez-vous pourquoi, citoyens, le père Duchêne vous dit ça ?

Pourquoi le bon bougre rigolle tant dans sa vieille peau ?

Et pourquoi il s'est foutu tout ces jours-ci sur l'estomac des chopines de rouge à tout casser ?

Au point que sa brave casquette en peau de lapin a dansé sur sa tête une sacrée carmagnole,

Pourquoi, tonnerre de dieu ?

Parce que ça marche bougrement bien depuis quelque temps,

Et que les braves fédérés ont rudement fait de la besogne.

Et de la fameuse encore !

Et qu'ils ont foutu de sacrées piles aux jean-foutres !

Voilà pourquoi le père Duchêne exprime sa satisfaction à ses amis les bons bougres. Il trouve qu'il faudrait être rudement difficile pour ne pas dire comme lui.

Mais ce qu'il y a de plus fort.

C'est que tout cela n'est encore que de la simple moutarde.

Et le Père Duchêne dit que dans trois ou quatre jours ça ira bougrement mieux que ça ne va déjà.

Attendu d'abord que le citoyen délégué à la guerre est un malin qui ouvre l'œil et qui n'est pas facile à foutre dedans,

Et ensuite parce que la Commune vient de foutre la main sur deux bons bougres rudement capables,

Qui se connaissent comme personne en fortification,

Et en ouvrages de terre.

Le père Duchêne vous en fout son billet.

Les ouvrages de terre !

C'est une chose rudement bonne pour défendre un ville comme Paris ! Et si les jean-foutres du 4 septembre avaient voulu faire tous ceux que conseillaient ceux qui avaient le nez creux.

Et entre autres le brave citoyen Blanqui, c'est-à-dire faire des ouvrages de terre,

Défendre la ville avec des pelles et des pioches. Au lieu de s'en aller bêtement se faire foutre des piles comme s'ils y trouvaient leur plaisir,

Eh bien ! ce n'est pas encore les têtes carrées qui auraient pu nous en remontrer.

On n'aurait jamais vu ce qu'on a vu.

Voilà ce que dit le père Duchêne,

Et ce que pensent tous les bougres qui ont un peu de raison dans la cervelle et de patriotisme dans le cœur.

— Notre brave Commune a compris ça.

Et c'est pourquoi ils se sont donné un

mal de tonnerre de dieu jusqu'à ce qu'ils aient déniché le bougre qu'il nous fallait,

Pour organiser la chose un peu correctement.

Et nom de Dieu, maintenant quelle en a trouvé deux pour un, parole de sans-culotte...

Deux comme les Versailleux n'en ont pas,

Le Père Duchêne prévient les braves bougres qui défendent les Versailleux, qu'ils n'ont qu'à bien se tenir,

Et que s'ils veulent essayer de foutre l'assaut à Paris,

Il feront pas mal de numéroter leurs os avant la contredanse,

Vu que s'ils ne prennent pas cette précaution,

Il y a des chances pour qu'on ne les retrouve pas.

Vrai, ça trouble même la joie du Père Duchêne de penser qu'il y a là un tas de braves lignards à qui les patriotes n'en veulent pas, car ils ne demanderaient pas mieux, pour sûr, de s'entendre avec nous, sans les roussins qui les canardent par derrière et que tous ces braves bougres vont venir là se faire casser la gueule, parce que ça plaît à Foutriquet.

Mais qu'est-ce que vous voulez, patriotes ?

Il faut bien se défendre,

Et ce n'est pas le moment de faire nos sensibles quand les Versailleux foutent des tapées d'obus dans les rues de Paris.

Donc, dit le Père Duchêne, tant pis pour ceux qui s'y frottent.

Et vive la Commune !

Le Père Duchêne marchand de fourneaux.

Au bas :

Les trois éditeurs responsables :

E. Vermesch — A. Humbert. — Maxime Villaume.

De cette tirade scélérate on peut extraire de nombreux enseignements.

Ainsi nous étions menacés de voir arriver à la Commune bandits des plus féroces que les Ferré et les Rigault, qui cependant terrifiaient la minorité de la Commune et ne s'endormaient par quai de l'Horloge.

Aussi, ces mêmes individus qui ont si longtemps protesté contre les arrêts de la justice sous l'Empire, nous déclarent cyniquement qu'il est inutile d'instruire les procès de ceux qu'ils arrêtent.

« Un calotin » est bon à fusiller. Il ne peut être innocent.

Daignent-ils traduire leurs prisonniers devant un tribunal, il ne s'agit que d'une parodie de la justice. Si le président de leur tribunal prend la parole « c'est histoire de tirer les vers du nez ». aux prévenus.

Ces malheureux gardes municipaux du 18 mars !..... Nous avons reproduit le compte rendu de leur « procès » mais que le compte rendu de cette séance est loin d'avoir le cachet de vérité sinistre du récit du Père Duchêne !

Remarquons aussi qu'il revendique pour les siens l'honneur d'avoir brisé les kiosques et reçu les coups de casse-tête, d'avoir fait cette émeute de 1869 que tous les journaux bien pensants du parti rouge attribuait à la police.

Ce dernier numéro sorti de l'imprimerie au moment ou les troupes pénétraient au cœur de Paris, ne dit pas un mot des événements accomplis depuis deux jours

Il est probable qu'il avait été écrit à une époque antérieure et qu'ils avaient hésité à le faire paraître. Au fond, ils craignaient Rigault.

Des trois scélérats qui rédigeaient le Père Duchêne, un seul est entre les mains de la justice. Vermech et Villaume ont réussi à sortir de France. Le premier est à Londre, le second à Genève.

On ignore comment Vermesch s'est échappé de Paris, quant à Villaume, il avait, dit-on, été arrêté rue Monsieur le Prince par un agent de la sûreté dans les premiers jours de mai.

Comme l'agent le conduisait au Luxembourg, où il aurait été fusillé, il lui offrit un billet de mille francs. — L'autre le relâcha.

Vuillaume resta caché à Paris pendant quelques jours et parvint à gagner la frontière.

Vuillaume n'avait pas de talent. Autrement il l'aurait montré dans le journal *La Rue*, publié l'année précédente par Vallée, et dans le journal *La Misère*, affreux canard qu'il faisait avec un nommé Passedouet.

Vermech était le véritable rédacteur du *Père Duchêne*, et son seul collaborateur sérieux était Humbert, dont le procès s'instruit à l'heure où nous écrivons.

Mais laissons ces tristes personnages et reprenons le récit des événements.

Protestations et Vengeances.

L'insurrection vaincue, Paris n'était pas encore entièrement pacifié.

Combien de haines soulevées !

Combien de vengeances inassouvies et seulement ajournées !

Il ne se passa point de jours, pendant le mois de juin, sans que quelque coup de feu ne fut tiré sur des soldats ou des officiers isolés, sans que des menaces manuscrites ne fussent placardées contre les murs, ou sur les fosses des insurgés.

La terreur s'emparait des grandes cités où régnait l'épidémie communeuse.

A Lyon on a parlé d'un plan conçu et arrêté pour incendier les principaux édifices y compris même les hospices. Heureusement l'autorité est prévenue et elle veille.

Les postes ont été doublés ; de nombreuses patrouilles d'infanterie et de cavalerie ont circulé la nuit dans les quartiers suspects.

Les magasins de fourrages des casernes de la Part-Dieu ont été entourés d'un cordon de factionnaires très-rapprochés les uns des autres.

Divers bataillons de la garde nationale ont été consignés. Les placards séditieux ont été enlevés, des arrestations ont été faites.

A peine arrivés en Suisse et en Angleterre, les chefs de la Commune s'empressèrent de menacer la France de leur retour prochain. Ce que nous avions vu, disaient-ils, n'était qu'un coup d'essai, et la Commune prendrait une terrible revanche.

D'autre part, l'Internationale, dans tous ses organes, faisait l'éloge de la Commune et menaçait toute l'Europe d'une prise d'armes générale du parti communiste.

Son journal de Zurich le *Tagewacht* allait jusqu'à dire :

La forme actuelle de la révolution, la Commune, périt semblable au corps d'un martyr ; mais ils ne peuvent tuer l'idée révolutionnaire, et la tête de mort de la Commune de Paris inspire de la peur, de l'effroi aux obscurantistes.

L'esprit révolutionnaire ne peut être tué : ses coups d'aile se moquent de la fureur des tyrans. Et si en ce moment une armée de sauvages triomphe sur un monceau de cadavres républicains socialistes tués et sur les ruines fumantes de Paris, pour faire place à la vieille société corrompue, l'oppression, l'injustice et l'immoralité ne dureront pas longtemps, et ce qui se passe actuellement n'est qu'un prélude des orages que l'avenir recèle dans son sein. L'idée révolutionnaire est immortelle.

Genève est, avec Londres, le centre le plus agissant de l'Internationale. Il s'y publie un journal, organe spécial de l'association.

Dans ce journal, *l'Egalité*, on lisait à la date du 29 mai dernier :

L'INCENDIE.

« Notre plume est arrêtée par le cri : Paris brûle. « Pas de miséricorde ; notre justice sera implacable ; nous les assassinerons *la loi à la main* (Thiers)... » Tous les commentaires sont superflus ; nous entendons déjà les ricanements de la réaction : voilà ce que veut l'Internationale !

» Au moment où nos frères et sœurs périssent au milieu des flammes, forcés de se défendre contre les BRIGANDS DE VERSAILLES et de tenir leur promesse de s'ensevelir sous les ruines de leur liberté plutôt que de se laisser assassiner par les chouans ; au moment où périssent ceux *qui nous sont les plus chers dans ce monde*, ceux qui furent les pionniers de notre grande œuvre, ceux qui, à jamais, laisseront un vide irréparable dans notre famille internationale, nous n'avons pas le cœur de nous amuser à combattre les infamies de la presse réactionnaire ; L'AVENIR NOUS RÉSERVE UN AUTRE COMBAT.

» Quant à nous, nous émettons un seul vœu : que cet incendie puisse enfin éclairer le peuple des provinces ; que cet incendie allume la vengeance dans le cœur du peuple, vengeance contre les misérables brigands qui ne peuvent sauver leur ordre monarchique qu'en forçant le peuple de se brûler sous les décombres de la cité martyre. »

On sait que plus d'une province a été aussi « éclairée par l'incendie ».

L'incendie en province.

J'ai trop souvent remarqué dans mon village qu'un incendie provoquait des incendiaires.

Des enfants prenaient goût au spectacle de ces désastres.

Des individus haineux, vindicatifs chez qui l'idée d'une vengeance avait sommeillé longtemps, s'inspirait de ces clartés sinistres et bientôt *le coq rouge*, comme disent les membres de l'Internationale chantait de nouveau sur le village.

Il n'est point d'arme aussi lâche et d'un si facile emploi.

Terroriser la France par l'incendie est un des desseins avoués par le parti républicain avancé.

C'est le dernier mot de l'art.

Le dernier argument de ces exploiteurs du peuple.

Les ruines de Paris fumaient encore lorsqu'à Nancy, le 14 juin, un journal socialiste l'*Impartial de l'Est* publia un appel aux incendiaires.

Cet appel mérite d'être reproduit tout entier, c'est un article de doctrine.

Il est plus éloquent peut-être que toutes les ruines de Paris.

On verra du reste qu'il fut entendu.

Il est publié sous forme de lettre adressé au rédacteur.

Monsieur le rédacteur,

L'enlèvement de la statue de Napoléon III, qui a la prétention d'embellir la façade de notre académie, ne sera pas, je l'espère, la seule franche et hardie affirmation d'un présent qui veut rompre avec le passé et en effacer tout vestige ; il sera facile de casser d'un coup de marteau la tête des trois personnages plus ou moins couronnés, collés avec l'homme de Sedan au mur de notre palais académique.

Mais la matière seul doit-elle attirer notre juste courroux? Nous n'avons pas oublié que c'est un décret impérial qui nous a, comme on disait alors, dotés de la Faculté de droit; quel droit peut-on enseigner et apprendre dans une école fondée par l'auteur des proscriptions de décembre? Vite, jetons hors de nos murs professeurs et élèves, il n'est que temps. Et, non loin de l'Académie, cette autre statue qui se dresse pensive sous les ombrages du cours Léopold, comme pour servir d'exemple à la jeunesse de nos écoles : c'est le sieur Drouot, le meilleur ami, disons le plus endurci des complices de l'oncle, modèle et cause du neveu.

Nous sommes au mois de juin et cette statue est encore debout! En vérité, on croirait que Nancy n'a pas un patriote; il en a pourtant, je le sais; j'en connais beaucoup. Au premier uhlan qui a foulé notre pavé, leurs cœurs ont montré toute leur mâle énergie.

. . . .

Mais j'y pense, à l'entrée du faubourg s'élève la porte Saint-Nicolas, ouvrage d'un Haussmann au petit pied, souillé sur une de ses faces par les armes impériales; jamais notre bataillon ne subira l'affront de passer sous un tel monument; aussi nous lui donnerons la joie de le renverser; nous savons qu'il adore l'odeur de la poudre; lui-même il minera l'édifice. Je le vois d'ici tressaillir de bonheur, quand, avec un fracas épouvantable, la vieille parte rajeunie sera lancée en l'air en cent mille éclats, au milieu d'une immense gerbe de feu qui éclairera toute la ville, puis la couvrira d'un nuage de fumée. Mais quelle joie encore plus grande si, avec l'ignoble blason et le monument souillé, on pouvait envoyer en l'air une centaine de ces hommes inqualifiables qui, sous l'Empire, ont accepté des décorations, des titres, des places!

Quel épurement pour la ville!

La civilisation moderne ne se laisse pas aller, heureusement, à ces honteuses transactions des siècles passés : voyez-vous les Turcs, entrant dans Byzance, faire de Sainte-Sophie leur principale mosquée!... Quels barbares!

Nous, plus fermes dans la voie que la raison nous a tracée, plus inexorables dans l'exécution des arrêts de notre saine justice, *nous demanderons à chaque édifice public ou privé un compte sévère de sa conduite passée.*

Épurons, épurons : que Nancy soit digne de Paris. La besogne ne manque pas.

Les tours de la Craffe ont servi de prison aux proscrits de 1852; le palais ducal abrité, de leur vivant ou après leur mort, des tyrans plus ou moins déguisés, qui ont fait peser sur nos pères un joug abrutissant. Le palais du gouvernement a été le repaire des Canrobert, des Bazaine, des de Failly; l'Hôtel-de-Ville a vu en juillet 1866 le bal offert on sait à qui, et la foule servile qui s'y est empressée. Les églises retentissent encore des *Te Deum* du 15 août de 1855 et de 1859, etc.

Nous ferons le procès de tout et de tous; nous ne laisserons pas de côté un seul passé coupable. Le conseil municipal nous secondera dans cette œuvre de justice. «Pour les hommes comme pour les choses, l'expiation, l'épurement seront complets.»

Le sacrifice peut paraître dur, mais il n'est qu'apparent.

La ville, purifiée et rajeunie, acquerra, aussitôt après l'épurement complet, une splendeur qu'on ne lui a jamais vue.

Quant à la dépense qu'on ne s'en effraye pas, beaucoup de citoyens fourniront généreusement le pétrole; d'ailleurs, il ne coûte pas cher, surtout quand on en achète de grandes quantités.

Recevez, monsieur le rédacteur, malgré votre peu de zèle pour l'épurement, l'assurance de mes sentiments dévoués.

CHARLOT.

Ceci était écrit le 14 juin.

Avant que le mois fut écoulé des scélérats mettaient le feu au palais des ducs de Lorraine.

Le feu ayant été mis sur plusieurs points à la fois.

Tous les secours demeurèrent inutiles.

Nous ne donnerons point de détails sur ce sinistre.

Mais nous montrerons toute l'étendue des pertes qu'il a causées.

Le *Journal de la Meurthe* énumère les pertes subies par le Musée lorrain dans l'incendie qui vient d'y éclater :

Peu de choses ont pu être sauvées. Les tapisseries sont intactes, cela est vrai ; nous avons préservé en même temps la collection de M. Rutaut, armes et armures, don de madame de Jouabert, et quelques autres objets incontestablement précieux.

Mais combien de trésors ont disparu, trésors à jamais irrécouvrables !

Et d'abord la bibliothèque, très-riche comme livres et imprimés, très-riche surtout comme manuscrits, valeur inappréciable pour notre noble histoire de Lorraine.

Les grands tableaux historiques, scènes, vues et portraits ; — portait de Charles IV, par Deruet ; — collection des portraits des professeurs de l'Université de Pont-à-Mousson ; — suite des portraits de la famille de Lenoncourt ; — plusieurs portraits du cardinal Charles de Lorraine ; — plusieurs portraits du duc de Vaudémont, prince de Commercy ; — un tableau de Claude Charles ; — tableau *ex voto* des arquebusiers de Nancy, Saint-Antoine, avec la vue de Nancy pour fond, etc.

Le cerf en bois avec des cornes naturelles, offert par madame de Metz, et d'autant plus précieux qu'il ornait autrefois le Palais-Ducal et qu'il avait donné son nom à la Salle-des-Cerfs.

Une petit obélisque, cuivre émaillé (marqueterie Baule), un petit chef-d'œuvre du genre, offert par M. Butte.

Tous les objets gallo-romains enfermés dans les quatre vitrines, quelques-uns uniques.

Les charmantes cheminées renaissance.

Enfin presque tous les meubles et vitrines avec leur contenu.

Nous le répétons avec la plus grande douleur, ce sont des pertes affreuses, et, on le voit, irréparables.

Quelque jours plus tard c'était le tour du château de Bourges. Jusqu'à ce jour les causes du sinistre ont été attribuées à la propagande communiste.

On peut lire sur ce moyen d'émancipation du prolétariat ce qu'en rapporte M. Tribourg dans son histoire de l'internationale.

Un des héros de la secte dit entre autres choses éloquentes :

« Il ne nous reste à faire qu'une seule chose c'est d'étrangler nos maîtres comme des chiens !

« Pas de quartier !

« Il faut que tous disparaissent ! Il fait incendier leurs villes ! Il faut que notre pays soit purifié par le feu !.

« A quoi bon ces villes !

« Elles ne servent qu'à engendrer la servitude.

« Quand le paysan sera seigneur de son champ, quand l'ouvrier pourra travailler dans sa fabrique, ils n'éprouvera plus le besoins de se faire domestique dans une ville.

« Comme il ont des canons et des

Le Louvre.

fusils, et que nous sommes désarmés, ce n'est que par le feu que nous pouvons les attaquer et les vaincre.

« Une fois les murailles derrière lesquelles cette canaille se retranche réduite en cendres il faudra bien quelle crève de faim. »

Dans le courant du mois de septembre une tentative fut faite pour incendier le port et l'arsenal de Toulon.

Voici en quels termes la *Gazette du Midi* parle de cette aventure encore obscure et mal connue.

« Avions-nous dormi jusqu'à ce jour sur un volcan ou avait-on été victime d'une mystification? Aujourd'hui, le doute n'est plus permis, puisque l'on a découvert dans le port des tas de matières incendiaires ; les foyers étaient, dit-on, préparés, on n'attendait plus que le signal d'allumer; mais fort heureusement on a éventé la mèche.

Tout ce que l'on raconte à ce sujet est tellement grave, qu'on est forcé de garder une prudente réserve; on peut cependant causer d'un fait qui est devenu de notoriété publique. C'est au moyen d'une matière très-inoffensive et qui n'a jamais donné lieu à des combinaisons spontanées, que l'on devait faire disparaître l'arsenal maritime ; le bagne devait être ouvert à deux battants pour augmenter le désordre.

Les forçats étaient naturellement désignés comme les agents les plus actifs de cette atroce combinaison, et ce serait, d'après ce que l'on assure, cette catégorie d'hommes de sac et de corde qui aurait reculé devant une pareille mission, en signalant les points menacés.

Si ce que l'on dit publiquement a le moindre fonds de vérité, les foyers d'incendie étaient composés de manière à dérouter toutes les recherches ; c'est à l'aide de la sciure de bois saturée d'une composition inflammable que l'on devait mettre le feu, sans éveiller les soupçons des agents de surveillance.

Tous les chefs de service du port, réunis avant-hier au soir à la préfecture maritime, ont reçu des instructions, et on veille de manière à déjouer tous les complots ou les tentatives de destruction.

En fait d'incendiaires, nous devons signaler une affiche écrite, placardée la nuit dernière sur les murs de la ville ; à huit heures du matin, la police en avait déjà fait justice, elle était signée : *Le peuple indigné (sic)* ; on aurait dû signer : *Un vieil ivrogne*, car c'était une protestation révolutionnaire, à propos du nouvel impôt sur les boissons »

Cette affaire n'est pas encore instruite. Il semblerait que l'on veut faire le silence sur ces lugubres événements.

Enfin, par un instinct d'imitation naturel aux singes et aux nègres, les radicaux noirs de la Martinique en collaboration du beau sexe également noir et radical, ont essayé en septembre dernier une petite représentation avec massacres et incendies de notre Commune parisienne.

Le journal de la Martinique qui rend compte des conseils de guerre devant lesquels ont été traduits ces pétroleuses si dignes des nôtres, s'exprime en ces termes :

Les accusés, presque tous ignorent leur âge et portent des noms à mourir de rire : Ovide Atalanthe, Alcide Graud dit Gueulepuce, Lucilius Monflo, Roro, Zozo, Sousou, Aristide Célina, Athénor Grenat, Fourose, Solitude, etc... Tous faisant partie d'une certaine bande Lacaille, brûlaient les habitations aux cris de : Vive les Prussiens ! et au nom de la République ; mais ils ne connaissent ni celle-ci ni ceux-là, car on les étonne fort en leur apprenant que les Prussiens sont plus blancs que nous, et quant à la République, ce qu'ils en savent, c'est qu'aussitôt qu'elle est venue, tout le monde a eu l'idée de mettre le feu.

Il y a des dames parmi eux, des Surprises, des Chériette, des Astérie, qui, comme pétroleuses seraient dignes de donner la main à leurs sœurs de Belleville. Seulement, elles emploient la kérosine au lieu de pétrole.

L'une d'elles, Capresse Fenoly, fait des phrases.

« Laissez-nous brûler la propriété des *becqués* (blancs) ; ils ont assez joui ; ils nous ont fait assez travailler, il est temps de leur couper la tête. »

On ne saurait mieux dire dans nos réunions populaires.

» Ne croirait-on pas entendre nos mégères parisiennes ! — Au fond, ce sont les mêmes sentiments et le même but : besoin de jouissances matérielles, envie et haine profonde exprimées d'une manière plus pittoresque :

« Je brûlerai tout, dit un autre. Si le bon Dieu avait une habitation, je la brûlerais aussi, car ça doit être un vieux *becqué !* »

» Les dames préparent de l'eau pimentée pour jeter aux yeux des soldats ; les hommes se font frotter pour être invulnérables, et on n'aspire à rien moins qu'à secouer le joug de la métropole, à organiser une administration nouvelle. Il va sans dire que les nègres ne sont que les instruments stupides d'ambitions occultes. On a échappé, tandis que se faisaient des arrestations moins importantes. Par on, j'entends des Rochefort- et des Paschal Grousset de la couleur de M. Pory Papy.

Pourquoi l'Internationale n'a-t-elle pas adressé l'expression de ses sentiments de condoléance à ces frères martyrs de la race noire?

L'EXPIATION. — LES PRISONNIERS DE L'ORANGERIE A VERSAILLES. — LES PRISONNIERS DE BELLE-ISLE. — LES PONTONS DE CHERBOURG.

Avant l'ouverture des conseils de guerre de Versailles, dont nous dirons un mot plus loin, on a calculé que la justice militaire avait à examiner trente-quatre mille dossiers!

Il est aisé de concevoir que les détenus étaient destinés à une longue prévention.

Les premières bandes arrêtées eurent beaucoup à souffrir de la détention préventive. Rien n'était prêt à Versailles pour les recevoir par milliers. On les entassa pêle-mêle dans des caves, en attendant que l'on eut préparé l'orangerie du château à les recevoir.

De toutes parts, et surtout dans la presse anglaise, on se récria contre la barbarie du gouvernement qui traitait de simples prévenus d'une façon plus cruelle que ne sont traités les hôtes de nos bagnes.

Combien d'innocents parmi ces malheureux! s'écriait-on.

Des innocents, il y en avait en effet quelques-uns.

Pouvait-il en être autrement?

Il y eut dans cette effroyable bataille de sept jours bien des victimes innocentes.

Mais il ne faut pas se faire illusion.

Si l'on a jeté les hauts cris pour une douzaine d'individus — tout au plus — qui ont été fusillés ou arrêtés par méprise, tout le reste, quarante-mille environ, était plus ou moins coupables d'avoir pris part à l'insurrection.

L'œuvre des officiers instructeurs était ardue.

La plupart de ces gens étaient arrêtés sans papiers qui pussent servir à établir leur identité.

Un grand nombre, échappé des prisons, ou recherchés antérieurement par la police, avaient tout intérêt à cacher leurs noms et leurs antécédents.

Enfin! bon nombre de personnages notables entre les communards se déclaraient sous de faux noms et prétendaient se faire passer pour de simples gardes fédérés sédentaires.

Ce fut le cas du citoyen Amouroux, membre de la Commune, dont l'identité ne fut reconnue, sur un ponton de Cherbourg, que dans le courant du mois de septembre.

Néanmoins on élargit, dans le courant des mois de juin et juillet, plus de douze mille prisonniers qui prouvèrent n'avoir pas pris à l'insurrection une part active.

Ajoutons, pour expliquer les lenteurs de la justice, que beaucoup d'affaires étaient connexes à d'autres et que les complices dans un même crime étaient souvent détenus dans des endroits différents.

En ce moment — et nous regrettons que cette chronique écrite au jour le jour ne puisse rendre compte de cette atroce affaire et en raconter le dénoûment! — En ce moment s'instruit, dit-on, le procès des assassins du commandant Sigoyer, que l'on serait parvenu à découvrir. Eh bien! avant de visiter avec nous les lieux de détention, pontons et enceintes fortifiées, avant de nous laisser attendrir sur les individus qui attendent encore les arrêts de la justice, rappelons-nous l'histoire épouvantable de ce brave commandant.

La voici :

Le commandant Sigoyer, du 26e bataillon des chasseurs à pieds, avait, le 21 et le 22 mai, vaillamment concouru à la prise des portes de Saint-Cloud et d'Auteuil, à l'enlèvement du Trocadéro et du palais de l'Industrie.

Le 24, au matin, il pénétrait, le premier, dans le jardin des Tuileries, où il avait reçu l'ordre de s'arrêter. Mais, à la vue des flammes qui consumaient le palais, il comprend le danger qui menace nos inappréciables collections, et, cédant à une inspiration à laquelle ses chefs ont applaudi, il s'élance, suivi de ses chasseurs, à travers les bâtiments en feu, dans la cour du Carrousel, dont il s'empare, il chasse les incendiaires des combles du château, et, grâce à la promptitude des mesures qu'il prend et des secours qu'il organise, la galerie des Antiques, qui commençait à s'embraser, est sauvée, ainsi que tout le vieux Louvre.

Le 24 au soir, Sigoyer se signale encore à l'attaque de l'hôtel de ville et de la place Royale.

Dans la nuit du 25 au 26, pendant qu'il faisait une reconnaissance des barricades de la Bastille, qu'on devait enlever le lendemain, il est saisi par une bande d'insurgés. Traîné sur la place par ces monstres, il a les mains coupées, puis il est enduit de pétrole et brûlé vif!...

Ah ! réservons notre pitié pour d'autres que pour les frères et amis de ces monstres !...

A l'Orangerie, aux Grandes écuries, le sort des prisonniers fut très-supportable, pendant les premiers temps surtout.

Mais les arrestations se multipliant, le gouvernement dut prendre des mesures contre un encombrement qui serait devenu dangereux. On songea aux pontons et aux forts du littoral, à Cherbourg, à Brest, à Belle-Ile. Déjà, avant la fin de l'insurrection, ce dernier pénitencier avait reçu un grand nombre de pensionnaires.

C'étaient pour la plupart des prisonniers faits à Rueil et à Châtillon, lors de la grande expédition de Duval et de Flourens et de Bergeret lui-même.

Ils y débarquèrent dans la nuit du 7 avril.

Nous emprunterons à une relation, adressée par l'un d'eux au journal *La Vérité*, les détails suivants :

« Un détachement du 26ᵉ de ligne attendait les prisonniers. Un très-grand nombre d'insulaires assistait au débarquement et fit un accueil on ne peut plus touchant à ces malheureuses victimes des mensonges de la *Commune* et de leur trop grande crédulité.

» Le quartier de la *Haute-Boulogne* avait été préparé pour recevoir six cents trente-six détenus seulement ; soixante-quatorze furent donc internés provisoirement à la citadelle en attendant la réparation de plusieurs baraques abandonnées depuis 1858.

» L'installation fut vite faite ; chaque homme portait son misérable bagage avec lui. La literie, posée sur un lit de camp, se composait d'une botte de paille et d'une couverture. Pris à l'improviste, le commandant de la place n'avait pu mieux faire. Plus tard, on distribua des paillasses, ce qui fut d'un grand soulagement pour tout le monde.

Chaque baraque reçut soixante hommes. C'était le nombre réglementaire. Dès que les détenus eurent pris leur place, ils s'empressèrent d'élire un chef de chambre qui représenterait leurs intérêts, leur servirait d'intermédiaire entre eux et l'autorité, et auquel ils promirent obéissance. On nomma aussi des chefs d'escouade ou de plat, chargés de faire exécuter les corvées et de veiller aux distributions; des cuisiniers, toujours issus du suffrage, se mirent incontinent à la besogne ; aussi, lorsque le lieutenant-colonel commandant la place visita le quartier, dans l'après-midi du jour même de l'arrivée, il approuva cette organisation

La rue de la Paix.

qui lui permettait de penser que l'ordre ne serait jamais troublé.

« En effet, et depuis lors, les choses sont restées dans le même état, à la grande satisfaction des employés du pénitencier, qui gardent les portes, mais ne s'occupent point de la discipline de l'intérieur.

« A la Citadelle, les détenus avaient fait de même.

« Étions-nous considérés comme des prisonniers de guerre ou des insurgés ? Telle était la question que nous nous posions les uns aux autres. Administrés militairement, c'est-à-dire dépendant du ministère de la guerre, serions-nous traités de la même manière que les prisonniers prussiens ? car leur départ de Belle-Ile remontait à un mois à peine, et nous les remplacions dans leur casernement. Ils avaient joui de certaines immunités, devaient-elles nous être octroyées, à nous aussi ?

« Nous touchions notre pain comme le soldat, même ration de viande et de légumes. Nous avions bénéficié, sur le boni des Allemands, d'une somme de 113 fr. 88 c. dont le virement avait été autorisé par le sous-intendant ; donc l'ordinaire ne laissait rien à désirer.

« Une cantine fut établie à la Citadelle et à la *Haute-Boulogne*. On y vendait du tabac, du vin — un demi-litre par homme et par jour — et ceux qui possédaient assez d'argent pour se faire apporter des vivres du dehors, n'avaient qu'à demander.

« En somme, la situation était supportable, et de la *Haute-Boulogne* à la Citadelle il n'y avait qu'une voix pour remercier le lieutenant-colonel de sa sollicitude, qui s'étendait sur tout, faisant droit aux réclamations qu'il reconnaissait fondées, et s'efforçant par tous les moyens qui étaient en son pouvoir d'améliorer notre sort.

« Je ne puis dire que nous étions heureux, car la couche était dure, les baraques ouvertes à tous les vents, et pressés comme des anchois ; notre repos de la nuit était encore une fatigue à joindre aux ennuis de la journée. Cependant, à ces désagréments — tout ne peut être rose quand on est en prison — il y avait des compensations que nous savions apprécier.

« Ainsi, grâce à la bienveillance du capitaine-adjudant de place, chef de notre dépôt, les notables de Palais auxquels il s'adressa pour nous avoir des livres, s'empressèrent de nous faire parvenir par cette voie qui nous était ouverte une partie de leurs bibliothèques. « La lecture est un bienfait moral. » avait dit le capitaine : « c'est le pain des âmes, et les malheureux ont besoin de cette nourriture plus que personne. » Ces paroles, je les ai entendues et me fais un devoir de les rapporter ici. »

La plupart des détenus manquaient de vêtements ; l'administration s'empressa d'y pourvoir et leur envoya des pantalons, des varreuses et des képis de gardes mobiles.

Ils jouissaient d'une liberté de circulation aussi étendue que possible, et disposaient de leur temps comme bon leur semblait.

L'auteur anonyme de ce récit, fort spirituel, du reste, rend hommage, à plusieurs reprises, aux bons procédés des autorités civiles et militaires à l'égard des prévenus.

« Les employés à l'intérieur, dit-il, pris parmis les détenus, reçoivent une allocation de 50 centimes par jour et se divisent ainsi :

Un infirmier-major et deux infirmiers ;
Six cuisiniers ;
Quatre perruquiers ;
Deux tailleurs ;
Deux lampistes ;
Un désinfecteur ;
Un jardinier.

L'argent envoyé par les familles est d'abord versé dans une caisse spéciale, puis inscrit sur un livret qui appartient à l'homme, et deux fois par semaine, les mercredis et samedis, sur un bon signé la veille par les ayants droit, une somme de cinq francs leur est remise par le greffier comptable, de la main à la main. On ne scrute pas leurs dépenses. Ils ont la latitude de prendre à la cantine ce qui leur convient, et quoique le règlement n'autorise qu'un demi-litre de vin par homme et par jour, le préposé à la cantine ne refuse pas le litre.

En somme, et n'était cette captivité préventive qui serre le cœur et assombrit l'esprit ; n'était cette séparation des êtres aimé et l'ignorance du temps qui doit s'écouler avant de les rejoindre, le pénitencier politique de Belle-Ile n'est pas un séjour ou les détenus ne puissent vivre. Ils y jouissent au contraire d'une liberté très-grande ; jamais un surveillant dans les cours, si ce n'est pour les corvées de propreté du matin et du soir. Chaque homme fait ce qui lui plaît et passe son temps comme bon lui semble.

Les cartes, le loto, le jeu de dames et de quilles, toutes ces distractions sévèrement interdites dans les maisons de détention, ne sont pas seulement tolérées, mais bien permises par le directeur, dont le caractère conciliant se prête même à de certaines excentricités qui exercent une salutaire influence sur le moral des détenus.

« Quelques jours après notre arrivée, des amateurs de chant formèrent une société lyrique, et organisèrent des concerts qui se donnaient tantôt dans une chambre, tantôt dans l'autre, après l'appel du soir.

« Dans la journée on dessinait, sculptait, rabotait, raclait ou cousait. Chacun s'était créé une occupation. Le général Henry, un artiste en herbe, élève de l'École des Beaux-Arts, à ce qu'on dit, gravait sur l'ardoise de petites républiques qu'ils distribuait à ses rares amis ; un chef de bataillon raccommodait des souliers ; l'aide de camp de Flourens donnait des leçons d'italien ; celui-ci apprenait à lire, cet autre à écrire, et le nombre n'en était que trop grand de ceux qui ne savaient rien !

« En un mot, presque tous combattaient l'ennui par le travail. Il en est qui ne bougeaient jamais de leur paillasse : c'étaient les plus ahuris, mais ils ne jouissaient pas non plus de l'estime de leurs camarades.

Les deux repas réglementaires avaient lieu le matin à 9 heures et le soir à 5 heures.

« le dimanche, en dépit des quelques libres-penseurs que nous comptions dans nos rangs, beaucoup des nôtres assistaient à la messe. L'aumônier, lorsqu'il visitait nos malades, était toujours bien accueilli par eux.

« Ainsi, l'harmonie la plus parfaite régnait à Belle-Ile ; elle doit y régner encore, car libre depuis peu et ayant appris à connaître quelques beaux caractères dont je faisais ma société, je n'ai pas à craindre qu'ils perdent de cette autorité morale qu'ils exercent sur la masse, et à laquelle on doit cette paix, cette soumission qui nous a rendus sympathiques aux autorités militaires et civiles.

« Je n'entreprends pas ici la défense de mes co détenus, et ne cherche pas à les montrer meilleurs qu'ils ne sont. Il en est parmi eux que je méprise, et desquels j'ai eu beaucoup à souffrir. Mais ceux que je fréquentais étaient véritablement dignes de mon estime. Vivant avec eux, dans la plus grande intimité, j'ai pu me convaincre que, comme moi, ils s'étaient laissé prendre aux apparences, avaient ajouté foi aux intentions du gouvernement du 18 mars, et payent bien cher un moment d'erreur !

« Mais la masse, cette masse qu'il faut toujours contenir si on ne veut être écrasé par elle, je l'ai en horreur. L'ayant approchée de fort près, elle m'a dégoûté. Non, ce n'est pas avec de pareils hommes qu'on fonde quelque chose de durable, et lorsque la *Commune*, pour se les attacher, a satisfait leurs violents appétits, elle s'est condamnée elle-même. »

L'auteur de cette relation n'est point, comme on le voit un communeux bien farouche ; mais il ne faut pas confondre ceux des premiers jours avec ceux des derniers.

Au mois d'avril, qui songeait aux massacres et au pétrole ?

Depuis, Belle-Ile a reçu des hôtes de la dernière heure : « Les exécuteurs de la justice du peuple !... »

L'Ile d'Aix, les prisons de Brest reçurent de même des prisonniers de mai.

Les individus qui sont les moins à l'aise sont les détenus des pontons ; ils appartiennent tous d'ailleurs à cette dernière catégorie.

L'encombrement des dépôts de Versailles devenant excessif, l'amiral Pothuau fut chargé de donner des ordres en conséquence.

Le 27 mai, le vice amiral Penhoat, préfet maritime de Cherbourg, reçut l'ordre de disposer en pontons les vaisseaux désarmés qui étaient dans l'arsenal ;

Le 29 au matin la *Ville de Nantes*, vieux vaisseau à deux ponts, démâté, fut conduit en grande rade, et le soir même, ce ponton reçut huit cents hommes.

Déjà un précédent convoi de prisonniers avait été conduit au fort de l'île Pelée.

La *Ville de Nantes* n'avait que trente hommes d'équipage et vingt cinq à trente soldats de marine.

C'était une bien faible garnison pour garder une prison si remplie !

Il est vrai dit M. de Pont-Jest qui fut les visiter sur le ponton et à qui nous empruntons les détails qui suivent,[1]. que le commandement de ce ponton était confié à un capitaine de vaisseau d'une rare énergie.

« Dès le lendemain, les huit cents fédérés étaient embrigadés par plats de dix.

Ils avaient fait leurs élections eux-mêmes, en gens habitués à exercer ce droit de longue date. C'était un premier service organisé, celui de la cuisine, le plus indispensable, car de cette façon le Coq n'avait à faire qu'à huit cents individus. Puis, pour que ses prisonniers se rendissent bien compte de la situation qui leur était faite, le commandant de la *Ville de Nantes* leur fit lire à haute voix son ordre sur la discipline à bord.

Je n'en extrais que les points les plus saillants, mais nous allons voir cependant que rien n'y est oublié.

« Les officiers de tous grades et les marins de quart sont armés d'un revolver qu'ils ne quittent jamais.

» Toutes les armes sont chargées et gardées par un factionnaire.

» Des factionnaires se tiennent au pied des échelles à l'avant et à l'arrière, aux coupées, nuit et jour.

» Un quartier-maître est toujours de faction à la porte du commandant.

» Toute communication verbale ou écrite est interdite entre les matelots ou les soldats de service à bord et les prisonniers. Tout marin ou tout militaire désobéissant à cette consigne sera immédiatement arrêté et livré à l'autorité militaire.

» Nulle embarcation, sauf celle du bord, ne peut accoster. Toute embarcation qui, de nuit, viendrait dans les eaux du ponton et qui ne s'éloignerait pas à la première sommation, recevrait un coup de feu. Les embarcations ayant accosté à bord, doivent ensuite se tenir au large.

« Toutes les échelles sont relevées la nuit, ainsi que les sabords.

» Personne ne peut visiter les pontons.

» Toute clameur est défendue, et dans le cas où les prisonniers n'obéiraient pas à l'ordre de garder le silence, l'officier de quart doit agir par les armes. Il commanderait le feu s'il le jugeait nécessaire, sans attendre d'autres ordres.

» En cas de tumulte et de résistance, il sera fait feu après une seule sommation.

» Un factionnaire attaqué doit se servir immédiatement de son arme.

» Une tentative d'évasion doit être aussitôt arrêtée par un coup de feu. Un homme évadé sera poursuivi jusqu'à ce qu'il soit pris ou tué.

» Il est défendu d'avoir à bord des allumettes ; des rondes armées seront faites d'heure en heure, nuit et jour. »

Ces règlements sont très-sévères, mais il a été prouvé tout récemment, par des révoltes, que dans les pénitenciers trop de débonnaireté compromet l'ordre.

Combien de gens seraient plus heureux au pénitencier de Belle-Ile tel que nous l'avons vu tout à l'heure, que chez eux !...

Enfin, pour consoler un peu les âmes trop sensibles qui ne voudraient peut-être pas assez saisir combien cette discipline est nécessaire, voici ce à quoi sont astreints les officiers et les équipages des pontons.

L'équipage proprement dit, les matelots, ne vont jamais à terre ; et la terre, où ils

---

[1]. Figaro du 11 octobre

Le Panthéon.

ont leurs femmes et leurs enfants, pour la plupart, est là, à une demi-lieue devant eux. Les officiers, à tour de rôle, ne descendent que de une heure à huit heures du soir. Ils ne découchent jamais, même les commandants ; ils ne peuvent recevoir à bord aucune visite, même celle des officiers leurs amis. Les quarante soldats d'infanterie de marine qui composent tout le renfort des trente-six hommes d'équipage ne sont relevés sur les pontons que tous les quinze jours, et l'officier qui les commande pendant ces quinze jours ne doit quitter ni ses armes ni ses vêtements.

En bonne conscience, qui doit-on plaindre le plus, ou des prisonniers ou de ceux qu'ils condamnent à un semblable service ?

J'ajouterai que, d'ailleurs, il a suffi de

donner aux fédérés connaissance de la discipline à laquelle ils devaient se soumettre, et qu'il n'a pas été nécessaire d'en exécuter les menaces une seule fois. Il s'est produits, dans les premiers jours de l'arrivée des prisonniers, un ou deux cas de résistance, mais de résistance individuelle, et justice exemplaire ayant été faite, l'ordre n'a plus jamais été troublé.

Notons encore deux articles du règlement à bord des pontons.

Chaque homme à un quart de vin par jour.

Il n'est pas obligé de le boire.

Il peut en disposer et le troquer contre le tabac ou le timbre-poste, ou le pain d'un camarade.

Mais ce commerce de vin pourrait donner lieu a des excès. Le règlement a prévu le cas d'ivrognerie.

Si un homme est trouvé en état d'ivresse, toute la batterie dont il fait partie est privée de vin.

De même :

Si l'ordre est troublé par des cris ou des chants ou si le balayage n'est pas exécuté convenablement, la batterie est privée de promenade.

C'est ainsi qu'est appliqué à bord des pontons le grand principe de la solidarité. Et tout marche avec une régularité et un calme parfaits.

On comprend qu'il n'y a point de tentative d'évasion.

Hors des murailles de bois se trouve un abîme infranchissable, même pour des marins de la Commune.

L'esprit du prisonnier seul est libre.

S'il n'est pas une brute, si le souci du pain, de la ration quotidienne n'occupe pas tous ses instants, quel vaste champ ouvert à ses méditations !

Il a le temps d'amasser une fructueuse provision de pensées et de voir en arrière, dans le passé tumultueux et dans l'avenir.

Il peut juger des hommes et des destinées.

Il voit ces soldats qui le gardent, si courageux et si simples dans l'accomplissement des plus pénibles devoirs. Ses geoliers sont des patriotes, et c'est dans leurs rangs qu'à l'heure des désastres la France trouva des héros.

Les marins ! Sur quels champs de bataille de la Meuse à la Mayenne ne se sont-ils pas illustrés ?

Cela doit en imposer aux soldats de Cluseret.

Et lorsqu'à l'heure de la promenade le prisonnier monte sur le pont, et qu'à ses yeux se déroule le vaste champ incessamment labouré par ceux que V. Hugo a si bien dénommés les travailleurs de la mer, là il peut voir s'aventurer au gain, au maigre salaire de la journée, ces braves pères de famille, les pêcheurs.

La vie de ces gens si honnêtes, si travailleurs, si courageux et si modestes, est inconnue à la plupart des ouvriers parisiens.

Parisien !... Là bas sous la brume, à la côte, il y a dans une pauvre cabane une femme qui travaille sans relâche, forte et honnête, qui ne fait ni la noce du marchand de vin, ni la comédie du club, qui remaille les filets, fait la soupe et élève ses enfants.

Il y a des enfants ; quand ils auront dix ans, au lieu de fumailler en jouant aux bouchons ils prendront la mer.

C'est pour cette femme et ces enfants. — Parisien — que tu vois là bas, cette barque monter et descendre les vagues.

Qu'en dis-tu ?

Parlait-on de cela à ton club ?

En parlent-ils, les flatteurs qui vivent de ton vote et de tes émeutes ?...

Oh ! non ! Fi donc !... Les *ruraux* de l'océan !

Mais compare ton sort au leur.

Descends dans ta conscience et figure toi, si cela est possible, que tu puisses faire peau neuve, conscience neuve et être à leur place, sur cette libre planche qui flotte là bas, sous cette libre voile qui peut s'orienter à Cherbourg, ne serais-tu pas plus heureux ?

Mais nous doutons qu'aucun des prisonniers des pontons, ces fédérés que nous avons vu en mai à Paris, fissent des réflexions de ce genre.

La nature, ou plutôt une éducation malsaine les a condamnés aux idées basses et aux calculs insensés.

C'est à la revanche qu'ils songent.

Et chaque jour en apporte une preuve.

Déjà l'on arrête pour crime dans les rues de Paris de ces individus que l'on s'est pressé d'élargir.

On ne corrige pas les hommes lorsqu'ils sont arrivés à un certain âge ; tout ce que l'on peut faire utilement pour la société c'est de mettre entre eux et les jeunes générations une infranchissable barrière qui empêche ceux-ci de corrompre celles-là.

Ces hommes n'ont d'autres attaches à la France que leurs habitudes ou leurs passions. Ils l'ont déclaré cent fois et le nom de patrie leur paraît une plaisanterie.

On aurait pu sans les faire languir leur donner un sol nouveau et ouvrir à leurs besoins l'état social nouveau qu'il leur aurait plu de fonder.

Ils y auraient gagné.

Et nous aussi.

Au lieu de cela que nous est-il réservé ?

On va sans doute les rendre aux cadres de la grande armée de l'Internationale, et l'on va nous ramener la guerre sociale, ou du moins tous ses éléments.

Il faudra avoir été membre arrêté et condamné de la Commune pour aller visiter la vallée de Waïthon.

Les Anglais comprennent l'intérêt national et colonial autrement que nous.

Et l'on sait s'ils ont à le regretter.

Du reste, entre le parti socialiste, qui est nombreux, et les hommes de la société actuelle, qui a pour base ; le droit, la propriété, la famille et les croyances religieuses, la guerre est déclarée. C'est d'ailleurs un sujet sur lequel nous nous proposons d'édifier complétement nos lecteurs, car nous allons clore cet ouvrage par une histoire abrégée — oh ! très-abrégée — mais complète cependant, de l'Association internationale.

Mais nous n'avons pas encore tout dit sur les lieux de détention préventive.

Au fur et à mesure des arrivages des prisonniers, cinq autres pontons ont été successivement en rade de Cherbourg et organisés d'après le système adopté pour la ville de Nantes. — Ce sont les bâtiments l'*Arcole, le Bayard, le Rhône, le Tage, et le Tourville.*

Chacun de ces pontons est commandé par un capitaine de frégate avec un lieutenant de vaisseau pour second, et à un chirurgien à son bord.

L'état sanitaire est excellent sur les pontons.

Depuis le 29 mai 5,165 fédérés ont été remis entre les mains de l'autorité maritime, et la mortalité n'a jamais dépassé vingt-sept hommes par mois.

Il n'y a eu, tant à bord que dans les hôpitaux, que 109 décès. Ce chiffre n'est pas élevé, quand on songe à l'état de fatigue et d'épuisement dans lequel beaucoup de prisonniers sont arrivés.

On pourrait s'attendre à un chiffre plus élevé. D'ailleurs, l'air de la mer est excellent, et rien de ce qui concerne l'hygiène n'est négligé.

Des infirmeries sont établies sur les pontons mêmes, où les malades peuvent recevoir les premiers soins.

En cas de maladie grave, les détenus sont transférés sur un des deux pontons-hôpitaux, la frégate l'*Impétueuse* et le transport la *Loire* mouillés en grande rade, à peu de distance des autres pontons.

En cas de décès, le corps est rendu à la famille si elle le réclame, ou enterré dans le cimetière de Cherbourg. M. de Pont Jest nous donne encore les renseignements suivants :

« Sauf en ce qui concerne la liberté, les détenus sont traités sur les pontons comme les matelots, non pas comme les matelots en campagne, dont la vie est infiniment plus pénible et plus faite de privations, mais comme les matelots en service à bord des bâtiments de l'État naviguant sur le littoral. Même nourriture, même couchage même soins de propreté.

L'ordinaire de la nourriture change tous les dix jours. Voici celui qui venait d'être arrêté du 7 au 17 octobre, au moment même où je suis arrivé à bord de *la Ville de Nantes*.

Déjeuners : biscuit, café et sucre.

Dîners : 3 repas de viande fraiche ; 2 de conserves de bœuf avec 1/2 soupes de fayols ; 2 de lard salé ; 1 de riz avec beurre ; 1 de fèves avec beurre ; 1 de sardines.

Soupers : 3 repas de pommes de terre ; 5 de fayols ; 2 de pois.

Assaisonnements : 5 repas avec beurre; 5 repas avec huile.

Une ration de vin à midi ; pain aux deux repas.

Le tout selon la quantité adoptée pour les marins et les soldats.

Il y a certes quantité d'honnêtes gens qui n'en ont pas autant, et si ce régime peut sembler insuffisant à quelques-uns des prisonniers, accoutumés qu'ils étaient à faire meilleure chère, il en est au contraire beaucoup qui, d'ordinaire, ne vivaient pas mieux avec les trente sous que leur donnait si généreusement le gouvernement du 18 mars.

Quant au couchage, il consiste en un hamac pour deux hommes, c'est-à-dire que chacun des individus ainsi amatelotés couche une nuit sur deux sur le pont.

Inutile d'ajouter que le droit au hamac se vend à bord, comme le tour de promenade, le droit de fumer et le quart de vin ; cela, sans doute, en vertu de la devise : Fraternité, liberté, égalité. »

Aucune cantine n'existe à bord.

Il n'est jamais remis d'argent aux prisonniers ; mais ils peuvent, avec celui qu'ils possèdent à l'administration des prisons, faire acheter en ville les choses qui leur sont nécessaire.

Tous les matins, les commandants envoyent au commandant en chef un rapport détaillé sur ce qui s'est passé sur leurs bâtiments pendant vingt-quatre heures, et reçoivent les ordres du jour. Ce rapport n'est pas seulement militaire, c'est-à-dire qu'il n'indique pas seulement les faits qui intéressent la discipline et l'hygiène, il énumère aussi les interrogatoires qui ont été faits et constate la marche de l'œuvre judiciaire.

Pour le service administratif maritime, les pontons sont groupés trois par trois, de sorte que deux commissaires y suffisent. Ces commissaires, en effet, n'ont pas à s'occuper des actes civils des prisonniers, car ceux-ci, dans le cas où ils trouvent que cette visite leur est nécessaire, peuvent recevoir à bord un des notaires de la ville, ainsi que les prêtres qu'ils feraient demander. Jusqu'ici, un ministre protestant seul a eu à exercer son ministère à bord.

La surveillance n'a pas été moins bien organisée à l'extérieur des pontons qu'à l'intérieur. Pendant la nuit, un canot à vapeur fait des rondes d'heure en heure autour de la triste escadre. Cette embarcation est armée et munie de feux de couleur, afin de pouvoir demander du renfort en cas d'alerte. Les navires et les bateaux

La Roquette.

venant du large ne peuvent passer qu'à une certaine distance des pontons qui, d'ailleurs, sont mouillés en grande rade, de façon à ne gêner en rien la navigation.

Toute embarcation de quelque genre que ce soit qui, depuis le lever du soleil jusqu'à son coucher, n'obéirait pas à la première sommation du factionnaire, recevrait immédiatement un coup de feu, puis elle serait saisie et son équipage serait fait prisonnier.

Tel est à bord des pontons de Cherbourg le sort provisoire des héros de floréal.

Leur sort mérite-t-il la compassion des gens qu'ils ont tyrannisés pendant deux mois, qu'ils ont traqués comme réfractaires, dont ils ont interrompu le travail et mis la vie en péril?

Le commandant Sigoyer laisse une femme et des enfants; gardons nos sympathies pour ces innocentes victimes.

—

Les condamnés.

Notre intention n'est pas de reproduire ici le compte rendu des conseils de guerre de Versailles; mais avant de clore cette histoire nous devons dire comment ont fini quelques-uns de ses « héros » comment d'autres ont commencé de finir.

Nous avons des condamnés à mort et des condamnés à la transportation.

Si les premiers sont exécutés... dame ! à moins de croire aux revenants, il est certain que nous ne les verrons plus se promener dans Paris et poser leur candidature au prochain gouvernement.

Mais les autres ?..

Est-ce adieu qu'il faut leur dire ou simplement au revoir ?

Ils ne sont pas encore partis pour la vallée de Waïthau, Assi, Grousset, Urbain, et autres personnages, jadis sanglés de rouge, comme disait Marotteau.

Ferré et Lullier ont été condamnés à mort.

Nous avons assez parlé de ces deux individus pour n'avoir plus à y revenir.

Mais la peine capitale a également frappé deux autres personnages dont nous avons dit jusqu'à présent peu de chose :

Rossel le général de la Commune.

Et Marotteau, rédacteur de journaux communistes. Un ancien officier de l'armée et un journaliste.

Des deux, le journaliste n'est peut-être pas le plus intéressant, mais c'est certainement celui dont la condamnation a le plus étonné.

Marotteau, malgré toutes ses publications, était peu connu.

Nous commencerons notre revue par ce condamné, le dernier frappé et le plus jeune.

Marotteau n'a que vingt deux ans.

Il est né à Chartres, d'une famille honnête et peu aisée, à laquelle, de bonne heure, il créa des embarras et du chagrin. Il vint à Paris au sortir du collège, et parvint à faire imprimer un volume de poésies religieuses intitulées *les Flocons*.

Puis il se lia avec quelques bohèmes de lettres et s'essaya dans des critiques de mœurs d'un genre violent. Il se crut arrivé sans doute le jour où il publia son premier article dans le journal de Vallès, *La Rue*.

Il était encore loin de la renommée qu'il cherchait.

L'année 1869 le fit connaître.

C'est à lui que l'on doit la résurrection du *Père Duchêne*. Il avait pour collaborateurs A. Humbert, Vermesch, et Longuet.

Ce pamphlet, écrit d'une façon remarquable, mais ignoble, mais infâme, n'eut que cinq ou six numéros.

Après une de ces condamnations a quelques mois de prison que l'on distribuait alors comme un encouragement et dont les « victimes » se faisaient une réclame, Marotteau publia un journal intitulé *le Faubourg*.

Cette feuille fut supprimée au troisième numéro pour offenses à l'empereur et à l'impératrice.

Condamné par défaut en cette occasion, il eut la hardiesse de rentrer en France, d'en appeler de ce jugement et, arrêté alors il retourna à Sainte-Pélagie.

On eut pitié de sa jeunesse, on céda aux prières de sa mère et il obtint sa grâce.

Il devait payer bientôt cette indulgence par des violences nouvelles en s'en prenant cette fois aux institutions même du pays, au nouveau pouvoir établi, à tout ce qui était respectable et respecté.

Il devint le journaliste le plus violent et le plus zélé de l'insurrection. Il fonda dans le mois d'avril le journal *La Montagne*. Nous en avons cité le fameux numéro-affiche : *Victoire ! Flourens marche sur Versailles ! Le Mont-Valérien est a nous !*

Malgré ses canards rouges et ses violences ce journal ne fit pas ses frais.

Marotteau le fit reparaître en mai sous un nom nouveau le *Salut public*.

Ce dernier se vendit mieux.

On a relevé dans ces dernières publications des charges accablantes ; il fut accusé : d'excitation à la guerre civile, de complicité dans les pillages et les assassinats d'attentat ayant pour but de changer la forme du gouvernement.

Certains de ces articles sont écrits avec talent tous sont inspirés par les passions les plus coupables, entre tous il en est un qui sans doute pesa d'un grand poid dans la décision du jury, c'est celui où il excite à l'assassinat des otages.

Nous croyons qu'on le lira avec intérêt. Il faut aussi que l'on sache ce qu'était la littérature révolutionnaire :

Voici ce qu'écrivait Marotteau au moment où Mgr Darboy était à Mazas :

Mgr. l'archevêque de Paris.

En 1848, pendant la bataille de juin, un prélat fut tué sur une barricade.

C'était Mgr Affre, archevêque de Paris. Il était monté là, disait-on, sans parti pris, en apôtre pour prêcher l'Évangile, pour lever du bout de sa crosse d'or le canon fumant des fusils.

On le ramassa, on épongea sa blessure, on embauma son cœur ; il fut enterré en grande pompe comme un martyr, comme un saint.

L'histoire lui a consacré une page émue, et sur son tombeau la bourgeoisie jura haine éternelle aux hommes de la révolution.

Cette mort excusait les cruautés de Cavaignac. On feignit de trouver dans les mains qui saignaient sous le fer du bagne des lambeaux de robe violette. C'était faux ! On ignore encore aujourd'hui de quel côté vint le coup. On ne sait pas si la balle est sortie du fusil d'un soldat ou de la canardière d'un insurgé.

Les républicains baissèrent la tête comme des maudits sous cette aspersion de sang bénit. En ce temps-là on croyait encore aux missions divines, aux hommes providentiels, et la charogne d'un archevêque pesait plus dans la balance qu'un cadavre d'ouvrier.

L'instruction nous a rendus sceptiques. Nous avons vu Sibour choquer son saint ciboire au verre fêlé d'un Bonaparte. Nous ne croyons pas à Dieu. La révolution de 1871 est athée. Notre République a un bouquet d'immortelles au corsage.

Nous menons sans prière nos morts à la fosse et nos femmes à l'amour. Nos mères, nos filles n'iront plus s'agenouiller balbutiantes dans l'ombre de vos confessionnaux. Vous ne fesserez plus nos marmots. Notre grande cité de travail exclut les paresseux et les parasites. Partez, jeter vos frocs aux orties, retroussez vos manches, prenez l'aiguillon, poussez la charrue.

Chanter aux bœufs, vaut mieux que chanter des psaumes. — Quittez-moi la burette pour la cruche où le vin blanc mousse. Laissez le rosaire pour le long chapelet d'andouilles ; oubliez les amours de sacristie : laissez la robe des enfants de chœur pour chiffonner un peu le fichu blanc des belles filles.

Que les nonnes s'envolent ; qu'elles donnent un coup de ciseau dans le cordon de leurs tabliers, laissent rouler leurs cheveux, ouvrent leurs guimpes. Leurs doigts blancs ne sont pas faits pour les parures du couvent, leurs bouches rouges pour les baisers de sainte Thérèse. Il y a dans leurs seins ronds de quoi allaiter des hommes. Partez vite ; demain, il sera trop tard.

Prenez garde aux colères du peuple ! Si par hasard il se mettait à feuilleter vos dossiers, s'ils comptait vos crimes, s'il pensait à ses filles que vous avez rendues folles, à ses enfants que vous avez hébétés, flétris, il ne resterait pas une pierre debout de vos églises, et le peuple mettrait votre chair jaune en lambeaux.

Chaque jour, on découvre une infamie nouvelle en fouillant les souterrains de vos couvents.

Hier encore, le citoyen Protot à enfoncé une prison où vous reteniez toute une nuée de jeunes filles.

Et pourquoi ! Et de quel droit ! au nom de quelle justice ? Quelles fautes avaient elles commises ? Elles avaient voulu aimer, elles avaient refusé de courber leurs têtes fraîches sous la canne d'un père imbécile ou sous la verge d'une marâtre bigote.

Prenez garde !

On pourrait bien vous faire expier Léotade et Torquemada, Charles VI et Trestaillon. Dent pour dent, a dit la Commune ; si on allait se souvenir de Galilée et de Jean Huss. Si l'on vous plantait dans les épaules le poignard de Lucrèce Borgia.

Dent pour dent ! Vous nous les avez cassées par centaines pendant la Saint-Barthélemy. Œil pour œil, voilà des siècles que nous sommes aveugles.

Et ne nous parlez pas de Dieu. Le Croquemitaine ne nous effraye plus. Il y a trop longtemps qu'il n'est qu'un motif à pillage et à assassinat.

C'est au nom de Dieu que Guillaume a bu à plein casque le plus pur de notre sang. Ce sont les soldats du pape qui bombardaient les Ternes.

Nous biffons Dieu.

Les chiens ne vont plus se contenter de regarder les évêques. Nos balles ne s'aplatiront plus sur des scapulaires, pas une voix ne s'élèvera pour nous maudire le jour où l'on fusillera l'archevêque Darboy.

Il faut que M. Thiers le sache, il faut que J. Favre, le marguillier, ne l'ignore pas ; nous avons pris Darboy pour otage, et si on ne nous rend pas Blanqui, il mourra. La Commune l'a promis, et si elle hésitait, le peuple tiendrait son serment pour elle.

Et ne l'accusez pas !

« Que la justice des tribunaux commence, disait Danton le lendemain des massacres de septembre, et celle du peuple cessera. »

Ah ! j'ai bien peur pour monseigneur l'archevêque de Paris.

Je n'ai pas besoin d'exprimer le dégoût que souleva dans l'auditoire la lecture de cet article infâme, dont M. le commandant Gaveau avait retranché cependant les lignes les plus violentes ; aussi, lorsque Me Bigot prit la parole à son tour, se demande-t-on ce qu'il va pouvoir dire pour la défense de son triste client.

Fort embarrassé peut-être lui-même, Me Bigot se lance alors dans le domaine de la politique, attaque en passant M. le commissaire du gouvernement, à qui il reproche de faire un crime à l'accusé d'avoir été condamné pour offenses envers la personne de l'empereur ; et, non sans quelque éloquence, il plaide ensuite la question de droit, et réclame pour la jeunesse de Maroteau l'indulgence de ses juges.

Ces efforts devaient être vains, car le conseil, après une délibération de quelques instants, rend un verdict affirmatif sur toutes les questions et condamne Gustave Maroteau à la peine de mort !

Ce procès nous a donné l'idée de relire de nouveau les collections de *la Montagne*

L'abbé Deguerry, curé de la Madeleine.

Par De La Brugère

et du *Salut public*. Ce n'est pas très-amusant mais c'est utile. On sort de cette lecture convaincu par exemple que l'article incriminé que nous venons de citer n'est pas dû à l'inspiration du moment, mais bien à une façon systématique de procéder dans l'art de flatter les passions de la foule.

Nous en pourrions citer plusieurs du même genre.

Dans un article du 10 mai intitulé les *otages*, profitant de l'explosion de la cartoucherie de l'avenue Rapp pour exciter les haines populaires, le *Salut public* disait des membres du gouvernement siégeant à Versailles :

« Ils pensèrent d'abord fuir en Belgique. Toute réflexion faite ils s'arrêtèrent à Versailles, et là sous des déguisements de députés, ils s'assirent à la Chambre, certains d'avoir là plus d'impunité qu'où que ce fût et plus de licence en même temps.

» Ils prirent des pseudonymes.

» L'un s'appela général du Temple, Casenove, un troisième vicomte de Melun, un autre Thiers, comme ils se seraient appelés Tartufe, Cartouche, Dumollard ou Léotade, et se mirent presque aussitôt à recommencer les mômeries avec lesquelles ils avaient édifié des années les fidèles et les niais.

» Le ventre plein, ils réclamèrent des jeûnes publics et aussi des prières ; — les prières rapportent de l'argent au clergé.

» Ils obtinrent un vote de confiance en faveur de Dieu.

» Mme de Gallifet, qui fréquente la maison du susdit, fut satisfaite de leur piété.

» Cela se passa au-dessus du parquet de l'Assemblée ; au-dessous ce fut comme dans les caves Saint-Laurent.

» Quand on ira dans les sous-sols de l'Assemblée, on buttera contre les cadavres. Il y en a déjà des milliers et des milliers d'entassés.

» L'autre jour, une ambulancière du 105ᵉ bataillon a été violée par les soldats de ces calotins.

» Circonstance aggravante, elle était en train de soigner des blessés.

» Hier ils ont fait sauter la cartoucherie du Gros-Caillou. On ramassa des cadavres à tombereaux, des cadavres et des débris de cadavres. Des petits enfants à la mamelle coupés en morceaux, des troncs de femmes calcinés ; il y eut des jeunes filles qui eurent le ventre ouvert. C'est là leur marque.

» Ils ne sauraient nier être les auteurs de ces crimes ; on a arrêté leurs émissaires. D'ailleurs, preuve irréfutable, les religieuses qui logeaient en face de la cartoucherie avaient été prévenues d'avoir à aller se faire sauter ailleurs.

» Aussi la Commune a-t-elle résolu de faire exécuter la loi sur les otages.

» On va commencer a en fusiller quelques-uns de ceux que l'on tient.

» Personne, s'imagine ne protestera et, le citoyen Amouroux l'a demandé, on devra commencé par les prêtres.

» C'est de toute justice puisque c'est d'eux que vient tout le mal. »

Ce n'est pas le seul journal communeux ou nous lisions de semblables infamies. L'*Avant-Garde* consacra tout un article, signé *Georges Sal*, à la comparaison de — M. Thiers avec Dumollard, et cette comparaison n'est certes pas à l'avantage de M. Thiers.

Et maintenant si ce bon peuple qui se fait si volontiers fusiller pour des drôles et des coquins, et qui, à l'instar de Gribouille, pour éviter la pluie se jette dans la rivière, et de crainte de l'exploitation des capitalistes se voue corps et biens aux chefs communistes, si ce bon peuple se demande comment il est possible qu'on se consacre, au risque d'être condamné à la déportation ou à la peine capitale, à lui conter des bourdes et des calomnies infâmes, nous lui répondrons :

D'abord c'est que vous en faite votre régal.

Ensuite, c'est qu'un canard quotidien, s'il se vend bien, peut, ainsi que nous le dit Rochefort, rapporter *vingt mille francs par semaine* à son rédacteur.

Vingt mille francs par semaine !.... ..... pour un chef-d'œuvre, mais pour un méchant canard où il ne s'agit que de donner des fausses nouvelles et de flatter le peuple à l'aide de ce grossier encens dont ne voudrait pas le roi d'une peuplade nègre... Ah ! cela peut tenter bien des *dévouements !*...

Ajoutons qu'après avoir versé dans la boue et le sang l'omnibus de l'État et pour ce, avoir été condamné à une peine quelconque, les malfaiteurs dits politiques ont la consolation de voir le bon peuple faire une révolution nouvelle pour les remettre de nouveau au pouvoir. Les écrivains de la trempe de Marotteau ont un tel mépris de la loi que le lendemain de la prise de Paris par Mac-Mahon, un individu (nous ne savons qui), mettait en vente, rue du Croissant, « chez le bon bougre Roy, » LES MÉMOIRES DU PÈRE DUCHÊNE. *Son petit avertissement, avec sa grande motion pour que l'on foute au feu tous les ouvrages prétendus historiques de Thiers.*

Au-dessus du titre, une vignette représente Hébert une pipe à la bouche, la main gauche à sa ceinture garnie de pistolets, la droite, brandissant une hache ; à côté de ce héros révolutionnaire est un prêtre qui implore grâce de la vie ; et au-dessous du prêtre cette légende : — *Memento mori*, souviens-toi que tu dois mourir. »

On trouve dans ce journal ce conseil qui ouvre de nouveaux horizons à la Commune de l'avenir : « Mais si en faisant retirer les armes aux jean-foutres qui ne veulent s'en servir que contre la République, la Commune ordonnait, par la même occasion, la saisie de tous les ouvrages de Thiers chez les citoyens.

» Quel service on rendrait à la Révolution !

» Car le poison n'est pas moins dangereux que le fer. »

Cela rappelle la proposition de Rochefort et celle de Vallès, de brûler les bibliothèques.

» Éteignons les lumières.
» Et rallumons le feu. »

Ce n'est plus des jésuites que l'on peut chanter ce refrain de Béranger ?

Disons maintenant un mot du jugement et de la condamnation de Rochefort. L'acte d'accusation retrace non-seulement les excès criminels de l'écrivain, mais nous donne une partie de sa biographie.

Monsieur le président,

Messieurs les juges,

Vous avez jugé les chefs avoués de l'insurrection du 18 mars : les accusés d'aujourd'hui ouvrent la série de ses chefs occultes.

Les premiers ont combattu le gouvernement avec les bombes à pétrole, les exécutions sommaires, les torches incendiaires.

Ceux-ci ont employé des armes non moins terribles.

Leur plume trempée dans le venin et dans le fiel a agi dans l'ombre, mais elle a fait de cruelles blessures.

Par des articles infâmes ils ont répandu le mensonge, l'injure, la calomnie sur tout ce qu'il y a de plus sacré et de plus respectable ; ils ont prêché le crime et se sont donné la satisfaction de le voir commettre sous leurs yeux.

Le premier des accusés a été l'un des chefs de cette école détestable qui a perdu nombre de jeunes gens honnêtes et intelligents et qui a contribué à jeter, en France, les germes de démoralisation qu'il faut se hâter de faire avorter.

Je rappellerai, tout à l'heure, les antécédents de cet homme qui est parvenu à une célébrité malsaine.

Vous savez déjà, Messieurs, la voie qu'il a suivie avant d'arriver sur ces bancs.

Toujours à l'affût du scandale, dont sa vie n'est qu'un long exemple, il n'a jamais rien respecté ; il a fait bon marché de tout. La famille, la religion, la patrie, rien n'a trouvé grâce devant ses violentes attaques.

Ce commerce l'a enrichi. Sa Lanterne lui rapportait 25,000 francs par semaine.

C'est que, en ce temps où l'amour du prochain tend à devenir un mythe pour faire place à l'odieuse envie et aux sentiments les plus abjects, il est très-fructueux de spéculer sur l'attrait des publications scandaleuses.

Joueur effréné, Rochefort a d'ailleurs jeté au hasard une partie de ce bien mal acquis.

Avant d'aller plus loin, je dois éclairer le conseil sur les antécédents des accusés, et, pour être exact, je lui demanderai de faire lecture des notices suivantes puisées à bonne source.

Je commence par celle de ces notices qui concerne M. Rochefort.

Le comte Henri-Victor de Rochefort-Luçay est né à Paris le 30 janvier 1830.

Elevé, à titre de boursier, au collège Saint-Louis, il adressa, en quatrième, au duc de Montpensier une pièce de vers qui lui valut un porte-crayon d'or.

Il composa aussi, pour un concours des jeux floraux, un sonnet à la vierge.

Il avait été, depuis le 1er janvier 1851, admis comme expéditionnaire, dans les bureaux de l'hôtel de ville.

En 1861, il était nommé, dans cette administration, sous-inspecteur des Beaux-Arts. Il donnait sa démission en 1863, époque où des succès au théâtre et dans la presse parisienne lui avaient fourni les moyens de conquérir toute sa liberté.

Il entrait dans la vie politique en 1866, en publiant, dans le *Figaro*, des chroniques qui attirèrent contre ce journal les rigueurs administratives. La collection de ces chroniques a été publiée en 1866, 1867 et 1868, sous les titres de : *Les Français de la décadence, La Grande Bohême, Les Signes du temps.*

Ecarté du *Figaro* par les menaces de l'administration, Rochefort profita de la loi libérale du 11 mai 1868 pour fonder un journal personnel, *la Lanterne*, dont le premier numéro parut le 1er juin suivant. Rochefort vint lui-même demander l'intervention de M. Piétri, alors préfet de police, pour obtenir l'autorisation de vendre son journal sur la voie publique, autorisation que le ministère lui retira bientôt après.

On connaît la vogue de ce pamphlet qui fut saisi dès le onzième numéro.

C'est à partir de ce moment que commence la série des condamnations subies par Rochefort.

Le 5 août, il était condamné à 50 francs d'amende pour avoir omis d'insérer, dans le numéro de *la Lanterne* du 25 juillet 1868, un communiqué qui lui avait été adressé par l'autorité publique, antérieurement à la publication dudit numéro.

Ce communiqué répondait à l'accusation portée contre le gouvernement d'avoir tenu enfermé à Charenton plus de dix-huit mois le sieur Sandon ; il consistait en un rapport de M. Tourangin, sénateur, publié au *Moniteur universel* du 20 février 1863.

Le même jour, Rochefort était condamné à 4 mois de prison et 200 francs d'amende pour avoir, le 9 juillet 1868, porté volontairement des coups au sieur Rochette, imprimeur du journal *l'Inflexible*, à Paris. Ce jugement était confirmé le 22 août 1868, par la cour impériale de Paris. (Voir *le Droit* des 6 et 23 août 1868.)

A l'occasion de la publication du n° 11 de la *Lanterne*, Rochefort était condamné par défaut, le 14 août 1868, pour offenses envers la personne de l'Empereur et excitation à la haine et au mépris du gouvernement, à une année d'emprisonnement et 10,000 francs d'amende. Le jugement, longuement motivé, se trouve dans le *Droit* du 14 août 1868, et dans le n° 30 du même mois, qui donne en même temps l'arrêt confirmatif de ce jugement, rendu par défaut, le 29 août, par la cour impériale de Paris.

« Considérant, dit notamment cet arrêt, que, dans l'ensemble de l'écrit poursuivi, Rochefort cède aux plus mauvaises passions ; que chaque expression révèle ses sentiments de haine contre le gouvernement et tous les pouvoirs publics, etc. »

A l'occasion du 13e numéro de la *Lanterne*, Rochefort était condamné par défaut, le 28 août 1868, par la 6e chambre du tribunal correctionnel de la Seine, à treize mois de prison et 6,000 francs d'amende, pour offense envers la personne de l'empereur, excitation à la haine et au mépris du gouvernement, et outrages à une religion reconnue en France. (Voir le *Droit* du 29 août 1868.)

Le 26 juin 1869, il était condamné de nouveau, pour excitation à la haine et au mépris du gouvernement, offenses envers l'empereur et complicité d'introduction en France d'un journal étranger non autorisé, à trois années d'emprisonnement, 10,000 francs d'amende, et interdiction, pendant un espace de temps égal à la durée de la peine contre lui prononcée, des droits mentionnés en l'article 42 du code pénal.

A la suite de ces condamnations répétées, Rochefort devint un véritable personnage politique.

Il fut porté, comme candidat aux élections générales de mai 1869, dans la 7e circonscription et obtint, au premier tour de scrutin, 10,033 voix sur 34,308 votants. Au second tour de scrutin, pour s'assurer les voix de M. Cantagrel, qui se désistait en sa faveur, il donna à ses professions de foi un caractère socialiste qu'elles n'avaient pas eu d'abord, et réunit 14,780 voix contre 18,267 obtenues par M. Jules Favre.

Aux élections partielles du mois de novembre il fut porté comme candidat dans la 1re circonscription, et bravant l'exécution des jugements prononcés contre lui, il rentre en France pour se jeter de sa personne dans la lutte.

Dans les réunions publiques organisées en sa faveur, il accepta le mandat impératif et s'engagea à venir régulièrement rendre compte à ses électeurs de ses actes et à prendre leurs ordres. Il fut élu par 17,978 voix sur 34,461 votants.

En exécution des engagements pris par lui, Rochefort rouvrit, à La Villette, des réunions publiques, où il fit décréter la fondation d'un journal ayant pour titre : *La Marseillaise*. Elu rédacteur en chef, il eut pour collaborateurs désignés par les clubistes : MM. Flourens, Millière, Arthur Arnould, Ducasse et autres orateurs des réunions publiques ; Dereure fut le gérant.

Après le meurtre de Victor Noir, Rochefort attaqua le gouvernement avec tant de violence, que les numéros des 12 et 13 janvier 1870 du journal la *Marseillaise* furent saisis.

La chambre ayant, à la majorité de 224 voix contre 34, autorisé les poursuites, Rochefort fut cité, le 22 janvier, devant la 6e chambre du tribunal correctionnel, et condamné, pour offenses envers la personne de l'empereur et les membres de la famille impériale, et pour provocation à commettre un ou plusieurs crimes, à six mois de prison et 3,000 francs d'amende. (Voir le *Droit* du 23 janvier 1870.)

Le 7 février, en exécution du jugement rendu le 22 janvier, Rochefort fut arrêté à la Villette, au moment où il allait présider une de ses réunions publiques ; Gustave Flourens, qui se trouvait à la salle de la *Marseillaise*, en apprenant son arrestation, donna le signal d'un soulèvement promptement réprimé.

Le 4 septembre, Rochefort fut délivré par le peuple de la prison de Sainte-Pélagie où il avait été écroué, et proclamé membre du gouvernement de la défense nationale.

On sait le rôle effacé qu'il joua jusqu'au 31 octobre et son attitude assez extraordinaire dans la soirée de ce jour. Après avoir été président de la commission des barricades, il donna, le 1er novembre, sa démission de membre du gouvernement de la défense nationale.

Le 3 février, il publiait le premier numéro du *Mot d'ordre*, journal destiné à remplacer la *Marseillaise* ; c'était un moyen d'assurer le succès de sa candidature aux élections de février. Il obtint à Paris 191,211 voix et fut élu le sixième. Il se rendit aussitôt à Bordeaux pour remplir son mandat législatif, et c'est dans cette ville qu'il apprit la suppression du *Mot d'ordre*. En effet, M. le général Vinoy, commandant en chef l'armée de Paris, avait rendu, à la date du 11 mars 1871, l'arrêté suivant, inséré dans le numéro du 12 mars du *Journal officiel*.

Le rapporteur cite l'arrêté pris par le général Vinoy et poursuit en ces termes :

Quelques jours après se produisait le mouvement du 18 mars, qui amenait parmi les membres de la Commune plusieurs anciens rédacteurs ou gérants de la *Marseillaise*, et, notamment, Arthur Arnould, Millière, Dereure.

Le *Mot d'ordre* reparut aussitôt sous la direction des anciens amis de Rochefort, et se prononça immédiatement contre le gouvernement de Versailles. Rochefort avait donné sa démission de membre de l'Assemblée nationale, par la lettre suivante, rédigée d'un commun accord entre MM. Rochefort, Ranc, Malon de l'Internationale), et Tridon.

Citoyen président,

Les électeurs qui nous ont confié notre mandat, nous ont nommés représentants de la France républicaine une et indivisible. Par son vote du 1er mars, l'Assemblée a livré deux de nos provinces ; elle a démembré la France, elle n'est plus l'expression du pays.

Quatre généraux, en votant contre la paix, ont donné un démenti à M. Thiers quand il prétend que la lutte est impossible.

En conséquence, notre conscience nous défend de siéger plus longtemps dans l'Assemblée, et nous vous prions de lui présenter notre démission.

> *Signé :* Rochefort, Ranc, Malon (de l'Internationale), députés de Paris ; Tridon, député de la Côte-d'Or.

Le rapporteur consacre une notice assez étendue au coaccusé de Rochefort, Eugène Mourot, rédacteur gérant du *Mot d'ordre*, puis il revient à Rochefort :

Je ferai remarquer, dit-il au conseil, que la suppression du *Mot d'ordre*, par le général Vinoy, appela sur lui la haine venimeuse de Rochefort.

Vous le verrez poursuivre de ses outrages et de ses injures ce noble et brave général dont l'existence a été un long sacrifice à la patrie, qui, malgré son âge, vient de donner, dans ces derniers et funestes événements, de nouvelles preuves de vigueur et d'énergie.

Rochefort, comme propriétaire et auteur du *Mot d'ordre*, est responsable de tout ce qui y a été publié.

Mourot qui, sous le nom de secrétaire en a été le gérant, qui avait dans son lot le chapitre des nouvelles du jour, qui dirigeait le journal en l'absence de Rochefort, est également responsable.

Je ferai plus tard la part qui revient à Maret.

J'ai dit que c'est par la plume que les accusés ont commis les actes qui font l'objet des chefs d'accusation.

Mon réquisitoire ne sera donc qu'une lecture pénible à faire pour moi, pénible à entendre pour vous et pour les honnêtes gens.

Le journal le *Mot d'Ordre*, dont le titre seul trahit le but, a, en effet, indiqué les crimes à commettre, les mesures violentes à prendre, et ses consignes ont été strictement exécutées.

Destinés à alimenter le feu de l'insurrection, ces articles, offerts en pâture journalière aux Parisiens, mais peu connus du reste de la France, doivent recevoir la plus grande publicité.

J'ai fait un dossier particulier pour chaque chef d'accusation ; chacun vous en sera le témoin fidèle.

M. le commandant Gaveau lit alors un grand nombre d'articles du *Mot d'ordre*, où il relève les différentes complicités dont Rochefort est accusé, et, après avoir traité ensuite la question de droit, il poursuit :

En résumé, Rochefort s'est empressé, malgré son état de maladie, de venir apporter son concours au gouvernement insurrectionnel, et ce n'est pas le 10 avril qu'il est arrivé à Paris, ainsi qu'il l'a prétendu d'abord, mais il y était dès le 1er de ce mois.

A la proposition qui lui était faite d'être nommé emmbre de la Commune, il a répondu par la lettre suivante, où il se prononce comme son partisan dévoué.

Citoyen rédacteur en chef,

Je lis, mon nom, dans plusieurs journaux, sur une liste de candidats aux élections communales.

Je serais, je n'ai pas besoin de le dire, extrêmement honoré de faire partie de la Commune de Paris. Mais il y aurait actuellement pour moi impossibilité matérielle a remplir les grands devoirs que cette situation impose.

A la nouvelle des événements qui agitaient Paris, je suis revenu d'Arcachon à peine convalescent, et je n'ai pu guère depuis me ménager assez pour être en état d'accomplir une besogne tant soit peu fatigante. Je puis, à la rigueur, écrire, mais il m'est impossible et surtout défendu de parler et de veiller.

Mes forces me trahiraient bientôt, et cela sans profit pour personne. Je me vois donc, à mon grand regret, obligé de décliner toute candidature.

Veuillez agréer, citoyen rédacteur, l'expression de mes sentiments fraternels.

Signé : HENRI ROCHEFORT.

Puis, après avoir allumé l'incendie, averti sans doute de la prochaine rentrée de l'armée et effrayé de la terrible responsabilité qui pèse sur lui, il quitte furtivement Paris, le 19 mai, après avoir cherché à donner le change sur sa détermination. On lit, en effet, dans le numéro du 20 mai du *Mot d'ordre :*

J'avais entrevu avant-hier dans le *Gaulois* une de ces nouvelles inventées à plaisir par ces prostitués de lettres qui ont soin de prendre le train de Versailles avant de risquer des personnalités contre ceux qui sont restés à Paris.

Je n'aurais pas même lu jusqu'au bout cette inepte assertion où il est dit que j'ai écrit à Arcachon à « ma maîtresse » (quel bon goût et quel beau langage!) pour la prier d'aller me retenir un appartement à Bruxelles.

Mais plusieurs journaux, en reproduisant cette note, me forcent à la relever. Je n'ai à Arcachon que ma sœur, ma fille et mon petit garçon, qui étaient venus m'y retrouver quand j'étais malade, et il y a déjà quelque temps que je leur ai écrit, non pour les inviter à aller me retenir un appartement à Bruxelles, mais pour leur dire de venir me rejoindre à Paris, tant je crois peu à l'entrée des Versaillais.

La seule crainte que puisse me faire éprouver la note publiée par les chanteurs du *Gaulois*, c'est que ma lettre ne soit, en effet, tombée dans les mains du préfet de Bordeaux. Elle contenait un chèque que j'adressais à ma famille pour les frais du voyage d'Arcachon à Paris, et il est possible que, fidèle aux traditions de l'empire, ce fonctionnaire ait à la fois gardé ma missive et empoché mon argent.

Signé : HENRI ROCHEFORT.

Il commet un mensonge flagrant en affirmant qu'il a renoncé à la publication de son journal, puisque cette feuille paraît encore, le 20 mai, au moment où il était arrêté à Meaux.

Il ment encore quand il attribue à son esprit de patriotisme la suppression volontaire de son journal la *Marseillaise* pendant le siége. — Une lettre de l'un des rédacteurs de cette feuille, à la date du 31 octobre 1870, prouve que cette suppression doit être attribuée au peu de succès qu'avaient alors, dans le danger pressant de la patrie, ses articles dont l'injure et la calomnie faisaient le fond.

Enfin cet homme, seul dans sa prison avec les souvenirs d'un passé si coupable, s'humilie devant ceux qu'il a tenté d'avilir ; il se réclame de tous les personnages qu'il a connus, les invitant à lui tendre la main. C'est ainsi qu'il s'est adressé en dernier lieu au général Trochu, qui lui a répondu en ces termes :

M. Gaveau donne lecture d'une lettre du général Trochu, beaucoup trop longue pour être reproduite ici. Cette lettre, nous devons le dire, fit sur le public impartial une impression assez fâcheuse.

Le général y traite son ancien collègue de la défense nationale avec une raideur sans générosité.

Rochefort avait cru, jadis, comme tant d'autres, au génie du gouverneur de Paris et l'avait appuyé de toute son influence.

Il s'attendait à un témoignage favorable.

Pas du tout.

M. Trochu répondit en déclarant que pour lui, Rochefort avait été un homme jugé, du jour où il réclama 15,000 francs de son traitement comme membre du gouvernement, qu'il avait d'abord renoncé à toucher, mais qui lui devenaient nécessaires depuis la suspension de son journal, *La Marseillaise*.

Nous aurions souhaité que Rochefort et M. Trochu n'aient eu rien à se reprocher de plus grave.

Rochefort avait supprimé sa *Marseillaise*, qui lui rapportait 20,000 fr. par semaine, afin de ne pas se laisser entraîner à critiquer la sage lenteur de M. Trochu, et de ne pas créer des embarras au gouvernement. C'était assez poli. M. Trochu est bien sévère.

Le rapporteur conclut en ces termes contre le rédacteur du *Mot d'Ordre* et ses complices :

Il faut, Messieurs, mettre cet homme hors d'état de nuire et en délivrer la société dont il a tenté de saper les bases. La loi vous en donne le moyen, appliquez-la lui dans toute sa rigueur.

Quant à son satellite Mourot, il doit expier le mal qu'il a causé par sa participation aux méfaits du maître.

La juste répression des faits imputés à Maret, sera un exemple pour cette géné-

Les Tuileries après l'incendie.

ration de jeunes écrivains qui font de leur plume une arme de désordre, de calomnie et de basse vengeance.

En conséquence, je requiers contre les nommés Rochefort, Mourot et Maret toute la sévérité de la loi.

Après les malheurs immérités de la patrie, il est pour tout homme de cœur un engagement sacré à prendre, c'est de hâter, par tous les moyens possibles, le moment où la France reprendra dans le monde la place qui lui est assignée par sa glorieuse histoire et l'initiative qu'elle a toujours prise dans le progrès de l'humanité.

Mais, pour cela, il faut d'abord la débarrasser des renégats et des hommes de désordre qui déshonorent jusqu'au drapeau, jusqu'au nom de la patrie.

Henri de Rochefort a été condamné à la déportation dans une enceinte fortifiée.

S'il s'est fait avec sa plume venimeuse un grand nombre d'ennemis, Rochefort compte encore quelques amis qui espèrent faire commuer sa peine en celle d'une simple détention.

Victor Hugo a imploré la clémence de M. Thiers. Le président de la République a répondu qu'il n'appartenait qu'à la commission nommée pour désigner les condamnés dignes d'une grâce, de prononcer sur le sort de Rochefort.

On se souvient que ce dernier a été l'hôte, à Bruxelles, et l'ami des fils du grand poète, et qu'il a été le parrain d'un enfant de Charles Hugo.

Un autre condamné excite à cette heure aussi la pitié publique, et par son jeune âge et ses brillantes qualités intellectuelles se concilie de nombreuses sympathies.

Nous voulons parler de Rossel, l'ex-général en chef de la Commune. On se souvient qu'il avait été accusé de haute trahison par le Comité de salut public, et que même il avait été arrêté pendant quelques heures. On doit à cette aventure une des plus belles affiches dont la Commune ait couvert les murs de Paris.

Depuis, Rossel s'était caché dans une maison du boulevard Saint-Germain. Le hasard avait fait tomber entre ses mains les papiers d'un nommé Terbois, et c'est sous ce nom qu'il se cachait lorsqu'il fut arrêté le 7 juin.

Rossel est sorti officier du génie de l'école d'application de Metz. Il réunissait alors, disent ses chefs, toutes les qualités nécessaires pour faire un excellent officier.

C'était un jeune homme assidu au travail, de mœurs pures, austère même. Les premiers désastres de notre armée du Rhin exaltèrent son esprit.

Pendant le blocus de Metz il s'unit aux officiers mécontents de Bazaine et proteste contre la conduite du maréchal qui lui parait une trahison.

Toute une suite de témoins, composée des généraux Clinchamp, qui était à Metz pendant la guerre, et Vergne, ex-commandant du camp de Nevers ; de MM. Padovain, capitaine du génie ; Brisson, ancien administrateur-intendant, à Bourges, maintenant banquier ; Girer, député de la Nièvre, ancien préfet de Nevers ; Rampont, député, administrateur des postes ; toute cette suite de témoins, disons-nous, font la même déposition relativement aux capacités de Rossel comme militaire, à l'excellence de sa conduite privée, au chagrin qu'il a éprouvé des désastres de la France, à son exaltation continuelle à cette pensée et à la conviction profonde qu'il avait que la guerre à outrance pouvait sauver la France.

Son premier interrogatoire, lorsqu'il comparut devant le 3e conseil de guerre, rend compte de son existence depuis le siége de Metz jusqu'à son arrestation. Aucun récit ne serait aussi saisissant.

D. Quand vous étiez à l'armée de Metz, n'avez-vous pas pris part à une sortie ?

R. Oui.

D. Qu'espériez-vous de cette sortie ?

R. Nous voulions nous soustraire à la capitulation.

D. Mais cette manifestation était contraire à la discipline...

R. Non. Elle fut conduite par le général Clinchant.

D. Comment vous êtes-vous échappé de Metz ?

R. Le 29 octobre, déguisé en paysan et aidé par deux habitants, je suis passé en Belgique.

De Belgique j'allai en Angleterre embrasser ma mère, et de là je revins à Tours offrir mes services au ministre de la guerre.

Celui-ci avait été prévenu de ma visite et me réservait le meilleur accueil, sachant ce que j'avais fait à Metz...

D. Que s'est-il passé entre lui et vous ?

R. Il me donna une mission dans le Nord : j'y devais étudier l'état de nos forces militaires. Cette mission remplie, je retournais à Tours et on m'envoyait au camp de Nevers comme chef du génie, avec le grade de colonel au titre auxiliaire.

La délégation quittait alors Tours pour Bordeaux. Je partis le même jour, et je suis resté à Nevers jusqu'au 19 mars.

D. Quels travaux avez-vous dirigés à ce camp ?

R. Des baraquements.

D. Reconnaissez-vous la lettre écrite par vous au ministre de la guerre, le 19 mars ?

R. Oui.

D. Dans quels sentiments l'avez-vous écrite ?

Rossel semble réfléchir et hésiter avant de répondre. Il dit enfin :

R. La paix me semblait fâcheuse, préjudiciable, sans honneur. Or, j'ai cru que « le mouvement du 18 mars était surtout dirigé contre les Prussiens... »

(Nous devons dire que ces explications sont assez embarrassées et ne sont accueillies par l'auditoire qu'avec incrédulité.)

D. Ainsi, vous vous êtes séparé du gouvernement régulier pour passer franchement à l'insurrection ?

R. D'après l'attitude de Paris quand les Prussiens y sont entrés le 1er mars, d'après l'épisode des canons, j'ai cru sincèrement à l'hostilité de la population contre les Prussiens, j'ai cru qu'elle ne se soulevait contre le gouvernement que pour répudier la paix et recommencer elle-même la lutte.

M. le président. — Toutes les opinions sont libres ; mais vous n'avez pu croire, vous, homme intelligent, que la garde nationale parisienne chasserait, à elle seule, les Prussiens... Vous n'ignoriez pas que le premier soin de cette insurrection, jugée par vous si patriotique, fut de reconnaître et de respecter la paix conclue par l'assemblée avec la Prusse ?

R. Je me disais qu'une fois le gouvernement défait par l'insurrection, l'armée régulière nous serait acquise, et alors on pourrait recommencer la guerre contre l'étranger et y réussir.

D. Et sur cet espoir si chimérique, vous vous êtes décidé à combattre vos camarades, votre drapeau ?

R. J'ai pris ma résolution tout de suite. J'ignorais si elle ne serait pas partagée par beaucoup d'autres officiers.

D. Connaissiez-vous des chefs de l'insurrection du 18 mars ?

R. Aucun. J'avais seulement entrevu Lullier.

D. On vous reçut à bras ouverts comme officier de l'armée ?

R. Pas si à bras ouverts que cela ; mais je fus recommandé au nouveau pouvoir par quelques amis.

On voit que M. le président veut par cette série de questions pénétrer les vrais motifs de la conduite de Rossel. Il lui pose enfin cette interrogation... que nous attendions.

D. Ainsi, ce n'est pas... l'*ambition* qui vous a poussé ?

R. Non. C'était mon désir de chasser les Prussiens. (Incrédulité.)

D. Et vous y préludiez par la trahison ?

R. Je n'ai pas cru trahir, quand il s'agissait de sauver mon pays. N'a-t-on pas vu des faits semblables en 1815 : une conspiration militaire dont Ney fut la victime ? Est-ce que ces officiers, abandonnant le drapeau blanc, se sont battus sans honneur à Waterloo ?

(Il s'anime et veut prolonger cette digression politico-historique ; mais M. le président le ramène aux débats.)

M. le président. — Voici un rapport qui, en vous déclarant « bon officier, » ajoute : « Mais il ne donne ses soins qu'à ce qui peut le mettre en relief... »

R. Je n'accepte pas les appréciations de ce rapport officiel et... contradictoire.

D. En arrivant à Paris, le 20 mars, avec qui vous êtes-vous mis en rapport ?

R. Je m'adressai au Comité central de l'hôtel de ville qui ne me reçut pas. Mais des intermédiaires me firent obtenir l'emploi de chef de la 17ᵉ légion. Je le remplis jusqu'au 2 avril. A cette époque, je fus arrêté : on me reprochait trop de sévérité, parce que je voulais maintenir la discipline.

D. Les gardes nationaux étaient...

Rossel (avec conviction). — Aussi indisciplinés que possible!... Mon arrestation n'eût pas de suite ; au bout de quelques heures j'étais délivré et je devins le chef d'état-major du général Cluseret.

D. Quelles étaient alors vos fonctions ?

R. Je recevais les rapports et je centralisais les services. J'ai fait de grands efforts... sans résultat... pour réorganiser les légions jusqu'au 13 avril.

D. Pourquoi avez-vous donné votre démission le 26 ?

R. Je ne pouvais continuer à être sous les ordres de Cluseret. Mais j'ai gardé officieusement ce poste jusqu'à la fin du mois.

D. Ce Cluseret était-il à la hauteur de son rôle militaire ?

R. Il avait des aptitudes et quelques connaissances. (Cette réponse est bien évasive !)

D. Vous avez participé à la construction des barricades ?

R. Non. J'ai présidé à la place et au nom de Cluseret, une commission des barricades instituée surtout pour donner confiance aux défenseurs du rempart qui verraient s'élever sur leurs derrières, et pour les protéger une seconde ligne d'ouvrages.

C'est d'ailleurs là, dans la défense des places, un principe et une règle toujours observés.

M. le Président. — Enfin, vous devenez, le 30 avril, délégué à la guerre avec pouvoirs militaires...

R. Voici comment je fus nommé : Le fort d'Issy venait d'être une première fois évacué. Tandis que Cluseret allait le réoccuper, la Commune le destituait et la Commission exécutive me jugeait l'homme à choisir pour diriger les opérations compromises.

Je consentis donc à remplacer Cluseret; mais cette Commission exécutive qui m'avait nommé était elle-même remplacée par un Comité de salut public qui divisait les pouvoirs et les responsabilités, s'entendait directement avec Dombrowski acceptait le concours du Comité central, etc. Pendant mes huit jours de délégation, il y eut quatre changements d'organisation, c'était un état d'incohérence et de confusion où j'ai fait ce que j'ai pu...

D. Pouviez-vous vous faire illusion en vous voyant ainsi le chef d'une armée insurrectionelle, d'un ramassis d'étrangers... et pour combattre contre les soldats de votre pays ! vous, officier de notre armée !... (Mouvement.)

(Ici Rossel va répondre en casuiste et non en homme résolu :)

R. Mais ce nom de Dombrowski n'était pas étranger à la France : le premier empire a eu un général de ce nom...

Quand à Wetzel, un de mes officiers, il était Français et de Sarreguemines ; s'il ne l'est plus c'est grâce au traité de paix !

D. Et quand vous avez reçu d'un autre étranger Dembiski, a qui vous offriez du service, une lettre où il refusait de participer à la guerre civile, au nom des bienfaits de la France, la noble attitude de cet étranger ne vous a pas fait réfléchir ?

Rossel. — Un citoyen doit toujours prendre parti dans une guerre civile ; je ne pouvais hésiter d'ailleurs entre l'insurrection et... M. Thiers.

M. le président. — Officier, c'est entre votre drapeau et l'émeute que vous avez fait un choix... et quel choix !

R. Je sais bien qu'un militaire doit obéir au gouvernement de fait de son pays. Mais la question s'était compliquée depuis Metz. Après cette capitulation je m'étais dévoué à la défense de mon pays, abstraction faite de tout le reste. Eh bien ! dans cet unique sentiment de lutte à outrance, dans cette conviction ardente de victoire finale sur l'étranger, j'ai pris parti pour l'insurrection.

Cette réponse est le fond du système de défense de Rossel ; on comprend qu'il manque de solidité et même de vraisemblance.

Malgré ses bons antécédents et une supplique signée des habitants notables de Metz, Nathaniel Rossel fut condamné à mort.

Un pourvoi fut formé en cassation.

Le jugement du 3e conseil de guerre fut cassé pour vice de forme, et Rossel dut comparaître devant le 5e conseil, le 7 octobre.

Ce conseil était présidé par M. de Boisdemetz.

Vu le grade de l'accusé, le conseil avait été composé extraordinairement. Cette péripétie avait ajouté pour le public à l'intérêt du drame judiciaire et le second procès fut suivi avec une curiosité plus ardente encore que celle qui avait existé au premier.

M. Albert Joly siégeait au banc de la défense.

Le procès a été recommencé absolument à nouveau, avec cette différence qu'on n'a pas entendu de témoins. A la première affaire, il n'y avait eu que des témoins à décharge. Cette fois, l'accusé a renoncé à leur audition, en se réservant de tirer parti de leurs dépositions écrites, d'après les besoins des plaidoiries.

Tout s'est borné dès lors, après lecture des rapports d'accusation, à un interrogatoire sommaire que nous allons résumer :

M. le président. — Vous avez entendu les faits qui vous sont reprochés par l'accusation. Qu'avez-vous à répondre ?

R. Je reconnais avoir concouru à l'insurrection en principe ; mon défenseur expliquera les motifs qui ont déterminé ma conduite.

D. Exposez-les vous-même. Dites-nous ce qui a pu vous décider à sortir de l'armée par cette voie-là.

R. Il est inexact de dire que j'aie cherché à détruire le gouvernement existant. J'étais absent de Paris quand une insurrection a éclaté et ce n'est qu'alors, et après coup, que je me suis décidé à prendre parti pour ce mouvement.

D. Pourquoi avoir pris ce parti ?

R. Le gouvernement venait de conclure une paix très-onéreuse. Je croyais et je crois encore que cette paix pouvait être évitée. Les Parisiens voulaient continuer la lutte ; c'est pour cela, me semblait-il, qu'ils avaient repris leurs canons. J'ai vu dans l'insurrection du 18 mars une protestestation contre la paix. C'était un mouvement semblable à celui qui s'est produit lors de l'entrée des troupes du duc de Brunswick, en 1792 et 1793.

M. le président. — Vous prétendez expliquer votre conduite par des motifs patriotiques. Nous verrons tout à l'heure des pièces qui prouvent que vous obéissiez à d'autres motifs, quand vous avez passé à l'ennemi.

R. J'ai passé à l'insurrection.

M. le président. — N'épiloguons pas. Dans toutes vos lettres, dans tous vos écrits, vous traitez les soldats de l'armée de Versailles d'ennemis. Vous avez agi par un sentiment malsain d'ambition. Du reste, dans les notes fournies par vos chefs, on reconnait en même temps votre intelligence et vos rêves d'ambition. Un de vos camarades même, M. de Rachar, qui a écrit pour demander votre grâce, met votre conduite sur le compte de l'ambition. Vous n'avez pu vous faire à l'idée de rentrer dans l'armée avec votre grade de capitaine après avoir été nommé colonel par Gambetta.

R. J'étais décidé quand même à quitter l'armée après la signature de la paix. On ne doit pas acheter la paix. Nous pouvions continuer la lutte derrière l'enceinte fortifiée de Paris.

M. le président. — Après que les forts étaient occupés par l'ennemi ?

L'accusé. — Nous les aurions pris.

M. le président. — Avec quoi ? Vous savez mieux que personne ce que valait cette armée fédérée pour laquelle vous avez abandonné vos frères d'armes. Pour avoir voulu obliger votre légion à la discipline, elle vous a mis en prison.

L'accusé. — J'avais des illusions. Je croyais que ces gens étaient des patriotes. Je me suis aperçu depuis que je m'étais trompé.

D. A quelle époque avez-vous perdu vos illusions ?

R. Dès le 20 mars, quand j'ai vu les noms des individus qui se mettaient à la tête du mouvement.

M. le président. — Il fallait vous retirer ; vous en auriez été quitte pour une condamnation à six mois de prison pour absence illégale de votre poste.

R. J'avais confiance dans le peuple de Paris. Les chefs n'étaient pas dignes de confiance. Mon Dieu ! dans l'armée aussi... Et puis, une fois enrôlé dans un parti, je ne pouvais plus me retirer.

D. Vous vous êtes retiré le 10 mai ; vous ne teniez donc pas à rester jusqu'au bout. Vous n'aviez pas de convictions. Vous avez été aveuglé par l'ambition ; vous avez brûlé vos vaisseaux dans l'espoir d'arriver à une position sous la Commune, et c'est pour cela que vous vous êtes exposé à vous trouver en présence de vos anciens camarades...

L'accusé. — Certes, la position était cruelle, mais nécessaire.

M. le président. — Vous l'avez rendue barbare par les ordres que vous avez donnés à vos soldats. Vous avez condamné à mort des malheureux qui avaient refusé de tirer sur l'armée.

L'accusé. — Ce n'était pas pour cela. Ces gens touchaient la solde, se grisaient avec les distributions, puis refusaient de faire leur service.

D. Et vous les condamnez à mort pour les faire tirer sur les défenseurs du pays.

R. Le pays, pour moi, c'était la Commune de Paris. Je devais protéger mes soldats comme vous protégiez les vôtres.

M. *le président*. — Vous n'avez éprouvé aucune émotion de repentir quand vous avez vu un étranger refuser de prendre du service sous vos ordres ?

L'accusé. — C'était un étranger ; il n'était pas obligé comme moi de prendre parti. Il avait pris parti en 1849, lui-même, dans une guerre civile.

M. *le président*. — Ne comparez pas l'insurrection polonaise à la Commune; cela ne se ressemble pas plus que le singe à l'homme. Il y a des ordres de vous qui sont sauvages ; vous ordonnez de tirer « sur l'ennemi, » même s'il arborait le drapeau parlementaire, même s'il mettait la crosse en l'air.

R. c'est la loi de la guerre.

M. *le président*. — Jamais vous n'en avez vu d'exemple dans l'armée française.

L'accusé. — Si, du temps de Napoléon Ier. Du reste, je n'ai à récuser aucune des pièces qui portent ma signature. Vous constaterez que je vous ai traités en ennemi, mais en ennemi loyal.

M. *le président*. — Vous n'êtes pas un ennemi, vous êtes un traître.

L'interrogatoire se termine sur ce mot dit avec une grande sévérité.

Me Joly dépose ensuite et développe des conclusions tendant à faire déclarer par le conseil que le fait de désertion aux rebelles ne constitue pas le crime de désertion à l'ennemi prévu et puni de mort par l'article 238 du code de justice militaire.

M. le commissaire combat ces conclusions, sur lesquelles le conseil va délibérer.

Dans l'intervalle, le père de l'accusé Rossel, un vieillard aux cheveux gris coupés ras, à l'allure fort martiale, monte les degrés de l'estrade et s'avance vers son fils qu'il embrasse à plusieurs reprises. Rossel est fort ému et serre avec effusion les mains de son père dans les siennes.

Le conseil rentre en séance au bout d'une heure, et M. le président donne lecture du jugement sur les conclusions, jugement par lequel le conseil déclare, à la majorité de six voix contre une que, le mot rebelles armés est synonyme d'ennemis, et qu'en conséquence l'article 238 lui est applicable.

M. le commissaire de la république rappelle brièvement les faits acquis au premier procès, et le conseil entend ensuite la défense courte et éloquente de Me Albert Joly.

A quatre heures, il rentre en délibération, et, à cinq heures et demie, rapporte un jugement qui, confirmant celui du troisième conseil, condamne Louis-Nathaniel Rossel à la peine de mort et à la dégradation militaire.

A l'heure où nous écrivons, l'on attend la décision de la commission des grâces.

Sans doute on ne peut espérer que Rossel sera gracié complétement, mais on peut espérer une commutation de peine.

Il faut convenir qu'il est plus intéressant que Jaclard, Okolowicht et le cuisinier Laccord, et ces messieurs n'ont pas eu à attendre les décisions de la Commission ; ils se sont évadés, tout simplement.

Comment ! évadés, me direz-vous, des grands coupables ! Est-ce possible ?

Il le paraît.

Mais comment ?

Mystère !.. dirait Ponson Du Terrail.

Le public s'attriste de pareils faits.

C'est bien la peine, se dit-on, de déployer tant de rigueur contre de simples gardes fédérés et de se montrer ou si complaisants, ou si aveugles envers ceux qui les ont poussés à l'insurrection. On se rappelle à ce sujet avec quelle promptitude un grand nombre de chef de la Commune sont arrivés en Suisse, en Belgique en Angleterre. Le voyage a été si facile pour ces membres de l'Internationale, que l'on y a vu d'abord l'indulgence du gouvernement pour quelques uns ;

Pour le citoyen Theiz, par exemple.

Nous ne citerons que celui-là.

De tels faits étonnent la conscience publique, nous le répétons : ils l'attristent.

Les condamnés intéressants.

Sous ce titre se placent naturellement ces citoyens pour lesquels, le long de ce récit, nous nous sommes montrés si sévère et qui, lors du procès de Versailles, nous sont apparus comme des sauveurs de la société, trop longtemps méconnus.

Jourde qui sauva nos finances ;

Régère qui sauva tant de prêtres et s'immola au maintien de l'ordre ;

Courbet qui sauva nos musées et nos monuments ;

Lullier qui, d'accord avec le gouvernement, joua sa vie pour sauver la République ;

Grousset qui sauva les papiers du ministère des affaires étrangères ;

Urbain, corrompu par M. de Montaud, et qui tenta de se sauver ;

Tous gens pour lesquels fut institué le prix Monthyon,

Disons en quelques mots.

—

Le procès de la Commune devant le 3ᵉ conseil de guerre de Versailles.

Généralement on s'attendait à voir des monstres devant le conseil de guerre, — on n'a vu que des gredins.

Cinq sur dix-sept excitaient surtout la curiosité publique.

Ferré, Assi, Urbain, Régère et Courbet.

Grousset avait besoin de mademoiselle Accard pour réveiller l'attention qui s'était assez vite détournée de lui. Personne n'a consenti à le prendre au sérieux même dans le crime, et il a subi les conséquences judiciaires de sa situation plutôt que de ses actes.

Il est fâcheux pour Assi, Urbain, Régère, qu'ils n'aient pas eu le grand talent de Courbet ; on aurait peut-être hésité à priver la France de grands artistes et à les reléguer à Noukahiva.

Courbet n'a été condamné qu'à six mois de prison et 500 francs d'amende.

Il habite actuellement Sainte-Pélagie.

C'est un encouragement donné à notre école de peinture ;

Et un avis à la commune de l'avenir, qui devra s'attacher de grands artistes pour la destruction des œuvres d'art.

Mais qu'en pense Billioray ?

L'attitude du peintre de *la femme au perroquet* n'a pas été des plus fermes et des plus dignes.

Un caractère noble, n'est pas la condition absolue d'un grand talent, autrement Courbet ne se fut pas traîné aussi piteusement de mensonge en mensonge pour obtenir des *circonstances atténuantes*.

Ainsi il a déclaré qu'il ne voulait faire déboulonner la colonne que pour la faire transporter au champ de mars. Il s'est vanté d'avoir sauvé les objets d'arts des châteaux de Meudon et de Saint-Cloud ; a donné des détails sur ce sauvetage et a même profité de la porte ouverte à ses mensonges pour glisser des calomnies. Il a accusé la famille impériale d'avoir enlevé nombre de tableaux et de sculptures.

A quoi bon ces calomnies ?...

A l'audience suivante, tête basse, il écoutait la déposition de l'intendant du château qui racontait comment rien n'avait été enlevé ni par l'empereur ni par son

Jules Vallès.

Gaillard père.

cousin, et comment à la veille de l'arrivée des Prussiens, — sans le concours de M. Courbet, — il avait fait transporter et mettre en sûreté les œuvres d'art de Meudon et de Saint-Cloud.

Triste ! bien triste !

On a été obligé de dire de lui : « Ce grand enfant ».

Et il a passé la cinquantaine !

N'importe; son nom restera attaché à l'œuvre de vandalisme et de trahison des destructeurs de la colonne. On a appris depuis que des Prussiens avaient été admis à assister à cette exécution.

Et tout récemment, comme on recherchait les plaques de bronze qui représentent nos victoires — nos seules victoires ! — sur les champs de bataille prussien, on a découvert que ces plaques étaient entre les mains de sujets de l'empereur Guillaume, et ceux-ci mettent un prix exorbitant à leur restitution.

Assi et Ferré devaient croire tous deux qu'ils n'échapperaient point à une condamnation capitale. De là leur attitude cynique et provocante.

Accusés, ils se donnèrent plus d'une fois le rôle d'accusateurs.

Cependant, bien que leur cause leur parut désespérée, aucun de ces misérables n'osât revendiquer l'honneur des assassinats et des incendies et de la fabrication des armes empoisonnées. Tout en se parant de leur grandeur communale, ils rejettaient, comme indignes d'eux, les massacres, les empoisonnements et les incendies... C'était bon pour leurs subalternes.

Assi, pendant tout le cours du procès porta son costume de commandant ou colonel de la Commune, comme ce mascarade qui, ayant laissé en gage ses vêtements d'ouvrier, est obligé, le carnaval passé, d'aller à l'atelier en costume d'arlequin.

Nous ne reviendrons pas sur le compte de ce personnage dont nous avons déjà donné la biographie.

Enregistrons simplement sa condamnation à la transportation dans une enceinte fortifiée.

Ferré a intéressé davantage, presque autant que Troppman. M. Jules Clère, dans sa biographie des hommes de la Commune, le dépeint de la façon suivante :

« Théophile Ferré est un de ceux dont le portrait physique est le plus difficile à prendre, car la mobilité et la vivacité de sa nature empêchent l'observateur de saisir un ensemble qui se dérobe toujours à ses yeux.

» Figurez-vous un homme d'une taille plus que minuscule, ayant la figure presque couverte d'une barbe et de favoris noirs d'où émergent deux verres de binocles abritant deux prunelles du noir le plus foncé, et vous aurez une idée de la personne de Ferré. Mais où il est encore plus drôle c'est quand il parle ; il se lève sur la pointe des pieds comme un coq en colère, et pousse des sons aigus qui constituent ce que l'on peut appeler improprement sa voix. Ferré a vingt-six ans. C'est un ancien clerc d'agent d'affaires.

» On nous a raconté le fait suivant qui s'est passé il y a trois ans, lors de la manifestation Baudin : au milieu du recueillement et de la douleur muette des assistants, on entendit pousser des cris de : « Vive la République ! La Convention aux Tuileries ! La Raison à Notre-Dame » Et l'on vit que c'était Ferré qui s'était juché sur un monument voisin de la tombe pour pousser ces intempestives réclamations.

» On retrouva depuis Ferré dans les réunions publiques où il récolta plus de condamnations que d'applaudissements.

» Ses discours étaient toujours des appels à la violence pour la restauration des institutions de 93. Lors du procès de

Blois il fut arrêté et accusé avec Dupont.

» Les preuves manquant contre lui, on l'acquitta.

» 'C'est, dit en terminant M. Clère, un homme, ignorant et incapable qui est imbu des idées de 93 et qui voudrait nous ramener ces jours de si triste mémoire dont la Commune a encore su dépasser toutes les horreurs. »

Avant que le tribunal eût prononcé sur son sort, Ferré avait préparé dans sa cellule ce qu'il appelait sa défense. C'était un morceau oratoire destiné à être entendu non du tribunal, mais des frères et amis du dehors.

Lorsqu'il en eut commencé la lecture, le président interrompit son apologie de la Commune comme étant une insulte à la justice.

Mais le manuscrit de Ferré ne fut pas perdu; le soir même, il était publié par plusieurs journaux.

Le voici :

« Après la conclusion du traité de paix, conséquence de la capitulation honteuse de Paris, la République était en danger; les hommes qui avaient succédé à l'empire, écroulé dans la boue et le sang, se cramponnaient au pouvoir ; et, quoique accablés par le mépris public, ils préparaient dans l'ombre un coup d'État; ils persistaient à refuser à Paris l'élection de son conseil municipal. Les journaux honnêtes et sincères étaient supprimés, les meilleurs patriotes étaient condamnés à mort, les royalistes se préparaient au partage de la France. Enfin, dans la nuit du 18 mars ils se crurent prêts et tentèrent le désarmement de la garde nationale et l'arrestation en masse des républicains. Leur tentative échoua devant l'opposition entière de Paris et l'abandon même de leurs soldats : ils s'enfuirent et se réfugièrent à Versailles.

» Dans Paris livré à lui-même, des citoyens énergiques et courageux essayaient de ramener, au péril de leur vie, l'ordre et la sécurité. Au bout de quelques jours, la population était appelée au scrutin, et la Commune de Paris fut ainsi constituée.

» Le devoir du gouvernement de Versailles était de reconnaître la validité de ce vote et de s'aboucher avec la Commune pour ramener la concorde. Tout au contraire, et comme si la guerre étrangère n'avait pas fait assez de misères et de ruines, il y ajouta la guerre civile; ne respirant que la haine du peuple et la vengeance, il attaqua Paris et lui fit subir un nouveau siége.

» Paris résista deux mois, et il fut alors conquis; et pendant dix jours le gouvernement y autorisa le massacre des citoyens et les fusillades sans jugement. Ces journées funestes nous reportent à celles de la Saint-Barthélemy; on a trouvé le moyen de dépasser juin et décembre ! Jusques à quand le peuple continuera-t-il d'être mitraillé ?

» Membre de la Commune de Paris, je suis entre les mains de ses vainqueurs; ils veulent ma tête, qu'ils la prennent ! Libre j'ai vécu, j'entends mourir de même !

» Je n'ajoute qu'un mot : la fortune est capricieuse. Je confie à l'avenir le soin de ma mémoire et de ma vengeance.

» TH. FERRÉ. »

On voit si le président eut tort d'interdire la lecture d'une semblable proclamation.

Ferré a été condamné à mort.

Urbain a été aussi lâche devant le conseil de guerre qu'il avait été violent à la Commune.

Il avait pour ami un nommé de Montaut, agent du gouvernement légitime qui s'était déguisé en communeux et avait même le grade de colonel.

M. de Montaut est dans ce drame un personnage très-curieux.

Urbain a essayé de rejeter la responsabilité et l'odieux de ses actes sur M. de Montaut.

Le rôle de Montaut est très-curieux dans toute cette affaire, il appartient à l'histoire de la Commune. Quant à Urbain, sa conduite est parfaitement expliquée par l'acte d'accusation; nous en reproduirons les principaux passages :

« Les élections appellent Urbain à la Commune, et en qualité d'ancien instituteur, il devient membre de la commission d'enseignement, mais il conserve en même temps ses fonctions de maire. Il s'installe même définitivement à la mairie, vers le milieu d'avril, avec son jeune fils et sa sœur, et il y donne asile à une dame Leroy, sa maîtresse, qui exerçait sur lui une grande influence, et qui elle-même pérorait dans les clubs et les comités.

» A la mairie du 7e, cette femme prenait de son propre mouvement la direction en l'absence de son mari, y recevait en son nom, et une foule de témoignages établissent son influence.

» Dans le cours de la gestion d'Urbain, des perquisitions dans les maisons particulières, dans les maisons religieuses ont été opérées. Dans ces dernières, la femme Leroy l'accompagnait quelquefois.

» Lorsque des arrestations étaient faites, des objets, des titres, des valeurs étaient saisis, portés à la mairie, et de là, au dire d'Urbain, envoyés avec les prévenus à la préfecture de police.

» Mais nous avons trouvé dans le dossier des plaintes portées contre Urbain et contre la femme Leroy, par lesquelles ils étaient accusés de s'être approprié des valeurs, des bijoux, et si l'un ou l'autre s'en défend, nous ferons remarquer, en l'absence de preuves bien palpables, que les scrupules de conscience n'étaient pas à l'ordre de la Commune, et particulièrement à la mairie du 7e arrondissement, où la caisse d'enseignement, contenant 8,000 fr. au début, fut réduite à 2,500 fr. à la dernière heure.

» Urbain avoue avoir disposé même de cette dernière somme en faveur d'individus compromis comme lui. Il est constant d'ailleurs que pendant le séjour de la femme Leroy à la mairie, les dépenses excédaient les 15 francs par jour qui étaient alloués à Urbain.

» Au dire du domestique d'Urbain, tout le monde puisait dans cette malheureuse caisse et nous trouvons dans le dossier le testament par lequel le prévenu laisse à son fils une somme de 4,000 francs, en billets de banque et en or, déposés chez sa tante, Mme Vauclair, et il est établi qu'avant la Commune il ne possédait rien.

» Mme Leroy elle-même, que nos renseignements nous indiquent comme étant venue à la mairie, dénuée de ressources, nous accuse l'existence d'une somme de 1,000 francs., fruit de ses économies.

» Il est constant qu'il résulte de la plainte portée par M. Landau, inspecteur de police, que la perquisition faite chez lui a amené la soustraction d'une somme de 5,000 francs, et M. Landau a parfaitement vu une bague de sa femme au doigt de la femme Leroy.

» Comme homme politique, Urbain, dans les délibérations de la Commune, est toujours ardent et prend souvent la parole. Il a apporté son vote approbatif à tous les décrets, et particulièrement à ceux relatifs aux mesures répressives, aux otages, à la démolition de la colonne, de la maison Thiers, au Comité de salut public, dont il fut un des plus ardents promoteurs, et enfin c'est lui qui, dans la séance du 17 mai, demanda l'application du décret sur les otages. »

On a saisi un billet d'Urbain ainsi conçu :

« Par ordre du délégué de la mairie du 7e arrondissement, Endrès, commissaire central, procédera à l'arrestation des gardes nationaux. Le membre de la Commune délégué à la mairie jugera de l'opportunité de la poursuite.

» En cas de résistance, le citoyen Endrès est autorisé à brûler la cervelle au récalcitrant.

» *Signé :* URBAIN.

» P. S. Les pleins pouvoirs ci-dessus sont valables pour quarante-huit heures. »

Urbain en donne l'explication suivante :

« Depuis quelques jours on me donnait avis que la mairie allait être attaquée par les anciens bataillons; je m'entendis avec le vicomte de Montaut, en qui j'avais une confiance entière.

Il m'affirma que l'attaque devait avoir lieu, et il me proposa un moyen que je n'ai pas voulu suivre, et je m'en honore. Il y avait des francs-tireurs à la caserne Belle-Chasse. M. Montaut me dit : « Si les anciens bataillons bougent, je lâche les francs-tireurs dans le quartier. Quand les gros bourgeois verront leurs boutiques mises au pillage, ils se sauveront. »

Au sujet des otages, ses moyens de défense ne furent pas meilleurs :

— C'est vous, lui dit M. le président, qui, dans une séance de la Commune, avez fait la proposition concernant le meurtre de dix otages comme représailles nécessaires ?

— R. Oui, c'est moi qui ai eu le malheur de faire cette proposition. Je dois vous dire que j'ignorais à ce moment la loi votée sur les otages. Elle avait été décrétée en mon absence. On en a fait d'autres que j'ignorais aussi.

M. LE COMMISSAIRE DU GOUVERNEMENT donne lecture de l'extrait suivant du compte rendu de la séance de la Commune du 17 mai :

« Le citoyen Urbain communique à l'assemblée un rapport du lieutenant Butin dénonçant le viol et le massacre d'une ambulancière pendant qu'elle soignait les blessés.

» LE CITOYEN URBAIN. — Le rapport est certifié par le lieutenant Butin, de la 5ᵉ compagnie du 105ᵉ bataillon. Je demande, soit à la Commune, soit au Comité de salut public de décider que dix des otages que nous tenons en mains soient fusillés dans les vingt-quatre heures en représailles du meurtre de la cantinière assassinée et du parlementaire accueilli par la fusillade, au mépris du droit des gens.

» Je demande que cinq de ces otages soient fusillés solennellement à l'intérieur de Paris, devant une délégation de tous les bataillons, et que les cinq autres soient fusillés aux avant-postes, devant les gardes témoins de l'assassinat. J'espère que ma proposition sera acceptée. »

Nous passerons sous silence l'affaire du vol des bijoux de M. et Mme Landau, pour venir de suite à ce qui constitue selon nous l'originalité du procès d'Urbain : la confiance malheureuse du conseiller en un agent du gouvernement, M. de Montaut.

Cette partie du procès, intéressante comme un roman et qui jette sur l'existence de la Commune une si grande lumière, mérite d'être reproduite dans tous ses détails.

Nous reproduisons le compte rendu du *Moniteur* :

C'est un jeune homme de vingt-neuf ans, joli garçon, brun, à moustaches noires, d'une figure énergique et régulière, où se montre un incontestable caractère de bravoure et de résolution. Il est de taille moyenne, bien proportionné, souple et nerveux, chaussé à un pied d'une pantoufle. Il s'avance, en boitant légèrement, à la barre et déclare s'appeler :

M. Charles Barral de Montaut, âgé de vingt-huit ans.

Il a été lieutenant-colonel d'un corps-franc d'Alsace ; il était chef d'état-major de la garde nationale du 7ᵉ arrondissement sous la Commune.

M. de Montaut. — Je suis resté à Paris pendant la Commune. Lors de l'explosion de la poudrière de l'avenue Rapp, on me signala des propos tenus par un certain Landau. Sur l'insistance d'un garde national, je tirai une carte de visite et inscrivis l'ordre de perquisition.

On m'amena aussi le comte Zamoïski, que des hommes ardents voulaient faire fusiller sur l'heure.

Un piquet de gardes nationaux m'amena Landau. Je n'avais pas à faire son instruction ; cela ne me regardait pas.

Mᵉ André Rousselle. — Le témoin sait-il si Urbain a assisté à des perquisitions ?

M. de Montaut. — Je ne sais si Urbain y a assisté.

Je dois dire, continue le témoin, qu'il m'est bien difficile de témoigner ici contre Urbain. Dans la situation terrible où je me trouvais parmi les adhérents de la Commune, j'étais à tout moment en danger d'être arrêté par ordre du Comité central, et fusillé. Plusieurs fois même je fus sur le point de l'être. Or, chaque fois que ce péril me menaça, j'ai trouvé l'aide d'Urbain. Il me sauva la vie plusieurs fois. (Sensation).

J'ai lu dans plusieurs journaux qu'Urbain me présentait comme ayant fait de lui un instrument. Ce serait, je crois, lui faire injure que de supposer qu'il a été dirigé dans une voie qu'il suivait lui-même.

Le 21 mai, à dix heures du matin, je quittai mon uniforme et mon rôle à la Commune, après avoir tenté tout ce qui était en mon pouvoir pour rejoindre l'armée. Je fis venir Urbain chez moi, rue de Trévise, 2. Je lui dis : « Eh bien, Urbain, tout est fini maintenant. Il n'y a plus d'illusions à avoir, Versailles a triomphé.

Mais vous avez un devoir à remplir, c'est d'aller à l'Hôtel-de-Ville éclairer vos collègues, et leur dire que désormais la lutte ne ferait qu'augmenter le nombre des morts. Et il ne faut pas que vous ayez ces morts-là sur la conscience. »

Le mardi 23, il y avait chez moi un individu que M. Thiers m'avait envoyé, et qui était comme mon gardien. Urbain vint, je lui dis : « Restez ici, je vous donne ma parole que vous aurez la vie sauve, mais, si vous sortez, vous serez évidemment fusillé sur l'heure. » J'avais donc réussi à enlever à la Commune un de ses chefs les plus ardents, et, je le crois, les plus dangereux.

Le mercredi, j'allai faire visiter mes papiers chez le maréchal Mac-Mahon ; le jeudi matin, l'envoyé de M. Thiers alla lui rendre compte de ce qui s'était passé, sauf, bien entendu, les noms.

Le samedi, sachant qu'une perquisition allait avoir lieu chez moi, j'envoyai alors Urbain chez Grancolas ; je lui ai ainsi sauvé la vie.

Sur l'invitation du défenseur d'Urbain, M. le président fait cette question à M. de Montaut :

— Urbain était-il chagriné de voir les incendies sévir sur Paris ?

M. de Montaut. — Je sais qu'Urbain étant chez moi, je flétris devant lui les incendies. Il les flétrit aussi, et c'est ce qui me porte à croire qu'il n'a jamais été complice de ces actes barbares.

Il se rendit le 21 mai à la Commune, sur mes conseils. Je ne sais ce qu'il y dit ou ce qu'il y fit, mais les incendies continuèrent.

Du reste, je ne sais si la Commune avait décidé d'allumer les incendies qui ont brûlé Paris. Je sais seulement que le 21 mai il y eut une séance secrète à la Commune où la question fut agitée, mais je ne sais ce qui fut arrêté.

Urbain fut arrêté chez Grancolas, et détenu pendant deux jours, du 25 au

27 mai, à la mairie du 18° arrondissement, l'arrondissement de Montmartre.

Je réclamai Urbain, et en le faisant réclamer, bien entendu, je le fis passer pour un autre que lui-même, et il fut relâché.

Plus tard, le 3 juin, il fut arrêté chez ce même Grancolas.

M° André Rousselle. — Je désire savoir du témoin quelles étaient les façons d'agir d'Urbain à la mairie, c'est-à-dire s'il était violent ou modéré, pour les mesures conciliatrices ou pour les mesures excessives ?

M. de Montaut. — Urbain, je dois le dire, était mal entouré, fort mal entouré, et son attitude se ressentait de ce milieu ; mais je crois que s'il avait été livré à lui-même il eût été modéré.

M° André Rousselle. — Urbain, dans son interrogatoire, a parlé d'un corps de francs-tireurs qui, d'après les excitations de M. de Montaut, aurait été prêt à se ruer sur les établissements des *gros bourgeois*, si ceux-ci voulaient s'emparer de la mairie. Je désire savoir si ce corps de francs-tireurs existait, si réellement il aurait pillé les établissements en question, et si M. de Montaut était réellement dans l'intention de le lancer dans ce but.

M. de Montaut. — Il est clair que dans la situation où je me trouvais, j'étais exposé à tout moment à indiquer ou à patroner des mesures excessives, que je tremblais de voir exécuter. Oui, ce corps de francs-tireurs existait, et il eût été capable de faire tout ce qu'on lui aurait prescrit en fait de désordres, je le savais. Je donnai l'idée à Urbain de l'employer contre le bataillon de l'ordre, mais comme pour le faire agir, il fallait que l'avis qui lui serait donné partît de moi, j'étais un peu rassuré. Néanmoins, je pris mes précautions, au cas où j'aurais été obligé de mettre en mouvement ces francs-tireurs.

Il y avait dans l'arrondissement une force d'à peu près quinze cents hommes dévoués à l'ordre et commandés par M. Dupuis. M. Dupuis, naturellement, était animé des meilleurs sentiments. Je m'étais ouvert à lui, il savait qui j'étais. Il fut convenu entre nous que si j'étais réduit à employer ces francs-tireurs, M. Dupuis, avec son bataillon, s'opposerait à leurs dévastations.

Dans le cours de cette déposition, et amené à définir quelle était sa position à la mairie du 7° arrondissement et principalement vis-à-vis d'Urbain. M. de Montaut, qui a rendu à la cause de l'ordre de si grands services, présente à M. le président une lettre qu'il écrivait à M. Thiers, et qui jette le jour sur la mission dont il s'était chargé.

Cette lettre après avoir été examinée par M. le président est rendue publique à la demande de M. de Montaut. En voici les termes presque textuels :

A M. le président du conseil des ministres.

» Monsieur le président,

» Pour me décider à conserver le poste où je suis placé malgré moi, poste plein de péril, et de plus, hérissé de difficultés de toutes sortes, il ne fallait rien moins que l'imminence des catastrophes que ma présence a jusqu'ici conjurées et de celles plus terribles encore qu'elle peut prévenir.

» Contraint de voir tous les jours et même d'accomplir des actes que je ne puis qualifier, j'endure un véritable martyre, quelquefois même j'éprouve des doutes sur l'appréciation de ma propre conduite.

» Je me sentirais incapable de continuer envers des criminels, et encore moins envers des hommes égarés, dont l'erreur n'est pas sans quelque excuse, ce que je fais, si je ne rendais à tous des services qu'un honnête homme ne peut refuser à son pays : c'est-à-dire empêcher la destruction d'une partie de Paris et le sacrifice d'un grand nombre de ses habitants. Ceci, je le ferai avec la certitude que je conserverai mon honneur intact. Je ne puis rien de plus.

» Entouré d'hommes qui me soupçonnent, et forcé d'assister à leurs violences, j'ai fait tous mes efforts pour établir autour de moi un ordre relatif. C'est avec la plus grande difficulté que j'ai pu conserver les précieux dépôts d'archives qui se trouvent dans mon arrondissement. Essayer plus c'eût été me compromettre et rendre un service auquel je ne puis me résoudre.

» L'homme dévoué dont les conseils m'ont soutenu vous dira le reste. Il vous dira que menacé d'occuper un poste terrible, que j'ai même dû occuper, je n'ai pu m'en débarrasser qu'au prix des plus dangereux efforts.

» Je m'en remets à votre sagesse et à votre cœur pour juger la suite qu'il convient de donner à tout ceci, et permettez-moi d'espérer que je pourrai sortir de cette situation le front haut et la conscience satisfaite, avec l'assurance de votre estime.

» Signé : de Montaut. »

Mᵉ André Rousselle. — Quelle est la date de cette lettre ?

M. le président. — Elle est du 18 mai.

Mᵉ André Rousselle. — Si monsieur le président m'y autorise, je demanderai au témoin s'il n'est pas vrai qu'il ait proposé un plan de défense de Paris par les égouts, plan qui devait, à un moment donné, être d'un effet des plus désastreux pour Paris.

M. de Montaut. Il est parfaitement vrai que j'ai proposé à Urbain ce plan de défense, et voici pourquoi :

Je savais que, soit avec le consentement de la Commune, soit peut-être à son insu, des gens malintentionnés posaient des fils électriques dans les égouts de Paris. Je ne savais quel était leur but, et je tremblais pour l'existence de la ville. Que faire ? C'est alors que j'inventai une contre-mine. Je proposai donc à Urbain un moyen de défense qui, en rendant toute naturelle ma présence dans les égouts, m'aurait mis à même de voir ce que faisaient ceux qui y travaillaient déjà, et de déjouer leurs coupables projets. De plus, par ce moyen, tout en posant des fils électriques aussi, j'étais à même de correspondre avec Versailles, et de concourir au plan qu'avait formé le Gouvernement pour la prise de Paris.

Il était d'autant plus urgent de tenir les égouts, qu'avec un homme comme Delescluze on devait s'attendre à tout. Il avait un plan que je ne connaissais pas, bien entendu, et, comme ce n'était pas un homme à faire changer facilement de moyen avec des paroles, il s'agissait de veiller.

M. le président. — Urbain fait une objection que nous n'entendons pas très-bien, mais qui semble vouloir établir que la Commune ne songeait à se défendre que sur les remparts.

M. de Montaut. — Nullement. Cluseret, par exemple, ne croyait pas aux remparts, il n'y a jamais cru. Il savait, au contraire, que les gardes nationaux ne tiendraient pas. Son plan consistait à miner Paris aux abords des portes surtout et dans beaucoup d'autres endroits, de façon à faire sauter successivement et les troupes et les parties de Paris où ces troupes entreraient. (Rumeurs d'indignation.)

Mᵉ André Rousselle. — M. de Montaut ne portait-il pas toujours à sa boutonnière le ruban de la Légion d'honneur dans les fonctions qu'il remplissait ?

M. de Montaut, souriant. — Je n'ai jamais porté le ruban de la Légion d'honneur, je portais un ruban bordé d'un grand liséré blanc. C'était le ruban d'une médaille commémorative.

M. le Président. — Quel est le but de cette question ?

Le Ministère des Finances après l'incendie.

Mᵉ André Rousselle. — Elle tend à établir que le ruban de la Légion d'honneur n'était pas mal vu parmi les gens de la Commune. Maintenant, monsieur le président, il reste un fait grave à examiner, c'est le plus important; il concerne, la proposition malheureuse faite par Urbain, relativement aux otages, dans une des séances de la Commune.

M. le Président. — Que voulez-vous faire établir?

Mᵉ Rousselle. — Je veux établir ceci, qu'Urbain, en faisant cette proposition, était sous le coup d'une très-vive indignation excitée par le récit que venait de lui faire M. de Montaut du meurtre d'une cantinière par l'armée de Versailles, meurtre précédé et suivi d'atrocités que je ne puis décrire devant cette assemblée, mais que M. de Montant, lui, disait avoir vues. »

M. de Montaut. — Pardon! Je n'ai pas dit que j'avais *vu* ces actes de barbarie. Mais comme aux yeux de tous les chefs de la garde nationale, mes collègues alors, le fait était tenu pour si certain et si incontestable, qu'il y aurait eu danger de ma part à le nier, je l'acceptai comme vrai, et j'en parlai à Urbain.

Mᵉ André Rousselle. — Je désire savoir si M. de Montaut s'en est tenu là, et s'il n'a pas fait *un rapport* sur le fait en question.

M. de Montaut. — Voilà comment les choses se sont passées. Des officiers et des gardes nationaux en grand nombre étaient furieux de ce qui, d'après eux, venait de se faire, et ils exigeaient que l'état-major allât s'en plaindre à la Commune.

» Je leur dis alors : Faites un rapport !

» L'un des officiers se mit à faire ce rapport, mais comme il ne pouvait s'en tirer, et qu'on ne se reconnaissait pas dans son orthographe, je me mis à sa place et je fis ce rapport. »

"Ainsi la Commune était aussi bien servie que bien composée. Elle comptait parmi ses membres, Pouille, dit Blanchet, ex-agent de police ; Émile Clément, agent secret ; Charles Ledroit, ancien forçat libéré, et elle était entourée par des agents du gouvernement de Versailles, tels que M. de Montaut.

Nous allions oublier Charles Lullier, qui recevait de l'argent de Versailles pour la renverser.

Le grand mérite d'Urbain, c'est, tout en *répudiant ses actes politiques*, comme dit Trinquet, son co-accusé, de ne pas prétendre nous avoir sauvés, comme le prétendent Jourde, Courbet, Régère.

Jourde prétend carrément qu'il a droit à la reconnaissance publique, pour ne pas avoir pillé la Banque.

On se demande, en l'entendant, qui de lui ou de M. de Plœuc, a sauvé les trois milliards qui se trouvaient à la Banque.

Mais il a contre lui une déposition très-grave ; c'est celle de M. Mignot. Ce témoin, employé de la Banque, a fait remarquer que la somme de 2 millions 650,000 francs extorquée en trois jours, du 19 au 22 mai, *ayant été payée en billets*, n'a pu être employée à la solde de la garde nationale, à cause de l'impossibilité de la transformer en argent. — Qu'en a-t-on fait?

Un autre témoin à charge a également déposé des faits qui n'ont pas été suffisamment éclairés par les réponses de Jourde.

Il s'agit d'un détournement de pierres fines :

François Révolt, frotteur au ministère.

D. Jusqu'à quel moment êtes-vous resté au ministère ? — R. Jusqu'au 21 mai à deux heures après midi. M. Mérieux nous dit : « Nous avons de grandes dispositions à prendre pour la défense. Vous allez sortir d'ici. Si à cinq heures on vous retrouve vous serez arrêté.

D. Etiez-vous plusieurs dans le même

cas? — R. Nous étions quatorze ménages que l'on a renvoyés.

D. N'avez-vous rien entendu dire sur les valeurs de M. Debrousse? — R. J'ai averti mon gouvernement, celui qui est ici, que je savais qu'un portefeuille tout déchiré et dont la serrure avait été forcée, contenait des valeurs considérables. Il était enfermé dans une des deux armoires du cabinet.

D. N'avez-vous pas entendu causer à propos de ces valeurs? — R. J'entendis M. Jourde qui disait à deux personnes : « Débarrassez-moi de tout cela à moitié prix. » L'un de ces individus était brun et l'autre blond ; ils parlaient moitié anglais, moitié français.

D. Vous avez entendu parler d'autre chose ? — R. J'ai vu au ministère beaucoup d'armes ornées de pierreries qui aient été transportées des Tuileries. On y voyait des pantoufles très-riches que l'on disait avoir appartenues au bey de Tunis.

JOURDE. — Je suis étonné qu'un frotteur, auquel je n'ai jamais parlé, soit si bien instruit de ce qui s'est passé.

» J'avais reçu l'odre de vendre ces pierreries. On me dit que deux étrangers, l'un Anglais, l'autre Américain, pourraient acquérir les pierreries de ces armes; je me mis en rapport avec eux. Ils ne m'ont pas parlé anglais, puisque je ne le comprend pas.

Je n'ai pas pu dire : Débarrassez-moi à moitié prix de ces valeurs en parlant des valeurs de M. Debrousse. Il y avait là beaucoup de titres des chemins de fer Nord-Ouest de l'Espagne qui ne sont cotés à la Bourse que 15 ou 20 francs. J'aurais été absurde de les proposer même à 50 0/0 de perte.

D. Au témoin. Vous avez entendu parler anglais; était-ce dans le cabinet de Jourde. — R. Ils ont parlé anglais dans le couloir; mais à M. Jourde, ils lui ont parlé français.

D. Revenons aux armes et aux pierreries ; où les avez-vous vues, témoin. — R. Je les aies vues sur la table de M. le citoyen Jourde. Mais les pierreries n'étaient plus aux armes à ce moment. Elles avaient été enlevées.

JOURDE. — Voici d'autres explications : On m'avait prévenu que des armes précieuses étaient aux Tuileries. Je m'y transportai, et je trouvai ces armes dans une pièce du pavillon de Flore qui n'était pas fermée. Je fus surpris du peu de soin qu'on avait mis à leur conservation. Je les fis transporter dans le petit salon bleu du palais. On me dit que deux étrangers pourraient les acheter. Je fis appeler deux joailliers pour faire l'estimation des pierreries.

Il fallut les enlever pour les examiner et les peser. Après cette opération, je les fis transporter à ce que l'on appelle la réserve du ministère des finances. L'estimation en porta la valeur à 300,000 ou 350,000 francs.

D. Témoin, les armes et les pierreries, savez-vous ce qu'elles sont devenues? — R. Il a manqué deux caisses d'armes; on a retrouvé trois petites boîtes de diamants, mais les pierreries de couleur ont disparu.

Jourde a été condamné à la déportation simple.

Après lui, nous vous présenterons le citoyen Régère si féroce en avril et en mai, si doux, si philantrope en août. Son procès est édifiant.

Barrière n'avait pas idée d'un pareil personnage lorsqu'il écrivit les *Faux-Bonshommes*.

« Théodore Régère de Montmore, âgé de cinquante-cinq ans, est né à Cadoujac près de Bordeaux.

» C'est un ancien vétérinaire qui possède dans son pays natal quelque bien et que ses collégues ont en médiocre estime, probablement à cause de son titre de *propriétaire*, qui sonne mal aux oreilles des socialistes, pour la plupart communistes qui siégent à la Commune.

» Il paraît que M. Th. Régère n'a pas toujours été aussi radical que semblerait l'annoncer son élection et son rôle à la Commune.

» On l'accusa de cléricalisme.

» La personne de M. Régère n'est pas faite, du reste, il faut l'avouer, pour lui concilier les sympathies. C'est un petit homme au nez froidement bourgeonné, à l'air aviné, à la voix désagréable, à la démarche inquiète. On dirait, à le voir se retourner à chaque instant et surveiller tout ce qui l'entoure, qu'il est toujours sous le coup d'une rencontre ou d'une découverte fâcheuse.

» C'est grâce à sa collaboration à l'échauffourée du 31 octobre et aux poursuites dont il a été l'objet, que Régère fut élu membre de la Commune.

» Il eut le honteux courage de plaider, à la Commune, les circonstances atténuantes en faveur du commissaire de police Pilotell. »

Ainsi parle M. Clère de ce communeux excentrique et violent.

A en croire Régère, son plus grand souci a été de faire remettre des vitres à sa mairie, de faire faire sa première communion à son fils, et de faciliter aux prêtres leur évasion de Paris.

Tout cela est vrai.

Il aidait un grand nombre de prêtres à échapper aux griffes de R. Rigault.

Il a fait remettre des vitres à sa mairie; mais il voudrait baser sur ce fait tout un système de défense!.. C'est trop. Le Panthéon était miné, et il était maire de l'arrondissement du Panthéon.

Écoutez, quelques lambeaux de son interrogatoire, et vous serez fixé sur le compte de ce doucereux personnage qui, après avoir étudié pour soigner les bêtes, se dévoua, vers la fin de sa carrière, au salut des Parisiens :

D. Vous avez demandé l'urgence pour la formation d'un Comité de salut public ?

R. Oui, je considérais la Commune comme un corps municipal; par conséquent, je croyais qu'il était indispensable de créer un Comité exécutif chargé, sous la surveillance de la Commune, de faire exécuter ses ordres ou de lui soumettre ce qu'il y aurait lieu de faire. En effet, les ministres ou les délégués aux ministères, ou les délégués aux mairies et aux administrations ne pouvaient prendre une part suffisamment régulière à la direction des affaires. C'est le seul motif qui nous a décidé à choisir quelques membres devant former le Comité de salut public.

Ce que je reproche aux membres du Comité de salut public, comme, du reste, je le reproche aussi à ceux du Comité central, c'est de n'avoir pas été présents au dernier moment, parce que la majorité se composait d'honnêtes gens, tels que Gambon, Billioray, Ranvier. Et s'ils avaient été présents, je suis intimement convaincu qu'il n'y aurait pas eu de massacres.

M. le commissaire du gouvernement. — Allons, ne citez pas Billioray au moins parmi ces gens de bien.

M. le président. — Vous avez poursuivi avec ardeur les réfractaires dans votre arrondissement. Vous vouliez forcer les gens, malgré eux, à entrer dans les compagnies de marche?

R. Je n'ai jamais eu l'intention de faire la chasse à l'homme, comme on le dit.

D. Il existe cependant un document qui le prouve.

R. Non-seulement jamais une arrestation n'a été faite sur mes ordres, mais j'ai accordé toutes les dispenses que l'on me demandait.

D. 1,740 francs ont été pris dans des caisses, à la suite de perquisitions opérées sur vos ordres?

R. J'ai recueilli ces sommes, que l'on m'a apportées; mais ces perquisitions n'ont pas été opérées le moins du monde sur mes ordres.

D. Vous avez pris, dans une séance de la Commune, la défense du commissaire Pilotell?

R. Oui, c'était un bohême. Un jour, on l'a accusé, devant la Commune, qui était très-sévère pour les exactions, d'avoir commis un vol au préjudice de M. Polo.

M. le commissaire du gouvernement, — Vous prétendez que vous étiez sévère pour les exactions, mais vous ne faisiez que cela tous à la Commune.

R. Nous étions également d'une très-grande sévérité pour la moralité de chacun des membres de la Commune. J'ai voulu éviter une peine grave à ce malheureux Pilotell.

L'accusé déclare qu'en apprenant que l'Hôtel-de-Ville brûlait, il comprit qu'il n'y avait pas de défense possible. Il fit tous ses efforts pour empêcher les fédérés de se défendre. Si on n'a pas à déplorer plus d'incendies, si l'on ne s'est pas battu davantage, c'est à lui qu'on le doit.

D. Vous étiez prévenu à l'avance qu'il y aurait des incendies; vous avez dû prendre des précautions.

R. Je n'ai jamais entendu dire qu'il entrât dans la pensée de qui que ce soit à la Commune d'incendier ou d'assassiner, pendant les séances auxquelles j'ai assisté. Ce n'est que le dernier jour que j'ai entendu parler de l'intention qu'avaient les gardes nationaux de mon arrondissement d'incendier le Luxembourg et le Panthéon.

» Mais il s'agissait dans mon arrondissement simplement d'un moyen de défense. Cependant, grâce à mes efforts, j'ai pu arriver à ce que l'on renonçât à se défendre.

» On a dit que j'ai fui honteusement; cependant, j'allai de barricade en barricade empêcher les combattants de continuer la résistance, et cela malgré les obus ou les balles qui pleuvaient dans mon quartier : c'était une singulière manière de fuir. Je suis arrivé ainsi près de l'Hôtel-de-Ville qui était en flammes, et que l'on me disait devoir sauter.

D. Qu'avez-vous à dire relativement aux perquisitions opérées dans votre arrondissement?

R. S'il y a eu des perquisitions, elles sont dues à la préfecture et non à mes ordres.

D. A partir du jour où l'arrondissement a été occupé par les troupes, qu'avez-vous fait?

R. Ma femme demeurait près de l'Hôtel-de-Ville; j'ai à pu grand'peine rejoindre la maison où elle logeait. Nous avons tout abandonné pour aller rue des Blancs-Manteaux, 31, nous réfugier. Un ami nous a donné une petite pièce où nous avons logé durant dix jours sans être inquiétés. Il est vrai que nous ne bougions pas. Du jour où j'ai quitté la mairie, je suis resté casematé, sans sortir. »

L'affaire fut égayée par une révélation à laquelle on ne pouvait guère s'attendre.

M. Régère avait pris part à un concours ouvert par le *Figaro*. « Péché de jeunesse » dit-il.

C'était en 1846; il avait plus de quarante ans.

Un témoin nous raconte comment se fit cette découverte :

« M. Pierre-Joseph Felon, sous-lieutenant au 26e de ligne, dépose qu'une perquisition a été faite, le 25 mai, dans le 4e arrondissement, rue de la Verrerie, 83, dans un domicile qu'avait habité Régère. On trouva dans ce domicile, notamment une caisse renfermant des valeurs, de l'argenterie, une montre en or et un écrin sur lequel il y avait cette inscription :
« Souvenir de Villemessant, rédacteur du *Figaro*, »

Le témoin ajoute qu'il a été trouvé en outre cent soixante-dix actions de 500 f., et que ces valeurs ont été portées à l'état-major de la place Vendôme. Mme Régère étant venue pour les réclamer, le témoin la fit aussitôt conduire à la place.

Régère. — J'habitais, il est vrai, un petit appartement rue de la Verrerie ; c'est là que je m'étais réfugié lorsque les bombes tombaient dans Paris. J'y avais transporté mon mobilier et ce que je possédais. Il y avait effectivement une malle renfermant divers objets, une montre de famille à laquelle je tiens beaucoup, de l'argenterie et une certaine quantité d'actions provenant d'une société qui s'est fondée en 1856, mais qui n'a jamais fonctionné. Quant à l'écrin dont il a été parlé, comme je tiens à dégager la personnalité qui a été mise en avant, je dirai que je n'ai reçu de M. de Villemessant aucun cadeau.

« Autrefois, à l'occasion d'un concours ouvert au *Figaro*, j'envoyai à ce journal quelques petites choses, ne doutant de rien, comme les gens du Midi, et M. de Villemessant envoya à ceux qui avaient eu des prix au *Figaro* une médaille. C'est sur l'écrin de cette médaille que se trouvait la souscription dont a parlé le témoin. »

Ferrat ne pose pas autant que Régère, mais il a la prétention d'être un homme d'ordre. Il a sauvé, il a protégé...

Vingt lignes de son interrogatoire :

Ferrat : — Dès le 22 mars je savais ma mairie envahi par des intrigants, encombrée dans tous ses salons des membres d'un soi-disant comité...

M. le président. — Encor un ?

R. Sans doute, et il y en avait bien d'autres. Ceux-ci buvaient, fumaient et couchaient à la mairie. J'ai balayé cette vermine et rétabli les services interrompus.

D. Mais qui donc était maire ?

R. Un nommé Albert Leroy, qui s'était installé là. (On rit.) Lullier le remplaça par Tony Moilin.

D. Et ensuite ?

R. Je me substituai à celui-ci jusqu'à la fin des pouvoirs du Comité central.

D. Ah ! et après vous ?

R. Sous la Commune, ce furent Goupil, qui se sauva, puis Varlin, Courbet, etc.

D. Sous la Commune, qu'avez-vous fait ?

R. Commandant militaire de l'arrondissement, j'ai délivré, en leur faisant des excuses, les professeurs et les pensionnaires du séminaire de Saint-Sulpice... »

D. Vous avez combattu à Neuilly ?

R. Mon bataillon y est allé sans moi ; j'étais alors arrêté...

Le président. — Parlez moins de vous et plus des faits.

R. Pardon, ceci est très-instructif ! Lullier avait commencé le désordre, c'est Cluseret, autre aspirant dictateur, qui l'a consommé. C'est lui qui, pour favoriser ses desseins, a empoisonné tous les états-majors « d'étrangers, de gredins... Vous
» cherchez partout les incendiaires :
» c'est parmi ces officiers de l'état-major
» de la garde nationale, dans cette tourbe
» cosmopolite que vous les trouverez !
» (Sensation prolongée.) »

Ferrat raconte ensuite trop longuement sa première, puis sa seconde arrestation, les rancunes de Cluseret, de Rossel, d'Henri contre lui, tenant toujours au Comité central, que le délégué à la guerre redoutait et voulait écraser, etc. Son bataillon lui resta fidèle, ne voulut pas élire un autre chef et fut, en punition, envoyé à Neuilly. Là deux compagnies furent décimées à la barricade Peyronnet. Aussi les hommes se soulevèrent ; ils exigèrent la mise en liberté et le retour à leur tête de Ferrat. A trois heures du matin Cluseret dut signer l'ordre de le laisser sortir de la prison du Cherche-Midi. Ferrat échappa ainsi à la terrible cour que présidait Rossel.

D. Parlez-nous du Comité central. Il était installé au ministère de la guerre. Qu'y faisait-il ?

R. Rien du tout. (On rit.) Cela étonne. Il y a des choses aussi étranges. Ainsi j'ai toujours refusé de marcher avec mon bataillon sous les ordres du Polonais Dombrowski : tous les jours l'*Officiel* enregistrait les hauts faits de ce chef étranger. Eh bien ! il était souvent trois jours entiers sans paraître à Neuilly, lui et son brillant entourage !

D. Qu'avez-vous fait pendant les derniers jours de la Commune ?

R. Je voulais me démettre et empêcher mon bataillon d'agir. J'ai reçu, sans y obéir, cinq ordres successifs de marcher. Un de ces ordres m'envoyait avec mes hommes à l'Hôtel-de-Ville déjà en flammes. On pense que je ne me suis pas dérangé. Aussi, le 25 mai, un agent de la Commune me saisissait dans la rue.

D. Oui, vous passiez le temps à vous arrêter les uns les autres. Mais où vous a-t-on pris après la fin de la lutte ?

R. En plein boulevard. Je ne me cachais pas.

Aux chefs communs d'accusation, Ferrat n'oppose aucune réponse. Il résume enfin sa verbeuse mais instructive exposition par ces mots : « J'ai rendu des services et tous mes actes se sont accomplis au grand jour ! »

Encore un ami de l'humanité méconnu !

Ces humanitaires après coup indignent Trinquet qui, lui, a au moins le mérite de la franchise.

Accusé d'avoir pris part à l'insurrection, il s'écrie avec beaucoup d'énergie :

— On ne m'avait pas élu pour me cacher. J'ai payé de ma personne, reçu deux balles, je reconnais avoir combattu ; oui, j'étais un insurgé allant aux barricades. J'aurais voulu avoir été tué pour ne pas assister ici au déplorable spectacle de collègues répudiant leurs actes politiques ! (Vive approbation dans l'auditoire.)

Ce langage semble gêner quelques voisins de Trinquet, entre autres le mélodieux Billioray.

Enfin Trinquet résume ainsi sa situation en face du conseil : « Insurgé, oui !... Assassin et incendiaire, non ! »

Assassin ?... Sur ce sujet nous savons à quoi nous en tenir. Mais nous avons cité le crime dont il fut accusé, nous n'y reviendrons pas.

Parlerons-nous de Champy et de Verdure, et de Victor Clément ?...

Champy, si nous l'en croyons, n'a fait que du bien et ne s'est occupé que des mesures d'ordre.

« Je suis entré à la Commune, dit-il, dans le but d'aider à une transaction.

» Jamais je n'aurais cru que l'on commettait des violences contre les personnes arrêtées.

M. le président — Vous saviez bien qu'il y avait quatre vingts à cent gendarmes emprisonnés ?

Champy — Je ne croyais pas qu'il y eut seulement le tiers de ce nombre d'arrêté. »

Une telle hypocrisie doit singulièrement donner sur les nerfs de Trinquet.

Victor Clément, ancien ouvrier teinturier, est, celui-là aussi, inoffensif. Il ressemble à un sacristain ou à un chantre d'église.

« De passé il n'en a pas d'autre qu'une vie obscure de travailleur (une vie de labeur) ce que bien des gens dans la Commune peuvent et doivent lui envier. Le relevé de ses votes prouve la modération de son esprit...([1])

M. Claré, *Les hommes sous la Commune*.

Comment cet homme calme et sensé a-t-il été envoyé à la Commune ?

C'est le quinzième arrondissement qui lui donna 5,025 voix.

Nous ne dirons rien d'Ulysse Parent... pour n'avoir rien à dire de plus coupables que lui qui ne furent pas même inquiétés.

Dans la nuit du 2 septembre, le 3° conseil de guerre rendit le verdict suivant :

FERRÉ, à la peine de mort, à l'unanimité.
ASSI, déportation enceinte fortifiée.
URBAIN, travaux forcés à perpétuité, à l'unanimité.
BILLIORAY, déportation dans une enceinte fortifiée, à l'unanimité.
JOURDE, circonstances atténuantes, déportation simple.
TRINQUET, circonstances atténuantes, travaux forcés à perpétuité.
CHAMPY, déportation enceinte fortifiée.
RÉGÈRE, déportation enceinte fortifiée.
LULLIER, à mort.
RASTOUL, circonstances atténuantes, déportation simple.
GROUSSET, déportation enceinte fortifiée.
FERRAT, déportation enceinte fortifiée.
DESCAMPS, acquitté.
CLÉMENT, usurpation de fonctions, circonstances atténuantes, trois mois d'emprisonnement.
VERDURE, déportation enceinte fortifiée.
COURBET, six mois de prison, 500 francs d'amende.
PARENT, acquitté, solidairement aux frais du procès.

Après le procès des dix-sept, sont venus des procès qui ont moins frappé l'attention et la curiosité publiques mais qui ne sont pas moins importants.

Devant le 6° conseil de guerre s'est relevé une personnalité étrange, celle du directeur du théâtre Français et du gouverneur du Palais-Royal pendant la Commune.

Nous nous croyions probablement au courant des choses de la Commune, mais, nous l'avouons, nous ignorions le nom et les antécédents du directeur du théâtre Français.

Et vous lecteurs parisiens?...

Eh bien, le sixième conseil de guerre, siégeant à Versailles, avait à juger le nommé Marigaux, ancien caporal de la ligne, condamné à différentes reprises pour vol et désertion. Ces états de service avaient déterminé la Commune à lui donner le grade de capitaine et le titre de gouverneur du Palais-Royal.

C'est lui qui, pendant l'orgie communarde, faisait jouer « par ordre » les pièces de son choix au théâtre Français.

Le conseil de guerre l'a condamné à la peine de mort.

Ainsi passe la gloire du monde.

Le même conseil avait à juger toute une catégorie d'autres accusés sortis des rangs de la ligne, mais qui n'avaient pas participé aux hautes fonctions du gouvernement carnavalesque.

On se rappelle que le 18 mars, à Montmartre, le 88° régiment de ligne a donné le triste exemple de la défection en levant la crosse en l'air devant les insurgés. Ce régiment, il faut le dire, était composé en majeure partie de jeunes soldats de la levée de 1870, qui n'avaient jamais vu le feu. Les cadres étaient à peine formés depuis deux jours, et le régiment venait à peine d'être complété à l'aide de soldats provenant des régiments désarmés par suite de la capitulation de Paris et que leur long séjour au milieu de l'agitation démagogique de ces derniers temps avait démoralisés. C'est là l'explication de la conduite du 88° de ligne.

Mal guidés, peu au courant de leurs devoirs militaires, ces soldats se sont

Le Tribunal de Commerce.

Par De La Brugère

trouvés tout à coup dans une situation difficile et y ont succombé.

Cependant, il faut ajouter que ce régiment n'a eu qu'une partie de son effectif qui ait rendu ses armes ; la plus grande partie s'est repliée sur les Champs-Élysées et de là sur Versailles, mais, malheureusement, il est avéré aujourd'hui que, parmi ceux qui ont été désarmés à Montmartre par les émeutiers du 18 mars, beaucoup l'ont été volontairement et sont restés de leur plein gré avec les insurgés. Le bruit même a couru que quelques-uns avaient participé à l'assassinat des généraux Clément Thomas et Lecomte.

Les quinze individus qui comparaissaient hier devant le 2ᵉ conseil de guerre n'étaient accusés que d'être restés à Paris après le 18 mars et d'avoir accepté du service dans la garde nationale fédérée. Tous ont prétendu qu'ils avaient été enrôlés de force, sous menace d'être fusillés, qu'ils n'avaient pu trouver le moyen de quitter Paris pour rejoindre l'armée et que la faim les avait poussés à accepter la solde et les vivres de la Commune.

— Et vous avez eu peur de ces menaces, vous, un soldat? dit à un des accusés, nommé Laurent, M. le lieutenant-colonel Meuzian, président.

— Je n'en avais pas peur si vous voulez, mon colonel, répond l'accusé, mais ça ne me réjouissait pas tout de même.

Le conseil de guerre a tenu compte, dans une large mesure, des circonstances dans lesquelles ces soldats avaient quitté leur poste, et il a poussé l'indulgence jusqu'au pardon pour ceux d'entre eux qui, aussitôt après la délivrance de Paris, se sont rendus à l'armée.

Huit d'entre eux ont été acquittés. Des circonstances atténuantes ont été admises pour les sept autres déclarés coupables. Laurent a été condamné à dix ans de détention et à la dégradation militaire; Huet, Sardin, Masson, Jacquet, Rousset et Paillayre ont été condamnés chacun à cinq ans de détention et à la dégradation militaire.

Blanqui.

« Les gens que vous tuez se portent assez bien. »

Nous avons des nouvelles du condamné à mort A. Blanqui. — On se souvient qu'il avait été condamné contumace, en même temps que Flourens, pour avoir tenté de démolir le gouvernement de la défense nationale, auquel il voulait substituer sa dictature.

Après avoir séjourné longtemps à Paris et avoir fait afficher sa protestation contre l'arrêt des tribunaux du gouvernement du 4 septembre, Blanqui, pour cause de santé, se retira en province chez un de ses beaux-frères, près Cahors.

Le gouvernement de M. Thiers le fit arrêter, la Commune survint et le réclama.

Elle prit des otages et déclara qu'elle rendrait Mgr l'archevêque de Paris contre Blanqui.

Des négociations très-sérieuses furent entamées à ce sujet. — Mgr. écrivit, — M. Thiers refusa.

Les otages ont été fusillés.

M. Blanqui vit toujours.

C'était bien la peine de ne pas l'envoyer au sein de la Commune. Un de plus, un de moins... et Mgr. Darboy vivrait encore.

Enfin le ciel et M. Thiers en ont décidé autrement, et tout récemment M. de Pont-Jest, du *Figaro*, a pu faire à Blanqui, le condamné à mort immortel une visite dont nous allons reproduire le récit.

Blanqui habite le Château du Taureau forteresse antique bâtie sur un rocher, en mer, à quelques lieues de Morlaix.

Nous laissons la parole au visiteur :

« Au moment où je débarquais, on baissait le pont-levis, ce qui indiquait que le prisonnier avait terminé sa promenade et était rentré dans sa cellule, car pendant les deux heures de sortie qui lui sont accordées chaque jour, la porte est close et le poste sous les armes.

Après avoir répondu au qui — vive de la sentinelle, je gravis l'escalier creusé dans le roc qui conduit à la petite plateforme extérieure sur laquelle repose le pont-levis lorsqu'il est ouvert, et je trouvai là M. le capitaine Gois, commandant du château. Je le priai de prendre connaissance de l'autorisation dont j'étais porteur, et, cela fait, l'honorable officier s'empressa de m'introduire dans son lugubre domaine.

» Je traversai d'abord une voûte épaisse et basse, l'unique moyen de communication avec le dehors, et je me trouvai dans une cour étroite dont les larges dalles ne reçoivent jamais les rayons du soleil, tant les constructions qui la bornent sont élevées et rapprochées les unes des autres. C'est bien là la vieille forteresse féodale avec ses escaliers tournants, ses passages resserrés, ses voûtes surbaissées, ses étages irréguliers.

» M. le capitaine Gois me fit visiter d'abord les casemates du rez-de-chaussée. Leurs embrasures sans canons, sont fermées par de lourds sabords solidement garnis de barres transversales qui défient toute tentative d'effraction extérieure, et les casemates elles-mêmes sont grillées de façon que personne ne peut y pénétrer de l'intérieur du château.

» Ces mesures de précaution étaient bonnes à prendre, surtout pour les casemates pratiquées à l'arrière de la forteresse, car, grâce à la construction du château sur la déclivité du rocher, l'embrasure de cette casemate est à peine à deux mètres du sol, et, de plus, elle ne peut, ainsi que les autres, être surveillée des tourelles du guetteur, celle de ces tourelles qui la domine étant occupée par un phare.

» C'est tout près de cette casemate, dans l'angle gauche du fond de la cour, que se trouve, au-dessus de la poudrière, le cachot bas, humide, sans autre ouverture que la porte, où La Chalotais passa un grand mois. J'eus la curiosité d'y entrer, et j'avoue que le procureur général avait un peu raison, en disant que c'était là un repaire où on ne devait reléguer que des gens de sac et de corde.

» Cette première excursion terminée, mon obligeant cicerone me fit revenir sur mes pas, et nous prîmes, à droite de la voûte d'entrée, dans l'angle de la cour, un escalier d'une quinzaine de marches qui nous conduisit devant la cellule de Blanqui.

» Un factionnaire se tenait là l'arme au bras ; le gardien fit glisser un large verrou, donna deux tours de clef, tira à lui une lourde porte peinte en vert, et nous entrâmes.

» Blanqui, le dos à son lit et faisant face à la porte, était assis devant une petite table chargée de papiers et de livres. Il travaillait.

» En apercevant un étranger il se leva, salua en soulevant le chapeau mou, forme garibaldienne, dont il était coiffé, et je dois dire que tout d'abord, avec sa barbe blanche, son air grave et calme, ses mains maigres, effilées, il me fit plutôt l'effet d'un bénédictin que d'un conspirateur.

Cependant son regard s'était arrêté sur moi avec une certaine inquiétude. J'étais le premier visiteur qu'il eût reçu depuis le 24 mai, jour de son arrivée au château du Taureau. Il se demandait certainement ce que je pouvais lui vouloir, et peut-être me prenait-il, c'était vraiment trop d'honneur, pour le juge d'instruction qu'il ne cesse de réclamer.

Pour dissiper son erreur ou ses appréhensions, M. le capitaine Gois me présenta à son prisonnier avec la politesse qu'il met dans tous ses rapports avec lui, et la glace fut rompue.

» Sachant que Blanqui était au secret le plus sévère, au point de vue des nouvelles politiques, je ne pus tout naturellement engager avec lui qu'une conversation banale, qui roula surtout sur la façon dont il supportait sa détention.

— La détention et le secret, me dit-il, sont toujours deux choses pénibles pour un vieillard de 67 ans, à plus forte raison lorsqu'il ignore pourquoi il est l'objet de mesures aussi rigoureuses. Il y a sept mois que je ne sais rien du dehors ; j'étais malade lorsque j'ai été arrêté aux environs de Cahors, où je suis resté soixante jours. Que s'est-il passé à Paris et comment prétend-on me rendre responsable de faits auxquels mon absence suffit pour prouver que j'y suis étranger? Pourquoi ne m'interroge-t-on pas? Pourquoi ce secret, cette privation de journaux et de visites au Mont-Saint-Michel? Sous Louis-Philippe, le gouvernement était moins dur pour les prisonniers ; nous y recevions le *Moniteur officiel*. Je n'ai ici que quelques vieux numéros de la *Revue des Deux Mondes*.

— Mais vous travaillez? lui dis-je.

— Heureusement, car lire ne suffit pas pour occuper l'esprit. Je m'occupe d'astronomie, afin de m'éloigner le plus possible de la terre et de la politique.

» J'eus envie de lui demander si son intention, maintenant qu'il ne pouvait plus rien pour notre pauvre monde, était de tenter de révolutionner le ciel, mais je me retins et je le questionnai sur le régime de la prison.

— J'en ai beaucoup souffert durant les premières semaines, me dit-il ; j'ai été gravement malade, mais je m'en trouve mieux aujourd'hui ; si un prisonnier, matériellement, peut être bien, je ne suis pas trop mal. C'est plutôt du traitement moral auquel je suis condamné que je me plains.

» Nous causâmes encore quelques instants, puis je le quittai, non pas sans avoir examiné attentivement sa cellule. C'est une grande casemate très-propre, placée au-dessus de la voûte du pont-levis, éclairée par une large fenêtre et meublée convenablement avec des meubles loués à Morlaix 25 francs par mois.

» Ce mobilier, en bois verni, se compose d'une couchette avec sommier, matelas, oreillers, draps, couvertures et rideaux, d'une table de travail, d'un tapis de pied, d'un lavabo et d'une commode.

» Quant à Blanqui, il était chaudement vêtu de deux pantalons, d'un gros paletot, portait une cravate blanche, et, au fond, rien dans sa physionomie n'indiquait ces souffrances dont il se plaint dans chacune de ses lettres à sa famille.

» C'était bien l'homme qu'on m'avait dépeint : mielleux, insinuant, posant toujours pour une victime et un martyr.

» Mais s'il est aujourd'hui tel que je viens de le montrer, c'est-à-dire à peu près résigné, il n'était pas ainsi dans les premiers moments de son séjour au château du Taureau. Il n'est pas d'ennuis qu'il ne suscita, durant les premières semaines, au capitaine Gois, se plaignant de tous et de tout, disant qu'on voulait l'assassiner. Rien ne lui convenait, ni la nourriture, ni le logement.

» Or, je viens de vous dire comment il est logé, et quant à sa nourriture elle est excellente. Il fait deux repas par jour, à 9 heures et à 5 heures, a toujours du pain de luxe et fait lui-même son menu la veille pour le lendemain.

» Le vin compris, ses aliments coûtent à l'Etat 51 fr. 25 c. par mois, mais il échange son vin, coté à 11 fr. 25 c. par mois, contre la même valeur en sucre, et ne boit que du vin d'Espagne, que sa famille lui a envoyé.

» En comptant encore le blanchissage, 3 francs par mois, l'éclairage, 4 francs, le loyer de son mobilier, 25 francs, la haute paye qui est accordée aux vingt-cinq soldats composant la garnison du fort, 20 centimes par homme et par jour, les frais du bateau de service entre Morlaix et le château, les dépêches, le chauffage, etc., on arrive à ce résultat que Blanqui coûte à l'Etat à peu près 10 francs par jour.

» Cotés au même prix, les vingt-cinq mille prisonniers de l'insurrection parisienne nous seraient revenus à 7,500,000 francs par mois.

» Blanqui est, certes, mieux traité sous le rapport de la nourriture et du logement que les honnêtes gens qui montent nuit et jour la faction à sa porte et sous sa fenêtre ; il l'est mieux encore sous le rapport de la promenade, car la garnison du fort ne peut se promener que dans cette cour sombre et étroite dont j'ai parlé, tandis que lui a deux heures de liberté sur la plate-forme de l'ouest d'où la vue est splendide.

» Le capitaine Gois a poussé même les égards et l'humanité envers son prisonnier jusqu'à lui faire installer un abri dans une des tourelles de guetteur, afin qu'il puisse prendre l'air même quand il pleut. Il est vrai que le vieux révolutionnaire avait demandé mieux encore : une tente pour ne pas être brûlé par le soleil. Le commandant du château du Taureau n'a pas cru devoir souscrire à ce désir non plus qu'à cet autre plus étrange encore que Blanqui émit le lendemain de son arrivée : il voulait qu'on fît cesser les cris de veille des sentinelles qui, disait-il, l'empêchaient de dormir, le réveillaient en sursaut et achevaient de miner sa santé.

» C'est pour mettre fin à ses plaintes à l'égard de cette santé si chère que M. le capitaine Gois fit visiter son prisonnier et sa prison par M. le docteur Lacharduchère, qui fit un rapport constatant que Blanqui se portait à merveille et que sa cellule était aussi saine et aussi confortable que possible. »

Si Marotteau, lui aussi condamné à mort, pouvait lire ces pages, il y puiserait une grande confiance.

Mais sans les avoir lues, il en connaît la substance et probablement qu'il ne désespère pas du tout de faire un jour ou l'autre reparaître le *Salut public*.

» Blanqui était fort inquiet aussi du sort qui lui était réservé, car il ne pouvait oublier les nombreuses condamnations capitales dont il est frappé, et cette inquiétude augmenta encore lorsque M. Gois lui apprit, pour le rendre plus doux sans doute, et il y réussit, les assassinats de M. Bonjean, de l'archevêque de Paris et des autres otages.

» L'apôtre de la démagogie ne put dissimuler l'émotion que lui causa cette nouvelle, et il se dit bien certainement alors que l'établissement en France de tel ou tel gouvernement était pour lui une question de vie ou de mort. C'est par un timbre de lettre que le vieux renard apprit que nous étions en République. Dès ce moment-là il se montra plus rassuré et redevint irascible et mécontent. »

Il semblerait (et cela est dit sans aucun désir de voir l'arrêt qui frappe Blanqui mis à exécution, car pour l'auteur de ce récit Blanqui vaut mieux que les membres de la Commune), il semblerait qu'une condamnation à mort est un brevet de longévité.

Autre exemple :

Le citoyen Amouroux, membre de la Commune, et précédemment condamné à mort par un conseil de guerre de Lyon.

Il a été pris après la bataille de Paris; on l'a envoyé sur un ponton où il a donné un faux nom. Il vit encore.

Il n'avait rien omis pour sauvegarder son incognito.

Il avait si bien songé à tout d'avance, qu'il recevait de Bruxelles, sous le nom de Ghiesbreght, des lettres touchantes, dans lesquelles on le plaignait, en l'engageant à la patience et à la résignation, car son innocence devait bientôt être reconnue.

Mais il tenta de s'évader.

Il se jeta à la mer et nagea pendant près d'une heure pour gagner la côte.

Il fut repêché, mis au cachot, et, ce qu'il y avait de plus fâcheux pour lui, il reçut la visite d'un commissaire central qui ne le rencontrait pas pour la première fois. A son affirmation qu'il était bien Émile Ghiesbreght, typographe, M. le commissaire lui a tout simplement répondu :

— Vous êtes Auguste Amouroux, chapelier, né à Moriac (Lot-et-Garonne). Vous étiez membre de la Commune pour le 4ᵉ arrondissement, secrétaire de cette même Commune. — Vous avez été condamné à mort à Marseille avec Mégy, Landeck et autres, et à la déportation par le conseil de guerre de Lyon.

Reconnu aussi complétement, Amouroux ne chercha pas à nier, et il est en ce moment à Lyon pour purger ses condamnations. Il aurait pu, avant de partir, reprocher au commissaire des pontons d'avoir oublié de lui donner un de ses plus précieux titres : celui d'auteur dramatique.

Amouroux, en effet, s'était livré, sur l'*Yonne*, à ses goûts littéraires, en s'y faisant tout à la fois auteur et impressario.

Voici l'affiche de sa dernière représentation, avec des annotations qui indiquent les rôles véritables qu'avaient joué sous la Commune, dans la vie réelle, les acteurs improvisés du directeur E. Giesbreght, car Amouroux n'était connu à bord que sous ce nom, et lorsqu'il a eu la mauvaise idée de s'évader, il était à la veille de bénéficier d'une ordonnance de non-lieu rendue en sa faveur.

REPRÉSENTATION DRAMATIQUE

donnée par les détenus du ponton l'*Yonne* (batterie haute).

La *Mort d'Abel*, pièce en vers, par Ghiesbreght, dite par Bailey, capitaine au 173ᵉ bataillon, 20ᵉ arrondissement, artiste dramatique.

Les *Amoureux de Claudine*, vaudeville par Bailey, joué par :

Decaux, aide de camp du délégué à la marine, Latappy (jeune communard très-exalté);

Dassier, ex-lieutenant secrétaire du fameux chef de la 61ᵉ légion, Montel ;

Phelippeaux, sergent-fourrier au 12ᵉ de ligne (déserteur);

Fontaine, capitaine d'état-major, aide de camp de Dombrowski, puis commandant de la porte du Point-du-Jour ;

Thuault, employé des ponts et chaussées sous la Commune;

Robertson, lieutenant au 132ᵉ bataillon de Levallois, membre du sous-comité central de cette commune;

Carré, lieutenant, secrétaire de Piazza, chef de la 14ᵉ légion ;

Bailey (l'auteur désigné plus haut).

CHANSONNETTES COMIQUES

chantées par Thuault et Delaveuve.

Ce dernier communard, jeune, assez joli garçon, et comme prédestiné à ces rôles par son nom même, jouait seul et sans partage les jeunes premières dans la troupe de Ghiesbreght-Amouroux.

Le départ du citoyen directeur a mis fin aux représentations, et l'*Yonne* n'a plus aujourd'hui de troupe dramatique, au grand désespoir de son équipage, que cela amusait beaucoup, on le conçoit.

Nous ne croyons pas avoir abusé de la biographie J. Clère — le Vapereau des communards — à propos de ce chapelier, qui nage comme un castor, mais qui n'égale pas Piñaut dans l'art de la coiffure.

« Sa figure, dit M. Clère, toute juvénile, son esprit ardent et ambitieux, disons même fort présomptueux, en firent un des favoris des réunions publiques. Président ou assesseur de nombreuses réunions publiques, tenues à la *Jeune Gaule* à la *Redoute* et à la *salle Molière*, il se fit remarquer pour ses résistances aux injonctions des commissaires de police et refusa plus d'une fois de dissoudre les assemblées malgré leurs ordres et leurs menaces. Orateur, il sut se gagner par la violence de son langage un public qui se paye plus de mots que d'idées.

» Dès les premiers mois de 1859, nous trouvons Amouroux discutant dans une réunion de la salle de la *Jeune Gaule*, chez un certain Budaille (!) des sujets d'économie sociale, entre autres : *La lutte de l'homme contre la nature et les moyens de la soutenir*. Au mois d'avril Amouroux est déjà à Mazas et passe en jugement pour excitation à la haine et au mépris du gouvernement; il est condamné à huit mois, réduits en appel à quatre mois de prison, qu'il passe à Sainte-Pélagie.

« L'amnistie lui rouvrit les portes de la prison, mais il y rentra bientôt pour purger de nouvelles condamnations. »

Résumons :

Condamné en 1869 pour outrages à l'empereur à un mois de prison. — Plus tard à vingt jours pour contravention à la loi sur les réunions.

Le 2 mars 1870, il rejoint à Bruxelles plusieurs membres de l'Internationale.

Rentré pendant le siége, il ne se distingue pas par son courage ; c'est bon pour les réactionnaires.

Il se montre dans toutes les émeutes.

Naturellement, tant de travaux sont récompensés par 8,150 voix qui le nomment membre du conseil municipal de la République universelle.

C'est à lui que l'on doit la proposition de supprimer tous les journaux sauf l'*Officiel*.

« C'est, conclut M. Clère, un des esprits les plus étroits et l'un des membres les plus violents de la Commune. »

Sur le même ponton qu'Amouroux, on a découvert, dans des circonstances analogues un autre membre de la Commune qui n'avait pas fait beaucoup parler de lui : — Philippe, l'élu du 12ᵉ arrondissement.

Vous n'avez jamais très-probablement entendu parler de cet individu.

Avant le 18 mars Philippe s'occupait de la vente de fonds de marchands de vins.

« Des bruits détestables, dit M. Clère, courent dans le 12ᵉ arrondissement sur Philippe et son *alter ego* Lonclas, et nous n'osons nous en faire l'écho, tant ils sont graves pour la moralité de ces deux personnages. »

Sans instruction et sans intelligence, cet individu est de ceux qui ne reculent devant aucun moyen, non pas pour faire triompher la Révolution mais pour se venger de sa défaite sur des innocents et sur des monuments privés ou publics.

Quels tristes sires que ces rois populaires, ces Masaniello parisiens !...

On a beau dire ici, mais jamais canton *rural* n'a envoyé au Corps législatif de pareils êtres.

Soyons modestes à Paris !...

Que les noms de Philippe, Lonclas,

Amouroux nous rappellent à la modestie et à l'indulgence.

Encore un mort qui se porte bien

C'est le citoyen Cerisier.

On croyait cet assassin si bien mort que déjà chez ses frères on parlait d'ouvrir une souscription pour lui élever un monument funèbre.

Voici comment les journaux nous racontent l'arrestation de Cerisier :

« Un certain nombre de captures importantes viennent d'être opérées par les soins de la police.

» En première ligne, notons l'arrestation du nommé Cerisier, chef de la 14ᵉ légion, successeur de Henry et complice de Jeibel, chef du 101ᵉ bataillon fédéré, dans l'assassinat des dominicains d'Arcueil. Ce misérable a été l'un des personnages les plus farouches de la Commune. Nous avons vu, au cours des procès de Versailles, qu'il a voulu faire fusiller les otages détenus à la prison de la Santé et que, sans l'opposition du directeur de cette prison, une nouvelle série d'assassinats aurait grossi la liste si longue des crimes de la Commune.

» Arrêté place d'Italie, lors de la délivrance de Paris, Cerisier faisait partie d'un groupe destiné à être passé sommairement par les armes. Il eut la présence d'esprit, au moment de l'exécution, de se laisser tomber par terre, à plat ventre, et réussit à se faire passer pour mort.

» Il parvint ensuite à s'évader et se réfugia chez un de ses amis, nommé Savin, tanneur, rue Sauval, où il est resté caché depuis, et où il a été arrêté hier à quatre heures.

» Son ami ayant dû quitter son domicile, Cerisier l'aida à son déménagement. Il a été reconnu par M. Duprat, un des officiers de paix qu'il avait voulu faire fusiller à la Santé.

» Il s'est laissé emmener sans résistance. Les agents ont eu toutes les peines du monde à le protéger contre l'exaspération de la foule qui voulait en faire bonne et sommaire justice.

» Un autre assassin, le nommé Lagrange, compromis dans le drame de la rue des Rosiers, et qui avait réussi à s'évader de Satory, vient d'être repris et reconduit à Versailles.

» Il faut espérer que, cette fois, il restera sous bonne et vigilante surveillance.

En même temps que lui arrivait à Versailles un nommé Lucas, le même à qui Ferré a adressé l'ordre terrible que chacun sait :

« Faites flamber finances. »

Voilà une journée rassurante pour la tranquillité des honnêtes gens.

Car les honnêtes gens ne sont pas difficiles à se rassurer et ressemblent pas mal aux lapins de garenne ; vous en tuez un, d'autres ne tardent pas à venir gambader insouciants à la place même où est tombé le premier.

Honnêtes gens, dormez ; le terrible Lucas est pris ; soyez sûr qu'on ne fera plus flamber finances.

Le conseil de la Seine vous invite d'ailleurs à partager cette confiance.

Ne fait-il pas paver nos rues en bois goudronné ?...

S'il pensait que la société des incendiaires put reprendre *ses affaires*, oserait-il donner à Paris capitale des pétroleux, le pavé qui brûla si bien à Chicago ?

Nous nous refusons à le croire.

Mais, pendant que nous y sommes et pour en finir, donnons quelques arrestations curieuses.

Lefrançais.

Jourde.

Avez-vous connu Chamouse?.. Chamouse le modeleur?.. Peut-être. Il demeure rue du Faubourg-du-Temple; il est membre de l'Internationale et a été l'un des premiers organisateurs des réunions des Folies-Belleville sous l'Empire. Il jouit dans son quartier d'une grande notoriété et d'une très-dangereuse influence. Sous la Commune, il fut l'un des sicaires de confiance de Raoul Rigault à la préfecture de police. C'était un dénonciateur et un chasseur d'hommes féroce. Sa physionomie est fausse et sinistre.

Un journaliste de nos amis, qui a passé quarante-huit jours au Dépôt et à Mazas en qualité d'otage, et qui n'a été sauvé que providentiellement, devait son sort à ce bandit, qui l'avait indignement maltraité en l'arrêtant, et l'avait même menacé « de le tuer de sa propre main, si, par impossible, il n'était pas fusillé comme un chien. »

Or, hier matin, notre confrère était monté sur l'impériale d'un omnibus, lorsqu'il voit passer Chamouse dans la rue. Se précipiter à terre et requérir un brigadier et un gardien de la paix présents fut l'affaire d'un instant. Circonstance curieuse, c'est aussi monté sur une impériale d'omnibus qu'il avait été arrêté place Dauphine.

A sa vue, qui fut comme l'apparition d'un revenant, le bandit pâlit affreusement. Toute résistance était impossible. Conduit à la mairie du 10°, aussi effaré et plat maintenant qu'il était terrible naguère, il commença par balbutier, puis par nier. Mais une fois en présence du colonel O'Neill, le ferme et intelligent commandant supérieur de cet arrondissement, il dut changer d'allures et reconnut avoir été fonctionnaire de la Commune, mais prétendit n'avoir que simplement *aidé* à l'arrestation de notre confrère, en compagnie du fameux Greffier, commandant d'un bataillon bellevillois. Puis, pensant se tirer d'affaire, il produisit un laisser-passer de Versailles pour retourner à Paris, *bon pour une fois seulement*, constatant que, mis en arrestation le 22 mai, il avait été relâché le 29, faute de charges suffisantes.

L'effet de cette exhibition étant contraire à son attente, il finit par se targuer, ô lâcheté des scélérats!... lui, le *mangeur de mouchards* sous la Commune, d'appartenir à la *police secrète* et de n'être resté à Paris que par ordre et avec une *mission* de Versailles.

Survint l'honorable chef des bureaux de la mairie, qui connaissait parfaitement Chamouse, ex-séide de l'ex-pacha Dujarrier, du 10°. Il put renseigner le colonel O'Neill et lui répéta le propos caractéristique suivant, tenu un jour de fermentation devant lui par ce *mauvais gueux* (sic) : « Je suis membre de l'Internationale et je m'en fais honneur. »

Confondu, et lançant des regards de bête fauve à sa victime, il fut enfermé au poste pour être transféré immédiatement à Versailles, où il ne sera pas difficile à l'instruction d'accumuler trop de charges contre lui.

Chamouse était mouchard, Echenne l'était aussi.

O Pilori du citoyen Vésinier, ces noms manquaient à vos longues listes!..

Quoi! Echenne, capitaine d'état-major de la Commune?..

Hélas! oui, citoyen ; avant le 4 septembre Echenne appartenait à la police impériale.

Mais peut-être ne servait-il la police qu'en protestant dans sa conscience contre l'usurpateur du 2 décembre.

Cela s'est vu.

On ne saurait le rendre responsable de la guerre du Mexique, ni de ses sentiments en faveur de l'indépendance de la Pologne.

La théorie est neuve, mais commode et d'un usage fréquent aujourd'hui.

Cet individu qui tenait pendant le siége de Paris un entrepôt rue Monge, où allaient chaque soir une quantité de notabilités républicaines du quartier latin devenues membres de la Commune après le 19 mars, est le même qui pilla l'hôtel Crillon, place de la Concorde. On sait que l'hôtel Crillon est la demeure actuelle du prince de Polignac.

Cet Echenne avait, paraît-il, trouvé chez le prince de Polignac, la caisse assez bien garnie ; car, depuis la défaite des communards, il menait, au quartier latin, la vie la plus joyeuse. Les louis lui coulaient littéralement des doigts. Par malheur pour lui, après un trop coûteux déjeuner, il se trouvait hier dans un café du boulevard Saint-Michel, où il eut l'imprudence de proposer à haute voix à une *étudiante* de lui donner un nécessaire en or, de princesse, sur les pièces duquel les armes princières étaient marquées.

Un agent de police qui était à une table voisine s'émut de cette proposition qui cadrait mal avec l'aspect du communeux qui a absolument un tout autre air que celui d'un prince. Il attendit qu'Echenne sortit du café, et une fois sur le boulevard, il le fit arrêter par deux sergents de ville qui emmenèrent le capitaine d'état-major à la préfecture de police. Echenne a, du reste, parfaitement avoué qu'il avait pillé l'hôtel du prince de Polignac.

Espérons qu'on lui tiendra compte de sa franchise. En définitive, il aurait pu adopter un système de défense fort à la mode et dire qu'il avait voulu *sauver* le mobilier de l'hôtel.

Il aurait pu ajouter que la société doit lui être reconnaissante du mal qu'il n'a pas fait et qu'il aurait pu faire.

C'était l'âge d'or des réquisitions.

On réquisitionnait tout : les hommes, les chevaux, l'argent, le linge et même, nous dit un journal, les éditeurs… On s'en est aperçu, lorsque la Commune ayant transporté ses débris à l'étranger, on vint accuser quelques libraires d'avoir prêté leurs établissements à la propagation des *idées* ou plutôt des passions communeuses.

Ces messieurs se récrièrent et avec raison.

Les communeux *réquisitionnaient* les éditeurs comme tout le reste.

Voici ce que nous avons vu dans la rue du Croissant :

Gaillard fils maniait à la fois la révolution et les beaux-arts. Il se présente un jour chez un éditeur avec des dessins, desquels il demande un prix assez élevé ; l'éditeur refuse.

Le soir, le père du jeune homme, artiste lui-même en barricades, entre chez le libraire en laissant à la porte quatre fédérés en armes.

— Vous ne voulez pas éditer les charges de mon fils ?

— Mais…..

— Donnez-lui la moitié du prix qu'il vous demande…

Il fallut bien s'exécuter ; la charge fut imprimée, coloriée, et le fils Gaillard vint prendre toute l'édition sous prétexte d'en faire le placement lui-même.

L'éditeur en fut pour le prix du dessin, le clichage, le papier, l'impression et le coloriage ; tous frais payés de sa poche, dans laquelle il ne rentra rien de la vente.

L'exemple venait d'en haut : les membres de la Commune propriétaires de journaux, avaient toujours dans leur poche un mandat d'arrestation dirigé contre leurs vendeurs, si la vente de leur journal ne montait pas à un chiffre indiqué.

C'est ainsi qu'un libraire a été arrêté pour n'avoir pas assez vendu l'*Affranchi*, journal de Paschal Grousset, délégué aux relations extérieures.

Et c'est ainsi que la citoyenne Adeline Prourouska avait demandé au citoyen Gaillard père que l'on fusillât tous les propriétaires qui ne s'abonneraient pas au *Cri du Peuple* et au *Père Duchêne*.

Protégeait-on le commerce sous la Commune ?

Ou vous consommerez, ou vous serez exécuté.

Nous allons clore cette longue liste de communeux par l'affaire Gremlich.

Le dixième conseil de guerre, séant à Sèvres, a jugé hier, 23 octobre, le nommé Gremlich, accusé d'être l'auteur de l'incendie de la caserne du quai d'Orsay.

Le conseil était présidé par M. le lieutenant-colonel de Mauret, du 20e régiment de dragons.

Auguste-Victor Gremlich se dit comptable à Billancourt ; c'est un homme de cinquante-cinq ans, à cheveux blancs, coupés très-ras. Ses fonctions de comptable se sont bornées à tenir le contrôle d'un bal de barrière à Billancourt.

Sous la Commune, il a accepté le grade de lieutenant d'état-major et la charge de gouverneur de la caserne du quai d'Orsay.

Quand M. le président lui dit qu'il résulte de l'instruction qu'il est accusé d'avoir ordonné et dirigé l'incendie de la caserne, il répond que les vrais coupables du sinistre ont été les Enfants-Perdus qui, dit-il, « rayonnaient » dans le quartier.

Quant à sa conduite à la caserne, il se serait borné à tenir la comptabilité de ce bâtiment et à organiser une compagnie de balayeurs chargés du nettoyage dans l'intérieur de la caserne.

Malheureusement les témoins sont là. Le premier est un sieur Richard, casernier, qui vient déclarer que Gremlich logeait au quartier d'Orsay, dans les meilleurs appartements et qu'il lui a pris tout son vin. Un autre casernier, nommé de Bled, raconte que quand le feu a pris à la caserne, Gremlich était encore là, commandant toujours. Il était alors sept heures et demie. Gremlich venait de faire un dernier repas avec les officiers d'état-major du général Eudes. Au moment où le témoin le rencontra, il s'écria :

— Vous pouvez vous en aller ; quant à moi, je ne rendrai pas la caserne, je la ferai sauter plutôt !

Effectivement, ajoute le témoin, c'était bien là son intention, car je découvris au moment de sortir un omnibus chargé de poudre que j'emmenai et que je mis en lieu sûr.

Arrivant au pillage de la Légion d'honneur, le témoin déclare que l'accusé a présidé à l'enlèvement du linge et de l'argenterie de la Légion d'honneur, et qu'il a fait transporter tous les objets dérobés dans les appartements qu'il occupait à la caserne.

Vient ensuite la femme du témoin précédent, madame de Bled, qui confirme la déposition de son mari.

La série des témoins est terminée par un sieur Bassin, qui a fait arrêter l'accusé « parce qu'il était en différend avec lui pour une question d'intérêt. »

M. le commissaire de la République, commandant Apté, soutient l'accusation.

Me Hippolyte Chanloup présente la défense.

Après une courte délibération, le conseil condamne Gremlich à la déportation dans une enceinte fortifiée.

Tout comme s'il avait été membre de la Commune, Assi, Régère ou Bergeret lui-même.

On a dû remarquer d'ailleurs que beaucoup de simples fédérés sont condamnés à la même peine que leurs chefs. Rien ne sert d'avoir porté huit galons pour obtenir son transport gratuit à Noukahiva.

Le 8e conseil de guerre, siégeant à Saint-Germain, aura à juger cette semaine un Polonais du nom de Caweski, communard endiablé qui pendant l'insurrection était lieutenant-colonel du régiment de Bergeret.

Ce régiment, connu sous la dénomination de *turcos de la Commune* avait été formé le 12 avril avec les hommes de l'ancien 230ᵉ bataillon de la garde nationale du 19ᵉ arrondissement.

Les *turcos de la Commune* avaient été ainsi nommés à cause de leur ressemblance avec les turcos de l'armée régulière. Leur uniforme, en effet, se composait d'un pantalon-jupe, d'une molletière jaune, d'un caraco et d'un képi de chasseurs jaune.

Ce régiment avait un drapeau rouge — naturellement — qui lui avait été donné par le *conte (sic)* Raoul du Bisson. — Sur ce drapeau on lisait l'inscription suivante, en lettre dorées : *La Commune ou la mort.* C'était la devise du généreux *conte* du Bisson.

Bergeret, en recevant ce drapeau, l'avait embrassé *lui-même*, et avait juré de le défendre jusqu'au dernier souffle de sa vie. Serment de communard.

Caweski est âgé d'une quarantaine d'années.

La banlieue de Paris pendant la Commune.

La banlieue de Paris eut un rôle passif et très-intéressant pendant la Commune.

O les malheureux villages d'Issy, de Vanves, de Clamart, de Montrouge !... Les malheureuses petites villes de Neuilly et de Courbevoie !...

Il suffit de parcourir tous ces endroits charmants qui avaient à peu près échappé aux horreurs de la guerre pour voir ce qu'ils ont eu à souffrir pendant la Commune.

Neuilly est écrasé par les projectiles.

Vanves est ravagé.

Bien des pauvres gens passeront cet hiver sans abri, grâce à la guerre civile. Faites quelques pas dans la campagne et vous serez édifié.

Interrogez les paysans et ils vous diront ce qu'ils pensent des communeux.

Ceux du nord et de l'est en furent réduits, pour ne pas être tourmenté, à *bénéficier* de l'occupation prussienne ; et dans plus d'un village les Prussiens déclarèrent à la République universelle de Paris qu'elle eut à ne pas dépasser certaines limites et à respecter la tranquillité des habitants de la zone occupée.

On sait que Vincennes fut offert par la Commune aux Prussiens.

Saint-Mandé, sa voisine, fut sauvée par quelques hommes d'esprit. Cette petite ville, alla, tout d'abord au-devant du danger.

L'histoire de la Commune de Saint-Mandé est trop curieuse pour ne pas trouver place ici :

C'était quelques jours après l'insurrection du 18 mars. Saint-Mandé n'était pas tranquille. Menacé à droite par les canons prussiens, à gauche par les canons communeux, la pauvre petite ville ne savait de quel côté tourner la tête. Les canons communeux surtout lui faisaient peur ; — à tort ou à raison, Saint-Mandé, peuplé de petits rentiers, de négociants retirés des affaires, d'employés en retraite, passait aux yeux des *purs* pour un foyer de réaction.

Les notables s'assemblèrent. Après une longue délibération, ils furent d'avis que le mieux était de se constituer en Commune indépendante, et de se faire reconnaître en cette qualité par la Commune de Paris. On éviterait ainsi les réquisitions, les arrestations et les enrôlements forcés.

On nomma un délégué à la guerre : — ce fut le garde-champêtre; — c'était indiqué. On nomma un délégué aux affaires étrangères : ce fut Grévin le caricaturiste. Le lendemain, nos deux hommes d'Etat partirent à pied pour Paris, y pénétrèrent par le pont-levis, et se présentèrent à l'hôtel de ville, où ils firent mander les citoyens Cluseret et Paschal Grousset, délégués, comme on sait, l'un à la guerre, l'autre aux affaires étrangères.

Tout se passa suivant les règles diplomatiques. Grévin et le garde-champêtre, remirent sans rire, à ces deux honorables personnages, les lettres officielles qui les accréditaient auprès de la Commune de Paris en qualité de délégués de la commune de Saint-Mandé, et, sans rire aussi, ils reçurent en échange un acte authentique revêtu de timbres nombreux, et reconnaissant l'indépendance de la commune de Saint-Mandé.

Cela fait, ils se retirèrent d'un air digne, en gens pénétrés de l'importance de leur mission.

Et voilà comme la petite ville de Saint-Mandé fut préservée des canons de la Commune.

Grévin n'a jamais donné de preuve plus spirituelle de son talent de caricaturiste.

Il a compris dès les premiers jours le carnaval politique dont Paris allait être le théâtre.

Saint-Mandé échappa à tous les malheurs, et nous n'avons même pas entendu parler du désarmement de sa garde nationale. Quelques lignes, comme on l'a vu, suffisent à résumer son histoire ; mais cette histoire de la commune de Saint-Mandé vaut mieux que l'histoire de la Commune de Paris, et celle de la guerre de Trente Ans ne la vaut pas.

Quand donc les peuples, pour ministre de la guerre n'auront-ils qu'un garde-champêtre !...

C'est l'idéal.

C'est-à-dire l'impossible puisque les communeux ont déjà demandé l'abolition de la propriété et que le fonctionnaire doit disparaître avec le principe qui le rend nécessaire.

Plus de gardes-champêtres, mais beaucoup de Pilottel, de Cluseret et toute une petite Pologne.

Enfin, qui sait, en admettant même l'impossible.

En admettant que cet idéal se réalisât et que le garde-champêtre devint notre seul ministre de la *ci-devant* guerre, qui nous prouve que ce fonctionnaire échapperait à la maladie nationale, le besoin de parvenir, de se faire valoir, de régner ?...

Qui nous prouve qu'il n'innoculerait pas son mal à quelques subalternes, car il se donnerait des adjoints...

Et nous retomberions fatalement dans l'ornière, comme dirait de Girardin.

Le garde-champêtre — et nous ne voulons que cet exemple, — nous ramenerait à l'âge de fer et de pétrole actuel.

La mesure adoptée par la commune de Saint-Mandé ne pouvait être que provisoire, comme le ministère Crémieux-Bizoin, de Tours.

Pas d'illusions !

Et si vous en conservez, lecteur, veuillez nous suivre quelques pas encore et nous vous ferons parcourir non les cercles de l'Enfer de Dante, mais ceux de l'Internationale, autrement terribles.

Ici nous vous dirons, comme le poète florentin :

Lasciate speranza...

« Abandonnez l'espérance vous, qui entrez...

M. Jules Favre, au lendemain des désastres de mai, écrivit une circulaire éloquente qui dénonçait à l'attention des préfets la célèbre association qui compte douze mille sections. »

A cette époque on sentait encore le roussi et l'on en fut ému; on alla plus loin, on crut que le gouvernement allait sévir contre l'Internationale.

On oubliait hélas! que le gouvernement du 4 septembre n'avait pas les mains assez pures pour exécuter cette nouvelle franc-maçonnerie et couper dans ses racines la plante vivace des insurrections.

Cette circulaire eut le même retentissement et produisit les mêmes effets que la circulaire adressée aux membres du corps diplomatique pour obtenir l'extradition des membres communeux.

« Jupiter aveugle ceux qu'il veut perdre, » dit le proverbe antique.

Est-il vrai que la société actuelle doit périr, au milieu des convulsions horribles d'une guerre sociale!... Ce qui se passe nous le donnerait à croire. Les bêtes du cirque sont lâchées, et les belluaires sont ivres. Le carnage ne saurait tarder. Ce ne sont pas les chefs de la Commune que nous redoutons, mais les bêtes sauvages qu'ils déchaînent comme un élément.

Histoire de l'Association internationale des Travailleurs

I

Origine de l'association

Il y a un mois, nous aurions vainement cherché une seule histoire de l'Internationale, une simple notice : Aujourd'hui nous n'avons que l'embarras du choix, les documents relatifs à l'histoire de cette association nous sont offerts à profusion. Nous avons là tous ces ouvrages et nous allons résumer succinctement, mais d'une façon complète le résultat de nos lectures.

L'association fut fondée en 1864, mais l'idée de la création remonte plus haut.

Elle remonte à l'époque de l'exposition universelle de Londres en 1862. On se souvient que le gouvernement français, ou pour mieux dire l'empereur, (car dans le conseil des ministres et chez M. Boitelle préfet de police cette mesure rencontra une opposition assez ferme) il résolut de faciliter à une délégation des ouvriers français une visite à l'exposition de Londres.

D'autres nations en agirent de même. Les ouvriers délégués furent fraternellement accueillis par les ouvriers anglais, et la *question ouvrière*, qui est le fonds de la *question sociale*, eut en quelque sorte un congrès où tous les problèmes de la production purent être étudiés et discutés.

» Une rapide enquête, dit M. E. Fribourg, révéla que l'ouvrier anglais, mieux rétribué quoique travaillant moins d'heures par jour que l'ouvrier français, produisait cependant à un taux moins élevé et que les entrepreneurs de la Grande-Bretagne devaient pouvoir prochainement porter atteinte à nos débouchés extérieurs.

» Cette apparente contradiction d'un salaire plus élevé amenant un prix de revient moindre appelait un éclaircissement, les ouvriers anglais, curieusement consultés l'attribuèrent à leurs *Trade's-Union*. »

Qu'est-ce que les Trade's-Unions?

Le Trade's-Union est une caisse permanente de chômage. Après avoir généralement payé une entrée, parfois assez forte, les membres versent chaque semaine une souscription, variant de un penny jusqu'à deux shillings. Il se forme ainsi un fonds de réserve qui grossit rapidement dans les années prospères, et qui est destiné à soutenir les membres de la société lorsqu'ils chôment, soit faute d'ouvrage soit par suite d'une grève. La souscription est égale pour tous les membres et cette égalité est une des bases de l'institution.

La société est administrée par un conseil de surveillance, un conseil exécutif, élu chaque année par le vote secret de tous les membres et qui compte dans son sein un président, un caissier, un secrétaire.

Le gouvernement de la société, les relations avec les patrons, les décisions relatives aux grèves, l'allocation des indemnités, enfin l'admission et la radiation des membres appartiennent exclusivement à ce conseil. A l'assemblée générale sont réservées les grandes affaires financières.

Telles sont en général les sociétés dites *Trade's-Union*.

D'autres fonctionnent sous la dénomination de *Trade-societies*, limitent exclusivement l'emploi de leur fonds au soutien des grèves.

Ces sociétés sont généralement peu importantes.

Jusqu'alors il n'y avait eu aucun rapport personnel entre les classes ouvrières des différents pays, et les anglais ne se montraient pas très-disposés à s'immiscer dans les affaires du continent, et néanmoins, l'idée d'une union européenne et même universelle entre toutes les corporations ouvrières germa dans la plupart des esprits.

Au retour de l'exposition, les délégués rédigèrent leurs mémoires ; ce furent les cahiers du prolétariat et du travail. Plusieurs présentèrent le plus vif intérêt et furent rédigés avec un talent remarquable.

Les questions économiques qui intéressent la classe ouvrière, ne peuvent être résolues, selon nous, qu'en dehors, non pas de tout obstacle gouvernemental, mais de tout protectorat.

Quand la majorité d'une nation sera suffisamment éclairée, pour faire prévaloir la justice dans les intérêts du plus grand nombre, cette majorité gouvernera.

Et elle arrivera au pouvoir, non par la violence, mais par le vote, mais par le nombre.

En 1862, les délégués français ne rêvaient pas l'insurrection parisienne comme un moyen, et ne pensaient point non plus que les classes ouvrières fussent suffisamment éclairées pour débattre leurs intérêts et faire pencher de leur côté la balance de la justice.

Ces délégués cédèrent à une illusion ; ils recherchèrent le protectorat de l'empereur.

Ils faisaient évidemment fausse route.

Vouloir substituer l'initiative de l'État à celle des classes ouvrières elles-mêmes était une grande erreur.

Quelques-uns le sentirent.

Ce furent les fondateurs de l'Internationale.

En 1863, l'insurrection polonaise passionne tous les esprits et distrait les ouvriers penseurs de leur étude, M. Tolain, entre autres, qui s'occupent d'une pétition adressée à Napoléon en faveur de la Pologne.

Mais l'agitation causée par la question polonaise fournit aux ouvriers de nouvelles occasions de réunion et de discussion.

Le meeting en faveur de la Pologne tenu à Saint-James, réunit six délégués français à leurs anciens amis de 1862.

« En quelques heures, raconte M. E. Fribourg, un des fondateurs de l'Association internationale; Potters, un des chefs des Trade's unions; Collet, journaliste, réfugié français ; Geo Odger, un Anglais ;

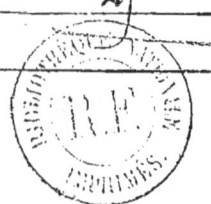

Vue du parc de Saint-Cloud.

Eugène Dupont, un Français et nombre de travailleurs de différentes nations productives, reçurent les confidences de Tolain. Le temps manquait pour organiser ; mais l'idée était lancée déjà, il eut été difficile de porter obstacle à son éclosion. »

Vers la fin de la même année, MM. Tolain, Perrachon, A. Lemousin, E. Fribourg, avaient groupé environ soixante adhérents à leur projet.

Le 28 septembre 1864, à Londres, au sortir d'un meeting public tenu à Saint-Martin's Hall, où s'étaient réunis les représentants ouvriers de plusieurs nations européennes, on jeta les bases de la grande association.

Un comité fut élu pour élaborer les statuts.

On décida qu'un congrès ouvrier serait réuni en 1865. Jusqu'à cette époque, le comité élu agirait en qualité de conseil provisoire et siégerait à Londres.

Les statuts primitifs furent rédigés en anglais et envoyés de Londres aux correspondants français. Les correspondants pour Paris étaient : Tolain, ciseleur ; Fribourg, graveur décorateur, et Lemousin, margeur.

« En conséquence de ces nominations, le 8 janvier 1869, un bureau était ouvert en pleine capitale ouvrière, rue des Gravilliers, 44 ; le même jour, les deux premiers exemplaires des statuts imprimés, étaient envoyés sous plis, l'un à M. le préfet de police, l'autre à M. le ministre de l'intérieur « afin qu'ils n'en pussent ignorer. »

» L'association internationale prenait possession de la France. » (1).

Ces statuts furent tirés et répandus en France au nombre de 20,000 exemplaires.

Les voici : ils sont d'autant plus intéressants que dans ces dernières années ils ont subi des modifications d'une importance radicale.

Les passages soulignés sont ceux qui, dans la pensée des fondateurs, donnaient à l'œuvre un caractère spécial.

Préliminaires.

Considérant ;

Que l'émancipation des travailleurs doit être l'œuvre des travailleurs eux-mêmes, que *les efforts des travailleurs pour conquérir leur émancipation ne doivent pas tendre à constituer de nouveaux priviléges ;* mais à établir pour tous les mêmes droits et les mêmes devoirs.

Que l'assujettissement du travailleur au capital est la source de toute servitude politique, morale et matérielle ;

Que pour cette raison, « *l'émancipation économique des travailleurs est le grand but auquel doit être subordonné tout mouvement politique ;*

Que tous les efforts faits jusqu'ici ont échoué, faute de solidarité entre les ouvriers des diverses professions dans chaque pays, et d'une union fraternelle entre les travailleurs des diverses contrées ;

Que l'émancipation des travailleurs « *n'est pas un problème simplement local ou national ;* » qu'au contraire ce problème intéresse toutes les nations civilisées, sa solution étant nécessairement subordonnée à leur concours théorique et pratique ;

Que le mouvement qui s'accomplit parmi les ouvriers des pays les plus industrieux de l'Europe, en faisant naître de nouvelles espérances, donne un solennel avertissement de *ne pas retomber dans les vieilles erreurs*, et conseille de combiner tous les efforts encore isolés ;

Par ces raisons, le Congrès de l'association internationale déclare que cette association, ainsi que toutes les sociétés

---

(1) Fribourg, hist. de l'Association internationale.

ou individus y adhérant, reconnaîtront comme devant être la base de leur conduite envers tous les hommes, « *la vérité, la justice, la morale, sans distinction de couleur, de croyance ou de nationalité.* »

Le Congrès considère comme un devoir de réclamer non-seulement pour les membres de l'association les droits de l'homme et du citoyen, mais encore pour quiconque accomplit ses devoirs.

« *Pas de droits sans devoirs, pas de devoirs sans droits.* »

C'est dans cet esprit que le Congrès a adopté définitivement les statuts suivants de l'*Association internationale des travailleurs* :

Art. 1er. — Une association est établie pour procurer un point central de communication et de coopération entre les travailleurs des différents pays aspirant au même but ; savoir : le concours mutuel, le progrès et le complet affranchissement de la classe ouvrière.

Art. 2. — Le nom de cette association sera : *Association internationale des travailleurs.*

Art. 3. — Le Conseil général se composera d'ouvriers représentant les différentes nations faisant partie de l'Association internationale. *Il prendra dans son sein, selon les besoins de l'Association, les membres du bureau : tels que président, secrétaire général, trésorier et secrétaire particulier pour différents pays.*

Tous les ans, le Congrès réuni indiquera le siége du Conseil général, nommera ses membres et choisira le lieu de la prochaine réunion. « *A l'époque fixée par le Congrès, et sans qu'il soit nécessaire d'une convocation spéciale, les délégués se réuniront de plein droit au lieu et jour désignés.* »
En cas d'impossibilité, le Conseil général pourra changer le lieu de Congrès sans changer toutefois la date.

Art. 4. — A chaque Congrès annuel, le Conseil général fera un rapport public des travaux de l'année. En cas d'urgence, il pourra convoquer le Congrès avant le terme fixé.

Art. 5. — Le Conseil général établira des relations avec les différentes associations ouvrières, de telle sorte que les ouvriers de chaque pays soient constamment au courant des mouvements de leur classe dans les autres pays. « *Qu'une enquête sur l'état social soit faite simultanément et dans un même esprit ; que les questions proposées par une société et dont la discussion est d'un intérêt général, soient examinées par toutes* », et que, lorsqu'une idée pratique ou une difficulté internationale réclamerait l'action de l'association, celle-ci puisse agir d'une manière uniforme. Lorsque cela lui semblera nécessaire, le Conseil général prendra l'initiative des propositions à soumettre aux sociétés locales ou nationales.

Il publiera un bulletin pour faciliter ses communications avec les sections.

Art. 6. — Puisque le succès du mouvement ouvrier ne peut être assuré dans chaque pays que par la force résultant de l'union de l'association.

Que, d'autre part, l'utilité du Conseil général dépend de ses rapports avec les sociétés ouvrières soit nationales, soit locales, les membres de l'Association internationale devront faire tous leurs efforts, chacun dans son pays, pour réunir en une association nationale les diverses sociétés ouvrières existantes. « *Il est bien entendu toutefois, que l'application de cet article est subordonnée aux lois particulières qui régissent chaque nation ; mais, sauf les obstacles légaux,* » aucune société locale n'est dispensée de correspondre directement avec le Conseil général à Londres.

Art. 7 — Chaque membre de *l'Association Internationale* en changeant de pays, recevra l'appui fraternel des membres de l'Association. Par cet appui il a droit aux renseignements relatifs à sa profession dans la localité où il se rend ; au crédit dans les conditions déterminées par le réglement de section et sous la garantie de cette même section.

Art. 8 — *Quiconque adopte et défend les principes de l'Association, peut en être reçu membre :* »

Mais cela sous la responsabilité de la section qui le recevra. »

Art. 9 — *Chaque section est souveraine pour nommer ses correspondants au Conseil Général.*

Art. 10 — Quoique unies par un lien fraternel de solidarité et de corporation, les sociétés ouvrières n'en continueront pas moins d'exister sur les bases qui leur seront particulières.

Art. 11 — Tout ce qui n'est pas prévu par les statuts sera déterminé par les réglements révisibles à chaque congrès.

Signé :

ODGER, CREMER WHELER,
ouvriers anglais.

Malgré la proposition émise en tête de ses *préliminaires*.

« L'émancipation des travailleurs doit être l'œuvre des travailleurs eux-mêmes » l'Association fut souvent soupçonnée et qui plus est accusée par un grand nombre d'ouvriers d'avoir été inspirée ou soutenue par différents chefs politiques.

On accusa tour à tour les fondateurs d'être des agents bonapartistes *plonploniens,* et des agents de Mazzini, et dans ces derniers temps on accusa les membres du Conseil de Londres d'être des agents de Bismark.

Dans le troisième procès de l'Association M. Murat disait :

« Le parti républicain avancé a voulu nous attirer ; nous l'avons repoussé comme les autres, et alors, comme nous avions obtenu des subventions pour le voyage de l'Exposition de Londre, il s'est trouvé des gens pour nous traiter d'agents bonapartistes. »

Au sujet de Mazzini M. Chalain lors du même procès s'exprime en ces termes :

« Et dire que, — nous ne savons dans quel dessein, — vous faites de Mazzini le fondateur de l'Internationale !

Nous avons assez proclamé cependant que nous ne voulions plus de souvenirs, que nous ne voulions plus servir d'instruments, et que nous avions la prétention d'avoir l'intelligence de la situation, de connaître nos intérêts aussi bien que personne. »

Il est malheureux que plus tard ils aient presque à leur insçu servi d'instruments à des ambitieux sortis de leurs rangs.

Une lutte sourde d'abord et bientôt déclarée s'entama entre l'Internationale et le parti Blanqui, le parti de l'insurrection et de la dictature révolutionnaire.

M. E. Fribourg en a retracé les phases principales.

Il donne la liste des membres de la Commune qui comptaient parmi les ennemis déclarés des Internationaux.

Nous relevons les noms suivants :

Cournet
Delescluze
Eudes
Ferré
Lefrançais
Miot
Oudet
Protot
F. Pyat
Ranvier
Régère
R. Rigault
Tridon.

Ces noms peuvent se passer de longs commentaires.

Ce sont ceux des néo-jacobins et de

quelques fous furieux, (nous ne trouvons pas d'autre dénomination pour Rigault, Oudet, Ferré).

Il ressort de cela que l'Internationale à la Commune n'était point prépondérante et cependant l'Internationale des derniers jours n'était point celle dont nous venons de relater les vagissements ; les politiques l'avaient envahie.

Ainsi qu'on le verra bientôt l'exclusion du parti politique n'a pu être maintenue et le programme des fondateurs a été faussé.

II

Complément aux Statuts.

Les statuts que nous avons donnés avaient besoin d'articles complémentaires pour régler certains points de détail qui selon le temps doivent subir des modifications ; — par exemple, les cotisations. Cet acte additionnel fut élaboré par le conseil et adopté plus tard par le congrès, sous le titre de : *réglement général.* « — Le voici :

Art. 1ᵉʳ. — Le conseil général est obligé d'exécuter les résolutions du congrès.

A. Il rassemble dans ce but tous les documents que les sections centrales des différents pays lui enverront et ceux qu'il saura se procurer par une autre voie.

B. Il est chargé d'organiser le congrès et de mettre son programme à la connaissance de toutes les sections par l'intermédiaire des sections centrales des différents pays.

Art. 2. — Le conseil général publiera, autant et aussi souvent que ses moyens le lui permettront un bulletin qui embrassera tout ce qui peut intéresser l'association Internationale et qui *doit s'occuper avant tout de l'offre et de la demande du travail dans les différentes localités*, des sociétés coopératives et de l'état des classes laborieuses dans tous les pays.

Art. 3. — Ce bulletin, rédigé dans plusieurs langues, sera envoyé gratis aux sections centrales, qui en communiqueront un exemplaire à chacune de leur section.

Art. 4. — Pour faciliter au Conseil général l'*exécution des devoirs qui lui sont imposés* par les articles ci-dessus, tout membre de l'Association et des sociétés adhérentes, versera, par année, une cotisation fixe de 10 centimes.

Cette cotisation est destinée à couvrir les différentes dépenses du Conseil général, comme la pension du secrétaire général, les frais des correspondances, des publications, des travaux préparatoires pour le Congrès, etc., etc.

Art. 5. — Partout où les circonstances le permettront, les bureaux centraux d'un certain nombre de sections de la même langue seront établis. Les membres de ces bureaux centraux, *élus et révocables à chaque moment par leurs sections respectives*, doivent envoyer leurs rapports au Conseil général une fois par mois et plus souvent s'il est nécessaire.

Art. 6. — Les frais d'administration de ces bureaux centraux seront supportés par les sections qui les ont établis.

Art. 7. — Les bureaux centraux, non moins que le Conseil général de l'Association, « *sont obligés de faire honneur au crédit qui sera donné aux membres de l'Association,* » mais autant seulement que leurs carnets seront visés par le secrétaire de la section à laquelle appartient le membre qui demande le crédit.

Art. 8. — Les bureaux centraux et les sections sont « *obligés* » d'admettre tous membres de l'Association à prendre connaissance du bulletin du Conseil général.

Art. 9. — Chaque section, nombreuse ou non, a droit d'envoyer un délégué au Congrès ; si la section n'est pas en état d'envoyer un délégué, elle s'unira avec les sections voisines en un groupe qui nommera un délégué commun pour tout le groupe.

Art. 10. — Les délégués recevront l'indemnité de la section ou du groupe de section qui les a nommés.

Art. 11. — Chaque membre de l'Association Internationale a le droit de voter aux élections et est éligible.

Art. 12. — Chaque section ou groupe de section, qui compte plus de 500 membres, a le droit d'envoyer un délégué, par 500 membres au-dessus de ce nombre primitif.

Art. 13. — Chaque délégué n'a qu'une voix au Congrès.

Art. 14. — Il est libre à chaque section de rédiger des statuts particuliers et de les réglementer conformément aux circonstances locales et aux lois de son pays mais ils ne doivent en rien être contraires aux statuts et aux réglements généraux.

Art. 15. — La révision des statuts et des réglements peut être faite par chaque congrès, à la demande de deux délégués présents.

Pour le conseil général, siégeant à Londres,

Le président,   *le secrétaire-général,*

ODGER, cordonnier.   ECCARIUS, tailleur.

Nous trompons-nous ?

Il nous semble que si toutes les corporations ouvrières avaient adhéré aux statuts de l'Internationale elles auraient formé dans chaque état de l'Europe une République fédérative.

Les tradé's-unions sont des sociétés de secours de chomage.

Les trade-societies, sont fondées pour opposer aux propriétaires, aux capitalistes, aux entrepreneurs, les capitaux d'une ou plusieurs corporations ouvrières et permettre à celles-ci, même par la grève, de débattre les conditions du travail.

L'Internationale est autre chose.

Son plan est plus vaste.

Son organisation est différente, elle est celle d'une République fédérative dont les membres sont exclusivement, (non pas des *travailleurs*, le mot est inexact) mais des artisans.

Pour faire partie de l'Association il fallait primitivement prouver que l'on était un *travailleur*.

Cette dénomination donna lieu à de fréquentes discussions.

Si Travailleur veut dire homme qui travaille, un employé, un épicier, un poète, un musicien, un laboureur, un pêcheur, un journaliste sont des travailleurs.

Et il est évident que l'Association ne saurait convenir à tous les travailleurs.

Les anglais ne voient volontiers dans l'Internationale, qu'une société dont le mouvement gréviste peut obtenir secours.

Les français sont généralement opposés aux grèves et leur opinion a longtemps prédominé. Aussi c'est l'Internationale qui fit avorter toute tentative de grève du bâtiment pendant les trois années 1865, 66 et 67.

Mais ainsi que nous l'avons dit plus haut, l'*Internationale* de 1871 ne ressemble plus à celle de 1864.

Après s'être soustraite à la protection et aux persécutions du gouvernement impérial, à l'influence, ou mieux, à la domination du partie jacobin ou blanquiste, nous verrons l'association absorbée par les sectes communistes et nihilistes et nous nous expliquerons les dangers que nous avons couru pendant la Commune et ceux qui nous menacent.

On sait que les résolutions de la Société sont prises en Congrès.

L'association Internationale a réuni depuis sa fondation cinq Congrès.

Le premier s'est réuni à Genève en 1865 ;
Le second à Lausanne en 1866 ;
Le troisième à Bruxelles en 1867 ;
Le quatrième à Berne en 1868.
Le cinquième à Bâle en 1869.

Nous allons présenter dans leur ordre chronologique les résolutions les plus importantes prises par ces cinq Congrès. La lecture en paraîtra peut-être aride, mais pour les esprits sérieux elle est d'un intérêt puissant.

CONGRÈS DE 1865.

En 1865 le nombre des adhérents à l'association atteignait le chiffre de 1200.

La caisse n'était pas riche et l'on eut du mal à réunir les fonds nécessaires pour aider quelques membres à faire le voyage de Genève ; néanmoins onze internationaux quittèrent Paris.

Les premières séances furent troublées par des étudiants et des publicise appartenant au parti Blanqui, que le Conseil central, sans prendre le conseil de Paris avait eu l'imprudence de convoquer.

Des paroles amères on passa aux injures et peu s'en fallût que des injures l'on ne passât aux coups, enfin les blanquistes furent expulsés et l'ordre régna.

Le bureau de Paris présenta un mémoire ou il était traité : du capital et du travail ; de l'instruction et de la famille ; de la coopération et de l'Association ; du chomage et des grèves ; de l'impôt ; des armées permanentes ; du libre échange et des traités de commerce ; des idées religieuses et de la question polonaise.

Ce mémoire qui est une étude d'économie sociale très-remarquable est trop étendu pour être reproduit ici et ses idées sont trop condensées pour que nous en puissions donner l'analyse.

Il n'est ni anarchiste ni communiste ; il contient plus d'une idée sage et propose plus d'une réforme nécessaire.

Il fut adopté par les délégués lyonnais et rouennais ; et le congrès en vota l'impression.

Les Suisses s'associèrent à la ligne de conduite tracée par le mémoire des délégués français, les anglais et les allemands, qui étaient en petit nombre firent seuls quelques réserves.

Les parisiens pour indiquer ce qu'il y avait à faire selon eux déposèrent sur le bureau le projet suivant.

» Entre tous les membres qui adhéreront aux statuts de la société, il est formé sous ce titre : *Association internationale des travailleurs*, une société coopérative universelle à capital variable et à mise mensuelle égale.

» Cette société aura pour objet de faire le placement de tous ses membres, tant dans leur pays réciproque que dans les divers pays d'Europe où seront établis des bureaux correspondants, — elle fera également le crédit mutuel à ceux des membres qui se seront éloignés momentanément de leur centre habituel.

» Elle ouvrira des magasins partout où elle le pourra, dans lesquels les associés mettront en pratique l'échange des marchandises ou des services, contre des services ou marchandises d'une valeur équivalente, sans autre prélèvement que les frais d'enregistrement desdits services ou marchandises.

» Elle ouvrira des comptoirs internationaux où seront vendus au public les produits de l'industrie des associés.

» Enfin, elle commanditera, si faire se peut, les associations coopératives qui lui sembleraient réaliser l'idée de justice et de solidarité entre tous leurs membres. »

Pour atteindre à ce résultat, les moyens d'action de l'Association devaient être

» L'établissement dans chaque localité d'Europe de bureaux correspondants ;

Une cotisation mensuelle destinée à couvrir les frais généraux de correspondance ;

Une publication également mensuelle d'un bulletin de la société ;

L'organisation d'un enseignement professionnel international ;

Des émigrations et des immigrations partielles des membres de l'Association.

La stricte observation du principe de réciprocité. »

Mais l'association n'était pas assez nombreuse et assez riche pour une entreprise aussi considérable. Le projet fut mis à l'étude et sa réalisation ajournée.

Nous ne saurions trop engager nos lecteurs, qui sont, croyons-nous des hommes d'ordre, de prendre connaissance de ces premiers travaux de l'internationale ; ils verront que les ouvriers ne sont pas encore tous tombés dans les sectes barbares du communisme ou des *colombes blanches* et des nihilistes.

A la date de 1867 se place l'histoire de la grève des bronziers et des tailleurs parisiens. La première avait été provoquée par les exigences injustes des patrons. Un grand nombre de bronziers s'étant empressés d'adhérer à l'Internationale, celle-ci dut soutenir la grève.

Les mêmes raisons n'existant pas pour la seconde grève, l'association s'abstint.

Dans la même année, le bureau de Paris élève une voix courageuse pour blâmer les ouvriers de Roubaix qui ont brisé des machines, incendié des ateliers et maltraité des innocents.

Congrès de 1867.

L'association depuis le congrès de Genève ne s'était accrue d'une façon considérable ni en nombre ni en richesse. Son prestige cependant était loin d'avoir diminué. Généralement on la croyait très-nombreuse et très-riche.

A Lauzanne cependant M. Murat fait connaître que la section parisienne ne compte que 600 membres et quelle doit 466 francs.

Le Congrès de Lausanne eut un profond retentissement.

Pour la première fois l'Internationale discuta le principe de la propriété.

La question suivante avait été posée :

« Les efforts tentés aujourd'hui par les associations pour l'émancipation du *quatrième état* (classe ouvrière) ne peuvent-ils pas avoir pour résultat la création d'un *cinquième état* dont la situation serait beaucoup plus misérable encore ?

M. César de Paëpe rapporteur belge, proposa carrément l'abolition de l'héritage à certains degrés et l'entrée du sol à la propriété collective de la société.

Les plus timides ennemis de la propriété individuelle demandent « l'Etat propriétaire des moyens de transport et et de circulation, afin d'anéantir le puissant monopole des grandes compagnies, qui en soumettant la classe ouvrière à leurs lois arbitraires, attaquent à la fois et la dignité de l'homme et la liberté individuelle. »

Plus tard on demandera le sous-sol, les mines les carrières et bientôt après.... le tout.

On a fort dit sur l'entrée de sol à la propriété collective, ce n'est plus depuis longtemps un sujet neuf, mais des conséquences l'on a dit peu de choses.

Selon nous l'expropriation sociale est facile à accomplir, même sans répandre beaucoup de sang et allumer une longue guerre civile, mais les résultats seraient l'abêtissement individuel, l'esclavage et la décadence la plus effroyable.

Nous laissons le lecteur méditer cette question.

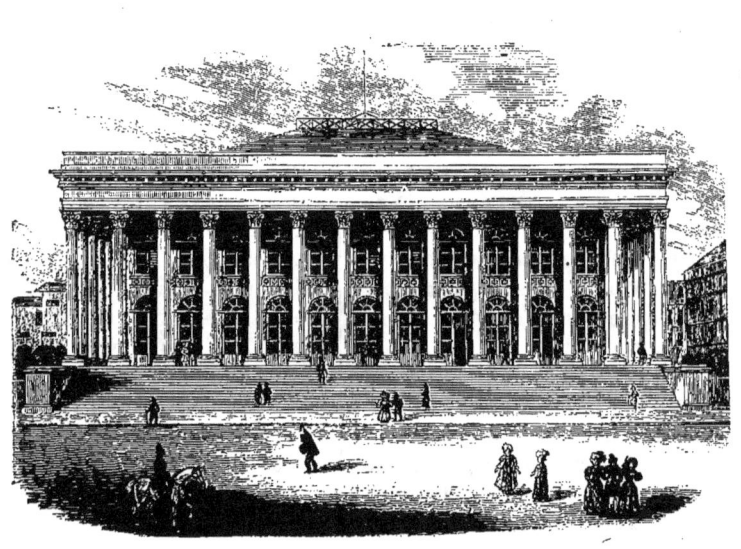

La Bourse.

Passons au congrès de l'année suivante qui se réunit à Bruxelles.

LE CONGRÈS DE 1868.

La société avait grandi en nombre et surtout en influence.

A partir de cette année c'est une puissance politique avec laquelle le gouvernement doit compter et de laquelle les partis démocratiques d'opposition doivent demander appui.

L'élection de Jules Favre combattue par les internationaux eut besoin d'un second tour de scrutin.

Mais d'autre part l'association cesse d'être une société économique et devient un foyer révolutionnaire politique. Cette société ouvrière s'est ouverte aux travailleurs en insurrection, à l'occasion de la ligue en faveur de la paix, fondée par des bourgeois révolutionnaires.

Au congrès de Bruxelles les internationaux furent débordés par les communistes.

Rien ne peut résister, dit M. Fribourg, ni propriété ni liberté. Entraînés par le succès, il s'oublièrent jusqu'à interdire la parole à la minorité libérale représentée par la France. »

Voici les résolutions principales du Congrès touchant la question de propriété :

Quatrième question du programme : la propriété foncière, sol arable et forêts, mines et houillères, canaux et chemins de fer, etc.

1. Relativement aux mines, houillères et chemins de fer :

Considérant que ces grands instruments de travail sont fixés au sol et occupent une notable partie du sol, qui est le domaine fourni gratuitement à l'humanité ;

Considérant que ces grands instruments de travail sont d'une proportion et d'une importance telles, qu'ils exigent, sous peine de constituer un dangereux monopole, l'intervention de la société entière vis-à-vis de ceux qui les font valoir ;

Considérant que ces grands instruments de travail exigent nécessairement l'application des machines et de la force collective ;

Considérant que les machines et la force collective qui existent aujourd'hui pour l'unique avantage du capitaliste, doivent à l'avenir profiter uniquement au travailleur, et que pour cela il faut que toute industrie où ces deux forces économiques sont indispensables soit exercée par des groupes affranchis du salariat ;

Le Congrès propose : 1ᵉ que les carrières houillères et autres mines, ainsi que les chemins de fer, dans une société normale, appartiennent à *la collectivité sociale représentée par l'Etat*, mais par l'Etat régénéré et soumis lui-même à la loi de justice ; 2° que les carrières, houillères, chemins de fer soient concédés par la société, non à des compagnies de capitalistes comme aujourd'hui, mais à des compagnies ouvrières et ce moyennant un double contrat : l'un donnant l'investiture à la Compagnie ouvrière et garantissant à la société l'exploitation scientifique et rationnelle de la concession, les services au plus proche du prix de revient, le droit de vérifier les comptes de la Compagnie et par conséquent l'impossibilité de la reconstitution du monopole ; l'autre, garantissant les droits mutuels de chaque membre de l'association ouvrière vis-à-vis de ses collègues.

II. Relativement à la propriété agricole :

Considérant que les nécessités de la production et l'application des connaissances agronomiques réclament une culture faite en grand et avec ensemble, exigent l'introduction des machines et l'organisation de la force collective dans l'agriculture, et que d'ailleurs l'évolution économique elle-même tend à ramener la culture en grand ;

Considérant que dès lors le travail agricole et la propriété du sol arable doivent être traités sur le même pied que le travail minier et la propriété du sol ;

Considérant, du reste, que le fonds productif du sol est la matière première de tous les produits, la source primitive de toutes les richesses, sans être lui-même produit du travail d'aucun particulier ;

Le Congrès pense que l'évolution économique fera de l'entrée du sol arable à la propriété collective une nécessité sociale, et que le sol sera concédé aux Compagnies agricoles comme les mines aux Compagnies minières, les chemins de fer aux Compagnies ouvrières, et ce avec des conditions de garanties pour la société et pour les cultivateurs, analogues à celles nécessaires pour les mines et les chemins de fer.

III. Relativement aux canaux, routes, lignes télégraphiques :

Considérant que ces voies de communication exigent une direction d'ensemble et un entretien qui ne peuvent être abandonnés à des particuliers, comme le demandent certains économistes, sous peine de monopole ;

Le Congrès pense que les voies de communication doivent rester à la propriété collective de la société.

IV — Relativement aux forêts :

Considérant que l'abandon des forêts à des particuliers pousserait à la destruction de ces forêts alors que cette destruction sur certain points du territoire nuirait à la conservation des sources et par suite des bonnes qualités des terrains, ainsi qu'à l'hygiène publique et à la vie des citoyens :

Le Congrès pense que les forêts doivent rester à la collectivité sociale. »

Nous aurions trop à dire si nous voulions entreprendre le commentaire de ce texte.

La ligue de la Paix et les Nihilistes

Sous cette dénomination, trompeuse comme toute étiquette de sac politique s'était formée une société qui fut d'abord l'alliée, puis bientôt la rivale de l'Internationale.

Primitivement socialiste et libérale, c'est-à-dire respectant la liberté individuelle tout en poursuivant la solution des problèmes économiques qui intéressent les majorités, cette société laissa sa porte ouverte aux sectaires.

La secte des Nihilistes en profita.

Les autoritaires, ennemis des socialistes et surtout des internationaux (Delescluze, Blanqui, Protot, Rigault etc) en profitèrent également.

La secte des Nihilistes est nouvelle.

Peut-être beaucoup de nos lecteurs ignorent-ils sa constitution et ses tendances ?

Qu'ils fassent appel à leurs souvenirs.

En 1869 le gouvernement Russe résolut de sévir contre une secte politique et religieuse qui menaçait l'existence même de l'empire en s'attaquant aux sources de la population. Cette secte était déjà ancienne et probablement avait ses origines dans quelque superstition asiatique,

Elle n'est pas sans analogie avec la religion des Thugs.

Ces derniers, adorateurs de la destruction et de la mort mettaient leurs poignards, leurs poisons, leurs lacets d'étrangleurs, et leurs torches incendiaires au service de la déesse Shiva.

La destruction de la race humaine était un acte de piété.

On sait quel monstrueux procès dévoila toutes ces folies des étrangleurs de l'Inde.

L'Inde est un foyer antique et permanent d'aliénations mentales connues sous la classification de manies religieuses. Des historiens et des romanciers nous ont entretenu des Thugs ; c'était à des théologiens et à des aliénistes que cette tâche incombait,

La population de la vieille Russie contient de nombreux éléments asiatiques.

Les goûts, aptitudes bonnes et mauvaises, les qualités et les vices, les mœurs de ces Russes primitifs, de ces asiatiques, se sont peu modifiés, et c'est à ce levain de corruption asiatique que nous devons sans doute la secte des... (le mot s'impose et que l'on veuille nous en pardonner la crudité), la secte des *châtrés*...

Cette secte très-nombreuse, très-puissante et excessivement riche avait pour but d'accaparer toute la richesse du globe, ses membres travaillaient pour enrichir son trésor ; ils appartenaient à toute les classes de la société et pouvaient se prêter un appui mutuel dans toutes les entreprises et toutes les difficultés de la vie.

Leurs biens revenaient à la société : Ils ne pouvaient avoir d'enfants, et s'ils en avaient eu, avant leur conversion, ces enfants étaient réduits à la condition d'eunuque.

Du côté du sexe féminin les mêmes pratiques chirurgicales étaient employées.

Un grand nombre de malheureuses jeunes filles périrent victimes de la secte.

On retrouvera dans les journaux de Paris de 1869 des détails sur cette secte et sur son procès.

Aujourd'hui elle est de nouveau poursuivie, mais elle porte un nom moins technique : — *Les Colombes blanches.*

Les *Colombes blanches* professent à peu près les mêmes doctrines sociales que les *Nihilistes.*

Ce dernier nom l'indique : — *nihil* est un mot latin qui signifie *rien.*

La destruction, l'anéantissement tel est le fonds de la nouvelle doctrine qui dans quelques années aura ses adeptes en France, puisque déjà elle jouit dans nos associations soi-disant politiques, d'une influence énorme.

Nous n'attendrons pas longtemps ses ravages.

La folie est le dernier fléau des sociétés en décomposition.

Comme nous ne voulons pas être soupçonné d'exagération par les personnes qui ne sont pas encore initiées à toutes ces belles choses et qui croient qu'il s'agit toujours de libertés municipales, nous transcrivons la définition que M. Fribourg nous donne des N*ihilistes* : (1)

« Le programme de la secte nihiliste consiste à n'établir sous aucun rapport ni de sexe, ni de famille, nulle différence entre l'homme et la femme ; en conséquence, les adhérents des deux sexes porteront les cheveux courts, des vêtements amples qui dissimulent les formes, des coiffures masculines, et des lunettes bleues destinées à voiler la couleur des yeux et la vivacité du regard.

« La maternité *étant le fait d'une inégalité* de nature, les nihilistes l'évitent par tous les moyens possibles, et s'ils n'y peuvent parvenir, la femme nihiliste abandonne volontiers le fruit de ses amours, ou plutôt de ses nécessités naturelles.

Voici ce qu'en écrivait un russe :

---

(1) L'association internationale par *E. Fribourg*, l'un des fondateurs, p. 181. A. Lechevalier, éditeur. Paris 1871.

Saint-Pétersbourg, 17 janvier 1870.

Je vois que les journaux étrangers, ceux d'Allemagne surtout, discutent à tort et à travers sur la soi-disant conjuration récemment découverte en Russie. Comme aujourd'hui cette affaire, assez mystérieuse, en effet, dans son origine, est à peu près éclaircie, je suis à même de vous donner à ce sujet des renseignements sur l'exactitude desquels vous pouvez compter.

Vous savez que depuis assez longtemps une secte étrange appropriée sous plusieurs rapports au caractère russe se propage dans ce pays. Je veux parler des nihilistes qui ne reconnaissent ni religion ni propriété ni mariage, professent un matérialisme grossier, un retour à la nature, comme ils s'expriment, et rêvent un nivellement social complet, une sorte de démocratie de paysans fondée sur la base du communisme. C'est surtout parmi la jeunesse des écoles et au sein des professions libérales que cette doctrine fait d'effrayants progrès, et l'on peut dire que presque toute la nouvelle génération est plus ou moins atteinte du nihilisme. Répandus dans toute la Russie, investis par le gouvernement même, dans les provinces polonaises, du rôle de russificateurs, les nihilistes ont en Suisse leurs chefs, exilés volontaires pour la plupart, qui leur donnent des mots d'ordre.

Les meneurs du nihilisme ont voulu profiter de la date du 19 février (3 mars) prochain, jour où les paysans seront définitivement affranchis de toute obligation envers leurs anciens seigneurs et pourront quitter les terres où ils travaillent pour provoquer une espèce de jacquerie, un massacre général des propriétaires, et à la faveur de l'anarchie qui en eût été la suite, renverser le gouvernement et s'emparer du pouvoir. Dans ce but ils ont fait imprimer, partie en Suisse, partie, dit-on, à Moscou même, une masse de proclamations qui devaient être répandues à profusion parmi les paysans. Ils avaient déjà commencé à expédier, à leurs affiliés dans chaque province, des paquets de ces proclamations, lorsque le gouvernement, ce qui n'était pas difficile, a mis la main sur un de ces envois.

En même temps un nommé Ivanoff, étudiant à l'Académie d'agriculture de Moscou, poussé, dit-on, par les remords, a dénoncé à l'autorité plusieurs de ses amis et connaissances qu'il savait appartenir à cette conspiration. Le gouvernement n'a pas manqué de les faire arrêter, mais Ivanoff a payé cher sa dénonciation. On l'a trouvé mort, un matin ; il avait reçu d'abord un coup de feu, ensuite on l'avait étranglé et jeté dans un étang.

Personne ne doute que ce ne soit là une vengeance des conspirateurs qu'il avait trahis, et on désigne même un certain Netchayeff, émigré volontaire en Suisse, rentré clandestinement en Russie, comme l'auteur principal de cet assassinat. On dit de plus qu'après ce crime, ce dernier aurait réussi à gagner de nouveau la frontière.

En somme, toute cette affaire a amené l'arrestation de quarante à cinquante personnes, tant à Moscou qu'à Saint-Pétersbourg. Ce sont pour la plupart des jeunes gens, étudiants, journalistes, etc. On remarque toutefois parmi eux un juge de paix de notre capitale, M. Tcherkessoff, dans le cabinet duquel on a saisi un paquet de proclamations. On dit qu'une haute cour de justice sera prochainement instituée pour instruire et juger ce procès.

En attendant les révélations de la procédure, la société est fort alarmée de ces découvertes ; et ce n'est pas sans raison, si l'on en juge par les proclamations dont je vous envoie quelques échantillons.

Afin d'être mieux compris des paysans,

l'auteur de ces pièces a eu recours à la langue populaire :

« Frères ! dit-il, nous sommes à bout de patience, l'existence nous devient de jour en jour plus dure. On nous a trompés avec de vaines promesses. Cette terre que Dieu avait faite pour tous les hommes, nos maîtres s'en sont emparés. Où donc est la justice ? — Hélas ! nulle part ; partout règne la tyrannie.

« Autrefois il n'en était pas ainsi. Les champs appartenaient à ceux qui les cultivaient. Nos ancêtres ne connaissaient ni nobles, ni prêtres, ni marchands, ni accapareurs ; aussi ils vivaient libres et heureux ! Mais vinrent d'au-delà de la mer les princes étrangers traînant à leur suite leur noblesse, leurs fonctionnaires, leurs accapareurs ; ils subjuguèrent le pauvre peuple et ils s'emparèrent de ses champs, et depuis ils ont vécu du prix de ses sueurs !...

« Après s'être rendus maîtres de nos pays, les conquérants y ont construit des villes d'où ils nous dominent encore. C'est à eux que nous devons ces lois oppressives et ces lourds impôts qui nous réduisent à la misère. Ils sont contents ! Comment ne le seraient-ils pas ? ils s'engraissent de notre pain ! Leurs villes sont si bien fortifiées qu'il nous est impossible de les attaquer, à moins de lancer sur elles le *coq rouge* (dans le langage populaire, lancer le coq rouge veut dire *incendier*)...

Ils se sont dit : Tout appartient aux nobles, aux popes, aux commerçants ; le peuple n'est que notre esclave.

» En vérité, nous autres paysans, nous ne sommes pas plus que de vils animaux pour nos maîtres ; ils nous ont sellés et bridés, puis ils sont montés sur notre dos. Malheur à celui qui ose proférer une plainte ? La Sibérie et la fusillade sont là pour nous faire raison de l'audacieux.

Mais si le mécontentement commence à se traduire en agitation, il est vrai que nos seigneurs le prennent sur un autre ton ; ah ! alors ils sont prodigues de promesses et de mensonges. La tranquillité rétablie, les belles paroles sont oubliées et la persécution recommence plus violente que jamais...

Le czar était ivre quand il signa l'ukase dont lecture nous fut faite le 19 février 1861 ; que dit cet ukase ? — « Vous paysans, vous êtes libres ; mais à une condition : c'est que vous ne posséderez point un pouce de terrain, ni terre labourée, ni forêts. — Il est heureux pour le czar qu'il ait signé cet ukase étant ivre...

« Les papes nous ont dit : « Le czar est le dieu de la terre, les membres de la noblesse remplissent auprès de lui l'office des anges. » Nous nous sommes contentés de courber l'échine...

Il y a dans notre histoire un moment où il fut permis d'espérer...

Le czar et toute sa progéniture venait de *crever* ; malheureusement la noblesse fit venir du pays allemand un principicule, et c'est de cet étranger qu'est sortie la lignée de souverains qui nous opprime depuis si longtemps.

Cette famille allemande s'est multipliée à l'infini ; c'est à peine si les popes dans les églises parviennent à énumérer les noms de ses différents membres ; et elle mange beaucoup et ses courtisans dépensent énormément... Aussi nous sommes en plein dans le gouffre du déficit et nous avons perdu l'espoir de payer nos dettes...

Imbéciles que nous sommes ! Nous sommes gouvernés par des allemands qui daignent le faire pour remplir leurs poches... Notre czar et les grands ducs sont incapables de nous gouverner ; ils se contentent de courir le long des grandes routes et de remarquer si nous crions bien fort hurra! et si nous rattrappons avec adresse notre bonnet après l'avoir lancé en l'air en signe d'allégresse.

Il ne nous reste plus qu'une seule chose à faire, c'est d'étrangler nos maîtres comme des chiens!... Pas de quartier, il faut que tout disparaisse! Il faut incendier leurs villes... Il faut que notre pays soit purifié par le feu!... A quoi bon ces villes? Elles ne servent qu'à engendrer la servitude. Quand le paysan sera le seigneur de sa maison, de son champ, quand il pourra travailler dans la fabrique de son village, il n'éprouvera plus le besoin de se faire domestique dans une ville.

Comme ils ont des canons et des fusils et que nous sommes désarmés, ce n'est que par le feu que nous pouvons les attaquer et les vaincre.

» Une fois les murailles derrière lesquelles cette *canaille* se retranche, réduites en cendres, il faudra bien qu'elle crève de faim. »

Ce discours nous éclaire suffisamment sur les nihilistes, et nous pourrons les distinguer entre les autres communistes au Congrès de Berne.

Congrès de Berne 1868.

La lutte ouverte à Bruxelles entre les communistes autoritaires et les anciens internationaux est reprise à Berne avec une nouvelle ardeur.

Tous les chefs populaires y prennent part, depuis Bakounine le nihiliste russe (ou le *barbare*, comme il aime à être appelé) jusqu'à M. Chaudey en passant par MM. Wirouboff, E. Reclus, Jaclart, Albert Richard, Jules Barni et Fribourg.

Bakounine, A. Richart, Jaclard (1) y demandent l'abolition de l'hérédité, et la propriété collective ou commune du sol.

M. Jaclart insiste aussi en faveur de l'athéisme.

» Si j'examine la Suisse, dit-il, j'y vois la misère et le rachitisme ; donc le prolétariat est compatible avec la fédération et la République. Il vous faut une base philosophique... Il vous faut être athée sans quoi vous croûlerez...

Et en concluant il déclare que lui et ses amis se séparent de ceux qui n'adoptent pas la proposition Bakounine.

» Vous aurez voulu la guerre, ajoute-t-il, la dernière guerre sera faite et elle sera terrible : elle se dressera contre tout ce qui existe, contre cette bourgeoisie qui n'a rien dans la tête ni dans le cœur et qui ne tient plus debout.

» Ma conclusion est qu'il faut en finir avec tous et ce n'est que sur leurs ruines fumantes que s'assoiera la République définitive, et c'est sur les ruines couvertes, non de leur sang, — il y a longtemps qu'ils n'en ont plus dans les veines, — mais de leurs détritus accumulés que nous planterons le drapeau de la révolution sociale. »

La proposition communiste ou collectiviste ou nihiliste fut rejetée par 80 voix contre 30.

Le lendemain la démission du groupe dissident était déposée.

Quelques jours plus tard les *collectivistes égalisateurs* fondaient : *l'Alliance internationale de la démocratie socialiste*. — Nous n'avons pas à en rendre compte, et d'ailleurs d'après ce qu'on a lu plus haut, on en connaît les principales doctrines.

---

(1) C'est ce même Jaclart qui était adjoint au maire de Montmartre le 18 mars?

CONGRÈS DE BALE EN 1869.

Ce Congrès fut de tous, le plus important par le nombre des socialistes qui y assistèrent et surtout par les résolutions qui y furent prises. La Russie, l'Autriche, l'Allemagne du nord, l'Italie, la Suisse, l'Angleterre, la Belgique, la France, y étaient représentées. Nous voyons même en tête de la liste des représentants M. Cameron pour Philadelphie.

Parmi les membres allemands, nous distinguons M. Liebnecht, membre du parlement prussien et le publiciste célèbre, Rittinghausen.

La question de la propriété collective y est de nouveau discutée.

M. Tolain propose qu'il plaise au Congrès de déclarer que : « pour réaliser l'émancipation des travailleurs, il faut transformer les baux, loyers, fermages, en un mot, tous les contrats de location en contrats de vente ;

» Qu'alors la propriété étant continuellement en circulation, cesse d'être abusive par le fait même ;

» Que par conséquent, dans l'agriculture, comme dans l'industrie, les travailleurs se grouperont comme et quant ils le jugeront convenable, sous la garantie d'un contrat librement débattu, sauvegardant la liberté des individus et des groupes. »

M. Langlois tout en concédant à ses adversaires communistes que la terre en tant quelle n'est pas un produit de l'industrie humaine appartient à tous, conclut à la modification des conditions qui règlent actuellement la propriété.

Bakounine combat la propriété individuelle et propose à l'assemblée le vote suivant.

» Je vote pour la collectivité du sol en particulier, et en général, de toute la richesse sociale, dans le sens de la liquidation sociale.

J'entends par liquidation sociale, l'expropriation, en droit, de tous les propriétaires actuels, par l'abolition de l'État politique et juridique qui est la sanction et la seule garantie de la propriété actuelle et de tout ce qui s'appelle le droit juridique ; et l'expropriation, de fait, partout et autant qu'elle sera possible et aussi vite qu'elle sera possible, par la force même des événements et des choses.

Quant à l'organisation postérieure, considérant que tout travail productif est un travail nécessairement collectif, et que le travail que l'on appelle improprement individuel est encore un travail produit par la collectivité des générations passées et présentes. Bakounine conclut à la solidarisation des communes, proposée par la majorité de la Commission, d'autant plus volontiers que cette solidarisation implique l'organisation de la société de bas en haut, tandis que le projet de la minorité nous parle de l'État.

» Je suis, ajoute-t-il, un antagoniste résolu de l'État et de toute politique bourgeoise de l'État.

« Je demande la destruction de tous les États, nationaux et territoriaux, et, sur leurs ruines, la fondation de l'État international des travailleurs. »

La proposition Bakounine est mise aux voix et adoptée par cinquante-quatre voix contre treize abstentions et quatre absences.

Désormais l'internationale dont nous avons écrit l'histoire avait cessé d'exister.

L'internationale qui lui survit appartient au parti communiste autoritaire que représentent Bakounine, Karl-Marx, Blanqui.

Puisque nous avons prononcé le nom de Karl-Marx plaçons ici sa biographie.

Marx est né à Trèves, en 1818. Après avoir fait ses études à Bonn et à Berlin,

Georges. Caraillé.

Beslay.

il s'établit en 1841 *privat-docent* à l'Université de la première de ces villes. L'année suivante, il publiait, à Cologne, le *Rheinische Zeitung*, bientôt supprimé par le gouvernement prussien. Forcé de quitter son pays, Marx vint à Paris, s'y lia avec un émigré comme lui, Arnold Ruge, et publia avec celui-ci les *Deutsch-Französische Jahrbucher*. Mais ses articles attirèrent de nouveau l'attention du gouvernement de Berlin, qui, par l'intermédiaire d'Alexandre Humboldt, demanda et obtint du roi Louis-Philippe l'expulsion du hardi révolutionnaire.

Marx se réfugia à Bruxelles, où il resta jusqu'en 1848, rédigeant le *Deutsche Zeitung*.

La révolution lui permit de retourner à Cologne, où il fit reparaître son ancien journal, sous le titre de *Neue Rheinische Zeitung*. Toujours plus avancé dans ses idées, il défendit passionnément les insurgés de juin.

Au mois de mai 1849 éclatèrent les insurrections de Bade, de Saxe et de Prusse : le nouveau journal fut aussitôt supprimé, et Marx revint à Paris, où on lui laissa le choix entre l'internement et l'expulsion. Il préféra quitter la France, et se rendit à Londres.

C'est là qu'il vit depuis 1850, dans une jolie petite villa, à Maitland-Park, avec sa femme et ses deux filles. Là encore, en 1864, après une longue étude des *Trades-Unions* et de la force immense qu'une Société qui emprunterait leurs principes pourrait acquérir, il a rédigé les statuts de l'*Association internationale des travailleurs*.

Karl Marx mène une vie fort active. C'est lui qui correspond avec les délégués de l'Internationale, inspire le comité, compose les manifestes et négocie avec les Sociétés de travailleurs pour obtenir leur affiliation à la grande Société. Il a publié le premier volume d'un ouvrage intitulé : « *le Capital,* critique de l'Economie politique », ouvrage que ses occupations de révolutionnaire international ne lui permettent sans doute pas d'achever.

Dans la première partie il s'est surtout attaché à combattre les idées de Proudhon, un des adversaires les plus éloquents du communisme.

A notre avis Karl Marx n'eut pas perdu son temps s'il eut pu mettre d'accord les différentes écoles communistes actuellement représentées à l'internationale. — Exemple ; M. Malon est-il d'accord avec M. Lefrançais et celui-ci avec M. Marx ou M. Bakounine ?

L'INTERNATIONALE EN 1870-1871.

Quel rôle l'Internationale a-t-elle joué dans les derniers événements ?

Il nous semble que l'agitation menaçante causée par le Congrès de Bâle dut avoir une certaine influence dans le conseil des souverains, — à moins que l'on admette que ceux-ci étaient sourds.

Envahie rapidement par toutes les sectes communistes et terroristes, par le parti des barbares, l'association était redevenue redoutable.

Le gouvernement français se voyait menacé par le parti Blanqui, — dont l'opposition dite libérale des Favre, Picard, Simon, etc., faisait le jeu ; l'Allemagne profondément et sourdement remuée voyait les opinions communistes représentées non-seulement dans la presse mais au parlement.

Napoléon résolut de sévir contre l'internationale, ce fut le coup de bâton d'un imprudent dans un nid de guêpes.

Mais n'est-il pas permis de penser que M. de Bismark vit non seulement dans les embarras du gouvernement français, mais encore dans l'agitation communiste en Allemagne et le péril de son propre gouvernement une raison de plus pour faire la guerre ?

L'internationale au sujet du plébiscite s'était déclarée en faveur de la République

Dans une réunion antiplébiscitaire, l'internationale par l'organe de l'un de ses membres M. Combault s'exprimait ainsi :

« Jamais la classe ouvrière n'a voulu accepter quoi que ce soit du vainqueur de la France qu'elle a toujours regardé comme son plus cruel ennemi... L'internationale a subi les dures lois de la nécessité ; elle s'est tue jusqu'au jour où elle a pu dire : Nous ne voulons pas de l'empire, et depuis plusieurs années c'est son cri le plus aigu... Nous devons nous occuper de politique puisque le travail est soumis à la politique. Il faut dire tout haut une fois pour toutes, que *nous voulons la République sociale avec toutes ses conséquences.* »

A cette déclaration de guerre le gouvernement impérial répond par des arrestations.

Ce fut alors que l'on découvrit le fameux complot des bombes, — dont le parti républicain tout entier attribua à l'invention de la police.

L'internationale n'avait pris aucune part à ce complot, mais comme on voulait y voir sa main le Conseil fédéral parisien protesta contre ces accusations. (2 Mai 1870).

Dans cette protestation, nous lisons :

« L'association internationale des travailleurs conspiration permanente de tous les opprimés et de tous les exploités, existera malgré d'impuissantes persécutions contre les soi-disant chefs, tant que n'auront pas disparut tous les sploiteurs, capitalistes, prêtres et aventuriers politiques. »

Ces derniers mots étaient un outrage et un défi ; un troisième procès fut intenté à l'internationale. Ce procès reposait sur une base plus ingénieuse que solide. L'association était accusée de poursuivre un but secret, d'être par cela même une société secrète.

Dix neuf accusés y étaient impliqués.

On verra s'ils étaient bien choisis quand on y retrouvera les noms d'un grand nombre de membres de la Commune :

Louis Eugène *Varlin*, trente et un, ans, relieur ;

Benoist *Malon*, vingt huit ans, garçon de librairie ;

André Pierre *Murat*, trente sept ans, ouvrier mécanicien ;

Jules *Johannard*, vingt-sept ans, feuillagiste ;

Louis Jean *Pyndy*, trente ans, menuisier ;

Amédée Benjamin *Combault*, trente deux ans, ouvrier bijoutier ;

Jean Pierre *Héligon*, trente six ans, courtier en librairie ;

Augustin *Avrial*, vingt-neuf ans, ouvrier mécanicien ;

Pierre *Sabourdy*, trente six ans, employé au journal la *Marseillaise* ;

Jules *Colmia* dit *Franquin*, trente deux ans, journaliste ;

Marie Antoine *Rocher*, trente six ans, publiciste ;

Adolphe Alphonse *Assi*, vingt-neuf ans, mécanicien ;

Camille Pierre *Langevin*, vingt-sept ans tourneur sur métaux ;

Félix *Pagnerre*, quarante six ans, feuillagiste ;

Charles Louis *Robin*, trente trois ans, professeur ;

Albert Félix *Leblanc*, vingt-six ans, ingénieur civil ;

Paul-Jean *Carle*, trente-deux ans, professeur ;

Camille-Félix *Allard*, vingt ans, étudiant en droit ;

Albert *Theisz,* trente et un ans, ciseleur ;

Adolphe *Collot,* trente-deux ans, menuisier;

Germain *Casse,* trente-deux ans, journaliste ;

Jean-Désiré *Ducaugine,* trente ans, ajusteur ;

Emile-Amour *Flahaut,* trente-trois ans, marbrier ;

Bernard *Landeck,* trente-huit ans, joaillier ;

Louis *Chalain,* vingt-cinq ans, tourneur en cuivre ;

Gabriel *Ansel,* vingt-neuf ans, peintre en porcelaine ;

Frédéric *Bertin,* trente-deux ans, mouleur en fer ;

Vincent *Beyer,* vingt-neuf ans, tailleur de pierre ;

Barthélemy *Cirode*, trente-deux ans, sculpteur.

Alphonse *Delacour,* trente ans, relieur.

Emile-Gustave *Durand*, trente-cinq ans, ouvrier bijoutier ;

Emile-Victor *Duval*, vingt-neuf ans, fondeur en fer ;

Joseph *Fournaise,* quarante-deux ans, ouvrier en instruments de précision ;

Léo *Franckel,* vingt-six ans, ouvrier bijoutier ;

Giot, vingt et un ans, ouvrier peintre ;

Malzieux, quarante-deux-ans, forgeron ;

En ajoutant aux noms de cette liste ceux des huit personnes du complot jacobin des bombes Orsini, on aura à peu près la liste complète des membres du Comité central et de la Commune.

Qui s'en doutait en juillet 1870 ;

Au 4 septembre, le parti révolutionnaire, — auquel, depuis le Congrès de Bâle, appartient l'Internationale, comme jadis un régiment appartenait à son colonel, et même beaucoup mieux, — ce parti ne voulut pas du gouvernement. M. Dupont écrivant à M. Varlin se plaint de voir « les Jules Favre et les Gambetta » au pouvoir et conseille de laisser « cette vermine bourgeoise » se perdre en signant la paix honteuse que va nous imposer la Prusse.

Sage calcul.

Pendant le siége de Paris, les révolutionnaires ne songèrent qu'à s'armer, mais nullement à combattre.

Il n'ont pas de patrie.

Et le champ de bataille franco-prussien n'est pour eux qu'un Prologue à la révolution sociale.

Dans le même temps, la Commune s'organise à Lyon et à Marseille.

La France est oubliée. Le mot France est une vieille expression géographique démodée, tandis que par une contradiction qui ne s'explique que par l'ignorance des masses, le mot « patriote » entre toujours dans le langage révolutionnaire.

Nous renvoyons nos lecteurs à notre histoire de la guerre, ils y retrouveront les scènes du 31 octobre et ces faits de désertion devant l'ennemi que le général Clément Thomas eut le courage de flétrir.

Il en est mort.

Nous voilà revenu à notre point de départ, aux derniers jours du siége, à l'armement de Montmartre et de Belleville, au rôle de cette fédération révolutionnaire qui n'est qu'une ligue d'un prolétariat inconscient et affolé.

Voyons ce que dit l'Internationale depuis la chute de la Commune.

L'INTERNATIONALE DEPUIS LA CHUTE DE LA COMMUNE.

A Paris, au lendemain de la victoire de Mac-Mahon, les partisans de la Commune nièrent spontanément que les insurgés fussent les auteurs des incendies et des massacres d'otages. On rejeta d'abord la responsabilité de ces crimes sur les artilleurs de l'armée et les criminels mis en liberté.

D'autres plaidèrent le désespoir.

Mais bientôt les organes accrédités du parti révolutionnaire revendiquèrent hautement l'honneur de ces exploits.

Ce que l'on n'eût pas souffert du roi Guillaume, cet ennemi acharné et victorieux...

Ducatel.

Ce que l'on n'eût pas souffert d'un monstre consommé tel que l'empereur Néron...

Ce que l'on n'eût pas souffert d'Attila.

Non-seulement on l'excusa de la part des insurgés du 18 mars, mais on le glorifia.

Qu'avons-nous à dire, nous, infime teneur de plume contre ce concert d'éloges?...

Bornons-nous à en porter l'écho à l'opinion publique.

A Zurich, le 4 juin, l'Internationale déclarait, à l'unanimité que, le combat soutenu par la Commune de Paris est juste et digne, qu'il est en solidarité avec les idées d'un meilleur temps à venir et que tous les hommes qui réfléchissent doivent combattre avec elle. »

A Bruxelles, elle « acclame solennellement la Commune de Paris, vaincue momentanément ; reconnait qu'elle a bien mérité de l'humanité entière et que ceux qui ont combattu pour elle ont droit au respect et aux sympathies de tous les hommes de cœur. »

A Genève par son organe : l'*Egalité* » elle loue le peuple qui en brûlant les palais a anéanti les monuments de la barbarie et les tabernacles de la prostitution monarchique. »

A la date du 10 juin :

» L'avenir nous réserve un autre combat...

» Quant à nous nous émettons un seul vœu : que cet incendie puisse enfin éclairer le peuple des provinces; que cet incendie allume la vengeance dans le cœur du peuple, vengeance contre les misérables brigands qui ne peuvent sauver leur ordre monarchique qu'en forçant le peuple de se brûler sous les décombres de la cité martyr. »

Est-ce que l'incendie ferait désormais partie du programme de l'instruction gratuite et obligatoire ?

A Leipsick le journal des deux socialistes du parlement MM. Liebnecht et Bebel : — « Nous sommes et nous nous déclarons solidaires de la Commune de Paris et nous sommes prêts à soutenir ses actes à tout instant et contre chacun. »

De la part d'autres villes d'Allemagne même adhésion.

L'Internationale à Londres par l'organe de son conseil général dans une circulaire adressée *à tous les membres de l'Association en Europe et aux Etats-Unis*, s'exprime en ces termes au sujet des incendies :

« Quand les gouvernements donnent à leurs flottes l'ordre de « tuer *brûler* détruire » n'est-ce pas autoriser l'incendie ? Quand les soldats anglais mettaient le feu au capitole à Washington et au palais d'été de l'empereur de Chine, n'étaient-ils pas des incendiaires ? Quand les prussiens, non pour des motifs militaires mais tout simplement par vengeance, brûlaient à l'aide du pétrole des villes comme Châteaudun et des villages sans nombre, n'étaient-ils pas des incendiaires ?

Quand Thiers pendant six semaines bombardait Paris, sous le prétexte qu'il ne voulait mettre le feu qu'à des maisons où se trouvait du monde n'était-il pas un incendiaire ? Dans la guerre le feu n'est-il pas une arme aussi légitime qu'une autre les bâtiments occupés par l'ennemi sont bombardés pour les incendies. Si les défenseurs sont obligés de se retirer ils mettent le feu eux-mêmes pour empêcher les assaillants de s'en servir. Etre brûlés a toujours été le sort des édifices voisins des champs de bataille. Mais dans la guerre des esclaves contre leurs maîtres, la seule guerre qui puisse se justifier cet usage ne doit pas être admis. La Commune n'a employé le feu que comme moyen de défense. On s'en est servi pour fermer aux troupes de Versailles ces longues avenues ouvertes expressément pour l'usage de l'artillerie. On s'en est servi pour couvrir sa retraite de la même manière que les Versaillais pour avancer se servaient de leurs bombes qui ont détruit au moins autant de maisons que les incendies de la Commune.

A présent même on ne sait pas au juste quels édifices ont été incendiés par la défense et quels par l'attaque ; et la défense n'eût recours au feu qu'après le massacre des prisonniers.

D'ailleurs la Commune avait depuis longtemps annoncé publiquement que si elle était poussée à bout elle s'ensevelirait sous les ruines de Paris, dont elle ferait un second Moscou. Comme le gouvernement de la défense avait lui-même, — mais seulement pour tromper les parisiens, — promis de le faire ; pour cette fin Trochu s'était pourvu de pétrole, la Commune savait bien que ses adversaires se souciaient peu de la vie du peuple de Paris mais qu'il affectionnait beaucoup les édifices de la ville. Et Thiers d'un autre côté leur avait dit que sa vengeance serait implacable.................

....

« Mais l'exécution par la Commune des soixante-quatre otages avec l'archevêque de Paris à leur tête !.. La bourgeoisie et son armée en juin 1848, avaient rétabli l'usage qui avait depuis longtemps disparu de la pratique de la guerre, de tuer les prisonniers. Cet usage brutal a été depuis plus ou moins suivi par les gouvernements qui supprimèrent les émeutes populaires en Europe et aux Indes, prouvant ainsi que c'est là un véritable progrès de la civilisation.

« D'un autre côté les Prussiens, en France, avaient rétabli l'usage de prendre en otage des hommes innocents, dont la vie devait répondre des actions des autres................

« Fallait-il négliger le seul moyen de mettre des bornes à la férocité des gouvernements bourgeois ?

« Le véritable assassin de l'archevêque Darboy, c'est Thiers. La Commune avait, à plusieurs reprises, offert d'échanger l'archevêque et plusieurs prêtres contre Blanqui seul, alors entre les mains de Thiers. »

Nous bornerons à ces citations, l'analyse de ce long mémoire et, pour finir, nous donnerons place à un article de Vermesch, récemment paru à Londres, dans le journal *le Qui Vive ?*

31 octobre 1871.

Ce n'est pas sans raison que le petit Thiers a été nommé chanoine de Latran : le drôle sait son métier de jésuite comme pas un.

Voici comment il s'est exprimé au conseil général de Seine-et-Oise, au sujet du brigandage de deux mois dont il a été le Schinderhannes :

« Le gouvernement s'est montré résolu dans la guerre que, le cœur navré, j'ai été obligé de faire aux insurgés de Paris. »

On créerait demain en Italie un « Moniteur spécial de l'escroquerie et de l'assassinat » que je ne serais pas plus surpris en y lisant :

« Le bandit Fra-Diavolo et sa bande ont dévalisé, avec un grand courage, la malle qui va de Pompéi à Herculanum.

« Le brave Ducatel, déguisé en cocher, avait heureusement prévenu la troupe du passage des voyageurs. Quatre vieillards de quatre-vingts ans, sept femmes infirmes et trois enfants à la mamelle ont perdu la vie dans la lutte. Fra-Diavolo et sa bande se sont montrés résolus dans l'attaque de cette diligence, que leur pénurie de pièces papales les a forcés de mettre à sac, bien qu'ils en eussent le cœur navré. »

Puis, après une série de plaisanteries sur le cœur navré de M. Thiers, l'athénien de la Commune ajoute :

Du reste, quand les traîtres sont traités de sauveurs ; quand *une bande de brutes saoules est qualifiée de* « *notre brave armée ;* » *quand le proxénète Galiffet* est appelé » héroïque soldat ; » *quand le gredin Mac-Mahon*, pour avoir fait mourir les Arabes de faim pendant des années et s'être fait battre *lui-même* comme du beurre, s'entend nommer « grand général » ; évidemment alors il est clair qu'on peut faire des mots tout ce que l'on veut.

....

Il y a quelque chose qui déroute la conscience humaine plus encore que l'ignominie de ces crapules, c'est leur aplomb.

ÉPILOGUE

ASSASSINAT DES GÉNÉRAUX CLÉMENT THOMAS ET LECOMTE.

Audience du 6ᵉ conseil de guerre de Versailles.

I

Nous voici revenus, lecteur, à notre point de départ : la journée du 18 mars.

La justice marche d'un pied boiteux, dit le proverbe latin, mais elle finit toujours par atteindre les coupables, et c'est ainsi que huit mois après les assassinats de la rue des Rosiers, — le 3 novembre, — vingt-sept accusés, dont deux femmes, sont traduits devant le 6ᵉ conseil de guerre.

Les deux femmes se nomment Marie Dagas et Mathilde Bonnard ; et voici les noms des vingt-cinq autres accusés.

Verdaguer (Frédéric-Joseph), sergent au 88ᵉ de marche.

Masselot (Firmin), horloger.

Gobin (Emile), serrurier.

Kadowski (Jeroslaw), né en Pologne, menuisier.

Mayer (Simon-Charles), hommes de lettres.

Lair (Ferdinand-Joseph), plâtrier.

Leblond (Charles), garçon marchand de vins.

Hiffesus (André), employé de commerce.

Lagrange (Charles-Marie), employé de commerce.

Delabarre (Henri), peintre décorateur.

Jurie (Gustave-Jean-Baptiste), employé.

Chevallier fils (Arthur-Alfred), cordonnier.

Chevallier père (François), cordonnier.

Saint-Denis (Alexandre), plombier.

Poncin (Pierre), cordonnier.

Ribemont, piqueur des ponts-et-chaussées.

Flinois (Emile), épicier.

Simonet (Vincent), ferblantier.

Gentil (Eugène), sellier.

Herbin (Lacroix), journalier.

Les questions relatives aux constatations d'identité, font ressortir tout d'abord un fait particulièrement attristant. C'est que tous les accusés, sauf deux ou trois jeunes gens, sont d'anciens soldats. Quelques-uns même ont fait plusieurs congés.

Le Conseil est composé de M. Aubert, lieutenant colonel président, et de MM. Brouillard commandant, Santy et Donfat capitaines ; Dubus lieutenant ; Metrick sous-lieutenant ; Vignier adjudant sous-officier ; M. le commandant Roustan du 88ᵉ de ligne, commissaire du gouvernement et M. le capitaine adjudant-major Dally substitut, occupent le siége du ministère public.

M. le commandant Roustan en prenant la parole pour exposer les faits, commence par protester contre l'erreur publique qui impute au 88ᵉ de ligne les actes dont le 88ᵉ de marche s'est rendu coupable.

Le 18 mars, dit-il, le 88ᵉ de ligne mangeait en Allemagne le pain dur de la captivité. Il avait été fait prisonnier après Sedan, et l'ennemi n'avait laissé rentrer en France que les soldats et les officiers de ce régiment qu'il croyait ne plus pouvoir être utiles à la France.

« Vous devez comprendre, messieurs, combien ils ont dû souffrir, ces soldats du 88ᵉ, lorsque, revenant après la guerre, ils ont appris que l'opinion publique avait flétri d'une souillure éternelle ce régiment dont ils avaient si énergiquement défendu le drapeau pendant la dernière campagne.

Convoi de prisonniers.

« Ce 88e, messieurs, était un régiment modèle. A Mouzon, il avait été mis en avant comme prêts à tous les dévouements, comme un régiment martyr. Martyr! il l'a été deux fois, la première fois le 31 août au passage de la Meuse, devant Sedan, où il vit ses rangs décimés. La la seconde fois, lorsqu'il s'est vu victime de la plus fatale des erreurs. »

Le discours de M. le Commissaire est très-long; malgré son intérêt soutenu, nous croyons devoir nous borner à n'en donner que les extraits indispensables à éclairer le procès, et à en résumer les autres parties.

Le 18 mars dernier, le général Lecomte fut chargé d'une expédition ayant pour but de reprendre les pièces d'artillerie que des comités occultes de la garde nationale détenaient arbitrairement aux buttes Montmartre.

L'opération devait avoir lieu avant le lever du jour.

Dès deux heures du matin, les buttes avaient été entourées à leur base par des pelotons du 88e régiment de marche, qui devaient interdire et garder toutes les entrées des rues, des ruelles ou des rampes conduisant aux sommets.

A trois heures, le général se mit en marche de sa personne avec deux colonnes d'infanterie, à l'effectif de 340 hommes chacune. La première sous les ordres de M. Poussargues, commandant au 18e bataillon de chasseurs à pied, ayant en tête une compagnie de garde républicaine, commandée par le capitaine Picault. La seconde sous les ordres de M. Vassal, commandant des gardiens de la paix, ayant en tête une compagnie de ses gardes.

Ces deux colonnes devaient arriver ensemble l'une sur le plateau supérieur, l'autre sur le plateau inférieur, de manière à surprendre simultanément les postes proposés à la garde des canons.

La marche habilement conduite amena, en effet, les deux troupes à la même minute aux points où elles devaient se donner la main sur les deux plateaux. Quelques factionnaires placés autour essayèrent seuls de faire résistance et tirèrent sur nous des coups de fusil, auxquels répondirent les hommes d'avant-garde des colonnes. Puis ce fut tout.

Avant que les postes de gardes nationaux aient eu le temps de sortir de leurs corps de garde et de se mettre en défense, ils étaient enveloppés, les positions étaient enlevées, les canons étaient pris, leurs défenseurs faits prisonniers et, — capture bien autrement importante, — une dizaine d'individus inconnus, délégués ou membres des comités avaient été arrêtés, et tous leurs papiers saisis.

L'opération avait bien réussi : on avait évité l'effusion du sang autant que possible, quelques hommes seulement avaient été légèrement blessés; un seul garde national paraissait plus grièvement atteint.

On enferma les prisonniers dans la maison située au n° 6, rue des Rosiers, qui borde le plateau supérieur des buttes. Ensuite, le général installa lui-même ses troupes de façon à garder le tout; il fit faire le recensement des pièces d'artillerie; on en compta 171 sur les deux plateaux.

Enfin, on fit combler une espèce de tranchée afin de faciliter l'enlèvement des canons que l'on espérait bien emmener dès que les chevaux d'attelage seraient arrivés.

Il est absolument démontré aujourd'hui que si ces chevaux d'attelage eussent été rendus assez tôt et en nombre suffisant aux buttes, l'expédition eût été complétement terminée et avec le plus grand succès avant six heures du matin.

On les attendit vainement depuis cinq heures jusqu'à huit heures et demie.

Près de quatre heures durant les troupes restèrent l'arme au pied sur les buttes ou au coin des rues. Pendant ce temps, la population du faubourg s'éveillait et apprenait l'expédition du matin. Des agitateurs nombreux parcoururent les bas quartiers appelant au nom du comité les gardes nationaux en armes. Ils firent sonner le tocsin et battre la générale ; bientôt une multitude immense encombra les rues de Montmartre.

On entoura les pelotons qui gardaient l'entrée des voies conduisant aux buttes. On demanda aux soldats s'ils avaient déjeuné. Entre sept et neuf heures du matin, il était donc naturel qu'ils fussent encore à jeun, on ne se servit pas moins de leur réponse négative pour répandre cette stupide clameur que le gouvernement faisait mourir de faim les frères de l'armée. Alors, sur plusieurs points, on organisa des quêtes ; on en distribua, ou plutôt on jeta bon gré mal gré le produit aux soldats. Puis on les invita çà et là à boire ou à manger aux débits voisins, et bientôt les rangs des pelotons furent entremêlés de gardes nationaux, de femmes et d'enfants.

Cette manœuvre, pratiquée avec des démonstrations amicales pour l'armée, est désastreuse au temps d'émeute, si les chefs n'ont pas le soin de l'arrêter net.

Le 18 mars, on s'y est encore une fois laissé prendre, et cependant elle était à prévoir en égard à la composition exceptionnelle et au défaut de cohésion des troupes.

Les régiments de marche avaient été récemment formés avec des cadres improvisés et avec des soldats de Paris qui n'avaient, pour ainsi dire, aucune pratique de la discipline. Incorporés et armés au temps du siège, désarmés et laissés quasi-errants depuis l'armistice, ils venaient d'être ralliés nouvellement, et ne connaissaient encore ni leurs chefs, ni leur devoir. Beaucoup d'entre eux, d'ailleurs, n'avaient pas encore eu le temps de rompre leurs relations.

Ils étaient des faubourgs de Paris et se regardaient toujours comme citoyens et non comme soldats. Devant de tels hommes, les excitations de la foule eurent un succès facile et un fatal résultat. Quand les officiers voulurent commander, ils trouvèrent devant eux une cohue désordonnée au lieu d'une troupe rangée et docile.

Telle est la déplorable situation qui s'était produite dans les rues gardées au pied des buttes, pendant qu'on attendait en haut des chevaux d'attelage. Le général, loin d'être informés de ces graves détails, fut odieusement trompé sur les intentions de toute cette foule, dont il pouvait entendre le bruit et voir l'agitation. Il le fut surtout à l'égard du motif pour lequel on faisait battre le rappel et sonner le tocsin, et voici comment.

Vers sept heures, M. Clémenceau, maire de Montmartre, arriva sur le plateau supérieur, pour faire donner, a-t-on dit, des secours aux gardes nationaux blessés, dont il a été parlé plus haut. Il se rendit tout droit à la maison où le blessé était déposé, et voulut le faire enlever sur un brancard, pour le faire transporter à l'hôpital. C'était évidemment une imprudence des plus dangereuses, que de faire traverser les rues de ce quartier, dans un pareil moment, à un homme couvert de sang. C'était faire la promenade du cadavre, cette manœuvre d'exécution de toute insurrection parisienne.

M. le commandant Vassal comprit qu'elle allait faire crier, comme toujours : « On assassine nos frères ! aux armes, etc., » il s'y opposa. M. Clémenceau insista, en sa qualité de maire. Cependant il consentit à en référer au général qui se trouvait à peu de distance.

Le général défendit d'enlever le blessé dont un médecin militaire s'occupait assidûment d'ailleurs. Ensuite, interpellant M. Clémenceau comme maire, il lui demanda ce que signifiait tout le bruit qu'il entendait au bas, et pourquoi surtout on battait la générale. Au dire de plusieurs témoins des plus honorables qui ont assisté à cette conversation, M. Clémenceau se confondit en protestations contre le sentiment de défiance qu'inspirait ce quartier, l'assura que ces batteries et ces sonneries n'appelaient que des hommes d'ordre disposés à aider à l'enlèvement des canons dont Montmartre était finalement embarrassé, et termina en disant solennellement qu'il répondait de la tranquillité de son arrondissement.

Devant une telle assurance donnée par un magistrat, le général continua à attendre les attelages et ne prit même aucune mesure nouvelle de sûreté. Il est superflu de dire que, sans ces paroles, le général eût pris ses précautions, et que les abominables scènes qui vont suivre eussent été empêchées.

Vers huit heures, la place Saint-Pierre que l'on voyait distinctement du haut des buttes, était remplie de gardes nationaux, de femmes et d'enfants, parmi lesquels on remarquait aussi quelques soldats.

A huit heures et demie environ, trente gardes nationaux parvinrent on ne sait comment à déboucher par une petite rue sur le plateau supérieur ; ils étaient en armes, la crosse en l'air et demandant à parlementer. On les repoussa ; ils se retirèrent en menaçant les troupes de les faire descendre plus vite qu'elles n'étaient montées.

Le général fit alors avancer deux compagnies de chasseurs à pied et les fit placer faisant face à la place Saint-Pierre. Il ne s'occupa pas des rues et des ruelles situées sur les deux flancs et sur le derrière de la butte, parce qu'il les croyait gardées par les pelotons du 88ᵉ, et de sa personne il se tint non loin de ces deux compagnies.

Bientôt une multitude immense assaillit les plateaux par les pentes, par les rues, par les maisons et les jardins, entraînant avec elle des rangs entiers de soldats hébétés qu'elle avait arrachés à leurs pelotons et qui se présentaient devant leurs camarades la crosse en l'air.

M. le commandant de Poussargues demanda plusieurs fois au général l'ordre de faire feu. Le général lui fit signe de repousser les assaillants seulement à la baïonnette. Mais par derrière les arrivants étaient aussi nombreux que par devant; ils étaient accompagnés, eux aussi, des soldats qu'ils avaient rencontrés et embauchés.

Devant tous ces flots humains, l'action des chasseurs fut paralysée ; on ne put se servir de la baïonnette. Le général fut enveloppé, saisi, emporté plutôt que conduit rue des Rosiers, n° 6. On lui demanda de signer un ordre qui prescrivit aux troupes de rentrer. Il refusa.

Alors on le mena, sous escorte, rue de Clignancourt où devait se trouver un comité qui prononcerait sur son sort au Château-Rouge. Les prisonniers qu'il avait faits le matin furent relâchés et répandirent le bruit qu'il avait fait tirer sur le peuple. On montra pour preuve le moribond blessé à 5 heures du matin. Il n'en fallut pas davantage pour exciter la population à la vengeance contre lui.

M. le commandant de Poussargues. M. le commandant Vassal et plusieurs autres officiers furent arrêtés et conduits au Château-Rouge. Ils y restèrent jusqu'à une heure après midi.

L'inculpé Mayer (Simon) qui, en sa qualité de capitaine du 160ᵉ bataillon de la garde nationale, commandait dans cet établissement, les reçut et les garda. Il accepta aussi la garde de plusieurs autres officiers arrêtés arbitrairement de dix heures à midi. C'étaient : 1° M. le capitaine Deugeot qui avait été arrêté sur le boulevard Magenta comme soupçonné d'avoir porté des ordres au général Lecomte; 2° M. Dally, capitaine au 84°, qui avait été arrêté à la gare du Nord, en descendant du chemin de fer et rentrant de captivité de Prusse; 3° M. le commandant Partel, du 76° de marche, qui avait voulu empêcher sa troupe de se mêler aux rebelles; 4° M. le capitaine Chinouffre, arrêté à la gare du Nord, que l'on accusait d'avoir voulu faire tirer sur le peuple.

Vers une heure après-midi, tous ces

Rossel.

prisonniers, au nombre de onze, furent livrés par le capitaine Mayer (Simon) à un capitaine de la garde nationale qu'il ne connaissait pas, mais qu'il se présentait avec un ordre écrit, portant quatre signatures inconnues, le cachet et une empreinte de composteur d'un comité.

Mayer (Simon) place lui-même le général et les dix autres prisonniers entre les deux rangs d'un peloton d'environ 60 hommes que commandait le capitaine inconnu porteur de l'ordre du comité, lequel avait avec lui le lieutenant Lagrange, aujourd'hui inculpé. Ce peloton se met en marche à travers une foule considérable qui vociférait des menaces de mort contre les onze officiers, et principalement contre le général Lecomte.

Il arriva rue des Rosiers vers deux heures. Le lieutenant Lagrange le fit entrer dans la maison n° 6, il abandonna les prisonniers à la foule, qui les fit entrer dans une petite chambre dont la fenêtre donnait sur la cour. Quant à lui, il se rendit avec sa troupe au fond du jardin où nous le vîmes tout à coup former un peloton d'exécution de 16 hommes.

Le général, en entrant dans la chambre, demanda à voir ce fameux comité dont tout le monde parlait. La foule ne lui répondit qu'avec un redoublement d'injures et de menaces. Les officiers de la garde nationale, à l'exception d'un capitaine âgé nommé Garcin, et d'un docteur en uniforme, tous deux acharnés contre les prisonniers, essayèrent de calmer les clameurs du dehors. L'un d'eux même, le lieutenant Meyer, dont on ne saurait trop louer les efforts, lutta souvent contre des énergumènes qui voulaient pénétrer dans la chambre.

Une heure environ se passa ainsi. Quand au comité, nul ne savait où le trouver. Cependant au premier étage de la maison quelques individus s'arrogeaient une certaine autorité. Il y avait là un autre dépôt de prisonniers composés de M. Lafosse, capitaine du génie, d'un sous-garde du génie, arrêté tous deux aux fortifications sous prétexte d'espionnage pour le compte des Prussiens; de M. le marquis de Montebello, de M. Bruville de Maillefer arrêtés aussi sous prétexte d'espionnage.

« Une grande heurs s'écoula... »

M. le commissaire raconta ensuite en ces termes l'arrestation de Clément Thomas :

« Vers trois heures de l'après-midi, le général Clément Thomas descendait de voiture place Pigalle et se dirigeait su e boulevard Rochechouart. Des gardes nationaux du bataillon le reconnurent ; on le signala à leur colère comme ayant fait déporter des citoyens en 1848, et comme ayant montré au temps du siége une sévérité excessive contre les gardes nationaux.

» Aussitôt il fut entouré, injurié, saisi et arrêté par des groupes d'hommes de ce bataillon, et notamment par le capitaine Aldenoff, qui sortit de son rang tout exprès. Aldenoff le conduisit au capitaine Ras, qui commandait ce jour-là le bataillon par intérim, à défaut du chef de bataillon, qui refusait de marcher contre l'armée.

Ras, heureux de jouer un rôle, fier d'être contemplé par 50,000 personnes qui allaient le voir passer, amenant un général détesté au tribunal du peuple. Ras, disons-nous, ne prit aucun souci des périls imminents auxquels il allait exposer le prisonnier. Il le conduisit ainsi rue des Rosiers. Ce courtisan de la populace n'en était pas à son coup d'essai. Dès le matin il avait déjà arrêté et fait garder à vue un lieutenant du 88e qui n'avait pas voulu suivre ses soldats embauchés par l'insurrection. »

Les accusés Herpin, Lacroix et Kadanski ont fait de vains efforts pour calmer la fureur de la foule et l'empêcher d'envahir la maison.

Vers cinq heures, la foule envahit la chambre des prisonniers.

En même temps, dit M. le commissaire, des fusils furent dirigés par les fenêtres contre les généraux. Un sergent d'infanterie se précipite vers le général Lecomte, lui met le poing sous le nez, et lui dit que pour se venger d'une punition de 30 jours de prison qu'il lui avait infligée, il allait lui tirer le premier coup de fusil. Un caporal, le nommé Marioné, du 3e bataillon de chasseurs et quelques autres soldats ont remarqué plus spécialement que les gardes nationaux crièrent à mort! Qu'on les fusille, sinon, il nous feront fusiller demain.

A ces mots, le général Clément Thomas fut saisi, expulsé de la chambre et poussé à coup de crosse et à coups de poing dans le jardin. Pendant le trajet, quelques coups de fusil tirés à bout portant l'atteignirent et le couvrirent de sang ; il ne tomba cependant pas. Il put se tenir debout jusqu'à ce qu'on l'eut acculé le dos au mur. Le général était debout, tenant son chapeau de la main droite et essayant de garantir son visage avec le bras gauche.

De nouveaux coups de fusil, tirés de toutes parts, finirent par l'abattre sur le côté droit, la tête au mur et le corps plié en deux. Des scélérats s'approchèrent encore et tiraient toujours à bout portant ou frappaient sur le cadavre à coups de pied et à coups de crosse.

Pendant ce temps, le général Lecomte était encore dans la chambre ; il entendait les coups de feu et comprenait que lui aussi allait mourir de cette horrible mort. Il conserva tout son calme ; il remit son argent au commandant de Poussargues, lui fit des recommandations pour sa famille et marcha devant ses assassins avec une dignité si ferme que plusieurs officiers le saluèrent ; il leur rendit leur salut. Une résignation aussi sublime aurait trouvé grâce devant des barbares ; elle ne toucha pas les modernes civilisés de Montmartre.

A peine avait-il fait une dizaine de pas dans le jardin, qu'un de ses bourreaux lui tira par derrière un coup de fusil qui le fit tomber sur les genoux. Aussitôt un groupe le releva à moitié et le fit approcher du cadavre de Clément Thomas. Ce fut là qu'il fut achevé par une dizaine de coups tirés à bout portant et que son cadavre fut mutilé, fouillé, et que deux soldats — l'éxécration de l'armée — vinrent décharger leurs armes sur lui.

On a vu par ce qui précède qu'il n'a été procédé à aucun simulacre de jugement, et que ce n'est pas, comme on l'a dit, par un feu de peloton que l'assassinat a été commis. Cependant un peloton de dix-huit hommes pris parmi les 60 gardes nationaux que commandait l'inculpé Lagrange, a bien été formé vers quatre heures et placé face au mur près duquel les victimes ont été frappées. Cette disposition a été réellement prise par ordre d'un capitaine dit Garibaldien, et qui ne peut être que le prévenu Herpin-Lacroix ; mais ce peloton de 18 hommes s'est mêlé lui-même à la foule en rompant ses rangs sans ordre.

Il n'y a pas eu de feu à commander ; les hommes de la foule ont tiré à volonté ; un cent de voix ayant constamment crié : Allons, tirez ! à toi ! fais feu ! etc., il n'est pas étonnant que par la suite plusieurs inculpés d'aujourd'hui se soient vantés d'avoir commandé le feu. »

Le double assassinat consommé, la foule se dispersa ; les dix autres officiers prisonniers furent reconduits au Château-Rouge. C'était à qui voudrait les sauver.

En chemin, les sauveurs rencontrèrent MM. Clémenceau et Mayer Simon. Ils se rendaient au secours des généraux ; on leur apprit qu'ils étaient tués.

II

Les principaux accusés sont Mayer Simon, Kadowski, le sergent Verdaguer, Herpin-Lacroix, Masselat, Leblond, Ras qui a arrêté Clément Thomas et Aldenhorf.

Deux de ces individus sont étrangers : Herpin Lacroix est belge et Kadowski est polonais,

Tout l'intérêt des débats se concentre sur ces accusés et sur un té noin dont ses adversaires politiques auraient voulu faire un accusé, M. Clémenceau, alors maire de Montmartre et aujourd'hui conseiller de la Seine.

Nous prions nos lecteurs de se reporter au sujet de M. Clémenceau à ce que nous avons dit de lui au commencement de ce livre.

M. Clémenceau qui, pendant le siège avait été patronné par le parti blanquiste aux élections des maires avait été bientôt jugé trop modéré par ces administrés. MM. Jaclart et Dereure, ses adjoints et nous, dirions volontiers ses surveillants étaient plus en faveur populaire.

On a vu comment à l'aurore de la Commune il fut arrêté par ses administrés.

Et sans être du parti de Thiers, — que l'on nous passe ce jeu de mots, — se trouva du tiers parti dit de la conciliation.

Parti louche, qui est loin d'avoir notre approbation et qui fit le jeu de la Commune pendant quelques temps.

Mais venons aux accusés.

Nous ne reproduirons pas le long interrogatoire de Verdaguer, nous lui préférons de beaucoup comme clarté la déposition du général Ambert; cette déposition nous édifie tout à fait sur le compte de l'accusé.

Le général s'exprime en ces termes :

J'ai quitté Paris le 18 mars dernier, au moment où l'armée évacuait la capitale. J'ai laissé dans mon domicile, pour le garder, ma cuisinière Marie Bonnard, qui a été arrêtée rue des Dames, 55, à Paris-Batignolles. Cette Marie Bonnard avait une amie, Françoise Dagas, qui était originaire du même pays.

Cette dernière a été arrêtée également rue des Dames, 55, dans la même maison et en même temps que Marie Bonnard.

Je ne connaissais Françoise Dagas que pour lui avoir donné des secours comme maire du 8e arrondissement, et plus tard pour l'avoir fait travailler afin de lui procurer des moyens d'existence. Ces deux femmes, supposant que j'avais quitté Versailles pour aller dans le Midi, introduisirent dans ma maison le sieur Verdaguer, déserteur du 88e bataillon, devenu chef du 91e fédéré.

Lorsque je revins à Paris, le 30 mai dernier les deux femmes Marie Bonnard et Françoise Dagas, averties de mon retour, quittèrent ma maison pour se rendre rue des Dames, 55, à Batignolles. Je trouvai mon logis dans le plus grand désordre. Beaucoup d'objets avaient disparu. Les armoires et secrétaires étaient forcés. La cave avait été mise au pillage, après que les serrures avaient été brisées. Parmi les objets enlevés se trouvait une boîte renfermant un grand nombre de décorations.

Le vendredi, 2 juin courant, un homme que je ne connaissais pas se présente chez moi ; il se nommait Charles Olagnier et demeurant rue de Davy, 21, aux Batignolles. Cet homme, fruitier de son état, avait été cantinier du 91e bataillon fédéré.

Le sieur Charles Olagnier me dit :

— Vous devez être inquiet de vos décorations, que je vous rapporte. C'est mon ancien chef de bataillon, M. Verdaguer, qui m'a chargé de vous les remettre après sa mort. En même temps, Charles Olagnier me tendit une lettre que lui écrivait Verdaguer ; cette lettre était datée du 20 mai, mais le zéro était surchargé d'un 4. Dans cette lettre, Verdaguer disait à Olagnier qu'il s'était introduit chez moi, s'était emparé de divers objets, et que si, dans quatre jours, il n'avait pas reparu, c'est qu'il aurait été tué sur les barricades.

Cette lettre était signée 1.. Verdaguer.

J'exprimai à M. Olagnier des doutes sur la mort de Verdaguer. Alors, il me montra le journal de la veille, annonçant que le chef du 91e bataillon avait été tué sur une

Urbain.   Madame veuve Leroy.

barricade. Une différence de nom me confirma dans la pensée que Verdaguer n'était pas tué je le fis observer à Olagnier, qui, après avoir étalé les décorations sur ma table, y joignit une certaine quantité de bijoux volés à mes filles. Je récompensai Olagnier, mais je lui dis en même temps qu'il allait être arrêté comme complice. Je le laissai retourner chez lui, après lui avoir donné la journée pour réfléchir. Pendant ce temps, je fis arrêter les deux femmes Marie Bernard et Françoise Dagas. Très-effrayé de ces arrestations, Ch. Olagnier revint à cinq heures et demie, tout tremblant. Je n'eus pas grand'peine à lui faire avouer que Verdaguer vivait.

Peu à peu, il avoua connaître le lieu où il s'était caché. Enfin, il consentit à me le livrer. Je fis mettre deux agents à sa disposition, et à 7 heures 1/2 du soir, Verdaguer était arrêté. On le conduisait à la mairie du 8e arrondissement, rue d'Anjou-Saint-Honoré. Je m'y rendis et trouva Verdaguer, ainsi que ses deux complices, Marie Bernard et Françoise Dagas. En présence du commissaire de police et du colonel commandant le quartier, il avoue être déserteur du 88e ; il déclare ensuite que tous les effets qu'il avait sur lui, depuis le chapeau jusqu'aux bottes, avaient été volés chez moi. On trouva dans ses poches des bijoux à mes filles. Il déclara avoir fait présent de mon revolver à Françoise Dagas.

Je lui fis observer que pendant que la Commune était maîtresse de Paris, il avait dit et s'était vanté devant Marie Mazet, demeurant rue de Bruxelles, n° 20, d'avoir commandé le feu pour l'assassinat des généraux Clément Thomas et Lecomte ; le seul objet qui appartint réellement à Verdaguer lorsqu'il fut conduit à la mairie était une grosse canne assez semblable à celle d'un tambour-maître.

Cette canne (dite canne à fusil) avait servi.

Verdaguer nous dit qu'elle lui avait été donnée par son bataillon : Verdaguer avait intérêt à faire croire que cette canne n'était pas en sa possession au moment de l'assassinat des deux généraux.

Le témoin ajoute : Verdaguer s'était déguisé au point de se rendre méconnaissable, et parmi les effets m'appartenant qu'il portait, je reconnus un lorgnon qui était suspendu à son cou.

Des nombreux objets qui ont été volés chez moi, je ne suis rentré en possession que des décorations dont on avait arraché les rubans, et de quelques bijoux. Verdaguer était l'amant de Françoise Dagas, et c'est par elle qu'il s'était introduit chez moi. Ils ont forcé mon secrétaire, puis un coffre-fort en fer qui y était renfermé, et ne pouvant le forcer, ils l'ont emporté.

Verdaguer venait chez moi, à cheval, en grande tenue, avec une écharpe rouge. Le concierge, effrayé, n'osait lui interdire l'entrée dans la maison.

Comme on le voit c'est tout une histoire et une histoire typique ; en effet combien de faits du même genre ont du se passer?

Dans son interrogatoire il nie avoir dit au général Lecomte : « Si je vous faisais fusiller aujourd'hui vous me feriez fusiller demain. Il nie toute participation à l'assassinat. Mais sa présence à la maison n° 6 rue des Rosiers est constatée.

Moins coupable que lui mais trop intéressant pour que nous ne rapportions point ses explications, le polonais Kodowski est un de ces étrangers qui ont payé l'hospitalité de la France en se mêlant à l'insurrection. C'est, comme caractère un Lullier de nature inférieure.

Accusé d'avoir commandé les rebelles et de complicité dans l'assassinat des généraux, il s'exprime de la façon suivante avec une grande présence d'esprit.

Je suis arrivé d'Autun le 18 mars au matin et conduit immédiatement à l'Hôtel-de-Ville, sans doute parce que j'avais un pantalon rouge, un sabre et un revolver. Arrivé là on me demanda qui j'étais, et sans attendre mes explications, un officier ordonna de me conduire à Montmartre. C'est ainsi que je fus au comité de la rue des Rosiers. J'y trouvai cinq hommes attablés et présidés par un individu d'une trentaine d'années. Je leur montrai ma feuille de route, et le président me dit, après avoir échangé quelques mots à voix basse avec son voisin : Restez ici, vous serez commandant de place. Celui qui me parlait ainsi était Jaclard. Il me remit une feuille de papier, sur laquelle il y avait : « Le citoyen Kodowski est nommé provisoirement commandant de place. »

Cette nomination était signée : Pour le comité du dix-huitième arrondissement, Jaclard.

Je fis observer au président que j'étais malade, et que je désirais me reposer, mais il me répondit : Nous avons repris nos canons, nous sommes vainqueurs, et nous voulons nous battre pour les libertés municipales que veulent nous enlever les Versaillais. Il ajouta encore un tas d'autres bricoles. Je répliquai : Mais tout ça c'est une affaire entre parisiens, et ça ne me regarde pas. Il ne voulut rien entendre, et alors je demandai à manger. On m'indiqua la cantine, et, au moment où je m'y rendais, j'aperçus un monsieur bien mis, puis un second qu'on avait arrêtés. Le premier criait : Je veux parler au commandant de place. Voyant tout ce gâchis, je les fis venir, je leur donnai une poignée de main, et je dis aux gardes nationaux de s'en aller. Un instant après, pendant que je causais avec ces deux messieurs, j'entendis un roulement de tambour, et un individu se mit à haranguer le peuple. Je ne sais pas tout ce qu'il a dit, mais quand il eut fini on cria : Oui, oui, il faut les fusiller.

En entendant cela, je me précipitai sur l'orateur, en lui demandant par quel ordre il voulait faire fusiller ces deux messieurs; mais au lieu de me répondre, on se mit à dire : « Ah ! voilà encore une culotte rouge', » et je reçus alors un tas de Salamalecks dans le dos.

Heureusement que quelqu'un, je ne sais qui, annonça à ce moment que j'avais été nommé commandant de place, et on me laissa tranquille. Je pus alors leur demander qui ils voulaient fusiller. Les généraux Lecomte et Clément Thomas, me répondit-on. En apprenant cela, je voulus aller à leur secours, mais on m'en empêcha en croisant la baïonnette et en me menaçant. Je ne sais pas autre chose.

D. Avant son évasion, Jaclard a été confronté avec vous et il a dit qu'il ne vous connaissait pas.

R. Je viens cependant de vous dire comment les choses se sont passées.

D. Eh bien, nous croyons au contraire que vous vous êtes nommé tout seul commandant de place. Vous êtes arrivé à Paris juste à point pour trouver de l'emploi et profiter de l'insurrection.

Si j'avais voulu trouver un emploi, j'aurais été plutôt à Marseille, où j'étais connu.

D. C'est bien parce que vous y étiez connu, trop connu, que vous n'y êtes pas allé. Vous aviez d'ailleurs des titres pour obtenir des grades de la Commune. En Pologne, vous avez été condamné deux fois à mort, et à 12 ans de travaux forcés pour crimes politiques. De plus, vous avez la réputation de manger la solde de vos hommes, quand vous étiez lieutenant des francs-tireurs.

R. Comment ça, comment ça !

D. Oui, la solde de vos francs-tireurs, vous avez bien entendu ; cela à Marseille, lorsque vous viviez tantôt avec une femme, tantôt avec une autre.

R. Par exemple!

D. Oh! les renseignements sur votre compte sont complets.

R. Comment, on ose dire que je mangeais l'argent de mes francs-tireurs!

Le commissaire du gouvernement. — Et peut-être même celui d'autres hommes, car vous avez fait partie de tous les corps possibles; ce qui déjà n'est pas à votre avantage.

R. Lorsqu'on m'a envoyé à Marseille chercher des hommes, j'en ai ramené 72, et avant de quitter Marseille, j'ai laissé 63 fr. au général pour ceux qui étaient malades. J'ai là le reçu. Voilà comment je mangeais l'argent de mes soldats.

D. Vous vous donniez comme chevalier de la Légion d'honneur. Qui vous a nommé?

R. J'ai été nommé à Dijon par Bossack, après l'affaire du séminaire.

D. Mais ce Bossack n'avait pas le droit de décorer personne.

R. Il y en a bien d'autres qui ont cependant été décorés par lui.

D. Portiez-vous votre décoration en arrivant à Paris?

R. Non.

D. Avez-vous parlé à la foule? N'est-ce pas vous ce capitaine garibaldien qui a dit : Ne fusillez pas, il faut une cour martiale.

R. Non, j'ai essayé de parler, mais on m'a mis en joue et j'ai été forcé de me taire.

D. Ce qui paraît certain, c'est que vous vous êtes fait vous même commandant de place, comme vous vous étiez nommé chevalier de la Légion d'honneur.

R. Non, c'est le gouvernement qui m'a nommé. Je suis décoré et je le maintiens.

D. Bossack n'a jamais été le gouvernement. Pendant que vous y étiez, il fallait vous faire général.

R. Bossack avait si bien le droit de me nommer qu'il a un jour dégradé un colonel français. Du reste, il a rendu assez de services pour avoir tous les honneurs et le droit d'en conférer aux autres.

D. Tout cela n'explique pas votre nomination du 18 mars.

R. On m'a nommé sans me connaître, sans me demander qui j'étais. On me l'aurait demandé, et j'aurais répondu : Je suis l'empereur de Chine, qu'on m'aurait nommé la même chose. Voilà comment je suis parvenu à ce grade élevé.

— Qu'êtes-vous devenu après le 18 mars?

R. Un nommé Josselin est arrivé et a voulu me donner des ordres, mais je lui ai répondu : Je ne veux pas servir votre cause, et il m'a fait mettre en prison. C'est là que je vis le capitaine Coulon qui me dit qu'il aurait pu me faire fusiller rue des Rosiers. Vous y étiez donc? lui demandai-je. Certainement, me répondit-il. Le lendemain il m'envoya à l'Hôtel-de-Ville entre quatre hommes. J y trouvai un nommé....., je ne me rappelle plus son nom, que j'ai revu prisonnier à Satory. Enfin, à la Préfecture de police on me fit encore de nouvelles propositions de grades et d'emploi que je refusai.

D. Ce qui n'empêche pas que vous avez été cependant lieutenant d'état-major de Wroblewski et qu'on vous connaissait beaucoup dans les environs de Paris. Vous le niez, mais vous avez aussi commencé par nier que vous fussiez à Paris, le 18 mars.

M. le commissaire du gouvernement. — Cette date du 18 mars le gênait.

R. Comment! me gênait. Je suis venu sans rien savoir de ce qui se passait.

D. Vous étiez si bien connu que les habitants de Gentilly ont failli vous faire un mauvais parti.

Tony Moillin.

Mégy.

M. le commissaire du gouvernement. — Pour un oui, ou un non, il mettait les gens de ce village au violon.

Cet accusé a un accent de franchise qui lui concilie l'indulgence. L'accusation ne peut établir qu'il ait pris part aux assassinats.

Herbin Lacroix, lui, est un autre personnage, bien qu'il sorte également avec le grade d'officier de l'armée de Garibaldi, où se trouvaient tant de bons patriotes.

Son interrogatoire va fournir les détails les plus curieux sur cette dramatique journée du 18 mars.

M. le président. — Expliquez-nous dans quelles circonstances vous êtes arrivé à Paris et ce que vous y avez fait.

R. Le 16, j'ai quitté Mâcon avec une feuille de route, et je suis arrivé le lendemain à Paris. Je me suis d'abord rendu au domicile de ma famille, dont j'étais sans nouvelles depuis le siége. Il n'y avait personne ; les voisins ne savaient pas ce qu'étaient devenus mes parents. Le lendemain matin, vers huit heures, je fus réveillé par un grand tumulte ; je n'avais pas entendu les tambours. Je demandai ce qui se passait ; on me répondit que c'étaient les gendarmes et les gardiens de la paix qui assassinaient les gardes nationaux pour leur reprendre les canons qu'ils voulaient garder, afin qu'ils ne soient pas donnés aux Prussiens. J'ignorais même qu'il y eût des canons à Montmartre. Je voulus aller voir moi-même ce que cela voulait dire ; je me dirigeai vers la rue Lepic, où j'aperçus une quarantaine de soldats qui tenaient la crosse en l'air. On était en train de faire remonter trois ou quatre des pièces d'artillerie dont les soldats s'étaient emparés. Jusque là, je n'avais pas encore entendu un seul coup de feu. J'étais à me promener sur la place, lorsqu'un officier de la garde nationale s'approcha de moi et me demanda ce que je faisais là, d'où je venais.

— J'arrive de province, lui répondis-je, et je regarde. — Voulez-vous prendre quelque chose, ajouta-t-il ? — J'acceptai, et lorsque nous eûmes bu deux verres de vin, il me mena du côté du boulevard d'Ornano. — Où allons-nous ? lui demandai-je. — A mon bataillon, me répondit-il, il est tout désorganisé, nous n'avons pas de chef, voulez-vous en être le commandant. Je ne dis rien et nous continuâmes à marcher.

Lorsque nous arrivâmes au bataillon, le premier individu que je vis était un officier du 58e. Le 68e était rassemblé et cet officier dit aux gardes nationaux : Voilà un capitaine de francs-tireurs, voulez-vous le prendre comme commandant ? — Autant celui-là qu'un autre, répondirent ils, et ils me nommèrent.

Il y avait à peu près une heure que cela était fait, lorsque je reçus l'ordre de me diriger avec mon bataillon vers la gare du Nord. Avant de partir, je rassemblai mes officiers et leur dis : Nous allons rencontrer des troupes de ligne, évitons toute lutte. J'irai au-devant des officiers.

En effet, nous rencontrâmes le 125e. Je fis arrêter mes hommes ; je m'avançai sans armes, La troupe était commandée par un capitaine décoré. Je le saluai le premier. Il me rendit mon salut ; nous causâmes quelques instants, et comme ni la garde nationale ni la troupe n'avaient envie de se battre, nous prîmes chacun de notre côté. Je venais de reprendre à Montmartre mon ancien emplacement, lorsqu'un officier vint me donner l'ordre de me rendre sur le plateau. J'y allai et j'y trouvai le capitaine Bourgeois.

Vers trois heures, un lieutenant s'approcha de moi et me dit :

— On vient d'arrêter deux généraux et on veut les fusiller.

— Ce n'est pas possible, lui répondis-je.

En effet, après ce que j'avais vu se passer entre la troupe et la garde nationale, je ne pouvais pas y croire. Cependant un autre garde national m'affirmant le fait, je voulus voir par moi-même si c'était vrai. Je quittai alors mon bataillon. La foule était très-compacte, mais je parvins cependant à la percer et j'entrai dans la maison de la rue des Rosiers.

On me montra une chambre à gauche où il me fut impossible de pénétrer. Je demandai les noms des généraux et je voulus parler. Je dis aux gens assemblés : Pourquoi voulez-vous tuer ces deux officiers, il ne vous appartient pas de faire justice. Ce serait odieux, ils sont sans défense. D'abord, qu'ont-ils fait ?

L'un des gardes me répondit : Clément Thomas est un traître, aujourd'hui comme en 48 ; et Lecomte a ordonné trois fois de faire feu sur le peuple. — A-t-il tiré, demandai-je. — Non me dit-on. — Alors vous n'avez pas le droit de les fusiller, répliquai-je.

J'avais réussi à obtenir un peu de silence, en faisant faire un roulement et j'ajoutai :

— Mettez le général en liberté ; ne souillez pas la journée par un crime. Souvenez-vous des conséquences de la mort du général Bréa, « Non ! non ! criait-on, à mort ! à mort ! » Mais alors, jugez-les, réunissez une cour martiale.

On accueillit ces derniers mots par les cris :

— Vous êtes un traitre, vous voulez les enlever.

Ces menaces ne m'arrêtèrent pas encore, car je dis :

— On vous demandera compte de leur sang.

Mais on ne m'écouta pas davantage. Je reconnus le général Lecomte à son képi, et on me désigna un grand vieillard comme étant le général Clément Thomas.

Je voulus tenter un dernier effort et je m'adressai à Edmond Bourgeois, il me répondit :

— Vous n'obtiendrez rien, c'est inutile. Désespéré de cela, je me mis en travers de la porte, mais je fus repoussé. Les soldats étaient plus nombreux que les gardes nationaux. On enleva d'abord le général Clément Thomas, puis ensuite le général Lecomte. J'avais des notes curieuses sur toute cette affaire, malheureusement je les ai perdues. En sortant de la rue des Rosiers, j'ai réuni les hommes de mon bataillon et je leur ai dit ce qui s'était passé.

D. Où était votre bataillon ?

R. Sur le plateau des canons.

D. Etait-ce loin de la rue des Rosiers ?

R. Assez loin.

D. Et vous avez laissé là vos hommes ?

R. Je n'avais pas d'autre but que d'empêcher le crime.

D. Mais cette cour martiale même que vous demandiez aurait commandé un assassinat.

R. Je voulais gagner du temps, car voyez-vous, ces généraux ne sont morts que parce qu'ils ont été abandonnés par leurs soldats. Si le général Vinoy, qui avait 50,000 hommes, l'avait voulu, il aurait gravi les buttes et les aurait sauvés. Vous avez arrêté ceux qui commandaient à Montmartre et vous les avez fusillés, Vinet, Bourgeois, Zettler. Si vous les aviez fusillés moins vite, ils vous auraient nommé les coupables.

M. le commissaire du gouvernement. — Oh ! les témoins ne manquent pas, surtout contre vous.

M. le président. — A quel corps apparteniez-vous ?

R. Aux francs-tireurs du Loir-et-Cher.

M. le commissaire du gouvernement. — On vous avait pris pour Menotti Garibaldi.

R. Vous vous trompez.

M. le commissaire du gouvernement. — Je parle selon les témoins, car moi je n'y étais pas, je vous assure.

D. Quel a été votre rôle dans l'insurrection. Vous avez été blessé ?

R. J'ai marché selon les ordres que j'ai reçus. J'ai été à Asnières où mon bataillon n'a pas été engagé contre les troupes de Versailles et où j'ai reçu deux balles, une à la tête et une autre à l'épaule.

D. C'est que vous n'étiez pas loin.

R. C'étaient deux balles égarées. Du reste, mon patriotisme est bien connu. Je puis prouver que j'ai refusé du général prussien Von Thann 200,000 thalers pour cesser la guerre.

M. le commissaire du gouvernement. — Un million ! Ce n'est pas encore sérieux !

Donons encore les interrogatoires de Masselot, Lagrange et Simon Mayer.

Masselot est compromis de la façon la plus directe :

D. Vous étiez lieutenant d'artillerie sous la Commune et de plus vous êtes accusé d'assassinat. Vous vous en êtes vanté et on a vu sur vous des traces de sang.

R. Je n'ai rien fait de semblable. Une seule fois j'ai aperçu le général Clément Thomas qui passait une revue ; je n'ai jamais dépassé les buttes Montmartre ; je ne connais pas la rue des Rosiers.

D. C'est votre maîtresse, la femme Leroy, qui vous a dénoncé. Qu'avez-vous fait le 18 mars.

R. J'ai été déjeuner chez un cafetier de ma batterie et ensuite nous allâmes voir ce qui se passait à l'Hôtel de ville. On faisait une barricade au coin de la rue Saint-Sébastien. On nous força à y travailler. En tout, nous étions cinq. A ce moment, un prêtre, qui venait du cimetière du Père-Lachaise, arriva ; on voulut le faire travailler à la barricade, mais je réussis à le laisser aller et il me remercia.

Ensuite nous avons été rue Basfroi, où il y avait des obusiers. Il y avait là un soldat du train qui pleurait parce qu'on voulait lui réquisitionner sa voiture. On avait déjà pris celle d'un conducteur d'omnibus. On pourrait retrouver ces gens qui diraient que je n'étais pas alors rue des Rosiers. J'ai aussi invoqué le témoignage d'un marchand de vin et d'un charcutier de la rue Saint-Sébastien, mais on ne les a pas fait appeler.

M. le commissaire du gouvernement. — Comment voulez-vous qu'on retrouve un soldat du train et un cocher d'omnibus que vous ne désignez pas d'une façon plus précise.

Sans s'arrêter à cette observation, Masselot donne de fort longs détails sur la façon dont il prétend avoir employé son temps, mais M. le président finit enfin par l'interrompre pour lui dire :

Lorsqu'on vous a parlé de la mort des généraux, vous vous êtes écrié : C'est une bien bonne affaire, on en tuera encore d'autres.

R. En admettant que j'aie dit cela, ça ne prouve pas que je sois allé à Montmartre.

D. Votre maîtresse a dit aussi que vous aviez une large tache de sang à votre chemise.

R. Voyez à quelle époque, vous saurez que je venais d'être blessé au poignet.

D. Vous voudriez faire croire, pour établir votre alibi, qu'on vous a retenu quatre jours à la barricade. Ce n'est pas admissible.

R. Je n'y suis resté, par le fait, qu'une nuit et un jour, mais comme on avait la toquade de croire qu'un artilleur valait 10,000 hommes, on m'a gardé.

D. Dans l'instruction, on a recherché tous les gens dont vous parlez, on n'en a retrouvé aucun. A vous en croire, vous n'auriez en rien fait partie de l'insurrection.

Fontaine. Dereure.

R. Comment! moi qui ai mon oncle capitaine de vaisseau, gouverneur du port de Bougie, être avec la Commune!

D. Vous avez dit que vous étiez aide de camp de M. de Beauvoir.

R. Non.

D. Qu'était ce M. de Beauvoir?

R. Je ne sais; un monsieur très bien qui avait beaucoup d'argent. Je pense qu'il était là pour protéger la propriété; il n'a pas pris part à la lutte.

D. Que pensez-vous de l'assassinat des deux généraux, l'un fusillé parce qu'il était républicain, et l'autre parce qu'il ne l'était pas.

R. Je ne peux m'expliquer ce fait.

D. Vous n'avez rien à ajouter.

R. Non, je ne me suis jamais occupé de politique, mais j'ai pensé que c'était le devoir de tout citoyen, de tout bon Français de lutter contre l'ennemi pour sauver le pays.

D. L'ennemi, nous le connaissions et ce n'est pas le gouvernement que vous deviez appeler ainsi. Et cependant c'est ce gouvernement que vous cherchiez à renverser, pendant que le véritable ennemi, l'autre, était à nos portes.

L'interrogatoire de Simon Mayer est du plus vif intérêt. Il fournit les renseignements les plus circonstanciés sur le drame dont le prologue s'est passé au Château Rouge.

M. le président. — Vous avez eu le général Lecomte entre les mains et vous l'avez livré à ses exécuteurs.

R. Je ne m'explique pas comment on peut faire peser sur moi une telle accusation. Je n'ai pas cessé de défendre le général, et, pendant tout le temps qu'il est resté au Château-Rouge, je lui ai fait un rempart de mon corps. Au Château-Rouge, on amena bientôt de nouveaux prisonniers qui demandèrent pourquoi on les avait arrêtés. Je leur répondis naturellement que je l'ignorais. Le conseil se réunit alors, et comme à trois heures il n'y avait rien de nouveau je fis servir à déjeûner à ces messieurs. Le déjeûner fini, je fis entrer le général dans une pièce séparée, par respect pour son grade, et il me remercia beaucoup en me priant de rester avec lui. C'est à ce moment qu'arriva une compagnie de gardes nationaux. Je croyais que ces hommes venaient relever le poste, mais celui qui les commandait me remit un ordre du comité qui m'ordonnait de livrer le prisonnier. Je voulus résister, on me menaça de m'arrêter et je dus obéir.

D. Vous avez livré aussi deux autres officiers!

R. Non, mon colonel.

D. Vous entendrez le lieutenant Mayer qui vous a dit : Vous les envoyez à la mort. Vous lui répondîtes : Taisez-vous, j'ai des ordres.

R. Le lieutenant Mayer n'a pu dire cela.

D. N'avez-vous pas vu le matin M. Clémenceau, qui vous a dit : Vous tenez le général Clément Thomas, vous en êtes responsable.

R. Je lui ai répondu que je n'étais pas un geôlier, et je fus à la mairie pour demander des ordres. Je ne sais pas si c'est à M. Clémenceau que j'ai parlé.

M. le commissaire du gouvernement. — A quel moment, selon vous, le général a-t-il commencé à courir un danger réel?

R. Il n'avait rien à craindre au Château-Rouge.

D. Avez-vous vu l'ordre écrit de livrer les prisonniers?

R. Oui, il était revêtu de quatre signatures et du timbre du Comité.

D. Vous ne l'avez pas conservé?

R. Non.

D. Il paraît qu'on a été si satisfait de vous dans cette affaire, qu'on vous a nommé major de la place Vendôme.

R. Pas du tout, car je recherchai d'abord quels étaient les auteurs du crime.

D. Ils n'étaient pas difficiles à découvrir

pour vous, puisque vous en étiez. Votre nom figure dans les actes officiels de l'époque. N'avez-vous pas été aussi le 18 mars rue des Rosiers ?

R. Non, je suis resté au Château-Rouge pour protéger les prisonniers. Je n'ai jamais été membre que du comité d'initiative chargé de nommer les délégués de la garde nationale.

D. Qu'avez-vous fait avec M. Clémenceau ?

R. Nous sommes allés aux buttes dès que nous avons appris l'assassinat, et nous avons déclaré qu'on avait déshonoré le mouvement. Mais M. Clémenceau m'a dit : ne les excitons pas, et nous sommes partis. J'envoyai ensuite au comité demander à Ferré l'ordre de mise en liberté des autres prisonniers. On m'autorisa à renvoyer le capitaine Beugnot et nous eûmes toutes les peines du monde à le faire sortir. Ce fut pis encore lorsque l'ordre général de mise en liberté arriva ; on cria à la trahison et j'eus beaucoup de mal à les faire échapper.

D. Il est certain qu'après la mort du général Clément Thomas vous avez fait votre possible pour sauver les autres officiers. Mais à ce moment ils ne risquaient plus rien.

R. Vous vous trompez, j'en appelle au témoignage du capitaine Beugnot lui-même ; il vous dira que la foule était si furieuse qu'elle voulait me fusiller moi-même.

D. A quel bataillon apparteniez-vous ?
R. Au 169ᵉ

D. A quel époque vous a-t-on nommé major de la place Vendôme ?

R. Au commencement d'avril. Bergeret parut enchanté de ma nomination, mais je fis là le métier d'expéditionnaire jusqu'au 25 du même mois, où je fus nommé officiellement.

D. Vous étiez place Vendôme le jour de la manifestation ?

R. Oui, mais je ne sortis que lorsque tout était terminé, et je rencontrai Molinet auquel je fis rendre le corps de son fils qui avait été tué.

D. Comme major, vous avez envoyé le 28 mars le mot d'ordre.

R. C'est possible, je ne me rappelle pas ce détail.

D. Le 6 août vous avez fait une ronde dans les différents postes, voici votre rapport ; ce n'est pas là l'œuvre d'un simple expéditionnaire. Il y a de plus dans votre dossier des bons signés de vous.

R. Signés par ordre. On me confond souvent avec le colonel du même nom.

D. Le jour de la démolition de la colonne, vous avez déchiré un drapeau et fait un discours qu'on n'a pas entendu.

R. J'accepte la responsabilité de mes actes. Ce jour-là, en effet, j'ai pris un drapeau dont j'ai mis la hampe en bas.

D. Vous l'avez déchiré. Votre but était surtout de vous faire remarquer.

M. le commissaire du gouvernement. — C'était votre unique préoccupation. Ainsi, vous vous êtes empressé de faire faire votre portrait en uniforme pour passer à la postérité.

R. J'ai cédé aux instances d'un photographe de mes amis.

D. Ce petit fait suffirait à vous peindre.

R. Comment pouvez-vous me reprocher d'avoir fait faire ma photographie, lorsque j'ai à répondre à une accusation capitale.

M. le commissaire du gouvernement. — C'est qu'on pourrait prendre tous les articles du code pénal et en demander l'application de tous contre vous.

D. Le 4 mai, Rossel vous révoqua de vos fonctions ; que fîtes-vous ?

R. J'attendais qu'on m'eût remplacé, et, personne ne venant prendre ma place, je considérai ma révocation comme non avenue.

D. Pourquoi avez-vous gardé votre fils avec vous? Il était militaire.

R. Pour qu'il n'allât pas avec les déserteurs.

D. Vous avez aidé à ce que vous appelez le déboulonnage de la colonne.

R. J'ai empêché qu'elle ne fut brisée. J'ai toujours fait mes efforts pour maintenir l'ordre.

D. Les gardes nationaux avaient un grand pouvoir au comité de Montmartre?

R. Un simple garde qui en faisait partie pouvait tout. J'en entendis un dire un jour au colonel Henri : Fichez-moi le camp, et un peu raide, il n'est que temps. Le colonel a obéi de suite. Cela se passait ainsi d'habitude.

Ce dernier mot nous peint les mœurs militaires de la Commune et la discipline qui régnait dans son armée.

Aldenhorf surnommé le père absinthe, est également accusé de complicité d'assassinat.

Comme tant d'autres il prétend avoir voulu sauver les deux généraux.

Voici son interrogatoire.

D. Vous étiez parmi les gardes nationaux qui se trouvaient à Montmartre le 18 mars, et vous avez assisté à l'arrestation du général Clément Thomas.

R. Oui, il disait qu'il était démissionnaire. Je fis mes efforts pour l'arracher à ceux qui l'entraînaient, mais inutilement.

D. Avez-vous vu Ras ce jour-là?

R. Oui, je l'ai vu le matin.

D. Avez-vous été rue des Rosiers?

R. Non, tout mon bataillon pourra l'affirmer; je le jure sur la tombe de mon père.

D. Combien avez-vous de service?

R. Sept ans.

D. Qui vous a nommé capitaine?

R. Le gouvernement de la défense nationale.

D. Vous étiez mêlé à ceux qui entraînaient le général Clément Thomas.

R. Je ne m'étais approché de lui que pour le protéger.

M. le commissaire du gouvernement. — Oui, tout le monde a protégé le malheureux général, et il a reçu dix-neuf balles dans le corps. Nous avons sur vous de tristes renseignements. Vous aimez à boire; on vous appelait le père Absinthe.

R. Je n'avais pas le moyen de boire si souvent que cela.

D. Oh! il ne faut pas beaucoup d'argent pour se griser avec de l'absinthe. On pouvait supposer que votre calvitie venait de maladies, mais la cause en est maintenant mieux connue.

R. J'en prenais à peine un verre le matin et un autre le soir.

D. Pourquoi avez-vous perdu votre grade?

R. C'est précisément à la suite de l'exécution des généraux.

D. Oui, cet assassinat accompli, on en a compris les conséquences. Bergeret disait : Voilà une affaire qui nous fait perdre plus de 100,000 hommes. Vous avez conduit le général rue des Rosiers?

R. Dans l'espoir de le sauver, c'eût été un grand honneur pour moi.

D. Oui, un grand honneur, c'est vrai, et de plus vous ne seriez pas là.

Aldenhorf, convaincu peut-être aujourd'hui de cette vérité, se rassied brusquement et murmure quelques mots qu'on ne peut entendre.

III

Dans son audience du 8 novembre, le conseil commença à entendre les nombreux témoins cités par le ministère public, et parmi ceux-ci, celui qui excite au plus haut point la curiosité est le maire de Montmartre, M. Clémenceau. Invité par M. le président à donner des explications sur les rapports qu'il a eus le 18 mars

Pilotell.

Razoua.

avec Simon Mayer, M. Clémenceau prétend d'abord se justifier des accusations portées contre lui.

Avant de répondre aux questions de M. le président, dit-il, le conseil me permettra d'abord de faire une réclamation. Le rapport me présentant plutôt comme un accusé que comme un témoin, je demande au conseil, pour mon honneur, de me comprendre dans l'accusation.

M. le président. — Le conseil ne peut satisfaire à ce désir. Vous n'êtes pas accusé d'assassinat, et, vous mettre au nombre des accusés, ce serait vouloir faire de ce procès un procès politique, ce qu'il n'est pas; ce qu'il ne saurait être. Si l'officier rapporteur a parlé de vous, c'est que bien certainement il y a été conduit par certains témoignages.

R. Entendez alors mes témoins à moi, mon honneur est attaqué, je demande à pouvoir le défendre. On m'accuse d'être l'instigateur de cette journée.

M. le président. — Si jamais on fait le procès politique de l'insurrection, vous serez peut-être appelé. Le passage de l'acte d'accusation qui vous émeut est celui où il est rapporté que vous insistiez sur le transport d'un homme blessé, bien qu'on vous fît observer que cette exhibition pouvait paraître la promenade d'un cadavre et exciter la foule.

M. le commissaire du gouvernement. Votre affaire ne saurait être jointe à celle-ci, votre demande n'est pas recevable.

M. Clémenceau. — Puisqu'on ne voulait pas me permettre de me défendre, il ne fallait pas m'accuser.

En arrivant à Paris, je suis allé au ministère de l'intérieur où on s'entretenait beaucoup de la question des canons. Nous en parlâmes aussi dans la réunion des maires, et j'allai trouver les chefs de bataillon de Montmartre pour les engager à restituer leurs pièces d'artillerie au gouvernement. Ces officiers m'ayant répondu que, depuis l'entrée des Prussiens à Paris, ils n'avaient plus d'autorité sur leurs troupes, je me mis en rapport avec des hommes qui avaient de l'influence sur la garde nationale.

Mais à cette époque, la population de mon arrondissement m'était fort peu sympathique, quoiqu'on en dise; elle me reprochait d'être d'accord avec le gouvernement. Cependant j'obtins du 61° bataillon qu'il rendrait ses canons, et j'en prévins immédiatement le général d'Aurelles de Paladines. C'est à ce moment que parut le décret de suppression de six journaux, et on se rappelle quelle irritation produisit cette mesure. Elle fut telle, à Montmartre, que le capitaine Bertaut vint me trouver et me dit : Maintenant, nous ne rendrons jamais nos pièces.

On commit alors une faute : au lieu d'envoyer un délégué, on voulut reprendre les pièces par la force. Les maires se réunirent dans l'espoir d'arriver à un accommodement, et M. Picard, auquel nous nous adressâmes pour savoir quelles étaient réellement les intentions du gouvernement, nous répondit :

— Vous serez prévenus de sa décision dès qu'elle sera prise.

MM. Vautrain, Arnaud et Schœlcher vinrent visiter le plateau de Montmartre, non sans quelques difficultés, et le 18 mars, à six heures du matin, M. Dereure, mon adjoint, qui m'était hostile, vint me prévenir de ce qui se passait, en me disant que je devais avoir été prévenu.

Je courus à Montmartre où était le général Lecomte; j'allai à lui, et je lui exprimai mon regret d'une semblable mesure. Il attendait les équipages nécessaires.

C'est à ce moment qu'on vint m'avertir qu'un garde national avait été blessé. Je voulus le faire transporter à l'hôpital, mais le général s'y opposa. Il craignait l'effet que cela pourrait produire.

Tout alors était assez tranquille ; mais on me prévint que cela se gâtait : la foule commençait à devenir menaçante et voulait reprendre les canons. Je retournai à la mairie, où des délégués de la garde nationale vinrent me demander compte de ce qu'ils appelaient la trahison du gouvernement que je couvrais de ma responsabilité à Montmartre, puisqu'il s'était enfui à Versailles.

Que devais-je faire? Quitter la mairie, qui était mon poste, et laisser les prisonniers qui y avaient été conduits et qu'on aurait enlevés? Non, j'ai fait alors mon devoir, et ceux qui m'accusent n'en ont pas fait autant que moi.

A quatre heures, le capitaine Mayer m'avertit que les généraux avaient été conduits au Château-Rouge pour être fusillés. Je courus aux buttes, mais j'appris en y arrivant que le crime était accompli.

— C'est une honte, une infamie, m'écriai-je; vous avez souillé la République !

Et je me rendis en hâte rue des Rosiers. Chemin faisant, je rencontrai des officiers qu'on emmenait prisonniers. Parmi eux se trouvait le capitaine Beugnot, que je cherchai à faire relâcher. Les hommes qui conduisaient ces officiers me dirent :

— Nous les emmenons au Château-Rouge ; nous les sauverons.

Je n'avais plus qu'à regagner ma mairie, ce que je fis au prix de mille dangers. J'avais reconnu dans la foule exaspérée *messieurs* Ferré et Jaclard, dont j'invoquai le concours. En arrivant au Château-Rouge, j'y trouvai les maires de Paris que j'avais fait prévenir. Le comité y était aussi. Je revins à ma mairie avec M. Schœlcher et deux autres personnes.

Quelques jours après, je fus chassé de ma mairie, et je rejoignis à Versailles mes collègues les députés. On m'a dit que huit à dix des prisonniers avaient été fusillés après mon départ.

M. le président à Mayer. — Vous voyez que vous êtes allé à la mairie.

L'accusé. — Je ne me le rappelle pas.

M. Clémenceau. — Je désire ajouter un dernier mot : à mon avis, il était impossible au général Lecomte d'empêcher les événements dont il a été victime, et j'ai été abandonné par M. Picard qui m'avait dit : Marchez, luttez, soyez vainqueur de l'émeute, je lutterai, je vaincrai avec vous, et quelques instants après le courageux ministre roulait sur Versailles.

Les dépositions des autres témoins présentent moins d'intérêt pour le public. Toutes viennent aggraver la situation des principaux accusés.

Après des débats qui n'ont pas duré moins de quatorze audiences le conseil, dans son audience du 18 novembre à huit heures et demie du soir, après quatre heures de délibération, a rendu son jugement en vertu duquel, ont été condamnés à mort :

Verdaguer, Lagrange, Masselot, Simon Mayer, Leblond, Aldenhorff et Herpin Lacroix.

Aux travaux forcés à perpétuité : Gobin.

A dix années de travaux forcés : Arthur Chevalier et Poncin.

A la déportation simple : Kodowski.

A dix années de réclusion : François Chevallier.

A cinq ans de prison : Saint-Denis et Jurie.

A deux années de prison : Ras et Ribemont.

A un an de prison : Alexandre Chevallier.

Ont été acquittés : Delabarre, Lair, Geanty, Heffner, Flinois, Simonnet, Lelièvre, Dupont, et les femmes Dages et Bonnard.

Le procès du Père Duchêne

8ᵉ CONSEIL DE GUERRE

Audience du 20 novembre 1874.

Le journal *le Père Duchêne* avait trois rédacteurs : Eugène Vermesch, Alphonse Humbert, et Maxime Vuillaume.

Le premier, ancien collaborateur du *Figaro* et de l'*Éclipse*, avait beaucoup de talent ; Humbert en avait moins ; Vuillaume était un collaborateur de renfort, si l'on peut dire.

Vermesch et Vuillaume ont passé la frontière.

Humbert seul a eu à répondre devant le conseil de guerre des fantaisies criminelles du « bon bougre » que l'on sait.

Alphonse Humbert, pour répondre aux questions qui lui sont posées par M. le colonel Jobey, s'efforce de démontrer qu'il n'a jamais été le rédacteur en chef du *Père Duchêne*, mais un simple collaborateur de ce journal, dont il repousse tous les articles violents.

Comme preuve du rôle peu important qu'il jouait auprès de Vermesch et de Vuillaume, l'accusé rappelle qu'aux élections complémentaires de la Commune, dans le 8ᵉ arrondissement, il a décliné toute candidature, non pas dans le *Père Duchêne*, mais par des affiches spéciales ; ce qui prouve bien, selon lui, qu'il était fort peu de chose dans la rédaction du journal.

D. Nous entendrons tout à l'heure.

Toutes ces explications n'empêchent pas M. le commandant Gaveau de soutenir très-énergiquement l'accusation tout entière, aussi bien à l'égard de l'accusé présent qu'à l'égard des absents; et malgré les efforts éloquents de Mᵉ Maillard, son défenseur, Alphonse Humbert est condamné aux travaux forcés à perpétuité.

Vermesch et Vuillaume, contumaces, sont condamnés, eux, à la peine de mort.

En même temps le 5ᵉ conseil de guerre avait à juger le sieur Fontaine accusé principal dans l'affaire du pillage et de la démolition de l'hôtel de M. Thiers.

Le 11 mai le journal officiel de la Commune publiait le décret suivant :

Art. 1ᵉʳ. Les biens, meubles et propriétés de Thiers seront saisis par les soins de l'administration des domaines.

Art. 2. La maison Thiers, place Saint-Georges sera rasée.

Les citoyens Fontaine, délégué aux domaines, et J. Andrieu, délégué aux services publics, sont chargés de l'exécution immédiate du présent arrêté.

Signé : ANT. ARNAUD, EUDES, GAMBON, RANVIER.

Fontaine méritait la confiance de la Commune ; c'était un des condamnés de la cour de Blois à qui le gouvernement du 4 septembre avait ouvert les portes de sa prison.

Avant de mettre à exécution les ordres de la Commune Fontaine alla d'abord visiter l'hôtel de la place Saint-Georges ; il était accompagné d'un nommé Moreau commissaire de police et repris de justice.

Le lendemain il procéda au déménagement avec l'aide de gardes nationaux, et fit transporter au Garde-meuble, sur des voitures réquisitionnées à la poste-aux-chevaux, tout le mobilier de l'hôtel.

Il ne déroba rien que deux objets de peu de valeur deux couteaux à papier artistiques.

Cet acte aussi ridicule qu'odieux de déménagement et de démolition s'accomplit même avec une certaine régularité.

On commença par briser les serres et par enlever les poissons des bassins ; tout cela au milieu des éclats de rire de la foule.

Lorsque le pillage fut terminé, Fontaine

ne s'occupa plus de l'hôtel, mais son neveu Barré, architecte, dirigea les travaux de démolition, dont un nommé Guillouet avait été créé l'entrepreneur général.

C'est en raison de ces faits que douze accusés sont traduits devant le 6ᵉ conseil, mais cinq d'entre eux sont contumaces? Arnaud, Eudes, Gambon, Ranvier et Andrieu !

Sept seulement comparaissent devant les magistrats militaires : Fontaine, Merault, Lainé, Gerard, Thouin-Beaupré, Barré et Guillouet.

Le siège du ministère public est occupé par M. le commandant Lemoine, et on remarque au banc de la défense Mᵉˢ Lachaud père et fils.

Après la lecture du rapport, qui retrace longuement et avec les détails les plus précis cet acte idiot de vandalisme et de vengeance ordonné par la Commune, M. le président Chareyron passe à l'interrogatoire des accusés, en commençant par l'ex-délégué aux domaines.

Après ce que nous avons appris antérieurement cet interrogatoire ne présente pas un vif intérêt. Les faits nouveaux qu'il nous révèle sont de peu d'importance.

Plusieurs vols ont été commis...

C'était presque inévitable.

Mais Fontaine et son co-accusé Lainé, ont fait leur possible pour empêcher le pillage de l'hôtel.

Lorsqu'ils sont entrés dans les appartements, ils ont remarqué que d'autres y avaient pénétré avant eux, on avait enlevé quelques statuettes et plusieurs meubles avaient été fracturés. — Mais écoutez l'accusé Fontaine :

D. Dans une lettre qui se trouve au dossier, vous parlez de hâter la démolition de l'hôtel de M. Thiers par le fer et le feu.

Par DE LA BRUGÈRE.

R. Je n'ai pas parlé de démolition, la vérité est qu'un membre de la Commune avait eu l'idée de brûler les charpentes pour hâter la démolition, mais je n'étais pas d'avis qu'on employât ces moyens.

D. Lorsque le premier déménageur, à qui vous vous étiez adressé, a refusé son service, est-ce que cela ne vous a pas fait réfléchir à l'odieux de votre action ?

R. C'était une œuvre politique que j'accomplissais.

D. Comment expliquerez-vous que le déménagement ait pu s'opérer avant l'arrivée des voitures du garde-meuble.

R. Je vous ai dit tout à l'heure que les voitures du garde-meuble étaient insuffisantes ; Noguès a reçu probablement celles que je l'avais autorisé à réquisitionner avant que les premières fussent arrivées.

D. Comment se fait-il que des gardes nationaux aient pu pénétrer en toute liberté dans les appartements, cela durant toute la journée. La nuit, c'est la cave qui a été pillée.

R. Je m'inscris en faux contre cette partie du rapport. Personne n'a monté dans les appartements.

D. Le capitaine qui commandait le poste dit le contraire. Il affirme même qu'il a été vous trouver pour se plaindre de ce pillage, mais que vous lui avez répondu que ça ne le regardait pas.

R. Ce n'est pas possible, comment lui aurais-je dit que la police ne le regardait pas, puisque je l'avais chargé de maintenir l'ordre ?

D. Nous l'entendrons tout à l'heure ; il est prévenu, mais aussi cité comme témoin. Ce qui est certain, c'est qu'un nommé Polès a volé des rasoirs et autres objets, et que vous étiez en rapport suivi avec ce Polès.

R. Pas le moins du monde, je le considérais comme un voleur et je l'ai chassé

ARTHÈME FAYARD, Éditeur. — 51

du garde-meuble. Il a tenté de me circonvenir en m'offrant 1000 guinées pour être mis en possession du mobilier de l'hôtel, que devaient acheter des banquiers anglais.

D. Le pillage était si réel qu'un artiste a déclaré avoir vu un colonel, Lazard Lévy, emporter sous son bras un tableau valant 25 à 30,000 fr. C'était un Meissonnier.

R. Il n'y avait pas de Meissonnier chez M. Thiers, et cela me ramène à cette partie de l'accusation qui veut mettre à ma charge la disparition de certaines médailles. C'est une insinuation contre ma probité.

L'interrogatoire de l'accusé Guillouet nous apprend que la démolition de l'hôtel a coûté à la Commune la somme de 1,105 fr. 88 c.

Trois audiences ont été consacrées aux débats de cette affaire.

Fontaine a été condamné à vingt ans de travaux forcés et 500 fr. d'amende.

Eudes, Gambon, A. Arnaut, accusés contumaces ont été condamnés à la même peine.

Quelques jours plus tard, — 28 novembre, — Th. Ferré, Rossel et Bourgeois, sergent de l'armée passé aux fédérés et tous trois condamnés à mort, ont été fusillés au camp de Satory.

La Commune en province.

Communes de Lyon, Marseille, Toulouse, Narbonne, Saint-Etienne. La Ligue du Midi.

Le mouvement communaliste, ou communiste, en province, avait pris des proportions considérables, et, on le remarquera, précisément dans les pays qui n'avaient point souffert de la guerre.

Lyon n'avait pas attendu la fin de la guerre pour proclamer la Commune. Le drapeau rouge flottait depuis longtemps sur ses édifices publics lorsqu'il apparut à Paris.

Pour s'en débarrasser, M. Hénon eut même recours à un moyen assez ingénieux; il prétendit que la Commune devait prendre le deuil de la patrie et substituer au drapeau rouge, un drapeau noir.

Lyon a dû à la Commune des scènes sanglantes; on se rappelle l'assassinat du commandant Arnoult, accompli avec la même férocité que les assassinats de la rue des Rosiers.

Cette ville a dû également à la Commune la ruine de ses finances; mais elle ne paraît pas regretter ce régime, au contraire.

Marseille a eu son insurrection à l'*instar* de Paris, et à l'instar de Paris encore, ses communeux ont été fusillés ou faits prisonniers par l'armée.

Paris lui avait envoyé des citoyens chargés du mot d'ordre révolutionnaire; entre autres, le citoyen Amouroux. Nous n'en dirons pas davantage. Les *gardes civiques* de Marseille jouèrent, dans cette ville, le même rôle qu'à Lyon les clubistes de la *Rotonde;* les mesures violentes, que ces gens, écume de la population, prenaient et exécutaient d'eux-mêmes, en imposant à M. Challemel-Lacour et à M. Esquiros, appartenaient à peu près toutes à celles que préconisaient depuis deux ans les publicistes de l'Internationale.

La *Ligue du Midi*, qui a fait tant de bruit, était à peu près la même chose que la Fédération des Communes, décrétée à Lyon au club de la Rotonde.

Tous ces communistes s'armèrent, non contre les Prussiens, qui ne les rencontrèrent jamais, — mais en vue de la guerre civile; et Lyon et Marseille, tour à tour, essayèrent des talents du général Cluseret, le général de l'Internationale.

Parlerons-nous encore de Saint-Etienne? Quelle douloureuse histoire que celle de M. de l'Espée, ce jeune préfet, tombé assassiné parce qu'il avait refusé de pactiser avec l'émeute.

M. Thiers venait de l'envoyer à Saint-Etienne. Ils n'ignoraient, ni l'un ni l'autre, que ce poste était celui du danger.

M. Thiers se fera-t-il entendre dans la commission des grâces, en faveur des assassins de M. de l'Espée? Ah! ce serait plus que de la modération.

La *Ligue du Midi* s'est encore emparée des éléments démagogiques de Toulouse et de Narbonne, et le mouvement révolutionnaire de ces deux villes a survécu de quelques jours à celui de Paris.

Même remarque pour ces deux villes que pour Lyon et Marseille.

Leur gloire n'éclipse point celle de Saint-Quentin et de Chateaudun. L'Internationale ne reconnaît plus de patrie; le patriotisme est un sentiment réactionnaire.

L'agitation communiste n'est pas éteinte dans ces deux villes.

Tant mieux pour elles, si elles s'en trouvent bien, cela n'a pas grande importance.

Les hommes de cœur, de talent et d'initiative qui, à l'instar de Paris, avaient voulu doter Narbonne d'une commune aussi douce que son miel, ont été acquittés de même que ceux qui avaient voulu communiser Toulouse. Il paraît que les jurys méridionaux aiment ce genre de distraction.

Ces troubles de Narbonne sont peu connus à Paris, et je n'ai trouvé une physionomie des débats que dans un journal de Montpellier. L'interrogatoire du principal accusé, M. Digeon, est fort original. Son système est simple : lui, Digeon, a voulu organiser une commune; du moment que lui, Digeon, et quelques autres bons diables, dont trois repris de justice, manifestaient ce désir, il devenait parfaitement légitime, et les insurgés étaient ceux qui résistaient au désir de M. Digeon. Celui-ci, pour expliquer comment il a fait arrêter le préfet, M. Raynal, un républicain non-Digeonnais, dit qu'en faisant attaquer les émentiers, M. Raynal était un *homme de désordre*.

Digeon s'était également procuré des otages qu'il aurait fait fusiller, si les troupes avaient attaqué la ville : on devait également se servir de pétrole. D'ailleurs, cet excellent et courageux citoyen reconnaît avoir fait des réquisitions, s'être emparé des caisses publiques, du télégraphe, de l'arsenal, enfin avoir donné l'ordre de couper le chemin de fer, et il en donne le motif : « J'étais la seule autorité de Narbonne: »

C'est évidemment ce qu'on appelle l'autorité spontanée.

Ne supposez pas d'ailleurs que M. Digeon ait modifié ses opinions depuis l'échec de son entreprise :

— Le drapeau rouge est le mien... le drapeau tricolore a été sali à Sedan; le drapeau rouge est celui qui a été rougi par le sang de *nos martyrs*.

Le citoyen Digeon a été acquitté.

Il y a encore de beaux jours pour la *Ligue du Midi*.

FIN DE L'HISTOIRE DE LA COMMUNE.

NOTA. — Les personnes qui désireront faire brocher ce volume, trouveront dans nos bureaux des *Titres* à 10 centimes et des *Couvertures* à 15 centimes.

GUERRE DE 1870-1871 — TROISIÈME INVASION

SIEGE DE PARIS

TABLE DES MATIÈRES

	Pages
Les causes de la Guerre	3
Communication du Gouvernement	5
Mémorandum	8
Entrée en campagne	11
Le Rhin	12
Le patriotisme des Prussiens	14
La soirée	15
Le Sénat à Saint-Cloud	20
Notre armée	22
Les mitrailleuses	25
Notre marine	28
Nos alliés	28
L'armée et la flotte prussiennes	32
Nouveaux détails sur notre armée	36
La déclaration de guerre	39
La manifestation de l'Opéra	40
Proclamation de l'Empereur	43
Voyage de l'Impératrice	46
Départ de l'Empereur	47
L'état de guerre	48
Affaire de Niederbronn	50
Ce que sera la guerre	51
La responsabilité	52
Attitude de l'Europe	54
Bataille diplomatique	66
Prise de Sarrebruck	72
Combat de Vissembourg	75
Bataille de Reichshoffen	78
Bataille de Forbach	84
La Patrie en danger	91
L'Invasion	99
Les évènements de Paris	102
Les places fortes de l'Est	104
La campagne de Sedan	106
La retraite de Vinoy	111
Paris place de guerre	112
Combat de Châtillon	115
Combat de Villejuif	118
Combat de Chevilly	119
Hors Paris	120
Combat de la Jonchère	123
Journée du 31 octobre	124
Combat de la Gare-aux-Bœufs	131
Bataille de Champigny et Villiers	132
Bataille du 2 décembre	134
Les combats du Bourget	136
Armée de la Loire, bataille du Mans	139
Bataille de Pont-Noyelle	142
Bataille de Bapaume	142
Bataille de Dijon	143
Bourbaki	146
Combats de Villersexel et d'Arcey	146
Bombardement de Paris	148
Bataille de Montretout et de Buzenval	151
Convention de Versailles	158
LES SIÈGES : Toul	162
Strasbourg	163
Saint-Quentin	168
Metz	168
Protocole	172
Verdun	182
Neuf-Brisach	183
Schlestadt	183
Thionville	184
Phalsbourg	184
Péronne	185
Mézières	190
Belfort	191
Lille	194
Epilogue	195
Traité de paix	200
Entrée des Prussiens à Paris	205
Le commandant Baroche et Brasseur	209
Le général Chanzy à la 2ᵐᵉ armée	210
Gambetta à Jules Favre	213

HISTOIRE DE LA COMMUNE DE PARIS

TABLE DES MATIÈRES

	Pages
Origine du Comité central	1
Du 1ᵉʳ février au 18 mars	5
Comité fédéral républicain	12
La presse	14
Le 18 mars	16
Assassinats des généraux	22
Un fait accompli	23
Résumé du 1ᵉʳ février au 29 mars	29
Arrestation du général Chanzy	30
Les amis de l'ordre	31
Petite chronique du 20 au 25 mars	34
Mort aux voleurs	35
Les élections	36
Les membres de la Commune	43
Hors Paris	55
Décrets, réquisitions, violences, conflits	56
Les royalistes ont attaqué	63
La grande joie du Père Duchêne	66
On marche sur Versailles	66
Dernières nouvelles	67
La Commune se venge de sa défaite	71
Opérations militaires	76
Administrations et administrateurs	83
Le Journal officiel	88
Les postes	90
Le Comité de salut public	92
Le cas du citoyen Blanchot	99
Événements militaires	102
La maison du sieur Thiers	109
La crise	110
Les concerts des Tuileries	115
Les conciliateurs	117
Manifestation des francs-maçons	127
L'Idole	132
Explosion de la cartoucherie	138
Le dossier de L. Clément	146

	Pages
Jules Allix	146
Vésinier	147
Les calomnies	149
Commission des barricades	154
Les bienfaits de la Commune	163
Les tribunaux de la Commune	165
Les otages	165
Conciliation *in-extremis*	168
Fuite de Rochefort	170
La bataille	171
22 mai, actes de la Commune	180
L'Officiel des 23 et 24 mai	182
Le curé Raymond	182
Assassinat des otages	186
Les premiers incendies	190
Opérations militaires	193
La Légion d'honneur	199
Le Palais d'Orsay	200
Les rues de Lille et du Bac	203
La rue Royale	204
Les Tuileries et le Louvre	205
La Préfecture de police	208
La journée du 24 mai	214
Massacres du 24 mai	229
Massacres du 25 mai	237
Massacres du 26 mai	238
Encore les incendiaires	246
Dernier jour de la Commune	254

	Pages
Reddition de Vincennes	258
Le bilan de l'incendie	259
La chasse aux Communeux	260
Victor Hugo et le droit d'asile	266
Les femmes de la Commune	270
Le dernier nº du *Père Duchêne*	277
3ᵉ lettre bougrement patriotique	277
Protestations et vengeances	285
L'incendie en province	287
Les condamnés	301
L'Archevêque de Paris	303
Les procès de la Commune	320
Blanqui	338
Représentation dramatique	343
Encore un mort qui revient	344
La banlieue sous la Commune	349
Histoire de l'Internationale	351
Statuts	357
Congrès de 1865	359
Congrès de 1867	360
La ligue de la Paix	363
Congrès de Berne 1868	367
Congrès de Bâle 1869	368
L'Internationale en 1860-1871	370
L'Internationale après la Commune	372
Épilogue	376
Le procès du Père Duchêne	409

GUERRE DE 1870-1871 — TROISIÈME INVASION

SIÉGE DE PARIS

TABLE DES GRAVURES

PORTRAITS

	Pages
Thiers	5
Général Palikao	9
Roi Guillaume	16
Maréchal Canrobert	21
Maréchal Lebœuf	25
Prince Hohenzollern	33
Maréchal Bazaine	57
Comte de Bismarck	65
Grammont	85
Molke	81
Emile Ollivier	89
Général Changarnier	89
Empereur Alexandre II	96
Jules Favre	113
Léon Gambetta	121
Jules Ferry	129
Général Trochu	145
Jules Simon	149
Général Faidherbe	153
Maréchal Mac-Mahon	161
Ernest Picard	165
Général Cremer	169
Eugène Pelletan	208
Général Chanzy	193

CARTES

Haut-Rhin	117
Bas-Rhin	125
Somme	140
Pas-de-Calais	141

Bombardement de Paris	30
Bataille de Monteretout et de Buzenval	49
Convention d'armistice	52
Les sièges : Toul	50
Strasbourg	53
Saint-Quentin	56
Metz	56
Verdun	52
Armistice de Bitche	55
Chateaudun	58
Thionville	59
Phalsbourg	62
Mézières	61

VIGNETTES

La Guerre	1
Vues d'Ems	13
Le Camp	17
Départ des troupes	24
Friedrich-Carl	29
Turco à l'affut	37
Zouave à la pie	45
Ambulance	49
Alma	53
Propos de soldats	61
Vue de la forêt Noire	69
Ferme de la Brems d'Or	73
Vue de Metz	77
Train d'artillerie	80
Déclaration au Sénat	85
Mort du général Douai	93
Charge des cuirassiers	97
Cathédrale de Strasbourg	101
Retraite de Reischoffen	105
Rappel au camp	109
Saint-Denis	133
Bataille de Bapaume	137
Passage des Vosges	177
Enlèvement des blessés	185
Officier de spahis	189
Camp des zouaves	209
La poste pendant le siège	217

HISTOIRE DE LA COMMUNE EN 1871

TABLE DES GRAVURES

PORTRAITS.

	Pages
Général Clément Thomas	9
Général Lecomte	17
Glais-Bizoin	21
Flourens	33
Cluseret	41
Delescluse	53
Dombrowski	65
Monseigneur Darboy	73
Courbet	97
Bonjean	105
Vermorel	113
Chaudez	121
Rochefort	129
Paschal Grousset	137
Raoul Rigault	144
Assi	144
Dupont	144
Felix Pyat	144
Cournet	161
Millière	161
Allix	161
Gambon	161
Thiers	169
Ferré	177
Vermesch	193
Humbert	193
Mareteau	193
Arnould	193
Papavoine	208
Suetens	208
Marchais	208
Bocquin	208
Retiff	208
Lullier	217
Vesinier	225
La Cecilia	225
Dacosta	225
Myot	225
Regere	233
Billioray	233
Mourot	264
Protot	264
Bartoul	264
Gromier	264
Trinquet	281
Johannard	281
Ulysse Parent	281
Bergeret	281
L'abbé Deguerry	305
Jules Vallès	321
Gaillard père	321
Jourdes	345
Lefrançais	345
Georges Cavailier (Pipe en bois)	369
Beslay	369
Ducatel	373
Rossel	381
Urbain	385
Vve Leroy	385
Tony Moillin	389
Mégy	389
Fontaine	393
Dereure	393
Pilotelle	397
Razoua	397

VIGNETTES.

	Pages
Massacre des otages	1
Pendant la guerre	4
Après la guerre	5
Assassinat des généraux E. Thomas et Lecomte	13
Les amis de l'ordre	25
Incendie de la guillotine	37
Affaire du Mont-Valérien	49
Affaire de la Porte-Maillot	57
Federés enterrant les morts	69
Enterrement d'un fédéré	89
Manifestation des femmes	97
Pont de Courbevoie	101
Environs de Paris	102
Legion d'honneur	133
Notre-Dame de Paris	141
Bombardement de Neuilly	153
Palais-Royal	173
Prise d'une barricade	181
La Croix-Rouge	185
Les Tuileries	201
Ministère de la marine	209
Les Catacombes	241
Club des femmes	249
Ruines de l'hôtel de ville	253
Massacre des otages	257
Le Louvre	289
La rue de la Paix	293
Le Panthéon	297
La Roquette	301
Ruines des Tuileries	313
Les ruines du Ministère des finances	329
Le tribunal de Commerce	337
Le parc de St-Cloud	353
La Bourse	361
Convoi de prisonniers	377

GUERRE DE 1870-1871

HISTOIRE
DE LA TROISIÈME INVASION

SEDAN — METZ — STRASBOURG — CHATEAUDUN — PÉRONNE — BELFORT — ETC.

SIÉGE DE PARIS

Francs-Tireurs — Mobiles — Mobilisés — Gendarmes — Douaniers — etc.

Les causes de la Guerre — Les premières Batailles — Invasion en province — Garibaldi — Histoire des Armées du Nord, de l'Est, de la Loire, etc. — Assemblée nationale — Comité de la Garde nationale — La Commune — Le gouvernement de M. Thiers, Président de la République, etc.

PAR

DE LA BRUGÈRE

1 beau volume grand in-4° (même format que l'*Histoire de la Commune*. Les deux ouvrages peuvent être reliés ensemble) orné d'environ **100** grandes et belles gravures et de **8** cartes géographiques.

Prix : 4 fr. 50

Pour recevoir cet ouvrage franco par la poste, adresser **4 fr. 50** en un mandat de poste à M. FAYARD, éditeur, 49, rue des Noyers, à Paris.

LES ENFANTS DU PÈRE DUCHÊNE

Grand roman historique
Par Jules BEAUJOINT

Édition ornée de Dessins inédits, par RIBALLIER, — gravés par LERAY.

Le nouveau roman de Jules BEAUJOINT — **les Enfants du Père Duchêne**, est le roman des deux derniers mois de la Commune et des cinq mois qui viennent de s'écouler.

L'histoire nous a donné le squelette glacé des faits ; le roman rend aux événements le souffle d'intrigues, de sentiments, de passions qui fut leur vie.

Ce n'est pas un ouvrage politique ; ce n'est ni un pamphlet, ni une prédication. Aucun esprit de parti n'a inspiré les situations ou présidé à la distribution des rôles.

Le récit se divise en deux parties :
La Bataille,
L'Intrigue.

Le rideau se lève sur la bataille des sept jours.

Paris brûle ; le sang coule, une lutte acharnée est engagée.

L'action du roman emprunte à la lutte sa vigueur et sa passion, ses aventures étranges, ses poignantes péripéties.

Les types les plus divers occupent la scène ; depuis les caractères les plus nobles jusqu'aux plus criminels, qui parfois, dans le chaos sanglant qui les entoure, prennent de monstrueuses proportions.

Après le rugissement des lions et les hurlements des loups, on entend les plaintes des victimes, les cris des vautours et les sifflements des vipères.

Après les déchirements de la bataille, les embuches et les trahisons ; après les angoisses des luttes souterraines, les souffrances des caves de Versailles et des pontons de Cherbourg.

En deux mots, nous dirons de ce roman :

C'est le fantôme de Paris d'hier.

C'est le Paris du jour encore tout palpitant de ses terribles émotions.

10 centimes la livraison illustrée,
50 centimes la serie brochée de **5** livraisons.

On peut souscrire pour l'ouvrage complet, en adressant **5** francs en timbres-poste à M. FAYARD, éditeur, 49, rue des Noyers, à Paris.

ARTHÈME FAYARD, ÉDITEUR, 49, RUE DES NOYERS, BOULEVARD SAINT-GERMAIN
A PARIS

EXTRAIT DU CATALOGUE

Nous expédions franco à toute personne qui nous envoie le montant en timbres-poste ou en un mandat

Grand in-4° à 2 colonnes, édition illustrée

Histoire des SOCIÉTÉS SECRÈTES, par Pierre Zaccone. — 170 livraisons à 10 centimes, — l'ouvrage complet, 2 énormes volumes ornés de 180 gravures inédites. Prix	17 »
Mémoires d'un AGENT DE POLICE, *drames, mystères, révélations*, par M. X*** ancien agent secret. — 82 livraisons à 10 centimes. — l'ouvrage complet broché, orné de 80 belles gravures	8 50
Histoire des FENIANS, par Jules Beaujoint, orné de 12 gravures. Prix	1 25
Mémoires authentiques de PONCET, écrit par lui-même. La vie telle qu'elle est, en PRISON, au BAGNE, à CAYENNE. — 25 livr. à 10 centimes, — l'ouvrage complet orné de 26 gravures inédites	2 50
Histoire de la PROSTITUTION dans l'antiquité, par Edouard Montagne, — orné de 12 gravures. Prix	1 25
Les AMOURS INSENSÉES, par Jules Boulabert, 10 gravures	» 90
Œuvres de Pierre Zaccone. — LE FILS DU FORÇAT, orné de 30 gravures, prix	3 »
Le CONDAMNÉ A MORT (18 gravures), prix	1 80
Histoire des JÉSUITES, orné de 25 gravures prix	2 25
Histoire des CARBONARI, orné de 15 gravures, prix	1 50
Histoire de l'INQUISITION, orné de 25 gravures, prix	2 50
Le Vieux de la Montagne, orné de 8 gravures prix	» 50
Le Conseil des Dix, 10 gravures, prix	» 95
Les Francs-Juges, 7 gravures	» 65
Histoire des Francs-Maçons, ornée de 25 gravures. Prix	2 20
La CAMORA ou les Bandits de Naples, orné de 30 gravures. Prix	2 90
Les ILLUMINÉS, orné de 15 gravures. Prix	1 80
Les TEMPLIERS, 10 gravures. Prix	1 »
Histoire des COMPAGNONAGES, précédée de l'Histoire des Amis du peuple, des Communistes, des Saints-Simoniens, des Comuneros, etc., orné de 12 gravures	1 25
LES BOUGES DE PARIS, par Chenu, G. Sol, et Javert, orné de 50 gravures, prix complet. Se vend aussi en livraison à 10 centimes, 44 livraisons forment l'ouvrage	4 50
L'Estaminet de la Rue Saint-Eloi, par Chenu, orné de 15 gravures. Prix	1 40
PHILIPPE, *l'Escarpe des filles de joie*, par G. Sol, orné de 15 gravures. Prix	1 50
CŒUR D'ACIER, par G. Sol, orné de 6 gravures. Prix	» 80
LE RESTAURANT DE LA CALIFORNIE, cabarets, caboulots, bastringues de la barrière Montparnasse, par Javert, orné de 12 gravures. Prix	1 20

Edition in-16 illustrée

FUALDÈS, par Jules Beaujoint	» 60
BENOIT LE PARRICIDE, par de la Brugère	» 25
L'ARMOIRE D'ACAJOU, par Alexandre Dumas	» 15
UN BAL SANGLANT, par de la Brugère	» 10
LE CURÉ MINGRAT, *le découpeur de femmes*, par Jules Beaujoint	» 25
SUREAU, *le perruquier amoureux*, par Jules Beaujoint	» 15
HOMO, par de la Brugère	» 10
L'AUBERGE DE PEIREBEILHE 26 *ans d'assassinat, Martin Leblanc et Jean Rochette*, par Jules Beaujoint	» 90
LE SOUTERRAIN DE CLIGNANCOURT *ou les Dames de l'Hôtel Saint-Phar*, par de la Brugère	» 15
PAPAVOINE, par Adolphe Huard	» 50
COLLET, *le roi des Escrocs*, par Théodore Laborieu	» 50
LA LESCOMBAT, par Jules Beaujoint	» 20
L'ASSASSIN DE LA FEMME SANS NOM, par Paul Mahalin	» 20
LE BARBE BLEUE PRUSSIEN, par Jules Beaujoint	» 20
VIRGINIE PIPER, *ou les grotesques de l'assassinat*, par G. Sol	» 30
L'INSTITUTEUR VINCENDON, suborneur et meurtrier, par Alfred de Bougy	» 15
LE DRAME DE CHINON, madame Lemoine et sa fille, par Charles Diguet	» 25
LE FRERE LÉOTADE, par Gaston de Tayac	» 40
LE SÉMINARISTE BERTHET, par Alfred de Bougy	» 35
L'ENFANT DE LA VILLETTE, par Turpin de Sansay	» 50
LE COCHER COLLIGNON, par Théodore Laborieu	» 25
LE CURÉ DELACOLLONGE, par de la Brugère	» 25
LE CURÉ ESNAULT, par Alfred de Bougy	» 15
ARSENE ET JULIEN *ou la belle Arsène*, par Jules Beaujoint	» 10
LE CURÉ ROUBIGNAC, horribles tortures, atroces voluptés, par de la Brugère	» 15
DUMOLLARD, par G. Sol	» 60
CAROLINE DE BRUNSWICK, par Alexandre Dumas	» 90
LE CURÉ RIEMBAUER, fornicateur, faussaire, assassin, empoisonneur, par Alfred de Bougy	» 15
HILARION SANTOS ou un curé espagnol bourreau et victime, par Alfred de Bougy	» 15
LE BAILLI DE GUERNESEY, par Alfred de Bougy	» 10
LACENAIRE, par Jules Beaujoint	» 50
Les *bandits Corses*, par Faure	» 50
Le *miracle de la Salette*, plaidoirie de Jules Favre, suivi des *imposteurs* religieux, par De la Brugère	» 60
TROPPMANN ou le crime de Pantin	1 »
Le CRIME D'AUTEUIL, *ou affaire Pierre Bonaparte*	1 80
PROCES des insurgés de la Commune	1 »
Madame Lafarge	» 50
Fieschi	» 30

Tous ces ouvrages sont ornés de nombreuses gravures inédites.

Paris. — Imp. A. E. Rochette, 90, boulevard Montparnasse.

www.ingramcontent.com/pod-product-compliance
Lightning Source LLC
Chambersburg PA
CBHW051835230426
43671CB00008B/970